Johannes Schwanke
Creatio ex nihilo

Theologische Bibliothek Töpelmann

Herausgegeben von
O. Bayer · W. Härle · H.-P. Müller

Band 126

Walter de Gruyter · Berlin · New York

To the Dean and the Chapter
of Christ Church
with great gratitude.

Johannes.
Tübingen, 13. IX. 2004

Johannes Schwanke

Creatio ex nihilo

Luthers Lehre von der Schöpfung aus dem Nichts
in der Großen Genesisvorlesung (1535 – 1545)

Walter de Gruyter · Berlin · New York

⊗ Gedruckt auf säurefreiem Papier,
das die US-ANSI-Norm über Haltbarkeit erfüllt.

ISBN 3-11-017968-7

Bibliografische Information Der Deutschen Bibliothek

Die Deutsche Bibliothek verzeichnet diese Publikation in der Deutschen Nationalbibliografie;
detaillierte bibliografische Daten sind im Internet über http://dnb.ddb.de abrufbar.

Printed in Germany
Umschlaggestaltung: Christopher Schneider, Berlin

Oswald Bayer

Tübingen

Oliver O'Donovan
Henry Mayr-Harting
John Webster

Christ Church, Oxford

Vorwort

Die vorliegende Arbeit wurde im Januar 2003 von der Evangelisch-theologischen Fakultät der Eberhard-Karls-Universität Tübingen als Dissertation im Fach Systematische Theologie angenommen.

Mein erster Dank gilt meinem Lehrer Herrn Professor Dr. Oswald Bayer, der die Arbeit betreute und das Erstreferat erstellte. Großzügig gewährte er mir als seinem Assistenten die notwendigen Freiräume. Von ihm seit meinen ersten Studiensemestern gefördert, verdanke ich ihm sehr viel, nicht zuletzt weil er mich zu eigenen Denkwegen ermutigte. Gute Erinnerungen und dankbares Gedenken verbinden mich mit Frau Eva Bayer.

Danken möchte ich auch Herrn Professor Dr. Eilert Herms, der ungeachtet seiner Verpflichtungen als Dekan der Evangelisch-theologischen Fakultät ohne zu zögern das Korreferat übernahm; er leitete das zügige Prüfungsverfahren und saß ebenso dem Rigorosum vor. Die Arbeit zeigt, wie viel ich auch von ihm gelernt habe.

Weiter danke ich Herrn Professor Dr. Hartmut Gese für gute Gespräche über das Buch der Genesis, Herrn Professor Dr. Jürgen Moltmann für freundliche Hinweise zur Lurianischen Kabbala, Herrn Professor Dr. Alois Haas (Zürich) für das Wecken des Interesses an Meister Eckhart und Herrn Professor Dr. Gert Hummel (Saarbrücken) für seine Hinführung zu Paul Tillich; alle vier Aspekte kamen der Arbeit zugute. Für zuverlässiges Korrekturlesen der Druckvorlage danke ich Herrn Professor Dr. Wilfrid Werbeck.

Ein großer Teil dieser Arbeit entstand in Christ Church, Oxford. Durch ein großzügiges Aufenthaltsstipendium des Colleges und seiner Kathedrale konnte ich über Jahre hinweg dort die Sommermonate verbringen. Besonders danken möchte ich daher meinen englischen Lehrern und Mentoren, die mich zum Teil bereits während meines Oxforder Studienjahres begleitet und gefördert haben: Nennen darf ich die Herren Professoren Dr. Oliver O'Donovan, Dr. Henry Mayr-Harting, Dr. Keith Ward, Dr. John Webster und Dr. Rowan Williams; für Rat und Ermutigung danke ich Herrn Professor Dr. Henry Chadwick.

Einschließen in meinen Dank an die Freunde von Christ Church möchte ich den Sub-Dean des Colleges, Herrn Nicholas Coulton, und den Archdeacon von Oxford, Herrn John Morrison, sowie Canon Frau Dr. Marilyn Parry. Gedankt für Gastfreundschaft seien Frau Dr. Joan Lockwood O'Donovan, Frau Caroline Mayr-Harting, Frau Jane Webster und Frau Dr. Elizabeth Livingstone.

Der Lutherische Weltbund in Genf gewährte dankenswerterweise einen Druckkostenzuschuss.

Herrn Dr. Albrecht Döhnert und Frau Dr. Uta Lehnert vom Verlag de Gruyter in Berlin danke ich für gute Betreuung, Herrn Heinrich Ottinger für sorgfältigen Satz.

Nicht zuletzt gilt mein Dank den Herausgebern der Reihe »Theologische Bibliothek Töpelmann«; über die Aufnahme meiner Arbeit habe ich mich gefreut.

Tübingen, am 28. Januar 2004   Johannes Schwanke

Inhaltsverzeichnis

Erste Zugänge

Hauptteil

Schluss

Anhang

»Denn wir glauben an den Gott, der ein allmächtiger Schöpfer ist, welcher aus nichts alles macht, und aus dem, das böse ist, Gutes, und aus dem, das hoffnungslos und verloren ist, Heil und Seligkeit wirkt. Wie Röm 4,17 ihm solches zugeschrieben wird, da Paulus sagt: ›Er ruft dem, das nicht ist, dass es sei‹ und 2Kor 4,6: ›Gott, der da hieß das Licht aus der Finsternis hervorleuchten‹. Nicht aus der glimmenden Kohle ein kleiner Funke, sondern ›aus der Finsternis das Licht‹; gleichwie aus dem Tode das Leben, aus der Sünde Gerechtigkeit, aus der Sklaverei des Teufels und der Hölle das Himmelreich und die Freiheit der Kinder Gottes.«

WA 44, 607,33–39 (zu Gen 45,7)

Erste Zugänge

I. Einführung

§ 1 These und Anlage der Arbeit

1. These der Arbeit

Das Wort »Schöpfung« lässt gemeinhin nach dem Anfang fragen, nach dem *Woher*: Woher komme ich, kommt diese Welt und alles, was in ihr ist, und wer ist ihr Schöpfer? Mit Hilfe des Entstehungs- und damit auch Schöpfungsvorgänge bestimmenden Kausalitätsschemas kann versucht werden, hierauf eine Antwort zu finden und eine Ursache zu benennen.

Kern des Kausalitätsschemas, axiomatischer Grundsatz und Vorbedingung jeder geregelten Erfahrung ist das bereits bei den vorsokratischen Atomisten nachgewiesene klassische Diktum »Ex nihilo nihil fit« – Aus nichts wird nichts.[1] Dieses besagt: Verändert sich etwas, so ist es lediglich Trennung und Rekombination von bereits Vorhandenem; es kann nicht nichts daraus werden. Oder anders gewendet: Kein Sein kann genichtet werden. In der Formel »Ex nihilo nihil fit« sind damit bereits im Prinzip zwei Grundpfeiler der Physik verankert: der Lehrsatz von der Erhaltung der Energie und der Lehrsatz von der Unzerstörbarkeit des Stoffes.

Sprechen wir dagegen von einer »creatio ex nihilo« – und die christliche Tradition tut dies seit dem Ende des zweiten Jahrhunderts –, so ist diese Bestimmung zutiefst seltsam und widersprüchlich: Letztlich ist die Formel paradox.[2] Mit der Behauptung einer Schöpfung aus dem Nichts werden die Welt und die diese bestimmenden logischen Konstanten ins Wanken gebracht.[3]

Das Festhalten der christlichen Tradition an dieser damit umstrittenen Formel hat gleichwohl seinen Grund: Mit seiner Hilfe konnten die postulierte Ewigkeit der Welt sowie pantheistische Emanationstheorien abge-

---

[1] Bei Aristoteles etwa Metaphysik 999b; zur Formel »Ex nihilo nihil fit« siehe weiter bei Anm. 149ff. (S. 41). Verweise innerhalb der Arbeit werden unterschieden in »Anm.« (gemeint ist der Anmerkungstext selbst) und »bei Anm.« (gemeint ist der Anmerkungstext *samt* dem zur Anmerkung gehörenden Haupttext). Doppelte Anführungsstriche kennzeichnen Zitate (auch u.U. Übersetzungen), einfache markieren uneigentliche Rede.

[2] Und zwar dies *exakt* im Sinne des Wortes para-dox. Vgl. Lk 5,26 und den Bericht über das Staunen des Volkes angesichts von Christi »paradoxem« Handeln – gegen alle Gesetze und die allgemein übliche Meinung. Mit der unbedingt gegebenen, ex nihilo erfolgten Heilung wie Sündenvergebung des Gelähmten gibt Christus jedem berechnenden »do ut des« den Abschied; vgl. Röm 11,35 und Hi 41,3.

[3] Für Kant ist der Grundsatz der Beharrlichkeit der Substanz die erste Analogie der Erfahrung (KrV B 224.228). Die ebd. beschriebene Veränderung richtet sich – zweite Analogie der Erfahrung – nach dem Gesetz der Kausalität (KrV B 232).

wehrt werden – dies war für die Kirche in ihrer Frühphase ein überlebens-
notwendiger Gewinn. Er wurde dennoch teuer erkauft; die Formel lädt
nämlich dazu ein, seinstheoretische Spekulationen durchzuführen bzw.
sie naturwissenschaftlich oder metaphysisch zu befragen. Ein derartiges
Unterfangen macht jedoch aufgrund ihrer Paradoxität keinen ›Sinn‹ und
ist dementsprechend fruchtlos.[4]

Luther in seiner scholastikkritischen Position weiß um diese Schwäche.
Er scheut sich, in seinen Ausführungen zur creatio ex nihilo theoretisch
über das Sein zu spekulieren und verwendet die Formel stattdessen in einer
anderen Stoßrichtung:[5] Nicht diffizile ontologische Hypothesen – die sich
bei der Frage nach der creatio ex nihilo unweigerlich aufdrängen – liegen in Luthers Interesse. Seine Beispiele der creatio ex nihilo sind dagegen
fast stets handfester Natur; sie umfassen die drei Aspekte der Schöpfung,
Erhaltung und Neuschöpfung: Wenn Luther etwa beschreibt, wie dem
greisen und folglich unfruchtbaren Ehepaar Abraham und Sara noch ein
Kind geboren, ja geschaffen wird, wenn er die Erhaltung Josephs in und
seine Befreiung aus der hoffnungslosen Situation des Gefängnisses schildert und darstellt, wie Joseph aus diesem juristischen Nichts des Gefängnisses und dem sozialen Nichts als Hirtensohn schließlich zum Berater des
Pharaos aufsteigt, und wenn Luther Abraham hervorhebt, der – sich allein auf den Glauben verlassend – gerechtfertigt wird. Dies sind für Luther
alles explizite Schöpfungen aus dem Nichts, und er verwendet in ihrem
Zusammenhang ausdrücklich die Formel »creatio ex nihilo«. Nicht das
kausale *Woher* oder naturwissenschaftliche *Wie* stehen damit für Luther
im Zentrum, sondern ihm dient die Formel zur Beantwortung der Frage
nach dem Verhältnis von Schöpfer und Geschöpf.

---

[4]   Gerhard Ebeling schreibt daher zutreffend: »Gerät der Gedanke der creatio ex nihilo
      in den Horizont bloßer Weltentstehungstheorien, so wird er zum Spielball von Anti-
      nomien. Daß aus nichts nichts wird, ist ebenso selbstverständlich wie dies, daß die
      Vorstellung einer Ursprungslosigkeit des Seienden das Streben nach Erklärung nicht
      befriedigt, sondern scheitern läßt. Die Aussageintention des Begriffs der creatio ex
      nihilo läßt sich nicht naturwissenschaftlich oder metaphysisch interpretieren. Sie haf-
      tet ganz und gar am Gottesgedanken«, Dogmatik, Bd. 1, 309. Siehe Ebelings Inter-
      pretation der Formel bei Anm. 39 (S. 12).
[5]   »Wenn die Theol.[ogie] gleichwohl an der c.e.n. [creatio ex nihilo] festhält, von der
      schon Luther zu sagen wußte, daß sie ›schwieriger zu glauben sei als der Artikel von
      der Inkarnation‹ [...], dann tritt sie nicht in Konkurenz zu naturgesch.[ichtlichen] Ver-
      suchen der Welterklärung, sondern sucht bewußtermaßen in einen Bereich vorzudrin-
      gen, der jenseits der Grenze dieser Erklärungen liegt.« Christian Link, Art. »Creatio
      ex nihilo. II. Dogmatisch«, ⁴RGG, Bd. 2, Sp. 488. Luther kehrt mit seiner Deutung
      zu der ursprünglichen Füllung der Formel zurück: Zwar kann »die hellenistisch-jü-
      dische Theologie [...] von einem Schaffen Gottes ›aus dem Nichts‹ reden, aber die
      Formel ist [...] nicht ontologisch gemeint und schließt die Annahme einer ewigen
      Weltmaterie keineswegs aus. Der Satz von der Schöpfung ›aus dem Nichts‹ besitzt
      also nicht von Anfang an die Bedeutung, die wir ganz selbstverständlich mit ihm ver-
      binden.« Gerhard May, Schöpfung aus dem Nichts, VII.

Creatio ex nihilo heißt, wie gezeigt werden wird, für Luther: Alles geschieht und ist mir gegeben »aus lauter väterlicher, göttlicher Güte, ohn all mein Verdienst und Würdigkeit«[6]; alles, was ist, ist allein von Gott ausgehend, unverdient, unberechenbar, ungeschuldet. Der Mensch trägt nichts bei, hat nichts beigetragen und kann nichts beitragen zu seiner eigenen Existenz, seiner Erhaltung, seinem Heil – nichts zur eigenen creatio, conservatio, recreatio; alles kommt aus Gottes Hand, unbegreiflich, unvorhergesehen, unkontrollierbar, nicht nach kausalen Schemata ablaufend, sondern aus Gottes alleiniger Souveränität – und aus seiner unbegreiflichen Liebe, die eine etwaige Willkür ausschließt. Damit besagt für Luther die creatio ex nihilo die schlechthinnige Abhängigkeit allen Seins von Gottes Sein; ist etwas »aus nichts« geschaffen, so hat es allein von Gott her seine ›Existenz‹. Indem alles Sein der Kreatur sich aus Gottes Sein speist, wird die Kreatur in dieser Abhängigkeit beileibe nicht degradiert oder gar entwertet, sondern im Gegenteil: Gerade *weil* sie alles, was sie ist und hat, von Gott dem Schöpfer empfängt, da dieser seine Geschöpfe ex nihilo ins Sein ruft und sich ex nihilo diesen bewahrend zuwendet, ist das Geschöpf dem Schöpfer – bei bleibender Differenz – unendlich nahe. Indem Gott seinem Geschöpf in einer Seins- wie Selbstmitteilung seine Gaben umsonst, unverdient, unbedingt und unveräußerlich gibt, beschenkt er es in umfassender Weise und befähigt es zum Handeln. Damit ist der Mensch in dieser Abhängigkeit von seinem aus dem Nichts schaffenden Schöpfer wahrhaft würdig und frei.

Ex nihilo heißt für Luther somit nicht »aus dem Nichts«, sondern »nicht aus dem Kreatürlichen« und aus dem, was dieses Kreatürliche kennzeichnet; Gott selbst ist die Quelle. Indem bereits bei der Definition das Kreatürliche eine Rolle spielt, wird zudem deutlich, dass dieser Begriff sich weniger auf eine ›Anfangsschöpfung‹ bezieht, sondern dass er gerade in der schon geschaffenen Welt seine eigentliche Bedeutungskraft erhält. Die creatio ex nihilo ist nicht nur irgendein vermeintlich wunderhafter Beginn des Seins in der Schöpfung der Welt, geschildert in Gen 1,1 und damit lediglich punktuell auf eine singuläre Situation beschränkt, sondern Schöpfung aus dem Nichts als »ursprüngliches Anfangen«[7] ist für Luther permanenter Geschehenszustand: Aufgrund der bleibenden und prinzipiellen Abhängigkeit der Kreatur von ihrem Schöpfer ist alles Wunder,[8] alles creatio ex nihilo. Die Formel ist somit keine Peripherbestimmung göttlichen Handelns, sondern Grundmatrix seines Umgangs mit Mensch und Welt.

---

6   Siehe etwa bei Anm. 42ff. (S. 13) und bei Anm. 46 (S. 74).
7   Eberhard Jüngel, Wertlose Wahrheit, 151. Siehe weiter bei Anm. 64f. (S. 77) und bei Anm. 271 (S. 128).
8   Zu Luthers Ausweitung des Wunderbegriffs siehe Anm. 61 (S. 76).

2. Anlage der Arbeit

Dieses Anliegen Luthers bestimmt Richtung, Rahmen und Aufbau der vorliegenden Arbeit. Die verwendete Trias Schöpfung, Erhaltung und Neuschöpfung zeigt die Breite und Aspekte der lutherischen Verwendung der Formel, wobei nicht zuletzt die in den Überschriften der Arbeit hervorgehobenen Zitate verdeutlichen, dass diese Struktur Luthers eigene Schwerpunktsetzungen widerspiegelt.

Formal ist die Arbeit so aufgebaut, dass in Annäherungen zunächst gleichsam die Kulisse gebildet wird, vor der die Darstellung des systematisch-theologischen Teils mit seinen Analysen Kontur und Leben gewinnt. In der textanalytischen Annäherung wird der zugrunde liegende Text, die Große Genesisvorlesung Luthers, in seine historisch-biographischen Zusammenhänge eingeordnet und die literarkritische Qualität der Quelle geklärt – beides, soweit dies für die weitere systematisch-theologische Arbeit eine Rolle spielt. Die sich daran anschließende thematische Annäherung entfaltet den dogmen- und philosophiegeschichtlichen Hintergrund der Formel.

Mit der Darstellung des Grundtextes für die Bedeutung der Formel »creatio ex nihilo« in der Großen Genesisvorlesung und einer Untersuchung der Orientierungsleistung der Formel beginnt der Hauptteil der Arbeit; dieser Abschnitt, in dem Luthers eigener Zugang in seinen prinzipiellen Vorentscheidungen vorgestellt wird, ist Keim des Folgenden.

Der Hauptteil der Arbeit gliedert sich, nach dieser Grundorientierung, in die Abschnitte Schöpfung – Erhaltung – Neuschöpfung und deren Charakter als Schöpfung aus dem Nichts. Die Schwierigkeit dieser Dreiteilung ergibt sich aus ihrem Gegenstand, nämlich dem Umfassenden der creatio ex nihilo. Zweierlei ist an dieser Stelle herauszustellen: Genau gesprochen, würde sich vom Gegenstand her nahe legen, alle drei Abschnitte *gleichzeitig* zu sagen. Selbstredend möchte diese Zusammenschau der drei Bereiche nicht präzise Distinktionen verwässern, sondern ist durch Luthers eigene Interpretation vorgegeben.[9] Und die Dreiteilung des Hauptteils der Arbeit in Schöpfung, Erhaltung und Neuschöpfung spiegelt auch keinesfalls ein Schema Vergangenheit – Gegenwart – Zukunft wider. Die Arbeit will gerade im Gegenteil zeigen, dass alle drei – gemeinhin nacheinander dargestellten – Bereiche *gleichzeitig* und *gegenwärtig* ihre Bedeutung ha-

---

[9] »Gewiß kann es nicht daran gelegen sein,« so Gerhard Ebeling (Dogmatik, Bd. 1, 320) in selbiger Absicht, »die in der dogmatischen Tradition säuberlich voneinander geschiedenen Begriffe der Schöpfung, Erhaltung und Erlösung im Durchspielen ihrer Relationen zum Flimmern zu bringen, so daß sie ihre scharfen Umrisse verlieren. Aber es ist allerdings nötig, ihre Unterscheidung statt nur in einem Schematismus heilsgeschichtlicher Stadien dort aufzusuchen und zu bestimmen, wo sie nicht nacheinander angeordnet sind, sondern sich aufs engste beieinander befinden, nämlich im Leben selbst«.

ben. Damit ist die Schwierigkeit angesprochen, Dinge hintereinander aus-
zusagen, die alle vom systematischen Gesichtspunkt aus synchronen und
präsentischen Charakter haben. Mit der Analyse von Luthers Interpretation der Formel, die so zusammengefasst und rekonstruiert wird, wie sie
sich in der Sprachwelt Luthers darstellt, wird diese gleichzeitig kritisch auf
ihre bleibende Bedeutung für die Neuzeit hin befragt.

Ein Fazit schließt die Arbeit ab.

3. Gegenwartsrelevanz des Themas

Die Gegenwartsrelevanz des Themas gründet in der Gegenwart der creatio ex nihilo. Gottes Schaffen ex nihilo ist, wie gezeigt werden wird, kein
abgeschlossenes Faktum, sondern ein gegenwärtig sich ereignendes Geschehen. Thema wie Formel haben u.a. folgendes Gewicht:

a) Eine systematisch-theologische Relevanz: Bei dem Thema der »creatio ex nihilo« geht es um die Verhältnisbestimmung von Geschöpf und
Schöpfer, von Mensch und Gott; damit stehen wir am Ansatz- und Angelpunkt theologischen Denkens. Indem Gottes Schöpfung aus dem Nichts
jede Eigenständigkeit der Kreatur verbietet, da deren Existenz in allen
Bereichen in völliger Bezogenheit zu diesem Schöpfer steht, ist das Geschöpf bzw. der Mensch von seinem Schöpfer unbedingt und schlechthin
abhängig; damit gewinnt die Formel »creatio ex nihilo« in umfassendster
Weise Bedeutung und erhält, indem sie das gesamte Relationsspektrum
zwischen Geschöpf und Schöpfer bestimmt, prinzipiellen Charakter. Ist
die Schöpfung aus dem Nichts gegenwärtiges Geschehen, so ist auch diese Verhältnisbestimmung von Geschöpf und Schöpfer nicht theoretischer
Natur, sondern sie hat ihren Sitz in gelebter Existenz und findet in Auseinandersetzung mit Gottes Schaffen in Schöpfung, Erhaltung und Neuschöpfung im Hier und Jetzt statt.

b) Eine apologetisch-philosophische Relevanz: Durch seine Deutung
der creatio ex nihilo zeigt Luther, wie bereits oben erwähnt, auf, was nicht
zuletzt dreihundert Jahre später Schleiermacher ebenso wichtig ist: die
schlechthinnige Abhängigkeit des Geschöpfs von seinem Schöpfer. Mit
dieser Grundeinsicht in den Kern theologischen Denkens lässt sich die
Brücke schlagen zu einer Gegenwart, die einerseits Schwierigkeiten mit
einem persönlichen Gott hat, die jedoch andererseits einer grundlegenden
Abhängigkeit von einem höheren Wesen zustimmen könnte.

c) Eine seelsorgerlich-psychotherapeutische Relevanz: Ist Gott der Schöpfer ex nihilo, so wird insbesondere *der* Kreatur Trost zugesprochen, die
mit leeren Händen vor Gott steht. Gerade wenn der Mensch in seinem Le-
bensscheitern und Verzweifeln sich in seiner gesamten Existenz als nichts
erfährt und als jemanden wahrnimmt, der sich selbst nicht zu retten ver-

mag und der im Versagen zum Ende seiner selbst gebracht wurde, wird eine Schöpfung aus dem Nichts zur Verheißung.[10]

§ 2 Methodik der Arbeit

1. Grundsätzliche methodische Einsichten

Luther selbst soll in vorliegender Arbeit zu Wort kommen, um seine eigene Interpretation der Formel anzuzeigen und zu verdeutlichen; ein präziser Textbezug soll daher sicherstellen, dass Luthers eigener Zugang zur Sprache kommt.

Bereits die Art und Weise seiner Darstellung ist für die Deutung der Formel aussagekräftig: Liegt bei dem Reformator generell die Tendenz vor, seinen Vorlesungs- von seinem Predigtstil bestimmen zu lassen, so ist der Schwerpunkt seiner Ausführungen zur Formel in der Großen Genesisvorlesung weniger, als man gemeinhin bei diesem Thema erwarten könnte, eine extensive Diskussion isolierter ontologischer Subtilitäten; die Ausführungen sind vielmehr bestimmt von der Dynamik der creatio ex nihilo als *Geschehen*, als Handeln Gottes, wobei in einer Einbindung in gegenwärtig gelebtes Leben nicht zuletzt deren poimenische Relevanz thematisiert wird. Ein Eingehen auf Luthers Ontologie wird daher so erfolgen, wie es die Texte erlauben und eröffnen.

Die Methode des Vorgehens ist systematisch-theologischer Art; auf historische und kirchengeschichtliche Fragestellungen wird nur so weit wie nötig eingegangen, ohne freilich historische Arbeit lediglich zu funktionalisieren.

Textgrundlage der Arbeit ist Luthers Große Genesisvorlesung; gleichwohl werden andere Texte aus allen Lebensperioden unterstützend einbezogen, um nicht den Verdacht entstehen zu lassen, eine derartige Deutung der Formel »creatio ex nihilo« erscheine lediglich dort. Es wird sich zeigen, dass diese Interpretation der Formel zwar in der Großen Genesisvorlesung zugespitzt wird und breiten Raum einnimmt, bei Luther dennoch durchgängig zu finden ist.

2. Das Profil des Textes

Die Große Genesisvorlesung Luthers[11] fasst als monumentales Alterswerk dessen Theologie zusammen und ist Abschluss seiner akademischen Tätig-

---

[10]   Bereits in seiner Auslegung der Sieben Bußpsalmen (1517) spricht Luther denen Trost zu, die nichts sind, da Gott nur aus diesen etwas machen kann (WA 1, 183,38 – 184,10), zit. Anm. 32 (S. 195).
[11]   WA 42 – 44 (1535–45).

keit. Ihr Textprofil ist typisch für Luthers Vorlesungstätigkeit und – wie unten ausgeführt werden wird – besonders geeignet für die Darlegung seiner Schöpfungslehre: Als Vorlesung eröffnet sie Luther ein breites Darstellungsfeld, da sie, weder Thesentext und Disputationsvorlage noch Predigtreihe, als Exegese des Genesisbuches formal gleichsam zwischen theoretischer Abhandlung und seelsorgerlicher Predigt steht, die Stärken beider Formen zu verbinden vermag und damit einen Zugang eröffnet, der Luther einen moderierbaren Spielraum ermöglicht.

3. Zur exegetischen Arbeit an der Genesis

Eine exegetische Vorlesung über das Buch Genesis ist Quellentext dieser Arbeit. Obwohl die Zielsetzung der vorliegenden Arbeit rein systematisch-theologischer Natur ist, sind mit der kritischen Analyse und systematisch-theologischen Bearbeitung des Themas ebenso exegetische Beobachtungen notwendig; Luthers Profession als Alttestamentler lädt zusätzlich ein und berechtigt zu einer gründlichen Wahrnehmung seines exegetischen Vorgehens.[12] Eine exegetische Durchdringung der Genesis und Diskussion ihrer Problemfelder kann gleichwohl von dieser Arbeit nicht erwartet werden; die verwendeten Kommentare sind im Literaturverzeichnis angegeben.

Neben eigenen Vorarbeiten[13] befragt Luther ebenso fremde Kommentare[14]: Der in der Genesisvorlesung am häufigsten herangezogene Exeget ist Nikolaus von Lyra,[15] von Luther seiner Literalauslegung wegen beson-

---

12 Um etwa den exegetischen Kontext eines Zitates der Vorlesung beachten zu können, wird in vorliegender Arbeit stets die dazugehörige Genesisstelle genannt. Generelle Hinweise zur Zitation finden sich zu Beginn des Literaturverzeichnisses (S. 273).
13 Siehe Luthers Beschäftigung mit der Genesis in Anm. 24 (S. 22).
14 Luther legt einen Text aus, der nicht nur zu den gewichtigsten, sondern auch zu den am meisten kommentierten der christlichen Tradition gehört: Eine Aufstellung von ca. 200 Genesiskommentaren bzw. Schriften zur biblischen Schöpfungsgeschichte vom 3. bis zum 15. Jahrhundert, vornehmlich des Mittelalters, findet sich bei Johannes Zahlten, Creatio mundi, 284–300. Weiterführende Angaben zur Auslegungsgeschichte der Genesis bei Wilfrid Werbeck, Art. »Genesis. Zur Auslegungsgeschichte«, ³RGG, Bd. 2, Sp. 1377–79; ders., Art. »Pentateuch. Zur Auslegungsgeschichte«, ³RGG, Bd. 5, Sp. 217 und ders., Art. »Schriftauslegung. Zur Auslegungsgeschichte«, ³RGG, Bd. 5, Sp. 1534.
15 Nikolaus von Lyras Bibelauslegung 1322/23–1331, die sog. »Postilla litteralis«, eine der grundlegenden Schriftauslegungen des späten Mittelalters und Luther seit seiner Klosterzeit bekannt, betonte den sensus litteralis im Gegensatz zu den allegorischen Bibelkommentaren seiner Zeit. Den allgemein geschätzten Kommentar kommentierte Paulus von Burgos kritisch Anfang des 15. Jahrhunderts in seinen »Additiones«. Burgos, ein konvertierter Jude (WA 43, 249,22 [zu Gen 22,16–18]), hat zudem gute Kenntnis des Hebräischen (WA 43, 234,39f. [zu Gen 22,14]). Gegen Burgos' Anschuldigungen wurde Lyra von Matthias Doering in Schutz genommen (»Defensorium Postillae«), dessen Apologie mit Burgos' »Additiones« in Lyras Auslegung nun häufig mit abgedruckt wurden. Luthers generelle Leseempfehlung Lyras etwa WA 42, 4,31 (zu Gen 1,1) und WA 42, 5,25 (zu Gen 1,1).

ders geschätzt, dessen sprichwörtlicher Einfluss auf Luther (»Si Lyra non lyrasset, Lutherus non saltasset«[16]) sich in der Genesisvorlesung jedoch nicht verifizieren lässt.[17] Durch Lyra, den er bisweilen als zu abhängig von jüdischen Exegeten rügt,[18] seine Hebräischkenntnisse aber ausgesprochen lobt,[19] hat Luther Einblick in rabbinische Literatur.[20] Auch wenn Luther Wert darauf legt, festzustellen, dass er jüdische Exegeten selbst gelesen habe,[21] kann man doch sagen, dass er diese Texte lediglich durch christliche Autoren kennen gelernt hat.[22]

Weiter gehören zu Luthers verwendeten Kommentaren der häufig zu Lyra mit abgedruckte Paul von Burgos[23] und die umfangreiche Glossa Ordinaria,[24] eine Zusammenstellung von Auslegungen lateinischer und

---

[16] Etwa bei Wilfried Härle und Harald Wagner, Theologenlexikon, 177 (dort ohne Nachweis). Andere Versionen lauten: »Si Lyra non lyrasset, Totus mundus delirasset, Et Lutherus non saltasset« bzw. »Si Lyra non lyrasset, Ecclesia Dei non saltasset.«

[17] Zählt Thomas Kalita in seiner gründlichen Untersuchung (The influence of Nikolaus de Lyra on Martin Luther's Commentary on Genesis) auch 127 explizite und 110 implizite Bezugnahmen auf Lyras »Postilla« in der Großen Genesisvorlesung (Thomas Kalita, aaO., 37, 141–157), so kommt er nach Beleuchtung von Luthers Aufnahme Lyras bezüglich des Gebrauchs hebräischen bzw. rabbinischen Materials, des Verhältnisses zur scholastischen Philosophie, der Vorherrschaft des Literalsinnes bei der Exegese und der Interpretation einzelner Textstellen (aaO., 37) gleichwohl zum Schluss, dass Luther durch seine Verweise auf Lyra lediglich zeigen möchte, dass er den wichtigsten Exegeten seiner Zeit kennt (aaO., I [Vorwort]). Dies mag einerseits an Luthers eigenen, für damalige Verhältnisse sehr guten Hebräischkenntnissen liegen, die einen Rückgriff auf eine Autorität unnötig machten (aaO., 59), andererseits an der doch eigenen theologischen Interessengewichtung, die ihn von Lyra unabhängig werden lassen (siehe zusammenfassend aaO., 134–140). Zum Stellenwert Lyras für Luther vgl. auch: Gerhard Ebeling (Evangelische Evangelienauslegung, 152–155), Rolf Schäfer (Die Bibelauslegung in der Geschichte der Kirche, 84) sowie Peter Meinhold (Die Genesisvorlesung Luthers, 343–359).

[18] Etwa WA 43, 617,7 (zu Gen 29,1–3): »Haec Lyra approbat: sed sunt merae fabulae Iudaicae.«

[19] WA 42, 596,11–14 (zu Gen 16,12): »Nugae Iudaeorum [...] arguunt eos nihil scire sacrarum rerum, et tamen trahunt secum magnos viros, sicut Lyram, et nostro tempore viros in ipsorum lingua doctissimos qui tales nugas saepe admirantur.« In einem Fall jedoch schließt sich Luther mit den jüdischen Quellen zusammen gegen Lyra, der Luthers Ansicht nach in seiner Deutung von Gen 14,18 zu römisch ist (WA 42, 538,14–23 [zu Gen 14,18]).

[20] Weiterführend: Wolfgang Bunte, Rabbinische Traditionen bei Nicolaus von Lyra.

[21] Luther wehrt sich ausdrücklich gegen den Vorwurf, rabbinische Kommentare nicht gelesen zu haben, und betont den Wert ihrer Lektüre (WA 42, 223,13–16 [zu Gen 4,15]; ähnlich WA 42, 230,27–29 [zu Gen 4,17]); er erhebt etwa den Anspruch, den Pentateuchkommentar des Raschi (Rabbi Salomo ben Isaak; 1040–1105) selbst studiert zu haben (WA 42, 222, 36 – 223,40 [zu Gen 4,15]). Zu Raschi, siehe Herman Hailperin, Rashi and the Christian Scholars, bes. 249–264.

[22] Siegfried Raeder, Luther als Ausleger und Übersetzer der heiligen Schrift, 257.

[23] Zu Burgos siehe Anm. 15 (S. 9).

[24] Die »Glossa ordinaria«, häufig bei Lyra mit abgedruckt, ist der vielfach benutzte ›Standardkommentar‹ des Mittelalters. Luther bezieht sich jedoch in der Vorlesung selten auf diesen Text, da er die Kirchenväter meist direkt zitiert. Vertiefend Margaret T. Gibson, The Place of the Glossa Ordinaria in Medieval Exegesis, 5–27.

teils griechischer Kirchenväter, wie auch Autoren des frühen Mittelalters, die damit einen gewissen »Extrakt patristischer Exegese«[25] bietet. Augustin[26] wie Hilarius von Poitiers,[27] die »zwei größten Lichter der Kirche«[28], gehören ebenfalls zu Luthers Gewährsmännern; gleichwohl trennt die scharfe Auseinandersetzung um das Verständnis der Schöpfungstage Luther von beiden.[29] Kein Kommentar, sondern systematische Kompilation ist das Sentenzenwerk des Petrus Lombardus, auf das Luther sich ebenso bisweilen bezieht, das er wegen seiner »nutzlosen Fragen« jedoch ebenso tadeln kann.[30] Hinzu kommen gelegentliche Hinweise u.a. auf Averroes[31], Cicero[32], Josephus[33], Ovid[34] und Vergil[35].

§ 3 Bisherige Forschungen zu Text und Thema

So unstrittig das Thema der Schöpfung aus dem Nichts ein Zentralthema der Schöpfungslehre ist und so sehr die Große Genesisvorlesung ein Hauptwerk der Spättheologie Luthers darstellt, so schwach sind beide erstaunlicherweise bearbeitet; dies überrascht, da sie je für sich genommen bereits Aufmerksamkeit verdienten. Wird in schöpfungstheologischen Texten auf Gottes Schöpfung aus dem Nichts eingegangen, so handelt es sich häufig lediglich um eine Wiederholung dogmengeschichtlicher Gemeinplätze. Und wird insbesondere Luthers Schöpfungslehre thematisiert, so finden sich wohl Hinweise auf die Schöpfung aus dem Nichts wie bisweilen auch eindrucksvolle Zitate aus der Großen Genesisvorlesung; die besondere Pointe der lutherischen Deutung bleibt jedoch häufig unentdeckt. Diese gelegentlichen Bezugnahmen qualifizieren den betreffenden Beitrag daher

---

[25] Gerhard Ebeling, Evangelische Evangelienauslegung, 146.
[26] Zu Augustins diversen Auslegungen der Genesis sei verwiesen auf die Angaben im Literaturverzeichnis.
[27] Zu seinen Kommentaren und dogmatischen Schriften siehe Hanns Christof Brennecke, Art. »Hilarius von Poitiers«, TRE, Bd. 15, 317–320.
[28] WA 42, 4,26 (zu Gen 1,1): »[...] quasi duo maxima Ecclesiae Lumina«.
[29] Siehe bei Anm. 128 (S. 106).
[30] Luther folgt dem Lombarden etwa WA 42, 648,19–22 (zu Gen 17,10f.), zit. Anm. 247 (S. 224); für dessen Charakterisierung siehe WATR 3, 543,1–5 (Nr. 3698).
[31] Etwa WA 42, 22,21–23.26f. (zu Gen 1,6–8).
[32] Etwa WA 42, 482,12–16 (zu Gen 12,16) und WA 42, 486,18–22 (zu Gen 12,17), zit. Anm. 3 (S. 88).
[33] Etwa WA 42, 480,15–17 (zu Gen 12,14–15).
[34] Etwa WA 44, 790,17–19 (zu Gen 49,19): »Eo animo qui legunt scripturam sanctam, longe melius collocarent tempus, si Metamorphosin Ovidii legerent« und WA 42, 5,26–29 (zu Gen 1,1).
[35] Etwa WA 44, 732,10–14 (zu Gen 49,3): »Ideo summo studio vitandi sunt Rabini, quia impediunt studium sacrarum literarum, non dant operam univocationi aut proprietati. Quod si scripturam ita incertam et aequivocam legere debeo, legam potius Virgilium et Ovidium. Opiniones vero Rabinorum in scripturis odi et detestor.«

nicht unbedingt bereits als Gesprächspartner für die gestellte Aufgabe einer zusammenhängenden theologischen Interpretation der lutherischen Deutung der Formel im Rahmen der Großen Genesisvorlesung. Bei der folgenden Aufstellung der relevanten Literatur bleiben daher Arbeiten unberücksichtigt, die lediglich eklektisch auf Text und Thema Bezug nehmen.

Zunächst zum Thema: Bereits unspezifische Monographien zur Formel sind dünn gesät; die wenigen werden dafür umso häufiger zitiert: Gerhard Mays[36] maßgebliche Untersuchung begegnet immer wieder; für unser Thema trägt die Arbeit jedoch wenig aus: Die dogmengeschichtliche Studie behandelt lediglich die Entstehungs- und damit bis Ende des zweiten Jahrhunderts reichende Frühphase der Formel. Jens Dietmar Colditz'[37] gründliche wie instruktive Dissertation, die die Formel mit vornehmlich gegenwärtigen Denkmodellen der Kosmologie und Physik ins Gespräch bringt, streift Luther nur kurz.

Luthers eigene Deutung der creatio ex nihilo ist bislang überhaupt nur wenig bearbeitet; es gibt keine Monographie zum Thema.

Vereinzelt ist das Besondere seiner Interpretation jedoch bereits benannt; hervorzuheben sind, zeitlich geordnet, Gerhard Ebeling, Oswald Bayer und Wilfried Härle.[38]

Gerhard Ebeling[39] interpretiert Gottes creatio ex nihilo mit der in ihr ausgesagten und sich aus ihr ergebenden schlechthinnigen Abhängigkeit der Kreatur von ihrem Schöpfer, und zwar ausgehend von Gottes Gottheit.

Ebelings Grundgedanke: Deutet man die creatio ex nihilo im »Horizont bloßer Weltentstehungstheorien«, so wird sie missverstanden, denn die »Aussageintention des Begriffs der creatio ex nihilo läßt sich nicht naturwissenschaftlich oder metaphysisch interpretieren« (309). Dies liegt daran, dass »die creatio ex nihilo nicht dort verankert [ist], wo sie als logischer Widerspruch empfunden werden muß, sondern dort, wo es um das Gottsein Gottes geht. Die Erschaffung aus dem Nichts widerspricht einer Abhängigkeit des Schöpfungshandelns Gottes von etwas, was ihm vorgegeben ist. Damit widerspricht sie zugleich einer Abhängigkeit der Welt von anderem als von Gott oder einer Einschränkung der schlechthinnigen Abhängigkeit von Gott durch eine wesenhafte Selbständigkeit der Kreatur gegenüber Gott« (309).

Dem sich daraus ergebenden Problem der Nichtigkeit der Kreatur nähert sich Ebeling folgendermaßen: Ist die »creatio ex nihilo [...] nur dann als Glau-

---

36 Schöpfung aus dem Nichts. Die Entstehung der Lehre von der creatio ex nihilo, Arbeiten zur Kirchengeschichte, Bd. 48, Berlin/New York 1978.

37 Kosmos als Schöpfung. Die Bedeutung der creatio ex nihilo vor dem Anspruch moderner Kosmologie, Regensburg 1994.

38 Leider unveröffentlicht sind Eberhard Jüngels maschinenschriftliche »Thesen zur Schöpfungslehre« (Vorlesung im Sommersemester 1988), die sich ausgesprochen der creatio ex nihilo widmen; ein kleiner Teil ihrer Grundgedanken haben in »Gottes ursprüngliches Anfangen als schöpferische Selbstbegrenzung« (in: ders., Wertlose Wahrheit, 151–162) Eingang gefunden.

39 Etwa: Dogmatik, Bd. 1, 309f. Siehe bereits Anm. 4 (S. 4).

bensaussage verstanden, wenn um der Gottheit Gottes willen die Welt in dem Falle als nichtig geglaubt wird«, so »bedeutet [dies] gerade nicht, daß um der Gottheit Gottes willen die Welt für nichts zu halten sei. Der Schöpfungsglaube besagt im Gegenteil, daß die ganze Größe und Schönheit der Welt allein von Gott kommt und die Welt nur im Zusammensein mit Gott so überwältigend schön ist« (309).

Nach Ebeling liegt letztlich in der »creatio ex nihilo die Zusage, daß eben dies überhaupt die Weise des Handelns Gottes ist.« (310). Luther aufnehmend[40] sieht er sie daher als »Band«, welches »die drei Artikel des Credo zur Einheit zusammenschließt« (310).[41]

Zieht Ebeling frühe Luthertexte heran, so geht Oswald Bayer[42] in seiner Interpretation der Formel von Luthers Katechismustexten aus, insbesondere von Luthers Erklärung zum ersten Artikel, und betont neben der Abhängigkeit des Geschöpfes vom Schöpfer den unverdienten Gabecharakter der creatio ex nihilo.

In »Schöpfung als Anrede« entwickelt Bayer – so beginnt sein Vorwort – eine »Schöpfungshermeneutik, die sich aus der unverdient (ex nihilo) ergehenden Anrede des Schöpfers ergibt« (V).

Bayer lehnt, wie Ebeling, eine Deutung der Formel im Horizont von Weltentstehungstheorien ab, ohne eine creatio ex nihilo in eine creatio continua aufzulösen.[43]

Luthers in der creatio ex nihilo gegründeter Ausgangspunkt »des unbedingt und bedingungslos – ›unverdient‹ – gewährten Seins« besagt: »Durch den Schöpfer ist alles. Ohne ihn wäre alles nichts. Deshalb ist nichts, was ist, aus sich selbst« (81). »Die präziseste Auslegung der Formel«, so Bayer, ist dementsprechend: »›dies alles [ist und geschieht] aus lauter väterlicher göttlicher Güte und Barmherzigkeit, ohn all mein Verdienst und Würdigkeit‹. Die mir widerfahrende schenkende Güte und rettende Barmherzigkeit geschehen ungeschuldet, umsonst« (106). »›Aus nichts‹ (ex nihilo) meint [damit]: ungeschuldet, umsonst« (106). »Indem [Gott] ›solchs alles aus lauter Liebe und Güte, durch uns unverdient‹ [WA 30/I, 133,14f.], also ›aus nichts‹ (ex nihilo), das heißt: umsonst, tut« (83) und derart Sein gewährt, »ist er gütig; darin, daß er dem Nichts wehrt, ist er barmherzig« (103). Das

---

40 WA 1, 183,38 – 184,10; zit. Anm. 32 (S. 195)
41 Vgl. Albrecht Peters' Übertragung auf das sola gratia (Die Theologie der Katechismen Luthers, 18): »So zeichnet sich das ›gratis‹ der Rechtfertigung bereits im ersten Artikel vordeutend ab, wird durch das ›propter Christum‹ im zweiten Artikel als Grundaussage fortgeführt und endlich durch das ›per fidem‹ des dritten Artikels ergänzend abgeschlossen.«
42 Etwa: Schöpfung als Anrede, bes. 80–108, 109–127.
43 »Luther wehrt«, so Bayer (aaO., 106), »jeder kosmologischen Spekulation über einen Uranfang und verhindert, daß eine gegenständliche Auffassung der Rede von der ›Schöpfung aus dem Nichts‹ (creatio ex nihilo) das Verständnis in die Irre führt«. Nimmt Luther zwar »die Rede von der Schöpfung ›aus dem Nichts‹ aus allem gegenständlichen Reden heraus, [...] – so [geschieht dies] jedoch [derart], daß eine kosmologisch-schöpfungstheologische Bedeutung nicht ausgeschlossen, sondern neu erschlossen wird«.

kreatürliche »Staunen über das gewährte Sein würde [jedoch] flach und unwahr, wenn die dauernde Seinsgefährdung verkannt würde« (102).

Gottes Schöpfung aus dem Nichts eröffnet die »Schöpfung als Gabe« (100), und zwar nicht als exklusives ›Anfangsgeschenk‹, sondern als permanente, all-tägliche Gabe. Aus diesem Grunde kann Bayer in Anlehnung an Thr 3,23f. zugespitzt formulieren: »›Schöpfung aus dem Nichts‹ ist ›alle Morgen neu‹« (111).

Als Dritter sei Wilfried Härle[44] genannt, der den von Bayer bereits genannten Aspekt des »ohn all mein Verdienst und Würdigkeit« aufgreift, jedoch zudem das hinter der creatio ex nihilo stehende Motiv der Gottesliebe betont.

Dass, so Härle, sich mit Beobachtungen der Quantenphysik auseinander setzend,[45] »alles ›für nichts‹ also gratis, gegeben werde [...], läßt sich gut mit Luthers Aussage aus dem Kleinen Katechismus verbinden, daß ›das alles aus lauter väterlicher, göttlicher Güte und Barmherzigkeit, ohn all mein Verdienst und Würdigkeit‹ und also auch in diesem Sinne ›ex nihilo‹ gegeben ist« (422). Der Grund liegt darin, dass die »Lehre von der creatio ex nihilo [...] die schlechthinnige *Voraussetzungslosigkeit* von Gottes Schöpferwirken aussagen und sicherstellen« (421) möchte; Gottes schöpferische Liebe hat nämlich »weder *kausalen* Charakter«, noch ist sie »auf *Voraussetzungen* angewiesen« (286).

»Creatio ex nihilo besagt demnach«, dass »Gottes Schöpferwirken [...] *nicht* die Existenz der raum-zeitlichen Realität *voraus[setzt]*, sondern [...] *voraussetzungslos*« ist; dabei »rücken Schöpfung und Erhaltung so eng zusammen, daß Erhaltung nichts anderes ist als die kontinuierliche Fortsetzung des Schöpfungsgeschehens« (423). »Daß die creatio continua dabei als *creatio* verstanden werden kann oder muß, bezöge sich hier vor allem darauf, daß *ohne* diese Erhaltung die Welt verginge und daß die Gewährung dieser Erhaltung aus der Sicht der Welt *unverdient*, aus der Sicht Gottes *ungeschuldet* erfolgt« (424).

Diese von der creatio ex nihilo geprägte creatio continuata betont »einerseits – aus der Perspektive Gottes – das je Neue, für die Welt Unverfügbare der Daseinsgewährung, andererseits – aus der Perspektive der Welt – das Kontinuierliche und von Gott her Verläßliche der Welterhaltung« (424). Diese Schöpfung der Welt »ist insofern creatio ex nihilo, als sie Realisierung der

---

44 Etwa: Dogmatik, bes. 420–423.
45 Paul Davies (GOTT und die moderne Physik, siehe bes. 56–59) stellt zusammenfassend unter der Fragestellung »Kommt das Universum aus dem Nichts?« (276–279) fest: »[D]ie Welt der Quantenphysik [erzeugt] durchweg etwas aus nichts. Die Quantentheorie der Gravitation läßt sogar die Annahme zu, daß wir alles für nichts bekommen« (278). Kann auch ich, mit Härles Worten, »nicht beurteilen, ob Davies mit diesen Aussagen recht hat« (417), so soll christliche Schöpfungslehre doch »weder vereinnahmend behaupten, dies sei die naturwissenschaftliche Bestätigung der Lehre von der creatio ex nihilo, noch sollte sie diese Anschauungen als mit dem Schöpfungsglauben unvereinbar zurückweisen« (418).

Liebe ist« (422f.), »derzufolge die Welt in jedem Augenblick neu von Gott bejaht, gewollt und geliebt wird« (423).

Ziehen wir den Kreis etwas weiter und fragen nach Monographien zum Gesamtthema »Schöpfungslehre Luthers«, so ist die letzte über vierzig Jahre alt: David Löfgrens »Die Theologie der Schöpfung bei Luther«. Löfgrens Darstellung sieht zwar wichtige Aspekte der Formel, geht gleichwohl nicht weit genug; denn obwohl er »die zentrale Bedeutung dieses Begriffs«[46] hervorhebt und betont, dass die creatio ex nihilo »direkt in die Mitte von Luthers Theologie der Schöpfung« führt,[47] schlägt sich diese Erkenntnis in seiner Untersuchung nicht in der notwendigen Breite nieder; die Formel bleibt in Struktur und Ausführung seiner Arbeit lediglich Teilaspekt.

Sammeli Juntunen, ein finnischer Forscher, konzentriert sich in seiner Studie auf das »Nichts« beim frühen Luther;[48] in diesem Fokus entbehrt das Werk jedoch einer extensiven Verhältnisbestimmung des dargestellten »nihil« zur »*creatio* ex nihilo« und wird damit etwas statisch. Zudem ist das Werk unglücklich gewichtet:[49] Einen Großteil des Raumes verwendet Juntunen, um in dogmengeschichtlichen Exkursen die Darstellung der lutherischen Interpretation vorzubereiten. In seiner Sympathie für ein ›real-ontisches‹ Seinsverständnis gegenüber einem ›relational-personalen‹ ist Juntunen ein typischer Vertreter der finnischen Lutherdeutung.

Christian Link hat im Handbuch Systematischer Theologie (HST 7) eine gute Einführung zum Thema »Schöpfung« vorgelegt. Gleichwohl reißt er, nicht zuletzt durch den begrenzten Raum, den Themenkomplex »creatio ex nihilo« bei Luther lediglich an.

Das zunehmende Interesse an der Schöpfung aus dem Nichts, zumal an Luthers Interpretation, zeigt Friedrich Lohmanns jüngst erschienener Aufsatz, der am Beispiel der Bioethik-Debatte die Gegenwartsrelevanz der Formel hervorhebt.[50]

Wie das Thema »creatio ex nihilo« bei Luther, so hat auch der Text seiner Großen Genesisvorlesung bislang wenig Beachtung in der Forschung gefunden; zur Vorlesung gibt es kaum eingehende Literatur. Erstaunlicherweise ist sie als monumentales Alterswerk Luthers, immerhin drei Weimaranabände füllend, so gut wie nicht systematisch-theologisch bearbeitet, geschweige denn erschlossen. Vorliegende Arbeit möchte damit

---

46 David Löfgren, Die Theologie der Schöpfung bei Luther, 23.
47 AaO.
48 Der Begriff des Nichts bei Luther in den Jahren von 1510 bis 1523, Schriften der Luther-Agricola Gesellschaft 36, Helsinki 1996.
49 Siehe zudem die Kritik Juntunens in Anm. 210 (S. 50).
50 Die Bedeutung der dogmatischen Rede von der ›creatio ex nihilo‹, 196–225. Lohmann, der sich »maßgeblich« auf David Löfgren stützt (aaO., Anm. 48), gibt im ersten Teil seines Aufsatzes einen guten einführenden Überblick über die Formel.

nicht zuletzt einen Beitrag leisten, dieses Werk für die Darstellung der Schöpfungslehre Luthers wahrzunehmen und einen Zugang zu eröffnen.[51]

Die älteren Studien zur Genesisvorlesung von Erich Seeberg von 1932[52] und Peter Meinhold von 1936[53] sind systematisch kaum interessant. Beide haben durch ihre Kritik der Quelle eine wissenschaftliche Erschließung lange verhindert.[54] Auch Hans-Ulrich Delius' Auflistung der Quellen der Vorlesung[55] trägt systematisch kaum etwas aus.

Hervorzuheben jedoch ist Ulrich Asendorfs Bemühen,[56] mit der Genesisvorlesung auf die Bedeutung des alten Luther hinzuweisen.

> Ulrich Asendorf geht es um eine »Neuerschließung der Theologie Luthers aus seinem Spätwerk heraus« (16), wozu s.E. die Große Genesisvorlesung besonders geeignet ist, denn »als abschließende und letzte Gestalt seiner exegetischen und theologischen Lebensarbeit« (11) ist sie »Summarium seiner Theologie, in der er noch einmal seine gesamte Theologie im Medium der Genesis reflektiert und rekapituliert« (12).
>
> Ohne dass »die nicht wegzudiskutierenden, schwierigen Überlieferungsfragen bagatellisiert werden«, welche die Vorlesung »an den Rand des Interesses der Forschung gerückt« haben, meint Asendorf, dass »die textkritischen Bedenken nicht alles« erklären (11): Grund sei auch, dass der junge Luther im Gegensatz zum älteren »leichter adaptierbar« sei (11).
>
> Asendorf versucht mit Hilfe einer »integralen Theologie, die vom Ganzen der Schrift ausgeht [...] und die theologische Lehre und Praxis« verbindet, indem sie »Elemente von Predigt, Erbauung und seelsorgerlicher Hilfe einschließt« (12), den späten Luther »als Ausleger der Genesis in der theologischen Tradition der vorscholastischen Kirche zu sehen« (13), für den die Genesis die »Fülle« der Heiligen Schrift »wie kein anderes biblisches Buch repräsentiert« (11).

---

[51] Da der Text der Vorlesung selbst kaum bekannt ist, erscheint es hilfreich – der bequemeren Nachprüfbarkeit wie auch seiner Erschließung wegen –, ohne Zögern die für das Thema entscheidenden Textstellen im Lateinischen zu zitieren.
[52] Siehe Anm. 128 (S. 37).
[53] Siehe Anm. 129 (S. 37).
[54] Siehe bei Anm. 128ff. (S. 37).
[55] Hans-Ulrich Delius, Die Quellen von Martin Luthers Genesisvorlesung.
[56] Ulrich Asendorf, Lectura in Biblia.

II. Annäherungen

§ 1 Textliche Annäherung – Die Große Genesisvorlesung

1. Die Bedeutung der Genesisvorlesung für das Thema

Luthers Schöpfungslehre und damit seine Lehre von der creatio ex nihilo entspringt seinem Schriftstudium.[1] Dies verleiht seinen exegetischen Arbeiten, vornehmlich den Genesisauslegungen,[2] besonderes Gewicht. Unter diesen Auslegungen sticht besonders die Große Genesisvorlesung,[3] seine ex- wie intensivste Genesisauslegung, hervor[4]: Diese größte seiner Vorlesungen bündelt in besonderer Weise Luthers Theologie und ist ein reifes Zeugnis des späten Luther, gewissermaßen seine »Summa«[5].

Entbehrt auch Luthers Schöpfungslehre einer großen Schrift, in der Luther monographisch-konzentriert diese darstellt und entfaltet,[6] so spiegelt die Große Genesisvorlesung – häufig auf die creatio ex nihilo verweisend – in besonderer Weise seine Schöpfungslehre und lässt diese in Auslegung des Genesisbuches zu Wort kommen. Diese durchgängige Bezugnahme auf das Grundthema der Schöpfungslehre ist auf den ersten Blick nicht

---

[1] Johannes von Lüpke, Art. »Schöpfer/Schöpfung VII«, TRE, Bd. 30, 306,33f.46–50.

[2] Siehe Anm. 24 (S. 22).

[3] WA 42 – 44, Weimar 1911, 1912, 1915.

[4] Bereits 1523 stellt Luther heraus, dass die Genesis wie kaum ein anderes Buch die in der creatio ex nihilo gründende umfassende Abhängigkeit des Menschen benennt: »Das ander ist, wie wir gesagt haben, das ein yetzlicher diese wort lern mit dem geist fassen und daraus neme, das Got alle ding thu, schaff und wirck, wie der Text [sc. das Buch Genesis; vgl. aaO., 438,25–27] auch wil. Wer das verstehet, der wird so baldt ynnen, das er kein adern regen und nicht ein gedancken haben kan, gott mus es wircken, das sein leben gantz in seiner hand nit stehet, sonder gantz blos yn gottis handt, dann so ich das glaub, das er die gantz welt aus nichts gemacht, sonder allein als auff seinem wort und gebott gestanden sey, so mus ich ya bekennen, das ich auch ein stuck von der welt unnd seyner schepffung sey, darumb mus folgen, das yn meyner macht nicht stehet ein handt zu regen, sonder allein, das Gott alles yn mir thue und wirck. Da wil es hynaus unnd da mus es sych auch hynaus lencken, so yst der verstand recht«, WA 12, 441,24 – 442,9 (Predigt über das 1. Buch Mose; 15. März 1523).

[5] So Ulrich Asendorf, siehe bei Anm. 144 (S. 39); vgl. dessen Ausführungen bei Anm. 56 (S. 16). Und Gerhard Ebeling beobachtet (Die Anfänge von Luthers Hermeneutik, 174): »Die Interpretation biblischer Bücher, sei es nun alttestamentlicher oder neutestamentlicher, gab ihm [sc. Luther] die Möglichkeit, jeweils das Ganze der Theologie vorzutragen.«

[6] Vgl. Edmund Schlink (Die Verborgenheit Gottes des Schöpfers nach lutherischer Lehre, 16): Es »kann gesagt werden: das gesamte lutherische Bekenntnis handelt von Gott dem Schöpfer. Darum ist die Kürze der lutherischen Schöpfungslehre keine Schwäche, und die scheinbar unsystematische Verstreutheit mancher Einzelaussagen nicht mangelnde Systematik.«

ungewöhnlich, legt doch die Genesis und die sie eröffnende Schöpfungsgeschichte[7] diesen Themenschwerpunkt nahe. Erstaunlich ist freilich, dass die Bezugnahme auf die creatio ex nihilo sich nicht auf die Auslegung der Kapitel 1–3 konzentriert, sondern sich stattdessen gleichmäßig über den gesamten Auslegungstext von Kapitel 1–50 verteilt.[8] Vergleicht man den systematischen Ertrag der relevanten Textabschnitte, so fällt auf, dass die intensivsten wie extensivsten Auslegungsabschnitte zur creatio ex nihilo sich außerhalb der Kapitel 1–3 befinden, die Auslegung der ersten Genesiskapitel jedoch verhältnismäßig dürftige Ergebnisse bringt. Aus dieser Vorlesungsstruktur lässt sich prima vista Folgendes schließen: Creatio ex nihilo ist für Luther keine auf eine Urschöpfung begrenzte Wirkweise Gottes, sondern besitzt durch die Ausweitung auf die paradigmatischen Vätergeschichten prinzipielle und damit permanente Gültigkeit. Diese Gegenwartsrelevanz der creatio ex nihilo verstärkt sich noch durch Luthers Auslegung der Urgeschichte als principium;[9] urzeitliche Geschehnisse einer Weltentstehung interessieren ihn dagegen nur wenig.[10]

Die Genesisvorlesung eignet sich für Luther, um Gottes Schöpfungshandeln darzustellen, nicht abstrakt und theoretisch, wie etwa in einer Disputation, sondern mittels einer erzählten Geschichte – einer Schöpfung in der Zeit.[11]

Angesichts Luthers persönlicher Lebenssituation zwischen 1535 und 1545 eröffnet sich für dessen Betonung der creatio ex nihilo in der Genesisvorlesung als weiterer Grund ein biographisch-poimenischer: seine durch Krankheit und Alter nahe liegende Beschäftigung mit dem eigenen Tod.[12] Diese führt Luther zu einer intensiven Auseinandersetzung mit der

---

7   WA 12, 435, Abschnitt A (Predigt über das 1. Buch Mose; 15. März 1523): »[D]as Erst buch Mosi, das ist, [...] das buch der Schöpffung, daryn gruntlich anzeygt wirt, der Articel des glawbens. So wir sprechen, Ich glaub yn Got vatter almechtige, schöpffer hymel vnd erdtrichs.« Vgl. (aaO., 438,25–27): »das erste buch Mosi, nemlich Genesim, daryn sonderlich beschryben ist, wo her alle creaturn komen [...].«

8   Vgl. die ähnliche Beobachtung in Luthers Auslegung des Schöpfungsartikels des Glaubensbekenntnisses bei Anm. 45 (S. 73).

9   Hierzu weiter bei Anm. 58 (S. 75).

10   In seiner Auslegung von Gen 1–3 stellt Luther zwar damals gängige Erklärungsmuster vor, weigert sich jedoch häufig, konkret Stellung zu beziehen und sich mit scholastischen Positionen auseinanderzusetzen; siehe u.a. WA 42, 14,12–15 (zu Gen 1,3), zit. im Kontext Anm. 269 (S. 228).

11   Vgl. Winfried Krause, Hermeneutische Beobachtungen in Luthers Genesisvorlesung, 3–7.

12   Luther, seit Ende der zwanziger Jahre häufig krank, nahm schon vor Beginn der Auslegung an, dass die Vorlesung seine letzte Lehrveranstaltung sein würde. Bereits die Auslegung von Psalm 90 begann er 1534 mit dem Hinweis, er werde nach deren Beendigung die restlichen Jahre seines Lebens der Auslegung der Bücher Mose widmen (WA 40/III, 484,20f. [Vorwort; Enarratio Psalmi XC]). Sein Gesundheitszustand muss sich in deren Verlauf verschlechtert haben, denn ein Jahr später spricht er nicht

creatio ex nihilo als seinem *eigenen* Erschaffenwerden aus dem Nichts.
M.E. wäre es nicht zu viel zu sagen, dass Luther die Auslegung der Genesis als ›Bereitung zum Sterben‹ im Rahmen einer klassischen ars moriendi
sah;[13] er spürt, wie die Kräfte abnehmen, fühlt sich 1535 »altersschwach«[14]
und ist häufiger krank, setzt sich immer mehr mit seinem Tode auseinander,[15] möchte jedoch sein Alter nicht nutzlos beschließen.[16] Sichtbar wird
der persönliche Charakter der Vorlesung etwa darin, dass Luther eine
Veröffentlichung der Vorlesung ursprünglich nicht beabsichtigt hatte;[17]
das Motiv Luthers, die Vorlesung zu halten, war das »Lob Gottes«[18].
Hinzu kommt, dass für Luther das Ende der Welt nahe war.[19] Die Betonung der creatio ex nihilo nicht als vergangenes, sondern als gegenwärti-

---

mehr im Plural von den »Büchern des Mose«, sondern nur noch von einer geplanten
Auslegung der Genesis vor seinem Tode (WA 40/III, 593,33–35 [Nachwort; Enarratio Psalmi XC]). Auch in der Genesisvorlesung selbst spricht Luther mehrmals von
seinem eigenen Tode; in eindrücklicher Anlehnung an Ps 118,17 und Lk 2,29 beispielsweise in WA 42, 634,1–7 (zu Gen 17,8).

[13] Siehe besonders die Schlussworte der unmittelbar vor der Genesisvorlesung abgehal-
tenen Psalmenvorlesung (WA 40/III, 593,32–35 [Enarratio Psalmi XC; 1534/35]).
Die Meditation von Bibeltexten ist fester Bestandteil christlicher ars moriendi; vgl.
etwa die Verwendung von Schriftzitaten in Luthers Sermon von der Bereitung zum
Sterben (WA 2, 685–697, 1519).

[14] Martin Brecht, Martin Luther, Bd. 3, 34. Dort zahlreiche Nachweise für Luthers ge-
sundheitliche Schwäche in diesem Jahr.

[15] WA 42, 1,9 (Vorwort Luthers): »ut decessurus invenirer in grege [...]«. Häufig kommt
Luther in der Vorlesung auf seinen Tod zu sprechen; etwa WA 42, 274,33f. (zu Gen
6,3): »Quid futurum est nobis mortuis?«; WA 42, 255,18–22 (zu Gen 5,21–24): »Si
mihi intra sex menses moriendum esset, vix haberem satis temporis ad condendum
Testamentum. Admonerem enim homines de summa praedicationis meae, hortarer
et urgerem, ut in ea perdurarent, Quantum animo praevidere possem, monerem, ut
caverent scandala doctrinae. Haec non uno die, nec mense uno possunt absolvi«; WA
42, 526,16 (zu Gen 14,8–13): »Accidet autem idem Germaniae me mortuo, [...]«; WA
43, 360,5f. (zu Gen 25,7–10): »Sic nos moriemur in pace, antequam veniat malum
et calamitas super Germaniam«; WA 43, 463,3–5 (zu Gen 26,9–11): »Quia post
meam mortem multi meos libros proferent in medium, et inde omnis generis errores
et deliria sua confirmabunt«; WA 44, 92,38–41 (zu Gen 32,21–24): »Neque etiam
me aut Pomerano sublato, omnes pios et bonos rebus humanis exemptos cogitabitis,
unser Herr Gott hat mehr fromme leut. Sed tamen pii sunt miracula in mundo et dona
Dei: quia maxima pars est impia.« Auffällig ist der im Laufe der Vorlesung immer
schwermütiger werdende Grundton Luthers.

[16] »[...] ne desidiosa et prorsus inutili senectute mortem corporis huius finirem«, WA 42,
1,6f. (Vorwort Luthers).

[17] WA 42, 1,2f. (Vorwort Luthers): »Lectiones meas in Genesin non in hoc institui, ut
cogitarem aliquando edendas et invulgandas esse«.

[18] WA 42, 1,7f. (Vorwort Luthers): »sicut Psalmus me excitavit: ›Psallam Deo meo,
quamdiu fuero‹ [Ps 146,2].«

[19] Etwa WA 43, 39,10–12 (zu Gen 18,20f.): »Id cum ab initio mundi sit factum, multo
magis fit nunc in hoc mundi delyrio et extrema senecta«; WA 42, 271,4f. (zu Gen
6,1f.): »Hoc ab initio Mundi sic factum est et experimur nunc in fine Mundi idem
fieri«; WA 44, 309,6 (zu Gen 38,1–5): »[...] quam in hac extrema mundi senecta«;
WA 44, 560,36–38 (zu Gen 43,32): »Ibi nulla est spes emendationis, sed ferenda haec
dissolutio morum est in hac extrema delirantis mundi senecta.«

ges Geschehen nimmt Luther selbst in diesen Vorgang mit hinein. Luther stellt sich die Frage, welche Relevanz das in der Genesis geschilderte Schöpfungshandeln Gottes für ihn selbst besitzt. Dieser persönliche Lebensbezug der creatio ex nihilo stellt das eigene vergangene, gegenwärtige und vor allem künftige Nichts des drohenden Todes der eigenen Person der Schöpferkraft Gottes ex nihilo gegenüber und scheint einer der Beweggründe Luthers bei der Vorlesung zu sein. Der persönliche Charakter der Vorlesung tritt auch sonst deutlich hervor: Luther erzählt in ihr ausgesprochen häufig von seiner eigenen Lebenswelt[20] und damit implizit von Gottes Schöpfungshandeln in dieser. Damit korrespondiert die persönliche Form der Vorlesung mit dem persönlichen Charakter der creatio ex nihilo. Indem Luther den Genesistext auslegt und auf sich selbst bezieht,[21] scheint er Trost zu schöpfen. Das eigene Nichts sieht Luther beantwortet mit dem göttlichen Wort, das aus diesem Nichts ihn – Luther – einst geschaffen hat, ihn ex nihilo gerechtfertigt hat und ihn demnach wieder zum Leben bringen kann und wird. Die Schöpfungsgeschichte ist die Erzählung seiner *eigenen* Erschaffung, da jenes Schöpferwort auch ihn geschaffen hat. Und so wie er sich selbst in diese Urgeschichte hineingestellt sieht, so stellt er sich selbst auch in die weiteren Geschichten der Genesis hinein.

Durch diesen persönlichen Charakter ist die Vorlesung neben ihrer Aufgabe als Exegese der Genesis ebenso interessant als Sittengemälde des 16. Jahrhunderts; Luther bringt die ganze Lebenswelt seiner Zeit in die Vorlesung hinein, geht etwa auf politische Ereignisse und Alltagsgeschehnisse ein, auf Volksglauben, Krankheiten, Sprichwörter und Anekdoten.

2. Luthers Gewichtung des Genesistextes

Untersucht man Luthers Gewichtung der einzelnen Kapitel, so fällt auf, dass die Bearbeitungslängen erheblich voneinander abweichen; Luther hatte kein Interesse an einer gleichmäßigen Exegese der Genesis. Seine

---

[20] Luther füllt die Vorlesung mit persönlichen Erzählungen und Bemerkungen. Es finden sich etwa persönliche Schilderungen seiner Kindheit (WA 44, 548,12–32 [zu Gen 43,23]; Schulzeit (WA 44, 112,17–21 [zu Gen 32,31f.]), Jugend (WA 42, 154,40 – 155,2 [zu Gen 3,17]), Studienzeit (WA 42, 584,1f. [zu Gen 16,4]), seines Klostereintritts (WA 44, 782,9–15 [zu Gen 49,13]; WA 44, 711,38 – 712,5 [zu Gen 48,20]), seiner Klosterzeit (WA 44, 213,5–7 [zu Gen 36,2f.]; WA 44, 532,1–5 [zu Gen 43,6]), seines ersten Messdienstes (WA 43, 382,1–6 [zu Gen 25,21]) und eigenen Ablassverkaufs (WA 44, 775,14–22 [zu Gen 49,11f.]), seiner gegenwärtig noch andauernden Gewissensqualen wegen der vermeintlichen Werkgerechtigkeit seiner Mönchszeit (WA 43, 615,25–41 [zu Gen 29,1–3]) und seiner noch immer gegenwärtigen und bleibenden Scheu, Christus ›anzusehen‹ (WA 44, 767,18–20 [zu Gen 49,11f.], zit. Anm. 163 [S. 214]).

[21] Exemplarische Stellen bei Peter Meinhold, Die Genesisvorlesung Luthers, 152, Anm. 9.

Schwerpunktsetzungen sind dergestalt, dass nur wenige Kapitel durchschnittliche Bearbeitungslängen haben und auffällige Über- oder Unterlängen vorliegen.[22]

Nicht verwunderlich ist, dass Kapitel, die lediglich chronologischen bzw. »berichtenden« Charakter haben, wie etwa Kapitel 5 und 10, kaum eine Bearbeitung erfahren. Zurückhaltend ist Luther ebenso bei der Auslegung allegorischer Kapitel wie etwa Josephs Traumdeutungen (Kap. 40). Es erstaunt jedoch, dass die Sintflutgeschichte kaum Beachtung findet und selbst ihr entscheidendes Kapitel 9 lediglich durchschnittliche Länge einnimmt. Auffallend ist erst recht, dass die Abrahamsgeschichte, abgesehen von Luthers Auslegung von Kapitel 17, lediglich unterdurchschnittliche Bearbeitungslänge erfährt.[23]

Vergleichen wir die Auslegungsschwerpunkte Luthers mit den Stellen der Vorlesung, in denen Luther besonders auf die Schöpfung aus dem Nichts eingeht, so liegen ähnliche Gewichtungen vor. Dies legt nahe anzunehmen, dass das Thema der creatio ex nihilo bestimmenden Charakter bei der Auslegung einnimmt. Schwerpunkte seiner Auslegung sind etwa der Konflikt zwischen Kain und Abel und die Erwählung des Jüngeren, Isaaks biologisch nicht nachvollziehbare Geburt, dessen verhinderte Opferung als Zeichen göttlicher conservatio, die Gegenüberstellung von Jakob und Esau und schließlich die extensive Josephsgeschichte mit ihren Kontrastbildern: Lieblingssohnschaft und Gefangenschaft im Brunnen, Verkauf und Haushalterschaft, Gefängnisaufenthalt und schließlich einflussreiche Vertrauensstellung beim Pharao. In allen diesen Perikopen thematisiert und entfaltet Luther seine Lehre von der Schöpfung aus dem Nichts.

3. Historische Einordnung des Textes

Luthers Große Genesisvorlesung ist die längste und zugleich letzte Vorlesung seines Lebens: Zehn Jahre lang – zwanzig Semester, fast ein Drittel seiner Lehrtätigkeit – führt der Alttestamentler Luther 1535–1545 mit

---

[22] Die durchschnittlich etwa 43 WA-Seiten pro Genesiskapitel sind daher kaum aussagekräftig. Vergleicht man die einzelnen Kapitel, so ergibt sich – bei relativ gleicher Länge der biblischen Kapitel – folgendes Bild: Durchschnittliche Bearbeitungslänge (ca. 35–50 Seiten) haben die Kapitel 2, 9, 20, 29, 30, 35, 39, 43, 47, 48. Über diese ragen hinaus (ca. 51–60 Seiten) die Kapitel 1, 6, 12, 19, 24, 28, 32, 45. Oberwerte (über 61 Seiten) besitzen die Kapitel 3, 4, 17, 21, 22, 25 (79 Seiten), 26, 27, 31, 37, 41, 42. Unterdurchschnittlich bearbeitet (ca. 25–34 Seiten) sind die Kapitel 13, 14, 15, 38; schwach (unter 25 Seiten) sind Kapitel 5, 7, 8, 10 (15 Seiten), 11, 16, 18, 23, 33, 34, 36, 40, 44, 46. Spitzenlänge hat Kapitel 49 mit 90 Seiten Bearbeitung, im doppelten Sinne ›Schlusslicht‹ ist Kapitel 50 mit lediglich 11 Seiten.

[23] Dies setzt Fragezeichen an Martin Brechts These (Martin Luther, Bd. 3, 142), dass die »eigentliche Mitte der Genesisvorlesung [...] sichtlich die in paulinischen Kategorien gedeutete Abrahamsgeschichte« bilde.

mehreren Unterbrechungen durch das erste Buch des Alten Testaments, das er Zeit seines Lebens besonders schätzte.[24] Drei Monate vor seinem Tode kann er am 17. November 1545 die Vorlesung abschließen.

Die Große Genesisvorlesung kann – neben den Schmalkaldischen Artikeln und der Großen Galaterbriefvorlesung – als wichtigstes Werk der Spätphase Luthers gelten. Seine systematische Intensität lässt sich mit der gedanklichen Schärfe und theologischen Tiefe der Frühschriften vergleichen. Die an die Auslegung des Genesisbuches gebundene thematische Extensität führt den Alttestamentler Luther durch alle theologischen Loci, und die temporale Extensität von zehn Jahren gibt Luther genügend Raum, abschließend seine Lehre zu entfalten und diese gleichsam kompendienartig und testamentarisch im Bewusstsein seines kommenden Todes zusammenzufassen. Die Vorlesung ist bewusst als letzte Lehrveranstaltung geplant und gestaltet.

---

[24] WA 44, 234,2 (zu Gen 37,1): »Ut autem in scriptura sancta nihil pulchrius est tota Genesi.«; WA 42, 37,1–3 (zu Gen 1,20): »Pertinet igitur hoc quoque ad dignitatem huius libri [sc. Genesis], qui tam varie Dei potentiam nobis ostendit, qua omnia creavit super omnem rationem et intellectum.« Die Tiefe dieses Buches verbietet eine umfassende und endgültige Auslegung: »Neque in Ecclesia hactenus quisquam extitit, qui satis dextre ubique omnia explicaret.« WA 42, 3,22f. (zu Gen 1; Enarratio). Nicht zuletzt ekklesiologische Gründe stehen hinter Luthers Hochschätzung der Genesis: »Merito igitur Ecclesia hunc librum semper fecit plurimi. Hoc enim amisso, quae Ecclesiae ratio fuisset per duo milia annorum, ignoraretur.« WA 42, 428,4f. (zu Gen 11,26). Vgl. WATR 4, 594,7–9 (Nr. 4964; Mai-Juni 1540): »Genesis ist das rechte buch. Das soll man lesen vnd leren. Ibi videmus antiquissimos patriarchas consentire nostrae fidei.«
Überhaupt übertrifft Luthers Beschäftigung mit dem Alten Testament die mit dem Neuen um ein Vielfaches; insbesondere Luthers konstante Beschäftigung mit der Genesis bzw. dem Pentateuch zeigt sich deutlich: Bereits 1519–(?)1521 finden wir Luthers Scholia in librum Genesis über die Kapitel 1–34 vor (WA 9, 329 – 415). Gleichzeitig hält Luther zwischen Okt. 1519 und März 1521 etwa 45 Predigten in loser Folge über Gen 8–31 (WA 9, 416 – 616). Eine weitere Genesispredigtreihe mit über sechzig Predigten, diesmal jedoch straff und über alle fünfzig Kapitel, führt Luther nach dem Jahr auf der Wartburg und einigen neutestamentlichen Predigten von März 1523 bis Sept. 1524 durch (WA 14, 92 – 488). Diese Predigtreihe erscheint 1527 erst in einer in Hagenau gedruckten lateinischen (In Genesin Declamationes; auf weite Strecken identisch mit der Vorlage), dann in einer in Wittenberg gedruckten freieren deutschen Bearbeitung (Über das erste Buch Mose. Predigten). Beide (WA 24, 1 – 710) wurden nicht von Luther selbst vorgenommen, jedoch schickte er kurze Empfehlungen voraus. Fast nahtlos schließt sich Okt. 1524 – Feb. 1527 eine mit etwa 65 Predigten unregelmäßig geführte Exoduspredigtreihe an (WA 16, 1 – 646; Ex 1–34), Apr. 1527 – Dez. 1528 folgen lediglich etwa 30 Predigten, Leviticus und Numeri auslegend, da der Stoff der beiden Bücher sich nur bedingt für Gemeindepredigten eignet (WA 25, 411 – 517), und Feb. 1529 – Dez. 1529 schließt eine Deuteronomiumpredigtreihe, die Luther jedoch schon bei Kap. 9 abbricht, die insgesamt achteinhalbjährige Pentateuchauslegung in seinen Nachmittagspredigten ab, wobei etwa drei Jahre davon auf die Genesis fallen. 1535 folgt schließlich bis 1545 die Große Genesisvorlesung. Vgl. Heinrich Bornkamm, Luther und das Alte Testament, 229.

4. Rekonstruktion des Vorlesungsverlaufs

Theologische Erkenntnisse entstehen nicht im luftleeren Raum, sondern sind abhängig von geschichtlichen Ereignissen, inneren und äußeren Entwicklungen und Konflikten. Oft sind gerade Konflikte und Anfechtungen bei Luther der Nährboden, aus dem theologische Erkenntnisse hervorgehen und zur Blüte kommen. Um den ›Sitz im Leben‹ der systematischen Ausführungen Luthers feststellen zu können, ist es zunächst notwendig, den genauen Zeitplan der Vorlesung zu eruieren. Georg Rörers voluminöse Nachschrift der Vorlesung, »eine der Hauptgrundlagen für die Nürnberger Herausgeber«[25], ist leider nach deren Drucklegung in Nürnberg verschwunden, sodass auf Rörers üblicherweise vermerkte Tagesangaben zu jeder neuen Vorlesungsstunde[26] nicht mehr zurückgegriffen werden kann. Obwohl die Vorlesung eine große Zahl an Zuhörern hatte und regen Zuspruch erfuhr,[27] sind gleichwohl nur kleine Abschnitte der Mitschriften in handschriftlicher, vom Druck unabhängiger Überlieferung erhalten.[28]

Zahlreiche Vorlesungsunterbrechungen, ein unregelmäßiges Lesetempo und wenige – bisweilen trügerische – zeitliche Fixpunkte im Text machen es schwierig, den präzisen Verlauf der Vorlesung nachzuzeichnen. Ein ungefährer Zeitplan der Vorlesung ergibt sich, wenn man Tischreden und Briefe Luthers sowie weitere Quellen heranzieht.[29]

Am Dienstag,[30] dem 1. Juni 1535,[31] unmittelbar nach Beendigung der Auslegung des 90. Psalms[32] am Vortag, beginnt Luther mit der Vorlesung. Zü-

---

[25] WABR 14, 186.
[26] WA 26, 3. Vgl. etwa Rörers Datierungen innerhalb der Großen Galaterbriefvorlesung WA 40/I, 33 – 688 ([1531] 1535), z.B. aaO., 51,10; 72,4; 98,1; 115,3.
[27] Meinhold, Die Genesisvorlesung Luthers, 451.
[28] Vgl. WA 59, 397f.
[29] Der Versuch einer Rekonstruktion der Chronologie findet sich neben WA 42, VIIf. (von 1911) und WA 59, 391–394 (von 1983) bei Peter Meinhold, Die Genesisvorlesung Luthers, 127–141, sowie Hans-Ulrich Delius, Die Quellen von Martin Luthers Genesisvorlesung, 9–11. Alle haben ihre Defizite: WA 42, VIIf. wird nach siebzig Jahren durch WA 59, 391 – 394 präzisiert. WA 59, 391 – 394 ist in seiner tabellarischen Präsentation recht knapp, Grundlage sind die Recherchen Meinholds, dessen Angaben jedoch mehrmals berichtigt und neu datiert werden müssen. Meinholds Sekundärliteratur ist zudem veraltet, und seine Lutherzitate sind bisweilen unpräzise, z.T. weil ihm Weimarana Briefbände noch nicht zur Verfügung standen, da diese noch nicht ediert waren (z.B. Peter Meinhold, Die Genesisvorlesung Luthers, 134, bei Anm. 53). Delius, der in seiner Darstellung ab 1541 äußerst kurz wird, stützt sich, auch in den Nachweisen, hauptsächlich auf Meinhold und folgt diesem; sein Bezug auf das Korrektiv WA 59 bleibt dagegen pauschal. Einige im Folgenden benannte wie ausgewertete Hinweise Luthers bleiben zudem von allen vieren in deren Zeittafeln unbeachtet.
[30] Die üblichen Vorlesungstage Luthers waren Montag bis Mittwoch bzw. nur Montag und Dienstag. Die Tageszeit dagegen variierte: um 1517 las Luther von 13–14 Uhr, 1527 von 9–10 Uhr und um 1542 von 15–16 Uhr. Hans von Schubert, Allgemeines über Luthers Vorlesungstätigkeit, 21f. Vgl. WA 26, 3; Nachweise auch WA 59, 390.

gig kommt er vorwärts, denn als nach sechs Wochen Lesung die Universität
Wittenberg wegen der herannahenden Pest am 19. Juli nach Jena verlegt
wird,[33] ist Luther bereits bei der Auslegung von Gen 3,14.[34] Irreführend ist
ein in der Auslegung von Gen 2,2 gegebener Hinweis, Luther sei »sechzig«
Jahre alt.[35]

Wann die Universität nach Wittenberg zurückkehrte und den Lehrbetrieb
dort wieder aufnahm, lässt sich nicht mehr präzise feststellen; es sieht so aus,
als habe Luther die Vorlesung erst am 25. Januar 1536 mit der Auslegung
von Gen 3,15 wieder aufgenommen.[36] Die thematische Konzentration auf
die Themen »Trost« und »Hoffnung« in der Auslegung von Gen 3,15 könnte
auch die Stimmung der Universität Wittenberg widerspiegeln, die durch die
Pest sehr belastet worden war.

Einige Hinweise der Vorlesung, die auf den ersten Blick für eine Datierung
einzelner Abschnitte geeignet scheinen, stellen sich als falsch heraus: Es sind
Anachronismen, die nachträglich entweder von Luther selbst[37] oder von den
Herausgebern in den Druck eingefügt wurden und damit für eine Datierung
unbrauchbar sind. Beispielsweise findet sich in der Auslegung von Gen 4,10,
in der eine Reihe evangelischer Märtyrer aufgelistet werden, der Hinweis
auf den Tod Robert Barnes', eines ehemaligen englischen Gastes in Witten-

---

31 Als Beginn der Vorlesung gibt die Weimarer Ausgabe (WA 42, VII) den 3. Juni an.
    Richtig ist der von Peter Meinhold (Die Genesisvorlesung Luthers, 128) und Hans-
    Ulrich Delius (Die Quellen von Martin Luthers Genesisvorlesung, 8) favorisierte 1.
    Juni, da der 3. Juni ein Donnerstag war und daher als Vorlesungstermin unwahr-
    scheinlich ist.

32 WA 40/III, 484 – 594 (Enarratio Psalmi XC; 1534/35).

33 WABR 7, (206 – 208) 206f. (Nr. 2209; Luther an Kurfürst Johann Friedrich; 9. Juli
    1535); CR II, 890 (Nr. 1285; Der Rektor der Universität Wittenberg an die Studenten;
    18. Juli 1535). Bereits 1527 war die Universität schon einmal wegen einer Pestepide-
    mie zum Teil nach Jena ausgewichen; WABR 4, 227f. und Luthers Schrift »Ob man
    vor dem Sterben fliehen möge« (WA 23, 323 – 386).

34 WA 42, 136,21 – 140,42. Luthers vorbereiteter Entwurf (WA 42, XIX – XXV) könnte
    ein Grund für das rasche Vorwärtskommen gewesen sein. Diese Präparationen bre-
    chen, wie Veit Dietrichs Notizen, mit Gen 3,14 ab. Vgl. die Anmerkung zu Zeile 9 in
    WA 42, XXV mit der Anmerkung zu Zeile 9 in WA 42, 137.

35 Mehrmals und an verschiedenen Stellen der Vorlesung bemerkt Luther, dass er sech-
    zig Jahre alt sei. Es wird sich wohl um eine pauschale Altersangabe handeln, die für
    eine präzise Datierung einzelner Vorlesungsabschnitte schwerlich brauchbar ist. Siehe
    neben WA 42, 57,34f. (zu Gen 2,2) zudem WA 43, 481,4f. (zu Gen 26,24f.): »Sic ego
    vixi annos sexaginta, [...]« und WA 43, 684,3 (zu Gen 30,29): »Ego ipse iam sexa-
    genarius [...].« Die beiden letzteren Stellen legen nahe, dass Luther – 1483 geboren –
    Gen 26 bis 30 zwischen dem 10. November 1543 und dem 9. November 1544 aus-
    gelegt hat. Dies ist jedoch aufgrund des hier dargestellten Zeitplanes kaum möglich.
    Die erste Angabe (WA 42, 57,34f.) in der Auslegung von Gen 2,2 ist erst recht unzu-
    treffend. Vgl. Luthers Unterhaltung mit Melanchthon über sein Alter zwischen April
    und Juni 1542, wo Luther ebenso auf der 60 beharrt, WATR 5, 138,35 – 139,3 (Nr.
    5428): »Dornach redten die hern, wie alt sie warn. Do sagte der Doctor: Ich bin itzo
    60 jar alt. – Sprach Philippus: Nein, Her Doctor, ir seidt erst 58 jar alt; das hat mir
    eur mutter gesagt. – Sprach der Doctor: Ir must mich nicht zeu jung machen! Ich bin
    gewißlich 60 jar alt. – Aber Philippus wolts nicht zcugeben.«

36 WA 42, 141ff. Vgl. Peter Meinhold, Die Genesisvorlesung Luthers, 129f.

37 Band 1 des Drucks, der bis Gen 11,26 reicht, lag Luther zur Korrektur vor.

berg.[38] Dieser Hinweis kann so in der Vorlesung nicht gegeben worden sein, da Barnes erst 1540 hingerichtet wurde,[39] die Auslegung von Gen 4,10 jedoch schon Anfang 1536 stattfand. Einen weiteren Anachronismus finden wir in der Auslegung von Gen 9,3, wo auf eine Dürre im Jahr 1540 und auf starke Regenfälle in den beiden folgenden Jahren hingewiesen wird;[40] Luther hatte Gen 9,3 jedoch bereits im Herbst 1536 ausgelegt. Ähnlich steht es mit einem Hinweis auf schwere Heuschreckenplagen im Jahr 1542, der ebenfalls in der Auslegung von Gen 9,3 gegeben wird.[41]

Nach der Rückkehr der Universität aus Jena kommt Luther erneut rasch vorwärts: Über Noahs Trunkenheit in Gen 9,20–22 liest Luther zwischen dem 27. Oktober und dem 4. Dezember 1536; eine datierte Tischrede berichtet über Luthers Absicht, am Vorabend der Vorlesung dem Alkohol etwas mehr zuzusprechen, um am folgenden Tag den Bibeltext als Experte (»expertus«) verständiger auslegen zu können.[42] Wohl Ende 1536 oder Anfang 1537 nimmt Luther in der Auslegung von Gen 11,31 Bezug auf Auseinandersetzungen um das Abendmahl.[43]

Die erste Hälfte des Jahres 1537 ist ungünstig für den Fortgang der Vorlesung: Der am 7. Februar 1537 beginnende Bundestag des Schmalkaldischen Bundes, zu dem Luther am 31. Januar abreist, erfordert dessen Anwesenheit.[44] Das ihn dort plagende schwer wiegende Harnsteinleiden[45] schränkt nicht nur seine Teilnahme ein, sondern ist derart lebensbedrohlich,[46] dass sich

---

[38] WA 42, 213,2–4 (zu Gen 4,10): »Non tacet sanguis nostri Antonii Angli, ab Anglis suis crudeliter et indicta causa interfecti.« Barnes (1495–1540), genannt Antonius Anglus, war durch Wittenberger Studienaufenthalt Luther gut bekannt und zeitweise dessen Haus- und Tischgenosse. Barnes wurde am 30. Juli 1540 in Smithfield (London) gemeinsam mit zwei Protestanten und drei Altgläubigen verbrannt. Vgl. WA 51, 445. 449 – 451 (Robert Barnes, Bekenntnis des Glaubens [Vorrede Luthers]; 1540).

[39] Luther schrieb 1540 ein Vorwort zu dem Bekenntnis, das Barnes vor seinem Feuertod abgelegt hat; WA 51, 449 – 451 (Vorrede Luthers zu Robert Barnes Glaubensbekenntnis; 1540). Möglicherweise hat Luther selbst, bestürzt über die Hinrichtung seines ehemaligen Mitbewohners (WA 51, 449,7f.: »unser guter, fromer tischgeselle und hausgenosse«), seinen Namen in die Märtyrerauflistung nachträglich eingefügt, um »Sanct Robertus« (WA 51, 449,23) und dessen Tod auch in der Vorlesung zu würdigen.

[40] WA 42, 357,38f. (zu Gen 9,3): »Sicut fuit ingens siccitas anno 1540. Et sequentibus duobus annis fere continuae pluviae.«

[41] WA 42, 357,33f. (zu Gen 9,3): »Locustae populantes late agros anno 42. per Poloniam et Silesiam etc.«

[42] WATR 3, 344,19–21 (Nr. 3476): »Cras legere debeo de ebrietate Noah; ergo hac vespera satis bibam, ut deinde expertus de re mala loqui possem. – Respondit Doctor Cordatus: Nullo modo!«

[43] WA 42, 435,(1–5)1f. (zu Gen 11,31f.): »Sacramentarii Zwinglius, Oecolampadius et similes pugnant [...].«

[44] WABR 7, 620f. (Nr. 3122; Brief von Kurfürst Johann Friedrich an Luther, Bugenhagen und Melanchthon; 31. Dezember 1536), bes. 621,17–23.

[45] Martin Brecht, Martin Luther, Bd. 3, 185–189.

[46] Auch unorthodoxe Heilmittel, so Martin Brecht (Martin Luther, Bd. 3, 186), wie eine »Brühe aus Mandeln« oder Medizin, »hergestellt aus Knoblauch und Roßmist«, konnten keine Linderung schaffen; Luthers Zustand wurde »zunehmend kritisch«, er »wollte schließlich lieber sterben.« Luther rechnet mit seinem Tode; siehe Luthers Brief vom 27. Februar an Käthe (WABR 8, 51,8f. [Nr. 3140]): »Summa, ich bin tot

seine Rückkehr hinschleppt: Erst am 14. März ist Luther wieder in Wittenberg. Durch weitere Reisen – im April etwa ist er mit Melanchthon zu Verhandlungen in Torgau[47] – verzögert sich Luthers Aufnahme der Vorlesung bis Anfang Juli 1537.[48] Während der zweiten Hälfte von 1537 kann Luther dagegen regelmäßiger lesen, wobei er gesundheitlich noch nicht wieder hergestellt ist.[49]

Anfang 1538 ist Luther bei Gen 17[50] angelangt und mit sich und der Vorlesung unzufrieden; sie sei, auch wenn andere sie loben würden, »zu schwach«, eine »tumultaria et imperfecta lectio«[51]. Auch dieses Jahr ist reich an Unterbrechungen: Die Sommermonate über erneut ernsthaft krank[52] und bis in den Winter durch Depression und Erschöpfungszustände gebremst,[53] nimmt Luther am 2. März 1539 die Präparation der Vorlesung bei Kapitel 19 wieder auf,[54] welches er vielleicht jedoch schon 1538 begonnen haben könnte.[55]

---

       gewest und hab dich mit den Kindlein Gott befohlen [...].« Sein Testament vom 28(?). Februar siehe WABR 8, 55,1 – 56,36. Vgl. WATR 3, 394,9f. (Nr. 3543; 28. Feb. 1537).

47   Martin Brecht, Martin Luther, Bd. 3, 199. Vgl. WATR 3, 631,20 – 632,4 (Nr. 3810; 3. April 1538).

48   Am 5. Juli 1537 schreibt Luther an Bugenhagen in Kopenhagen, dass er wieder lese. WABR 8, 96,13 (Nr. 3160): »Ego coepi rursum concionari et legere, [...].« Vgl. WA 59, 392. Luther beginnt zu lesen, obwohl er nicht vollständig gesundet ist (vgl. WATR 3, 428,21–33 [Nr. 3580; 28. März bis 27. Mai 1537]). Siehe Martin Brecht, Martin Luther, Bd. 3, 229. Vgl. Helmar Junghans, Luther in Wittenberg, 25f. und 33f.

49   Siehe WA 47, 133,30; 134,1–3 (Auslegung von Joh 3f.; 21.12.1538) und WATR 3, 491,30 – 492,3 (Nr. 3655a).

50   WATR 3, 575,7 – 576,14 (Nr. 3731; 3. Feb. 1538); WATR 3, 663,34–40 (Nr. 3858; 27. April 1538).

51   Im Mai 1538 WATR 3, 689,6–15 (Nr. 3888): »Praelectionis in Genesin recordabatur quidam, necessarium et utile esse, ut ederetur. Respondit Lutherus: Est tumultaria et imperfecta lectio, qua aliis do ansam cogitandi; ideo non esset consultum, ut in publicum prodiret. Es ist zu schwach. Nam unum opus totum hominem requirit, ego autem occupatus, pluribus intentus non possum satisfacere. Dan viel thun vnd wol thun schickt sich nit zusammen. Non est continuus sensus occupatus variis negotiis, et Cicero conqueritur, quod corruptam ideam non facile potuerit restituere. Es ist miseria in hac vita.« Vgl. WATR 4, 543,3–5 (Nr. 4845), Luther zu Rörer beim Erhalt der ersten Druckfahnen: »Lieber, seit zw friden mit disem buch. Es ist vil zw schwach. Moses ist nit ein schlechter prophet; er wil sehr wol außgeerbt [sc. ausgearbeitet] sein. Ich hab im nit genug gethan.«

52   Luther litt an der Ruhr. Martin Brecht, Martin Luther, Bd. 3, 230.

53   WATR 4, 111,7–10 (Nr. 4067; 14./15. Okt. 1538): »Illo die [14.10.1538] Lutherus satis valetudinarius dixit de depositione tabernaculi sui, den er konte nimmer, er hett das sein gethan, Gott wurde annder nach im erwecken, es wer mit im auß«. Siehe WATR 4, 459,17–20 (Nr. 4736; 1. Februar 1539). Luther brieflich an Melanchthon WABR 8, 379,38–40 (Nr. 3305; 2. März 1539): »Super his et aliis infinitis beneficiis Dei consolemur nos adversus tot indignas contumelias et furias Diaboli et hominum.« WATR 4, 321,30 (Nr. 4454; 30. März 1539): »Ich wolde nur gerne sterben«. Weiter WATR 4, 334,27 – 335,3 (Nr. 4479; 8./9. April 1539); WATR 4, 353,39 (Nr. 4508; 18. April 1539): »Es ist aus mit vns.«

54   WABR 8, 379,41f. (Nr. 3305; an Melanchthon; 2. März 1539): »Ego sic mixtae valetudinis coepi hodie resumptum in Genesi.«. Das verwendete »hodie« zeigt, dass nicht die eigentliche Vorlesung, sondern lediglich die Aufnahme der Vorbereitung gemeint sein kann, denn an diesem 2. März, einem Sonntag, wird Luther nicht gelesen haben. Siehe WABR 8, 381, Anm. 22.

Wohl am 3. März die Vorlesung weiterführend, legt Luther am 17. März Gen 19,23–25 aus[55] und vor dem 26. März Gen 19,27f.[57] Am 8. April steht Luther wohl bei Gen 20,8.[58] Durch eine datierte Marginalnotiz wissen wir, dass Luther am 27. Oktober 1539 mit der Auslegung von Gen 22 beginnt.[59]

Das Jahr 1540 beginnt schleppend; Ende Januar, Anfang Februar ist Käthe schwer krank[60]: Um den 18. Juni herum ist Luther, während Melanchthons lebensbedrohlicher Erkrankung in Weimar, erst bei der Auslegung von Gen 24,15.[61] Von dem langsamen Tempo der Vorlesung entmutigt, möchte Luther diese bei Kapitel 24 abbrechen;[62] es ist Georg Rörer, der Luther zur Weiterführung der Vorlesung ermuntert.[63] Reisen nach Weimar und Eisenach von Mitte Juni bis Anfang August bringen erneut Verzögerungen, sodass Luther am 24. November nicht weiter als bis Gen 25,21 gekommen ist; wir wissen dies aus einem Brief Luthers an Melanchthon, in dem Luther zudem erwähnt, wie er sich mit der Vorlesung quält: »Ich peitsche meinen Mose, und er wiederum peitscht mich.«[64]

---

55 Luther bezieht sich bei der Auslegung von Gen 19,23–25 (WA 43, 86,41f.) auf einen Erdrutsch nahe Neapel bei Puteoli. Erdbeben und Hochwasser suchten Neapel und Puteoli (das heutige Pozzuoli) im Jahr 1538 heim (so Jaroslav Pelikan in Luther's works, Bd. VIII, z. St.).

56 WATR 4, 297,13f. (Nr. 4407; 16./17. März 1539) schreibt Lauterbach: »17. Martii dicebat de horrenda poena Sodomorum, quae nullis verbis exprimi posset«, wobei die folgenden Zeilen selbstständige Nachschriften der Vorlesung zu Gen 19,24f. sind.

57 In der Auslegung von Gen 19,27f. (WA 43, 92,17–20 [zu Gen 19,27f.]) spricht Luther über den gerade abwesenden Melanchthon, der sich von Februar bis April 1539 in Frankfurt/M. zu Friedensverhandlungen (Frankfurter Anstand) aufhält. Am 26. März (WABR 8, 397,3f. [Nr. 3314; an Melanchthon; 26. März 1539]) vermutet Luther – fälschlicherweise –, dass Melanchthon Frankfurt schon wieder verlassen habe.

58 WA 43, 121,12f. (zu Gen 20,8) klagt Luther über sein Steinleiden. Dazu passt WATR 4, 334,27 – 335,3 (Nr. 4479) vom 8./9. April 1539 (da der 8. April ein Dienstag war, wäre dieser wahrscheinlicher). Vgl. WA 59, 392.

59 In dieser Notiz, einer Marginalie neben der Auslegung von Gen 22,1f. (WA 43, 200f., Anm. 2 [zu Gen 22,1f.]), wird festgehalten, dass Luther die Vorlesung am 27. Oktober begann und am Vortag Sebald Münsterer aus Nürnberg bestattete (vgl. WATR 4, 335,18–23 [Nr. 4479]; WA 42, VIII). Münsterer war Rektor der Universität Wittenberg während deren pestbedingter Auslagerung nach Jena 1535 (WABR 7, 206 [Nr. 2209]).

60 WATR 4, 568,13f. (Nr. 4885), siehe v.a. dort auch Anm. 20.

61 WA 43, 326,24–26 (zu Gen 24,15) erwähnt Luther Melanchthons Krankheit und spricht über seine Fürbitte; am 18. Juni schreibt Luther an Melanchthon, dass er für ihn bete (WABR 9, 145, 50f. [Nr. 3501]). Vgl. WABR 9, 137,7–11 (Nr. 3496).

62 WATR 4, 593,5–9 (Nr. 4959): »Ego finiam hoc caput de 24., dixit Doctor, de Abrahamo. Postea volo esse miles emeritus, nam non amplius loqui possum. Legere et scribere possem quotidie mane 3 horas. Si me liberarent his oneribus, ego scriberem commentariolos in tota biblia.«

63 WATR 4, 593,29 – 594,2: »Cum Magister Georgius diceret: Domine Doctor, vos debetis legere! respondit Doctor: Ego non lego vobis et aliis doctis, sed novitiis et theologis, ut possint dicere se audisse Lutherum praelegentem.« Vgl. WA 42, VIII.

64 Luther am 24. November an Melanchthon in Worms: »Ego absentibus vobis interim Moisem meum flagello, et ipse vicissim me flagellat, praesertim in historia Jakob et Esau.« (WABR 9, 278,31 – 279,34 [Nr. 3557]; vgl. WATR 4, 689,24 – 690,10 [Nr. 5164]). Da der 24. November 1540 ein Mittwoch war, wird sich die Notiz wohl

Das Jahr 1541 ist dementsprechend enttäuschend: Luther scheint überhaupt nicht gelesen zu haben,[65] wobei auch seine Predigttätigkeit in diesem Jahr dürftig ist.[66] Anfang Dezember, vermutlich am fünften, fährt Luther mit der Vorlesung fort.[67]

Auch im Jahr 1542 fängt Luther langsam an: Im Januar eine knappe Woche abwesend – er ist mit Melanchthon wegen Amsdorffs Wahl und Ordination zum Bischof in Naumburg[68] –, steht Luther am 18. Februar bei Gen 26,9.[69] Hält man Rückschau, so waren die letzten zwei Jahre äußerst unproduktiv: Von Juni 1540 bis Februar 1542 ist Luther nur um zwei Kapitel, nämlich von Gen 24,15 bis Gen 26,9, vorwärts gekommen. Luther geht es gesundheitlich schlechter, und er liest nur noch selten;[70] gleichwohl steht Luther am 29. Juni bei Gen 28.[71] Irritierend für die Datierung ist, dass Luther in der Auslegung von Gen 28,20–22 Herzog Heinrich von Sachsen zitiert, ohne auf dessen Tod Bezug zu nehmen –, obwohl dieser schon 1541 gestorben war und obwohl eine Erwähnung seines Todes sich thematisch gut angefügt hätte; dennoch: Gen 28,20–22 ist 1542 ausgelegt worden und nicht bereits 1541 vor dessen Tod.[72] Dass Luther Gen 30,29f. nach April

---

auf die beiden vorausgegangenen Vorlesungstage 22./23. November beziehen. Von einer »historia Jakob et Esau« ist erst ab Gen 25,21 zu sprechen (vgl. WA 59, 393).

[65] Vgl. dazu Luthers Gesundheitszustand 1541 in WADB 11/II, LXXXIIf.

[66] Bis zum 16. Januar 1541 predigt Luther sechsmal, einmal noch am 26. Juni (Pr. 1937) und steht dann erst wieder am 25. Dezember auf der Kanzel. Kurt Aland, Hilfsbuch zum Lutherstudium, 257f. Die beiden undatierten Predigten über Psalm 1 (Pr. 1938 u. 1939) scheinen – so Meinhold (Die Genesisvorlesung Luthers, 136, Anm. 65) gegen Aland – »kaum in das Jahr 1541 zu gehören.« 1542 predigt Luther nur zweimal, 1543 lediglich viermal. Meinhold hierzu (Die Genesisvorlesung Luthers, 136): »Wie man allgemein beobachten kann, hält Luther in den Zeiten, in denen er predigt, auch stets Vorlesungen ab.« Vgl. WA 49, X: »Heftige katarrhalische Schmerzen und Schwindelanfälle zwingen ihn [...], fast das ganze Jahr hindurch auf seine Predigttätigkeit zu verzichten [...]. Auch die beiden folgenden Jahre (1542 und 1543) läßt Luthers Gesundheitszustand sehr viel zu wünschen übrig [...].«

[67] Die einzige Erwähnung einer Lesung in diesem Jahr finden wir in einem Brief des Hieronymus Besold, nach dem Tode Veit Dietrichs 1549 Editor der Vorlesung. Besold schreibt am 10. Dezember 1541 an Veit Dietrich in Nürnberg: »D. Martinus Dei benignitate pergit in enarratione genesis, et ante aliquot dies cepit enarrare 26. caput« (Theodor v. Kolde [Hg.], Beiträge zur bayerischen Kirchengeschichte, Bd. 18, 41; vgl. WA 59,393). Peter Meinhold (Die Genesisvorlesung Luthers, 136) sieht in der Hervorhebung des »Dei benignitate pergit« den Hinweis, dass Luther wohl das ganze Jahr nicht gelesen habe. Der 5. Dezember 1541 war ein Montag, also Vorlesungstag.

[68] Martin Brecht, Martin Luther, Bd. 3, 299f.

[69] Vgl. WA 43, 457,32 – 463,2 (zu Gen 26,9) mit WATR 5, 293,5 – 296,35 (Nr. 5658a) vom 18. Februar 1542, einem vom Druck unabhängigen Mitschrieb (vgl. WA 59, 397 [Nr. III, 2]; WA 48, 363f.). Da der 18. Februar 1542 ein Samstag war, vermutet Meinhold (Die Genesisvorlesung Luthers, 136), dass es sich »um das Nachholen einer ausgefallenen Stunde handelt.«

[70] Am 27. Mai 1542 schreibt Philipp Bechius an Oswald Mykonius (abgedruckt in: Theodor Kolde, Analecta Lutherana, 381): »Tertia [sc. Stunden] de Martinum Lutherum genesin Lunae et Martis diebus interpretantem audire soleo, qui, ob adversam valetudinem raro legere consuevit.«

[71] WA 42, VIII. Vgl. Peter Meinhold, Die Genesisvorlesung Luthers, 137.

[72] WA 43, 608,26–28 (zu Gen 28,20–22).

1542 gelesen hat, zeigt die dortige Erwähnung der Auseinandersetzung zwischen Kurfürst Johann Friedrich und Bischof Johann von Maltitz um das Amt Wurzen (Wurzener Fehde),[73] die im April 1542 stattfand. Irgendwann zwischen April 1542 und Juli 1542 bearbeitet Luther Gen 31,22–24 und geht auf den im April 1542 stattgefundenen Reichstag zu Speyer ein.[74] Während dieser Zeit beschäftigt ihn zudem das ständig verschobene Konzil.[75]

In der zweiten Hälfte von 1542 und in der ersten Hälfte von 1543 kommt Luther dagegen gut vorwärts, obwohl er weiter angeschlagen ist.[76] Rörer legt am 14. Juli 1543 Luther Druckfahnen der Genesisvorlesung – den ersten gedruckten Sexternio – vor;[77] es kann also mit Bestimmtheit gesagt werden, dass Luther den Druck des ersten Bandes der Genesisvorlesung – die Auslegung von Gen 1–11 – hat verfolgen können. Am 16. Oktober 1543 steht er bei der Auslegung von Gen 36,20–30; in Greifswald liegt ein Manuskript dieses Vorlesungsabschnittes vor, das auf diesen Tag datiert ist.[78] Der 16. Oktober 1543 ist zudem ein Dienstag, einer der Wochentage, an denen Luther Vorlesungen hielt. Luther hat also in den vergangenen sechzehn Monaten etwa acht bis neun Kapitel geschafft. Luther drängt am 7. November – im Auftrag Rörers – Veit Dietrich, die Veröffentlichung voranzutreiben und mit der Editionsarbeit fortzufahren.[79] Zweimal unterbricht Luther in den nächsten Monaten seine Hauptvorlesung, um zum Kirchenjahr passende Kurzvorlesungen einzuschieben: Die erste Unterbrechung ist bei Kapitel 37 am 17.

---

73 WA 43, 683,17–19 (zu Gen 30,29f.): »Id quod nobis nuper pene usu venisset in tumultu inter duces Saxoniae orto ad oppidum Wurtzen« (vgl. WABR 10, 31–37 [Nr. 3733; 7. April 1542]). Dieser Datierungshinweis etwa fehlt in den gängigen Zeitleisten (s.o. Anm. 29 [S. 23]).

74 In WA 44, 29,9f. (zu Gen 31,22–24) spricht Luther von neun Reichstagen seit der reformatorischen Wiedergeburt des Evangeliums: »Novem conventus acti sunt ab eo tempore, quo coepit Euangelium renasci et adfulgere Germaniae, [...].« Beginnt man mit Worms, so ergibt sich folgende Reihenfolge: Worms (1521), Nürnberg (1522–24; Luther zählt die drei eng beieinander liegenden Nürnberger Reichstage zusammen), Augsburg (1525–26), Speyer (1526), Speyer (1529), Augsburg (1530), Regensburg (1532), Regensburg (1541), Speyer (1542). Luther bezieht sich damit auf den dritten Reichstag zu Speyer (8. Februar bis 11. April 1542). Der zehnte Reichstag wäre der Reichstag zu Nürnberg (21. Juli bis 26. August 1542). Luther hat folglich Gen 31,22–24 zwischen dem 11. April und dem 21. Juli 1542 bearbeitet. Vgl. Armin Kohnle und Eike Wolgast, Art. »Reichstage der Reformationszeit«, TRE, Bd. 28, 457–465.

75 WA 44, 169,(13–21)18f. (zu Gen 35,2). Bereits 1536 finden wir Äußerungen Luthers, in denen er auf ein Konzil hofft, etwa WA 42, 290,39 (zu Gen 6,5f.). Allerdings war er schon damals über dessen Einberufung desillusioniert, WA 42, 276,35 (zu Gen 6,3).

76 Luther im Winter 1542/43 zu Käthe (WATR 5, 222,9–13 [Nr. 5537]): »Ketha, wenn mir morgen nicht besser wirt, so will ich vnsern Hans lassen von Torgau holen, denn ich jhe gern wolt, das er solt bei meim ende sein. – Tum illa: Sehet, Herr, do machet ir euch gedancken! – Respondit Doctor: Nein, Kethe, es ist kein imaginatio.«

77 WATR 4, 543,1f. (Nr. 4845): »Illo die [d.h. der 14. Juli 1534; siehe Tischrede Nr. 4843] Magister Georgius Rorer obtulit Doctori primum sexternionem in Genesin.« Ein Sexternio sind sechs ineinander gesteckte Druckbögen, jedoch ohne einheitliche Größe.

78 WA 48, 358–362 (Greifswalder Handschrift); vgl. WA 44, 221f. (zu Gen 36,20–30). Vgl. WA 59, 397 (Nr. III, 3), WABR 14, 70 (Nr. 149), 138 (Nr. 305).

79 WABR 10, 443,3 – 444,22; bes. 444,3 – 444,2 (Nr. 3935; Luther an Dietrich; 7. November 1543).

Dezember 1543, um des anstehenden Christfestes wegen über Jes 9,1–6[80] zu referieren.[81] In der Passions- und Osterzeit 1544 widmet er sich Jes 53.[82] Beide Texte gehören »zu den gewichtigen Äußerungen von Luthers Spättheologie.«[83]

In der Auslegung von Gen 37,12–14 spricht Luther von einem gegenwärtig einberufenen Reichstag.[84] Es handelt sich um den Reichstag zu Speyer von 1544, der am 20. Februar 1544 eröffnet wurde und bis zum 10. Juni 1544 stattfand.[85] Die Auslegung fällt also in diesen Zeitraum.

Wieder ein Anachronismus: In der Auslegung zu Gen 39,13–15 ist Luthers Hinweis auf Ecks kürzlichen Tod irritierend: »Sicut Eccius nuper dignum factis et dictis exitum invenit, cum sine agnitione et invocatione Dei, mente mota miserabiliter periit.«[86] Dieser kann kaum »nuper« stattgefunden haben, da Eck bereits im Jahr 1543 starb, Luther zu diesem Zeitpunkt jedoch erst bei Gen 36 stand.[87]

Das Jahr 1544 ist trotz des langsamen Jahresbeginns und der Unterbrechungen durch die beiden eingeschobenen Jesajaauslegungen produktiv und fruchtbar: Luther kann regelmäßig lesen. Am 1. Mai[88] erscheint der erste Band der Vorlesung[89] bei dem Wittenberger Drucker Peter Seitz,[90] der Luthers Auslegung von Gen 1–11,26 umfasst und den Luther mit einem kurzen

---

[80] WA 40/III, 597 – 682, bes. 595 (Vorlesung über Jes 9,1–6; Weihnachtszeit 1544).

[81] So vermerkt am 17. Dezember zu Beginn der zur Weihnachtszeit eingeschobenen Jesajaauslegung (»Ideo, si permittit valetudo, suspendam meum Ioseph et loquemur per illos dies de incarnatione filii Dei, omnium maximo benefitio et miraculo«; WA 40/III, 598,1–3). Gen 37 ist terminus a quo, da die Josephsgeschichte Gen 37 beginnt.

[82] WA 40/III, 685 – 746 (Vorlesung über Jes 53; Oster- und Passionszeit 1544); bes. 683f.

[83] Martin Brecht, Martin Luther, Bd. 3, 143.

[84] WA 44, 261,7–12.14 (zu Gen 37,12–14): »Haec lux sublata fuit ex Ecclesia Dei per Pontifices, ita ut nulla amplius cognitio nec creatoris, nec creaturarum manserit apud homines, et conabuntur eam rursus extinguere Episcopi et Monachi, nisi divinitus impia consilia et conatus eorum in conventu Imperii, qui nunc agitur, impediantur. Id enim agent totis viribus, ut restituatur Papatus et Monasteria cum omnibus decretis Pontificis, [...]. Tamen conabuntur fucum facere Caesari, [...].« Diese für die Datierung wichtige Notiz Luthers bleibt in den Zeittafeln von WA 42, VIIf., WA 59,391–394, Meinhold (Die Genesisvorlesung Luthers, 127–141) und Delius (Die Quellen von Martin Luthers Genesisvorlesung, 9–11) unerwähnt.

[85] Armin Kohnle und Eike Wolgast, Art. »Reichstage der Reformationszeit«, TRE, Bd. 28, 465,18. Zu Luthers Bedenken gegenüber dem Reichstag siehe Martin Brecht, Martin Luther, Bd. 3, 351–353).

[86] WA 44, 368,4f. (zu Gen 39,13–15). Diese Äußerung reiht sich ein in die protestantische Polemik zu Ecks Tod.

[87] Siehe Peter Meinhold, Die Genesisvorlesung Luthers, 125f.

[88] WA 42, 428,28 (nach Gen 11,26): »IMPRESSUM VUITTEMBERGAE per Petrum Seitz Anno 1.5.44«.

[89] 1544 bedankt sich Luther bei dem Nürnberger Stadtarzt Johann Magenbuch für Medizin mit der Zusendung des ersten Bandes der Genesisvorlesung mit eigenhändiger Widmung; WABR 10, 575f., bes. 575,9 – 576,2 (Nr. 3992; 15.5.1544): »mitto tibi hunc meum Mosem, id est Genesin, a me in Schola nostra publice explicatum, quantum deus donavit, in memoriale amicitiae et grati ac memoris animi.« Vgl. WABR 10, 562,11–24 (Nr. 3988).

[90] Allein die Tatsache, dass der Band in Wittenberg gedruckt wurde, erhöht die editorischen Einflussmöglichkeiten Luthers und Rörers.

Nachwort abschließt.[91] Luthers Hinweis in der Auslegung von Gen 44,1f. auf eine Krankheit der spanischen Königin bleibt für eine Datierung zu unbestimmt,[92] da Johanna die Wahnsinnige vom Tode ihres Gatten Philipps des Schönen 1506 an bis zu ihrem eigenen Tode 1555 permanent gesundheitlich angeschlagen war.

In seiner Auslegung von Gen 44,18 betont Luther, dass er seit vierundzwanzig Jahren die Macht des Kaisers, der Türken und des Papstes durch seine Gebete aufgehalten habe.[93] Der terminus a quo dieser vierundzwanzig Jahre bleibt von Luther ungenannt. Wenn es sich dabei jedoch um den Wormser Reichstag handelt, was durch die prominente Nennung des Kaisers nahe liegt, dann hätte die Auslegung von Gen 44 im Jahr 1545 stattgefunden. Diese Vermutung wird durch einen Brief Luthers vom 17. Januar 1545 an Wenzeslaus Linck gestützt und präzisiert: »[s]um prope finem Genesis scilicet in Cap. 45.«[94] Er sehnt sich danach, nach Beendigung der Vorlesung oder auch schon vorher zu sterben.[95] Dass Zwingli, wie in Luthers Auslegung von Gen 47,26[96] angedeutet, die Vorlesung in Händen gehabt haben soll, ist völlig unmöglich, starb er doch bereits 1531. In der Auslegung von Gen 48,21, wohl Mitte 1545, spricht Luther von den »nuper« erschienenen und mit kaiserlichem Dekret versehenen Thesen der theologischen Fakultät zu Löwen.[97] Da er diese Thesen spätestens im Mai 1545 erhalten hat und seine Gegenthesen etwa Anfang September fertig gestellt waren,[98] liegt die Auslegung wohl innerhalb dieses Zeitraumes.

Luther schließt die Vorlesung am 17. November 1545[99] mit den Worten: »Das ist nu der liebe Genesis. Unser Herr Gott geb, das andere nach mir besser machen. Ich kan nit mehr, ich bin schwach, orate Deum pro me, das er

---

91 WA 42, 428,18–26 (nach Gen 11,26). Das authentische Nachwort (»Damit sind die Zweifel an der Authentizität des kurzen Nachwortes von Luther zerstreut«; Meinhold, Die Genesisvorlesung Luthers, 122) bestätigt zudem die Möglichkeit, dass Luther bis zu diesem Zeitpunkt selbst korrigierend Einfluss auf die Textgestalt der Vorlesung genommen hat. Damit fällt ein Großteil des von Veit Dietrich edierten Abschnitts unter die Aufsicht Luthers.

92 WA 44, 563,31–33 (zu Gen 44,1f.): »Ita nuper in Hispaniis decumbente regina, adhibiti sunt aliqui se ipsos ferreis scorpionibus flagellantes, ut sanguine suo placarent Deum et impetrarent prorogationem vitae ipsius.«

93 WA 44, 575,21–23 (zu Gen 44,18): »Idem de nostris adversariis et persequutoribus statuendum est. Sicut hactenus sane totos 24. annos oratione repressimus hostilem impetum Caesaris, Turcae, Papae, etc.« Weder Meinhold, Delius, noch WA 42, VIIf. und WA 59,391–394 gehen in ihren Zeittafeln auf diesen Hinweis ein.

94 WABR 11, 20,20f. (Nr. 4069; 17.01.1545).

95 WABR 11, 20,21–23 (Nr. 4069; 17.01.1545): »Dominus det huius vitae mortuae et peccatricis mihi cum finita Genesi finem, vel etiam, si placuerit, ante; id quod orabis pro me.«

96 WA 44, 677,37–40 (zu Gen 47,26).

97 WA 44, 717,21f. (zu Gen 48,21): »Sicut nuper asini Lovanienses ausi sunt defendere purgatorium editis articulis sub sigillo Imperatoris Caroli, [...].« Von den »Eseln« in Löwen und Paris spricht Luther auch in WA 44, 778,34 (zu Gen 49,11–13): »Parisienses vero et Lovanienses asinos conculcabimus, [...].«

98 WA 54, 412–430 (Contra XXXII articulos Lovaniensium theologistarum; 1545), bes. 414f.

99 Hierzu Peter Meinhold, Die Genesisvorlesung Luthers, 8–11.

mir ein gutes, seliges stündlin verleihe.«[100] Allein die Tatsache, dass Luther dieses Vorlesungsjahrzehnt endlich beendet hatte und nicht vorher gestorben war, erregte die Aufmerksamkeit der Freunde und Schüler. Luthers Schlusswort wird bestätigt durch einen Brief Friedrich Mykonius' am 24. Dezember 1545 an Justus Menius: »E Vittemberga accepi Lutherum finisse Genesin et palam dixisse, Er sey müde, konne nimmer, ut orent pro se, ut Deus ei concedat bonam horam mortis«[101].

Luthers Leistung, die Vorlesung doch noch abzuschließen und damit das Werk als Ganzes vorzulegen, ist angesichts seiner körperlichen Verfassung in den letzten Jahren erstaunlich. Im Januar 1546, zwei Monate nach Ende der Vorlesung und einen Monat vor seinem Tode, bezeichnet sich Luther in einem Brief an Jakob Propst in Bremen als »Greis, abgelebt, träge, erschöpft, kalt und einäugig.«[102]

5. Text- und überlieferungsrelevante Bemerkungen

»Fraglos ist diese große Vorlesung ein monumentales Dokument von Luthers Alterstheologie, in dem sich zugleich seine Partizipation an den Entwicklungen, Problemen und Auseinandersetzungen seines letzten Lebensjahrzehnts spiegelt.«[103] So unstrittig die Bedeutung der Vorlesung als Hauptwerk des späten Luther ist, so diffizil ist deren Überlieferung.[104]

Schon bei oberflächlicher Lektüre fällt auf: Die bisweilen eingefügte Anrede an den »Leser«[105] verwischt den Vorlesungscharakter; die Anrede an »Zuhörer« ist dagegen lediglich implizit vorhanden.[106] Die chronolo-

---

[100] WA 44, 825,10–12 (zu Gen 50,24–26). »liebe« wird wohl ein Schreibfehler für »liber« sein oder es muss »Buch« ergänzt werden.

[101] Brief des Friedrich Mykonius an Justus Menius (24. Dezember 1545); in: Hans-Ulrich Delius, Der Briefwechsel des Friedrich Mykonius (1524–46), 184 (Nr. 425).

[102] WABR 11, 263,3f. (Brief an Jakob Propst; 17. Januar 1546): »Senex, decrepitus, piger, fessus, frigidus, ac iam monoculus«. Vgl. WABR 10, 23,4 (Brief an Jakob Propst; 26. März 1542) und WABR 10, 554,2f. (Brief an Jakob Propst; 17[?]. April 1544). Auf seinem schon früh kranken linken Auge erblindete Luther zuletzt (WABR 11, 264, Anm. 2).

[103] Martin Brecht, Martin Luther, Bd. 3, 139.

[104] Zur Geschichte der Textedition siehe Peter Meinhold, Die Genesisvorlesung Luthers, bes. 139–143.

[105] Beispielsweise WA 42, 13,26 (zu Gen 1,3). Weitere Nennungen des »Lesers« in WA 42, 138,14 (zu Gen 3,14): »Queso te, amice Lector, [...]«; WA 42, 425,39 (zu Gen 11,11): »Exempla plura colligat studiosus lector«; WA 42, 447,1f. (zu Gen 12,3): »Exempla plura colligat studiosus lector«; WA 42, 545,28 (zu Gen 14,20): »Sed cognoscat haec studiosus lector [...]«; WA 43, 23,8 (zu Gen 18,10): »contentiosus lector«; WA 43, 259,1 (zu Gen 22,16–18): »aequus lector«; WA 43, 307,22 (zu Gen 24,1–4).

[106] Eine direkte Anrede an die zuhörenden Studenten ist beispielsweise WA 42, 455,32f. (zu Gen 12,4): »Vos qui hic discitis, vestrorum autoritate parentum hic vivitis, hi volunt, ut et in discendo seduli, et praeceptoribus obedientes sitis«. Vorlesungscharakter haben Formulierungen wie in WA 42, 647,30f. (zu Gen 17,10f.): »Fortasse quidam ex vobis legent illas disputationes sententiariorum: Discite igitur, ne eis indulgeatis

gische Analyse hat außerdem Anachronismen zutage gebracht. Diese Umformungen lassen nach tiefer gehenden Textveränderungen fragen. Wie sah die Editionsarbeit aus?

Die von mehreren Personen vorgenommene Edition der Vorlesung wurde bis zu seinem Tode 1549 von Veit Dietrich[107] besorgt (Band 1), danach von Michael Roting und Hieronymus Besold (Bände 2–4). Auch Georg Rörer[108] und Caspar Cruciger[109] übten entscheidenden Einfluss aus; Luther lobt in seinem Vorwort 1544 die Mitarbeit beider,[110] wie auch Veit Dietrich das Gemeinsame des Projekts mit Rörer und Cruciger hervorhebt.[111] Grund für

---

[...]«. WA 43, 68,5 (zu Gen 19,14): »Sed hic, quod pene oblitus eram, etiam de Angelis dicendum est, [...]«. WA 43, 38,1f.5 (zu Gen 18,20f.) könnte einen Semesterbeginn darstellen. Doppelungen (vgl. etwa WA 43, 223,30f. mit WA 43, 218,1f. [beide zu Gen 22,11]) könnten Neueinsätze der Vorlesung nach Unterbrechungen sein.
    Rückfragen von Studenten und Wechselwirkungen zwischen Dozent und Hörer im Vorlesungsverlauf sind in der Schriftfassung noch vorhanden. Beispielsweise, nachdem Luther die Frage nach dem Schicksal von unbeschnitten gestorbenen Kindern nicht disputieren (»Non igitur disputemus de parvulis incircumcisis ante octavum diem [...]«; WA 42, 646,19 [zu Gen 17,10f.]), sondern diese Kinder Gottes Güte und Gnade anbefehlen möchte, folgen weiter unten im Text Rückfragen der Studenten (»Quod igitur ad quaestionem propositam attinet de infantibus [...]«; WA 42, 647,35 [zu Gen 17,10f.]), auf die Luther eingeht (»Prima igitur responsio ad hanc quaestionem sit, cur [...]«; WA 42, 648,5 [zu Gen 17,10f.]) und schließlich eine ausführliche Antwort gibt (WA 42, 648,19 – 649,8 [zu Gen 17,10f.]). Der organische Verlauf der Vorlesung wird ebenso in rhetorisch-didaktischen Fragen und Antworten sichtbar; etwa WA 43, 118,41f. (zu Gen 20,6f.) oder WA 43, 580,6 (zu Gen 28,12–14). Auch Technisches kommt zur Sprache: Luther kommentiert etwa die Qualität einer in der Vorlesung verwendeten Topographiekarte in WA 44, 779,16f.19f. (zu Gen 49,13).

107 Veit Dietrich (1506–49), seit 1522 in Wittenberg, wo er 1527–34 als Luthers Haus- und Tischgenosse lebte, wurde dort 1529 zum Magister promoviert und begleitete Luther 1529 nach Marburg. Mit Luther 1530 auf der Coburg, war er seit dieser Zeit dessen rechte Hand und Herausgeber von Sammlungen seiner Tischreden, Briefe, Konzepte und Nachschriften von Vorlesungen und Predigten (besonders der Hauspostille 1544). 1535 wurde Dietrich Prediger in Nürnberg.

108 Georg Rörer (1492–1557), seit 1525 Diakonus an der Stadtkirche in Wittenberg, wurde 1537 von Kurfürst Johann Friedrich für Luthers Werk freigestellt. Bis 1551 war Rörer Korrektor der Wittenberger Lutherausgabe.

109 Caspar Cruciger (1504–48), von 1521–25 in Wittenberg, wurde nach dreijährigem Aufenthalt in Magdeburg 1528 Prediger an der Schlosskirche und Professor in Wittenberg. Er gab mit Rörer die ersten Bände der Wittenberger Lutherausgabe heraus.

110 Luther lobt in seinem Vorwort Rörer und Cruciger als Mitschreiber, deren Notizen Grundlage für den in Nürnberg weilenden Veit Dietrich und dessen Nachfolger waren. WA 42, 1,14–19 (Vorwort Luthers): »Inciderunt autem Lectiones istae in duos Collectores, bonos quidem et pios homines, Doctorem Casparum Crucigerum, quem sua ipsius opera satis testantur, quanto Dei spiritu et studio feratur, et M. Georgium Rorarium, nostrae Ecclesiae Presbyterum. [...] Omnes sane fideles et studiosi verbi Dei ministri, qui omnino iudicaverunt eas edendas esse.« Vgl. WA 42, IX (Einleitung): »Cruciger und der treue Rörer stellten also ihre Nachschriften für die Herausgabe Dietrich zur Verfügung.«

111 WA 44, XIX (Vorwort von Bd. 1 an Herzog Johann Ernst; 1544): »Ut autem haec enarratio ad plures ac ad posteritatem perveniret, cum non vacaret D. Luthero eam

deren maßgebliche Beteiligung war, dass Veit Dietrich nach der Auslagerung der Universität Wittenberg nach Jena im Herbst 1535 nicht wieder nach Wittenberg zurückkehrte, sondern nach Nürnberg umsiedelte. Damit war er lediglich bis Gen 3,14 selbst Zuhörer der Vorlesung.[112] Für die weitere Arbeit verwendete Veit Dietrich als eine seiner Hauptgrundlagen Rörers Nachschrift,[113] der weiterhin in Wittenberg an der Vorlesung teilnahm und wohl auch zu Dietrichs Text Korrektur las.[114] Auch Luther selbst wurden Druckfahnen zur Einsicht vorgelegt.[115] Der erste Band, der bis Gen 11,26 reicht und, von Veit Dietrich betreut, 1544 in Wittenberg erschien, wurde Luther vorgelegt und fand sein Lob.[116] Die drei weiteren Bände des Kommentarwerks wurden nach Luthers Tod im Februar 1546 und Veit Dietrichs Tod im März 1549 von Michael Roting und Hieronymus Besold, einem ehemaligen Mitbewohner Luthers in Wittenberg, ediert und veröffentlicht. Die zuverlässigen Nachschriften Georg Rörers standen ihnen weiterhin zur Verfügung; diese sind jedoch nicht erhalten.[117] Das vierbändige Kommentarwerk wurde 1554 abgeschlossen.[118]

---

literis mandare, ego exceptum in Schola, summa diligentia et celeritate amicorum meorum, Caspari Crucigeri, et Georgii Rorarii, collegi, et bona fide in literas retuli, ac spero, piis Lectoribus meum officium gratum fore.«

[112] Siehe die Anmerkung zu Zeile 9 in WA 42, 137 (zu Gen 3,14).

[113] WABR 14, 186: »Nachdem Veit Dietrich den ersten Teil der Genesisvorlesung [...] im Jahr 1544 veröffentlicht hatte, sandte ihm auf dessen Bitte Melanchthon am 2. September 1547 die zweite Hälfte von Rörers Nachschrift als ›pars posterior libri‹ [...] zu.«

[114] WA 42, X.

[115] Siehe WATR 4, 543,1f. (Nr. 4845), zit. Anm. 77 (S. 29). Zurückhaltend, da die Tatsache, dass Luther Druckfahnen des ersten Bandes in Händen gehalten hat, seine Grundthese schwächt, gibt Peter Meinhold (Die Genesisvorlesung Luthers, 121f.) zu: »Schließlich spricht auch die Tatsache, daß Luther Band I mit einem *Nachwort* abschließt [WA 42, 428,18–26 (bei Gen 11,26)], dafür, daß er den Druck vor dem Erscheinen, wenn auch nicht ganz gelesen, so doch vielleicht an einzelnen Stellen korrigiert haben kann.« Weiter: »Es ist allerdings kein entscheidender Grund ins Feld zu führen, der eindeutig gegen die Annahme einer Korrektur der Genesisvorlesung durch Luther spricht.« (aaO., 119) und »Es sprechen allerdings mehr Anzeichen für eine Kenntnis des ersten Teils der gedruckten Vorlesung durch Luther als dagegen« (aaO., 122f.). Meinhold weiter (aaO., 123): »Die häufige Anrede an den Leser, verschiedene ganz offensichtliche Anachronismen beweisen, daß er [sc. Luther] gegen die Gestaltung durch die Redaktoren und ihre Zusätze nicht streng gewesen sein kann und den Charakter des Werkes als solchen gebilligt haben muß. Daß Luther tatsächlich in späteren Jahren selbst zu seinen Werken die Korrektur las, ist uns auch sonst überliefert.«

[116] WA 42, X. Siehe WA 42, 428,18–28 (im Anschluss an die Auslegung von Gen 11,26), besonders 19f.: »Spero autem piis hanc meam operam et profuturam alicubi, et gratam fore«. Peter Meinhold (Die Genesisvorlesung Luthers, 119) räumt ein: »Es steht fest, dass Luther den ersten Band der gedruckten Vorlesung tatsächlich in Händen gehabt haben muß.«

[117] WABR 14, 186: »Da Rörers Nachschrift eine der Hauptgrundlagen für die Nürnberger Herausgeber des vierbändigen Lutherschen Kommentars (1544–54) bildete [...], dürfte sie wohl von dem letzten Redaktor Hieronymus [...] Besold [...] nicht zurückgegeben [worden] sein.« Vgl. WA 42, IX (Einleitung): »[...] [E]rhalten hat sich außer

Diese Vorgehensweise ist nicht außergewöhnlich: Die wenigsten der in der Weimarana edierten Werke stammen direkt aus der Feder Luthers. Dies gilt in besonderem Maße für seine mündlich gehaltenen Predigten und Vorlesungen. Luthers eigene Konzeptpapiere sind dabei oft nicht erhalten oder lediglich in Stichwortlisten vorhanden.[119] Die Genesisvorlesung bildet mit ihren Herausgebern daher keine Ausnahme und ist ein typisches Beispiel der Gemeinschaftsarbeit des Lutherschen Mitarbeiterkreises.

Einmal fertig, erntete die Große Genesisvorlesung hohes Lob. Hat sich auch Luther bisweilen von Arbeitslast entmutigt und in typisch rhetorischer Humilitas ihr gegenüber zurückhaltend geäußert,[120] begrüßten bereits die Zeitgenossen wie etwa Philipp Melanchthon, Johannes Bugenhagen, Georg Rörer, Caspar Cruciger, Hieronymus Weller und auch Johannes Brenz die Publikation und maßen ihr hohen Stellenwert zu;[121] schon früh galt sie als Kompendium der Theologie Luthers.[122] Spätere Generationen schlossen sich diesem positiven Urteil an: Für Jahrhunderte wurde die Qualität der Vorlesung und ihr summarischer Charakter geschätzt.[123] Die Nachwirkungen des Kommentars sind in den Genesisauslegungen

---

dem genannten Stück Dietrichs, das obendrein aus den Blättern eines Heftes umgeschrieben ist, nichts mehr.«

[118] Band 1 (1544), WA 42, 1 – 428; Band 2 (1550), WA 42, 429 – 43, 364; Band 3 (1552), WA 43, 365 – 44, 231; Band 4 (1554), WA 44, 232 – 825. Siehe Peter Meinhold, Die Genesisvorlesung Luthers, 6 f.

[119] Ein Konzept der Anfangskapitel der Vorlesung bis Gen 3,14 ist erhalten (WA 42, XIX–XXV). Häufig sprach Luther jedoch – wie etwa bei Predigten – frei. Vgl. WATR 3, 357,15 – 358,2 (Nr. 3494; zwischen 27. Okt. und 4. Dez. 1536)

[120] Gerne wird, um vermeintliche Distanz zwischen Luther und der Schrift aufzuzeigen, dessen abwertendes Urteil gegenüber der eigenen Vorlesung in WATR 3, 689, 6–15 (Nr. 3888), zit. in Anm. 51 (S. 26) (vgl. WATR 4, 543,2–5 [Nr. 4845], zit. in Anm. 51 [S. 26]), hervorgehoben (etwa Peter Meinhold, Die Genesisvorlesung Luthers, 20. Meinhold übergeht aaO. zudem, dass Luther auffordert, »zw friden mit disem buch« zu sein). Verschwiegen wird dabei, dass die Tischrede nicht nur in eine von Arbeit entmutigte und depressive Lebensphase fällt, sondern zudem, dass dieses Stimmungsurteil bereits im Mai 1538 geäußert wird – also sieben Jahre vor Ende der Vorlesung –, womit sie schwerlich als summarisches Urteil Luthers über die Große Genesisvorlesung herangezogen werden kann.

[121] Textpassagen und Nachweise bei Peter Meinhold, Die Genesisvorlesung Luthers, 22–31.

[122] 1570 hebt etwa der Jenenser Timotheus Kirchner im Vorwort seines Deutschen Thesaurus Luthers die Genesisvorlesung unter all dessen Büchern und Schriften prominent hervor: »Das Buch mag man wol heissen/ das Consummatum est D. Luther [...]. Es wird wol Thesaurus Thesaurorum [...] neben der Bibel sein vnd bleiben.« Timotheus Kirchner, Deudscher Thesavrvs. Des hochgelerten weitberumbten und theuren Mans D. Mart. Luthers/ [...], Frankfurt/Main 1570, Vorrede [5; nicht paginiert]. Vgl. das ähnliche Urteil von Basilius Faber 1558 in seinem Vorwort der deutschen Übersetzung von Band I und II der Genesisvorlesung in der deutschen Reihe der Wittenberger Lutherausgabe wie auch Johann Guldens Urteil 1558 im Vorwort der Bände III und IV; nachgewiesen bei Peter Meinhold, Die Genesisvorlesung Luthers, 23 f.

[123] Beispielhaft sei hier Johann Gottfried Herders Urteil erwähnt: Dieser lobt die Vorlesung als »das letzte recht Klassische Buch von diesem Gottesmanne, [...] vielleicht der beste Commentar, der je über dies Buch geschrieben worden« (Werke, Bd. 5, 499).

bzw. Genesispredigten von Johannes Brenz, Johann Gerhard, Abraham
Calov und Lucas Osiander d.Ä. nachweisbar.[124] In den Streitigkeiten zwischen
Gnesiolutheranern und Philippisten berufen sich beide Parteien auf
das Werk und ziehen beide aus ihm Zitate wie Argumente.[125]

Julius Köstlin sieht sie als »eine besonders reiche Fundgrube seiner
Theologie überhaupt und nicht minder seiner praktischen Lebensweisheit«[126];
der »große Wert dieser Vorlesung[...]« bestehe »nicht in strenger
Wortauslegung, sondern in der ungemeinen Fülle von dogmatischen,
ethischen und praktischen Ausführungen aller Art, die er [sc. Luther] an
die alttestamentlichen Worte und Geschichten anknüpft«[127].

Diese Hochschätzung der Vorlesung reichte bis in die dreißiger Jahre
des zwanzigsten Jahrhunderts; nun führten die oben dargestellten chronologischen
Unstimmigkeiten zur tiefer gehenden Frage, ob über die Editionsarbeit
fremdes Gedankengut Eingang in die Druckfassung der Vorlesung
gefunden hat. Da, wie bei vielen anderen Werken Luthers, etwa seinen
Predigten oder anderen exegetischen Schriften, der Vorlesungstext nicht
aus seiner eigenen Hand stammt, sondern aus den Nachschriften seiner
Schüler, stellt sich die Frage, wie präzise der überlieferte Text Luthers
Wort wiedergibt bzw. inwiefern Einfluss auf die Textgestalt genommen
wurde. Ist die Genesisvorlesung, wie wir sie in WA 42–44 vor uns haben,
ein Kompositionswerk der Bearbeiter Veit Dietrich, Michael Roting und
Hieronymus Besold, worin Luthers Theologie nur eingeschränkt dargestellt
ist, oder ist sie – trotz der Präparation als Druckfassung und einiger
Einschübe – ein sicheres Zeugnis der Spättheologie Luthers und als solche
Quelle vertrauenswürdig?

Bis etwa in die neunziger Jahre des zwanzigsten Jahrhunderts konnten
die zugrunde liegenden literarkritischen Anfragen, die sich etwa mit der
Druckfassung der Genesisvorlesung verbinden, eine eingehende Beschäftigung
mit dem Text zurückdrängen.

Diese Anfragen an den Text sind bei unserer Bearbeitung des Themas
bewusst und werden bei der Interpretation des Textes berücksichtigt. In
einer Konzentration auf die unstrittigen systematischen Aussagen der Vorlesung
und in einem verifizierenden Heranziehen von Texten außerhalb
der Vorlesung können diese Anfragen aus pragmatischen Gründen jedoch
nicht im Einzelnen diskutiert werden. So begrüßenswert eine prinzipielle
genetische Rekonstruktion der Vorlesung unter modernen forschungsgeschichtlichen
Gesichtspunkten auch wäre, so kann diese im Rahmen der
vorliegenden Arbeit nicht geleistet werden. In gebotener Kürze soll jedoch

---

[124] Hierzu mit Nachweisen bei Peter Meinhold, Die Genesisvorlesung Luthers, 28.
[125] Peter Meinhold, Die Genesisvorlesung Luthers, 28–31.
[126] Julius Köstlin, Martin Luther, Bd. 2, 425. Vgl. Anm. 20 (S. 20).
[127] AaO.

die Stoßrichtung der Kritik angesprochen und deren Berechtigung bewertet werden.

Die literarkritische Skepsis gegenüber der Genesisvorlesung wurde von Erich Seeberg[128] und Peter Meinhold[129] in den dreißiger Jahren des zwanzigsten Jahrhunderts begründet. Erstaunlich ist, dass Seebergs und Meinholds Forschungsergebnisse nur spärliche Weiterarbeiten und Anstöße ausgelöst haben und damit in der Forschung relativ unbeachtet blieben. Dennoch hat deren Skepsis zu einer allgemeinen Zurückhaltung gegenüber der Quelle geführt. Die Kritik Seebergs und Meinholds ist in ihrer je eigenen Weise typisch für die damalige Betonung des jungen Luther und die kritische Distanz zum alten.

Seeberg formuliert das Grundproblem folgendermaßen: »Die entscheidende Frage, die der Forschung hier gestellt wird, ist die nach dem Anteil Luthers an den uns überlieferten drei bzw. vier Bänden dieser Vorlesung. Stehen wir hier auf gesichertem Grund und Boden? Inwieweit ist die große Genesisvorlesung als Quelle für die Theologie des späteren Luther zu verwenden?«[130] Seeberg und sein Schüler Peter Meinhold erschütterten die bis dahin vorhandene Hochschätzung der Vorlesung und das Vertrauen in ihren Quellenwert. Seeberg konzentrierte sich auf die Anfangskapitel der Vorlesung und kam zu einem positiveren Ergebnis, während Meinhold die Untersuchungen auf die gesamte Vorlesung ausweitete und zu einem vorsichtigeren und kritischeren Urteil kam.

Bei aller Kritik sieht Seeberg ebenso die Qualitäten der Vorlesung: Obwohl er den Wortlaut der gedruckten Vorlesung nicht Luther zuschreibt,[131] gesteht er ihr dennoch »sachliche Echtheit« und »theologische Authentie«[132] zu. Er schreibt zudem: »Die literarkritische Prüfung hat uns zur Vorsicht gegenüber der formalen Gestaltung der Vorlesung ermahnt; die sachkritische Untersuchung hat uns in steigendem Maß das Vertrauen zu dem echten theologischen Gehalt der Vorlesung wieder gegeben. Mag auch das kritische Fundament manchmal schwankend sein, man darf den Mut haben, daraufzutreten.«[133]

Peter Meinholds Kritik an der Großen Genesisvorlesung geht von der Prämisse aus, die er in dem Schlusssatz seines Buches zusammenfasst und die die Problematik seiner eigenen Anfrage an die Vorlesung pointiert zum Ausdruck bringt: »Die Gedanken, in denen der alte vom jungen Luther abzuweichen scheint, sind in die Genesisvorlesung von ihren Bearbeitern eingetragen worden.«[134] Dieses Summarium, mit dem Meinhold apodiktisch

---

[128] Erich Seeberg, Studien zu Luthers Genesisvorlesung.
[129] Peter Meinhold, Die Genesisvorlesung Luthers. Meinhold ist Schüler Seebergs, und sein Werk ist diesem gewidmet.
[130] Erich Seeberg, Studien zu Luthers Genesisvorlesung, 9.
[131] AaO., 11.
[132] AaO., 107; vgl. 105.
[133] AaO., 105.
[134] Meinhold, Die Genesisvorlesung Luthers, 428. Der eminenten, zusammenfassenden Bedeutung halber, sei hier der Schlussabschnitt des Buches zitiert: »Ist die Genesisvorlesung in ihrer heutigen Gestalt nun wirklich als Quelle für die Theologie des ›alten‹ Luther zu verwerten? Man wird diese Frage weder mit einem glatten Ja, noch mit ei-

sein Buch abschließt und damit implizit seine Kritik an der Genesisvorlesung zusammenfasst, zeigt weniger die Problematik der Vorlesung als vielmehr die Kriterien der Genesiskritik Meinholds.[135] Nicht nur wird der junge Luther als alleiniger Bewertungsmaßstab jeglicher lutherischen Theologie gewählt, Luther wird zudem eine theologische Entwicklung nicht zugestanden.

Wie Meinhold in seiner Kritik der Genesisvorlesung unschlüssig bleibt, zeigt sich etwa in folgendem Zitat: »Es steckt doch viel echtes Material in ihr [sc. der Vorlesung], mehr vielleicht als man nach den voraufgegangenen text-kritischen Untersuchungen vermuten würde. Das sachliche Kriterium für seine Authentie bildet hier die Theologie des jungen Luther, die überraschend stark in allen ihren Grundgedanken in dem großen Alterswerk wiederkehrt.«[136]

Einzelne Stimmen, die diese Urteile in Frage stellten, gab es gleichwohl immer, und sie nehmen zu. Es zeichnet sich forschungsgeschichtlich eine Wende der Einschätzung der Großen Genesisvorlesung ab, wobei die Berechtigung der Kritik angezweifelt bzw. differenzierter gesehen wird. Jaroslav Pelikan etwa, der Herausgeber der vielbändigen »Luther's works«, fragt bereits 1958 nach der Berechtigung der Kritik Seebergs und Mein-holds und spricht sein Vertrauen gegenüber der Vorlesung aus (»never-theless fundamentally reliable«).[137]

---

nem glatten Nein beantworten können. Unbedenklich für die Kenntnis Luthers kann man sie eben deshalb nicht heranziehen, weil einem auf Schritt und Tritt die Spuren der Bearbeitung begegnen. [...] Denkt man auf der anderen Seite an die Übereinstim-mungen der Genesisvorlesung mit der Theologie des jungen Luther, so liegt der ein-zige Maßstab für ihre Echtheit, wie das E. Seeberg schon ausgesprochen hat, in der Theologie des jungen Luther. Versagt dieser Maßstab – und er versagt für die Gene-sisvorlesung allerdings häufig –, so kann sie als Quelle für die Kenntnis Luthers nicht herangezogen werden. Wir glauben mit unserer Arbeit deutlich gemacht zu haben, daß in solchen Fällen nicht eine ›Entwicklung‹ Luthers anzunehmen ist. Der Grund für diese Abweichung des alten von dem jungen Luther ist nicht bei Luther selbst zu suchen. [...] Die Gedanken, in denen der alte vom jungen Luther abzuweichen scheint, sind in die Genesisvorlesung von ihren Bearbeitern eingetragen worden.« Meinhold, Die Genesisvorlesung Luthers, 428. Damit ist der Kern der Meinholdschen wie See-bergschen Kritik und gleichzeitig ihre Schwäche benannt.

[135] Wie willkürlich Meinhold vorgeht, zeigt etwa folgendes Zitat: »Dagegen werden die Anspielungen auf Wittenberg und die dortigen Verhältnisse, im besonderen die wieder-holte Erwähnung der Elbe – Albis noster – echt sein.« (Die Genesisvorlesung Luthers, 163). Als ob nicht auch die Editoren derartige Äußerungen hätten einfügen können: Fast alle haben zeitweise in Wittenberg gelebt.

[136] Meinhold, Die Genesisvorlesung Luthers, 427.

[137] Luthers Work's, Bd. 4, XI. Pelikan fragt zutreffend kritisch gegen Meinhold (Luther's works, Bd. 1, XIf.): »Is that skepticism justified? [...] Meinhold's criteria themselves are not beyond suspicion. Taking for granted the emphasis on the young Luther that became canonical for Luther scolars in the past generation, Meinhold makes the early thought of Luther normative for his judgments about the authenticity of many pas-sages in this commentary which are not suspect on other grounds. This procedure makes it impossible to accept Meinhold's conclusions wholesale. Nor does he deny the presence of much material in the lecture that comes directly from Luther. About most sections of the commentary any responsible historian of theology must conclude that if Luther did non really say this, it is difficult to imagine how Veit Dietrich or

Auch die neuere Forschung mag sich den Vorbehalten gegenüber der Genesisvorlesung in den kritischen Studien von Seeberg und Meinhold immer weniger anschließen; stattdessen zieht die jahrhundertelang geschätzte Vorlesung, verbunden mit einer Wiederentdeckung des alten Luther, die Aufmerksamkeit der Forschung zunehmend auf sich. Dieses stärker werdende – zwar nicht ungebrochene, aber doch berechtigte – Vertrauen in den Text ist begründet; so kommen neuere Stimmen in der Einschätzung der Vorlesung zu einem ausgewogeneren Urteil: Die Genesisvorlesung gilt als »eine seiner inhaltsreichsten und tiefsten Schriftauslegungen«[138]; sie sei ein »monumentales Dokument von Luthers Alterstheologie« und der »Abschluß seiner Lehrtätigkeit«[139]. Im Bewusstsein des Überlieferungsproblems kommt etwa Martin Brecht zu dem Ergebnis: »[D]ie Hauptmasse dieses Kommentars [... geht] zweifellos auf Luther zurück, und sein Geist wird darin spürbar.«[140] Und hinsichtlich der von Meinhold geäußerten Bedenken fügt er hinzu: »Trotz der nachträglichen Änderungen darf das Monument immer noch in erster Linie als sein [sc. Luthers] Werk und damit als wertvolle Quelle gelten«[141]; ein »Abfall gegen das Lebensende hin ist nicht bemerkbar«.[142] Auch Hans-Ulrich Delius urteilt positiv über die Vorlesung.[143] Nicht als erster kommt Ulrich Asendorf zu dem Ergebnis: »Was Luther vorträgt, sind Retraktationen seiner gesamten Theologie, wenn man so will, seine Summa Theologiae, gespiegelt und gemessen am Text der Genesis.«[144] Siegfried Raeder verweist auf Luthers »gründliche philologische Arbeit«[145]. Ebenso ist Christian Link von dem Wert der Genesisvorlesung überzeugt und sieht zudem keinen inhaltlichen Bruch zwischen Katechismen und Genesisvorlesung, die inhaltlich-theologische Kongruenz bleibe gewahrt: »Die große *Genesisvorlesung* (1535–45) – sie darf trotz der quellenkritischen Einwände Meinholds als ein wichtiges Dokument Lutherscher Schöpfungstheologie gelten – vertieft und erweitert die exegetische Basis der Katechismen erheblich, ohne deren

---

even Melanchthon himself could have thought it up. Therefore the *Lectures on Genesis* are an indispensable source for our knowledge of Luther's thought, containing as they do his reflections on hundreds of doctrinal, moral, exegetical, and historical questions. The hands are sometimes the hands of the editors, but the voice is nevertheless the voice of Luther [...].«

[138] Heinrich Fausel, D. Martin Luther, Bd. 2, 286.

[139] Martin Brecht, Martin Luther, Bd. 3, 139.

[140] AaO.

[141] AaO.

[142] AaO., 144.

[143] Hans-Ulrich Delius, Die Quellen von Martin Luthers Genesisvorlesung, 7f.12.

[144] Ulrich Asendorf, Die ökumenische Bedeutung von Luthers Genesis-Vorlesung, 19. Hellmut Bandts Kritik (Luthers Lehre vom verborgenen Gott, 182), dass Luther in der Vorlesung »nicht [...] noch einmal wirklich Neues« bietet, geht daher an der Sache und Intention Luthers vorbei.

[145] Siegfried Raeder, Luther als Ausleger und Übersetzer der heiligen Schrift, 257.

inhaltliche Aussagen jedoch anzutasten oder auch nur spürbar zu modifizieren.«[146]

6. Zusammenfassung

Zusammenfassend lässt sich Folgendes feststellen: Die Quelle ist unstrittig eine Hauptquelle der Theologie des späten Luther. Schon allein die quantitative Fülle lässt sich nicht übersehen. Was die Qualität der Vorlesung betrifft, so haben sorgfältige Recherchen ergeben, dass auf die Textgestalt noch *nach* der gehaltenen Vorlesung Einfluss genommen wurde – teils wohl durch Luther selbst, teils durch Editoren. Da die Vorlesungsnachschriften von Rörer und Cruciger nicht erhalten sind, ist eine textkritische Vergleichsmöglichkeit nicht gegeben.

Sicher ist, dass die Editionsarbeit nicht in der Hand eines Einzelnen lag; eine Kritik an der angeblichen Unzuverlässigkeit Veit Dietrichs trifft die Editionsarbeit daher nur sehr eingeschränkt. Zudem lag Luther gerade der von Veit Dietrich edierte erste Band zur Einsichtnahme vor. Wie ausführlich Luther sie wahrgenommen hat, wissen wir freilich nicht.

Die erarbeiteten Fakten legen folgende Vorgehensweise nahe: Die in der folgenden Arbeit verwendeten Textabschnitte der Vorlesung werden sorgfältig geprüft und auf ihre Kompatibilität mit übrigen Äußerungen Luthers verglichen. Damit werden den Äußerungen Luthers in der Genesisvorlesung Texte zur Seite gestellt, die bestätigen und sicherstellen, dass in den in dieser Arbeit verwendeten Quellenabschnitten der Vorlesung der genuine Luther spricht.

§ 2 Thematische Annäherung – Creatio ex nihilo

1. Philosophie- und theologiegeschichtliche Beobachtungen

Wollen wir verstehen, mit welcher Absicht und Stoßrichtung die Formel »creatio ex nihilo« entwickelt wurde,[147] so bietet es sich an, da die Formel eine »gedankliche Alternative voraus[setzt]« und vom frühen Christentum »als Antithese zum griechischen Weltbildungsmodell formuliert«[148]

---

[146] Link, Schöpfung, HST, Bd. 7/1, 28. Nicht nur der Katechismus ist eine Klammer: Klaus Bannach (Relationen, 120) stellt etwa Luthers übergreifende Neuzeitlichkeit heraus: »Mir scheint es unbezweifelbar zu sein, daß Luther im Widerspruch zu Aristoteles neue, neuzeitliche Denkformen vorträgt und daß dies ein Zug seines Denkens ist, der für den ›jungen‹ Luther wie für den ›alten‹ Luther in gleicherweise gilt.«

[147] Diese Arbeit verzichtet auf eine extensive Darstellung der dogmengeschichtlichen Entwicklung, da bereits Gerhard May in seinem Werk (s. Anm. 5 [S. 4]) diese überzeugend vorgelegt hat.

[148] Gerhard May, Schöpfung aus dem Nichts, VIII.

wurde, welches von der ›Gegenformel‹ »Ex nihilo nihil fit«[149] bestimmt war, zunächst diese zu betrachten.[150]

Die von dieser Formel geprägte Philosophie, vornehmlich des griechischen Kulturraums, kann jedoch nicht auf eine *creatio* ex nihilo befragt werden, da sie eine durch eine *Schöpfung* entstandene Welt nicht kennt; ausgegangen wird statt dessen von einer *Formung* der bereits bestehenden Welt. Gleichwohl ist ihre Bestimmung des Nichts für die spätere Ausformung der *creatio ex nihilo* entscheidend.

Exkurs: Die Formel »Ex nihilo nihil fit« in der Philosophiegeschichte, an Beispielen bedacht

Der Ursprung der Formel ist umstritten. Sie geht wohl zurück auf den vorsokratischen Atomisten Leukipp von Milet[151] und dessen Schüler Demokrit von Abdera.[152] Ähnliches findet sich bei dem Vorsokratiker Melissos aus Samos.[153] Überlegungen zum ›Nichts‹ liegen allerdings auch schon bei Parmenides vor.[154]

Epikur etwa erklärt, aus nichts werde nichts, denn sonst könnte aus allem alles werden.[155] Lukrez bestimmt sie als »oberste[n] Grundsatz« und hält an der unabdingbaren Notwendigkeit ihrer Gültigkeit fest; eine etwaige creatio ex nihilo wäre ihm Grund zur Beunruhigung, weil diese jegliche Ordnung

---

[149] Vgl. etwa Aristoteles, Metaphysik 999b.

[150] »Der Gegensatz zur philosophischen Kosmologie«, so Gerhard May (Schöpfung aus dem Nichts, VIII), »muß freilich dialektisch gesehen werden: die creatio-ex-nihilo-Lehre durchbricht zwar Prinzipien der philosophischen Metaphysik, sie kann jedoch erst in deren Problemhorizont und mit deren Begriffen artikuliert werden.« Freilich gilt in gewisser Weise der Grundsatz »Aus nichts wird nichts« auch für die Formel creatio ex nihilo: auch die ›Schöpfung aus dem Nichts‹ kommt nicht aus nichts – sie kommt aus Gottes Willen.

[151] Leukipp von Milet, Fragment Nr. 2 (Diels-Kranz, Bd. 2, 81); siehe aaO., 70–81.

[152] Demokrit, Fragmente Nr. 34–170 (Diels-Kranz, Bd. 2, 92–129). Vgl. Friedrich Kirchner und Carl Michaelis (Wörterbuch der philosophischen Grundbegriffe [⁴1903!], 449, Hervorhebung aufgehoben): »Einen mechanischen Materialismus lehren die Atomisten (Demokrit und Leukipp) und Epikur. Ihr Prinzip heißt: Aus Nichts wird Nichts, und: Nichts vergeht in Nichtseiendes. Seit Ewigkeit sind die Atome und der leere Raum. Aus jenen, die sich nur durch Größe, Gestalt und Ordnung unterscheiden, entstehen alle Dinge«.

[153] Melissos, Fragmente Nr. 1 (Diels-Kranz, Bd. 1, 268).

[154] Die Position des Parmenides gegenüber dem »Nichts« ist insofern von Bedeutung, als sie den ›Gegenpol‹ zu den später einflussreich gewordenen Auffassungen Platons (beispielsweise: Sophist 237b – 260a) und Aristoteles' (siehe Anm. 228 [S. 55]) bildet. Dem Diktum des Parmenides τὸ γὰρ αὐτὸ νοεῖν ἐστίν τε καὶ εἶναι (Fragment Nr. 3 [Diels-Kranz, Bd. 1, 231]) entsprechend, wird »Erkennen« und »Sein« als identisch gesetzt. Da das »Nicht-Seiende« nicht erkannt werden kann, ›ist‹ es also nicht: χρὴ τὸ λέγειν τε νοεῖν τ' ἐὸν ἔμμεναι· ἔστι γὰρ εἶναι μηδὲν δ' οὐκ ἔστιν (Fragment Nr. 6 [Diels-Kranz, Bd. 1, 232]) beziehungsweise οὐ γὰρ μήποτε τοῦτο δαμῆι εἶναι μὴ ἐόντα (Fragment Nr. 7 [Diels-Kranz, Bd. 1, 234]). Parmenides schließt daraus, dass es allein das Sein gibt.

[155] Diogenes Laertios, Leben und Meinungen berühmter Philosophen, X, 38.

zerstören würde. Nichts würde mehr keimen und sich aus Vorgegebenem ent-
wickeln, sondern in einem wilden Durcheinander könnte in beliebiger Weise
alles aus allem entstehen: Der Mensch könne aus dem Meer auftauchen, auf
denselben Bäumen wüchse nicht immer dieselbe Frucht, zum Wachsen wäre
keine Zeit mehr notwendig, aus Säuglingen würden sofort junge Männer werden, und mit einem Schlag entwüchsen die Bäume dem Boden. »Du mußt
also gestehen«, so Lukrez, »daß aus nichts nichts werden kann, weil die Dinge
einen Samen brauchen, aus dem erschaffen jedes hervorbrechen kann«[156].

Die Formel behauptet nicht nur die Ewigkeit der Materie – damit liegt
ihr das Prinzip der Identität zugrunde –, sondern sie ist auch Grundlage des
Pantheismus; für Spinoza ist der Satz daher selbstverständlich.[157] Auch Böhme
baut auf die Formel; eine creatio ex nihilo sei für ihn nicht nur unverständlich, sondern ein Hindernis, die Welt und damit letztlich Gott zu verstehen;
denn: »Wo nun Nichts ist, da wird auch nichts; alles Ding muß eine Wurtzel
haben, sonst wächst nichts«[158], »[d]er Einfältige [dagegen] spricht: GOtt
hat alles aus Nichts gemacht«[159] – dabei könnte gerade die Formel »creatio
ex nihilo« in der Deutung, dass alles Sein in einer schlechthinnigen Abhängigkeit in Gottes Sein gründet und sich aus diesem Sein speist, u.U. auch
pantheistisch interpretiert werden.[160]

Werfen wir noch einen zusätzlichen Blick in die jüngere Neuzeit, so war
der Satz »Aus nichts wird nichts« ein ›Ärgernis‹ für den Idealismus: Im Op-

---

[156] Lukrez, De rerum natura, I, 205–207 (S. 47; Übersetz. J. Martin); siehe aaO., 149–
207. Lukrez' Begründung der Formel und seine Ausführungen nennen Grundprobleme
und Schwierigkeiten, gegen die sich die Formel »creatio ex nihilo« bei ontologischer
Interpretation behaupten muss.

[157] Etwa Spinoza, Ethica IV, Prop. XX, Schol.: »[...] tam est impossibile, quam quod ex
nihilo aliquid fiat, ut unusquisque mediocri meditatione videre potest.« Vgl. Friedrich
Jacobi an Moses Mendelssohn: »Was die Philosophie des Spinoza von jeder andern
unterscheidet, was ihre Seele ausmacht, ist dieses, daß der bekannte Grundsatz: gigni
de nihilo nihil, in nihilum nil potest reverti, mit der äußersten Strenge darin festgehalten und ausgeführt ist« (Über die Lehre des Spinoza in Briefen an den Herrn Moses
Mendelssohn [PhB 517], 64).

[158] Jakob Böhme, Aurora, Kap. 19 (Bd. 1, 273).

[159] AaO., Kap. 21 (Bd. 1, 308).

[160] Wollte man im zweiten Jahrhundert mit der Formel »creatio ex nihilo« dem Emana-
tionsdenken Einhalt gebieten und dieses abwehren, so könnte gerade Luthers Deutung
der creatio ex nihilo – unvollständig gelesen – einen pantheistischen Emanationsge-
danken unterstützen. Gibt es nämlich keine selbstständige Existenz, da alles in seinem
Sein von dem einen Gott abhängig, da alles, was ist, in Gott ist, so ist der Schritt nicht
weit, Gott – und nur Gott! – in allem wahrzunehmen: Gott ist in allem. Nicht nur
würde damit die bleibende Differenz zwischen Schöpfer und Geschöpf aufgehoben,
sondern mit dieser Aufhebung ergäbe sich ein zweites: Ist Gott alles in allem (1Kor
15,28), so ist das Vergängliche und Irdische dann, genau betrachtet, nicht. Kritisch
an dieser Ausrichtung ist, dass die Welt somit nicht – wie man beim Pantheismus erwarten würde – für Gott gewonnen würde, sondern die Welt geht Gott verloren; das
fehlende ›Seinsgewicht‹ der Welt führt allzu konsequent zur Weltflucht: Was ›ist‹ die
Welt, wenn nur Gott ist? Daher ist festzuhalten: Das Geschöpf ist – bei aller Abhängigkeit von seinem Schöpfer – von diesem bleibend unterschieden und hat eine eigene
Würde, die sich zwar nicht aus sich selbst speist, sondern aus Gott, aber gleichwohl
der Kreatur als ein Eigenes gegeben ist. Zur aus dieser Abhängigkeit kommenden
Würde des Menschen siehe bei Anm. 26 (S. 91).

ponieren will man freilich nicht die creatio ex nihilo *Gottes* verteidigen und
sichern, sondern es geht um die Postulierung und Verteidigung *menschlicher*
Schöpferschaft aus dem Nichts – wobei hier zwischen absolutem Ich und
empirischem Ich unterschieden werden muss. Hegel, Schelling und Hölderlin
formulieren im ältesten Systemprogramm des deutschen Idealismus[161]: »Mit
dem freien, selbstbewußten Wesen tritt zugleich eine ganze *Welt* – aus dem
Nichts hervor – die einzig wahre und gedenkbare *Schöpfung aus Nichts*.«[162]
Scharf ist ebenso Fichte, der einen »Trieb zu absoluter, unabhängiger Selbst-
tätigkeit« in sich wahrnimmt und für dessen Wille zur Selbstkonstitution
nichts »unausstehlicher [ist]«, als nur an einem andern, für ein anderes, und
durch ein anderes zu sein«; er will »für und durch« sich selbst »etwas sein und
werden«[163], d.h. »selbständig sein« und als derart »schlechthin selbständiges
Wesen handeln«, indem er selbst mit seinem »Denken und Entwerfen [...] absolut frei [...] etwas aus dem Nichts hervorbring[t]«[164]. Dieses Hervorbringen
ist »in sich und für sich schlechthin«, »absolutes SelbstErzeugen, durchaus
aus Nichts«[165].

Wie aus den dargelegten Positionen deutlich wurde, existierte im griechischen Kulturraum keine Vorstellung, die das Werden der Welt aus dem
absoluten Nichts für möglich hält.[166] Für die Griechen »war ›Schaffen‹
immer das Formen eines Vorgegebenen, eine Auseinandersetzung mit
dem Stofflichen oder gar ein Kampf zwischen Urprinzipien.«[167] Aus einer präexistenten und gestaltlosen Urmaterie – nicht jedoch aus dem
›Nichts‹ – schufen ein oder mehrere Götter die Welt. »Für das biblisch-
christliche Verständnis war die Schöpfung kein Götterkampf, sondern
ein souveränes Handeln Gottes, das sich an den Geschöpfen machtvoll
und gültig erwies.«[168]

2. Biblischer Befund

Wollen wir die biblischen Texte daraufhin befragen, ob und wie sie die
Schöpfung aus dem Nichts thematisieren, so muss zuerst geklärt sein, nach
was für einer *Interpretation* der Formel »creatio ex nihilo« überhaupt
gesucht wird. Im Alten Testament ist nämlich nicht etwa der Gegensatz
Nichts – Etwas bestimmend, sondern die Gegensätze Chaos – Kosmos und

---

[161] Hierzu sei verwiesen auf Christoph Jamme, Mythologie der Vernunft.
[162] G.W.F. Hegel, Werke Bd. 1, Frühe Schriften (stw 601), 234.
[163] Johann Gottlieb Fichte, Die Bestimmung des Menschen, 3. Buch (PhB 226), 85.
[164] AaO., 86. Vgl. ders., Darstellung der Wissenschaftslehre. Aus dem Jahre 1801 (PhB
130a), §§ 46–48, 146–163.
[165] Johann Gottlieb Fichte, Darstellung der Wissenschaftslehre. Aus dem Jahre 1801/02
(PhB 302), 48.
[166] Diese Position ist freilich nicht *nur* in den oben dargestellten Positionen zu finden.
[167] Leo Scheffczyk, Einführung in die Schöpfungslehre, 48.
[168] AaO.

Tod – Leben.[169] D.h.: Ist die Interpretation der Formel creatio ex nihilo bestimmt von einer antigriechischen Kosmologie und wird nach einer derartigen Füllung in biblischen Texten gesucht, so ist selbst die klassische Stelle 2Makk 7,27ff. nur mit Vorsicht zu nennen,[170] wie überhaupt Äußerungen des hellenistisch-jüdischen Umfeldes.[171] Ist zwar eine derartige Interpretation gerade durch die Sprachgestalt des Schöpfungsvorganges angedeutet, so ist doch der folgende zweite Aspekt wichtiger: Fragt man nämlich ganz im Sinne Luthers nach einer Interpretation der Formel, die besagt, dass Schöpfung eine freie und souveräne Machthandlung Gottes ist, die zur Folge hat, dass das Geschöpf bleibend von seinem Schöpfer abhängig ist, so ist die creatio ex nihilo in biblischen Texten ungleich häufiger vorhanden, auch bei fehlender expliziter Nennung.[172]

---

[169] Erich Zenger, Art. »Schöpfung, II. Biblisch-theologisch: 1. Altes Testament«, LThK, Bd. 9, Sp. 217. Die oben genannten Gegensätze gehen zwar an einer scholastischen Füllung der Formel vorbei, lassen sich jedoch mit Luthers Blickrichtung verknüpfen. Werner Foerster präzisiert (Art. »κτίζω«, in: ThWNT, Bd. III, 1011,35–38.): »Es entspricht der praktischen Art des AT, daß es die Schöpfung aus dem Nichts nicht als Lehrsatz formuliert hat, aber stets, soviel wir es überhaupt verfolgen können, von Gott nur Aussagen macht, die ihn keiner vorgegebenen Bedingung unterworfen oder von ihr beeinflußt erscheinen lassen.«

[170] So warnt etwa Gerhard May aufgrund dieser Blickrichtung (Schöpfung aus dem Nichts, 6f.): »Zur Vorsicht bei der Auswertung [von 2Makk 7,28 als frühestes Zeugnis für die begriffliche Formulierung der Lehre von der creatio ex nihilo] mahnt allerdings schon der Zusammenhang [...]. Es handelt sich keineswegs um eine theoretische Erörterung über das Wesen des Schöpfungsvorgangs, sondern um einen paränetischen Hinweis auf die Schöpfermacht Gottes [...]. Der Text enthält nicht mehr als die Vorstellung, daß die Welt durch die souveräne Schöpfungstat Gottes entstanden ist, daß sie zuvor nicht war. Damit soll die Allmacht Gottes ausgesagt werden, die die zukünftige Auferweckung der Toten verbürgt; eine kritische Distanzierung der Lehre von der Weltbildung aus der ewigen Materie liegt aber schlechterdings außerhalb des Horizontes dieses Textes. [...] [E]s geht ausschließlich darum, mit dem Hinweis auf die Schöpfermacht Gottes die Auferstehungshoffnung zu begründen.« Vgl. Erich Zenger (Art. »Schöpfung, II. Biblisch-theologisch: 1. Altes Testament«, LThK, Bd. 9, Sp. 217 [Abkürzungen aufgelöst]): »Daß Gott die Welt ›aus Nichts‹ geschaffen hat, ist keine altorientalische und israelitische Vorstellung. Selbst die oft als biblische Begründung für die creatio ex nihilo herangezogenen Stellen 2Makk 7,28 und Weish 11,17 können nicht dafür in Anspruch genommen werden. Sie liegt allerdings in der Konsequenz des biblischen Glaubens an die Freiheit und Souveränität des Schöpfers«. Vgl. Georg Schmuttermayr, ›Schöpfung aus dem Nichts‹ in 2Makk. 7,28?, 203–228.

[171] Gerhard May (Schöpfung aus dem Nichts, 7): »[D]ie hellenistisch-jüdische Theologie [redet] auch sonst nirgends in einem prinzipiellen, antigriechischen Sinn von Schöpfung ›aus nichts‹ [...], so daß Rückschlüsse von der formelhaften Wendung auf eine ihr zugrundeliegende theologische Tradition sich verbieten.« Derselbe weiter (aaO., 8): Die »Aussagen der hellenistisch-jüdischen Theologie über das Schaffen Gottes ›aus dem Nichtseienden‹ [sind dahingehend] zu verstehen«, dass »etwas Neues, etwas, was bisher nicht war, ins Dasein tritt, wobei die Frage, ob dieses Neue durch die Veränderung eines Vorhandenen entsteht oder ob es sich um etwas absolut Neues handelt, gänzlich außer Betracht bleibt.« Vgl. ebenso Xenophon in Anm. 273 (S. 179).

[172] Einen guten Überblick über den biblischen Befund verschafft Friedrich Lohmann, Die Bedeutung der dogmatischen Rede von der ›creatio ex nihilo‹, 203–208.

Hingewiesen sei zunächst auf die Septuaginta, die bereits durch ihre Begriffswahl schöpfungstheologisch Position bezieht: Übersetzt sie das Wort »Schaffen« – בָּרָא –, so verwendet sie nicht das vom Griechentum nahe liegende δημιουργεῖν, sondern κτίζειν. Folgender Gesichtspunkt war leitend: »δημιουργεῖν läßt an das eigentliche handwerkliche Verfertigen denken[173], κτίζειν dagegen an den Herrscher, dessen Befehl etwa aus dem Nichts eine Stadt entstehen läßt, weil dem Wort des Herrschers die Macht des Herrschers zu Gebote steht[174]. *δημιουργεῖν ist ein handwerklich-technischer, κτίζειν ein geistiger und willentlicher Vorgang.*«[175] Diese Sprachgestalt der Schöpfung ist auch für Luther Indiz der Schöpfung aus dem Nichts;[176] das Schöpfungswort ist absolutes Machtzeichen, das sich keinerlei Gegebenheiten unterwerfen muss, sondern das stattdessen selbst Gegebenheiten schafft und diese wieder nehmen kann.[177]

In den Apokryphen haben wir, wie schon angedeutet, den ältesten expliziten Beleg der Formel »creatio ex nihilo« mit der klassischen Stelle 2Makk

---

173 Der Begriff δημιουργός bezeichnete im »Laufe der Zeit [...] immer mehr das Moment des *unmittelbaren Arbeitens an und mit einem Stoff, das ›Anfertigen‹* [...]. Aus ähnlicher Anschauung heraus hat auch die christliche Gnosis den Weltgestalter δημιουργός genannt, gegen die biblische Tradition. Eben darum aber hat die LXX dies Wort gemieden, denn der Gott des AT ist eben nicht nur der Weltgestalter.« Werner Foerster, Art. »κτίζω«, ThWNT, Bd. III, 1023,9–11; 1024,2–5.

174 »[D]as Verb [bezeichnet] im allgemeinen, im Gegensatz zu δημιουργέω, nicht das tatsächliche handwerkliche Erbauen und Errichten, sondern *benennt den entscheidenden, grundlegenden Willensakt zur Errichtung, Gründung und Stiftung*, dem die handwerkliche Ausführung, das δημιουργεῖν, erst folgt. [...] [D]ieser Begriff [hatte] gerade seit Alexander d[em] Gr[oßen] eine besondere Note bekommen [...]. Gründen ist damals die Sache des Herrschers gewesen, und zwar des Herrschers im hellenistischen Sinn, des selbstherrlichen, an die Götter heranreichenden Herrschers. [...] [D]er Herrscher [baut] ja nicht die Stadt selbst mit seinen Händen [...] (das wäre δημιουργεῖν), sondern sein Wort, sein Befehl, sein Wille ist es, der die Stadt entstehen läßt, und hinter seinem Wort seine tatsächliche Macht steht, die ihm Gehorsam [...] verschafft.« Werner Foerster, Art. »κτίζω«, ThWNT, Bd. III, 1024,18–21.47–51.54 – 1025,3.

175 Werner Foerster, Art. »κτίζω«, ThWNT, Bd. III, 1025,13–18.

176 Etwa unter Bezugnahme auf Ps 148,5 in WA 44, 377,15–17 (zu Gen 39,21–23). Siehe auch Ps 33,9. Vgl. dazu Jes 41,4; 44,27; 48,13; Am 9,6; Ps 33,6; Hi 38,11. Gott hat ebenso Macht und Autorität, durch dasselbe Wort die gegebene Existenz wieder zu nehmen (Dtn 32,39; Ps 104,29; Ps 102,26f.).

177 Freilich: Ist das göttliche Schöpfungswort kennzeichnend für den Schöpfungsbericht in Gen 1, so finden wir in Gen 2 die Schilderung eines handwerklich schaffenden Gottes. Vgl. daher Luthers eigene Spannung: Einerseits sinnliche Schöpfung (dergestalt, dass ›Aristoteles lachen würde‹, sähe er diesen bei der Erschaffung Adams sich derart ›dreckig‹ machenden Gott; siehe bei Anm. 340–343 [S. 137]), bei gleichzeitigem Abstand von zu viel Handwerk: Gott hat Adams Seite, so Luther, nicht »wie ein Chirurg« geöffnet, sondern auch Eva wurde mit dem Wort geschaffen (WA 42, 97,9–12 [zu Gen 2,21]: »Porro hoc quoque fecit Dominus per verbum suum, ne putemus eum chirurgi more sectione aliqua usum esse. Dixit: Ex isto osse sic induto carne fiat mulier, et ita factum est. Atque eum hiatum lateris postea clausit carne«). Bereits bei Augustin finden sich ähnliche Bedenken bezüglich Evas ›operativer‹ Erschaffung (De civitate Dei, XII, 24 [CChr. SL 48, 381]).

7,27f.; dort hält die Mutter mit dem Hinweis auf die Schöpfung aus dem Nichts ihren Söhnen den Glauben an die analoge Auferweckung von den Toten vor Augen, um damit deren Mut für das bevorstehende Martyrium zu stärken. Sowohl in 2Makk 7,27f. wie auch in Röm 4,17 wird die Schöpfermacht Gottes, die in dem Begriff »bara« gefasst ist, zugrunde gelegt.[178] Die Bedeutungsstruktur und Verwendung des Verbs »bara« sagt Entscheidendes über göttliches Schöpfungswirken aus, da es nie mit einer Angabe des Materials verbunden ist, aus dem etwas geschaffen wird[179]: »Das weist das göttliche Schaffen als ein unbedingtes, voraussetzungsloses Schaffen aus und bezeichnet Schöpfung als etwas schlechthin Neues, das weder faktisch noch potentiell in einem anderen angelegt und vorhanden ist.«[180] In dieser vollständigen Voraussetzungslosigkeit des Schaffens ist »bara« daher allein auf Gottes Schöpfungshandeln beschränkt,[181] wobei der Begriff auch das Geschehen der messianischen Neuschöpfung ausdrückt.[182]

Auch im Neuen Testament ist die Sache selbst implizit präsent. Neutestamentlicher Kern einer Rede von der Schöpfung aus dem Nichts sind für Luther Röm 4,17 (καὶ καλοῦντος τὰ μὴ ὄντα ὡς ὄντα) sowie 2Kor 4,6 (ὅτι ὁ θεὸς ὁ εἰπών, Ἐκ σκότους φῶς λάμψει, ὃς ἔλαμψεν ἐν ταῖς καρδίαις ἡμῶν).[183] Weitere Stellen wären etwa 1Kor 1,28; 12,9[184] und

---

[178] Alexandre Ganoczy, Schöpfungslehre, 408.

[179] Gerhard v. Rad, Das erste Buch Mose, ATD 2/4, 28–30.

[180] Jürgen Moltmann, Gott in der Schöpfung, 86. Werner H. Schmidt (Einführung in das Alte Testament, 352): »[Gottes] ›Schaffen‹ (bara' Gen 1,1.27 u.a.) bedarf keines vorgegebenen Stoffes und ist, da das Verb im AT Gott vorbehalten bleibt, menschlichem Handeln unvergleichbar, sagt insofern auch über das Wie des Vorgangs nichts mehr aus.«

[181] »Seinen eigentlichen Ausdruck hat der Schöpfungsglaube des AT in dem Schöpfungsbericht von P in Gn 1 gefunden, in der Schöpfung als einer Tathandlung; durch Gottes Wort entsteht dann aus dem Nichts die Schöpfung. [...] So ist der Begriff der Schöpfung im AT einer, der in strengem Sinn nur an einer Stelle, nämlich bei Gott, Sinn hat. Damit wird deutlich, warum בָּרָא im AT nur von einem Handeln Gottes gebraucht wird [...]. Als Schöpfer ist Gott der Herr [...] und steht allem Geschaffenen als solcher gegenüber. Die Schöpfung ist absolute Machthandlung«; Werner Foerster, Art. »κτίζω«, ThWNT, Bd. III, 1009,3–6.30 – 1010,4.

[182] Vgl. dazu Jes 4,5; 41,20; 45,8; bes. 65,17f. Siehe Gesenius, 113.

[183] Auf Röm 4,17 wie auch auf 2Kor 4,6 baut m.E. Luthers konzentrierteste Rede über die creatio ex nihilo in der Großen Genesisvorlesung auf in WA 44, 607,33–39 (zu Gen 45,7), siehe bei Anm. 7ff. (S. 66). Vgl. auch WA 44, 482,33 – 483,4 (zu Gen 42,14–17), zit. Anm. 143 (S. 212) mit 459 (S. 255) und WA 44, 76,39 – 77,2 (zu Gen 32,6–8), zit. in Anm. 165 (S. 214). Werner Foerster (Art. »κτίζω«, ThWNT, Bd. III, 1028,1–7): »Diese [eben genannten] Wendungen zeigen, daß die Schöpfung für die Welt den Anfang ihrer Existenz bedeutet, daß also mit einem vorgegebenen Stoff nicht zu rechnen ist. Paulus drückt das R[öm] 4,17 aus [...]. An dieser Stelle und 2K[or] 4,6 [...] wird auf die Schöpfung durch das Wort Bezug genommen. So liegt die Schöpfung aus dem Nichts durch das Wort den nt.lichen Aussagen ausgesprochen oder unausgesprochen zugrunde«. Vgl. Peter Brunners Aufsatz ›Gott, das Nichts und die Kreatur‹ (Pro ecclesia, Bd. 2, 38): »Der christliche Schöpfungsglaube steht und fällt mit der Überzeugung, daß das All durch Gottes Sprechen und darum ›aus nichts‹ erschaffen ist.«

2Kor 12,13. Gerhard May stellt fest, dass die wenigen neutestamentlichen Belegstellen – wie etwa Röm 4,17 und Hebr 11,3 – die Formel zwar in soteriologisch-eschatologischer Ausrichtung verwenden,[185] eine kosmologische Deutung kann er jedoch nicht vorfinden.[186]

Erst durch die Apologeten erfolgten Formulierung und Präzisierung frühchristlicher Schöpfungsterminologie in ihrer Auseinandersetzung mit der neuplatonischen Kosmologie, die sich in doppelter Hinsicht von christlicher Lehre diametral unterschied: Nach deren Ansicht entsteht Materie »nicht durch einen zeitlichen Schöpfungsakt, sondern sie besteht ebenso wie der ganze Kosmos ewig [...]. Vor allem aber ist der für das Christentum entscheidende Gedanke der Freiheit und Kontingenz des göttlichen Schaffens für den Neuplatonismus unvollziehbar. Das Seiende geht notwendig aus dem Einen hervor.«[187] Auch die vom Neuplatonismus geprägte Gnosis, die nicht von einer Welterschaffung, sondern von einer Weltbildung aus einer ewigen Materie ausgeht, stellte die sich noch ausbildende christliche Schöpfungslehre radikal infrage und war für diese eine nicht unerhebliche Herausforderung.[188] Seit der zweiten Hälfte des zweiten Jahrhunderts wurde daher im Gegensatz zur griechischen Kosmogonie die Fassung der Schöpfung als creatio ex nihilo formuliert; die Formel hat damit ihren Grund in der Verteidigung biblischer Schöpfungslehre.[189] Es erfolgte eine strenge Grenzziehung zwischen dem ewigen Gott, dem alleinigen Grund aller Weltwirklichkeit und der kreatürlichen, zeitlichen Materie. Diese Wendung war damit wie keine zweite geeignet, christliche Schöpfungslehre zu bestimmen und zu verteidigen.

---

[184] Etwa WA 43, 585,8–14 (zu Gen 28,14f.), zit. Anm. 62 (S. 77).

[185] »Diese Formulierungen [in Röm 4,17 und Hebr 11,3] schließen an die uns schon bekannten Aussagen des hellenistischen Judentums über die Schöpfung des Nichtseienden oder aus dem Nichtseienden an und wollen ebensowenig wie diese in einem prinzipiellen Gegensatz zur Weltbildungslehre die Schöpfung aus dem Nichts im strengen Sinn zum Ausdruck bringen.« Gerhard May, Schöpfung aus dem Nichts, 27.

[186] Unter Hinweis auf Werner Foerster (Art. »κτίζω«, ThWNT, Bd. III, 1028) schreibt Gerhard May (Schöpfung aus dem Nichts, 26): »Was die neutestamentlichen Aussagen über die Schöpfung intendieren, ist durchaus legitim mit dem Begriff der creatio ex nihilo zu umschreiben. Es muß aber zugleich gesehen werden, daß das Wie der Weltschöpfung für das Urchristentum noch kein Problem darstellt; deshalb wird im Neuen Testament nirgends die Lehre von der creatio ex nihilo explizit als kosmologische Theorie entwickelt.«

[187] Gerhard May, Schöpfung aus dem Nichts, 5.

[188] »Eine gedankliche Alternative zu dem Bekenntnis, daß Gott Himmel und Erde geschaffen hat, hat es für das christliche Denken bis zum Anfang des zweiten Jahrhunderts überhaupt nicht gegeben. Erst durch die Gnosis wird der Schöpfungsglaube zum theologischen Problem, und aus der Begegnung mit der philosophischen Metaphysik sollte sich die Notwendigkeit ergeben, die Freiheit und Voraussetzungslosigkeit von Gottes Schaffen begrifflich zu formulieren.« Gerhard May, Schöpfung aus dem Nichts, 26f.

[189] »Erst die antignostische Theologie der zweiten Hälfte des zweiten Jahrhunderts brachte die entscheidende Wende: sie hat die Lehre von der creatio ex nihilo in der Form entwickelt, in der sie geschichtsmächtig wurde.« Gerhard May, Schöpfung aus dem Nichts, 184.

Im zweiten Jahrhundert gegenüber einem derartigen antiken Umfeld eine creatio ex nihilo zu postulieren, war beileibe nicht selbstverständlich. Angesichts der Auseinandersetzung mit Gnosis und kosmologischen Konstrukten ist es jedoch erstaunlich, wie *spät* erst auf die Formel Bezug genommen wurde: Erst Ende des zweiten Jahrhunderts wurde die creatio ex nihilo zur festen Formel christlichen Schöpfungsverständnisses.[190]

Den ältesten erhaltenen Beleg einer creatio ex nihilo bei einem christlichen Theologen finden wir bei Tatian.[191] Irenäus sah die Notwendigkeit einer Schöpfung »ex nihilo«[192]; bei ihm gewinnt die Lehre von der creatio ex nihilo feste Gestalt,[193] wobei Augustin die Linie des Irenäus fortführt.[194] »Erst seit dem fünften Jahrhundert kommt es speziell in Alexandrien zu einer Annäherung von Neuplatonismus und Christentum, die zu Versuchen führt, philosophische Metaphysik und christliche Schöpfungslehre miteinander zu verbinden.«[195]

Fazit: Bei aller möglichen kritischen Distanz zu dieser Formel, die von ihrer Begrifflichkeit – aber nicht von der Sache! – im Umfeld des Hellenismus beheimatet ist, ist es »keine Frage, daß die spätere theologische Interpretation der Schöpfung als *creatio ex nihilo* eine zutreffende Umschreibung des biblisch mit ›Schöpfung‹ Gemeinten darstellt. Gott schafft, wo immer und was immer er schafft, voraussetzungslos. Es gibt keine äußere Notwendigkeit, die sein Schaffen veranlaßt, und keinen inneren Zwang, der es bestimmen würde.«[196]

3. Luthers Begriffsbestimmungen im Gespräch mit philosophischen Konzeptionen

3.1 Variationen der Begriffe »creatio« und »ex«

Die von Luther verwendete Grundformel »creatio ex nihilo« wird in der Vorlesung begrifflich variiert, hat gleichwohl gegenüber ihren Variatio-

---

[190] »Bis ins vierte Jahrzehnt des zweiten Jahrhunderts wurde die Frage der Weltschöpfung von den kirchlichen Theologen nicht ernsthaft als Problem erörtert«, was verwundert, denn »[d]em modernen Betrachter erscheint es fast unbegreiflich, daß zu einer Zeit, in der die gnostische Bewegung ihren Höhepunkt erreichte, die Problematik der Schöpfung im kirchlich-christlichen Lager noch nicht zu einem zentralen Thema geworden war.« (Gerhard May, Schöpfung aus dem Nichts, 40). Es dauerte bis zur zweiten Hälfte des zweiten Jahrhunderts, bis »die kirchliche Theologie im Gegenüber zur philosophischen Kosmologie und zur platonisierenden Gnosis die Lehre von der creatio ex nihilo im strengen Sinn« entwickelte (aaO., IX).

[191] Gerhard May, Schöpfung aus dem Nichts, 153; Nachweise aaO., 153–157.

[192] Irenäus, Adversus Haereses II, 14.

[193] Hierzu vertiefend Gerhard May, Schöpfung aus dem Nichts, 167–182.

[194] Augustinus, Confess. XI, 5 und XII, 7 (CChr. SL 27, 197f. und 219f.).

[195] Jürgen Moltmann, Gott in der Schöpfung, 87.

[196] AaO.

nen das bei weitem größte Gewicht. Alternativ gebrauchte Formeln sind »condidit ex nihilo«, »factus ex nihilo« und »producens ex nihilo«. Die Gewichte verteilen sich folgendermaßen: [197] hat den Beiklang des Bauens und Gründens, »factus ex nihilo«[198] hebt das Verfertigen und »Machen« hervor, »producens ex nihilo«[199] betont den Aspekt des Hervorbringens.

»Creare« hat für Luther mehrere Bedeutungen[200]: Einerseits benennt es Gottes Erschaffen. Ebenso bezeichnet es Gottes Ordnen und Erretten des bereits Geschaffenen vor Zerstörung und Verwüstung, d.h. vor einer Vernichtung. Luther kann auch creatio ex nihilo meinen, wenn er lediglich generell von der »Schöpfung« spricht, denn für Luther *ist* Schöpfung creatio ex nihilo.[201] Dementsprechend kommt das Thema der creatio ex nihilo auch dann zur Sprache, wenn die Formel nicht explizit genannt ist.[202] Selbstredend wird in der Arbeit von den expliziten Nennungen ausgehend argumentiert und erst sekundär auf implizite Nennungen verwiesen.

Die bei Augustin,[203] Anselm[204] und Duns Scotus[205] verwendete Präposition »*de* nihilo« findet sich in der Genesisvorlesung nicht; verwendet wird sie lediglich in Verbindung mit Dunkelheit u.ä.[206] Ebenso fehlt in der Genesisvorlesung die Formel »creatio *contra* nihilum«, obwohl gerade der alttestamentliche Gedanke, dass Schöpfung gegen Chaosmächte[207] und Widerstände erfolgt, bzw. der Anfechtungskampf des Menschen gegen ein drohendes Nichts, Luthers Blickrichtung trifft.[208]

---

[197] Etwa WA 44, 75,(28–31)28 (zu Gen 32,6–8), zit. bei Anm. 16 (S. 143); WA 42, 57, 37–39 (zu Gen 2,2), zit. Anm. 15 (S. 90); vgl. WA 44, 17,(32–41)37 (zu Gen 31,19); zit. Anm. 159 (S. 109).

[198] Etwa WA 44, 265,(20–22)21 (zu Gen 37,15–17), zit. bei Anm. 93 (S. 205).

[199] Etwa WA 44, 607,34 (zu Gen 45,7); zit. bei Anm. 9 (S. 67). Vgl. WA 42, 8,11f. (zu Gen 1,2): »Istae enim alterius Personae, hoc est, Christi filii Dei, partes sunt, ornare et distinguere rudem molem ex nihilo productam.«

[200] Vgl. die Auflistungen bei Ockham (Quodlib. II, 8f. [OT 9, 145–156]) und Gabriel Biel (Coll. II, dist. 1, qu. 1 [Bd. 2, 4f.]).

[201] Siehe bei Anm. 39f. (S. 72).

[202] Dies gilt überhaupt für die Formel: »Es ist [...] möglich, daß in einem Text formal von einer Schöpfung ›aus dem Nichts‹ die Rede ist, ohne daß die creatio ex nihilo im strengen Sinn gedacht wird, wie auch, daß der Gedanke der creatio ex nihilo der Sache nach eindeutig ausgesagt wird, jedoch ohne Verwendung der entsprechenden Formel.« Gerhard May, Schöpfung aus dem Nichts, VIII.

[203] Etwa Confess. XII, 7 (CChr. SL 27, 219), zit. Anm. 212 (S. 50).

[204] Monolog. VII und VIII [Opera omnia, Bd. 1, 20–24]. Hierzu Klaus Bannach, Gott und das Mögliche, 208.

[205] Ordinatio II, dist. 1, qu. 1 (Bd. VII, 32–50); Lectura II, dist. 1, qu. 2 (Bd. 18, 18–29).

[206] Selbst die Bestimmung »de tenebris« (etwa 2Kor 4,6) wandelt Luther in WA 44, 607, 37f. (zu Gen 45,7) in »ex tenebris« um; zit. bei Anm. 9 (S. 67).

[207] Bernd Janowski, Artikel »Schöpfung: II. Altes Testament«, 4RGG, Bd. 7 (im Druck).

[208] Dies heißt *nicht*, dass das ›Nichts‹ für Luther eine selbstständige, von Gott unabhängige Macht darstellt; vgl. etwa die Schöpfungs- bzw. Jahwe-Königspsalmen und siehe Anm. 213 (S. 51). Zum Glaubenskampf des Christen sei verwiesen auf Anm. 372ff. (S. 241).

3.2 Luthers Verständnis des »nihil«

Spricht Luther vom »nihil«, vom »Nichts«[209], so überrascht zunächst die auffällige *Weite* seines Begriffsgebrauchs; begründet liegt diese nicht zuletzt in der Weite seines Schöpfungsdenkens und seiner Überzeugung vom umfassenden Schöpfungshandeln Gottes. Für eine präzise Analyse wie sachgemäße Interpretation der Formel und um in der weiteren Bearbeitung ein adäquates Koordinatensystem zur Verfügung zu haben, sind daher terminologische Klarstellungen unabdingbar.[210] Leider lässt Luther selbst bisweilen straffen, konsistenten Wortgebrauch wie begriffliche Klarheit vermissen.

a) Das »nihil« vor der Weltschöpfung

»Nichts« ist für Luther zunächst das »nihil« vor der sog. ›Anfangs-‹ bzw. ›Urschöpfung‹ (creatio originans). Die Schöpfung der Welt »ex nihilo« besagt für Luther, dass nichts Vorfindliches Gott bei diesem Schöpfungsvorgang zur Verfügung stand.[211] Damit ist das Nichts vor der Weltschöpfung, im Anschluss an Augustin und dessen antimanichäische Stoßrichtung,[212]

---

[209] »Nichts« und »nihil« werden in vorliegender Arbeit gleichgesetzt, ungeachtet ihrer Herkunft aus verschiedenen Sprach- und damit auch unterschiedlichen Denk- und Vorstellungsräumen. Für die Bedeutungsvielfalt von »nihil« siehe Menge-Güthling, 508; vgl. das dem »nihil« beiseitegestellte »nullus«, aaO., 508. Vgl. ebenso Grimm, DWb, 4/2, 2035f. Zur Philosophiegeschichte des »Nichts« siehe: Ludger Lütkehaus, NICHTS – Abschied vom Sein. Ende der Angst, Zürich 1999.

[210] Zum »Nichts« in Luthers Theologie fehlt eine durchgängige Monographie. Zwar hat Sammeli Juntunen zur Deutung des Nichts beim frühen Luther ein wichtiges Werk vorgelegt (Der Begriff des Nichts bei Luther in den Jahren von 1510 bis 1523), aber seine Konzentration auf den frühen und größtenteils vorreformatorischen Luther lässt den Eindruck entstehen, als sei dessen Auseinandersetzung mit dem Nichts lediglich auf seine Frühphase beschränkt, begründet in Luthers damaligem Interesse an der Mystik. Dieser Eindruck wird dadurch verstärkt, dass Juntunen Hinweise auf spätere Luthertexte vermissen lässt. Demgegenüber sind Luthers Auseinandersetzung mit dem Nichts im Allgemeinen und die Gewichtung der creatio ex nihilo im Besonderen, wie unten gezeigt werden wird, als durchgängige Konstanten seiner Theologie zu betrachten.

[211] WA 42, 15,19–25 (zu Gen 1,3–5): »Id Verbum est Deus, et est omnipotens Verbum, prolatum in divina essentia. Hoc proferre nemo audivit, nisi Deus ipse, hoc est, Deus pater, Deus filius, et Deus spiritus sanctus. Ac dum prolatum est, generata est Lux, non ex materia verbi, nec ex natura dicentis, sed ex tenebris ipsis, sic ut Pater intus diceret, et foris fieret statim atque exsisteret Lux. Hoc modo etiam alia creata sunt postea. Haec, inquam, nobis de modo creationis satis sunt.« Luther ist überhaupt reserviert gegenüber Fragen nach zugrundeliegender Materie: »[...] Haec de materia sint satis, Nam haud scio, an si quis aliquid disputet subtilius, id etiam cum fructu aliquo faciat«, WA 42, 8,6f. (zu Gen 1,2).

[212] Augustin setzt sich auseinander mit den Manichäern, die eine creatio ex nihilo ablehnten, weil sie das »nihil« als eigenes, präexistentes und von Gott unabhängiges Schöpfungsprinzip postulierten; Grundlage dieser Position sind nach Augustin sowohl deren unzutreffende Interpretation von Gen 1,2 (»tenebrae« wird als böses Prinzip gedeutet; De Genesi contra Manich. 1, 4 [MPL 34, 176f.]) und Joh 1,4 (»nihil« sei ungeschaf-

für Luther kein eigenes Prinzip, aus dem die Welt geschaffen wird, keine dem Sein Gottes selbstständig entgegenstehende Macht[213] und damit auch nicht von Gott ausgesparte und damit von ihm unabhängige Sphäre, sondern selbst in seinem »Nichts« ist dieses »Nichts« gänzlich auf Gott angewiesen und kann in dieser Abhängigkeit daher selbst als »nichts« allein von Gott her – und nun wirklich uneigentliche Rede! – ›sein‹. Dieses nihil vor der Weltschöpfung ist durch und durch nihil in *dem* Sinn, dass es nichts Kreatürliches innehat; darin unterscheidet es sich von den folgenden. Wir finden diese Interpretation des »Nichts« bereits in einem frühen Text Luthers.[214] Festzuhalten ist auch, dass dieses »nihil« vor aller

---

fenes Prinzip; aaO.). Augustin wendet sich gegen diese Interpretation des »nihil« als eigenständiges, Gott gegenüberstehendes Sein; die manichäische Argumentation sei folgendem Gespräch gleichzusetzen: »Was hast du gemacht?« – »Nichts« – »Also hast du doch etwas gemacht, nämlich nichts!« (»At isti si alicui dicant, Quid fecisti? et ille respondeat, nihil se fecisse: consequens est ut ei calumnientur dicentes, Fecisti ergo aliquid, quia nihil fecisti; ipsum enim nihil aliquid est«; De natura boni, 25 [MPL 42, 559]). »Nihil« ist demnach kein ›Etwas‹, sondern wirklich nichts. Des weiteren ist die Schöpfung aus dem Nichts für Augustin *keine* Schöpfung aus der *Substanz* Gottes, nicht eine creatio *de Deo* (Confess. XII, 7 [CChr. SL 27, 219]: »Fecisti enim caelum et terram non de te: nam esset aequale unigenito tuo ac per hoc et tibi, et nullo modo iustum esset, ut aequale tibi esset, quod de te non esset. Et aliud praeter te non erat, unde faceres ea, deus, una trinitas et trina unitas: et ideo de nihilo fecisti caelum et terram«), wenn, dann eine creatio *a Deo* ([aaO.]: »Et unde utcumque erat, nisi esset abs te, a quo sunt omnia, in quantumcumque sunt?«); d.h. die Welt ist ex nihilo aus dem Willen Gottes heraus geschaffen, wobei jedes Geschöpf seinen Grund nicht nur im göttlichen Willen, sondern ebenso im göttlichen Intellekt hat (De diversis qu. 46,2 [CChr. SL 44 A, 71]: »[...], quae in divina intelligentia continentur«). Vgl. Helmut Hoping, Creatio ex nihilo, 298–301.

[213] Ist das »Nichts« auch strictissime *kein* Bereich, der außerhalb der Wirkkraft und des Herrschaftsbereichs Gottes liegt (der Begriff einer »creatio contra nihilum« fehlt bei Luther in der Vorlesung, siehe Anm. 208 [S. 49]), so kennt Luther jedoch auch die v.a. in den Psalmen beschriebenen Kämpfe mit Chaosmächten, die schildern, wie Schöpfung gegen Widerstand erfolgt; im biblischen Horizont wäre etwa zu denken an den Jahwe-Königspsalm Ps 93, bzw. an die Schöpfungspsalmen Ps 29 und 104.

[214] Bereits der frühe Luther vertritt im Zusammenhang der Schöpfung einen ähnlichen Sprachgebrauch in seiner Unterscheidung eines dreifachen »nihil«: Kerntext ist eine sehr früh anzusetzende, undatierte Predigt über Joh 3,16, wohl aus den Jahren 1512/14 (WA 4, 595 – 602 [Predigt über das Evangelium des 2. Pfingstfeiertages (Joh 3,16)]; bes. 600,23 – 601,3). Luther unterscheidet hier drei »nihil«: Das erste nihil ist »nihil proprio vocabulo«, das Gegenteil hierzu ist das Sein. Das zweite »nihil« definiert Luther als das »falsum«, das Falsche, das dem Wahren (»verum«) entgegensteht. Das dritte »nihil« ist adäquat dem Bösen (»malum«). Diesem steht das Gute (»bonum«) entgegen (aaO., 600,22–28 [Predigt zu Joh 3,16]). Ein Zweifaches kann festgehalten werden. Zum einen: Alle drei Formen können Gottes Schöpfung und Neuschöpfung als creatio ex nihilo bestimmen; einerseits die Schöpfung aus dem Nichts (»proprio vocabulo«), andererseits den Gedanken der Erlösung vom Nichts (»falsum«, »malum«). Damit besteht schon beim frühen Luther ein Zusammenhang von Erschaffung und Erlösung. Auffällig ist auch, dass das »nihil« ganz undualistisch nicht als eine der Schöpfermacht entgegenstehende andere Seinsmacht aufgefasst wird, also kein negativer Gegenpol zu Gott ist (vgl. WA 42, 6,24–29 [zu Gen 1,1]). Gesagt ist damit die uneingeschränkte Schöpferfreiheit Gottes und dessen Souveränität in der

Zeit für Luther auch daher von besonderem Interesse ist, weil es Vorbild-
funktion für verschiedene *gegenwärtige* Formen des »nihil« hat.

b) Das »nihil« des Tohu-wa-bohu

Mit »nihil« bezeichnet Luther ebenso die bereits geschaffene, jedoch noch
ungestaltete Welt, das Tohu-wa-bohu.

Wird das Tohu-wa-bohu auch bisweilen aufgrund seiner Verbindung
mit dem Nichts vor der Schöpfung und in Anlehnung an einen in der Vul-
gataübersetzung von Jer 4,23 sich herleitenden Sprachgebrauch[215] als
»nihil« bezeichnet, so liegt der Grund für Luthers Wortwahl woanders.
Kritisch wendet sich Luther nämlich gegen Augustins Materia-Begriff,
indem er zwar die Instabilität und Sterilität der Welt des Tohu-wa-bohu
anerkennt,[216] welche in ihrer chaotischen Ausrichtung als ungeordnete
Welt keinerlei eigengeschöpfliches Gestaltungsvermögen besitzt, aber
dennoch betont, dass das Tohu-wa-bohu »nit gar nichts« ist.[217] Ist diese
Welt auch noch in »roher Form«, so ist sie doch, wenn auch nicht unbe-
droht,[218] bereits durch den Schöpfer dem Nichts enthoben.[219] Für Luther

---

Schöpfung wie Erlösung (WA 4, 600,19f.22f.): »Hunc igitur filium nobis natum, nobis datum, nostrum fecit Deus pro nobis [...]. Ad quid igitur dedit ista tria? Audi: ut
non pereat, sed habeat vitam aeternam [...].«

[215] Dieser erhellt sich vor folgendem Hintergrund: Jer 4,23 (וְבֹהוּ וְאֶל־הַשָּׁמַיִם וְאֵין אוֹרָם:
רָאִיתִי אֶת־הָאָרֶץ וְהִנֵּה־תֹהוּ) wird von der Vulgata mit »aspexi terram et ecce vacua erat
et nihili et caelos et non erat lux in eis« übersetzt. Wird die schärfste Bedrohung der
Schöpfung durch die Priesterschrift und deren Sintfluterzählung angesprochen, so ist
doch das Bild der umgekehrten Schöpfung, der Verwandlung der Erde in Chaos, in
Jer 4,23–28 eindrücklich: Geschildert wird, so Helga Weippert (Schöpfer des Himmels
und der Erde, 51), »eine in Bilder umgesetzte Rücknahme der Schöpfung«, wobei »die
geordnete Welt in ihr vorschöpfungszeitliches Chaos zurückfällt« (aaO., 50). »Sowohl
die Verse 27f. wie auch die Vision in den Versen 23–26 fassen Jahwes Gericht als eine
Rücknahme der Schöpfung auf, die damit endet, daß die chaotischen Urzustände aus
der Zeit vor der Schöpfung wiederkehren« (aaO., 52). Zur Schwierigkeit der Begriffs-
lage siehe Claus Westermann, Genesis, 141–144.

[216] WA 42, 27,21–23 (zu Gen 1,11): »Hic iterum vides, cur terram supra dixerit *Tohu* et
Bohu, quod non solum tenebrosa et permixta aquis fuerit, sed etiam sine omni fructu
et sterilis.«

[217] WA 12, 445,19f.26 (Predigt über das 1. Buch Mose; 1523), zit. im Kontext (Z. 19–
26): »[...] wie von ersten ein kindt yn mutter leib. Es ist wol nit gar nichts, sonder
verschaffen hymel und erden, aber noch zu keym ding geschickt, wie auch ain rauch
noch nichts nicht ist, doch also hynfert, das er widder liecht noch schein hatt. Also
hat auch die erde noch keyn form wider ynn die gross noch ynn die lenge, unnd war
kain korn bawenn noch grass darauff. Sonder was schlecht unfruchtbar erden als ein
land oder ein wusten, da niemants ist und nichts drauff wechst, also ist der hymel
auch ungestalt gewesen und war doch nit gar nichts.«

[218] WA 42, 27,12f. (zu Gen 1,10): »[...] et affuturus ac prohibiturus sit hostem et mortem
certissimam, nempe aquam.« WA 42, 6,38 – 7,8 (zu Gen 1,2): »Sic Esaias inquit cap.
34 [Jes 34,11]. ubi minatur vastitatem orbi terrarum: ›Extendetur super eam regula
tohu et perpendiculum *bohu*‹, hoc est, ita vastabitur, ut neque homines, neque iumenta
relinquantur, ut domus sint vastae et omnia confusa et perturbata. Sicut Ierusalem

ist dieses Übergangsstadium[220] damit auch nicht, wie bei Augustin, ein »beinahe Nichts« (»paene nihil«).[221]

Spricht Luther von einem »nihil« des Tohu-wa-bohu, so liegt dieses Nichts nicht in dessen ›Übergangsstadium‹ begründet, sondern darin, dass es dies »in se«[222] ist, d.h. es ist nihil in seiner Abhängigkeit von Gottes Schöpfungshandeln. Damit unterscheidet sich das »nihil« des Tohu-wa-bohu in keiner Weise von dem »nihil« der gegenwärtigen Welt, die ebenso ohne eigene Schöpfungskraft in völliger Abhängigkeit allein von Gottes Schöpfungswort und -handeln her existiert; denn nimmt dieses Tohu-wa-bohu Form an und wachsen auf dieser Welt etwa Pflanzen, so ist dies für Luther kein selbstmächtiges Hervorbringen, sondern »auch ein Werk der Schöpfung«[223]. Dass Luther den Begriff »nihil« auch bei offensichtlich vorhandener Materie verwendet, zeigt nicht zuletzt, dass sein Verständnis des »nihil« nicht material-ontologisch begründet ist. Dies wird im folgenden Abschnitt noch deutlicher werden.

c) Das »nihil« des Geschöpfes
   im Gegenüber zu und in Abhängigkeit von seinem Schöpfer

Für Luther ist das Geschöpf, ist der Mensch nichts, weil er von Gott aus nichts geschaffen wurde.[224] Geschöpfliches Sein stammt damit weder aus dem Menschen selbst, noch hat es unabhängig von Gott aus sich heraus Bestand, sondern nur von dem Schöpfer herkommend und in einer Rückbindung an diesen »existiert« der Mensch; von Beginn an weist seine ge-

---

postea per Romanos et Roma per Gothos vastata est, adeo ut non possint celeberrimae veteris urbis vestigia ostendi.«

[219] WA 42, 14,12–15 (zu Gen 1,3–5), zit. im Kontext Anm. 269 (S. 228).

[220] WA 42, 6,30–7,8 (zu Gen 1,2).

[221] Die aus dem Nichts geschaffene Urmaterie besitzt keinerlei Form und wird von Augustin daher bisweilen als »nihil« bezeichnet, ohne jedoch damit diese mit einem völligen und schlechthinnigen Nichts gleichzusetzen (Confess. XII, 3 [CChr. SL 27, 218]: »Non tamen omnino nihil«); sie ist »beinahe nihil« – »prope nihil« (Confess. XII, 6f. [CChr. SL 27, 219f.]).

[222] WA 42, 6,32–35 (zu Gen 1,2): »*Tohu* pro nihilo ponitur, ut terra *Tohu* sit, quae simpliciter in se inanis sit, ubi nulla via, nulla locorum distinctio, non collis, non vallis, non gramina, non herbae, non animalia, non homines sunt.«

[223] WA 42, 27,33–35 (zu Gen 1,11–13): »[...] prima creatione sine semine simpliciter ex virtute verbi est facta. Quod autem nunc semina proveniunt, Id quoque est creationis opus plenum admiratione.« Die ›Selbstmächtigkeit‹ der Welt (›und die Erde bringe hervor [...]‹) ist für Luther erst eine Folge des Schöpferwortes Gottes; damit ist das Wachsen der Pflanzen trotz eines augenscheinlichen ›Automatismus‹ nicht selbstverständlich, sondern Schöpfergabe. Bezüglich Luthers Verknüpfung von Schöpfung und Erhaltung sei verwiesen auf seine Aufnahme von Wilhelm von Ockham und Gabriel Biel, siehe Anm. 10 (S. 141).

[224] WA 43, 178,42 – 179,1 (zu Gen 21,17), zit. bei Anm. 65 (S. 98); für den weiteren Kontext siehe Anm. 158ff. (S. 214) Vgl. das auf die Götter gewendete Nichts in Jes 41,24 (Vulgata): »ecce vos estis ex nihilo et opus vestrum ex eo«.

samte Existenz auf ein anderes, und aus diesem anderen speist sie sich. Dieses geschöpfliche Nichts des Menschen besagt also gerade keine ›Unexistenz‹ coram Deo, sondern ist Kennzeichen der umfassenden ontologischen Abhängigkeit der Kreatur von Gott[225] und bindet damit Schöpfer und Geschöpf auf das Engste zusammen: Geschöpfliches Sein kommt allein aus Gottes vorlaufendem Schöpfungswort, ist Gottes Geschenk. Ist die Kreatur »nichts«, so bedeutet eine Schöpfung »aus dem Nichts« freilich keine »Schöpfung aus der Kreatur«; im Gegenteil: Die Schöpfung aus dem »Nichts« meint stattdessen eine Schöpfung ganz und gar und völlig *von Gott her*. Die Kreatur ist nichts, weil sie nichts *von sich aus* hat und ist; das nihil des Menschen ist ein nihil ex se, weil der Mensch ex se nichts vermag. Hat die Kreatur alles »ex Deo«, so ist das »Nichts« der Kreatur folglich ein »nihil per se«[226].

Dieses »nihil per se« und die daraus resultierende Abhängigkeit des Menschen verdeutlicht Luther in der Genesisvorlesung im Zusammenhang der Rechtfertigung des Abraham mit dem Kernsatz: »homo ex se nihil est, nihil potest, nihil habet [...]«[227]. Der Mensch ist nichts, weil er nichts *von*

---

[225] »So ist im Werden, Sein und Vergehen die ganze Schöpfung vom Willen des Schöpfers restlos abhängig.« Werner Foerster, Art. »κτίζω«, in: ThWNT, Bd. III, 1011,5f. Vgl. Augustin, der diese Abhängigkeit des Geschöpfes von seinem Schöpfer in seinem Psalmenkommentar besonders betont: Der Mensch soll wissen, dass er an und für sich (»per se«) nichts ist und sein ganzes Sein von Gott erhält (Enarrationes in psalmos 70, sermo 1, 1 [CChr. SL 39, 940]: »Haec est ergo tota scientia magna, hominem scire quia ipse per se nihil est; et quoniam quidquid est, a Deo est, et propter Deum est. *Quid enim habes*, inquit, *quod non accepisti? Si autem et accepisti, quid gloriaris quasi non acceperis?*«; Enarrationes in psalmos 29, 13 [CChr. SL 38, 173]: »Et haec est gloria mea, Domine Deus meus, ut in aeternum confitear tibi, quod nihil mihi ex me, sed omnia bona ex te, qui es Deus omnia in omnibus«). Diese Abhängigkeit ist die Voraussetzung des geschöpflichen Seins (De Genesi ad litteram 8, 26, 48 [MPL 34, 391f.]). Vgl. Enarrationes in psalmos 65, 19 (CChr. SL 39, 852): »Quae est distinctio in uotis? Haec est distinctio, ut te accuses, illum laudes; te intellegas creaturam, illum creatorem; te tenebras, illum illuminatorem, [...]. Redde uota distincta; confitere te mutabilem, illum incommutabilem; confitere te sine illo nihil esse, ipsum autem sine te perfectum esse; te indigere illo, illum autem tui non indigere«.

[226] Auch Thomas bestimmt das Geschöpf als nihil »per se«: Für ihn benötigt alles Seiende für seine Existenz das außerhalb seiner »essentia« liegende »esse«, welches, in der Schöpfung verliehen, dem Geschöpf unaufhörlich von Gott zukommt und mit welchem er dieses erhält; ohne dies kann das Geschöpf nicht sein (ScG II, 15: »Deus igitur est causa essendi omnibus aliis. [...] Deus autem est maxime ens, [...]. Ipse igitur est causa omnium de quibus ›ens‹ praedicatur. [...] Nihil igitur potest esse nisi a Deo. [...] Ipse igitur est omnibus causa essendi«). Kein Ding ist Quelle seines eigenen Seins; d.h. in keinem Ding gehört die reale Existenz zu seiner Wesensbestimmung, in keinem Geschöpf sind esse und essentia identisch; allein Gott existiert um seiner selbst (»per se«) willen (ScG II, 6–8). Damit kann nur aus Gott heraus eine Schöpfung geschehen.

[227] WA 42, 437,33f. (zu Gen 12,1), im Kontext zit. Anm. 226f. (S. 222) (vgl. die daraus entstehenden Fragen für die geschöpfliche cooperatio S. 148). Vgl. WA 43, 184,31f. (zu Gen 21,20f.): »[...] sumus enim creatura, et, ut Esaias dicit [Jes 40,6], nihilum ac pulvis«, im Kontext zit. Anm. 209 (S. 119). Ähnliche Bestimmungen des Menschen

sich aus ist, vermag und hat – ist also nichts hinsichtlich seiner Substanz, seiner Potenz und seines ›Habens‹.[228] Damit steht ihm keinerlei Möglichkeit zur Verfügung, sein Sein selbst zu konstituieren; alles, was er ist, kann und hat, hat seinen Grund in und kommt von Gott. Will der Mensch nun tatsächlich Eigenes vorweisen, bleibt ihm und hat er – so Luther – von sich aus nichts außer Sünde, Tod und Verdammnis (»nisi peccatum, mortem et damnationem«).[229] Diese von Luther gern verwendete Trias[230] steht dem Menschen zudem nicht zur Verfügung, sondern umgekehrt: Er selbst wird von dieser verfügt; sie bestimmt ihn in seinem menschlichen Sein.

Dieses kreatürliche »Nichts« des Menschen gilt sowohl für seine natürlichen Lebensumstände, in denen er Selbst und Welt samt ihren Lebensgaben von Gott empfängt (esse naturae), wie auch für sein neues Sein aus Gottes Rechtfertigung und das damit empfangene neue Leben (esse gratiae). Damit

---

finden sich bereits in frühen Texten, WA 4, 123,5–7 (Dictata super Psalterium, zu Ps 97[98]; 1513–15): »Nihil enim ita predicandum, immo exercitandum est, quam scire, quod ex nobis nihil simus et tantum desursum habemus omnia«. Vgl. weiter aaO., 207,31–33 (zu Ps 106): »Sic enim intelligit homo se esse infirmum et nihil, quando incipit agere velle que novit, que presumpsit facere mox cum novisset«; aaO., 267,32 (zu Ps 115): »[...], quod omnis homo sit mendax et nihil« sowie aaO., 110,14–17 (zu Ps 115): »Agnosce ergo, quod nihil es, et habes confessionem, et agnosce misericordiam dei et pulcher eris. Tibi esto fedus [sc. foedus], et eris deo pulcher. Tibi esto infirmus, et eris deo fortis. Tibi esto peccator, et eris deo iustus«. Siehe ebenfalls WABR 1, 327ff. (Gutachten über Joh 6,37–40; an Spalatin am 11.12.1519; Nr. 145): »Das einzige Ziel dieses Evangeliums ist, daß wir erkennen: aus sich selber kann oder hat der Mensch durch und durch nichts, sondern allein aus der göttlichen Barmherzigkeit.« Vgl. WA 3, 42,32–34 (Dictata super Psalterium; zu Ps 4; 1513–15); aaO., 392, 18f. (zu Ps 67) und aaO., 282,33–40 (zu Ps 49), zit. Anm. 234 (S. 57).
228 Vgl. die drei Formen des Nicht-Seins bei Aristoteles (Metaphysik 1069bf.). Diese sind analog zu den Dimensionen des Seins strukturiert. Das Sein hat für Aristoteles drei Hauptformen: Zunächst ist es in verschiedene Seinsarten, die Kategorien aufgeteilt. Als zweites unterscheidet Aristoteles zwischen potentiellem, möglichem und aktualem, verwirklichtem Sein. Als drittes bezeichnet das Seiende das Wahre. Analog dazu teilt Aristoteles das Nicht-Seiende in drei Bedeutungsfelder auf: Zunächst ist Nicht-Sein kategorial zu verstehen; etwas hat z.B. keine bestimmte Substanz, Qualität, Quantität usw. Da das Nicht-Seiende somit stets nur unter Verwendung der Kategorien des Seins ausgesagt werden kann, kennt Aristoteles das absolute Nicht-Sein als solches nicht (Physik 186a–187a; Metaphysik 1001af., 1003b). Des weiteren verhält sich für Aristoteles das Nicht-Seiende zum Sein wie die Potentialität zur Aktualität. Zum Beispiel ist ein Marmorblock potentiell eine Statue; wenn man den Block jedoch zu der Aktualität einer Statue in Beziehung setzt, so ist der Marmorblock lediglich ein Nicht-Seiendes (Metaphysik 1089a, 1051a–1052a). Auch hier ist Potentialität nicht schlichtes Nicht-Sein, sondern das Nichtsein birgt in sich die Möglichkeit des Seins (Metaphysik 1045b – 1046b), hier die Möglichkeit einer Statue. Nicht-Seiendes bezeichnet als drittes das Nichtwahre, das Unwahre bzw. die Lüge (Metaphysik 1017a, 1024bf., 1011bf.). Die oben angegebene Dreiteilung des Nichts hinsichtlich der Substanz, der Potenz und des ›Habens‹ ist also nur in ihren ersten beiden Gliedern ›aristotelisch‹. Die dritte Komponente müsste gemäß Aristoteles stattdessen das »Wahr-Sein« sein.
229 WA 42, 437,34 (zu Gen 12,1), im Kontext zit. Anm. 226f. (S. 222).
230 Vgl. die Trias Tod, Sünde, Hölle bei Anm. 31 (S. 70).

ist sowohl der unerlöste wie auch der erlöste Mensch für Luther »nichts«, weil eben beide nicht »ex se« existieren, sondern in beiden Fällen deren Sein aus Gott kommt und an den Geber rückgebunden bleiben; auch der Christ ist als »neue Kreatur« für Luther dementsprechend »nihil« im Bezug darauf, dass dessen neues Sein nicht »ex se« kommt. Luther spricht, dies ist festzuhalten, dem Menschen, den er als »nihil« kennzeichnet, weder geistliches noch weltliches Sein ab: der Mensch *ist* sowohl auf natürlicher wie auch auf geistlicher Ebene; aber sein Sein ist eben ein Sein, welches er nicht eigenmächtig »ex se« eingenommen hat bzw. in welchem er sich nicht eigenmächtig erhält, sondern welches ihm gegeben wurde und in bleibender Abhängigkeit von Gottes Schöpfungshandeln gegeben wird. Luthers Zusammenschau von creatio und conservatio erhellt sich nicht zuletzt von diesem Punkt aus. Das »nihil« der Anfangsschöpfung bleibt in gewisser Weise präsent, denn dies ist es, was das Geschöpf ohne Gottes schöpferisches und bewahrendes Wirken ist. Luthers Bestimmung des Menschen als »nihil« degradiert diesen also gerade nicht in eine obskure Nichtexistenz, sondern thematisiert die umfassende ontologische *Abhängigkeit*, in der sich der Mensch zu Gott als dem Geber seines Seins befindet.

Dieses eigene Nichts-Sein ist dem natürlichen Menschen auf tragische Weise verborgen: Er lebt in der Illusion, autopoietisch zu existieren, autokratisch sein Leben zu führen und dieses initiativ gestalten zu können; er lebt daher auch nicht zuletzt unter dem drückenden Zwang, »ex se« alles leisten zu müssen. In dieser sündigen Verkrümmung in sich selbst sieht er eigenes Handeln als Grund für seine natürlichen Lebensumstände, die er nicht als Gabe begreift, sondern als selbst erwirtschaftetes Gut, wie er auch auf geistlichem Gebiet meint, eigene Taten als Grund seiner Gerechtigkeit vor Gott hochrechnen zu können. Verborgen bleibt dem natürlichen Menschen dabei letztlich die Bedeutung dessen, was es heißt, dass Gott *der Schöpfer* ist,[231] denn mit diesem Handeln maßt er sich selbst die Schöpferrolle Gottes an.

Wird diesem Menschen nun auf schmerzliche Weise seine eigene Nichtigkeit bewusst, indem er begreift, dass er *eben nicht* »ex se« existiert und sein Leben in der Hand hat, und wird ihm deutlich, dass neues Sein und Gerechtigkeit vor Gott *eben nicht* Ergebnis eigenen Schaffens ist, sondern allein in Gottes zuvorkommendem Handeln gründet, so kann Luther davon sprechen, dass dieser Mensch »zu nichts« wird. Diese »annihilatio« bzw. »reductio ad nihilum« lässt den natürlichen Menschen den Blick von sich selbst abwenden und zeigt ihm stattdessen, dass er sich in völliger ontologischer Abhängigkeit von Gott befindet; diesem gegenüber bekennt er sein Nichtsein: »ego nihil sum«[232]. Damit ist die Nichtung *keine*, die

---

[231] Siehe bei Anm. 154 (S. 213).
[232] WA 43, 176,12 (zu Gen 21,17), zit. im Kontext Anm. 187 (S. 217).

den Menschen vollständig auslöschte, indem jegliche Verbindung mit seinem Schöpfer vollständig gekappt und damit dem Menschen jede Existenzgrundlage entzogen würde,²³³ sondern die im Gegenteil den Menschen zu seinem Schöpfer in ein Verhältnis setzt. Dass das nihil keine Unexistenz ist, sondern ein Eingeständnis des Nichtseins *coram Deo*, wird zudem in einem frühen Text Luthers deutlich, in dem der Mensch bekennt: Gott, *dir gegenüber* bin ich Sünder, bin ich schlecht, bin ich nichts (»›Tibi soli peccavi‹, tibi malus sum, tibi nihil sum«).²³⁴ Auch hier darf das »nihil« nicht als Mangel an Sein verstanden werden, sondern es benennt die völlige und unaufhörliche Abhängigkeit kreatürlichen Seins von Gott. Dies steht nicht im Gegensatz zu dem Sein des Menschen coram deo, sondern hebt es stattdessen gerade hervor, indem dieses Sein des Menschen eine Gabe Gottes ist, die dem eigenen nihil entgegensteht. In der Erkenntnis und dem Bekenntnis dieses »Nichts« wird der Mensch entlarvt, sich selbst in gefährlicher Weise überdrüssig und gezwungen, von sich selbst Abstand zu nehmen. Aber gerade in diesem Abstand zu sich selbst findet er seine eigene Kreatürlichkeit, damit sich selbst und ebenso Gott *den Schöpfer*.

---

²³³ Dieses verbietet Gottes Liebe, die seine Macht bestimmt (bei Anm. 250f. [S. 125]), und Gottes zugesagte conservatio der Schöpfung (bei Anm. 11 [S. 142]).

²³⁴ WA 3, 282,39f. (Dictata super Psalterium; zu Ps 49; 1513–15), im Kontext (Z. 33–40): »Talis ergo confessio ex vero corde est ipsum laudis sacrificium, scilicet totos nos deo debitos fateri, quicquid sumus, et nihil nobis relinquere omnino. Atque non solum corde, sed et opere nos sic ei confiteri, ut opera ipsa testentur, nos nihil nobis esse et videri. Et ex hoc fundamento fit, ut quilibet quantumvis sanctus necesse habeat de se coram deo omne malum sentire et confiteri et omnino nihil. Et dicere ›Tibi soli peccavi‹, tibi malus sum, tibi nihil sum.« Vgl. die Analogie von Bösem, Sünde und Nichts in Luthers frühen Randbemerkungen zu Petrus Lombardus, WA 9, 73,6–10 (Randbemerkungen Luthers; 1510/11): »Quando de peccatis disputatur, hic syllogismus semper notandus est: Omne malum est nihil et Omne peccatum est malum, igitur Omne peccatum est nihil.«
   Erinnert sei an Augustin. Für ihn ist, da das Nichts kein von Gott unabhängiges, diesem gegenüberstehendes böses Prinzip ist, wie von den Manichäern behauptet, sondern stattdessen alles Sein von Gottes gutem Sein bestimmt wird und von diesem herkommt, alles Seiende als Seiendes gut (Contra epistulam fundamenti, 33 [CSEL, Bd. 25/1, 236f.]). Das Böse dagegen ist, da es kein selbstständiges Sein hat und nicht unabhängig und an und für sich existieren kann, nichts (Soliloquiorum, I, 2 [CSEL, Bd. 89, 4]: »Deus, qui paucis ad id quod vere est refugientibus, ostendis malum nihil esse«; Tract. in Ioh. 1, 13 [CChr. SL 36, 7]: »Sane, fratres, quod sequitur, *Omnia per ipsum facta sunt, et sine ipso factum est nihil,* uidete ne sic cogitetis, quia nihil aliquid est. Solent enim multi male intellegentes *sine ipso factum est nihil,* putare aliquid esse nihil. Peccatum quidem non per ipsum factum est; et manifestum est, quia peccatum nihil est, et nihil fiunt homines cum peccant«), es ist lediglich Beraubung des Guten (Contra adv. legis, 1,5 [CChr. SL 49, 40]: »Non est ergo malum nisi priuatio boni«). Gemeint ist, dass das Geschöpf nicht die Seinsebene eingenommen hat, die ihm von seiner Herkunft her eigentlich zusteht (De libero arbitrio, 3, 150 [CChr. SL 29, 301]): »[...] aut si cogit uerissima ratio, sicuti cogit, ut et uituperentur peccata et quicquid recte uituperatur ideo uituperetur quia non ita est ut esse debuit, quaere quid debeat natura peccatrix et inuenies recte factum, quaere cui debeat et inuenies deum«).

d) Weitere Bestimmungen des »nihil«

Die Nichtigkeit des Geschöpfes ist Grundlage und Ausgangsbasis einer Reihe weiterer Bestimmungen des »nihil«; Luther bezeichnet mit »nihil« ebenso verschiedene konkrete Formen der geschöpflichen Abhängigkeit.

Ist die Kreatur ständig von Gott abhängig und nichts, so wird ihr in diesen besonderen Formen gezeigt und bewusst, dass sie tatsächlich *Mensch* und nicht Gott ist; sie sind gleichsam verschärfte Formen des allgemeinen nihil der Kreatur. In dieser präsentischen wie übertragenen Verwendung des »Nichts« in der Großen Genesisvorlesung liegt die eigentliche Stärke und das Schwergewicht der lutherischen Deutung. Einige Beispiele:

Ein wichtiges Motiv für Luther ist die Identifikation des Nichts mit menschlicher *Demut*.[235] Indem sich der Mensch vor Gott demütigt, macht er sich bewusst, dass er nihil vor Gott ist: Er weiß, dass er alles, was er hat, von Gott empfangen hat (»quicquid habent, ex Deo habent«).[236] Der Demütige wurde zu einem Ende seiner selbst gebracht;[237] Beispiele sind etwa Joseph im Gefängnis[238] und Hagar in der Wüste.[239] Dagegen gründet

---

[235] Bereits bei Bonaventura finden wir diese Verknüpfung: Der demütige, d.h. geistlich arme Mensch erkennt seine zweifache Nichtigkeit; er erkennt seine essentielle Abhängigkeit von Gott und gleichzeitig seine durch Sünde bestimmte Tendenz zum Nichtsein (Quaestio disputata de perfectione evangelica, qu 1, co [5, 122]: »Huiusmodi autem humilitatis actus est non tantum interior, verum etiam exterior humiliatio et vilificatio sui. Et ratio huius est: quia, cum duplex sit *esse*, scilicet naturae et gratiae, duplex est nihilitas: uno modo per oppositionem ad *esse naturae*, alio modo per oppositionem ad *esse moris et gratiae*. Et secundum hoc humilitas, quae est per considerationem vel quae est considerativa nostrae nihilitatis, duplex est: una quidem dici potest humilitas *veritatis*, quae consurgit ex consideratione nihilitatis per oppositionem ad *esse naturae*; et haec non tantum reperitur in hominibus, verum etiam in Angelis, non tantum in viatoribus, verum etiam in Beatis. Alia potest dici humilitas *severitatis*, quae consurgit ex consideratione *culpae*; qua, dum homo per elationem cogitat se esse demersum, severa quadam censura per humilitatem consurgit adversum semetipsum, se vilificando non tantum interius in oculis propriis, verum etiam exterius in oculis alienis«). Es ist daher, so Sameli Juntunen (Der Begriff des Nichts bei Luther in den Jahren von 1510–1523, 100), »sehr wahrscheinlich, daß Luther bei seinem Gebrauch des Begriffs *annihilatio* Einflüsse von Bonaventura aufgenommen hat.«

[236] WA 43, 180,4f. (zu Gen 21,17), zit. im Kontext (179,40 – 180,6): »Psalmus dicit [Ps 100,3]: ›Dominus fecit nos, et non ipsi nos‹, cur hoc monet spiritus sanctus? quasi vero quisquam sit, qui hoc nesciat: imo profecto, totus mundus hac doctrina opus habet. Omnes enim, qui de operibus suis praesumunt, nesciunt se a Domino factos esse, et opus habent hac admonitione, quod sint facti a Domino, alioqui humiliarentur coram creatore, et de nullis suis viribus praesumerent, quia, quicquid habent, ex Deo habent, sic ignoratio creationis et nimia Dei familiaritas erga nos facit nos praesumptuosos.«

[237] WA 44, 90,19–21 (zu Gen 32,17–20): »Hic sane diversum ab eo apparet, quod est promissum. Imo adhuc magis humiliabitur. Sed antea dixi esse hoc tempus mortificationis«. Vgl. WA 44, 90,13f. (zu Gen 32,17–20): »Sed mortificatio eum humillat, [...].«

[238] Etwa WA 44, 427,18–20 (zu Gen 41,40): »Haec igitur est gloria Ioseph, qui tredecim annis humiliatus fuit ad mortem usque, cum biennio aut amplius in carcere ac inferno in horas supplicium expectaret«.

die Hybris des Menschen in der Unwissenheit um die Schöpfung.[240] Der Hochmütige weiß nicht bzw. will nicht wissen, woher er gekommen ist, was er gewesen ist und was er wiederum werden muss – nämlich nichts.[241] Wie Luzifer[242] greift er in größter Anmaßung Gottes Majestät an[243] und will sich selber Gott sein.[244] Ist es dagegen ein sicherer und fester Grundsatz, dass Gott ein Gott der Niedrigen und Demütigen ist (»[...] propositio haec stet certa et firma, Deum esse humilium Deum«),[245] so verwundert es nicht, dass Gott Stolze demütigt[246] und Demütige erhöht; dies ist nicht zuletzt das Thema des Magnificat, auf das Luther in der Vorlesung ebenso eingeht.[247]

»Nihil« ist ebenso der *Tote*.[248] Sämtlicher Möglichkeiten der Einflussnahme sowohl auf sich selbst wie auch auf andere verlustig gegangen, ist er sich selbst entnommen. Der Tod ist nihil, da er kein eigenes Sein hat. Er ist aber auch nihil, da er gegenüber Gottes Auferweckungskraft »nichts« ist, also gegenüber dessen Neuschöpfungswort, bei aller Todesmacht, keine Widerstandsmöglichkeiten besitzt.[249]

Luthers Identifikation von *Finsternis* und »nihil« lässt sich auf Gen 1,1 zurückführen. Die Bedrohung des Nichts wird im Finstern virulent: Die Urchaoskräfte des Nichts erwachen bei Nacht, die Finsternis ist die Zeit der Anfechtung,[250] der Trübsal,[251] der Prüfung und Demütigung.[252] In

---

[239] Etwa WA 43, 171,9–12.17f. (zu Gen 21,15f.), zit. in und vgl. bei Anm. 73f. (S. 202).

[240] WA 43, 180,5f. (zu Gen 21,17): »[...], sic ignoratio creationis et nimia Dei familiaritas erga nos facit nos praesumptuosos.«

[241] WA 44, 436,23–25 (zu Gen 41,40): »[...], animis nostris infixa esse debet, unde simus oriundi, qui fuerimus, et quid futuri simus, denique quam difficilem et duram provinciam quilibet suo loco sustineat. Sic paulatim ad modestiam et humilitatem assuescemus.«

[242] WA 42, 270,29–31 (zu Gen 6,1f.): »Nemo igitur de donis quantumvis magnis glorietur: Summum donum est esse membrum verae Ecclesiae. Sed cave, ne ideo superbias: potes enim labi. Sicut Lucifer de coelo est lapsus, [...].«

[243] WA 42, 181,38f. (zu Gen 4,2), zit. im Kontext (Z. 36–39): »Sic cum optimis et pulcherrimis donis prae aliis instructi Angeli in coelo inciperent superbire contemnentes humilitatem filii Dei, praecipitati sunt in infernum et facti foedissimi Diaboli. Non enim potest Deus superbiam ferre, et vult ubique observari et salvam esse suam Maiestatem«.

[244] WA 43, 184,26–28 (zu Gen 21,20f.), zit. im Kontext Anm. 209 (S. 119).

[245] WA 43, 181,28f. (zu Gen 21,17). Vgl. WA 42, 181,31f. (zu Gen 4,2): »Deus autem est Deus humilium, qui ›humilibus dat gratiam et resistit superbis‹ [Jak 4,6].« Vgl. 1Petr 5,5f. und Prov 3,34.

[246] WA 43, 178,5–7 (zu Gen 21,17): »Dei consilium est, ut humilientur, et discant confidere in sola Dei gratia: non in meritis aut dignitate aliqua carnali«.

[247] WA 42, 189,34 – 190,15 (zu Gen 4,4).

[248] WA 42, 254,6f. (zu Gen 5,21–24), zit. im Kontext bei Anm. 31 (S. 195).

[249] WA 42, 147,8f. (zu Gen 3,15), zit. bei Anm. 391 (S. 245); vgl. den größeren Kontext (WA 42, 146,41 – 147,7 [zu Gen 3,15]).

[250] WA 44, 91,30f.33–36 (zu Gen 32,21–24): »Convenit autem tempus nocturnum in primis tentationibus. [...] Tenebrae per se contristant et deiiciunt animos omnium hominum et pecudum etiam. Econtra lux oriens exhilarat omnia animantia. Recte igitur Germanico proverbio dicitur: Die nacht ist niemands freund. Est tempus aptum

Analogie zur Schöpfung aus dem Nichts wird der in Finsternis lebende Mensch, der durch das Licht des Evangeliums[253] ins Leben gesetzt wird, in ebensolcher Weise vom Nichts ins Sein gerufen.[254] Es überrascht nicht, dass »Finsternis« ebenso eine Metapher für »Unverständnis« und »Unglaube«[255] ist.

Mit dem »nihil« der Finsternis verknüpft ist das »nihil« der *desperatio*.[256] Der Verzweifelte, Mutlose und Traurige ist »nihil« in seiner Perspektivlosigkeit und in dem Fehlen der Hoffnung. Er ist angewiesen auf Hilfe und Zuspruch, die er sich selbst jedoch nicht zu geben vermag.[257]

»Nihil« ist ebenso der *Arme*.[258] Kann sich »arm« zunächst allgemein auf finanzielle Aspekte beziehen, geht Luthers Deutung in Herausstreichung der allgemeinen Bedürftigkeit tiefer. Indem der Arme gesellschaftlich nicht anerkannt, d.h. in gesellschaftlichem Horizont kein Faktor ist, den es notwendigerweise wahrzunehmen gilt, ist er »nihil« coram hominibus; im äußersten Fall ist er als »Bettler« in seiner ganzen Existenz auf andere angewiesen.

Ähnlich ist das »nihil« des *Trivialen* wie *Törichten*. Unweise Ratschläge und bedeutungslose Allgemeinplätze sind sowohl »nichts« wert, wie sie auch »nichts« bedeuten und vermögen.[259]

»Nihil« ist der Mensch in *Schande*. Sein Wert und seine Würde werden von seinen Mitmenschen aberkannt. Er ist ihnen kein Gleichwertiger. Insbesondere im Zusammenhang der Josephsgeschichte geht Luther auf das »nihil« des seiner Würde beraubten Menschen verstärkt ein.[260]

Zieht Gott sich zurück, schweigt und verbirgt er sich, so ist dies für Luther schwerste Bedrohung durch das »nihil«[261]. Ohne Gottes allum-

---

tribulationibus et orationi«. Vgl. die im Kontext von Gen 3,8 interessante Überlegung (WA 42, 127,32f.): »Quid accidisset, si Deus in tenebris et nocte venisset, ibi enim terror longe maior est.«

251 WA 44, 280,21 (zu Gen 37,18–20), zit. im Kontext Anm. 281 (S. 230).
252 Bei Joseph etwa ist die »finstere« Zeit im Gefängnis eine Zeit der Prüfung wie der Demütigung (WA 44, 393,25–36 [zu Gen 40,20–23]): »Sedet ergo in tenebris lucerna illa, et discit vocem hanc intelligere. Adflixit te Dominus penuria et tentavit, [...] [vgl. Dtn 8,3 u. Mt 4,2–4].«
253 WA 42, 162,36f. (zu Gen 3,16): »Sed Euangelium tanquam claram lucem adhibemus, ut istae tenebrae illustrentur«; WA 42, 166,40 (zu Gen 3,22): »Quare ad lucem Euangelii respiciendum est« und WA 42, 223,10 (zu Gen 4,15): »lucem novi«.
254 Etwa WA 44, 398,25–28 (zu Gen 41,1–7), zit. Anm. 127 (S. 210).
255 WA 43, 576,30f. (zu Gen 28,12–14), zit. Anm. 128 (S. 210).
256 WA 42, 254,6 (zu Gen 5,21–24), zit. im Kontext bei Anm. 31 (S. 195).
257 WA 44, 179,16–18 (zu Gen 35,5), zit. Anm. 31 (S. 195).
258 WA 43, 626,9f. (zu Gen 29,14), zit. Anm. 56 (S. 97); siehe bei Anm. 55–59 (S. 97).
259 WA 44, 482,25–27.33–38 (zu Gen 42,14–17), zit. Anm. 142f. (S. 212).
260 WA 44, 374,22–24 (zu Gen 39,21–23), zit. im Kontext Anm. 311 (S. 233). Zur Josephsgeschichte siehe bei Anm. 59 (S. 200).
261 Luther kennt daher auch kein sich Zurückziehen Gottes, um Raum zu schaffen für das geschöpfliche Gegenüber (Zimzum); siehe hierzu bei Anm. 233ff. (S. 122). Zur bedrohlichen *Nähe* Gottes siehe Wilfried Härle, Dogmatik, 280.

fassende und damit bewahrende Präsenz ist die Schöpfung dem Nichts ausgeliefert; sein sich Zurückziehen ist deren elementarste Gefährdung, sein Nichthandeln stellt alles infrage. Ist diese Anfechtung und Gefahr durch das Nichts bis zum Äußersten getrieben, kann Luther so weit gehen, dass er sagt, Gott selbst sei »nihil«[262].

Letztlich kann »aus nichts« für Luther auch allgemeinsprachlich schlicht »grundlos« heißen, d.h. aus dem, wofür es keinen Begründungszusammenhang gibt; ähnlich bedeutet »um nichts« »umsonst«[263].

---

[262] Dieser Gedanke Luthers ist von den vorherigen Ausführungen dahingehend unterschieden, dass er damit die Anfechtungssituation des Menschen zuspitzen möchte, dem durch sein eigenes nihil die Augen gebunden sind und der daher Gottes Präsenz und sein Handeln nicht wahrzunehmen vermag. Der Satz ist also ganz aus der Perspektive des angefochtenen Menschen gesprochen, da Gott für Luther freilich *nicht* nihil ist. Vgl. den in der neuplatonischen und christlichen Tradition bisweilen vorkommenden Gedanken, der besagt, dass nur die geschaffene Wirklichkeit als seiend anzusehen sei; Gott dagegen wird als »nichtseiend« charakterisiert, da er auf einer höheren Stufe stehe und zu dieser »seienden« Wirklichkeit nicht gehöre. Vgl. etwa Meister Eckhart (DW, Bd. 3, 223,1f.3f.): »Got ist ein niht, und got ist ein iht. Swaz iht ist, daz ist ouch niht. [...] er ist über wesen, er ist über leben, er ist über lieht«). Siehe bei Anm. 193 (S. 168) und bei Anm. 129ff. (S. 210).

[263] Schreibt Luther, »wir erhalten dies um nichts«, so ist dies etwa der Wolkenregen, der Getreide »umsonst« wachsen lässt, und der »Milchregen« der Schafe, die »umsonst« Milch geben; siehe WATR 5, 554,16–27 (Nr. 6238), zit. Anm. 44 (S. 146).

Hauptteil

I. Grundbestimmungen

§ 1 Einführung

Beobachten wir Luthers Verwendung der Formel »creatio ex nihilo« in der Großen Genesisvorlesung, so wird Folgendes deutlich: Mit ihrer Hilfe zielt Luther auf die unbedingte Autorschaft, das unbedingte Anfangen Gottes und auf das damit unverdiente Empfangen der Kreatur und deren Abhängigkeit von ihrem Schöpfer. Gottes Handeln knüpft an nichts an, sondern geschieht frei und souverän – und zwar in dreifacher Hinsicht: in Gottes *Schaffen* ex nihilo, seinem *Erhalten* ex nihilo und in seiner *Neuschöpfung* ex nihilo. Dies ist Thema des Hauptteils.

In einer grundsätzlichen Orientierung wird zunächst einführend ein Abschnitt der Genesisvorlesung vorgestellt, in dem Luther in besonderer Weise den Charakter seiner Deutung der creatio ex nihilo zusammenfasst. Die in dieser Zusammenfassung angesprochenen Elemente werden im folgenden Hauptteil weiter expliziert. Bevor dies geschieht, wird die Orientierungsleistung der Formel angesprochen: das Prinzipielle der Formel, ihre präsentische Blickrichtung, ihr Gewicht und ihre Unbegreiflichkeit.

§ 2 »Deus solet ex nihilo facere omnia« (WA 44, 43,11f.) – Der Grundtext für die Bedeutung der Formel »creatio ex nihilo« in der Großen Genesisvorlesung

Für Luther sind, wie gezeigt werden wird, in dem Artikel der Schöpfung – und damit in der creatio ex nihilo als »schöpfungstheologische[...] Hauptformel«[1] – alle anderen Artikel mit eingeschlossen[2]: Gott pflegt aus nichts

---

[1] Oswald Bayer, Art. »Schöpfer/Schöpfung VIII«, TRE, Bd. 30, 329,19f.

[2] Bereits in einem frühen Text zeigt Luther in Bekenntnisform die umfassende Abhängigkeit des Menschen von dem aus nichts schaffenden Schöpfer; WA 7, 215,24 – 216,29 (Eine kurze Form der zehn Gebote, [...]; 1520): »Ich glaub ynn gott vatter almechtigen schopfer hymels und der erden. Das ist: Ich vorsag dem bößen geist, aller abgotterey, aller tzeuberey und mißglauben. Ich setz meyn trawen auff keyn menschen auff erden, auch nit auff mich selbs, nach auff meyn gewalt, kunst, gutt, frumkeit odder was ich haben mag. Ich setz meyn traw auff keyn creatur, sie sey ym hymell oder auff erden. Ich erwege und setz meyn trew alleyn auff den blossen unsichtlichen unbegreyfflichen eynigen gott, der hymell und erden erschaffen hatt und alleyn ubir alle creature ist. Widderumb entsetze ich mich nit ob aller bößheyt des teuffels und seyner geselschafft, dan meyn gott uber sie alle ist. Ich glaub nichts deste weniger yn gott, ob ich von allen menschen vorlassen odder vorfolget were. Ich glaub nichts deste weniger, ob ich arm, unvorstendig, ungeleret, voracht byn odder alles dings mangell. Ich glaub nichts deste weniger, ob ich eyn ßunder byn. Dan dyßer meyn glaub soll und muß schweben uber alles was do ist und nit ist, uber sund und tugent und uber alles, auff das er ynn

alles zu schaffen (»Deus solet ex nihilo facere omnia«).³ Konkret heißt dies für Luther, dass Gott auf diese Weise die Welt erschafft, Arme und Bedrückte ermutigt, Sünder rechtfertigt, Tote lebendig macht, Verdammte rettet, etc. (»ex nihilo facere aliquid. Sic creavit mundum ex nihilo. Sic erigit pauperes et oppressos. Sic iustificat peccatores. Sic vivificat mortuos. Sic salvat damnatos etc«).⁴

Die von Luther angesprochene Weite und die damit verbundene Orientierungsleistung der Formel wird in der Genesisvorlesung beispielhaft innerhalb Luthers Auslegung von Gen 45,7 deutlich.⁵ Der Text ist Teil der Josephsrede (Gen 45,1–15), eine Zentralstelle der für Luthers Bearbeitung der creatio ex nihilo wichtigen Josephsgeschichte;⁶ in dieser Rede gibt sich Joseph seinen Brüdern zu erkennen und deutet den Sinn seines Verkaufs nach Ägypten. In der Auslegung dieser Kernstelle verknüpft Luther zudem drei ihm zentrale schöpfungstheologische Schriftstellen und legt diese zugrunde: Gen 45,7, Röm 4,17 und 2Kor 4,6. Letztlich bündelt Luther in diesem Abschnitt Weltschöpfung, Bewahrung der Schöpfung und Neuschöpfung in Gottes creatio ex nihilo. Richtungsweisend ist bereits der Vorspann:

> »Haec igitur doctrina tantum Christianorum est et filiorum Dei, qui haurire et devorare possunt, quicquid malorum obiicitur, et expectare cum fiducia pro uno incommodo aut detrimento mille commoda.«⁷

---

gott lauterlich und reyn sich halte, wie mich das erste gepot dringt. Ich begere auch keyn tzeychen von yhm yhn zuvorsuchen. Ich traw bestendiglich ynn yhn, wie lang er vortzeugt, unnd setzte yhm keyn tzill, tzeyt, maß odder weyße, ßondern stell es alles heym seynem gottlichen willen ynn eynem freyen richtigem glauben. Szo er dan almechtig ist, was mag mir geprechen, das er mir nit geben und thun muge? Szo er schöpfer hymel und erden ist und aller ding eyn herr, wer will mir ettwas nehmen oder schaden? ja wie wollen mir nit alle dingk zu gutt kummen und dienen, wan der mir gut gan, dem sie alle gehorsam und unterthan seyn? Die weyll er dan gott ist, ßo mag er und weyß wie ers machen mit mir soll auffs beste. Die weyl er vatter ist, ßo wil ers auch thun unnd thut es hertzlich gerne. Die weyll ich daran nit zweyffel und setz meyn trew alßo yn yhn, ßo byn ich gewiß seyn kindt, diener und erbe ewiglich und wirt mir geschehen wie ich glaub.

3   WA 44, 43,11f. (zu Gen 31,31–33), im Kontext zit. Anm. 17 (S. 68).
4   WA 40/III, 155,23–25 (In XV Psalmos graduum; zu Ps 125,1; 1532/33 [1540]). Zweierlei fällt auf: Luthers repetierendes, alle Aspekte verbindendes »Sic« sowie das weiterweisende »etc«, das noch andere andeutet. Siehe die ähnliche Aufzählung in WA 40/III, 154,15–17 (In XV Psalmos graduum; zu Ps 125,1; 1532/33 [1540]), zit. Anm. 29 (S. 70). Vgl. WA 49, 414,33.35 – 415,5 (Predigt über 1Kor 15,35–38; 22. Mai 1544), zit. bei Anm. 83 (S. 80).
5   Die in diesem Abschnitt genannten Aspekte werden unten an den relevanten Stellen weiter vertiefend expliziert.
6   Sieht Ulrich Asendorf in Luthers Auslegung der Josephsgeschichte das »Anliegen [...], nur dieses durch die gesamte Josephsgeschichte hindurch zum Ausdruck zu bringen, [nämlich] daß Gottes schöpferisches und bewahrendes Wesen gegenüber der Welt nur als creatio ex nihilo zu beschreiben ist« (Lectura in Biblia, 406), so ist dieses Urteil auf Luthers gesamte Auslegung der Genesis auszuweiten.
7   WA 44, 607,31–33 (zu Gen 45,7).

Luther stellt hierin einführend die seelsorgerliche Bedeutung dieser »doctrina« heraus: Ein Besinnen auf sie befähigt, Unbill und Unglück im Vertrauen auf Gottes Schöpferkraft tragen zu können.[8] Luther fährt fort:

> »Quia credimus in illum Deum, qui est creator omnipotens, producens ex nihilo omnia, ex malis optima, ex desperatis et perditis salutem. Sicut Romanorum 4. [Röm 4,17] hoc ei tribuitur, quod ›vocet ea quae non sunt, ut sint‹. Et 2. Corinthiorum 4 [2Kor 4,6] ›Deus qui iussit de tenebris lucem splendescere.‹ Non ex carbone scintillam, sed ex tenebris lucem, sicut ex morte vitam, ex peccato iustitiam, ex servitute Diaboli et inferno regnum coelorum et libertatem filiorum Dei.«[9]
> »Denn wir glauben an den Gott, der ein allmächtiger Schöpfer ist, welcher aus nichts alles macht, und aus dem, das böse ist, Gutes, und aus dem, das hoffnungslos und verloren ist, Heil und Seligkeit wirkt. Wie Röm 4,17 ihm solches zugeschrieben wird, da Paulus sagt: ›Er ruft dem, das nicht ist, dass es sei‹ und 2Kor 4,6: ›Gott, der da hieß das Licht aus der Finsternis hervorleuchten‹. Nicht aus der glimmenden Kohle ein kleiner Funke, sondern ›aus der Finsternis das Licht‹; gleichwie aus dem Tode das Leben, aus der Sünde Gerechtigkeit, aus der Sklaverei des Teufels und der Hölle das Himmelreich und die Freiheit der Kinder Gottes.«

Die Bedeutung dieses Textabschnittes, der die Breite des voraussetzungslosen göttlichen Schaffens zusammenfasst und zugleich eine Vielzahl dogmatischer Topoi einschließt, ergibt sich aus dessen Eingangsformel »Quia credimus«: Das Folgende hat Bekenntnischarakter. Gott ist – ganz am Glaubensbekenntnis orientiert – allmächtiger Schöpfer (»qui est creator omnipotens«); allmächtig ist er, weil er aus nichts alles zu schaffen vermag (»producens ex nihilo omnia«).

Was es heißt, Schöpfer aus dem Nichts zu sein, expliziert Luther, indem er Opposita einander gegenüberstellt.[10] Allen Bestimmungen gemeinsam ist, dass Gottes Schöpferkraft in keinem Fall an Vorgaben anknüpft. Werden diese in ihr Gegenteil verkehrt, so werden sie keine »Voraussetzungen«, die lediglich umgeformt werden, sondern stehen in keinem Verhältnis zu dem zu Schaffenden. Diese Loskoppelung des Ergebnisses von der Vorgabe ist, was Luther creatio ex nihilo nennt: unabhängiges, voraussetzungsloses, in Freiheit vollzogenes Schaffen und völlige Abhängigkeit der Kreatur von diesem Handeln Gottes. Die von Luther genannten Bewegungen können vom Menschen per se nicht geleistet werden; sie geschehen an ihm und stehen allein in Gottes Schöpferhand.

---

8   Vgl. WA 44, 175,10–13 (zu Gen 35,3): »[...] non frangar animo, cum habeam illam compensationem et permutationem foelicissimam, qua scio mortem in vitam, exitium in salutem aeternam, peccatum in iustitiam commutatum esse.«

9   WA 44, 607,33–39 (zu Gen 45,7). Vgl. ein ähnliches Summarium in WA 42, 254,5–8 (zu Gen 5,21–24), zit. bei Anm. 31 (S. 195).

10 Vgl. hierzu Gottes ›creatio ex nihilo sub contraria specie‹ bei Anm. 24ff. (S. 193).

1. »ex malis optima«

Die erste Bestimmung Luthers spricht – als zentrales Thema der Josephs-geschichte – die Theodizeefrage an: Die omnipotente Schöpferkraft Gottes (»ex nihilo omnia«) ist so weit reichend, dass sie, näher bestimmt durch Gottes Schöpfergüte[11] und Barmherzigkeit,[12] selbst aus Bösem Gutes zu schaffen vermag (»ex malis optima«).[13] Zugespitzt formuliert: »Talis enim est creator noster omnipotens, qui ex nihilo omnia facit, habens in manu sua mortem, infernum et omnia mala, idque agit, ut electis omnia in bonum cooperentur.«[14]

Diesen Gedanken, den Luther aus eigener Erfahrung kennt,[15] führt er mehrmals in der Genesisvorlesung aus. Etwa in seiner Auslegung von Ja-kobs fahrlässiger Forderung des Todes derjenigen Person, bei der Laban seine entwendeten Hausgötter finden würde (Gen 31,31–33), betont Lu-ther – neben einer Orientierung an Röm 8,28: »Et hoc est opus et arti-ficium Dei, ut corrigat et emendet, quod errore Iacob perditum erat. Er kan böse sachen gut machen, wenn wirs verderbt und verwarloset haben. [...] Omnia enim cooperantur electis et his, qui credunt, in bonum, etiam errores et peccata, hoc est certissimum«[16]. Gebraucht Luther hier auch den Begriff der Korrektur, so ist vom Zusammenhang, insbesondere von Luthers dem Text folgender Begründung her deutlich, dass nicht Vorge-gebenes lediglich korrigiert wird, sondern etwas gänzlich Neues Raum gewinnt.[17] Für Luther steht Gottes heilvolles Eingreifen in heillose und böse Situationen parallel zu dessen Schaffen aus nichts. In diesem Licht

---

[11] WA 44, 822,20f. (zu Gen 50,19–23): »Ad hunc modum facit Deus ex malo bonum, non quod velit malum fieri, sed tanta est bonitas ipsius etiam in malicia nostra, [...].«

[12] WA 44, 236,17f. (zu Gen 37,2): »[...], quo magis perspiciatur gratia et misericordia Dei, qui ex pessimis novit elicere optima.«

[13] Siehe das »nihil« des Bösen und der Sünde in Anm. 234 (S. 57).

[14] WA 44, 606,39–41 (zu Gen 45,5).

[15] Luther schildert persönliche Beobachtungen in WA 44, 43,1–5 (zu Gen 31,31–33): »Ego sane saepe multa imprudenter et stulte egi, de quibus postea vehementer con-turbatus sum. Nec poteram videre, quomodo eluctarer aut extricarer rebus impeditis mea stultitia. Sed Dominus invenit modum et viam, ut corrigeretur erratum.«

[16] WA 44, 42,38–40.43,10f. (zu Gen 31,31–33; zit. wird Röm 8,28). Vgl. WA 44, 160, 20–22 (zu Gen 34,30): »Dei autem opus et benificium est, qui elicit bonum ex malo et vertit malum in bonum, et ex malo initio facit laetam catastrophen.«

[17] Vgl. die ähnliche Struktur in WA 44, 821,20–24 (zu Gen 50,19–23): »Atque hoc est quod Paulus ait Romanorum 8: ›Scimus quod diligentibus Deum omnia cooperantur in bonum, iis qui secundum propositum vocati sunt sancti‹. Et Augustinus alicubi in-quit: Tam bonus est Deus, ut non permittat malum fieri, nisi ingens bonum inde possit elicere.« Gen 50,19–23 ist Teil der Sterberede Josephs, in der Elemente seiner Rede an die Brüder (Gen 45,1–15) aufgegriffen werden. Siehe ebenso WA 44, 606,20–23 (zu Gen 45,5): »Et quid tandem de Turca et Pontifice futurum putabimus? Nam hoc, quod cogitant in malum, potest Deus facilime in bonum vertere. Extat alicubi Augu-stini praeclarum et sanctum dictum: Tam bonus est Deus, ut nullo modo permittat malum, nisi inde norit elicere bonum.«

verliert für Luther das Böse an Schärfe, wobei diese seelsorgerliche Komponente von ihm besonders hervorgehoben wird.[18]

2. »ex desperatis et perditis salutem«

Aus Hoffnungslosigkeit, Verzweiflung und Verlorenem schafft Gott Heil, da er keine anderen tröstet als Traurige und Verzweifelte.[19] Vertrauen in den allmächtigen Schöpfer soll dahin führen, dass der Mensch nicht verzagt, wenn es ihm beispielsweise an Weisheit und menschlicher Hilfe mangelt[20] oder wenn er unter seinen Sünden zu verzweifeln droht.[21] Stattdessen soll er sich an den allmächtigen Schöpfer (»creator omnipotens«) halten, der nicht nur Herr über Weisheit und menschliche Hilfe ist,[22] sondern ebenso den Sünder aus größter Tiefe emporheben wie auch aus höchster Höhe in die Tiefe stoßen kann.[23] Luther kann diese Souveränität Gottes und das Vertrauen des verzweifelnden Menschen in diese nicht dramatisch genug beschreiben: Auch wenn alles verloren ist und Tränen fließen, soll gleichwohl das Herz sagen: »Gott der almechtig helff, mit mir ists verloren«[24]. Die Tröstung eines verzagten Herzens ist für Luther einer Totenauferweckung gleichzusetzen.[25] Luther gibt damit nicht zuletzt zu erkennen, dass Neuschöpfung Schöpfung ex nihilo ist.

3. »ex tenebris lucem«

Mit der Bestimmung »ex tenebris lucem« greift Luther die Weltschöpfung auf, wobei für ihn deren sonnenlose Dunkelheit nicht die einzige Finsternis ist, der göttliches Licht schöpferisch erscheint: Mit angesprochen ist die dem Evangelium entgegenstehende Finsternis des ungerechtfertigten Herzens. Diesem »dunklen« – auch metaphorisch gewendet: melancholischen und schwermütigen – Menschen scheint das Licht des Evangeliums, das Licht der Neuschöpfung.[26] Die Schöpfung ex tenebris hat damit für

---

[18] Vgl. WA 44, 263,26–30 (zu Gen 37,15–17): »O wann wirs glauben kündten. Si huic voci filii Dei firmiter assentiri, et hunc spiritum habere possemus, qui cum gaudio diceret, Age eripiatur vita, corpus, bona, valeant omnia, certus sum Deum facere et permittere hoc optimo consilio, tum veri Christiani et victores totius mundi essemus«.

[19] WA 42, 254,6–8 (zu Gen 5,21–24), zit. im Kontext bei Anm. 31 (S. 195). Vgl. WA 44, 638,24f. (zu Gen 46,2–4), zit. Anm. 31 (S. 195).

[20] WA 44, 482,33–35 (zu Gen 42,14–17), zit. im Kontext Anm. 143 (S. 212).

[21] WA 44, 483,2 (zu Gen 42,14–17): »[...] aut de peccatis desperemus«, zit. im Kontext Anm. 243 (S. 124).

[22] WA 44, 482,(33–38)38 (zu Gen 42,14–17), zit. Anm. 143 (S. 212).

[23] WA 44, 482,38–40 (zu Gen 42,14–17), zit. bei Anm. 242 (S. 124).

[24] WA 44, 542,13 (zu Gen 43,11–14), zit. im Kontext (Z. 11–13): [...] ut statuamus quantumcunque desperata sint omnia, tamen non esse despondendum animum, etiam cum lachrimae fluunt, tamen cor dicat: Gott der almechtig helff, mit mir ists verloren«.

[25] Siehe bei Anm. 333f. (S. 236).

[26] Vgl. etwa Eph 5,8.

Luther kosmologische, rechtfertigungstheologische wie auch damit zu-
sammenhängende psychologische Momente.

Luthers bisherige Ausführung und These, dass dieses Geschehen keine
Umwandlung von bereits Vorhandenem, sondern gänzlich Neuschöpfung
sei, wird an diesem Angelpunkt konkretisiert: Das Licht, welches das Ende
der Finsternis bedeutet, gründet nämlich, so Luther, nicht in dem Keim
eines noch glimmenden Kohlestückchens oder eines kleinsten Funkens,[27]
sondern die Finsternis ist durch und durch Finsternis.

Röm 4,17 und 2Kor 4,6, schöpfungs- wie rechtfertigungstheologische
Kernstellen, sind Argumentationsgrundlage. Wird Röm 4,17 von Luther
häufig zitiert, so begegnet 2Kor 4,6 im gesamten Vorlesungstext explizit
lediglich zwei Mal;[28] beide Male jedoch erfüllt sie für Luther die Aufgabe
des entscheidenden Angelpunktes in für die Explikation seiner Schöpfungslehre gewichtigen Abschnitten, in denen er die Bedeutung der Schöpfung
aus dem Nichts darlegt.[29]

4. »ex morte vitam«

Kommt Leben aus Totem, ist dies für Luther ebenfalls eine creatio ex
nihilo, da sie ausschließlich in Gottes Souveränität steht.[30] Da das Tote
in exemplarischer Weise sich selbst entnommen ist, ist »tot« für Luther
Grundbegriff einer Vielzahl von Formen, die »nihil« sind; die Gegenüberstellung von Tod und Leben beschränkt sich nicht nur auf leibliche Aspekte:
Auch der geistliche Tod und die geistliche »Auferweckung« sind mit angesprochen.

5. »ex peccato iustitiam«

Die mit dieser Wendung eingeleiteten letzten drei Bestimmungen bilden
Luthers gern gemeinsam erwähnte Trias Sünde, Hölle, Teufel.[31] Die drei
Gegenpole bilden den Kontrapunkt zu Gottes heilvollem Handeln, wobei
Gottes Souveränität gleichzeitig in jedem der drei Bereiche beherrschend

---

[27] Mit dem Gebrauch des Wortes »scintilla« konnotiert Luther seine Ablehnung eines
mystischen »Seelenfunkens«. Vgl. Udo Kern, Art. »Meister Eckhart«, TRE, Bd. 9),
259,37 – 260,20; Meister Eckhart, Deutsche Predigten und Traktate (Einleitung Josef
Quint), 21–23; vertiefend Hans Hof, Scintilla animae, Bonn 1952. Zu Luthers früher
Umformung des Seelenfunkens vgl. Martin Brecht, Martin Luther, Bd. 1, 137f.

[28] Die zweite Stelle befindet sich innerhalb des Abschnittes WA 42, 14,12–22 (zu Gen
1,3), zit. Anm. 269 (S. 228); dort auch besprochen.

[29] Vgl. die Nebeneinanderstellung von »ex tenebris lucem« und »ex nihilo facere« in WA
40/III, 154,15–17 (In XV Psalmos graduum; zu Ps 125,1; 1532/33 [1540]): »Deum
delectat ex tenebris lucem, ex nihilo facere etc. Sic creavit omnia. Sic iuvat desertos,
iustificat peccatores, vivificat mortuos, salvat damnatos.«

[30] Zur Auferweckung der Toten als creatio ex nihilo siehe weiter S. 255.

[31] Vgl. bei Anm. 230 (S. 55).

einzugreifen vermag und dies auch tut. Aus Sünde Gerechtigkeit zu schaffen und damit den Sünder zu rechtfertigen ist heilvolles Handeln, welches ex nihilo geschieht. Zudem schließt sich diese Bestimmung der vorangehenden nahtlos an, ist doch die Rechtfertigung des Sünders Totenauferweckung (Joh 11).[32]

Das »nihil« der Sünde bedeutet freilich nicht, dass die Sünde »nihil« im Sinne von »unbedeutend« ist; »nihil« bedeutet, dass dem Sünder »nihil« an Potentialität zur Verfügung steht, um den Zustand des Gerechten einzunehmen. Kein Funke (»scintilla«) lässt auch nur die Andeutung einer Eigenbeteiligung am Rechtfertigungsgeschehen aufkommen.

6. »ex [...] inferno regnum coelorum«

Die Rechtfertigung des Sünders versetzt diesen von der Hölle in das Himmelreich. Diese Versetzung ist keine Umwandlung, sondern Gegenüberstellung zweier völlig konträrer Herrschaftsgebiete, die jedoch beide der Autorität Gottes unterstehen; dies wird durch Gottes Macht, in die Hölle hineinzuwirken, gezeigt. Der Gerechtfertigte wird in die bereits jetzt angebrochene Heilszeit, den »Himmel«, hineingestellt und ist Bürger dieses Reiches.

Gleichwohl sieht Luther die »Hölle« nicht nur in eschatologischer Perspektive, sondern vermag diese auch existential zu interpretieren: »Hölle« ist ebenso Traurigkeit des Herzens, gegenwärtige Seelenpein des Sünders im Zusammenhang der Sündenerkenntnis wie auch die Angst vor und bei dem Sterben, welche alle die Erfahrung einer »Hölle« vorwegnehmen, vielleicht sogar ersetzen.[33]

7. »ex servitute Diaboli [...] libertatem filiorum Dei«

Die letzte, chiastisch angeordnete Komponente der Trias ist gleichzeitig deren Zusammenfassung: Die Freiheit der Kinder Gottes gründet in der Rechtfertigung des Sünders und seiner Teilhabe am Reich Gottes.   .

---

32 Otfried Hofius (Das Wunder der Wiedergeburt, 79) weist zutreffend darauf hin, dass »die großen Wunderberichte des [Johannes]Evangeliums« deutlich machen, »was Wiedergeburt in Wahrheit ist: Heilung eines hoffnungslos Gelähmten (5,1ff.), Öffnung der Augen eines Blindgeborenen (9,1ff.) und Auferweckung eines Toten, der schon in Verwesung begriffen ist (11,1ff.).« Dabei schließt er sich nachdrücklich Ernst Käsemann an (»Zum Glauben kommt es nur in der Kraft und auf die Weise der Totenauferweckung«; Jesu letzter Wille nach Johannes 17, 133). Vgl. WABR 1, 327ff. (Gutachten über Joh 6,37–40; an Spalatin am 11.12.1519; Nr. 145), zit. Anm. 227 (S. 54). Vgl. bei Anm. 11ff. (S. 191).

33 Zur »Hölle« der Gewissensqualen siehe bei Anm. 122f. (S. 209); zur »Hölle« der Todesangst siehe Anm. 422 (S. 249).

Mit diesem Achtergewicht setzt Luther den Schlusspunkt durch ein Fazit. Danach ist das Telos der creatio ex nihilo die Partizipation der Kreatur an Gottes Freiheit – die Freiheit vom Nichts, repräsentiert und angesprochen in den vorher genannten Charakteristika. Alle oben genannten Elemente thematisieren nämlich in je eigener Weise die geschöpfliche Knechtschaft des Menschen und dessen kreatürliches »nihil«: im Bösen und Hoffnungslosen, in Finsternis, Tod, Sünde, Sklaverei und Hölle. Zusammenfassung und Zielpunkt jeglichen Schöpfungshandelns Gottes ist damit das Ende dieser geschöpflichen Knechtschaft und die in Gottes eigener Freiheit gründende Freiheit seines Geschöpfes; d.h. die Würde und Freiheit des Menschen gründen in der Bindung an Gott und bedürfen ihrer. Die Teilgabe Gottes an seinem Gottesprädikat der Freiheit und die in der creatio ex nihilo begründete allerengste Verknüpfung von Schöpfer und Geschöpf gibt letzterem damit unbedingte Würde in der Würde dieser menschlichen Freiheit.

§ 3 Die Orientierungsleistung der Formel »creatio ex nihilo«

1. »Estque perpetua et unica regula divinorum operum: Omnia ex nihilo facere« (WA 44, 455,8f.) – Das Prinzipielle der Formel

Das große Gewicht, welches Luther der Lehre von der creatio ex nihilo beimisst, gründet darin, dass in ihr christliche Schöpfungslehre ihre präziseste Bezeichnung findet; sie hat »konstitutive Bedeutung für das christliche Verständnis von Schöpfung«[34], ist »Orientierungsparameter«[35], hat »axiomatische Bedeutung«[36] und »prinzipielle Reichweite«[37], ihre Interpretation ist »erste Aufgabe der Theologie«[38]. Gottes Handeln und Wirken ist stets schöpferisch,[39] stets creatio ex nihilo; dies ist Gottes »fortdauernde und einzigartige Ordnung«: »Estque perpetua et unica regula divinorum operum: Omnia ex nihilo facere.«[40] »Haec enim est natura

---

[34] Gerhard May, Schöpfung aus dem Nichts, VII.
[35] Jens Dietmar Colditz, Kosmos als Schöpfung, 15.
[36] AaO., 218.
[37] Eberhard Wölfel, Welt als Schöpfung, 26.
[38] Paul Tillich, Systematische Theologie, Bd. 1, 291.
[39] »[D]as gesamte lutherische Bekenntnis«, so Edmund Schlink (Die Verborgenheit Gottes des Schöpfers nach lutherischer Lehre, 16; siehe oben Anm. 6 [S. 17]), »handelt von Gott dem Schöpfer.« Siehe ebenso den wichtigen Satz von Friedrich Schleiermacher (Der christliche Glaube § 100 [Bd. 2, 91]): »[...] wir [kennen] keine andere göttliche Tätigkeit als die schöpferische«.
[40] WA 44, 455,8f. (zu Gen 41,52), im Kontext zit. in Anm. 436 (S. 251). Ebenso WA 44, 377,15–17 (zu Gen 39,21–23), zit. bei Anm. 24 (S. 193). Vgl. WA 40/III, 154,11f. (In XV Psalmos graduum; zu Ps 125,1; 1532/33 [1540]): »Ut eius [sc. Gottes] natura,

Dei, [...] ex nihilo creare omnia«[41]. Die Schöpfung aus dem Nichts als »unverdient gewährtes Sein«[42] ist damit kennzeichnend für alle Werke Gottes und »für Luther geradezu identisch mit dem Gottesbegriff«[43]; es ist damit Gottes Wesen, aus nichts zu schaffen. Schaffen heißt, ex nihilo schaffen.

Wird die creatio ex nihilo gemeinhin mit dem ersten Artikel und dort mit der Schöpfung der Welt verbunden, so ist bei Luthers Auslegung der Formel sowohl der ihr zugewiesene Ort innerhalb der Auslegung wie auch die von Luther in ihrem Zusammenhang verwendete Terminologie auffällig.

Erstens: In seiner Auslegung des ersten Artikels im Kleinen Katechismus[44] erwähnt Luther Gottes Schöpfung aus dem Nichts nicht dort, wo man sie zunächst erwarten würde,[45] nämlich etwa zu Beginn, bei einem eventuellen Eingehen auf die Erschaffung der Welt, als Auslegung von Gen 1f. Die Nennung erfolgt stattdessen als zusammenfassender Schlusspunkt einer ganzen Aufzählung von Schöpfungstaten und -gaben Gottes, die vom erwarteten Kosmologisch-Allgemeinen (»samt allen Kreaturen«) über die persönliche, mittelbare Lebenssphäre (»Haus, Hof, Weib, Kind, etc.«) bis hin zur unmittelbar eigenen Existenz (»mich Gott geschaffen

---

ex nihilo omnia creare«; WA 40/III, 90,10 (In XV Psalmos graduum; zu Ps 122,3; 1532/33 [1540]): »Et eius officium proprium, quia est deus: ex nihilo omnia« (mit Bezug auf Christi Schaffen); WA 39/I, 470,1f. (Die zweite Disputation gegen die Antinomer; 1538: »[...] nihil et omnia sunt vnsers herrgots materia«; WATR 6, 11,2f. (Nr. 6515): »denn Gottes Art und Natur ist, aus Nichts Alles schaffen und machen.« Vgl. ebenso bereits die frühen Texte WA 1, 183,39 – 184,1 (Die sieben Bußpsalmen; 1517): »Gottis natur ist, das er auß nicht etwas macht« (zit. im Kontext Anm. 32 [S. 195]) sowie WA 4, 256,17f. (Dictata super Psalterium; zu Ps 112; 1513–15): »Et hec est natura veri creatoris, ex nihilo omnia facere.« Vgl. Denzinger-Hünermann (DH 790; »Eius exemplo«; 1208): »Novi et Veteris Testamenti unum eundemque auctorem credimus esse Deum, qui in Trinitate, ut dictum est, permanens, de nihilo cuncta creavit«.

41   WA 40/III, 154,30f. (In XV Psalmos graduum; zu Ps 125,1; 1532/33 [1540]), im Kontext zit. Anm. 166 (S. 215).

42   Oswald Bayer, Schöpfung als Anrede, 81.

43   Gerhard Ebeling, Lutherstudien, Bd. II/3, 490f.: »Gott die creatio ex nihilo zuzuschreiben, ist für Luther geradezu identisch mit dem Gottesbegriff. Darum liegt ihm die Einschränkung der creatio ex nihilo auf die Entstehung der Welt fern. Weder eine Vermengung mit Spekulationen über die materia prima will er zulassen noch die Vorstellung von der Erschaffung der Welt in einem Nu.« Auch Paul Althaus streicht die enge Verknüpfung von creatio ex nihilo und Gottes Gottheit heraus (Der Schöpfungsgedanke bei Luther, 3 u. 11): »Gott sein und Schöpfer sein, das ist für Luther ein und dasselbe. [...] Es ist Gottes ›Natur‹, aus dem Nichts alles zu schaffen. Darin erweist sich seine Gottheit.«

44   BSLK 510,33 – 511,8. Vgl. den ähnlichen Textabschnitt WA 42, 497,24–26 (zu Gen 13,2): »[...] et bene uteris rebus: uxore, liberis, dignitate et aliis, quae per se bonae sunt; tanquam oculi, aures, lingua, divinitus condita et donata membra.«

45   Vgl. die ähnliche Beobachtung bezüglich Luthers Auslegung des Genesisbuches bei Anm. 8 (S. 18).

hat«; »Augen, Ohren, Vernunft und alle Sinne«) reichen. Mit diesem Wechsel des Blickpunktes von einer allgemeinen Weltschöpfung hin zu einem Einsatz bei der Betrachtung des individuellen Lebenskosmos (»mich geschaffen hat«) und dessen Erhaltung (»und noch erhält«) hat sich für Luther der Fokus der creatio ex nihilo verlagert bzw. erweitert: Auch »Haus, Hof, Weib und Kind« sowie die eigene Existenz sind ebenso aus nichts geschaffene Welt.

Zweitens: Bei der Bestimmung der creatio ex nihilo im ersten Artikel des Kleinen Katechismus verwendet Luther mit den Begriffen »Verdienst« und »Würdigkeit« rechtfertigungstheologische Termini, die eher im zweiten Artikel zu erwarten wären und die das sola gratia umschreiben: »Und das alles aus lauter väterlicher, göttlicher Güte und Barmherzigkeit, ohn all mein Verdienst und Würdigkeit«[46]. Luther benennt damit schöpfungstheologische Sachverhalte mit rechtfertigungstheologischen Termini, wie er rechtfertigungstheologische mit schöpfungstheologischen kennzeichnet. Diese wechselseitige Beziehung ist etwa von Paul Althaus,[47] David Löfgren,[48] Gerhard Ebeling[49] und Oswald Bayer[50] in gleichwohl unterschiedlicher Intensität untersucht worden. Was diese Verknüpfung beider Aspekte für Schöpfungs- und Rechtfertigungslehre bedeutet, ist tief greifend[51]: Es heißt, dass in derselben Weise, in der das ganze Dasein sola gratia gegeben ist, Rechtfertigung als creatio ex nihilo geschieht.

Fügt man die im dritten Artikel benannte sanctificatio des Heiligen Geistes – die ebenso sola gratia geschieht – oder die Schaffung der Neuen Welt hinzu, so tritt auch der dritte Artikel in den Kreis, der durch die Formel »ohn all mein Verdienst und Würdigkeit« oder kürzer, durch die creatio ex nihilo, verklammert ist.[52]

---

[46] BSLK 511,3–5 (modernisiert). Siehe Oswald Bayer (Schöpfung als Anrede, 106) und seine Verwendung der Katechismusformel bei Anm. 42f. (S. 13). Vgl. bei Anm. 38 (S. 94) und bei Anm. 182 (S. 217).

[47] Etwa (Paul Althaus, Der Schöpfungsgedanke bei Luther, 12): »Im Schöpfungsgedanken liegt also der entscheidende Grund für Luthers Rechtfertigungslehre. Gottes Schöpfertum zu wahren, seine Ehre als Schöpfer zu hüten, das ist sein letztes und eigentliches Motiv im Kampfe um das sola fide.« Vgl. ders., Die Theologie Martin Luthers, 109–118.

[48] David Löfgren, Die Theologie der Schöpfung bei Luther, 272–308.

[49] Gerhard Ebeling, Dogmatik, Bd. 3, 157–190. Vgl. Anm. 52 (S. 74).

[50] »Es besagt Entscheidendes für das Verständnis der Rechtfertigung«, so Oswald Bayer (Schöpfung als Anrede, 105), »wenn ihre Sprache in den Raum des Schöpfungsartikels rückt. Umgekehrt besagt es Entscheidendes für ein Schöpfungsverständnis, wenn es zu seiner Artikulation ausdrücklich zur Sprache der Rechtfertigung greift.« Derselbe weiter (Art. »Schöpfer/Schöpfung VIII«, TRE, Bd. 30, 329,5f.): Die creatio ex nihilo ist »ganz und gar rechtfertigungstheologisch zu verstehen«.

[51] Nicht zuletzt ist damit der erste Artikel eben kein »›Vorhof‹ der Heiden«, sondern, so Karl Barth (Dogmatik im Grundriß, 57, vgl. 59f.), »[w]as das heisst: Gott der Schöpfer und was es ist um das Werk der Schöpfung, das ist uns Menschen an sich nicht weniger verborgen als alles das, was das Glaubensbekenntnis sonst enthält.«

[52] Gerhard Ebeling (Dogmatik, Bd. 1, 310) sieht die Formel als alle drei Artikel zusammenschließendes »Band« (siehe bei Anm. 41 [S. 13]).

In deutlicher Anlehnung an obigen Katechismustext, jedoch in einer alle drei Artikel ineinander schiebenden Art und Weise wird diese Verklammerung der drei beispielhaft in Luthers Kommentierung von Esaus Verkauf seines Erstgeburtsrechtes in der Auslegung von Gen 25,31–34 deutlich. Alles, was der Mensch ist und hat, ist nicht erworben, sondern ex nihilo sola gratia geschenkt: Der Heilige Geist gibt seine Gaben nicht für Geld (»Spiritus sanctus enim non dat sua dona pro pecunia [...]«);[53] auch nimmt Gott kein Gold oder Silber für die Vergebung der Sünden, für das Leben, für Augen, Sinne und alle Wohltaten (»[...] Nec Deus accipit pro remissione peccatorum, pro vita, oculis, sensibus et omnibus beneficiis aurum et argentum«).[54] Als Dank für diese erhaltenen und gleichzeitig unbezahlbaren Gaben soll die Kreatur im Bekenntnis Gott als den derart großzügig handelnden Schöpfer loben.[55]

Die creatio ex nihilo ist somit für Luther nicht lediglich ein Kennzeichen des ersten Artikels, bezeichnet nicht irgendeinen peripheren Modus, sondern das Grundparadigma göttlichen Handelns und Wirkens, den Kern göttlichen Schaffens treffend und charakterisierend, »ständige Situation des geistlichen Lebens«[56]. Sie ist »nicht *ein* Merkmal der göttlichen Wirklichkeit, sondern deren entscheidendes Kriterium überhaupt«[57]. Da Luther, ganz im Sinne der Vulgata, die Schöpfungsgeschichte nicht als isoliertes »initium« deutet, sondern ihr vielmehr als »principium« prinzipielle Gültigkeit wie Wirksamkeit gibt,[58] ist die creatio ex nihilo bei Luther folg-

---

53 WA 43, 421,35f. (zu Gen 25,31–34).
54 WA 43, 421,36–38 (zu Gen 25,31–34). Vgl. WA 30/II, 581,30–35 (Predigt, daß man die Kinder zur Schule halten soll; 1530), wo Schöpfungs- und Rechtfertigungslehre in gleicher Weise verknüpft sind: »Denn gedenck doch selbs, wie viel güter dein Gott dir umb sonst gegeben und noch teglich gibt, Nemlich leib und seel, haus, hoff, weib und kind, da zu weltlichen fride, dienst und brauch aller seiner Creatur jnn himel und erden, Uber das alles auch das Euangelion und predig ampt, tauffe, Sacrament und den gantzen schatz seines sons und seines geists, nicht allein on dein verdienst, sondern auch on deine köst und mühe«. Vgl. BSLK 511,30f. (Kleiner Katechismus, Erklärung zum zweiten Artikel): »[...] nicht mit Gold oder Silber [...]« sowie BSLK 512,3f. (Kl. Kat., Erklärung zum dritten Artikel): »[...] mit seinen Gaben erleuchtet, [...].« Dieser Zusammenhang von Schöpfung und Rechtfertigung bzw. Neuschöpfung, die beide gratis und ex nihilo geschehen, ist ebenso eindrücklich in WATR 5, 554, 16–26 (Nr. 6238), zit. Anm. 44 (S. 146).
55 WA 43, 421,38–42 (zu Gen 25,31–34): »Sed divina munificentia dispergit super gratos et ingratos dona sua: tantum requirit gratiarum actionem, ut dicamus: Benedictus Dominus Deus in donis suis. Ut tribuatur ei divinitas, hoc est, ut agnoscamus eum Deum, quem confiteamur toto corde, ore et opere, quod sit creator. Neque enim aliud precium pro tantis donis potest persolvi.«
56 Wilfried Joest (Ontologie der Person bei Luther, 265) im Zusammenhang: »[...] die Situation der creatio ex nihilo, in der in der Tat Gott allein das Subjekt des Geschehens, das Geschehen selbst das von ihm allein als *sein* Werk zu Prädizierende ist. Und diese Situation denkt Luther als die *ständige* Situation des geistlichen Lebens.«
57 Ulrich Asendorf, Lectura in Biblia, 405.
58 Die Vulgata übersetzt »Im Anfang« mit »in principio«, nicht: »in initio«. Während »initium« einen Anfang im Sinne eines Anstoßes bezeichnet, der, einmal geschehen,

lich »mehr als eine Aussage über die Entstehung der Welt, nämlich ein umfassendes Kennzeichen von Gottes Schaffen und Wirken«[59].

Diese in der Auslegung der drei Artikel angelegte Ausweitung und Universalität von Gottes creatio ex nihilo legt Luther, wie eben schon angedeutet, explizierend in der Großen Genesisvorlesung vor.

2. »vide Naturam rerum, in quibus quotidie vivimus, [...]. Revera igitur ex nihilo fit aliquid« (WA 40/III, 534,22.25) – Das Präsentische der Formel

Luthers Konzentration auf Gottes gegenwärtiges schöpferisches Handeln schließt in sich, dass eine Beschränkung der creatio ex nihilo auf eine Urschöpfung sich von vornherein verbietet: Für Luther meint »[d]ie ›Sch.[öpfung] aus nichts‹ [...] den stets aktuellen Anfang: Gott schafft unablässig aus unserem Nichts.«[60] Ein derartiges Leben des Menschen aus dem Nichts macht das ganze Leben zum »all-täglichen« Wunder,[61]

---

der Vergangenheit angehört und in seiner Wirkung immer mehr nachlässt, meint »principium« einen Anfang, der für das Folgende präsentische Relevanz behält; vgl. WA 42, 8,34 – 9,13 (zu Gen 1,2). Für den ›Anfang‹ des Prinzips siehe Anm. 133 (S. 106). Gegen Aristoteles, der die Ewigkeit der Welt postuliert, hält Luther daran fest, dass die Urgeschichte auch ein initium darstellt (s. Anm. 43 [S. 13] u. Anm. 100 [S. 104]); siehe z.B. WA 42, 14,28f. (zu Gen 1,3), zit. bei Anm. 85 (S. 102). Vgl. Bernd Janowski, Artikel »Schöpfung: II. Altes Testament«, [4]RGG, Bd. 7 (im Druck).

59   Paul Althaus, Die Theologie Martin Luthers, 110.
60   Hans Kessler, Art. »Schöpfung, IV. Theologie- und dogmengeschichtlich«, LThK, Bd. 9, Sp. 226.
61   WA 43, 434,17–20 (zu Gen 26,1): »Itaque tota eorum vita plena est miraculis: vivunt enim simpliciter de manu Dei, ac propemodum ex nihilo, pendet a benignitate et promissione Dei, et hanc spem firmiter retinent: Si hodie nihil habeo, nec video, unde vivam, cras aut perendie certo acquiram.« Vgl. etwa WA 43, 139,8–10 (Gen 21,1–3), zit. Anm. 46 (S. 147), wo Luther in Abkehr von einem mirakulösen Wunderverständnis bereits das Wachsen des Getreides als »Wunder« bezeichnet. Ähnlich die Bestimmung des Wunders in WA 43, 27,15–17 (zu Gen 18,13f.): »[...] cum audit rem coram mundo mirabilem et plane impossibilem, sed Deo facillimam, imo vulgarem, communem, quotidianam esse, si similia eius opera spectes, et non mirabilem.« Dieselbe Weite finden wir ebenfalls bei Schleiermacher (Über die Religion, 118 [PhB 255, 65f.]): »Wunder« ist nicht etwas, was »wunderlich gestaltet sein muß«. »Wunder ist nur der religiöse Name für Begebenheit, jede, auch die allernatürlichste und gewöhnlichste, sobald sie sich dazu eignet, daß die religiöse Ansicht von ihr die herrschende sein kann, ist ein Wunder. Mir ist alles Wunder [...]«.
      Gemeinhin wundert sich der Mensch jedoch nur über Dinge, die außergewöhnlich erscheinen, WA 43, 139,11–13 (zu Gen 21,1–3): »[...] sed nos surdi, caeci et stupidi sumus, nec admiramur, nisi illa, quae singularem speciem habent.« Dementsprechend definiert Thomas von Aquin »Wunder« als etwas, was außerhalb der gewöhnlichen Ordnung durch göttlichen Einfluss geschieht (»Haec autem quae praeter ordinem communiter in rebus statutum quandoque divinitus fiunt, ›miracula‹ dici solent«; »Illa igitur proprie miracula dicenda sunt quae divinitus fiunt praeter ordinem communiter observatum in rebus«; ScG III, 101 [De miraculis]). Es ist eine Wirkung, deren Ursache wir nicht kennen (»[...] admiramur enim aliquid cum, effectum videntes,

zum Leben aus menschlicher Nichtigkeit und Schwachheit.[62] Das Unvoll-
endetsein der Schöpfung, »dieweil er [sc. Gott] noch dran erbeyt«[63], lässt
eine Beschränkung dieser Formel nicht zu; die creatio ex nihilo als »Akt
ursprünglichen Anfangens«[64] ist daher nicht begrenzt auf irgendein An-
fangshandeln Gottes vor allen Zeiten, das sich von seinem gegenwärtigen
Handeln unterscheidet, denn »die biblische Aussage von der Schöpfung
der Welt aus dem nichts [ist] von vornherein aus der Erfahrung der *Gegenwart* dieser Schöpfermacht erwachsen«[65]. Bleibt dem Menschen auch
die Schöpfung am »Anfang« »aus dem Nichts« verschlossen, so zeigt die
»Begegnung, die uns der Schöpfer in Jesus Christus gewährt«, dass Gott
»*schlechthin* frei und *schlechthin* gnädig, daß er der *Un-bedingte* ist. Daher kann uns die Schöpfung nie zur in sich abgeschlossenen, auf sich beru-
henden Vergangenheit werden.«[66] Das, was am Anfang stattfand, findet
immer statt; letztlich heißt dies zugespitzt: der so genannte ›Anfang‹ ist
endlos.

Indem Luther mit dem Prinzipiellen das Präsentische der Schöpfungsgeschichte hervorhebt,[67] bestimmt er Urgeschichte als Gegenwartsge-
schichte.[68] Daher sieht er sich selbst in der Genesisvorlesung in radikal-

---

causam ignoramus«; »Illud ergo simpliciter mirum est quod habent causam simpliciter occultam«; ScG III, 101 [De miraculis]), wobei die dem Menschen verborgene Ursache Gott ist (»Causa autem simpliciter occulta omnia homini est Deus«; ScG III, 102
[De miraculis]). Dass gerade der Alltag »Wunder« ist, bleibt hier unbedacht; das Wirken der creatio ex nihilo »außerhalb der gewöhnlichen Ordnung« und Gottes stetes
Wirken ex nihilo macht stattdessen jeden Augenblick zum Wunder. Vgl. WATR 4,
481,35 – 482,12 (Nr. 4773); WA 38, 53,22–25 und WATR 6, 20–47 (Nr. 6529–69).

62 WA 43, 585,8–14 (zu Gen 28,14f.): »Idque sua virtute efficit Deus, nulla nostra sapientia, nulla potentia. Quidquid enim in nobis est, infirmum est et nihili, sed tamen
in illa, ut ita dicam, nullitate et nihilitudine Deus ostendit suam virtutem, iuxta illud:
›Virtus mea in infirmitate tua perficitur.‹ [2Kor 12,9] Quando putabitis vos esse absorptos et perditos, perrumpam ego et efficiam, ut surgatis et regnetis. Perinde ac
Christus cum esset mortuus et infirmissimus, erat fortissimus«.

63 WA 24, 20,28 (Genesisvorlesung [Vorrede]; 1527). Luther erklärt an dieser Stelle
göttliches Handeln mit menschlichem Tun.

64 Eberhard Jüngel, Wertlose Wahrheit, 151.

65 AaO., 159. Weiter (aaO., 160): »Man stellt die Rede von der Erschaffung der Welt
durch Gott überhaupt in Frage, wenn man die *gegenwärtige Wirksamkeit* des Schöpfer-
Gottes in Frage stellt. Mit der Lehre von der göttlichen Erhaltung der Welt und der
göttlichen Fürsorge für sein Geschöpf steht und fällt auch der biblische Glaube an Gott
den Schöpfer.« Von dieser Gegenwartserfahrung der Schöpfermacht Gottes sprechen
insbesondere die Psalmen, etwa Ps 8, 104, 139 u.a.

66 Otto Weber, Grundlagen der Dogmatik, Bd. I, 554.

67 Siehe Anm. 58 (S. 75).

68 Rudolf Bultmann (Das Urchristentum im Rahmen der antiken Religionen, 12) betont in der für ihn typischen präsentischen Zuspitzung zutreffend: »Die Erzählung
von dem, was Gott am Anfang tat, lehrt im Grunde, was er immer tut. Wie er den
Menschen einst geschaffen hat, so bereitet er ihn stets wunderbar im Mutterleibe (Ps.
139,13); wie ihm einst den Lebensodem gab, so tut er es immer wieder (Hi 33,4).
Zieht Gott den Lebensodem zurück, so kehren die Menschen zum Staub, dem sie

ster Weise in das Schöpfungsgeschehen der Urgeschichte hineingestellt. Nicht Adam ist letztlich relevant, sondern in Adam ist er es selbst – Luther, wie jeder andere Mensch.[69] Der Grund liegt in der Grenzenlosigkeit des Schöpferwortes, mit dem »Gott vom Anfang der Welt bis zu ihrem Ende läuft« (»Ita Deus per verbum suum currit ab initio usque ad finem mundi«)[70] Dieses Wort spricht »grenzenlos«[71] und durchdringt die Zeit, ist »nicht tot«[72], sondern immer »noch kräftig«[73] und wirkt bis heute (»Haec verba usque hodie durant«)[74] in einem – die conservatio mit einschließenden – gegenwärtigen Schöpfungsgeschehen.

Diese Entdeckung des umfassenden Schaffens Gottes und damit der ganzen Welt als Wunder[75] führt Luther staunend auf eine Entdeckungsreise, deren hermeneutischer Schlüssel weder eine reine Erinnerung noch eine reine Hoffnung ist. Schöpfung spielt sich immer und überall ab: in einer Verschränkung der Zeiten, einem Überkreuzen von Vergangenem und Zukünftigem, von Gewesenem, Kommendem und Gegenwärtigem.[76]

---

entstammen, zurück und wenn er den Odem gibt, so entstehen sie wieder, und Gott macht das Antlitz der Erde neu (Ps. 104,29f.).«

69 BSLK 510,33–511,8. Vgl. (BSLK 648,9–13): »Was ist's nu gesagt oder was meinest Du mit dem Wort: ›Ich gläube an Gott, Vater allmächtigen, Schepfer‹ etc.? Antwort: Das meine und gläube ich, daß ich Gottes Geschepfe bin«.

70 WA 42, 57,41f. (zu Gen 2,2), im Kontext (57,39 – 58,2): »Sicut enim sagitta, aut globus, qui ex bombarda mittitur (nam in hoc maior celeritas est), uno quasi momento ad metam dirigitur et tamen per certum intervallum mittitur: Ita Deus per verbum suum currit ab initio usque ad finem mundi. Non enim apud Deum sunt prius et posterius, citius aut tardius, sed omnia sunt eius oculis praesentia. Est enim simpliciter extra temporis rationem.«

71 WA 42, 57,9.11f. (zu Gen 2,2): »Deum per verbum condidisse omnia [...]. Ideo videmus multiplicationem sine fine.« Weiter: WA 42, 57,12–20 (zu Gen 2,2). Vgl. bes. in der Predigtreihe zur Genesis WA 24, 37,24 – 38,10 (In Genesin Declamationes [zu Gen 1,9–13]; 1527): »So wenig als Gottes wesen auffhöret, so wenig höret auch das sprechen auff, one das zeitlich die Creatur durch dasselbige haben angefangen, Aber er spricht noch ymmerdar und gehet on unterlas ym schwange, denn kein Creatur vermag yhr wesen von sich selbs zu haben, Darümb so lang ein Creatur weret, so lang weret das wort auch, so lang die erde tregt odder vermag zu tragen, so gehet ymmer das sprechen on auffhören. Also verstehe Mosen, wie er uns Gott fürhelt ynn allen Creaturen und durch die selbigen zu Gott füre: So bald wir die Creaturen ansehen, das wir dencken: sihe da ist Gott, also das alle Creaturen ynn yhrem wesen und wercken on unterlas getrieben und gehandhabt werden durch das wort.«

72 WA 42, 57,27–30 (zu Gen 2,2): »Quia autem crescunt, multiplicantur, conservantur et reguntur adhuc omnia eodem modo quo a principio mundi, Manifeste sequitur verbum adhuc durare nec esse mortuum«.

73 WA 42, 40,32f. (zu Gen 1,22): »Videmus autem, verbum huius diei adhuc esse efficax«. Und WA 42, 40,39 (zu Gen 1,22): »Hoc verbum adhuc est efficax et operatur ista«.

74 WA 42, 57,9.11 (zu Gen 2,2). WA 42, 17,13 (zu Gen 1,5): »adhuc hodie«; im Kontext zit. bei Anm. 54 (S. 148).

75 Siehe Anm. 61 (S. 76) und die Ausführungen bei Anm. 44ff. (S. 146).

76 WA 42, 80,35–40 (zu Gen 2,16f.): »Sed loquimur de his bonis, tanquam de thesauro perdito, et merito suspiramus ad eum diem, in quo restituentur omnia. Utile tamen est meminisse tum bonorum, quae amisimus, tum malorum, quae sustinemus et in

Diese gegenwärtige creatio ex nihilo ist Abbild der vergangenen und Vorzeichen der künftigen.[77]

3. »generalem sententiam: Quod mundus ex nihilo coeperit esse« (WA 42, 4,23) – Das Gewicht der Formel

Luthers Lehre von der creatio ex nihilo benennt in präziser und umfassender Weise die schlechthinnige Abhängigkeit des Menschen und aller Kreatur von Gott;[78] diese in der creatio ex nihilo ausgedrückte Abhängigkeit umfasst Schöpfung, Erhaltung und Neuschöpfung. Die damit vorgenommene Ausweitung der creatio ex nihilo auf sämtliche Wirkweisen Gottes gibt ihr zusätzliches Gewicht, sodass Luther den ersten Artikel – und damit die creatio ex nihilo[79] – für den wichtigsten halten kann: »Primum stuck ›Ich gleub patrem creatorem‹. Hic articulus est altissimus«[80], »der höchst Artickel des glawbens«[81], »caput est omnium gravissimum in tota scriptura.«[82]

---

quibus miserrime vivimus, ut excitemur ad expectationem illam redemptionis nostrorum corporum, de qua Apostolus loquitur Rom. 8. Nam quod ad animam attinet, sumus per Christum liberati, et eam liberationem retinemus in fide, donec reveletur.« Weiter hierzu bei Oswald Bayer, Schöpfung als Anrede, 49.

77 Vgl. etwa WA 43, 147,9–12 (zu Gen 21,8), zit. Anm. 416 (S. 248), und Luthers Figuraldenken bei Anm. 268 (S. 228).

78 Vgl. Friedrich Schleiermacher, der in vergleichbarer Weise die Schöpfung aus dem Nichts mit der schlechthinnigen Abhängigkeit des Geschöpfes von diesem Schöpfer verbindet (Der christliche Glaube § 41 [Bd. 1, 198]): »Der Ausdruck *aus nichts* leugnet, daß vor der Entstehung der Welt irgend etwas außer Gott vorhanden gewesen, was als Stoff in die Weltbildung eingegangen wäre; und ohnstrittig würde die Annahme eines unabhängig von der göttlichen Tätigkeit vorhandenen Stoffes das schlechthinnige Abhängigkeitsgefühl zerstören und die wirkliche Welt darstellen als eine Mischung aus dem, was durch Gott und dem, was nicht durch Gott da wäre.« Weiter: (aaO., § 36 [Bd. 1, 185]): »Der ursprüngliche Ausdruck dieses Verhältnisses, daß nämlich die Welt nur in der schlechthinnigen Abhängigkeit von Gott besteht, spaltet sich in der kirchlichen Lehre in die beiden Sätze, daß die Welt von Gott erschaffen ist und daß Gott die Welt erhält.« (aaO., § 38 [Bd. 1, 190]: »Aus jeder von beiden Lehren kann alles entwickelt werden, was in dem ursprünglichen Ausdruck enthalten ist, wenn nur in beiden Gott ebenso allein bestimmend gedacht wird, wie in jenem.« Siehe auch ders., aaO., §§ 3f. [Bd. 1, 14–30]. Von einer »schlechthinnige[n] Preisgegebenheit an Gott« als Aussage des Schöpfungsglaubens spricht Rudolf Bultmann (Das Urchristentum im Rahmen der antiken Religionen, 12 [mit Hinweis auf Jes 45,9–12]).

79 Die creatio ex nihilo als Kern des ersten Artikels bestätigt etwa WA 45, 13,11–13. 19–21 (Hauspredigt zu den Glaubensartikeln; 11. Feb. 1537): »Darumb wenn man sagt, himel und erden sey ein geschopf oder werck, das gemacht sey von dem, der da heist ein einiger Gott und aus nichts gemacht, das ist ein kunst uber alle kunst. [...] die heilig schrifft lerets uns und bildets den kindlin also fur im glauben mit den worten: Ich glaub an Gott vater schopfer etc.«

80 WA 11, 49, 3–5 (Predigt über das Symbolum; 4. März 1523).

81 WA 12, 439,16f. (Predigt über das 1. Buch Mose; 15. März 1523).

82 WA 12, 439,38 – 440,29 (Predigt über das 1. Buch Mose; 15. März 1523).

In einer Predigt von 1544 über 1Kor 15 führt Luther diese seine Hochschätzung des ersten Artikels weiter aus, indem er sie begründet: »Und
das ist nu die Summa [...], Wenn wir sprechen: Ich gleube an Gott den
Vater, Allmechtigen Schepffer Himels und der Erden, Nemlich, Das wir
wissen, sölchs sey das Heubtstück und der Grund aller Artickel Christlicher Lere, Wer das Heubtstück setzet, der mus die andern Artickel
von der todten Aufferstehung, von der Tauffe, von der Absolution, vom
Abendmahl etc. auch setzen. Wer die andern Artickel leugnet oder davon
disputiert, wie es müglich sey, Der hat das Heubtstück, nemlich Gottes
Allmechtigkeit, ja seine Maiestet und Gottheit auch verleugnet. Denn es
henget alles aneinander wie eine Ketten, und schliessen sich die Artickel
zusammen, und folget einer aus dem andern.«[83] Dieser »hoechst Artikel des glawbens«[84] bestimmt Gott als Schöpfer aller Dinge (»creatorem
omnium rerum«)[85] und sagt, dass »ers [sc. Gott] sey der alle ding schafft
und macht.«[86] Für Luther liegt die Bedeutung der creatio ex nihilo also
darin begründet, dass in diesem Artikel alle anderen mit eingeschlossen
sind und dass sich von diesem aus die übrigen erschließen. Alles, was Gott
ist und hat, wird durch diesen Artikel dem Menschen – und zwar nicht
abstrakt im Kollektiv, sondern dem Einzelnen persönlich – zugesprochen:
»›Ich credo in deum patrem‹, hoc est ›deus est meus, quiquid habet, est
meum‹.«[87]

Diese Gewichtung widerspricht daher nicht der Hochschätzung des
Rechtfertigungsartikels als sog. Hauptartikel,[88] da die Rechtfertigung
»sola gratia« ihren präzisesten Ausdruck in der creatio ex nihilo findet:
Bei Gott gibt es nichts außer aus Gnaden (»Nam apud Deum nihil valet
nisi gratia«).[89] Ebeling schreibt daher zu Recht: »Der Glaube an Gott als

---

[83]   WA 49, 414,33.35 – 415,5 (Predigt über 1Kor 15,35–38; 22. Mai 1544).
[84]   WA 12, 439,16f. (Predigt über das 1. Buch Mose; 15. März 1523).
[85]   WA 43, 238,33–36 (zu Gen 22,16): »Ego, qui DEUS sum, qui habeo potestatem de-
        struendi aut creandi coelum et terram, iuro et oppignoro non creaturam, non coelum
        et terram, sed meipsum, creatorem omnium rerum.«
[86]   WA 12, 439,20 (Predigt über das 1. Buch Mose; 15. März 1523). Vgl. aaO., 439,36
        – 440,29: »Primus articulus hic est et praecipuus credere scilicet patrem creatorem
        coeli et terrae, at pauci huc perveniunt, requirit enim hominem qui plane mortuus
        sit omnibus creaturis. Ideo hoc caput est omnium gravissimum in tota scriptura.«
[87]   WA 11, 50,31f. (Predigt über das Symbolum; 4. März 1523).
[88]   Gerhard Ebeling, Lutherstudien, Bd. II/3, 490f.: »Luther gerät nicht in Widerspruch
        zu seiner Einschätzung des articulus iustificationis als des Hauptartikels, wenn er
        sagt: das sei ›der höchste Artikel des Glaubens, da man spricht Ich glaube an Gott
        Schöpfer Himmels und der Erden. Wer das rechtschaffen glaubt, dem ist schon ge-
        holfen, und er ist zurechtgebracht und dahin gekommen, wovon Adam gefallen ist.‹«
        Ebeling bezieht sich auf WA 12, 439,16–19 (Predigt über das 1. Buch Mose; 15. März
        1523). Vgl.: »Primus articulus hic est et praecipuus credere scilicet patrem creatorem
        coeli et terrae, at pauci huc perveniunt, requirit enim hominem qui plane mortuus sit
        omnibus creaturis. Ideo hoc caput est omnium gravissimum in tota scriptura.« WA
        12, 439,36 – 440,29 (Predigt über das 1. Buch Mose; 15. März 1523).
[89]   WA 43, 167,1 (zu Gen 21,15f.).

den creator ex nihilo ist als solcher rechtfertigender Glaube. Denn wer
das glaubt, an dem vollzieht sich gleichfalls die creatio ex nihilo«[90]. Da
Gott nichts »ex iure«[91] gibt, erhält und besitzt der Mensch auch nichts
von Rechts wegen (»[...] nos nihil habere ex iure«),[92] ist auch selbst nichts
(»nos nihil esse«),[93] sondern ist und hat alles »ex gratia«[94]. Der Mensch
ist nicht durch sich selbst gesetzt, sondern alles steht in Gottes Hand und
Gewalt,[95] alles ist empfangen. Dieses »allein aus Gnaden« ist, so Luther,
»der höchste Artikel unseres Glaubens«[96].

Albrecht Peters meint in seinem Kommentar zu Luthers Katechismen,
bestimmte Gewichtungsverschiebungen feststellen zu können: Luther habe
in der Auslegung des Glaubensartikels von 1 5 2 3 und in den frühen Predigten zur Genesisvorlesung den ersten Artikel bevorzugt, wohingegen
er später, im Kleinen und Großen Katechismus, den zweiten Artikel als
zentralen bestimmt hätte.[97] Dennoch geht – denn auch der dritte Artikel
ist mit seinem Gewicht hier strikt einzubeziehen und zu beachten! – diese
Frage nach Gewichtungen der Artikel *letztlich* an der Sache selbst vorbei[98]:
Alle sind durch die creatio ex nihilo untrennbar miteinander verbunden
und haben damit gemeinsames Gewicht. Damit ist der »einheitliche Aus-
sagegegenstand der drei Katechismushauptstücke [...] *primär* der Wille
und das Werk Gottes; und *damit dann zugleich* auch je *unsere* Praxissi-
tuation, sofern sie in diesem Willen Gottes eingeschlossen ist und durch
ihn bestimmt ist.«[99]

---

90 Gerhard Ebeling, Lutherstudien Bd. II/3, 491.
91 WA 43, 166,1 (zu Gen 21,15f.): »[...] dat non ex iure, [...]«. Vgl. WA 43, 165,40 (zu
    Gen 21,15f.): »Deus enim nihil cuiquam dat ex iure«.
92 WA 43, 166,8 (zu Gen 21,15f.).
93 WA 43, 174,41 (zu Gen 21,15f.), zit. im Kontext bei Anm. 182 (S. 217). Vgl. bei
    Anm. 176 (S. 216).
94 WA 43, 166,1 (zu Gen 21,15f.): »[...], sed ex gratia«.
95 WA 44, 180,10f.13–15 (zu Gen 35,5): »[...], ut recte discamus articulum creationis,
    nimirum quod omnia sind in manu Dei, [...]. Si enim firmiter statueremus Deum esse
    creatorem, certe crederemus eum habere in manibus suis coelum et terram, et omnia,
    quae his continentur.«
96 WA 43, 178,16–18.22 (zu Gen 21,17): »Hic finis tam miserabilis eiectionis est, ut
    doceat Deus sola gratia vel sola fide, quae gratiam in promissione propositam appre-
    hendit, nos salvari. [...] Hic summus fidei articulus est«.
97 Albrecht Peters, Kommentar zu Luthers Katechismen, Bd. 2, 48f.
98 WA 7, 214,24–28 (Eine kurze Form; 1 5 2 0) kann Luther die drei Artikel zu einem tri-
    nitarischen zusammenfassen: »*Der Glauben* teylet sich yn drey heubtstück, nach dem
    die drey person der heyligen gottlichen dreyfaltickayt dreyn ertzelet werden, das erst
    dem vater, das ander dem sun, das dritt dem heyligen geyst zu zueygen, dan das ist
    der höchst artikell ym glauben, darynnen die andern alle hangen.« Vgl. WA 45, 89,
    18.22–23 (Predigt zum Sonntag Trinitatis; zu Röm 11,33–36; 1537): »ut iste articu-
    lus capitularis«, »quod vera deitas sit 3 personae in eim Gotlichen wesen«.
99 Eilert Herms, Luthers Auslegung des Dritten Artikels, 16, vgl. 17. Herms' instruktive
    Monographie zeigt – unbeschadet der Einschätzung des zweiten Artikels als ›Haupt-
    artikel‹ –, dass »in Luthers Darstellung der christlichen Lehre dem Dritten Artikel die
    Stellung desjenigen Zentrums zukommt, in dem alle ihre Themen gebündelt sind und

4. »articulus de creatione rerum ex nihilo difficilior est creditu quam articulus de incarnatione« (WA 39/II, 340,21f.) – Die Unbegreiflichkeit der Formel

Ist auch die Erschaffung allen Seins ex nihilo für Luther allgemeiner Lehrsatz (»generalem sententiam«), opinio communis und aus dem biblischen Text klar erkennbar,[100] so gehört es doch gleichzeitig für Luther zu dem Schwierigsten überhaupt, die Schöpfung aus dem Nichts tatsächlich zu *verstehen*[101]: »Es ist got vatter der allmechtig, Schopffer himels und der erden, Ein einiger Gott, der alles erschaffen hat und erhellt [...]. Ist ein geringe le[h]r an zusehen und ein schlechte [sc. schlichte] predigt, aber dennoch hat sie nie kein mensch, er sey so weis gewest, als er Imer kondt hat, finden konnen, On den, der von himel kommen und uns solchs offenbaret hat. [...] Darumb wenn man sagt, himel und erden sey ein geschopf oder werck, das gemacht sey von dem, der da heist ein einiger Gott und aus nichts gemacht, das ist ein kunst uber alle kunst.«[102] Luther selbst ringt um ein Verständnis dieser Formel, ist es doch »unaussprechlich und unergruntlich [...], wie Gott die creaturn schafft. Wir kunden wol sagen, das Got hat alle ding geschaffen frey aus nichts, das ist aber unbegreyflich, on das wir es wol kunden sagen.«[103] Auch kausale Verhältnisbestimmungen tragen – so Luther – nichts zum Verständnis bei.[104] Wird der

---

von dem aus ihr systematischer Zusammenhang seine Struktur empfängt« (aaO., VII). Dies bedeutet, »daß erst durch Luthers Auslegung des Dritten Artikels verständlich wird, *warum* und *in welchem Sinne* diese Einschätzung des Zweiten Artikels überhaupt gilt: nämlich deshalb und insofern, als die in ihm zur Sprache gebrachte Herrschaft Christi der eine und *einzige* Inhalt desjenigen existenzumwandelnden Offenbarungsgeschehens ist, das Luthers Verständnis zufolge im Dritten Artikel dargestellt wird« (aaO., VII).

[100] WA 42, 4,23–25 (zu Gen 1,1): »Nam praeter istam generalem sententiam: Quod mundus ex nihilo coeperit esse, nihil fere est, de quo pariter inter omnes Theologos constet.« Ebenso WA 42, 3,24–27 (zu Gen 1,1): »[...], ut satis appareat, Deum hanc sapientiae maiestatem et sanum intellectum huius Capitis sibi soli reservasse, relicta ista generali notitia nobis, quod scimus, mundum cepisse et conditum esse per Deum ex nihilo. Haec generalis noticia ex textu clare sumitur.«

[101] WA 45, 13,26–31 (Hauspredigt zu den Glaubensartikeln; 11. Februar 1537): »Sapientissimi dixerunt mundum aeternum, coelum, sydera, terram, bestias, fruges esse ex nihilo, quis vidit? Ante 60 annos nihil fui, nos omnes ante 100 annos nihil eramus. Nihil fuit totus mundus, in nihilum vadit et nihil erit, sed post hoc nihilum erit coelum pulcherrimum, terra, corpora nostra. Disce ergo, vide, nos sumus ex creatore coeli et terrae.« Vgl. WATR 3, 322,5–7 (Nr. 3458): »Magna est Dei potentia alentis totum mundum, et difficillimus est articulus: Credo in Deum Patrem omnipotentem creatorem etc« ; hier liegt die Verständnisschwierigkeit insbesondere der Weite dieses Geschehens begründet (siehe den Kontext zit. Anm. 155 [S. 109]).

[102] WA 45, 13,4–13 (Hauspredigt zu den Glaubensartikeln; 11. Februar 1537).

[103] WA 12, 449,6–9 (Predigt über das 1. Buch Mose; 15. März 1523). Luther setzt hier »frey« mit »aus nichts« gleich.

[104] WATR 5, 17,20–23 (Nr. 5227): »Gott ist in der creatur, die wirckt vnd schafft er. Aber wir achtens nicht vnd suchen dieweyl secundas vnd philosophicas causas; da-

erste Artikel zwar gesprochen, so bleibt das Gesagte doch häufig verschlossen.[105]

Die Schwierigkeit, Gottes creatio ex nihilo zu verstehen und dieser glau-
bend zu vertrauen, ist die Schwierigkeit, das erste Gebot zu erfüllen.[106]
Der sündige, in sich selbst verkrümmte – aber gleichwohl *nicht* von sich
selbst schlechthin abhängige[107] – Mensch, hat keine Augen für Gottes
Handeln;[108] er nimmt seine gegenwärtige Bewahrung und sein großzügiges Empfangen nicht als Gottes Gabe ex nihilo wahr,[109] hat sich daran
gewöhnt[110] und setzt es womöglich als selbstverständlich voraus. Denn
dass der Mensch Geschöpf Gottes ist, kann er aus sich selbst nicht wissen,
es sei denn, es werde ihm in Christus durch den Heiligen Geist offenbart,
der ihm Gottes Schöpfertätigkeit eröffnet: »Primum stuck ›Ich gleub patrem creatorem‹. Hic articulus est altissimus, ad quem nos Christus per
spiritum ducit.«[111]

Neben dieser Schwierigkeit, Gottes *gegenwärtiges* Schaffen ex nihilo
zu verstehen, spricht Luther – auf die creatio originans bezogen – eine
weitere Schwierigkeit an. Wie tief diese reicht, macht Luther in der Promotionsdisputation des Petrus Hegemon vom 3. Juli 1545, vier Monate
vor dem Abschluss der Vorlesung und sieben vor Luthers Tode, deutlich:
In der 21. These lesen wir: »articulus de creatione rerum ex nihilo diffi-

---

mit lernt man den artickel nymmer mehr recht de creatione«. Ist auch alles von Gott
abhängig, so ist der Begriff der Kausalität zur Beschreibung der in der Schöpfung aus
dem Nichts benannten Abhängigkeit so irreführend wie falsch; hierzu bei Anm. 236
(S. 223).

[105] WA 30/I, 88,13f. (Predigt über den ersten Artikel; 10. Dezember 1528): »Multi dicunt
illa verba ›Credo‹ etc. [sc. den ersten Artikel], sed non intelligunt, quid sibi velint.«

[106] Vgl. bei Anm. 198 (S. 117).

[107] Der in sich verkrümmte Mensch ist in seinem Selbstbezug, wie umfassend dieser sich
gestaltet und wie tief dieser auch reicht, nicht von sich selbst schlechthin abhängig.
Dies hieße nämlich für Luther, die Abhängigkeit des Menschen von Gott nicht in ihrem *umfassenden* und *absoluten* Charakter ernst zu nehmen. Ist der Sünder auch ein
Sklave seiner selbst, so reicht Gottes heilvolle Herrschaft ungleich weiter; ist er von
sich selbst auch abhängig, so doch nicht *schlechthin*. Weiter: Friedrich Schleiermacher,
Glaubenslehre §§ 3f. (Bd. 1, 14–30).

[108] WA 40/III, 240,5f. (In XV Psalmos graduum; zu Ps 127,2; 1532/33 [1540]); nicht das
›peccatum commissionis‹ ist für Luther die Hauptsünde, sondern dieses ›peccatum
omissionis‹. Vgl. WA 50,43,3–10 (Vorrede zu Ambrosius Moibanus; zu Ps 29; 1536):
»[...] wie zu unsern zeiten die leute, so balt sie ein buch riechen, alles wissen, was
der Heilige geist weis, gehen gleichwohl dahin und sehen nichts, was Gott teglich fur
unsern augen thut, [...] So gar tieff ist die menschliche natur durch Adams sunde gefallen [...], das wir auch nicht erkennen unser selbs leib und leben, wie wunderlich
dasselb teglich von Gott geschaffen, gegeben und erhalten wird.«

[109] WA 42, 264,39f. (zu Gen 6,1): »Quid multis? hoc est peccatum originale, quod non
novimus nec possumus recte uti magnis et excellentibus donis Dei.«

[110] WA 43, 139,21f. (zu Gen 21,1–3): »[...] et tamen contemnitur secundum vetus dictum
[Nachweis aaO., Z. 42]: Vilescit quotidianum. In causa autem est peccatum originale«.

[111] WA 11, 49, 3–5 (Predigt über das Symbolum; 4. März 1523).

cilior est creditu quam articulus de incarnatione.«[112] Wir fragen uns: Wie kommt Luther dazu zu meinen, die Schöpfung aus dem Nichts sei schwieriger zu glauben als der Artikel der Inkarnation des Gottessohnes? Worin gründet die Schwierigkeit dieses Artikels? Luther möchte, dies ist bereits deutlich geworden, weniger eine Hierarchie der Artikel und deren Verständnisschwierigkeiten aufbauen, da letztlich alle drei Artikel durch ihre Verknüpfungen gleich schwer zu glauben sind,[113] als vielmehr ein fundamentales Merkmal der creatio ex nihilo bei der creatio originans hervorheben, nämlich das Fehlen sämtlicher Schöpfungsmittel. Die Inkarnation hat »materia« zur Verfügung – nämlich den Leib der Maria[114] –, während die Herausforderung der creatio originans gerade darin besteht, dass sie sich jeglicher Bindung an Vorgegebenes, jedweder kreatürlichen Beteiligung strikt verweigert.[115]

Erschwerend für das Verständnis der Formel ist auch deren systematische Weite; Gottes creatio ex nihilo ist derart zentral, dass gerade das *Umfassende* der Formel sich nur schwer begreifbar machen lässt. Und weiter: Die creatio ex nihilo entzieht sich gerade deshalb einer kognitiven Durchdringung, weil sie sich jeder Schematisierung versagt. Da sie allein in Gottes Freiheit steht – einer Freiheit, die gewollte Freiheit ist und kein Willkürakt – und ohne kausalen Außenimpuls stattfindet, ist sie in ihrer Eigendynamik weder vorhersehbar, noch kann sie eingeklagt werden: Sie ist überraschende Gnade. Einen berechenbaren – geschweige denn einen automatischen – Umschlag vom Nichtsein ins Sein gibt es nicht. Würde es ihn geben, so wäre Gott nicht mehr allmächtiger Souverän, sondern ein auf »Etwas« Reagierender – und damit wäre die creatio *ex nihilo* obsolet. Dass Gott aus dem Nichts Sein schafft, d.h., wie wir oben durch das Schlüsselzitat Luthers gelernt haben,[116] aus Bösem Gutes, aus Verzweiflung und Verlorenem Heil und Seligkeit, aus Finsternis Licht, aus Tod Leben, aus Sünde Gerechtigkeit, aus der Hölle das Himmelreich und aus der Sklaverei des Teufels die Freiheit der Kinder Gottes, ist und bleibt unbegreifliches Schöpferwirken und Wunder Gottes: »Das Gott creator heist, das ist ein

---

[112] WA 39/II, 340,21f.

[113] WA 54, 157,25–27.35 – 158,1 (Kurzes Bekenntnis vom heiligen Sakrament; 1544).

[114] WA 39/II, (A)389, 12–17 (Die Promotionsdisputation des Petrus Hegemon; 1545): »Incarnatio tamen habet ante se ipsam naturam vel carnem creatam. Sed in creatione copulatur res prorsus cum nulla praeiacente materia, et tamen fiunt ex nihilo omnia.« Vgl. aaO., (C)389,29 – 390,25: »Sed maximus est articulus de creatione, videlicet ex nihilo aliquid producere. Sed in incarnatione copulatur res cum re, id non fit in creatione.« Die B-Version schließlich (aaO., [B]389,10–13) identifiziert die »res« mit dem Leib der Maria: »Incarnatio hatt dennoch zuvor rem, scilicet carnem Mariae virginis, creatio hatt gar nichtts.«

[115] Siehe bei Anm. 211ff. (S. 50).

[116] Siehe bei Anm. 9ff. (S. 67).

vnerforschlich ding, vnd Gott schaffts doch teglich [...]. Das sindt lauter wunderwerck!«[117]

5. Zusammenfassung

Vorliegender Abschnitt führte mit Blick auf die Orientierungsleistung der creatio ex nihilo in Luthers Interpretation der Formel ein; dabei wurde festgestellt, dass sie für ihn maßgebendes Paradigma göttlichen Schöpfungshandelns ist.

Die sich aus dieser Grundentscheidung Luthers ergebende umfassende Weite der Interpretation der Formel wurde zunächst anhand eines Abschnitts seiner Auslegung der Josephsrede vorgestellt. Ist die Schöpfung aus dem Nichts aufgrund der nicht zuletzt an diesem Abschnitt beobachteten Charakteristika derart grundsätzlicher Natur, so ergibt sich daraus nicht nur prinzipielles, sondern damit ebenso ein präsentisches Gewicht der Formel. Sie ist die alle drei Artikel des Glaubens verbindende Klammer und entzieht sich als Glaubensformel ebenso jeglicher rationalen Habhaftwerdung: Sie ist für Luther schlicht unbegreiflich.

Bereits hier ergeben sich erste kritische Fragen an Luther: Ein derart ›inflationärer‹ Gebrauch der creatio ex nihilo lässt nach Maßstäben und klaren Konturen fragen. Dabei ist diese durch Luther vorgenommene Weite nicht zuletzt deshalb so befremdlich, weil insbesondere die durch die Orthodoxie geprägte Lozierung der Formel auf die so genannte ›Urschöpfung‹ und ihre Bindung an diese den Blick noch heute auf das gegenwärtige ex nihilo geschehende Schöpfungshandeln Gottes verstellt. Wenn man jedoch – wie Luther dies tut – die Formel als Deutungshilfe für die schlechthinnige Abhängigkeit der Kreatur von Gott begreift, die sämtliche Seins- und Verhältnisaspekte der Kreatur bestimmt und durchdringt, dann kann, überspitzt gesagt, eine so genannte ›Inflation‹ des Begriffs creatio ex nihilo letztlich nicht weit genug gehen.

Wie die Formel bei Luther konkret Gestalt gewinnt und wie sie ungeachtet ihrer Weite ihre Konturen bewahrt, soll in den nun folgenden drei Kapitelblöcken »Creatio als creatio ex nihilo«, »Conservatio als creatio ex nihilo« und »Recreatio als creatio ex nihilo« gezeigt werden.

---

[117] WATR 5, 17,10f.20 (Nr. 5227; September 1540); zit. im Kontext Anm. 286 (S. 181). Zu Luthers Wunderbegriff siehe Anm. 61 (S. 76).

II. Creatio als creatio ex nihilo

§ 1 Das ex nihilo geschaffene Geschöpf

1. »ante annos sexaginta nihil fui« (WA 42, 57,34f.) – Der ex nihilo geschaffene Mensch

1.1 Einführung

Eine Wahrnehmung der Schöpfung aus dem Nichts beginnt mit der Wahrnehmung der eigenen Kreatürlichkeit und der damit verbundenen geschöpflichen Abhängigkeit.

Wie dies geschieht, soll im folgenden Abschnitt deutlich werden: Die von Luther hervorgehobene Individualität des geschaffenen Menschen und die besondere Gabe des menschlichen Lebens, gegründet in der persönlichen Anrede Gottes, der dieses Individuum »ex nihilo« geschaffen hat, ist Ausgangspunkt dieses Abschnittes. Die sich daraus ergebende Abhängigkeit des Geschöpfs von seinem Schöpfer ist derart umfassend, dass die Kreatur nicht nur eigene Existenz und eigene Essenz empfängt, sondern auch empfangend ist in scheinbar eigenmächtigen Taten. Dadurch wird aber die Würde des Menschen nicht etwa, wie man vermuten könnte, eingeschränkt oder verringert. Man könnte bei Luther zwar prima vista den Eindruck gewinnen, dass die Individualität der Kreatur in einem zweiten Schritt zurückgenommen und von dieser Abhängigkeit gleichsam erdrückt werde; dies hieße jedoch Luther missverstehen. Gerade dadurch nämlich, dass der Mensch sich nicht selbst konstituiert, ist seine Würde *nicht* abhängig von persönlichen Gegebenheiten und damit unbeständig, sondern vielmehr aufgrund eben dieser Abhängigkeit unbedingt. Der Mensch erhält damit eine Würde, die ihm nicht genommen werden kann und die er auch selbst nicht von sich nehmen kann.

Entsprechend gliedert sich der folgende Abschnitt einerseits in die Darstellung des Individuums, für das das Schöpfer-Geschöpf-Verhältnis nicht abstrakt, sondern persönlich und konkret ist, zudem nicht nur auf den Schöpfungs*vorgang* beschränkt bleibt, sondern einen durativen Charakter besitzt (1.2). So sehr Luther diese Individualität in der Vielfalt ihrer Ausstattungen hervorhebt, ist sie gleichwohl nicht selbst konstruiert: als Geschöpf »ex nihilo« ist der Mensch nicht Schöpfer seiner selbst, sondern auch in seinem Sein Empfangender (1.3). Schließlich weist diese Abhängigkeit auf einen Geber hin, auf den das Individuum letztlich ausgerichtet ist (1.4).

Exegetisch konkret werden diese Grundbestimmungen in Luthers Auslegung vor allem folgender Perikopen: Grundlegend in der Frage des ex nihilo geschaffenen Geschöpfes sind Gen 1,26, wobei Luther diesen Text in einer überraschenden Weise auf sich selbst bezieht, die Geburt Isaaks, die überhaupt für jede menschliche Geburt als Wunder ex nihilo steht, und ebenso Abrahams Berufung und Auszug aus seinem Heimatland Gen 12, woran Luther die Herkunft all dessen Besitzes aus Gottes alleiniger Geberhand verdeutlicht. Weiter die unbegründete wie bewahrende Lebenszusage der sog. Isaaksopferung Gen 22,11, die unverdiente Gnade der Rettung Lots aus dem untergehenden Sodom.

Ergänzend werden u.a. Luthers zeitgleiche Hauspredigt zu den Glaubensartikeln von 1537 herangezogen sowie Textstellen aus De servo arbitrio, die beide diesen Gedanken aufgreifen.

1.2 »hoc verbum, ›Et dixit Deus: Faciamus hominem‹ me quoque creavit« (WA 42, 57,37) – Die Personenbezogenheit des Schöpfungswortes »ex nihilo«

»Luthers Theologie der Schöpfung beginnt nicht bei der Darstellung des Schöpfers«, so David Löfgren, »sondern beim konkret Geschaffenen«[1]; »sie beginnt nicht mit etwas Theoretischem, sondern mit dem Hinweis auf etwas alltäglich Geschehendes«[2], und zwar, möchte man im Sinne Luthers hinzufügen, beim konkret Geschaffenen *meiner eigenen* Welt. Die Relevanz des Schöpfers ist begründet in der Relevanz seiner Schöpfung *mir* gegenüber,[3] er sagt sich *mir* als Schöpfer unverbrüchlich zu: »Ego, creator omnipotens coeli et terrae, sum Deus tuus«[4].

---

[1]   David Löfgren, Die Theologie der Schöpfung bei Luther, 21.

[2]   Christian Link, Schöpfung, HST, Bd. 7/1, 32.

[3]   Siehe etwa WA 42, 455,13 (zu Gen 12,4), Hervorhebung vom Vf.: »Deinde non satis est Deum loqui, sed requiritur, ut *tibi* loquatur« und WA 42, 486,18–22 (zu Gen 12,17), Hervorhebung vom Vf.: »Sic Cicero est invincibiliter ignorans Dei. Nam cum eius disputationes de natura deorum, de finibus bonorum et malorum legis, vides nihil ab eo omissum, quod humana ratione et totis viribus ab homine potest effici, et tamen, quid Deus velit, quae eius *de nobis* sit sententia, ignorat.« Siehe die Bedeutung des pro nobis in WA 19, 205,25 – 211,19 (Jona-Auslegung; 1526). Vgl. Philipp Melanchthon, Loci communes, O,13–15 [S. 23]. Das Bekenntnis zum Schöpfertum Gottes ist nämlich in seiner Grundintention kein »Satz einer kosmologischen Theorie«, welche »die Entstehung der Welt erklären will«, sondern ist »Bekenntnis des Menschen zu Gott als seinem Herrn, dem die Welt gehört und dessen Macht sie trägt, dessen Sorge den Menschen erhält und dem der Mensch Gehorsam schuldet«; Rudolf Bultmann, Das Urchristentum im Rahmen der antiken Religionen, 9.

[4]   WA 43, 221,9f. (zu Gen 22,11), im Kontext zit. bei Anm. 504 (S. 261). Vgl. Gerhard Mays Charakterisierung des urchristlichen Schöpfungsglaubens (Schöpfung aus dem Nichts, 28): »Für das Urchristentum ist Gottes Schaffen ein geschichtliches Handeln. Weder wird das Verhältnis von Gottes Schöpfertätigkeit zur Ordnung der ›Natur‹ und des Kosmos reflektiert, noch wird die Schöpfung von Gottes Heilshandeln iso-

Schöpfung ist für Luther zutiefst persönliches Geschehen. Der Einsatz-
punkt lutherischer Schöpfungslehre liegt nicht in der Darstellung eines
Schöpfers, der Welt und Kosmos ›pauschal‹ erschafft, sondern in »der Erfahrung der eigenen Geschöpflichkeit«[5]. Obwohl Luther keine Schöpfung
ohne Schöpfer und ohne Mitgeschöpfe kennt,[6] ist für ihn die Gewissheit,
»daß *mich* Gott geschaffen hat«[7], zentraler Ausgangspunkt: Das sprechende ›Ich‹, der mit Individualität beschenkte Mensch, sieht sich in dieser seiner Individualität als von Gott geschaffen und bekennt diesen als
seinen ureigensten Schöpfer.[8]

Von dieser Prämisse ausgehend, sieht Luther in eigenartiger Verknüpfung und Ineinanderschau von Vergangenem und Gegenwärtigem sich
selbst als Teil des in Gen 1 Geschilderten: Als endlicher Mensch ist er
»etwas Neues«[9], da er vor sechzig Jahren,[10] also pränatal, »nihil«[11] war.
Diese Perspektive beleuchtet jedoch lediglich den menschlichen Aspekt.[12]
Denn aus Gottes Perspektive[13] ist Luthers Schöpfung nicht vor sechzig
Jahren erfolgt, sondern, so bekennt er, »vor Gott bin ich gezeugt und
gemehrt sofort am Anfang der Welt, und die Worte ›Gott sprach, lasset

---

liert. Sie ist die Voraussetzung und zugleich der Beginn der Heilsgeschichte. Für diese
Betrachtungsweise ist es selbstverständlich, daß der Mensch als Ziel und Mittelpunkt
der Schöpfung aufgefaßt und die Kosmologie als solche niemals zum selbstständigen
Thema gemacht wird. Die Dimensionen von Natur und Geschichte fallen noch nicht
auseinander.«

5   Christian Link (Schöpfung, HST, Bd. 7/1, 32) zutreffend: »Die Entfaltung der Lehre
     von der Schöpfung [bei Luther] beginnt bei der Erfahrung der eigenen Geschöpflich-
     keit. Der Sinn des Bekenntnisses zu Gott dem Schöpfer wird existenziell von dem Ort
     her erfaßt, an dem jedermann die Schöpfung erfahren kann. Denn die Erkenntnis des
     Schöpfers ›beruht‹ auf der Erfahrung des Geschöpfes. Sie hätte ohne diese Erfahrung
     kein sachliches Fundament und bliebe eine unausweisbare Behauptung. Darin liegt
     ihr eigenständiger (und insofern vom 2. Artikel des Credo wohlunterschiedener) Aus-
     gangspunkt.«

6   Siehe bei Anm. 54ff. (S. 148) und bei Anm. 266ff. (S. 178). Siehe auch etwa WA
     45, 15,7–21 (Hauspredigt zu den Glaubensartikeln; 11. Februar 1537); zit. in Anm.
     83 (S. 100).

7   »*Ich* glaube, daß *mich* Gott geschaffen hat samt allen Kreaturen, *mir* Leib und Seele,
     Augen, Ohren und alle Glieder, Vernunft und alle Sinne gegeben hat und noch erhält«
     (BSLK 510,32–36; modernisiert). In ähnlicher Weise bekennt und dankt der Psalmist
     in Ps 139,14: »*Ich* danke dir, dass *ich* wunderbar gemacht bin« (alle Hervorhebungen
     vom Vf.).

8   »Echter Gottes- und Schöpfungsglaube ist nur der«, so Martin Doerne (Praktischer
     Schöpfungsglaube nach Luther, 25), »der mit der Vergangenheit auch die Gegenwart
     umspannt, ein Glaube, der unmittelbar hineingreift in unsere, in deine und meine ge-
     genwärtige Lebenswelt.«

9   »Ego, si meam personam spectes, sum quiddam novum«; WA 42, 57,34 (zu Gen 2,2).

10   Vgl. Anm. 35 (S. 24).

11   WA 42, 57,34f. (zu Gen 2,2): »quia ante annos sexaginta nihil fui«. Weiter Anm. 31
     (S. 92).

12   WA 42, 57,35 (zu Gen 2,2): »sic mundus iudicat«.

13   WA 42, 57,35 (zu Gen 2,2): »Sed Dei aliud est iudicium«.

uns Menschen machen‹, haben auch mich geschaffen.«[14] Dieses, so Luther, anfängliche wie gleichzeitig prinzipielle Schöpferwort Gottes ruft in eben derselben Weise die Mitmenschen ins Sein: auch diese sind alle durch das Wort »Lasset uns Menschen machen« geschaffen,[15] welches an keine Zeit gebunden ist, gleichwohl in der Zeit stattfindet;[16] Gott, dem alles gegenwärtig ist, ist »extra temporis rationem«[17].

Es wird deutlich: In ganz erstaunlicher, weil höchst persönlicher Weise reiht sich Luther selbst in das Schöpfungsgeschehen ein.[18] Dieses Selbstbewusstsein Luthers, das in dem Wissen um Gottes Verhältnis zu jedem einzelnen Menschen gründet, lässt Gott sprechen: »Alles, was ich im Himmel und auf Erden tue, ist dahin gerichtet, dass es *dir* dienen soll. Es ist mir allein um *dich* zu tun. Ich kann und will *dein* nicht vergessen: So große Sorge habe ich um *dich* und mit so großer Sorge und Liebe begleite ich *dich*.«[19] Begreift der Mensch sich selbst als »Adressaten aller Dinge«[20],

---

[14] WA 42, 57,35–37 (zu Gen 2,2): »nam coram Deo sum generatus et multiplicatus statim in principio mundi, quia hoc verbum, ›Et dixit Deus: Faciamus hominem‹ me quoque creavit« (vgl. den Anklang an Joh 8,58). Weiter gefasst in WA 49, 436,25–33.39 (Die ander Predigt von der Toten Auferstehung; 25. Mai 1544): »Denn alles kömpt erfür aus lauter todtem ding, Die Fische [...], Die Beume [...], Die Menschen und Thier [...], Was macht das? Gottes Allmechtigkeit und Wort, Das der ewige, Allmechtige Schepffer gesprochen hat Gene. 1. [...] [Gen 1,20.24.28] Solch Wort und Allmechtigkeit Gottes thut es.«

[15] WA 42, 57,37–39 (zu Gen 2,2): »Quidquid enim Deus voluit condere, hoc tum, cum diceret, condidit. Non subito nostris oculis apparuerunt omnia.« Luther begreift auch die Elblandschaft, in die er – hier und heute – hineingestellt ist, als gegründet in diesem Schöpferwort Gottes: »Sic eadem plane est causa, cur Albis hoc[!] in loco et ad hanc[!] plagam cursu suo perenni feratur nec defatigatur. Omnia talia opera sunt opera verbi, quod hic celebrat Mose: ›Ipse dixit‹ etc«, WA 42, 23,16–18 (zu Gen 1,6).

[16] Siehe WA 42, 57,39 – 58,2 (zu Gen 2,2), zit. Anm. 70 (S. 78).

[17] WA 42, 57,42 – 58,2 (zu Gen 2,2): »Non enim apud Deum sunt prius et posterius, citius aut tardius, sed omnia sunt eius oculis praesentia. Est enim simpliciter extra temporis rationem.« Vgl. WA 43, 231,5 (zu Gen 22,12). Siehe ebenso WA 14, 70,27 – 71,14 (Predigt zu 2Petr 3,8–10; 1523/24): »Weyl nu fur Gottes angesicht keyne rechnung der zeyt ist, so mussen tausent iar fur yhm seyn, als wer es eyn tag. Darumb ist yhm der erst mensch Adam eben so nahe als der zum letzten wird geboren werden vorm jungsten tag. Denn Gott sihet nicht die zeyt nach der lenge, sonder nach der quer, als wenn du eynen langen baum, der fur dyr ligt, uber quer ansihest, so kanstu beyde ort und ecken zu gleich yns gesicht fassen, das kanstu nicht thun, wenn du yhn nach der lenge ansihest. Wyr kunnen durch unsere vernunfft die zeyt nicht anders ansehen, denn nach der leng, mussen anfahen zu zelen vom Adam eyn iar nach dem andern bys auff den Jungsten tag. Fur Got ist es aber alles auff einem hauffen, was fur uns lang ist, ist fur yhm kurtz, und widderumb, denn da ist keyn mas noch zal.«

[18] Siehe Anm. 58 (S. 75) u. Anm. 68 (S. 77).

[19] WA 44, 644,40–42 (zu Gen 46,19–27 [u. Jes 49,14–16]), obige Hervorhebungen vom Vf.: »Omnia quae ago in coelo et terra, huc dirigo, ut tibi serviant. Est mir allein umb dich zuthun, Ich kan, und wil eur nicht vergessen. Tanta cura et amore te prosequor, [...].« Vgl. WATR 3, 322,10 (Nr. 3458): »Omnia propter nos creata sunt« (zit. im Kontext Anm. 155 [S. 109]). Die Hybris verhindernde Doppelseitigkeit dieser Zusage bringt Martin Buber (Werke, Bd. III, 633) treffend zur Sprache: »Rabbi Bunam sprach zu seinen Schülern: Jeder von euch muß zwei Taschen haben, um nach

so kennt dieses Wissen um Gottes Schöpfersein keine unpersönliche Schöpferpräsenz, kein anonym numinoses Schaffen und keine generelle Schöpfungszuwendung, sondern »[d]er meyster, der die sonne geschaffen hat, hat mich auch geschaffen«[21].

Dieses Wissen um Gottes persönliche Zuwendung lässt Luther nicht kalt und unberührt; Freude über Gottes Zuwendung bricht sich Bahn. Luther führt 1537 in einer der Hauspredigten über die Glaubensartikel,[22] die zeitgleich zu den Auslegungen der ersten Kapitel der Genesisvorlesung sind, aus: In diesem Bewusstsein »wie sich nu die sonne Ihres schmucks und herrlikeit rhumen kan, also brang [sc. prange] ich auch her und sprich: Ich bin meines Gottes werk und Creaturlin. Also lernete ich, wo ich her keme. Nemlich von Gott.«[23] Wie im Katechismus zählt Luther auf: »Also sind meine Augen, finger, seel eitel werck und gemechte des hochsten schopfers. An der ehr nu solt Jderman sich genugen lassen und mit freuden sprechen: Ich glaube an Gott schopffer himels und der erden, der seinen nhamen mir an den hals gehenget hat. Das ich sol sein werck und er mein Gott und Schopffer heissen.«[24] Luther freut sich, ein *Mensch* zu sein,[25] ist sich seiner persönlichen Würde bewusst (»Ich bin wirdig gewest, das mich Gott mein schöpffer aus nichts geschaffen hat, in meiner mutter leib gebildet etc.«)[26] und ist dankbar, sich als Mensch von aller übrigen Kreatur – unbeschadet der Verbundenheit mit ihr – zu unterscheiden: »Primum igitur significatur hic insignis differentia hominis ab omnibus aliis creaturis.«[27] Diese vorzügliche Stellung des Menschen durch seine

---

Bedarf in die eine oder andere greifen zu können. In der rechten liegt das Wort: ›Um meinetwillen ist die Welt erschaffen worden‹, und in der linken: ›Ich bin Erde und Asche.‹«

[20] Gerhard Ebeling, Dogmatik, Bd. I, 335. Dies geschieht indem der Mensch »wachen Sinnes darauf achtet, was ihm die Dinge zu sagen haben, was ihm zugesprochen, eingeräumt, gewährt, was von ihm erwartet, gefordert und ihm versagt ist« (aaO.).

[21] WA 45, 14,7f. (Hauspredigt zu den Glaubensartikeln; 1537), siehe Anm. 3 (S. 88).

[22] WA 45, 13,4–21 (Hauspredigt zu den Glaubensartikeln; 11. Februar 1537).

[23] AaO., 14,8–10.

[24] AaO., 14,12–17.

[25] AaO., 14,18–23.15,2–6: »[...] wir sehen es nit fur ein sondere ehr an, das wir Gottes Creatur sind. Aber das einer ein furst und grosser herr ist, da sperret man augen und maul auff, So dasselbe doch nur ein menschliche Creatur ist, wie es Petrus nennet [1Petr 2,13–15], und ein nachgemacht ding, Denn so got nit zuvor keme mit seiner Creatur, wurde man keinen fursten machen konnen [...]. Darumb solten knecht und magd und Jder man solcher hohen ehr sich annhemen und sagen: Ich bin ein mensch, das ist je ein hoeher titel denn ein furste sein, ursach: den fursten hat Gott nicht gemacht, sonder die menschen. Das ich aber ein mensch bin, hat Gott allein gemacht.«

[26] WA 51, 456,8f (Ein kurzer Trostzettel für die Christen etc.; etwa 1540).

[27] WA 42, 42,5f. (zu Gen 1,26). Vgl. WA 42, 87,18f. (zu Gen 2,18): »Est enim homo praestantior creatura quam coelum, quam terra et omnia, quae in eis sunt« und WA 42, 42,36f. (zu Gen 1,26): »Observandus igitur est praesens textus [sc. Gen 1,26], quo ita magnifice ornat et ab omnibus aliis creaturis separat Spiritus sanctus humanam naturam.« Trotz aller Unterschiede (»Textus autem hic potenter separat hominem,

»analogielose Gottesnähe«[28] berechtigt jedoch nicht zu einer selbstgefälligen Überheblichkeit gegenüber der Mitkreatur.[29]

Was Luther für seine eigene Person bemerkt, gilt in gleicher Weise für seine Mitmenschen, für vergangene wie künftige Generationen: Alles Existierende, auch das noch nicht Existierende, hat seinen Seinsgrund in dem Schöpferwort Gottes. Es ist eine »kunst uber alle kunst« »wenn man sagt, himel und erden sey ein geschopf oder werck, das gemacht sey von dem, der da heist ein einiger Gott und aus nichts gemacht«[30]. Ebenso schwierig ist es, die Relevanz der Formel für die eigene Person zu begreifen: »Also ists auch, das ich fur sechzig Jaren noch nichts gewesen bin, und vil kinder sind, die itzt noch nichts sind, wie wir [alle] fur 100 Jaren nichts gewesen sind, wie es mit der welt auch ist, das fur 6000 Jaren ists ein nichts gewesen [...]. Das, sag ich, wissen wir und die heilig schrifft lerets uns und bildets den kindlin also fur im glauben mit den worten: Ich glaub an Gott vater schopfer etc.«[31] Sich selbst sieht Luther einerseits geschaffen vor allen Zeiten, in der, wenn man so will, ›Urschöpfung‹; andererseits ist er vor sechzig bzw. einhundert Jahren tatsächlich »nichts« gewesen. Und diese Schöpfung seiner selbst ex nihilo findet *ebenso* auch gegenwärtig statt. Damit sind die anderen mit eingeschlossen: Die gegenwärtigen Kinder wie auch die künftigen Kinder, die im Augenblick noch nihil sind, aber noch geboren werden.[32]

---

cum dicit Deum certo consilio de homine faciendo cogitasse, nec id solum, sed de homine faciendo ad imaginem Dei«, WA 42, 42,16–18 [zu Gen 1,26]) gibt es doch Gemeinsamkeiten (»Magnam similitudinem cum homine habent bestiae: simul habitant, simul aluntur, simul comedunt et iisdem vescuntur, dormiunt et quiescunt apud nos. [...] magna est similitudo«, WA 42, 42,6–9 [zu Gen 1,26]).

[28] Bernd Janowski, Artikel »Schöpfung: II. Altes Testament«, [4]RGG, Bd. 7 (im Druck).

[29] Siehe hierzu bei Anm. 83f. (S. 100).

[30] AaO., 13,11–13.

[31] AaO., 13,13–21. Vgl. (aaO., 13, 28f.): »Ante 60 annos nihil fui, nos omnes ante 100 annos nihil eramus« (zit. im Kontext Anm. 101 [S. 82]), sowie WA 46, 559,35–37 (Auslegung des ersten und zweiten Kapitels Johannis; 1537): »Als, vor hundert jaren sind wir allzumal, wie wir hie versamlet, nichts gewesen, hernach aber ist ein jeder zu seiner zeit geboren, und sind auch jtzt, also wird freilich unser keiner uber hundert jar mehr hie sein«. Siehe den ähnlichen Text der Genesisvorlesung in WA 43, 147,9f. (zu Gen 21,8), im Kontext zit. Anm. 416 (S. 248).

[32] Siehe WA 46, 559,37 – 560,1.22–26 (Auslegung des ersten und zweiten Kapitels Johannis; 1537): »[...] und werden an unser stat widerumb andere komen, die doch noch nichts sind, auch da noch niemand weis, wer Vater oder Mutter sein wird, wo Haus und Hof ist [vgl. die im ersten Artikel angesprochene Providenz Gottes], davon dieselben sollen erneeret werden. [...] Als wir allzumal sind vor hundert jaren ein unsichtbar ding gewesen, und die, so uber zehen, zwentzig jarn noch sollen geboren werden, sind jtzt auch ein unsichtbar ding, oder ein Kinderschafft, die noch nicht vorhanden ist davon wir nichts sehen denn ein lauter nichtigkeit (das ichs so heisse), doch sollen sie sichtbar und etwas werden zu jrer zeit, wenn sie geboren werden.« Vgl. Anm. 416 (S. 248).

Kosmisch-urzeitliches Schöpfungshandeln auf seine eigene Person zu beziehen, sich selbst in dieses Geschehen hineinzustellen, es damit in die Gegenwart – und Zukunft! – hineinzuziehen und darin die eigene gegenwärtige Existenz begründet zu sehen: Dies ist der erstaunliche Ansatzpunkt Luthers.

1.3 »Deus, qui creavit te sine te« (WA 42, 45,33) – Empfangene Existenz wie Essenz

In derartiger Weise Geschöpf und ex nihilo geschaffen worden zu sein, entnimmt den Menschen seiner selbst: Gott hat jeden Menschen ohne seine eigene Mithilfe geschaffen – »creavit te sine te«[33] – und diesen, ohne ihn etwa vorher zu fragen, ins Dasein gerufen. Diese Geburt des Menschen ist für Luther eine creatio ex nihilo.[34] Der Mensch verdankt – als gänzlich beschenkte Kreatur – daher Gott alles. Weder ist sein irdisches Dasein per se berechtigt, noch ist ein einziger Lebensmoment (»uno momento«) verdient; Luther anerkennt, dass dies für ihn selbst, wie auch für Türken und Römer gleichermaßen gilt: die Rechtgläubigkeit entscheidet

---

[33] Der Satz lautet im Zusammenhang: »Deus, qui creavit te sine te, non salvabit te sine te«, WA 42, 45,33f. (zu Gen 1,26). Vgl. Ps 100,3. Luther zitiert hier Augustin (»Qui ergo fecit te sine te, non te justificat sine te«; Sermo CLXX, 11 [MPL 38, 923]), wobei er die zweite Hälfte des Satzes verwirft, da Luther eine cooperatio bezüglich der *eigenen* Person ablehnt (WA 42, 45,30–41 [zu Gen 1,26]); vgl. Anm. 204 (S. 219). In ähnlicher Wortwahl finden wir eine Ausführung dieses Gedankens hinsichtlich Schöpfung, Erhaltung, Neuschöpfung und der Erhaltung der Neuschöpfung des Menschen in De servo arbitrio. Auf die Frage, ob wir Menschen, die wir aus nichts geschaffen sind, imstande sind, uns selbst zu etwas zu machen (»an iam creati ex nihilo, aliquid nos faciamus«; WA 18, 753,37 [De servo arbitrio; 1525]), antwortet Luther (aaO., 754, 1–4): »Sicut homo, antequam creatur, ut sit homo, nihil facit aut conatur, quo fiat creatura, Deinde factus et creatus nihil facit aut conatur, quo perseveret creatura, Sed utrunque fit sola voluntate omnipotentis virtutis et bonitatis Dei nos sine nobis creantis et conservantis«. Dies gilt ebenso für das Rechtfertigungsgeschehen bezüglich der eigenen Person (aaO., 754,8–12): [...]. Homo antequam renovetur in novam creaturam regni spiritus, nihil facit, nihil conatur, quo paretur ad eam renovationem et regnum, Deinde recreatus, nihil facit, nihil conatur, quo perseveret in eo regno, Sed utrunque facit solus spiritus in nobis, nos sine nobis recreans et conservans recreatos, ut et Iacobus dicit [Jak 1,18]«. Gleichzeitig sieht Luther sehr wohl die cooperatio des Menschen in Zeugung und Erziehung (aaO., 754,4–6: »sed non operatur in nobis sine nobis, ut quos ad hoc creavit et servavit, ut in nobis operaretur et nos ei cooperaremur«; siehe dazu S. 177) sowie beim Rechtfertigungsgeschehen in Predigt und Trostwort (aaO., 754,14–16: »Sed non operatur sine nobis, ut quos in hoc ipsum recreavit et conservat, ut operatur in nobis et nos ei cooperaremur. Sic per nos praedicat, miseretur pauperibus, consolatur afflictos«; siehe dazu S. 162). Zur in diesem Zusammenhang wichtigen Unterscheidung von Offenbarung und Glaube siehe Anm. 344 [S. 237]). Verbindungen zwischen De servo arbitrio und der Genesisvorlesung sind offensichtlich: so referiert der längere Abschnitt WA 43, 458,35 – 463,17 (zu Gen 26,9) exkursartig De servo arbitrio und die Frage der Unterscheidung zwischen verborgenem und offenbarem Gott.

[34] Siehe bei Anm. 272–280 (S. 179–180).

nicht über eine kreatürliche Empfängerwürde, sondern alle, Christen wie Heiden, erhalten jeden Moment des Lebens mitsamt weiteren Gaben umsonst, »propter Euangelium, Baptismum, remissionem peccatorum«[35]. Diese Passivität des Geschöpfes und dessen Abhängigkeit vom Schöpfer ist in dem Grundsatz lutherischer Schöpfungslehre konzentriert, dass jegliche Existenz empfangene Existenz ist[36] und jeglicher Besitz empfangener Besitz.[37] Der Mensch ist Empfänger seiner Existenz wie Essenz; alles, was der Mensch ist und hat, hat er erhalten und erhält er ex nihilo aus Gottes Schöpferhand: »quicquid autem sumus, esse ex gratuita DEI gratia.«[38]

Daher steht, obwohl Luther seine eigene Person als Ausgangspunkt seiner Schöpfungslehre nimmt, diese Personalität und Individualität nicht selbstständig für sich. Menschliches Leben – ja, Leben überhaupt – ist verdanktes Leben. Gott ist der Geber, von dem der Mensch »Augen, Ohren, Vernunft und alle Glieder« erhalten hat;[39] Luther sieht den Menschen als von Gott wohlausgestattetes Wesen und hebt nicht nur dessen körperliche Organe, wie Augen, Hände und Füße als Gottes Gaben hervor,[40] sondern

---

35 WA 44, 348,7f. (zu Gen 39,5f.), zit. im Kontext (Z. 6–10): »Hoc primum ex hoc loco discendum est, mundum non posse gloriari, se dignum esse vita sua corporali vel uno momento, Sed propter Euangelium, Baptismum, remissionem peccatorum Deum omnia largiri et donare etiam sceleratissimis et pessimis hostibus ecclesiae, Turcis et Papistis, wirffts in die Rapusen [sc. gibt es frei bzw. lässt alle teilnehmen].« Die Wendung »in die Rapuse werfen« hat auch den Beiklang des »Wegwerfens« (siehe Grimm, DWb 8, 122f.). Vgl. WA 43, 81,13 (zu Gen 19,18–20): »Dat quidem Deus omnia ex gratuita misericordia« und WATR 5, 132,12f.17f. (Nr. 5422): »Gott kunde auff viele weyse reich werden, wenn ers thun wollte. [...] Er thuts aber nicht, sondern giebt alles vmbsonst.«

36 WA 43, 299,23–25 (zu Gen 24,1–4): »Hi enim intelligunt, et agnoscunt creatorem et creaturam eius, norunt, unde ipsi orti, et unde omnia accipiant.«

37 WA 42, 544,27f. (zu Gen 14,20): »Siquidem omnia, quae habemus, tantum Dei munere et dono habemus.«

38 Dieser zunächst auf das Rechtfertigungsgeschehen gemünzte Satz (WA 43, 174,41f. [zu Gen 21,15f.], zit. im Kontext bei Anm. 182 [S. 217]) hat ebenso prinzipielle Aussagekraft, denn »Schöpfung meint das Setzen eines Anfangs aus nichts, auf der Seite der Geschöpfe [bedeutet dies] also: ein Dasein, das sein Sein nicht aus sich selbst hat, sondern erst in Rückbezug auf seinen Ursprung seine Bestimmung, seinen Sinn gewinnt und immer wieder neu gewinnen muß.« Markus Vogt, Art. »Schöpfung, VIII. Schöpfung und Evolution«, LThK, Bd. 9, Sp. 237 (Abkürzungen aufgelöst). Zu Gott, der sich *selbst* gibt, siehe bei Anm. 285 (S. 129).

39 Siehe bei Anm. 44 (S. 73). Edmund Schlink (Die Verborgenheit Gottes des Schöpfers nach lutherischer Lehre, 17) spitzt dieses Empfangen äußerst scharf zu: »[D]iese Erklärung des 1. Artikels ist nicht so gemeint, als ob jeder das weglassen könnte, was [zu] ihm nicht paßt, sondern jeder soll sagen: ›Ich glaube das‹, sei er nun krank oder gesund, arm oder reich, ungesichert oder gesichert: der Krüppel soll glauben, daß ihm Gott alle Glieder gegeben hat und noch erhält, der Psychopath, daß er Vernunft und alle Sinne von Gott erhalten hat und noch erhält, der Bettler, daß ihm nichts mangelt.«

40 WA 42, 497,1 (zu Gen 13,2): »Oculi, pedes, manus sunt Dei dona«. Vgl. wie Luther selbst körperliche Grundvorgänge in WATR 4, 201,23–25 (Nr. 4203) als dankenswert hervorhebt: »Ach, lieber Herr Got, wie ein edel khlainat [sc. Kleinod] ists vmb

überhaupt deren Leiblichkeit.[41] Der Mensch ist Empfänger seines eigenen Körpers[42] wie auch Empfänger seiner Geistesgaben.[43]

Die Existenz des Menschen ex nihilo ist bestimmt von völliger Abhängigkeit von Gottes Schöpfungshandeln.[44] Dies wird jedoch nicht direkt erfahren, sondern in geschöpflicher Vermittlung: Gott spricht, schafft, handelt nicht unmittelbar, sondern bindet sein Tun an geschöpfliches Geschehen.[45] Bereits der Anfang menschlichen Lebens ist vermittelt und gebunden an die Zeugung durch Eltern und an die Geburt durch eine Mutter.[46] Als weiteres Beispiel für dieses Ineinander stellt Luther etwa die Pflege während der ersten Lebensmonate eines Säuglings heraus,[47] die Leben schenkt, lange bevor man diese wahrnehmen kann oder gar dankend auf sie zu antworten vermag.[48] Diese Pflege der Eltern,[49] die ihren Grund und Anfang in Gottes Erhaltungshandeln hat, bleibt dem Säugling verborgen[50] und wird unverdient gegeben: »[Mein Kind, w]ie hastus ver-

---

einen gesunden leib, der essen vnd trincken, schlaffen, harnen vnd scheissen mag! Wie wenig danckt man Got dafur!«

[41] WA 43, 331,17–19 (zu Gen 24,19f.): »[...] quia sunt dona Dei, non tantum quae spiritu, sed etiam quae foris et erga homines honeste fiunt, Deus enim etiam corporum Deus est. Ideo corporalia dona suppeditat, et vult nos iis cum gaudio frui«. Vgl. WA 44, 422,12f. (zu Gen 41,39): »Id nimirum egregium et insigne donum est oculi videntis et auris audientis.«

[42] WA 43, 299,23–25 (zu Gen 24,1–4): »Hi enim intelligunt, et agnoscunt creatorem et creaturam eius, norunt, unde ipsi orti, et unde omnia accipiant.«

[43] WA 42, 588,31f. (zu Gen 16,6): »Agnoscere, quod sis eruditus, sapiens, dives, non malum est: Ingratitudo enim esset dona haec contemnere.«

[44] Luther, so Sammeli Juntunen, »betont die völlige Abhängigkeit des Menschen von Gott. Der Mensch darf *deshalb* nie von Gott unabhängig werden, und er kann *deshalb* nie etwas aufgrund seines eigenen Könnens selbständig leisten, *weil* sein ganzes Leben in einem unaufhörlichen Empfangen der Gaben Gottes besteht, mit denen Gott sowohl sein natürliches als auch sein geistliches *esse* dauerhaft erhält« (Der Begriff des Nichts bei Luther in den Jahren von 1510 bis 1523, 161f.).

[45] Siehe die cooperatio des Menschen S. 148.

[46] Vgl. bei Anm. 71 (S. 151).

[47] Nicht nur die Sorge der Mutter um ihr Kind, sondern ebenso dessen Wachsen, ja selbst die Milch der mütterlichen Brust ist Gabe Gottes, WA 44, 259,38f. (zu Gen 37,12–14): »Vult enim Deus foetum gestari in utero, lactari, foveri sedulitate et cura matrum, ut enutriatur et crescat, atque ideo indidit lac uberibus.«

[48] WA 44, 812,28–34 (zu Gen 49,33): »Nemo enim omnium, qui vivunt hodie, scit, ubi fuerit primis duobus annis, cum aut in utero viveret, aut editus in hanc lucem sugeret lac maternum, nescit, quales fuerint dies, quae noctes, quae tempora, qui gubernatores, et tamen vixit tunc, fuitque corpus coniunctum cum anima, et ad omnes actiones naturales idoneum. Certissimum igitur argumentum est Deum velle conservare hominem mirabili modo et ipsi prorsus incognito.« WA 44, 812,42 – 813,4 (zu Gen 49,33), zit. in Anm. 26 (S. 144); WA 44, 813,17–19.28f. (zu Gen 49,33).

[49] WA 44, 259,34–37 (zu Gen 37,12–14), zit. in Anm. 226 (S. 173).

[50] WA 43, 481,2–6 (zu Gen 26,24f.): »Sic post nativitatem quoque puer anniculus nihil scit de vita, nescit se vivere. Non est in eo reflexio cogitationis de vita. Videmus in ipsis vitam sine vita. Sic ego vixi annos sexaginta, vixi etiam in utero matris. Sed de illa vita postea nihil scivi unquam«.

dient, oder warumb sol ich dich so lieb haben, das ich dich zum erben mache illius, quod habeo? Mit scheissen, binckeln, weinen, vnd das du das gantze haus mit schreien erfüllest, das ich so sorgfeltig mus für dich sein?«[51] Diese nicht im Verhalten des Kindes begründete Pflege ermöglicht dessen Leben, lässt wachsen und lernen: Auf uns wurde geachtet, lange bevor wir auf uns selbst achten konnten.[52] Unsere Existenz wurde von anderen gewollt, lange bevor wir selbst unsere Existenz wollten. Ehe ein Mensch »Ich« sagen kann, ist er schon angeredet vom göttlichen und menschlichen »Du«. Schon in frühester Kindheit ist menschliche Existenz verdankt: hineingeboren in eine bestimmte Familie, in einen bestimmten Lebenskreis, ein bestimmtes Land, eine bestimmte Kultur – »Was *bist* du, das dir nicht gegeben wäre?«[53]

Menschliches Empfangen ist beileibe nicht auf die pure Existenz bzw. die ersten Lebensjahre beschränkt. Für Luther sind menschliche Biographien ganz unter dem Schöpfungsaspekt zu sehen. Luther kann etwa von einer »creatio ex nihilo« sprechen, wenn er z.B. die Lebensgeschichte eines Kindes beschreibt, das, von armen und unbedeutenden Eltern abstammend, es beruflich zu einem berühmten und bedeutenden Amtmann bringt.[54]

---

51 WATR 1, 505,8–12 (Nr. 1004; 1530–35). Vgl. WATR 3,186,31–35 (Nr. 3141; Mai 1532): »Colludens cum infante dixit: Quam mihi causam dedisti, ut adeo te diligam? Et unde meruisti haerens esse bonorum meorum? Ja, mit scheissen, seichen verdinstus, das man auff dich sorge mus haben, kindermegd bestellen, den zitz einhengen! Und das alles wilstu recht haben oder fullest das gantz haus mit geschrey.«

52 WA 43, 480,40 – 481,2 (zu Gen 26,24f.): »Inspice enim tuam infantiam, et cogita, num memineris te fuisse in utero matris, iacuisse in cunis, suxisse ubera matris, plorasse, comedisse pultem, crevisse etc. Atqui vivimus certe etiam primo anno, quo gestatur foetus in utero matris. Sed quomodo vixerimus, nescimus prorsus.«

53 Oswald Bayer, Gott als Autor, 267 in Zuspitzung von 1Kor 4,7 (Hervorhebung vom Vf.). Vgl. Odo Marquard (Abschied vom Prinzipiellen, 76): Wo das Leben der Menschen »aufhört, ist es zu Ende; aber wo es anfängt, ist niemals der Anfang. Denn die Wirklichkeit ist – ihnen zuvorkommend – stets schon da, und sie müssen anknüpfen. Kein Mensch ist der absolute Anfang: jeder lebt mit unverfügbaren Vorgaben.« Vgl. ebenso das berühmte Anfangskapitel von Marc Aurels Selbstbetrachtungen (Buch 1, 1–17): »Von meinem Großvater Verus [habe ich] die edle Gesinnung und das gelassene Wesen. Von dem, was man von meinem Vater erzählt [...], die Bescheidenheit und den männlichen Sinn. Von meiner Mutter die Gottesfurcht und die offene Hand. [...] Von meinem Urgroßvater [...] die Gewohnheit, sich gute Lehrer zu Hause zu halten, und die Einsicht, daß man für solche Dinge nicht genug ausgeben kann. Von meinem Erzieher [...] die Kraft, Mühsal zu ertragen und wenig zu bedürfen [...]. Von Diognetos den Zug, sich nicht mit nichtigen Dingen abzugeben. [...] Den Göttern verdanke ich, daß ich gute Großväter, gute Eltern, eine gute Schwester, gute Lehrer, gute Hausgenossen, Verwandte, Freunde, überhaupt beinah lauter gute Menschen um mich hatte.«

54 WA 30/II, 575,25–29.576,21–24 (Eine Predigt, daß man Kinder zur Schule halten solle; 1530): »Und das ich dieses gewesschs ein mal ein ende mache, So sollen wir wissen, das Gott ein wünderlicher Herr ist, Sein handwerck ist, aus bettler Herrn machen, gleich wie er aus nichte alle ding macht, Solch handwerck wird jhm niemand legen noch hindern, Er lessts gar herrlich jnn aller welt von sich singen Psalm 112

Der Lebensweg der Patriarchen – etwa Jakobs – ist für Luther hierin geradezu paradigmatisch. Nach dessen Flucht vor Esau steht Jakob mit bloßen
Händen vor Laban: Er ist verbannt, hat keinen sicheren Aufenthaltsort,
ist arm, hungrig, nackt[55] und derart mittellos, dass er nicht einmal einen
Fußbreit Grund besitzt.[56] Dennoch schafft Gott aus diesem geringen Anfang große Ehre und Würde,[57] stattet Jakob aus mit der ganzen Majestät
des ewigen Lebens, mit Königs- und Priesteramt und gibt ihm den ganzen
Segen seines Vaters.[58] Dieses Empfangen reicht weit über seinen eigenen
Tod in die Zukunft hinein, denn Gott macht ihn zum Stammvater von
Königen und Priestern, von Christus und den Aposteln.[59] Das heißt wahrlich, so schließt Luther, aus nichts einen Menschen schaffen! – »Id nimirum est ex nihilo creare hominem.«[60]

[Ps. 113,5–8]: [...] Gott wills nicht haben, das geborne Könige, Fursten, Herrn und
Adel sollen allein regieren und herrn sein, Er wil auch seine Betler da bey haben, Sie
dechten sonst, die Eddel geburt macht alleine Herrn und regenten und nicht Gott alleine.«

55 WA 43, 625,35–37 (zu Gen 29,14): »[...] quia est fugitivus et exul, qui nullum alium
receptum potuit invenire: pauper est, famelicus et nudus.«

56 WA 43, 626,9f. (zu Gen 29,14): »Is est pauperrimus et abiectissimus, adeo ut non habeat, ubi figat vestigium pedis.« Ebenso Abraham in WA 42, 633,13f. (zu Gen 17,8):
»vidit [sc. Abraham] promissionem, eamque sensit indubitatam et veram esse, vidit
quoque se nihil tenere proprium, sed esse peregrinum in terra.« Luther tröstet die,
die nichts Eigenes haben in WA 42, 594,34–37 (zu Gen 16,11): »Deus audit, quod
graveris te servam esse et mancipium, nec quidquam habere proprium. Respexit autem miseriam tuam, et vult tibi benedicere: bono igitur sis animo, nec desperes.« Vgl.
den mittellosen Gaststatus der Christen in dieser Welt in WA 43, 278,37–39 (zu Gen
23,3f.): »[...] qui non est Dominus, sed hospes in terra, in qua habitat, nihil habens
proprii. Christiani sunt advenae et hospites in hoc mundo, quorum patria et possessio
alio loco est.« Siehe ebenso den Herbergscharakter der Welt bei Anm. 169 (S. 111).

57 WA 43, 626,5f. (zu Gen 29,14): »Ac vide, quaeso, quam exigua sint initia tantorum
honorum et dignitatis summi huius Patriarchae«. Eine materielle Hilfe Labans lehnt
Jakob ausdrücklich ab (Gen 30,31).

58 WA 43, 626,7–9 (zu Gen 29,14): »[...] penes quem universa maiestas est aeternae vitae: qui est Rex et Sacerdos, et universam benedictionem a patre consecutus est.«

59 WA 43, 626,6f. (zu Gen 29,14): »[...] ex quo tot Reges, tot Prophetae, Christus ipse
et Apostoli orti sunt«.

60 WA 43, 626,10f. (zu Gen 29,14). Zur Bedeutung der Jakobsgestalt für Luthers Darstellung der creatio ex nihilo in der Vorlesung schreibt Ulrich Asendorf (Lectura in
Biblia, 197): Jakob »ist beides, König und Priester, zugleich aber auch arm und verachtet. So begibt er sich in die äußerste Knechtschaft wie ein Narr, genauso wie auch
Christus ein Verachteter war. So ist Jakob in seiner Person das lebendige Beispiel für
den aus dem Nichts schaffenden Gott und als solcher Repräsentant der Rechtfertigung.« Vgl. Abraham in WA 42, 437,11–15 (zu Gen 12,1): »Si enim quaeras quid
fuerit Abraham, antequam vocaretur per misericordem Deum, respondet Iosua fuisse
Idolatram, hoc est, meritum esse mortem et damnationem aeternam. Sed in hac miseria non abiicit eum Dominus: sed vocat eum, et per vocationem ex eo, qui nihil est,
facit omnia.« Ebenso: WA 44, 179,16f. (zu Gen 35,5): »Creatoris enim opus est ditare
pauperes«, im Kontext zit. Anm. 31 (S. 195).

1.4 »creatura ex nihilo est: ergo nihil sunt omnia,
quae creatura potest« (WA 43, 178,42 – 179,1) –
Die Abhängigkeit des Geschöpfes vom Schöpfer

Die Schöpfung des Menschen aus nichts hat für Luther weit reichende
Konsequenzen nicht nur für die Abhängigkeit der eigenen Existenz von
Gott, sondern ebenso für die Bewertung und die Wirkung menschlicher
Taten.[61] Ist der Mensch ohne eigenes Zutun aus nichts geschaffen und
gänzlich Empfangender,[62] obschon keine Marionette,[63] so steht für Lu-
ther auch das, was jener schafft, nicht in eigener Kraft[64] und in eigenem
Ermessen: »creatura ex nihilo est: ergo nihil sunt omnia, quae creatura
potest«[65]. Der daher zutiefst angewiesene Mensch bleibt auch in seinen
Taten Empfangender.

Adam ist nicht nur aus Erde geschaffen, sondern der Mensch bleibt
Erde während seines ganzen Lebens. Unter Rückgriff auf Jes 64,7 führt
Luther das nicht unumstrittene[66] Töpfergleichnis aus: Der Mensch als
Ton in der Hand des Schöpfers wird gewirkt, wirkt aber selbst nichts:
»positus in mera potentia passiva, et non activa.«[67] Er befindet sich als
Ton in einer derart umfassenden Passivität, dass er weder etwas selbst
erwählt noch etwas selbst tut, sondern er *wird* erwählt, *wird* bereitet,
wird wiedergeboren, empfängt (»Ibi enim non eligimus, non facimus aliquid, sed eligimur, paramur, regeneramur, accipimus«),[68] bis zu seinem
Tode und bis in sein Grab.[69]

---

[61] Siehe etwa Gal 6,3 (Vulgata): »nam si quis existimat se aliquid esse cum sit nihil ipse
se seducit«. Siehe die Bedeutung der creatio ex nihilo für die Werkgerechtigkeit des
Menschen S. 212.
[62] Siehe bei Anm. 182 (S. 217). Vgl. 1Tim 6,7.
[63] Siehe hierzu bei Anm. 205ff. (S. 219), aber ebenso das unverdiente Recht der Weltgestaltung des Menschen S. 112 und das Werk des Glaubens in Anm. 344 (S. 237).
[64] WA 12, 442,7f. (Predigt über das 1. Buch Mose; 1523): »[...] das yn meyner macht
nicht stehet ein handt zu regen, sonder allein, das Gott alles yn mir thue und wirck«.
Und aaO., 444,10f.: »Dann es kan kein creatur von yhr selbs das geringst werck thun.«
[65] WA 43, 178,42 – 179,1 (zu Gen 21,17). Zur Stelle siehe David Löfgren, Die Theologie der Schöpfung bei Luther, 21. Für den weiteren Kontext siehe Anm. 158ff. (S. 214).
[66] Kritisch Gerhard Ebeling (Dogmatik, Bd. III, 170f.): »Es ist [...] nicht die gewöhnliche Art der Bibel, vom Verhältnis Gottes zum Menschen so zu reden, als hantiere er
wie ein Töpfer mit Ton. Daß der Mensch Gottes Werk ist, darf nicht von diesem
Modell her gedeutet werden. [...] Die Tätigkeit des Töpfers ist zwar [...] menschlich.
Aber sie ist nicht göttlich. Sie kann höchstens im Grenzfall als Metapher dienen.«
[67] WA 42, 64,33f. (zu Gen 2,7), im Kontext zit. Anm. 315 (S. 233).
[68] WA 42, 64,34f. (zu Gen 2,7) im Kontext zit. Anm. 315 (S. 233). Der Kontext zeigt,
dass es sich um diejenige Bedeutung von »accipere« handelt, bei welcher der Empfänger passiv bleibt (s. Menge-Güthling, 8); eine Selbstkonstitution des Menschen ist
ausgeschlossen.
[69] WA 42, 64,24–26 (zu Gen 2,7). »Idque non solum ad originem nostram attinet, sed
per omnem vitam et usque ad mortem et in sepulchrum manemus lutum huius Figuli.«
Für die Passivität des Menschen, insbesondere auch in De servo arbitrio, siehe Anm.
315 (S. 233).

Die geforderte Distanz des Menschen zu seinen Taten wird nicht zuletzt darin deutlich, dass dieser, wie auch die Tiere, ruhen[70] und seine Arbeit unterbrechen muss und durch die Sabbatheiligung gezwungen wird, Abstand zu seinem Werk zu gewinnen.[71] Sieht der Mensch jedoch auf vermeintliche Verdienste als *seine* Verdienste, so vergisst er, dass er Kreatur und dass Gott der Schöpfer ist.[72]

Es ist an dieser Stelle nochmalig darauf hinzuweisen, dass das Nichts des Menschen und sein damit verknüpftes »nihil potest«[73] nicht seine prinzipielle Handlungsunfähigkeit aussagen; diese Aussage ist vielmehr strikt an den Menschen an und für sich (»homo ex se«)[74] gebunden. Innerhalb der Anerkennung seiner Abhängigkeit und in Form seiner Mitarbeit an Gottes Schöpfungshandeln kann und soll der Mensch nämlich, wie wir noch sehen werden, äußerst aktiv sein;[75] Gott schafft und erhält uns zwar ohne unsere Hilfe,[76] aber er wirkt nicht ohne uns. Menschliche cooperatio bleibt jedoch rückbezogen und in ihrer Kraft abhängig von dem Schöpfer selbst.

Diese Abhängigkeit des Menschen in seinem Sein und Tun von Gottes Schöpfungswillen und -handeln[77] besagt: Nichts, was der Mensch hat, hat er von sich aus – daher ist er für Luther nichts, Gott dagegen ist alles.[78] Dieses Alles-in-allem-Sein Gottes trägt für Luther gleichwohl keine pantheistischen Züge,[79] sondern charakterisiert das Umfassende kreatürlicher

---

70 WA 42, 42,37ff. (zu Gen 1,26): »Corporalis quidem seu animalis vita similis erat futura bestiarum vitae. Nam sicut bestiae cibo, potu, quiete indigent ad reficienda corpora«.

71 David Löfgren (Die Theologie der Schöpfung bei Luther, 83): »Um an diese [seine kreatürliche] Abhängigkeit vom Schöpfer erinnert zu werden, wird der Mensch wie die Tiere gezwungen, seine Arbeit zu unterbrechen, um die rein äußeren Bedürfnisse an Ruhe und Nahrung zufriedenzustellen«. Vgl. Lev 23,31 (Vulgata).

72 WA 43, 183,11–13 (zu Gen 21,18); zit. in Anm. 153 (S. 213). Siehe Anm. 154ff. (S. 213).

73 Im Kontext zit. bei Anm. 226f. (S. 222). Siehe ebenso das »nihil potest« des Menschen bei Anm. 227 (S. 54).

74 »Dieses unaufhörliche Empfangen der Gaben Gottes beschreibt Luther u.a. mit dem Begriff des Nichts. Der Mensch sei Nichts, weil er nichts von sich aus (nihil ex se) sei« und daher »alles von Gott als Gabe empfangen müsse.« Sammeli Juntunen, Der Begriff des Nichts bei Luther in den Jahren von 1510 bis 1523, 161f.

75 Siehe die cooperatio des Menschen in den Ständen S. 148 bzw. S. 154 und den Glauben als Werk des Menschen S. 236.

76 Siehe etwa Anm. 33 (S. 93).

77 »So ist im Werden, Sein und Vergehen die ganze Schöpfung vom Willen des Schöpfers restlos abhängig.« Werner Foerster, Art. »κτίζω«, in: ThWNT, Bd. III, 1011,5f.

78 Vgl. WA 3, 329,32–34 (Dictata super Psalterium [Ps 58]; 1513–15): »Quia enim est Deus omnia in omnibus, et ad Mosem dicit ›ostendam tibi omne bonum‹, sequitur, quod in nobis est nihil et omne malum« und WA 4, 616, 15f. (Predigt zu Joh 8,46; ca. 1514–21): »Ecce Deus est omnia, homo autem nihil, quid ergo opera eius? pulvis cinisque.« Vgl. Ps 39,6 und Joh 15,5 (Vulgata).

79 Bei Luther bleibt bei aller Nähe von Schöpfer und Geschöpf die Differenz beider gewahrt. Gleichwohl gibt es in der Vorlesung Textstellen, die pantheistisch anmuten, etwa WA 44, 483,2f. (zu Gen 42,14–17), zitiert bei Anm. 228 (S. 121).

Abhängigkeit. Luther möchte auch mit der Aussage, dass der Mensch »nichts« vermag, nicht dessen Taten deklassieren, wie in den Abschnitten zur menschlichen cooperatio noch deutlich werden wird, sondern stattdessen die völlige Abhängigkeit der menschlichen Handlungen von Gottes Handeln betonen: Das kreatürliche Sein und Tun hat keinerlei Eigenkraft; wenn Gott von der Schöpfung genommen wird, bleibt nichts.[80] »Sich zu seinem Schöpfer bekennen heißt« daher, »das eigene Unvermögen bekennen, alles allein von Gott zu erwarten.«[81]

2. »ex nihilo facit coelum et terram« (WA 42, 13,33) – Die ex nihilo geschaffene Welt

2.1 Einführung

Beginnt Luther die Betrachtung der Schöpfung aus der Perspektive seiner eigenen Person, so ist doch seine Existenz nicht denkbar ohne die der Mitkreatur, inmitten derer er geschaffen ist. Das obige »der mich geschaffen hat« darf daher *nicht* – wie im folgenden Abschnitt gezeigt wird – anthropozentrisch vom nun auszuführenden »samt allen Kreaturen« isoliert werden.[82]

Luther lehnt eine aus der Sonderstellung des Menschen erwachsende Hybris gegenüber den Mitkreaturen strikt ab[83] und sieht damit durchaus

---

[80] Vgl. Nikolaus von Kues (De docta ignorantia, 110,12f. [PhB 264b, S. 28/29]): »Nam tolle deum a creatura, et remanet nihil.«

[81] Paul Althaus, Die Theologie Martin Luthers, 110.

[82] Gegen Otto Dibelius, dem entgeht, dass diese beiden Elemente für Luther bewusst zusammengehören. Dibelius spricht von dem »samt allen Kreaturen« als »gänzlich alleinstehende Erweiterung« (Das Vaterunser, 119), welche, »durch keins der ökumenischen Symbole veranlaßt«, lediglich »volkstümliche Tradition gewesen« sei, und betont, dass Luthers »Aufnahme der Worte [...], die im Gegensatz zu dem sonst durchweg eingehaltenen Gesichtspunkt der Erklärung steht, eine Anlehnung (bewußte?) an diese volkstümliche Tradition« gewesen sei (aaO., 120f.; Hervorhebung aufgehoben).

[83] WA 45, 15,7–21 (Hauspredigt zu den Glaubensartikeln; 11. Februar 1537): »Man sagt von Juden, das sie ein gebet haben, dar Jnn sie Gott umb drey stuck dancken, Zum ersten, das sie menschen sind geschaffen und nicht wilde thier. Zum andern, das sie sind menner geschaffen und nicht weyber, Zum dritten, das sie Juden sind und nicht heyden. Ist wol muglich, sie haben es aus dem Platone genommen, denn der Narr redt auch ßo. Aber das heißt gott loben, wie die Narren pflegen, das sie andere Creaturen Gottes daneben schenden und schmehen. Also lobet yhn der 148. psalm nicht. Denn er nimbts alles mit, was got geschaffen hat, und spricht: ›lobet den herrn auff erden, yhr walfische und alle tieffen‹, und wurfft keins hinweg, wie jhene narren thun, Denn was heists: got darumb dancken, das du ein mensch bist, gerad alls weren andere thier nicht auch gottes geschopf, oder das du ein Jude bist, gerade als wer Gott nicht auch ein Gott der heyden. Das gieng wol hin, das man Gott lobete, das er ein sonderliche gnade gegeben hat, Aber das man andere Creatur mit wil einziehen zur schmache, das sol nicht sein.« Luther spricht hier vom jüdischen Morgengebet; siehe »Siddur Sefat Emet« (Victor Goldschmidt Verlag, 5; Übersetzung Rabb. S. Bamberger): »Gelobt seist du, Ewiger, unser Gott, König der Welt, der mich nicht als Hei-

das Verhängnisvolle, das sich aus einer Verabsolutierung der Sonderstellung des Menschen, um dessentwillen – so Luther – alles geschaffen wurde, ergeben kann[84]: dass nämlich die Herkunft *beider,* des Menschen und der Mitkreatur, aus dem Nichts ignoriert werden könnte. Die dem Menschen gegebene Gabe kreatürlichen Seins bleibt nicht ›autistisch‹ bei sich selbst stehen und genügt sich auch nicht selbst, sondern findet ausschließlich *inmitten* der Mitkreaturen statt und ist unmittelbar mit der Gabe der Weltgestaltung verknüpft.

Es gehört zum Kern des lutherischen Weltverständnisses, dass diese Gabe nicht eine selbstmächtige Welterschließung ist, sondern eine schon vor einer möglichen Bitte des Menschen um Gestaltungsräume empfangene und gewährte. Nicht eine ›Selbstorganisation des Universums‹ ist damit bestimmend, sondern das Selbst- und Weltempfangen der Kreatur.

Entsprechend gliedert sich der folgende Abschnitt: Zuerst wird dargelegt, dass die Gabe eines allein in Gottes Schöpfungswillen begründeten Anfangs der Welt ex nihilo, unverdient und sine meritis geschieht (2.1). Ebenso unverdient und ex nihilo werden zudem die vielfältigen Lebensräume geschaffen (2.2). Zuletzt liegt nicht nur die Eröffnung dieser Räume im Blick, sondern vielmehr das ebenfalls unverdient zugesprochene Recht, diese Räume auch gestalten zu dürfen (2.3).

Sprechend wird dies in Luthers Auslegung u.a. folgender Perikopen: Zentraler Text ist zunächst die Schilderung der Erschaffung der Welt in Gen 1 und die Einsetzung des Menschen in Gen 2. Gerade der schlafende Adam in seiner empfangenden Passivität ist Zeichen des mit Mitkreaturen beschenkten Geschöpfes. Aufmerksam beobachtet Luther die Darstellung des abrahamitischen Reichtums (Gen 13,2), der etwa bei der Brautwerbung Rebekkas durch Elieser deutlich wird (Gen 24,22), und die damit verbundene Weltverhaftung des Patriarchen, die sich nicht zuletzt auch in alltäglichen Aufgaben und Verpflichtungen äußert. Diese in seiner Dreiständelehre entfaltete dienende Herrschaft des Menschen vermag Luther häufig, auch an ungewöhnlichen Stellen, wie etwa der Auslegung des Geschlechtsregisters in Gen 11,27f., anzubringen. Ergänzend herangezogen werden Luthers Predigten über die Genesis von 1523, seine Auslegung

---

den erschaffen. [...], der mich nicht als Sklaven erschaffen. [...], der mich nicht als Weib erschaffen.« Diese Lobsprüche gehen auf Talmud Menachoth IV,i (Fol. 43 b; Der Babylonische Talmud, Bd. 10, 528) zurück, wo an zweiter Stelle jedoch der Dank dafür ausgesprochen wird, nicht als »Unwissender« geboren worden zu sein (zur Veränderung von »Unwissendem« zu »Sklave«, siehe aaO. das Dictum Rabbi Meirs und das Gespräch zwischen Rabbi Acha ben Jacob und seinem Sohn); die Frauen beten im Morgengebet stattdessen: »[...], dass du mich nach deinem Willen geschaffen hast«. Zur von Luther vermissten Würdigung der Kreatur im »Siddur Sefat Emet« siehe im einleitenden Lobspruch das Lob des Hahnes (vgl. Hi 38,36), der den Morgen ankündigt. Vgl. die Bedeutung der Mitkreaturen im franziskanischen Schöpfungsverständnis (Ulrich Köpf, Bemerkungen zum franziskanischen Schöpfungsverständnis, 65–76).

[84] Siehe Anm. 19f. (S. 90).

von Psalm 90, seine Johannesauslegung von 1537, eine Predigt über Röm 11,33–36 und die 2. Psaltervorrede.

2.2 »extra illud initium creaturae nihil est quam nuda essentia divina et nudus Deus« (WA 42, 14,28f.) – Der unverdiente Anfang der Welt

In der Erschaffung der Welt schenkt Gott einen Anfang, der in jeglicher Hinsicht ein schlechthinniges Anfangen ist. Diese Gabe ist Beginn allen Seins, wahre creatio ex nihilo. Dieser in seiner paradigmatischen Bedeutung sprechende Anfang ist für Luther unverdient und ungeschuldet, da vor aller Zeit und vor allem Raum außer Gott nichts weiteres existierte: »extra illud initium creaturae nihil est quam nuda essentia divina et nudus Deus.«[85]

Dieser Weltbeginn ist damit unhintergehbar[86] und kann infolgedessen von seinen Vorbedingungen wie von seinem Geschehen her weder bestimmt noch hinterfragt werden. In gleicher Weise argumentiert Luther, dass ein Mensch zwar seine eigene Existenz als Mensch wahrnehmen kann, dass er aber wegen der Unhintergehbarkeit seines eigenen Anfangs nicht aus eigener Kenntnis hinter diesen zurückgehen kann. Er kann also von sich aus nicht wissen, ob die vor ihm stehenden Personen der eigene Vater und die eigene Mutter sind; er muss ihrem Wort glauben und vertrauen. Die Beschränkung menschlicher Existenz und menschlichen Wissens auf Materie und Form verhindert philosophisches Zurückgreifen und Fragen nach der Herkunft von Himmel und Erde; unbekannt bleiben causa efficiens und causa finalis.[87] In seiner Exegese von Gen 1 möchte Luther den bis-

---

[85] WA 42, 14,28f. (zu Gen 1,3). Ebenso WA 42, 14,30f. (zu Gen 1,3): »[...] illud etiam incomprehensibile est, quod fuit ante mundum, quia nihil est nisi Deus«. Da vor der Weltschöpfung nichts war als allein Gott, kann dieser Bereich – so Luther in christologischer Argumentation gegen Arius – auch nicht mit menschlichen Fragen erschlossen werden, WA 42, 14,23–35 (zu Gen 1,3–5).

[86] »Der menschliche Gedanke kann«, so David Löfgren (Die Theologie der Schöpfung bei Luther, 29), »nie bis hinter den Anfang dringen, sondern ist notwendigerweise an das Geschehen in der Zeit gebunden. Der Ursprung der geschaffenen Welt ist deshalb für die menschliche Vernunft ein Geheimnis.«

[87] WA 42, 93,15–24 (zu Gen 2,21): »Quid enim, queso, novit Philosophus de coelo et mundo, si quidem nescit, unde sit et quo tendat? Imo quid nos de nobis ipsis scimus? Videmus nos esse homines. Sed quod hunc patrem, hanc matrem habeamus, an non credi hoc debet, sciri autem nullo potest modo? Sic omnis nostra cognitio seu sapientia tantum est posita in noticia causae materialis et formalis, quanquam in his quoque nonnunquam turpiter hallucinamur. Causam efficientem et finalem plane non possumus ostendere, praesertim quod miserabile est, cum de mundo, in quo sumus et vivimus, item de nobis ipsis est disputandum aut cogitandum. Haec an non misera et egena sapientia est?« Vgl. WA 42, 93,29–32; 94,3–8; 95,25–27; 96,22–25 (zu Gen 2,21). Zu Luthers Verwendung des Vier-causae-Schemas sei verwiesen auf Gerhard Ebeling, Lutherstudien, Bd. II/3, 481–507.

herigen Auslegern des Kapitels, den lateinischen wie griechischen Kirchenvätern wie auch jüdischen Gelehrten, nicht folgen, sondern »sine Duce«, insbesondere in Gen 1,1, eine eigene Deutung wagen.[88]

Für Luther ist unstrittig, dass die Welt einen Anfang genommen hat[89] und aus nichts erschaffen wurde;[90] die Schöpfung der Welt und des Kosmos ex nihilo und deren biblische Bezeugung[91] sind für ihn selbstverständlich.[92] Dies geschieht in bewusster Ablehnung des Aristoteles, der, im Gefolge Xenophanes' von Kolophon,[93] die Ewigkeit der Welt postuliert[94] und hierin Luthers Hauptgegner in der Genesisvorlesung ist: Aristoteles will – wie überhaupt die »Philosophen«[95] – »vom ersten und letzten Menschen nichts wissen«[96]. In seinem Beharren auf einen Beginn schließt sich Luther altkirchlicher Argumentation an.[97]

Luther hält an einem Anfang auch deshalb fest, weil die Bedeutung der Erschaffung der Welt aus nichts für Luther nicht nur in sich selbst liegt, sondern es für ihn das Protogeschehen ist, das durch seine Struktur das Wesen der folgenden Schöpfungen aus dem Nichts bestimmt. Damit ist dieser Beginn nicht zuletzt Hinweis auf die Entstehung der künftigen Welt, der eschatologischen Neuschöpfung.[98]

---

88 WA 42, 3,22f. (zu Gen 1,1): »Neque in Ecclesia hactenus quisquam extitit, qui satis dextre ubique omnia explicaret.« WA 42, 4,21–23 (zu Gen 1,1): »Ita neque inter Ebraeos, neque Latinos, nec Graecos dux est, quem in hoc spatio tuto possimus sequi. Quare nos quoque merebimur veniam, si, quantum possumus, fecerimus.« Ebenso WA 42, 6,9f. (zu Gen 1,1): »Dixi autem antea nos hoc iter sine Duce ingredi«.

89 WA 42, 3,30f. (zu Gen 1,1): »Nos ex Mose scimus mundum ante sex millia annorum nondum extitisse.«

90 WA 42, 3,26f. (zu Gen 1,1): »[...] quod scimus, mundum cepisse et conditum esse per Deum ex nihilo. Haec generalis noticia ex textu clare sumitur.«

91 »Quando autem docetur verbo Dei, ex nihilo haec pulcherrima corpora esse creata, ibi magnitudinem mirabilis opificii aliquo modo aestimare possumus, quae oculis quidem non percipitur, sed solo auditu, monstrante verbo Dei, cognosci et deprehendi potest.« WA 44, 353,2–5 (zu Gen 39,5f.). Siehe den biblischen Befund S. 43.

92 WA 42, 15,9–11 (zu Gen 1,3): »Ergo satis nobis sint ista, cum de mundo et eius conditione queritur: Quod ad materiam mundi attinet, ex nihilo esse factum, sic ex non luce factam esse lucem, ex nihilo factum coelum et terram.«

93 Etwa Fragment Nr. 36 (Diels-Kranz, Bd. 1, 124).

94 Vgl. Aristoteles, Physik 250b – 252b. Vgl. die Argumentation, mit der sich Thomas von einer Ewigkeit der Welt abgrenzt (ScG II, 34–38) und die er damit abschließt, dass etwas Ewiges außerhalb Gottes dem katholischen Glauben widerspreche (aaO., 38: »Quod fidei Catholicae repugnat«).

95 WA 42, 92,39f. (zu Gen 2,20f.): »Idem de mundo quoque pronuntiandum esset, quem ideo aeternum Philosophi statuerunt.« Ebenso: WA 42, 93,4f. (zu Gen 2,20f.): »[...] quibus moti Philosophi iudicarunt mundum esse aeternum.« Vgl. Xenophanes von Kolophon (bei Anm. 93 [S. 103]).

96 WA 42, 3,31f. (zu Gen 1,1): »[...] quia secundum Aristotelem primus homo et ultimus non potest dari.« Ebenso WA 42, 92,35 (zu Gen 2,21): »Ideo Aristoteles neque primum neque ultimum hominem dicit posse dari.«

97 Siehe bei Anm. 188ff. (S. 47).

98 WA 42, 30,4f. (zu Gen 1,11–13); zitiert im Kontext Anm. 268 (S. 228).

Liegt auch Luthers Schwergewicht auf der Betonung des gegenwärtigen Schöpfungshandelns Gottes, so hat dennoch ein in strikter Abgrenzung zu Aristoteles postulierter *Anfang* der Welt sein eigenes Gewicht. Luther hat jedoch weder ein heliozentrisches Weltbild,[99] noch kennt er einen evolutionären Weltanfang;[100] der Reformator hat neuzeitliche Denkaspekte, ist jedoch kein neuzeitlicher Mensch.

Exkurs: Luthers mittelalterliche Kosmologie und sein Verstehenshorizont des Weltbeginns

Luthers Schilderung der Weltentstehung ist nicht nur geprägt von biblischen Bildern, sondern ebenso vom geozentrischen Verstehenshorizont des sechzehnten Jahrhunderts; gleichwohl nimmt dieses mittelalterliche Weltbild eine erstaunlich periphere Stellung ein. Dies liegt neben seinem präsentischen Zugang zur Schöpfungsgeschichte u.a. an seiner Ablehnung kosmologischer Spekulationen[101] und seinen Vorbehalten gegenüber der Astrologie.[102]

Unbestritten für Luther ist, dass »die Sonne mit den anderen Planeten ihre Bewegung hat um die Erde herum«[103], »denn die Erde ist ein ruhender Körper«[104], das »Zentrum der Schöpfung«[105]. Luther kennt »die Kreise der sieben Planeten«[106] und die »acht Sphären der Fixsterne«[107]; die Gestirne sind »wie Kugeln an das Firmament geheftet«[108]. Luther lehnt eine Umlaufbahn der Planeten ausdrücklich ab,[109] wobei er jedoch die Bewegung der Planeten anerkennt[110] und deren Aufgabe darin sieht, Zeit anzuzeigen.[111]

---

99 Vgl. dagegen Nikolaus von Kues (1401–64), der die Kugelgestalt der Erde, ihre Bewegung und eliptische Kreisbahn behauptet und ein geozentrisches wie auch heliozentrisches Weltbild ablehnt; De docta ignorantia II, Cap. XIf.

100 Zum 6000-jährigen Alter der Erde bei Anm. 31 (S. 92).

101 Siehe Anm. 43 (S. 13) und Anm. 3 (S. 88).

102 Siehe etwa Luthers Kritik in WATR 5, 557,32 – 558,22 (Nr. 6250).

103 WA 42, 20,19f. (zu Gen 1,6): »[...] Sol cum reliquis Planetis suum motum habet circum terram [...].« Ebenso WA 42, 33,7f. (zu Gen 1,14): »[...] naturalem diem, cum sol fertur circum terrram.« Angedeutet in WA 42, 31,5–7 (zu Gen 11,14–19).

104 WA 42, 41,26f. (zu Gen 1,24): »[...] non dicit: ›moveatur.‹ Est enim terra corpus quiescens.«

105 WA 42, 26,30f. (zu Gen 1,9f.): »[...], ut terram constituerent centrum totius creationis.« Diese zentrale Position sorgt für die Stabilität der Erde, sodass sie nicht mitsamt dem Himmel herabfällt (WA 42, 26,31–33 [zu Gen 1,9f.]).

106 WA 42, 21,6 (zu Gen 1,6): »[...] orbes septem Planetarum«. Luther zählt Sonne und Mond ebenso zu den Planeten, von denen vor Entdeckung des Fernrohrs lediglich fünf bekannt waren. Uranus, Neptun und Pluto kennt Luther daher nicht, wie auch die Erde für ihn kein Planet ist.

107 WA 42, 21,6 (zu Gen 1,6): »[...] octava sphera stellarum fixarum.«

108 WA 42, 31,30 (zu Gen 1,14–19): »[...] tanquam globos esse affixos firmamento«. Vgl. Thomas, nach dem Himmelskörper unzerstörbar, unveränderlich und unbeweglich sind (ScG IV, 30).

109 WA 42, 32,24–27 (zu Gen 1,14–19).

110 Der Lauf der Planeten wird mit dem Schwimmen der Fische und dem Flug der Vögel verglichen (WA 42, 23,14–16 [zu Gen 1,6]). Obwohl Luther diese Bewegung der Planeten undeutlich als »zurückgehend« (»retrogradus«) charakterisiert (WA 42,

Oberhalb des Himmels befindet sich Wasser,[112] das jederzeit auf die Erde herabstürzen kann[113] und nur durch Gottes bewahrendes Schöpferwort dort gehalten wird.[114]

Spekulative Fragen, die Luther – auch wenn ihm bisweilen Mose unlogisch erscheint[115] – rundweg ablehnt, handeln etwa davon, was Gott denn vor der Schöpfung getan habe,[116] warum Gott die Welt nicht eher geschaffen habe,[117] welches Licht vor der Erschaffung der Sonne geschienen habe,[118] warum Gott am dritten Tage die Erde mit Früchten geziert habe, bevor er den Himmel mit Sternen geschmückt,[119] ob im zukünftigen Leben die Zeit weiterexistieren werde,[120] an welchem Ort der Welt Gott den Menschen erschaffen habe[121] und warum der Mensch im Paradies eine Mittelposition zwischen Sündlossein und Sündigenkönnen innehatte.[122] Es finden sich in der Vorlesung jedoch auch absurde Fragen Luthers und dementsprechende Thesen: Er ist der Ansicht, die Erde sei im Frühjahr und nicht im Herbst geschaffen worden,[123] und Luther mutmaßt, ob vielleicht der Garten Gethsemane der Ort gewesen sei, an dem im Paradies der Baum des Lebens gestanden habe.[124] Obwohl Luther die Schöpfung zeitlich ausweitet und zum Prinzip macht,[125] hält er – etwa gegen Origenes, der in die »albernsten Allegorien«[126] geraten sei – fest, dass das Paradies historisch und geographisch bestimmt war, wenngleich er etwa die Schilderung der diesem entspringenden vier Ströme schlicht absurd

---

23,8 [zu Gen 1,6]), sei sie doch »sehr sicher und wahrhaft bewundernswert« (WA 42, 23,15f. [zu Gen 1,6]).

[111] WA 42, 33,9–12 (zu Gen 1,14–19). Vgl. WA 42, 32,1f. (zu Gen 1,14–19) und WA 42, 33,23–25 (zu Gen 1,14–19).

[112] WA 42, 32,26f. (zu Gen 1,14–19): »[...] in firmamento coeli (infra et supra quod coelum aquae sunt) [...].« Luther zweifelt selbst an seiner Behauptung, beugt sich jedoch vernunftkritisch dem seiner Ansicht nach klaren Bibeltext (WA 42, 20,35–42 [zu Gen 1,6–8]).

[113] WA 42, 328,26–28.37–40 (zu Gen 7,11f.).

[114] WA 42, 329,4–6 (zu Gen 7,11f.): »Quod igitur non singulis momentis obruimur aquis tum superis tum inferis, id debemus divinae Maiestati, quae ita mirabiliter ordinat et conservat Creaturas, atque ideo etiam praedicari a nobis debet.«

[115] WA 42, 22,8–10 (zu Gen 1,6–8).

[116] WA 42, 9,16–23 (zu Gen 1,2).

[117] WA 42, 14,23–29 (zu Gen 1,3–5), siehe bei Anm. 85 (S. 102).

[118] WA 42, 15,26–29.36–38.16,1f. (zu Gen 1,3–5).

[119] WA 42, 29,17–24 (zu Gen 1,11–13).

[120] WA 42, 33,21f. (zu Gen 1,14–19): »De futura vita hic querunt: An haec corporum coelestium ministeria cessatura sint? Sed ea erit sine tempore.«

[121] WA 42, 69,23f.26–32 (zu Gen 2,8).

[122] WA 42, 85,6f. (zu Gen 2,17): »Quare autem Deus in hoc medio statu [84,36 – 85,5] voluerit hominem condere, non est nostrum definire, aut scrutari curiosius.«

[123] WA 42, 28,11f.35–38 (zu Gen 1,11–13), obgleich die reifste Fruchtform erst im Herbst vorliegt.

[124] WA 44, 523,38 – 524,2 (zu Gen 42,38).

[125] Siehe bei Anm. 39f. (S. 72).

[126] WA 42, 76,1f. (zu Gen 2,11f.): »In ea opinione cum esset Origenes, ad ineptissimas allegorias se convertit.« Vgl. WA 42, 92,1f. (zu Gen 2,19f.): »[...] nisi ad absurdissimas allegorias Origenis in morem te velis vertere.« Zu Origenes und seiner allegorischen Deutung, v.a. der sechs Schöpfungstage, siehe Johannes Zahlten, Creatio mundi, 91. Vgl. Adolf Martin Ritter, Dogma und Lehre in der Alten Kirche, 123–125.

(»maximis scandalis«) findet und für eine Beschreibung Indiens hält.[127] Auch
eine Sechstageschöpfung – mit vierundzwanzigstündigen Tagen – ist für Luther selbstverständlich.[128] Das Paradies erstreckte sich nicht über die »ganze
Erde«[129], sondern Luther lokalisiert es in En Gedi beim Toten Meer[130] bzw.
um Jerusalem herum;[131] dieses Gebiet sei Adams Nachkommen noch als Paradies bekannt gewesen.[132]

Stellten wir auch bisher fest, dass für Luther ein entscheidendes Merkmal
der Schöpfung ist, Schöpfung *in* der Zeit zu sein, so ist diese ›Anfangsschöpfung‹ hierin eine Ausnahme: Deren besonderer Charakter besteht
für Luther darin, dass sie die einzige Schöpfung Gottes ist, die sich *vor*
der Zeit ereignet hat bzw. *mit* der die Zeit beginnt.[133] Die creatio originans findet damit, so Luther, außerhalb der Zeit statt, mit gleichzeitiger
Fortführung in der Zeit.

Gott hat bei dieser Erschaffung von Himmel und Erde, einer creatio ex
nihilo (»ex nihilo factum coelum et terram«),[134] keinerlei Materie benötigt;

---

[127] WA 42, 74,16–18.26 (zu Gen 2,11f.): »Hoc est unum de maximis scandalis in Mose.
Neque enim res, quae ad oculum sunt, negari possunt. Nam haec descriptio ad Indiam
pertinet proprie, [...]. Ergo Moses evidentissime contra sensum pugnat.«

[128] WA 42, 5,15–17 (zu Gen 1 [Prolegomena]): »Quod igitur ad hanc Augustini sententiam attinet, statuimus Mosen proprie locutum, non allegorice aut figurate, hoc est,
mundum cum omnibus Creaturis intra sex dies, ut verba sonant, creatum esse.« Vgl.
WA 42, 91,22–24 (zu Gen 2,20): »Pertinet autem hoc eo, ut firmiter teneamus hanc
sententiam, vere sex dies fuisse, quibus Dominus creavit omnia, contra Augustini et
Hilarii sententiam, qui uno momento putant omnia esse condita« und WA 42, 4,26f.
(zu Gen 1,1): »[...] sentiunt mundum creatum subito et simul non successive per sex
dies.« Ebenso WA 42, 28,28–31 (zu Gen 1,11–13) und WA 42, 52,24–29 (zu Gen
1,27). Luther wendet sich gegen Augustin und Hilarius, die in einer Allegorisierung
der sechs Tage eine plötzliche Welterschaffung favorisieren (Augustinus, Confess. XI,
6f. [CChr. SL 27, 198f.; bes. aaO., 198: »simul et sempiterne omnia«]). Vgl. WA 12,
440,3–7 (Predigt über das 1. Buch Mose; 15. März 1523), zit. bei Anm. 334 (S. 136).
Weiter: Cornelius Mayer, Die Confessiones, 559f.

[129] WA 42, 74,31f. (zu Gen 2,11f.): »[...] tamen nullo modo hoc potest dici, quod tota
terra fuerit Eden.«

[130] WA 42, 525,22f. (zu Gen 14,7): »[...] Engeddi, optimus locus in orbe terrarum, et
proximus quinque civitatibus: reliquiae paradysi.« Vgl. WA 42, 75,17f. (zu Gen
2,11f.). Der Garten wird um der Sünde willen zur »Hölle« des Toten Meeres; WA
42, 508,10–12 (zu Gen 13,9f.): »[...] Dei hortum mutatum in ipsum infernum propter peccata hominum: Quid enim mare mortuum aliud est, quam infernus?«

[131] WA 43, 275,11f. (zu Gen 23,1f.): »[...] sed mihi verisimile videtur locum paradisi
fuisse circa Hierosolimam.«

[132] WA 42, 75,4–6 (zu Gen 2,11f.): »Nam sicut supra quoque dixi, omnino existimo,
Paradisum post Adae lapsum extitisse, et notam fuisse posteritati eius«.

[133] WA 42, 9,10–13 (zu Gen 1,2): »Igitur sentio Mosen voluisse significare initium temporis, ut sit in principio idem, ac si dicat: Eo tempore, cum nullum esset tempus, seu
cum inciperet mundus, sic incepit, ut coelum et terrae primum a Deo crearentur ex
nihilo«.

[134] WA 42, 15,7–11 (zu Gen 1,3–5): »Atque inter hos limites debet consistere cogitatio
creationis, non debemus longius evagari, quia tum in tenebras certas et exitiales pro-

dabei musste dieses Nichts nicht erst noch geschaffen werden.[135] Allein durch sein Wort schuf Gott Himmel und Erde,[136] wobei sich dieses Geschehen für Luther in zwei Stufen abspielt[137]: Zunächst entsteht das Tohuwa-bohu, das »Nichts«[138] zwischen Schöpfung und Ausschmückung der Welt. Diese »erste Materie« wird nicht außerhalb der sechs Schöpfungstage geschaffen, sondern am Beginn des ersten Tages,[139] wobei Luther gegen Augustin, der diese Materie als »paene nihil«[140] bestimmt, subtile Fragen nach dem Charakter dieser Materie für unnütz hält.[141]

Diese wüste und leere Welt[142] wird von Gott in Form gestaltet und mit Leben gefüllt: Dabei ordnet sein »Schmücken« und »Bepflanzen«[143] diese und füllt sie allmählich mit Leben. Pflanzen, Tiere und Menschen sind vor ihrer Erschaffung nicht in irgendeiner Form in der Erde schon vorbereitet, sondern sind tot und nichts,[144] bis Gottes Schöpferwort sie ins Leben ruft,[145] wobei Luther Wert darauf legt, dass geschaffenes und ermöglichtes Leben allein in diesem Wort begründet liegt.

Luther kennt also neben der schwergewichtigen Verknüpfung von creatio und conservatio ex nihilo sehr wohl einen Uranfang der Welt ex nihilo; bei allem Interesse an einer Entstehung der Welt ist für Luther jedoch die *gegenwärtige* Schöpfung der Welt und ihre *gegenwärtige* Bewahrung entscheidend.

---

labimur. Ergo satis nobis sint ista, cum de mundo et eius conditione queritur: Quod ad materiam mundi attinet, ex nihilo esse factum, sic ex non luce factam esse lucem, ex nihilo factum coelum et terram.«

[135] Zur Selbstkontraktion Gottes, der sich zurückzieht, um ein Nichts erst entstehen zu lassen (Zimzum), siehe Anm. 233 (S. 122).

[136] WA 42, 13,31–33 (zu Gen 1,3–5): »Dicit enim Deus esse, ut sic loquar, Dictorem, qui creat, et tamen non utitur materia, sed solo verbo, quod profert, ex nihilo facit coelum et terram.«

[137] Siehe den Abschnitt WA 42, 6,30 – 8,7 (zu Gen 1,2).

[138] Siehe S. 52.

[139] WA 42, 6,14–16 (zu Gen 1,1): »Hanc quasi primam materiam, ut sic vocem, futuri operis Deus condidit secundum Decalogi manifesta verba non extra sex dies sed in principio primi dei.« Vgl. Augustin, für den die Welt nicht in der Zeit, sondern mit der Zeit (cum tempore) erschaffen wurde (De civitate Dei, XI, 5–7); vor der Zeit hat Gott daher nichts getan (Confess. XI, 12–14 [CChr. SL 27, 200f.]). Demgegenüber geht Origenes (De principiis III, 5,3 [S. 625–629]) von einem Wirken Gottes vor der Schöpfung in früheren Welten aus.

[140] Siehe Anm. 221 (S. 53).

[141] WA 42, 7,23–29.8,6f. (zu Gen 1,2). Vgl. WA 42, 5,26–32 (zu Gen 1,1).

[142] WA 42, 27,21–23 (zu Gen 1,11): »Hic iterum vides, cur terram supra dixerit *Tohu* et *Bohu*, quod non solum tenebrosa et permixta aquis fuerit, sed etiam sine omni fructu et sterilis.«

[143] Vgl. bei Anm. 154ff. (S. 109).

[144] WA 42, 63,25–33 (zu Gen 2,7).

[145] WA 42, 36ff. (zu Gen 1,20).

2.3 »Ideo tandem omnibus paratis, [...] introducitur homo ceu
in possessionem suam« (WA 42, 35,25–27) –
Der unverdiente Raum der Welt

Luthers Entdeckung der Welt als eines geschenkten,[146] zugesagten Raumes,[147] als genuin *theologische* Kategorie, entnimmt diesen der mönchischen Weltverneinung und deren Weltflucht. Die Welt ist für Luther nicht abzuwehrendes Übel oder zu fliehendes Böses, sondern stattdessen gelten die von Luther in diesem Zusammenhang ausdrücklich verwendeten Worte des Herrenmahls »Es ist alles bereit« (»omnibus paratis«),[148] die dem Menschen die Welt eröffnen. Damit wird das Einsetzungswort Gottes für Luther zum entscheidenden Kriterium, nämlich zum performativen Schöpfungswort, das in den Worten des Herrenmahls die Welt als unverdiente Gabe zuspricht und sagt: »Nimm hin und iß«[149].

In diese seine Welt wird der Mensch hineingeführt und hineingesetzt (»introducitur homo ceu in possessionem suam«).[150] Man beachte dabei das Passiv: Diese Gabe Gottes wird weder erarbeitet, noch ist es notwendig, etwas selbstständig hinzuzufügen – der Raum der Welt wird unverdient und ungeschuldet empfangen. Alles, was der Mensch ist und hat, ist Gottes »Geschenk«[151], das vom Menschen »gebraucht«[152] werden soll; auch Wohlstand, selbst Reichtum sieht Luther positiv als gute Gabe Gottes an

---

[146] WATR 5, 16,3–7 (Nr. 5224; September 1540): »Wie ist Gott so ein reicher Gott! Der gibt genug. Aber wir achten des nicht. Adam schenckt er die gantze weltt; das war nichts: Vmb der einigen baum war es im zu thun; da must er fragen, warumb im Gott den verboten hette. Also geths auch heute.«

[147] Der Raum der drei Stände (siehe S. 154) kommt besonders in WA 43, 523,16 – 524,31 (zu Gen 27,28f.) zur Sprache. Der »Schöpfungsbericht Gen 1«, so Werner H. Schmidt (Einführung in das Alte Testament, 352), versteht »den Welt- und Lebensraum sowie das Leben selbst als Gaben Gottes«.

[148] WA 42, 35,26 (zu Gen 1,14–19), zit. im Kontext Anm. 150 (S. 108).

[149] Zum Verständnis der Schöpfung als Gabe siehe Oswald Bayer, Schöpfung als Anrede, 80–108.

[150] WA 42, 35,22–28 (zu Gen 1,14–19): »[...] et accommodandus intellectus noster ad verbum Dei et ad scripturam sanctam, quae clare docet Deum ista omnia condidisse, ut futuro homini pararet ceu donum et hospicium, ac gubernari et conservari ista virtute verbi, quo sunt condita. Ideo tandem omnibus paratis, quae ad substantiam domus pertinent, introducitur homo ceu in possessionem suam, Ut discamus divinam providentiam pro nobis maiorem esse omni nostra sollicitudine et cura.«

[151] WA 42, 544,27f. (zu Gen 14,20), zit. Anm. 37 (S. 94). Siehe auch WA 42, 265,39–41 (zu Gen 6,1): »Sicut autem Deus natura optimus non potest omittere, quin nos variis donis ornet et cumulet, sicut sunt incolume et integrum corpus, opes, sapientia, industria, cognitio scripturae etc.«

[152] »[...] non cogitemus mali aliquid esse in gubernatione, seu usu rerum: Si quid vitii est, in corde est, id curemus, ut rectum sit, et omnia habebunt recte.« WA 42, 497,7–9 (zu Gen 13,2). Vgl. WA 42, 29,30f. (zu Gen 1,11).

und weigert sich, undifferenziert einem vermeintlich frommen franziskanischen Armutsideal zu folgen.[153]

Nicht der Mensch richtet sich die Welt ein, Gott tut dies für ihn: Luther schildert die Ausstattung der Welt für den Gebrauch des Menschen als einen großzügigen Hausbau, wobei Gott als Architekt und Baumeister mit seinem Schöpfungswort diese Welt baut, als Wohnraum einrichtet und dem Menschen als Hausherrn schließlich zur Verfügung stellt. Die Einrichtung der Welt als »elegantes Domizil«[154] des Menschen nimmt in Luthers Bildern folgendermaßen Gestalt an: Das Dach des Hauses ist der Himmel, das Fundament die Erde, die Wände sind die Meere. Dieser ›Rohbau‹ wird nun von Gott gestrichen, geschmückt und gefüllt: Küche und Keller werden bestückt mit Pflanzen, die der Mensch als Nahrung zu essen vermag.[155] Ist das »große und herrliche Haus«[156] schließlich einzugsfertig, wird dem Menschen erlaubt und ebenso befohlen(!), dieses zu genießen(!).[157] Es sei, so Luther, zudem ein besonderes Zeichen der Schöpfergüte Gottes, dass dieser sich zunächst um das Haus und die Wohnung des Menschen kümmert, bevor er sich seine eigene Wohnung – nämlich den Himmel – ausstattet.[158] Diese Fürsorge Gottes, mit der er die Menschen während ihres irdischen Daseins hütet und ihnen Zehrung gibt, ist ganz auf den Menschen ausgerichtet und bleibt – ganz unspektakulär – stets an die kreatürliche Vermittlung gebunden.[159]

---

[153] WA 42, 496,17f. (zu Gen 13,2): »Docent enim vicium non in rebus esse, quae sunt bonae, et vere Dei dona: sed in hominibus, qui possident eas, et iis utuntur.« WA 42, 495,24f. (zu Gen 13,2): »Franciscum non iudico malum fuisse, sed res ipsa arguit eum simplicem, seu, ut potius verum dicam, stultum fuisse.«

[154] WA 42, 29,28 (zu Gen 1,11): »domicilium [...] elegans«.

[155] WA 42, 29,31 (zu Gen 1,11). Eindrücklich Luthers Bewertung von Gen 9,2 als Einsetzung Gottes zum »Metzger«, der Geflügel auf Spieße steckt und dem Menschen nun auch mit Fleisch den Tisch deckt WA 42, 355,21f.26–30.33 (zu Gen 9,2): »Non igitur extenuandum hoc beneficium est, quod homini hoc ius datur in bestias. [...] Sed nos hodie fructibus terrae solis non possemus ali, nisi hoc ingens beneficium accessisset, ut carnibus bestiarum, volucrum et piscium vesci liceret. Hoc igitur verbum [Gen 9,2] constituit lanienam, affigit verubus lepores, gallinas, anseres et omni genere ferculorum replet mensas. [...] Deus igitur hoc in loco se constituit quasi Lanium«. Vgl. die Einteilung der Welt in Vorratsräume für den Menschen in WATR 3, 322,7–10 (Nr. 3458): Gott »hat alles genug fur vns. Omnia maria sind vnser keller, nemora vnser jegerei, terra plena est argento et auro et fructificat omnes innumeras fruges, ist vnser kasten vnd speißkammer. Omnia propter nos creata sunt.«

[156] WA 42, 29,31 (zu Gen 1,11): »diviciis tam amplae domus«.

[157] WA 42, 29,30f. (zu Gen 1,11): »[...] in quam a Deo deducitur et iubetur[!] frui[!] omnibus«; siehe ebenso Anm. 171 (S. 112).

[158] WA 42, 26,41 – 27,7 (zu Gen 1,10).

[159] WA 44, 17,32–41 (zu Gen 31,19): »Ideo enim dedit Deus rationem et omnes creaturas omniaque bona temporalia, ut serviant nostris usibus. Qui volet peregrinari, illi opus erit viatico, unde victum et hospitia possit sibi comparare, stultissime autem egerit, si cogitabit sibi non opus esse pecunia aut alimentis: divina providentia undecunque sibi omnia oblata iri. Atqui propterea condidit Deus omnia ad hanc vitam necessaria, non ut immediate ab eo expectes. Sed ut iis, quae ad manum sunt, fruaris, et eo

Luthers so sympathisches Bild des Hausbaus als Illustration der göttlichen Gabe der Welt als unverdienter Lebensraum kann jedoch zu Fehldeutungen führen: Obwohl Luther von Gott als handwerklichem Baumeister, als Architekten, redet, ist die Erschaffung der Welt für ihn kein Prozess, in dem aus vorfindlichen Bausteinen etwas geformt und zusammengesetzt wird; Gott ist kein »Welt*baumeister*, der aus vorgegebenem, bereits vorhandenem oder erzeugtem Material das All verfertigte«[160], kein Demiurg.[161] Es gibt, kurz gesagt, keinen außergöttlichen Anknüpfungspunkt, »Nota; Quando dicitur, opera primi diei esse creata ex nihilo, particula *EX*, non designat materiam ex qua, sed excludit«[162]. Luther spricht also gleichsam von einem Hausbau ohne Baumarkt.[163] Die Welt ist nämlich, trotz dieses didaktisch-seelsorgerlichen Bildes des Hausbaus, creatio ex nihilo.

Zweitens ist die Schöpfung der Welt für Luther kein technisch-mechanisches Handwerken, sondern etwas zutiefst Lebendiges.[164]

Drittens darf das Bild von Gott als Baumeister nicht dahingehend missverstanden werden, als ob Gott in bekannter deistischer Manier nach Bau und Einrichtung seines Werkes dieses verlasse.[165] Das Gegenteil ist

---

ordine, quem praescripsit ipse. Nequaquam igitur contemnendus est usus et ministerium creaturarum, siquidem eas condidit Deus, ut nobis inserviant.« Oder auch WA 44, 78,3f. (zu Gen 32,6–8): »[...] sed utaris necessariis ad hanc vitam sustentandam« wie WA 44, 78,8–10 (zu Gen 32,6–8): »[...] ideo mane in functione tua et intra limites verbi: et utere mediis et consiliis, quae Deus ordinavit.«

[160] Gerhard Gloege, Art. »Schöpfung/IV B. Dogmatisch«, ³RGG, Bd. 5, Sp. 1485.

[161] Siehe bei Anm. 173ff. (S. 45).

[162] Johann A. Quenstedt, Theologia didactico-polemica, I, cap. X, thes. XIII (S. 417).

[163] Dieser Satz ist strikt auf die anfängliche Weltschöpfung an und für sich bezogen; die cooperatio Gottes mit den Menschen kennt dagegen sehr wohl die Einbeziehung von kreatürlichen Dingen.

[164] Selbst die Erschaffung des ersten Menschen aus Lehm ist für Luther letztlich in nichts von der natürlichen Geburt eines Kindes unterschieden, und Luther vergleicht das Werden in Ablehnung einer ›mechanisch-technischen‹ Weltschöpfung mit dem Wachsen der Bäume, WA 40/III, 509,18 – 510,22 (Enarratio Psalmi XC; zu Ps 90,2; 1534/35). Bietet es sich auch an, bei derartigen Bildern den Begriff »organisch« zu verwenden, so ist seine Verwendung doch für Luthers Deutung schwer anwendbar. Insbesondere die in diesem Begriff mitschwingende Konnotation einer berechenbaren Entstehungsbewegung, in der eines aus dem anderen von selbst hervorkommt, steht im Gegensatz zu Luthers Betonung, dass die Möglichkeit der Entstehung eines aus dem anderen diesem nicht selbst innewohnt, sondern jeden Augenblick neu geschenkte Gabe ist. Werner Foerster grenzt zur anderen Seite hin ab: »Auch kann man nicht einwenden, diese Schöpfungsvorstellung [sc. creatio ex nihilo] sei unorganisch. Schöpfung ist so, wie sie im AT geschaut ist, Setzung des Organischen und als solche ein personhafter Akt, eine Tat, auf die die Kategorie des Organischen und Unorganischen gar nicht angewandt werden kann [...].« (Art. »κτίζω«, ThWNT, Bd. III, 1009,23–27).

[165] WA 42, 27,10–12 (zu Gen 1,10): »Hoc opus sibi placere bis dicit propter nos, qui sic ei sumus curae, ut etiam confirmet nos futurum, ut huius operis, quod tam sollicite aedificavit, etiam posthac magnam sit habiturus curam [...].« Vgl. WA 46, 558, 20–26.29–32 (Auslegung des ersten und zweiten Kapitels Johannis; 1537): »Aber er [sc. Gott] ist nicht ein Meister, der da thut wie ein Zimmerman oder Baumeister,

der Fall: Für Luther bleibt der Schöpfer »Hausvater«[166] und »hauswirt«[167] der Welt, weil Gott ebenso in dem von ihm errichteten Haus wohnen möchte; er bleibt bei seiner Schöpfung, »involviert« sich ganz in sie und wird damit kreatürlich greifbar.[168]

Ein vierter möglicher Missgriff: Die Gabe der Welt als Haus meint keine permanente Wohnung; die Welt ist eher eine Herberge.[169] Luther streicht immer wieder heraus, dass die eigentliche Heimat des Menschen der Himmel sei und dass die Welt als ein von Gott zubereitetes und dem Menschen gegebenes Haus keinen ewigen Charakter habe.

Das Leben in diesen zugesprochenen Lebensräumen[170] benötigt Zeit. Mit dem Raum spricht Gott daher dem Menschen ebenso Zeit – Lebenszeit – zu, möchte mit dieser Gabe menschlicher Ungeduld entgegentreten. Dieser Weg des Menschen mit sich selbst, mit anderen und mit Gott ist kein augenblicklicher, sondern ein Weg, für den Zeit vorgesehen ist. Freilich ist gerade dieser Raum durch unzeitigen Tod – durch verweigerte Lebenszeit – gefährdet.

---

welcher, wenn er ein Haus, Schiff oder sonst ein werck, es sey auch, was es wolle, bereitet, vollendet und gerichtet hat, so lesst er das Haus seinem Herrn stehen, das er darinnen wone, oder befihlet das Schiff den Possknechten [sc. Bootsknechten] und Schiffleuten, das sie uber Meer darinnen faren, und gehet der Zimmerman davon, wohin er wil. [...] Dis geschiet hie nicht, sondern Gott der Vater hat das geschoepff aller Creaturen durch sein Wort angefangen und volbracht und erhelt es auch noch fur und fur durch dasselbige, bleibet so lange bey seinem Werck, das er schaffet, so lang, bis er wil, das es nimer sein sol.« Dieses Verlassenwerden wäre für die Welt tödlich: WA 21, 521,21–25 (Predigt über Röm 11,33–36; 1544): »Denn er [sc. Gott] hat die Welt nicht also geschaffen, wie ein Zimmerman ein Haus bawet und darnach davon gehet, lesst es stehen, wie es stehet, Sondern bleibt dabey und erhelt alles, wie er es gemacht hat, Sonst würde es weder stehen noch bleiben können.« Vgl. bei Anm. 233ff. (S. 122).

[166] WA 42, 443,30f. (zu Gen 12,2): »[...] quas hunc patremfamilias gessisse constat, qui est Deus aeternus, conditor et Servator omnium.«

[167] WA 42, 55,3–5 (zu Gen 1,28): »Nota: unser herr Gott ist ein feiner hauswirt, der schafft allen hausrat, ee er den wirt einsezt, Da solt man bey sehen, das u.h.g. uns nit wolt verlassen: er zundt vor uns liecht an, parat cibum, potum etc.«

[168] WA 42, 10,4–7 (zu Gen 1,1f.): »[...] velle comprehendere nudam divinitatem, seu nudam essentiam divinam. [...] impossibile est, ideo involvit se Deus in opera et certas species, sicut hodie se involvit in Baptismum, in Absolutionem etc. Ab his si discedas, tunc abis extra mensuram, locum, tempus et in merissimum nihil [...]«. Gott überlässt die Welt nicht ihrem Lauf, sondern bleibt bei seinem Werk und sorgt für dieses; WA 42, 27,9–13 (zu Gen 1,10).

[169] WA 42, 441,40 – 442,4 (zu Gen 12,1): »Ad hunc modum omnibus temporibus in mundo vivunt, occupantur quidem Oeconomicis et civilibus studiis, gubernant Respublicas et familias aedificant, colunt agros, exercent mercaturam, et manuarias operas, et tamen agnoscunt se cum patribus esse exules et hospites: utuntur enim mundo tanquam diversorio, ex quo emigrandum brevi sit, non apponunt cor ad huius vitae negocia, sed tanquam sinistra manu corporalia curant, dextram levant sursum ad aeternam patriam«. Vgl. die Besitzlosigkeit des Christen in der Welt in WA 43, 278,37–39 (zu Gen 23,3f.), zit. in Anm. 56 (S. 97).

[170] Siehe besonders die Räume der Stände S. 154.

In der Gewährung von Lebensräumen spricht Gott dem Menschen Lebensrecht zu. Mit dieser Lebensermächtigung und Welteröffnung wird dem Menschen daher ebenso ein Zweites zugesprochen: das unverdiente Recht der Weltgestaltung.

2.4 »Quae extra nos sunt, maxime ad nos pertinent« (WA 42, 497,30f.) – Das unverdiente Recht der Weltgestaltung

Die Gestaltung der zugesprochenen Welt geschieht zunächst dadurch, dass das dem Menschen Zugesagte von diesem auch in Anspruch genommen wird. Ein Fatalismus des Menschen angesichts seiner Abhängigkeit und der Souveränität Gottes ist daher ausgeschlossen. Der Mensch erhält nicht nur unverdient sich selbst, nicht nur die Welt; er erhält mit diesen Gaben Gottes ebenso das unverdiente Recht, diese empfangene Welt auch zu gestalten, um an dieser Freigebigkeit Gottes seine Güte zu erkennen.[171]

Der Mensch soll sich dieser Zusage Gottes nicht verschließen; diese dem Menschen anvertrauten Gaben und Lebensräume sind vielmehr zu genießen und auszufüllen[172]: Nicht irgendwelche quietistische Nischen sind daher der Lebensraum des Christen, sondern Luther betont, dass uns gerade das im höchsten Maße angeht, was außerhalb unser selbst ist (»Quae extra nos sunt, maxime ad nos pertinent«);[173] der Ort des Christen ist *in* der Welt und *unter* Menschen (»Maneas in mundo et inter homines, [...] Christiani est«),[174] eine Verweigerung der Weltgestaltung ist Lebensverweigerung.

Sich in einer strikten Trennung von Geistlichem und Weltlichem auf das Geistliche zurückzuziehen und sich allein an diesen Gaben genügen lassen,[175] heißt für Luther Gott versuchen.[176] Da weltliches Wirken geist-

---

[171] WA 42, 29,33–36 (zu Gen 1,11–13): »In sexta traditur Dominium in omnes bestias, ut istis omnibus opibus fruatur[!] pro necessitate sua gratis, tantum ut homo ex ista liberalitate agnoscat Dei bonitatem, et vivat in timore Dei.« Siehe bei Anm. 157 (S. 109).

[172] WA 42, 497,15–17 (zu Gen 13,2): »Sic Paulus dicit 1. Cor [1Kor 7,31; hier jedoch: »et qui utuntur hoc mundo tamquam non utantur«] ad fruitionem res conditas a Deo: non igitur abiiciendae, aut fugiendae sunt, sicut Spiritus sanctus hoc in loco de Abrahamo testatur, fuisse eum valde gravem pecore, argento, auro.«

[173] WA 42, 497,30f. (zu Gen 13,2), zit. im Kontext (Z. 27–34): »Celebre dictum fuit non in Philosophorum tantum, sed Theologorum quoque scholis. Quae extra nos, nihil ad nos: Pecunia et similes res sunt extra nos, igitur nihil ad nos. Speciosa haec sophistica, sed nocens et impia est. Quin tu dic: Quae extra nos sunt, maxime ad nos pertinent. Sic enim dixit Deus ›Dominamini piscibus maris, volucribus coeli, et terrae cum omnibus, quae habet‹ [Gen 1,28]: Inter haec dona etiam sunt aurum et argentum. His utere, sed sic ut cor sit bonum, hoc est, sine avaritia et sine aliorum iniuria.« Vgl. in anderem Zusammenhang Luthers Ablehnung des Sprichworts »Quae supra nos, nihil ad nos« (WA 18, 605,20f. [De servo arbitrio; 1525]) und siehe hierzu Eberhard Jüngel, Wertlose Wahrheit, 202–251.

[174] WA 42, 585,8–10 (zu Gen 16,4).

[175] WA 43, 605,32–34 (zu Gen 28,20–22): »Sic enim ego quoque sum absolutus per verbum, usus sum Sacramento altaris. Num dicam igitur: Non laborabo, sedebo ociosus, si debeo vivere, vivam? etc.«

liches Wirken ist und umgekehrt, soll und darf der Mensch die in göttlicher Güte bereitgestellten und verliehenen Güter gebrauchen, regierend lenken und bearbeiten.[177] Luther gibt Beispiele: Eine Magd, welche die Kuh melkt, und ein Knecht, der den Acker pflügt, sind imstande, Gott mehr zu dienen als alle Mönche und Nonnen.[178] Scharf grenzt sich Luther gegen die Mönche ab, die ihren Auftrag der Weltgestaltung nicht wahrnehmen: Sie verachten das mandatum Dei und die in den Ständen gegebenen Aufgaben gerade deswegen, weil sie nicht auf das Einsetzungswort Gottes achten, der dem Menschen diese Aufgaben – und zeigen sie sich noch so kümmerlich – aufgetragen hat. Diesen Heuchlern (»hypocritis«), die in religiöser und geistlicher Absicht fordern, man solle von Gold, Silber, Speisen, Kleidung oder ähnlichem Weltlichem Abstand nehmen, solle man sagen, dass derartige Zurückhaltung Gott nicht gefalle.[179] Gott hat – Luther beruft sich auf Ps 8,7f. und Gen 1,26 – den Menschen eingesetzt als Herrn, damit er über alle Dinge herrschen solle: über Schafe, Ochsen und über die ganze Erde,[180] wobei der Mensch nicht allein diese Gaben besitzen darf und über sie herrschen, sondern sie ebenso gebrauchen.[181]

Gewährte und dem Menschen durch das Einsetzungs- und damit Schöpfungswort Gottes zugesprochene Lebens- und Wirkräume der Welt sind die drei Stände: Kirche, Ökonomie und Politie.[182] Durch das Einsetzungswort werden diese geheiligt, und der Mensch wird dieser Welt gegeben, wie auch die Welt in ihnen ebenfalls dem Menschen gegeben wird.[183]

---

[176] WA 43, 605,34 (zu Gen 28,20–22): »[...] hoc esset tentare Deum.«

[177] WA 43, 605,34–36 (zu Gen 28,20–22): »Imo debes uti datis et concessis divina benignitate, debes gubernare, operari«.

[178] WA 43, 106,2–5 (zu Gen 20,2): »Ancilla igitur cum mulget vaccas, servus cum pastinat agrum, modo fidelis sit, hoc est, ut statuat placere Deo tale vitae genus, et a Deo institutum esse, Deo magis servit, quam omnes monachi et monachae«. Die Weltlichkeit der Patriarchen steht im besonderen Interesse Luthers. Ulrich Asendorf hierzu: »Also wirkt der Heilige Geist auch in den fleischlichen und irdischen Dingen und erhebt sie gegen den Augenschein zu ihrer wahren, gottgefälligen Würde. So wird auch das Fleischliche und Irdische göttlich. [...] Darin ist das Leben der Patriarchen von prototypischer Bedeutung. Auch hier bleibt der aus der Rechtfertigung kommende Duktus einer creatio ex nihilo erhalten« (Lectura in Biblia, 197). Diese Aufhebung der Unterscheidung von Weltlichem und Geistlichem findet jedoch nicht vor dem Glauben statt, sondern ist dessen Frucht.

[179] WA 43, 333,28–30 (zu Gen 24,22): »Haec opponenda sunt tetricis hypocritis, qui collocant religionem et sanctitatem in abstinentiam ab auro, argento, cibo, veste aut similibus. Ea Deo non placet«.

[180] WA 43, 333,30f. (zu Gen 24,22): »[...] imo posuit nos dominos et gubernatores omnium rerum, super oves et boves et universam terram Psalmo 8. et Genesis 1.«

[181] WA 43, 333,32 (zu Gen 24,22): »Attribuit non solum possessionem et dominium rerum, sed etiam usum.«

[182] Luther spricht meist von drei Ständen; zu einer Vierteilung mit gesondertem Gewicht auf die Ausbildung der Jugend vgl. bei Anm. 93 (S. 155).

[183] »Deinde incedamus in simplici vocatione: Maritus alat familiam, ancilla pareat Dominae suae, materfamilias lavet, ornet, doceat liberos. Haec opera, quia in vocatione

Die Regierung und Herrschaft des Menschen liegt für Luther darin begründet, dass Gott seine Schöpfermacht nicht für sich behält. Die Fähigkeit zu kommunizieren, Gemeinschaft zu haben und zu stiften und damit zu gestalten und Neues zu schaffen, ist auch dem Menschen gegeben. Als ein Gott, der sich ganz und gar in seine Kreatur ausgießt und sich ihr vorbehaltlos mitteilt, gibt Gott dem Menschen Teil an seinen Eigenschaften, macht ihn sprachfähig.[184] Damit ist ihm ebenso die Sprachgewalt gegeben: In der Benennung der Tiere geschieht das Verwalten und Herrschen Adams.[185] Mit dieser Teilgabe Gottes und der daraus folgenden Teilhabe des Menschen findet eine cooperatio von Gottes- und Menschenwirken im allerengsten Sinne statt: Gott gibt sich dem Menschen in die Hand, in den Mund, gibt ihm seine schöpferischen Eigenschaften und gibt ihm so Anteil an seinem Wirken.

Diese Herrschaft über die Welt, die mit der Herrschaft über seinen eigenen Körper ihren Anfang nimmt, ist eine Gabe, die bedacht wahrgenommen werden will. In einem ersten Schritt soll zunächst der empfangene Leib erhalten, gepflegt und nicht zugrunde gerichtet oder gar getötet werden.[186] Aus diesem Grunde sind dem Menschen Essen, Trinken, Kleidung gegeben, wie auch Sonne und Mond, d.h. Tag und Nacht, Zeiten der Aktivität und Zeiten der Ruhe.[187] In derselben Weise ist ebenso die Mitwelt nicht zu konsumieren, sondern Herrschen heißt: ›Herrsche, dass alles blühe‹.[188] Die Freigabe der Welt durch Gottes Zusage »Du darfst herrschen!« ist keine Erlaubnis zu autokratischer Diktatur, sondern meint gerade, dass wahre Herrschaft im Dienst und in Hilfe besteht;[189] der Mensch ist letztlich Hüter kreatürlichen Seins. Gerade der Umstand, dass Selbst wie Welt ohne eigenes Verdienst von Gott empfangen wurden, entnimmt

---

et in fide filii DEI fiunt, fulgent in conspectu Dei, angelorum et totius ecclesiae Dei. Sunt enim vestita caelesti luce, verbo Dei: Etsi in conspectu ecclesiae Pontificis contemnuntur, quod vulgaria et usitata sint.« WA 42, 517,12–18 (zu Gen 13,14f.).

184 Die Gabe der Sprache ist für Luther das schönste Geschenk Gottes: »Inter omnia opera seu dona praestantissimum est loqui. Hoc enim solo opere homo differt ab omnibus animalibus [...]«; WATR 1, 565,22–24 (Nr. 1148). Ebenso WADB 10/I, 100,10–14 (2. Psaltervorrede; 1528): »Es ist ia ein stummer mensch gegen einem redenden, schier als ein halb todter mensch zu achten, vnd kein krefftiger noch edler werck am menschen ist, denn reden, Sintemal der mensch durchs reden von andern thieren am meisten gescheiden wird, mehr denn durch die gestalt odder ander werck«. Vgl. WATR 4, 546,11–13 (Nr. 4855) und bei Anm. 56 (S. 148).

185 WA 42, 90,14–20 (zu Gen 2,18–20).

186 WA 43, 333,33 (zu Gen 24,22): »Vult nos corpus conservare, non occidere«.

187 WA 43, 333,33f. (zu Gen 24,22): »[...] ideo dedit escam, potum, vestes, solem, lunam«.

188 Zur heilvollen Herrschaft des Königs siehe Hans-Joachim Kraus' Auslegung von Ps 72 (Psalmen, Bd. 2, 654–662). Vgl. Bernd Janowski, Art. »Königtum II«, NBLZ, Bd. 2, Sp. 516f.

189 WA 42, 432,13–15 (zu Gen 11,27f.): »[...] scio Deum sic distribuere sua dona, non ut per ea dominemur aliis, aut contemnamus aliorum iudicia, sed ut serviamus iis, qui in ea re nostra habent opus opera.«

beide absoluter menschlicher Verfügungsgewalt; empfangene Herrschaft ist zu verantwortende Herrschaft. Gefährdung, Verkehrung oder Verlust dieses Herrschaftsmandates durch die Sünde werden von Luther nicht verschwiegen.[190]

In dieser Gestaltung der Welt ist der Mensch sich selbst entnommen[191]: Er wurde, ohne gefragt zu werden, in diese Welt gesetzt, empfing Selbst, Leib und Welt als Geschenk und darf nun als weitere Gabe, ohne eigenes Verdienst, diese Welt aktiv gestalten. Diese Gabe der Weltgestaltung ist gerade auch *darum* Geschenk, weil der Mensch von jeglichem Handlungszwang befreit ist: Der Mensch »muss« sich nicht rührig überall beteiligen, um durch den »Wert« seiner Weltaktivität erst »wertvoll« zu werden. Er ist es – ex nihilo – von vornherein schon.

§ 2 Der ex nihilo schaffende Schöpfer

1. Einführung

Die im vorangehenden Abschnitt erläuterte, vom Schöpfer begabte und abhängige, mit eigenem Sein und mit der sie umgebenden Welt beschenkte Kreatur lässt nach dem Geber und dessen Wesen fragen: nach Gott, dem Schöpfer ex nihilo. Diese Frage ist aber keine sekundäre, denn bereits in der Wahrnehmung der eigenen Geschöpflichkeit und in der Beachtung der eigenen Herkunft ex nihilo zeigt sich der auf diese Weise Schaffende.

Der folgende Abschnitt soll verdeutlichen, dass, wenn die creatio ex nihilo, das unbedingte Geben Gottes mittels seines unbedingt ins Sein rufenden Schöpferwortes, durch Gottes Gottheit konstituiert wird, sie durch seine Allmacht ermöglicht und durch seine Liebe bestimmt wird. Der Mensch soll weder der superbia noch der desperatio verfallen: weder überheblich sein, da Gott allein ex nihilo schafft, noch verzweifeln, weil Gott aus Barmherzigkeit und Liebe auch ex nihilo schaffen will und wird.

Betont die creatio ex nihilo in einem ersten Schritt die unüberschreitbare Grenze zwischen Gott und Kreatur, so sind in gleicher Weise Schöpfer und Geschöpf durch die creatio ex nihilo auf das Engste miteinander verbunden. Die creatio ex nihilo ist damit für das Verhältnis beider Kriterium der *Unterscheidung, nicht* der *Trennung.*

Die in der creatio ex nihilo gegründete Autorität dieses Schöpfers ist unmittelbar mit Gottes Gottheit und dem ersten Gebot verknüpft (2). Dessen Allmacht (3) ist nicht willkürlich, sondern ist bestimmt von und

---

[190] »[...] cum iuberentur Adam et Heua dominari eis. Ergo nomen et vocabulum dominii retinemus ceu nudum titulum, Ipsa autem res fere tota amissa est.« WA 42, 50,32–34 (zu Gen 1,26). Vgl. WA 42, 100,1f. (zu Gen 2,22): »Etsi igitur dominium fere in totum amissum est, tamen ingens beneficium est extare adhuc eius reliquias aliquas.«

[191] Siehe auch Anm. 64 (S. 98).

hat ihren Grund in Gottes bedingungsloser Liebe gegenüber seiner Kreatur (4). Diese bedingungslose Liebe äußert sich als bedingungsloses Geben
Gottes, als Geben ohne Vor-Gaben, als creatio ex nihilo (5), wobei Gottes
Geben in seinem zusprechenden und seinschaffenden Schöpfungswort
konkret Gestalt gewinnt (6).

Der Schöpfer ex nihilo zeigt sich für Luther beispielsweise in seiner
Hilfe gegenüber Hagar Gen 21, als sie ohne Wasser und Nahrung Ismael
zum Sterben unter einen Wüstenstrauch legt, gegenüber Jakob Gen 32,
als Boten diesem mitteilen, dass sein Bruder Esau mit 400 Männern ihm
entgegenkommt und er aus Angst schließlich seinen Tross aufteilt, gegenüber Joseph in seiner Einsetzung als Haushalter Potiphars Gen 39 und in
Gottes grundloser Rücksichtnahme gegenüber Lot Gen 19, der sich auf
der Flucht nicht auf die Gebirgshöhe zu retten braucht, sondern bereits
in Zoar Schutz finden darf. Auch bestimmte Situationen der Anrufung
Gottes – wie der Schwur Eliesers Gen 24,1–4 gegenüber Abraham vor
seiner Abreise zur Brautwerbung für Isaak oder die Segnung Abrahams
durch Melchisedek Gen 14,19f. – sind für Luther Gelegenheiten, den Charakter göttlicher Schöpfung ex nihilo darzulegen.

Ergänzend herangezogen werden u.a. der Katechismus, Luthers Hauspredigten zu den Glaubensartikeln von 1537, eine Predigt über den ersten
Artikel 1528 und die Promotionsdisputation von Petrus Hegemon 1545.

2. »Ego, qui DEUS sum, [...] creatorem omnium rerum«
(WA 43, 238,33.35f.) –
Creatio ex nihilo und Gottes Gottheit

Für Luther geht es bei der creatio ex nihilo um Gottes Gottheit,[192] da
Schöpfung allein Gott vorbehalten ist[193]: Gott ist Gesamturheber und

---

[192] WA 44, 75,20–32 (zu Gen 32,6–8): »Ja das kan unser Herrgott. Et haec debent erudire et confirmare Ecclesiam in omnibus adversitatibus. Ideo enim proponuntur, ut
credat et confidat tum, quando videntur omnia esse impossibilia et deplorata, nihil
loci consilio auxilioque relictum amplius. Sicut dicitur in Psalmo 106: ›Omnis sapientia eorum devorata est‹. Ibi discas sic statuere: quanquam omnia magna imbecillitate
geruntur, et iam videntur desperata: tamen Deo nihil esse impossibile. Ita enim angelus ad Mariam inquit: ›Non est impossibile apud Deum omne verbum‹. Semel enim ex
nihilo condidit omnia: eam facultatem adhuc retinet, et eodem modo adhuc sustentat
et gubernat omnia. Quod enim nobis nihilum est, hoc Deo est omnia. Quod nobis est
impossibile, hoc ipsi est facilimum. Eadem potentia in extremo die excitabit mortuos,
qui a condito orbe iacuerunt in pulvere terrae.« Vgl. Lombardus, der den Schöpfer
folgendermaßen definiert (Sent. II, dist. 1, cap. 2 [Bd. 1, 330]): »Creator enim est,
qui de nihilo aliqua facit, et creare proprie est de nihilo aliquid facere; facere vero,
non modo de nihilo aliquid operari, sed etiam de materia. Unde et homo vel angelus
dicitur aliqua facere, sed non creare; vocaturque factor sive artifex, sed non creator.
Hoc enim nomen soli Deo proprie congruit, qui et de nihilo quaedam, et de aliquo
aliqua facit. Ipse est ergo creator et opifex et factor.«

Alleininitiator, da er *allein* aus nichts alles schafft – »Idem est, ac si diceres: Ille, qui solus est et solus ex nihilo fecit omnia, solus factus est nihil et subter omnia.«[194] Ohne ihn wäre alles nichts,[195] denn alles Sein kommt und speist sich aus seinem göttlichen Sein, und allein er ist es, der aus nichts ins Sein zu rufen vermag.[196] Damit unterscheidet sich göttliches Handeln kategorial von dem des Menschen.[197]

Schöpfung aus dem Nichts ist daher für Luther auf das Engste mit dem Ersten Gebot verknüpft.[198] Diese allein auf Gott bezogene »Exklusivformel«[199] benennt neben der vollständigen Herkunft und Abhängigkeit jeglicher kreatürlichen Existenz und damit auch jeglichen kreatürlichen Handelns von dem göttlichen Schaffen die gleichzeitige Verschiedenheit von diesem Schöpfer;[200] Gott steht als Schöpfer und Herr »allem Ge-

---

[193] Das Verb »bara« ist allein auf Gottes Handeln bezogen und wird nie mit dem Handeln eines Menschen verbunden (siehe bei Anm. 173ff. (S. 45), Anm. 181 (S. 46) und bei Anm. 64ff. [S. 150]). Vgl. Thomas (ScG II, 21 [Quod solius Dei est creare]): »Ex praemissis etiam ostendi potest ulterius quod creatio est propria Dei actio, et quod eius solius est creare.«

[194] WA 39/II, 340,19f. (Die Promotionsdisputation von Petrus Hegemon; 1545).

[195] Vgl. Anm. 80 (S. 100).

[196] Etwa WA 11, 49, 27–30 (Predigt über das Symbolum; 4. März 1523): »Si deus est omnipotens, tunc nihil est, quod omnis creatura est. Hoc unico verbo omnia opera abstrahuntur omnibus creaturis, ita ut das wesen und wircken soli deo tribuatur.« Vgl. WA 33, 340,28–31 (Predigt zu Joh 7,9–16; 1531): »Den ehr heisset Schopffer, der aus nichts alles machet und aus allem nicht machen kan.« Vgl. Thomas, für den Gott das ganze Sein allumfassend wirkt: »Deus autem est agens sicut causa universalis essendi«; »Deum autem est universale essendi principium«; »Ipse autem Deus est totius esse activus universaliter« (ScG II, 16 [Deus produxit ex nihilo res in esse]). Ebenso (ScG II, 15 [Quod Deus sit omnibus causa essendi]): »[...] nihil praeter ipsum est nisi ab ipso. [...] Deus autem est maxime ens, ut in primo libro ostensum est. Ipse igitur est causa omnium de quibus ›ens‹ praedicatur.« »[...] nihil praeter ipsum est nisi ab ipso.«

[197] Vgl. die cooperatio des Menschen S. 148.

[198] Etwa WA 43, 369,36 (zu Gen 25,11), zit. Anm. 387 (S. 244). Siehe ebenso das Beispiel der Totenauferweckung in WA 43, 222,38 – 223,2 (zu Gen 22,11): »Quia autem potest credere iuxta primum praeceptum, quod Deus sit creator coeli et terrae, is non disputabit nec dubitabit de resurrectione mortuorum. Econtra qui non credit, quod Deus possit et velit suscitare mortuos, ille nihil prorsus credit, sicut Papa, Cardinales, Episcopi non credunt resurrectionem mortuorum, ideo infallibili consequentia colligitur, quod non credant esse Deum, quia negant eius opera, nihil credunt de eius maiestate et potentia, quae conspicitur in resurrectione mortuorum« und WA 43, 221,8–10 (zu Gen 22,11), zit. bei Anm. 504 (S. 261). Vgl. Gerhard Gloege, Art. »Schöpfung/IV B. Dogmatisch«, ³RGG, Bd. 5, Sp. 1485: »Gen 1 ist doxologisches Interpretament des ersten Gebotes«.

[199] Jürgen Moltmann, Gott in der Schöpfung, 87.

[200] »Die Welt ist in ihrer Totalität, also restlos, Schöpfung, restlos herkünftig und abhängig von Gott bei restloser Verschiedenheit von ihm; Gott ist nicht die Tiefe der Welt selber, die Welt kein Teil oder dekadenter Ausfluß oder ewiges Co-Prinzip Gottes, sondern von ihm frei begründete Wirklichkeit von eigener Dignität.« Hans Kessler, Art. »Schöpfung, V. Systematisch-theologisch«, LThK, Bd. 9, Sp. 234 (Abkürzungen aufgelöst).

schaffenen als solcher *gegenüber*.«[201] Gott knüpft bei seiner Schöpfung weder an etwas anderes an, wird nicht in seinem Handeln von etwas anderem beeinflusst[202] und reagiert auch nicht auf Vorgegebenes. Er ist »der unbedingt Bedingende oder der alles bedingende Unbedingte«, welches »im Begriff der Schöpfung als *creatio ex nihilo*«[203] zum Ausdruck kommt. Damit drückt diese »die souveräne, durch ›nichts‹ bedingte Freiheit aus, kraft welcher Gott die kreatürliche Wirklichkeit ins Dasein ruft«[204]. Gott ist infolgedessen nicht bloßer Former einer vorgegebenen materiellen Lebenswirklichkeit, sondern einziger Ursprung alles Kreatürlichen, welches existenziell und bleibend von ihm abhängig ist.

Geht es Luther »um die Wahrung der Ehre Gottes als Schöpfer aus dem Nichts«[205], so ist für ihn eine Infragestellung der Formel, ihre Ausweitung auf *menschliches* Handeln oder gar ihre Ablehnung letztlich Sünde wider das Erste Gebot. Gottes creatio ex nihilo zu bezweifeln heißt für Luther, dem Schöpfer seine göttliche Souveränität abzusprechen und stattdessen *selbst* ex nihilo schaffen zu wollen; letztlich heißt es, selbst Gott sein zu wollen. Diese Hybris äußert sich etwa dergestalt, dass man Gottes Handeln abhängig zu machen sucht von irdischen bzw. kreatürlichen Kontingenzen. Die Kreatur streitet damit vermessen ihre eigene Kreatürlichkeit ab, verwahrt sich gegen den ihr als Kreatur zugewiesenen Ort und versucht, sich aus ihrer umfassenden geschöpflichen Abhängigkeit zu lösen. Der Mensch will sich nicht mit seiner Passivität als grundsätzlich Empfangender abfinden, sondern will *eigenständig* als autarkes Wesen schaffen und gestalten. Derart sein eigenes wie anderer Leben und dessen Gestaltung – in creatio, conservatio und recreatio – selbst in die Hand nehmen zu wollen, heißt jedoch, sich nicht umfassend Gott und seinem Handeln anzuvertrauen, nicht ex nihilo alles von ihm zu erwarten. Indem in falschem Selbstvertrauen[206] behauptet wird: »Ich bin mir Gott« (»ego sum

---

[201] Werner Foerster, Art. »κτίζω«, ThWNT, Bd. III, 1010,3; zit. im Kontext Anm. 181 (S. 46).

[202] Das ›Nichts‹ komme, so Christian Link (Art. »Creatio ex nihilo. II. Dogmatisch«, ⁴RGG, Bd. 2, Sp. 487) »weder als Erklärungsgrund noch als notwendiger Durchgangspunkt für das welthaft Seiende in Frage [...]. Es gibt kein ontologisches Band und darum keine Analogia entis [...] zw.[ischen] Schöpfer und Geschöpf.« Vgl. Jürgen Moltmann, Gott in der Schöpfung, 89f.: »Die Schöpfung durch das göttliche Wort, das aus nichts ins Sein ruft, weist keine *analogia entis* auf. Die Analogie, in der die Geschöpfe Gott ›entsprechen‹ und ihm wohlgefallen, wird erst durch den Segen geschaffen, den Gott auf seine Geschöpfe legt.«

[203] Emil Brunner, Die christliche Lehre von Schöpfung und Erlösung, Dogmatik, Bd. 2, 20.

[204] Christian Link, Art. »Creatio ex nihilo. II. Dogmatisch«, ⁴RGG, Bd. 2, Sp. 487.

[205] Paul Althaus (Die Theologie Martin Luthers, 290): »Luther hatte bei alledem ein sachliches Kriterium – es ist ein entscheidender Satz seiner Theologie: es handelt sich um den theozentrischen Charakter des Evangeliums, um die Wahrung der Ehre Gottes als Schöpfer aus dem Nichts.«

[206] WA 42, 551,28–30 (zu Gen 15,1): »Sed alia graviora et difficiliora pericula eos exercent, illa scilicet sublimia peccata contra primam tabulam, fiducia propriarum virium,

mihi Deus«),[207] wird beiseite geschoben, dass *Gott* Gott ist (»Ego, qui DEUS sum«),[208] der Mensch jedoch lediglich seine Kreatur und Werk, »Nichts und Staub« (»nihilum ac pulvis«),[209] welcher als Geschöpf Gottes Gottheit, d.h. sein Schöpfersein, anzuerkennen hat.[210]

Luther unterscheidet daher strikt zwischen Schöpfer und Geschöpf, da zwischen beiden »kein naturhafter Zusammenhang« besteht; »das Geschöpf ist und bleibt grundlegend verschieden von seinem Schöpfer, und keine Zeit löscht diesen Unterschied aus oder verringert ihn auch nur.«[211] Diese durch die creatio ex nihilo aufgezeigte Differenz von Schöpfer und Geschöpf schließt »jede Vorgabe, jede äußere Notwendigkeit, jeden inneren Zwang, aber auch jede latente Potentialität einer Urmaterie und jeden innergöttlichen Ursprung aus. Zw.[ischen] Schöpfer und Geschöpf ›steht‹ weder ein Kausalgesetz noch ein Denkgesetz«.[212]

Dennoch zieht die creatio ex nihilo gerade nicht, wie von Link behauptet »einen unübersehbaren Trennungsstrich zw.[ischen] Gott und der von ihm geschaffenen Welt«[213]. Denn so sehr der Schöpfer in seiner Gottheit und die restlos von ihm her existierende Kreatur in ihrer Geschöpflichkeit von Luther strikt *unterschieden* werden, so wenig sind sie voneinander *geschieden*.

---

arrogantia, opinio iustitiae et sapientiae.« Ebenso etwa WA 42, 552,27–29 (zu Gen 15,1): »Cum igitur depugnatum videtur, haec nova et acrior pugna de prima tabula nos excipit, ut dimicemus contra praesumptionem, gloriam et fiduciam, quam ipsi de nobis propter dona nostra habemus.«

[207] WA 43, 184,26 (zu Gen 21,20f.), zit. im Kontext Anm. 209 (S. 119).

[208] WA 43, 238,33–36 (zu Gen 22,16): »Ego, qui DEUS sum, qui habeo potestatem destruendi aut creandi coelum et terram, iuro et oppignoro non creaturam, non coelum et terram, sed meipsum, creatorem omnium rerum.«

[209] WA 43, 184,32 (zu Gen 21,20f.), im Kontext (Z. 24–32): »[...] quia enim praesumunt, peccant in primum praeceptum, et in suo corde hanc Sathanae blasphemiam alunt, quod dicunt: ego sum mihi Deus. Qui autem desperant, peccant hi quoque in primum praeceptum, et blasphemant Deum: statuunt enim eum non esse misericordem, et divinitatis gloriam praecipuam ei adimunt. Media igitur via est confiteri et credere, quod, sicut in primo praecepto dicitur, ipse sit Deus noster, nos creatura et opus eius. Non igitur desperemus: habemus enim Deum, neque ita praesumamus aliquid, sumus enim creatura, et, ut Esaias dicit [statt Jes 40,6 (WA-Angabe), wohl eher Jes 40,15–17], nihilum ac pulvis.« Vgl. das »Nichts« des Menschen bei Anm. 227ff. (S. 54) und bei Anm. 226ff. (S. 222).

[210] WA 43, 421,40f. (zu Gen 25,31–34): »Ut tribuatur ei divinitas, hoc est, ut agnoscamus eum Deum, quem confiteamur toto corde, ore et opere, quod sit creator.«

[211] Werner Foerster, Art. »κτίζω«, ThWNT, Bd. III, 1010,7–11. Vgl. die gegen Joachim von Fiore formulierten Sätze des 4. Laterankonzils 1215 (DH 806): »[...] quia inter creatorem et creaturam non potest tanta similitudo notari, quin inter eos maior sit dissimilitudo notanda.«

[212] Christian Link, Art. »Creatio ex nihilo. II. Dogmatisch«, [4]RGG, Bd. 2, Sp. 487.

[213] AaO.

3. »creator noster omnipotens, qui ex nihilo omnia facit«
(WA 44, 606,39) –
Creatio ex nihilo und Gottes Allmacht

Gottes Gottheit und Schöpfersein ist unmittelbar mit seiner Allmacht verbunden;[214] Schöpfersein verlangt Stärke,[215] denn »Schöpfung ist absolute
Machthandlung.«[216] In der creatio ex nihilo zeigt sich daher auch Gottes
Allmacht,[217] seine Allwirksamkeit.[218] Voraussetzung der creatio ex nihilo
ist nämlich nicht irgendein »nihil«, das als »Materie« von Gott gebraucht
und umgeformt wird, sondern die göttliche Allmacht, die nicht Mittel oder
Materie benötigt, um Neues werden zu lassen. Gott ist der »creator [...]
omnipotens«, der aus nichts alles zu schaffen vermag, »[d]enn schaffen
heysst gebieten«[219].

Gott allein ist aller Dinge mächtig, vermag alles aus sich selbst heraus
(»ex se«) und bedarf niemandes Hilfe;[220] er schwört bei nichts als sich
selbst,[221] da alles übrige ihm gehörendes und aus ihm kommendes Geschöpf ist.[222] Er sorgt für Kleines, Mittleres und Großes, ist Schöpfer und

---

[214] »Die Lehre von der creatio ex nihilo«, so Gerhard May (Schöpfung aus dem Nichts,
VII), »sagt in zugespitzter Form die absolute Voraussetzungslosigkeit der Schöpfung
aus und bezeichnet Gottes Allmacht als ihren einzigen Grund.« Bereits der Eingang
des Glaubensbekenntnisses legt dies nahe; vgl. WA 11, 49, 27–30 (Predigt über das
Symbolum; 4. März 1523), zit. in Anm. 196 (S. 117).

[215] WA 42, 605,28 (zu Gen 17,1): »Vocabulum (El) fortem significat, [...].«

[216] Werner Foerster, Art. »κτίζω«, ThWNT, Bd. III, 1010,4, zit. im Kontext Anm. 181
(S. 46).

[217] »[D]ie kirchliche Lehre [des zweiten Jahrhunderts] will durch den Satz von der creatio ex nihilo die Allmacht und Freiheit des in der Geschichte handelnden Gottes zum
Ausdruck bringen und sichern.« Gerhard May, Schöpfung aus dem Nichts, 184.

[218] Gebraucht man den Begriff »Alleinwirksamkeit«, wie verschiedentlich anzutreffen
(etwa. Paul Althaus, Die Theologie Martin Luthers, 101: »Die Allwirksamkeit ist
Alleinwirksamkeit«), so muss, wie treffend sich damit die Abhängigkeit allen Seins
von Gott auch ausdrücken lässt, deutlich bleiben, dass Gott bei aller seiner Hand-
lungssouveränität doch den Menschen als cooperator ernstnimmt (siehe auch die Einschränkungen der cooperatio bei Anm. 75–85 [S. 152–153]). Zur »Tautologie« einer
»Alleinwirksamkeit Gottes« siehe Gerhard Ebeling, Dogmatik, Bd. 1, 322–324.

[219] WA 12, 328,16 (Epistel S. Petri gepredigt und ausgelegt; 1523).

[220] WA 42, 605,36–38 (zu Gen 17,1): »In summa significatur hoc nomine virtus et potentia Dei, quod solus sit potens, quod habet ex se sufficientiam omnium, quod sit com-
pos omnium, quod nullius virtute indigeat, quod omnia possit dare omnibus.« Dieses
Handeln »ex se« ist allein Gott vorbehalten; vgl. dagegen die menschliche Begrenzung
in WA 12, 444,10f. (Predigt über das 1. Buch Mose; 1523), zit. in Anm. 64 (S. 98).
In De servo arbitrio betont Luther, dass der, der allein alles geschaffen hat, auch alles
allein durch die Kraft seiner Allmacht bewegt (»Dum omnia, quae condidit solus,
solus quoque mouet, agit et rapit omnipotentiae suae motu«; WA 18,753,29–31).

[221] WA 43, 238,33–36 (zu Gen 22,16); zit. Anm. 208 (S. 119).

[222] WA 44, 605,30 (zu Gen 45,5). »Omnia sunt creatoris, qui est pater omnipotens.« Vgl.
DH 285 (»Quam laudabiliter«, 21.7.447): »Praeter hanc autem summae Trinitatis
unam consubstantialem et sempiternam atque incommutabilem deitatem nihil omnino creaturarum est, quod non in exordio sui ex nihilo creatum sit.«

Lenker aller Dinge,[223] Herr der ganzen Welt[224] und in seiner Freiheit als Schöpfer nicht an Regeln oder Naturgesetze gebunden.[225] Diese »unbegreifliche, dem Denken unverfügbare Übermacht Gottes«[226], dem nichts unmöglich ist,[227] bedeutet, dass Gott in unbegreiflich umfassender Weise überall ist und wirkt: Gott »est supra et extra et infra omnia. Coram eo omnia sunt nihil et nihil est omnia.«[228]

Nicht nur die Seinen sind in Gottes Hand und damit in seiner Gewalt,[229] sondern ebenso ihre Feinde, desgleichen Teufel, Tod, Hölle und alles Bö-

---

[223] WA 43, 645,8f. (zu Gen 29,29f.): »Deus enim parva, mediocria et magna curat: Creator est et gubernator omnium.« Vgl. Weish 8,1 (Vulgata): »Et disponit omnia suaviter« sowie Thomas, STh I, qu. 22, a. 2; qu. 103, a. 8.

[224] WA 44, 373,20f. (zu Gen 39,20): »Scio Dominum mundi, creatorem omnium rerum«, im Kontext zit. in Anm. 15 (S. 192).

[225] WA 42, 21, 26–29.31–34 (zu Gen 1,6–8): »Quare Theologia his artibus hanc addit Regulam, Philosophis non satis notam: Quod, etsi Deus ista omnia verbo suo ordinarit et creaverit, tamen non ideo alligatus sit ad istas Regulas, quin eas pro sua voluntate mutare possit. [...] Quanto magis hoc in divinis actionibus fieri potest, ut, etsi ista quatuor elementa sic ordinata et disposita esse experiamur, tamen Deus contra hanc dispositionem etiam in medio mari ignem habere et servare possit«.

[226] Rudolf Bultmann (Das Urchristentum im Rahmen der antiken Religionen, 12): »Der Schöpfungsglaube des Alten Testaments redet im Grunde von der gegenwärtigen Bestimmtheit der menschlichen Existenz durch die unbegreifliche, dem Denken unverfügbare Übermacht Gottes.«

[227] WA 43, 29,13–15 (Gen 18,13f.): »Quid apud Deum mirabile aut impossibile? qui eum hominem ex limo terrae condidit, is prolem naturalem ex semine maris et foeminae facere non posset?«

[228] WA 44, 483,2f. (zu Gen 42,14–17), im Kontext zit. Anm. 459 (S. 255). Vgl. den ähnlichen Duktus des allumfassenden Wirkens Gottes in WA 21, 521,2–12.17–21.23–25 (Predigt zu Röm 11,33–36; 1544): »›Er hat uns gemacht, und nicht wir selbs.‹ [Ps 100,3] Das ist, Was wir sind und vermögen, das wir leben, friede und schutz haben, Und kurtz, was uns gutes und böses widerferet, das geschicht nicht zufalles und on gefehr, sondern alles aus und durch seinen göttlichen rat und wolgefallen, Denn er fur uns als fur sein Volck und Schafe sorget, und regieret, gutes gibt, in nöten hilfft und erhelt etc. Darumb gebüret jm auch allein alle ehre und rhum vor allen Creaturn. Das er aber also redet: ›Von jm, durch jn, in jm‹ ist alles, Das ist auffs einfeltigst so viel gesagt: Anfang mittel und ende ist alles Gottes, das alle Creaturn von jm jr herkomen haben und auch jr zunemen, wie gros, lang, breit und weit sie gehen sollen. [...] Das, wenn er auffhöret, so ist alle Creatur nichts mehr [...]. Summa, Es mus alles Gottes sein, das, wo er nicht anfehet, da kan nichts sein noch werden, wo er auffhöret, da kan nichts bestehen, [...] [Er] bleibt dabey [sc. bei seiner Schöpfung] und erhelt alles, wie er es gemacht hat, Sonst würde es weder stehen noch bleiben können.« Am weitesten geht Luther in der Auseinandersetzung um das Abendmahl, vgl. WA 23, 133,33 – 134,6 (Daß diese Worte Christi ›Dies ist mein Leib‹ ...; 1527): »Sol ers [sc. Gott] aber schaffen vnd erhalten, so mus er daselbst sein, vnd seine creatur so wol ym aller ynnwendigsten als ym aller auswendigsten machen vnd erhalten, Drumb mus er ia ynn einer iglichen creatur ynn yhrem aller ynnwendigsten, auswendigsten vmb vnd vmb, durch vnd durch, vnden vnd oben, forn vnd hinden selbs da sein, das nichts gegenwertigers noch ynnerlichers sein kan, yn allen Creaturen, denn Gott selbs mit seiner gewallt«. Paul Althaus zu dieser Stelle (Der Schöpfungsgedanke bei Luther, 5): »Stärker kann kein Pantheist die Präsenz Gottes in der Welt ausdrücken.«

[229] WA 44, 181,31f. (zu Gen 35,5): »Id potius agendum est, ut firmiter statuamus, nos esse in manu creatoris, [...].«

se,[230] wie auch Himmel und Erde und alles, was darin enthalten ist.[231] »Die Göttliche gewalt« nämlich, so Luther, indem er ihren umfassenden Charakter herausstellt, »mag und kan nicht also beschlossen und abgemessen sein, Denn sie ist unbegreifflich und unmeslich, ausser und uber alles, das da ist und sein kan. Widderumb mus sie an allen orten wesentlich und gegenwertig sein, auch ynn dem geringesten bawmblat. Ursach ist die: Denn Gott ists, der alle ding schafft, wirckt und enthellt [sc. erhält] durch seine allmechtige gewalt und rechte hand, wie unser glaube bekennet«[232] Wenn Gott seine Macht abziehen würde, wäre niemand einen Augenblick länger lebendig.[233]

So sympathisch daher die Argumentation der Lurianischen Kabbala und ihr Gedanke des Zimzum,[234] der Zurücknahme und Selbstbeschränkung Gottes, um seiner Kreatur Raum zu gewähren auch sein mag, weil damit ein dem Menschen gegenüber sich selbst zurücknehmender und damit seinem Geschöpf großzügig Freiheit einräumender Gott gezeichnet wird, so bedrohlich wäre dieser Gedanke für Luther: Ein sich zurückziehender Gott ist ihm nicht Befreiung, sondern Unheil und tiefste Bedrohung,[235]

---

[230] WA 44, 181,32f. (zu Gen 35,5): »[...], et non tantum nos, sed etiam hostes et diabolos cum omnibus portis inferorum.« WA 44, 606,39–41 (zu Gen 45,5): »Talis enim est creator noster omnipotens, qui ex nihilo omnia facit, habens in manu sua mortem, infernum et omnia mala [...].«

[231] WA 44, 180,10–11.13–15 (zu Gen 35,5): »Monet ergo nos spiritus sanctus hoc exemplo, ut recte discamus articulum creationis, nimirum quod omnia sind in manu Dei [...]. Si enim firmiter statueremus Deum esse creatorem, certe crederemus eum habere in manibus suis coelum et terram, et omnia, quae his continentur.«

[232] WA 23, 133,26–31 (Daß diese Worte Christi ›Dies ist mein Leib‹ ...; 1527). Vgl. WA 26,339,34–36.340,1 (Abendmahlsschrift; 1528): Gottes »unerforschlich« und »unaussprechlich wesen« »ynn allen und uber allen und ausser allen Creaturn«.

[233] WA 44, 181,33f. (zu Gen 35,5): »Si enim diabolus potestatem liberam grassandi haberet, nemo nostrum uno momento superstes maneret.«

[234] Hauptgedanke ist, dass »der Schöpfung eine Selbstbewegung Gottes voraus[geht], in welcher Gott eine unendliche Gegenwart gleichsam zusammenzieht, seine Macht einschränkt und dadurch in sich selbst jenen Raum des ›Nichts‹ freigibt, in den hinein er schöpferisch tätig werden kann«, Christian Link, Art. »Creatio ex nihilo. II. Dogmatisch«, 4RGG, Bd. 2, Sp. 488. Dieses Zurückziehen Gottes ist keine Abwesenheit, sondern eine Rücknahme seiner Allmacht, damit Raum für eigenverantwortliches menschliches Handeln entstehen kann. Dieser Gedanke geht zurück auf den im Mystiker-Städtchen Safed lebenden Kabbalisten Isaak Luria (1534–1572) und wurde aufgezeichnet von seinem Schüler Chajim Vital (1542–1620). Empfohlen sei hierzu: Christoph Schulte, Nichts vor der Zeit. Auslegungen und Überlegungen zur kabbalistischen Lehre vom Zimzum in Chajim Vitals Werk Ez Chajim. In: Der Sinn der Zeit, hg. v. Emil Angehrn, Weilerswist 2002, 252–265. Einführend sei verwiesen auf Karl Erich Grözinger, Art. »Chassidismus, osteuropäischer«, TRE, Bd. 17, 383. Vgl. Hans Jonas, Der Gottesbegriff nach Auschwitz.

[235] Vgl. IIi 34,14f. (Rev. Elberfelder): »Wenn er [sc. Gott] sein Herz [nur] auf sich selbst richtete, seinen Geist und seinen Atem zu sich zurückzöge, so würde alles Fleisch insgesamt verscheiden, und der Mensch zum Staub zurückkehren.« Vgl. Dtn 31,17; Ps 30,8; 104,29; 143,7.

ein derart von Gott freigegebener Raum kein Geschenk, sondern Todes-
urteil. Wird der Gedanke des Zimzum auch von christlichen Theologen
aufgegriffen,[236] so lässt sich von Luthers Schrift De servo arbitrio her
sagen: »Zöge Gott seine allwirkende Allmacht, also sich selbst, zurück,
so fiele die Schöpfung wieder in das Nichts. Ohne den Welttreiber kein
Weltgetriebe!«[237] Luthers Bedenken bringt Schelling in seiner Freiheits-
schrift so auf den Punkt: »Sagen, Gott halte seine Allmacht zurück, damit
der Mensch handeln könne, oder er lasse die Freiheit zu, erklärt nichts:
zöge Gott seine Macht einen Augenblick zurück, so hörte der Mensch
auf zu seyn.«[238]

Eine derartige Allmacht Gottes und Abhängigkeit jeglicher kreatürlichen Existenz und damit auch jeglichen kreatürlichen Handelns von dieser ist für den Menschen erschreckend[239] und tröstlich zugleich.[240] Gott
vermag aufgrund seiner Allmacht seine Versprechen zu halten, auch wenn
der Mensch, dem diese zugesprochen wurden, längst gestorben und zu
Asche – sprich: zu nichts – zerfallen ist,[241] denn Gott als creator ex nihilo
ist in seiner Allmacht an nichts gebunden: »Ich kan jm nicht zu dieff fallen, er kan mich heraus heben, Ich kan jm nit zu hoch sitzen, er kan mich

---

[236] Jürgen Moltmann, Gott in der Schöpfung, 99f. Vgl. Eberhard Jüngel (Wertlose Wahrheit, 151–162 [Gottes ursprüngliches Anfangen als schöpferische Selbstbegrenzung.
Ein Beitrag zum Gespräch mit Hans Jonas über den ›Gottesbegriff nach Auschwitz‹]).
[237] Thomas Reinhuber, Kämpfender Glaube, 180f.
[238] Sämtliche Werke, Bd. VII, 339. Siehe die tödlichen Konsequenzen des Zurückziehens
Gottes bei Anm. 50ff. (S. 147).
[239] WA 12, 442,10–13 (Predigt über das 1. Buch Mose; 15. März 1523): »Wenn du es [sc.
nämlich die in der creatio ex nihilo gründende umfassende Abhängigkeit des Menschen;
WA 12, 441,24 – 442,9 zit. Anm. 4 (S. 17)] dann also fulest, so wirstu erschrecken,
dann die natur kan es nit leyden, tröstlich aber ist es denen, die ym glauben stehen,
dann da yst nichts, das das sye stercken und trösten mug, dann das sye wissen, wie sye
gar yn Gottes hand stehen, und das er auch die geringsten gedancken yn yhn wirck.«
Weiter (aaO., 444,2–4) »Die andern aber, die nicht solchen verstand fassen oder
fulen, konnen nit meer, dann das sye sagen ›got hat himmel unnd erden geschaffen‹,
kumbt aber nicht yns hertz, Sunder behalten die wort nur auff der zungen«.
[240] WA 12, 442,14–27 (Predigt über das 1. Buch Mose; 15. März 1523): »Wo nun eyn
solcher glaub ist, der kan sych gar vor nichts furchten und auch auff nichts verlassen,
wider yn himel noch auff erden, wider ym leben noch ym todt, wider yn sunden noch
ynn frumkeyt, dann alleyn auff Got. Darumb wenn schon die gantz welt widder mich
stunde und mich angriff, das ich mitten yn yhren henden wer, so weiss ich, das sye
doch nichts können furnemen, dann so fern als Got will; wenn schon so vil feyndt
weren, als sand ym Mer, so synd sie ya Gottis creatur, so können sye one seyn willen unnd wircken kein gedancken haben, geschweyg dann das sy mir schaden thun
konnen, er wöl dann; wil er aber, wol mir, dann ich weyss, das es sein gnediger will
und vetterliche lieb ist. Darumb stehet ein sölcher glaubiger mensch ynn sölcher freud
und fröligkeit, das er sych vor keyner creatur leßt erschrecken, yst aller dingen herr,
unnd furcht sych allein vor Got, seynem herrn, der ym hymmel ist, sunst furchtt er
sych nichts vor keynem ding, das yhm möcht zu handen stossen.«
[241] WA 43, 216,27f. (zu Gen 22,9): »[...], et cum sit omnipotens, potest servare promissionem etiam te mortuo et in cinerem redacto.«

stürtzen.«[242] Es verbietet sich daher für den Menschen beides: der Weisheit wegen stolz oder der Sünde wegen verzagt zu sein.[243]

Gott, dem allmächtigen Schöpfer, soll vertraut werden[244] und seine Hilfe soll angerufen werden (»Gott der almechtig helff, mit mir ists verloren«),[245] gerade weil er helfen kann, wenn alles zunichte ist. Das Wissen um die alles gutmachende und aus nichts schaffende Allmacht dieses Schöpfers erhält seine besondere Wirkkraft, wenn der Mensch vollständig an sich selbst verzweifelt und sich selbst als nichts erfährt.[246] Würde man ernstlich an Gottes Schöpferallmacht glauben, so würde – meint Luther – sämtliche Anfechtung überwunden werden.[247]

Derartiges Vertrauen in Gottes Allmacht ist jedoch nur dann angebracht, wenn für die Kreatur sicher ist, wodurch seine Allmacht bestimmt wird. Denn dass ein in der Allmacht Gottes liegendes *Können* zu einem für die Kreatur heilvollen *Wollen* wird, ist beileibe nicht selbstverständlich.

4. »geruntur tamen haec omnia suavissimo et summo amore« (WA 44, 484,32) – Creatio ex nihilo und Gottes bedingungslose Liebe

Gott ist nicht nur allmächtig, er ist ebenso allmächtiger *Vater*; d.h. Gott *vermag* nicht nur aus nichts zu schaffen, sondern er *möchte* dies auch

---

[242] WA 44, 482,38–40 (zu Gen 42,14–17).

[243] WA 44, 483,1f. (zu Gen 42,14–17): »Ergo non est quod praesumamus et superbiamus de sapientia nostra, aut de peccatis desperemus.«

[244] WA 44, 181,35–38 (zu Gen 35,5): »Discamus igitur fiduciam collocare in Deum creatorem et protectorem: non in munitiones, bombardas, sapientiam, potentiam. Es ist lauter torheyt, [...]. Quia Deus non vult suos in aliud quicquam confidere, quam in se.« WA 44, 181,20–22 (zu Gen 35,5): »Haec est vera cognitio et fides creationis, quae doctrina diligenter meditanda et exercenda est, ut nos ad invocandum et credendum exuscitemus.«

[245] WA 44, 542,10–14 (zu Gen 43,11–14): »Haec igitur sunt insignia exempla piorum, quae nos erudiunt, ut statuamus quantumcunque desperata sint omnia, tamen non esse despondendum animum, etiam cum lachrimae fluunt, tamen cor dicat: Gott der almechtig helff, mit mir ists verloren, modo non in verba desperationis et blasphemiae prorumpamus.« WA 44, 163,17f. (zu Gen 34,31): »Lucet autem mirabilis bonitas et misericordia Dei in hoc exemplo, qui adiuvat et liberat pios, etiam tum, cum videntur omnia desperata esse.«

[246] WA 44, 265,20–22 (zu Gen 37,15–17), zit. Anm. 93 (S. 205). Vgl. WA 44, 164,20–23 (zu Gen 35,1): »Sed Deus ex negativa facit affirmativam. Quando dicunt pii: Non est salus in Deo, perii, ibi respondet Deus: Non periisti, nec peribis, sicut tu iudicas, sed dabo tibi es et sapientiam, etiam in extremis et summis malis, ne deseraris« und WA 43, 396,22–25 (zu Gen 25,23): »Quando desperata res est, omnia consilia et studia irrita: ibi tum esto fortis, cave deficias. Quia Deus ex mortuis et ex nihilo vocat omnia. Quando nihil rei aut spei est reliquum, ibi demum incipit auxilium divinum. Atque hae perfectae orationes sunt.«

[247] WA 44, 373,22f. (zu Gen 39,20): »[...] profecto quidvis perpeti, ac victores evadere omnium adflictionum possemus«, im Kontext zit. in Anm. 15 (S. 192).

tun und er tut dies gerne (»[Deus] gaudet ex nihilo facere aliquid«);²⁴⁸
Grund und treibende Kraft der creatio ex nihilo ist nämlich Gottes Liebe
zu seiner Kreatur.²⁴⁹ Alle Aspekte göttlichen Schaffens und Handelns –
auch undurchschaubare und den Menschen zutiefst anfechtende – finden
ihren Beweggrund in dieser »allersüßesten und allerhöchsten Liebe« Gottes,
die seinem Geschöpf gilt: »Hoc illud est, quod dicitur Dominus mortificare
et vivificare, deducere ad inferos et reducere, et geruntur tamen haec omnia
suavissimo et summo amore.«²⁵⁰ Gottes »Schöpfung ist [damit] nicht eine
Demonstration seiner grenzenlosen Allmacht, sondern die Mitteilung seiner voraussetzungslosen Liebe: *Creatio ex amore Dei.*«²⁵¹

Diese göttliche Liebe – so klassisch die 28. These der Heidelberger Disputation – ›liebt nicht, was sie vorfindet, sondern schafft, was sie liebt‹;²⁵²
diese Liebe ist damit nicht an Vorfindlichem orientiert und von diesem
bestimmt, denn sie fragt eben *nicht*, ob und inwiefern die Kreatur liebenswürdig ist, sondern sie verschenkt sich bedingungslos und befreit
damit die Kreatur von dem Streben und Sich-Abmühen, durch Leistungen gewinnend zu erscheinen. Unbedingt geliebt ist seine Kreatur damit
von »un-bedingtem Wert«²⁵³. So bekannt wie wahr diese Heidelberger
These auch ist, so ist doch scharf zu fragen, ob eine Liebe, die nicht das
Vorfindliche liebt, sondern das zu Liebende erst schafft, *wirklich* Liebe
ist; ist es doch das Hauptmerkmal wahrer *Liebe*, gerade das *Vorfindli-*

---

²⁴⁸ WA 40/III, 155,23 (In XV Psalmos graduum; zu Ps 125,1; 1532/33 [1540]), im Kontext (Z. 154,37 – 155,1): »[...] est enim verus Dei servus et cultor, dum confidit in
misericordia Dei. Hoc cultu Deus unice delectatur, quia gaudet ex nihilo facere aliquid.« Vgl. DH 1333 (»Cantate Domino«; 4.2.1442).

²⁴⁹ Gottes Liebe ist das einzige Attribut, welches zugleich mit ihm personifiziert wird
(1Joh 4,8.16). Somit wird, schreibt Ebeling (Wort und Glaube, Bd. 2, 340), Schleiermacher interpretierend (Der christliche Glaube, § 167 [Bd. 2, 449–451]), die »strenge
Unterscheidung zwischen Eigenschaften und Wesen Gottes [...] in dem Satz ›Gott ist
Liebe‹ aufgehoben. Allein die Liebe kann dem Wesen Gottes gleichgesetzt werden.
Sie ist die einzige Eigenschaft Gottes, welche an die Stelle des Namens Gottes selbst
gesetzt werden kann.« Vertiefend hierzu Wilfried Härle (Dogmatik, 236–248), wobei Härle gerade *nicht* verniedlichend und verharmlosend vom »lieben Gott« redet,
sondern darauf hinweist, dass »Liebe Widerstand leisten, Schmerz zufügen, Leid ver-
ursachen, zum Gericht werden kann« (244).

²⁵⁰ WA 44, 484,30–32 (zu Gen 42,14–17; der Bezug auf 1Sam 2,6 ist von der WA nicht
als Schriftzitat ausgewiesen).

²⁵¹ Jürgen Moltmann, Gott in der Schöpfung, 88. Auch Wilfried Härle (Dogmatik, 259)
sieht die Liebe Gottes als treibende Kraft: »Der *Grund* [...] *alles Seienden* ist seinem
Wesen nach Liebe. D.h. Liebe ist die schöpferische Macht, die alles ins Dasein ruft«
(siehe hierzu ebenso Härles Ausführungen zur Theodizeefrage, aaO., 439–454). Zu
Gottes Liebe als ›Beweggrund‹ der Schöpfung vgl. das Dekret »Post obitum« (DH
3218; 14.12.1887): »Amor, quo Deus se diligit etiam in creaturis et qui est ratio,
qua se determinat ad creandum, [...]«.

²⁵² WA 1, 354,35 (Heidelberger Disputation; 1518): »Amor Dei non invenit sed creat
suum diligibile«.

²⁵³ Hans Kessler, Art. »Schöpfung, V. Systematisch-theologisch«, LThK, Bd. 9, Sp. 234.

che zu lieben, statt verändernd und gestaltend das zu Liebende nach eigenen Präferenzen erst zu formen bzw. erst gar zu schaffen. Gottes Liebe, dies wird zum Verständnis wichtig, ist *heilvoll* ausgerichtet;[254] sie belässt den Menschen nicht in seinem ihm selbst schadenden Vorfindlichen, trimmt ihn auch nicht egoistisch nach eigener Maßgabe zurecht, sondern bringt das wahre und nicht von Vorfindlichem bestimmte Sein des Geliebten erst hervor. Wie selbstlos diese göttliche Liebe Gutes will, wird darin deutlich, dass sie sich, wie es zur 28. These erläuternd heißt, nicht dorthin wendet, wo sie Gutes findet, um dieses zu genießen [»frui«], sondern dorthin, wo sie selbst Gutes bringen kann.[255] Im Gegensatz zur menschlichen Selbstliebe ist diese altruistische göttliche Liebe »auf das gerichtet, was leer und nichts ist, um daraus etwas zu schaffen und es ins Leben zu rufen«, Gott liebt »Sünder, Schlechte, Törichte und Schwache«, »um aus ihnen Gerechte, Gute und Starke zu machen«[256]; gerade den Geringgeschätzten und Verachteten gilt seine besondere Aufmerksamkeit.[257]

Gilt Gottes Liebe auch allen Menschen, so zeigt sich diese nicht einem anonymen wie saloppen ›Ich liebe euch alle‹, sondern sie äußert sich – wie kann es bei der Liebe auch anders sein! –, auf persönliche Weise: Indem sich Gott dem einzelnen Menschen als *sein* Schöpfer zusagt (»Ego, creator omnipotens coeli et terrae, sum Deus tuus«), gibt er damit gleichzeitig zu erkennen, dass er, sich mitteilend, mit eben seiner Kreatur verbunden sein möchte (»[...] id est, tu debes vivere ea vita, qua ego vivo«)[258] und diese, diese *eine*!, von Herzen liebt (»Tanta cura et amore te prosequor, [...]«).[259]

---

254 Gottes Liebe, so etwa Wilfried Härle (Dogmatik, 287), »*will* und *bejaht*« ihr Gegenüber; in dieses Bejahen ist jedoch gleichzeitig die »Tendenz der Liebe [eingeschlossen], für das geliebte Gegenüber *das Beste zu wollen*. Der Liebe eignet insofern ein *teleologischer* Zug. Sie ist ausgerichtet auf ein heilvolles *Ziel* für das geliebte Gegenüber«.

255 WA 1, 365,13–15 (Heidelberger Disputation; 1518): »Et iste est amor crucis ex cruce natus, qui illuc sese transfert, non ubi invenit bonum quo fruatur, sed ubi bonum conferat malo et egeno.« »Das Nichts zu lieben«, so Sammeli Juntunen (Der Begriff des Nichts bei Luther in den Jahren von 1510 bis 1523, 266), »bedeutet also, das zu lieben, was dem Liebenden selbst nichts Gutes geben kann, sondern umgekehrt Gutes vom Liebenden braucht und empfängt. Die Liebe Gottes zu den Sündern [...] ist eine solche Liebe zum Nichts.« Vgl. Tuomo Mannermaa, Der im Glauben gegenwärtige Christus, 108f.

256 Tuomo Mannermaa, Der im Glauben gegenwärtige Christus, 108–110; vgl. 127. 199–200.

257 WA 43, 645,37 – 646,1 (zu Gen 29,31): »Ita discendum est, quod Deus omnia videat et gubernet, sed unice et singulariter respiciat ad contempta et abiecta«.

258 WA 43, 221,10 (zu Gen 22,11), im Kontext zit. in Anm. 504 (S. 261). Vgl. in Meister Eckharts Predigt zu Sir 45,1 (Deutsche Predigten und Traktate [Predigt Nr. 33]), 313: »Ich will Gott niemals (besonders) dafür danken, daß er mich liebt, denn er *kann's* gar nicht lassen, ob er wolle oder nicht: seine Natur zwingt ihn dazu. Ich will ihm *dafür* danken, daß er's in seiner Güte nicht lassen kann, mich zu lieben.« Vgl. Röm 8,35.38f.

259 WA 44, 644,41f. (zu Gen 46,19–27), im Kontext zit. Anm. 19 (S. 90). Siehe dort auch die Personenbezogenheit des göttlichen Schöpferwortes.

Gott ist damit für Luther der in freier Liebe bedingungslos handelnde, schaffende und gebende Gott, der sich barmherzig seiner Kreatur zuwendet (»omnipotens Deus per suam misericordiam facit«)[260]: »Das *ex nihilo* wird [durch Luther] ausgelegt im Sinne der Bedingungslosigkeit göttlicher Barmherzigkeit sowie im Sinne der Nichtigkeit menschlicher Existenz, die aus sich heraus und in sich ›nichts‹ ist, vielmehr alles der Güte Gottes verdankt«[261]. Diese in der Liebe begründete Güte Gottes gewinnt damit nicht nur Gestalt in der Schöpfung, sondern ebenso in der liebenden Erhaltung der Kreatur[262]: »In seiner freien Liebe teilt Gott seine Güte aus: Das ist das Werk seiner Schöpfung. Aus freier Liebe teilt er seine Güte mit: Das ist das Werk der Erhaltung seiner Schöpfung. Seine Liebe ist im wörtlichen Sinne *ekstatische Liebe*: Sie führt ihn dazu, aus sich herauszugehen und etwas zu schaffen, das anders ist als er selbst und ihm dennoch entspricht«[263].

Ohne diese Liebe Gottes könnte die Kreatur weder sein noch bestehen,[264] und ebenso will Gott »[l]iebend [...] sein Gottsein nicht ohne sie [sc. seine Kreatur] vollziehen.«[265] Damit ist diese gebende Liebe Gottes Urgrund allen Seins: ἀγάπην δὲ μὴ ἔχω, οὐθέν εἰμι (1Kor 13,2).[266]

5. »Natura enim Dei est, non dare secundum infirmas petitiones«
(WA 44, 428,39) –
Creatio ex nihilo und Gottes bedingungsloses Geben

Gottes bedingungslose Liebe führt mit sich, dass Gott dem Menschen gegenüber,[267] aber nicht nur diesem, auch der bedingungslos Gebende ist[268]: Gottes Geben gilt der ganzen Welt, wie auch die ganze Welt seine

---

[260] WA 42, 437,35 (zu Gen 12,1), zit. im Kontext Anm. 1402.
[261] Johannes v. Lüpke, Art. »Schöpfer/Schöpfung VII«, TRE, Bd. 30, 308,22–24. Vgl. WA 38, 373,33f.
[262] WA 42, 38,10–12 (zu Gen 1,20): »Neque enim Deus ita creavit res, ut creatas deserat, sed amat eas et approbat. Igitur simul est: agitat, movet, et conservat singula pro suo modo.« Vgl. Dante, der die Liebe Gottes als Motivation für dessen Welterhaltung nennt (»Die Liebe, die in Gang hält Sonn und Sterne«; Die göttliche Komödie, Das Paradies, 33. Gesang, 145; mit dieser Feststellung vor Gottes Angesicht schließt die Komödie).
[263] Jürgen Moltmann, Gott in der Schöpfung, 89.
[264] WA 42, 38,8–10 (zu Gen 1,20): »[...] quia creatura non posset stare, nisi Spiritus sanctus diligeret eam, et ista complacentia Dei in suo opere conservaret opus.«
[265] Hans Kessler, Art. »Schöpfung, V. Systematisch-theologisch«, LThK, Bd. 9, Sp. 234.
[266] Die Vulgata übersetzt mit anderer Akzentsetzung »*caritatem* autem non habuero nihil sum«. Es ist jedoch die Rede von der göttlichen Agape.
[267] Wie Gott sein Geschöpf persönlich liebt (s. bei Anm. 258f. [S. 126]), so spricht er seine Gaben auch dem Einzelnen persönlich zu; vgl. bei Anm. 7f. (S. 89).
[268] WA 44, 429,42 – 430,3 (zu Gen 41,40): »Discite igitur Deum hoc modo misericordem, sapientem et bonum esse, ut plus possit et velit dare, quam ego intelligo et peto [Eph 3,20]. Longe maior est ipsius misericordia, quam ut ego cogitando consequi

Gabe ist.[269] Er ist so sehr »Geber« wie er der »Schöpfer« ist.[270] Erste »Gabe« Gottes war und ist die Gabe des »Anfangs«: »Ursprüngliches Anfangen besagt, daß Gott einem Anderen einen *Anfang gibt*. Dieses Andere wäre ohne den schöpferischen Akt ursprünglichen Anfangens *nicht*. Es ist ex nihilo erschaffen. Das schöpferische Subjekt knüpft an nichts an, wenn es aus nichts etwas schafft«[271], es gibt bedingungslos. Aus nichts Schaffen ist damit kategorisches,[272] reinstes Geben.[273]

Gott ist in diesem grundlosen Geben, an dem man seine Güte erkennen soll,[274] niemandem etwas schuldig,[275] ist auch nicht dazu aufgrund

---

magnitudinem eius possim.« In Meister Eckharts Auslegung von Gen 2,2 findet sich in ähnlicher Weise eine Betonung des Gabecharakters Gottes (LW, Bd. 1, 299,4–6: »[...] creatura habet esse suum et suum esse sive sibi esse est accipere esse, sic deo esse est dare esse«); das Geschaffene erhält all sein Sein von Gott.

[269] WA 37, 100,20–26 (Predigt am 4. Sonntag nach Trinitatis; 6. Juli 1533): »Is toti mundo benefacit, er schutet er aus korn, gersten, milch, buter, kees, tanquam nubes, das die gantz welt gnug hat auffzuraffen. Er schutet Joachimstaler mit wagen vol aus und gibt gantze berg vol silbers. Si illis tantum daret, qui sunt boni, so hett er yn einem tag alles bezalt. Sed er keret sich nicht daran, ob die leute bose und undanckbar sind, er lesst sein gut drumb nicht versiegen, sondern er schutet ymer aus, Gott geb, es raffs auff bos oder gute«. Vgl. WA 30/I, 87,5–18 (Predigt über den ersten Artikel; 10.12. 1528): »Das ist die meinung, das ich gleuben sol, das ich Gotts geschoepffe bin, das er mir geben hat leib, seel, gesunde augen, rationem, gute, weib, kinder, Ecker, wisen, schwein et khue, Deinde vero, quod dederit 4 elementa etc. Docet igitur is articulus, quod vitam non habes a teipso, ne pilum quidem. Omnia quae sunt, sind yns wortlin Schoepffer gefast. Hic multa essent praedicanda, quomodo mundus hoc credat, dicit quidem: ›Credo in deum‹ etc. Igitur quicquid habes, utcunque parvum, gedencke dran, quando dicis: Creator, wenn du auch ein krentzlin [sc. Blumenkranz] auffsetztest, Ne putemus nos nosipsos creasse, ut superbi principes. Jtzt nimb ich nicht mher fur mich, quoniam creator, pater et omnipotens habet plus in recessu etc. i. e. credo, quod dederit vitam, quinque sensus, rationem, liberos, uxorem etc. Nihil horum a me habeo. Schoepffer i. e. deus omnia dedit, leibe, seel et recense omnia corporis membra. [...] omnia sunt dei dona«. Weiter (aaO., 88,4–6): »Iam hoc observate, das ich fusse auffs wort ›Creator‹ i. e. credo, quod dederit corpus et animam, 5 sensus, vestes, futter, wonung, weib, kind, vihe, acker.« Vgl. WA 30/I, 183,33 – 184,14 (Großer Katechismus; 1529): »[...] leib, seele und leben, gliedmasse klein und gros, alle synne, vernunfft und verstand und so fort an, essen und trincken, kleider, narung, weib und kind, gesind, haus und hoff etc, [...] Sonne, Mond und sternen am hymel, tag und nacht, lufft, fewer, wasser, erden und was sie tregt und vermag, vogel, visch, thier, getreyde und allerley gewechs, Item was mehr leibliche und zeitliche gueter sind, gut regiment, fride, sicherheit«. Kurz: Gott gibt, »[...] was wir haben und fur augen sehen, [...].« (aaO., WA 30/I, 184,26–28). Vgl. die Ausweitung bei Anm. 44 (S. 146).

[270] WA 43, 327,8–10 (zu Gen 24,15): »Ac verissimum et proprium nomen Dei est: Exauditor precum, et tam quidem proprium, quam illud est: Creator coeli et terrae.«

[271] Eberhard Jüngel, Wertlose Wahrheit, 152f.

[272] Oswald Bayer, Rechtfertigungslehre und Ontologie, 150.

[273] Vgl. Anm. 35 (S. 94).

[274] WA 42, 29,33–36 (zu Gen 1,11–13), zit. Anm. 171 (S. 112). Vgl. bei Anm. 157 (S. 109).

[275] WA 43, 166,26–29 (zu Gen 21,15f.): »Declarat igitur hoc Ismaelis exemplo Deus, se nemini quicquam debere: nemo igitur iactet aut glorietur coram eo de iustitia aut merito, et subditus sit totus mundus Deo, et prostratus invocet gratiam et misericordiam«.

irgendeines Verdienstes des Empfängers dazu verpflichtet,[276] sondern der Mensch empfängt diese Gaben allein aus Gnaden,[277] weil Gott seine Gaben ohne Ansehen der Person austeilt[278] und großzügig gegenüber allen ist.[279] Diese empfangenen Gaben stehen dem Menschen daher auch nicht für Selbstruhm und Hybris zur Verfügung;[280] sie kommen von Gott, gehören daher ihm[281] und werden aus diesem Grunde auch nicht zwangsläufig weitervererbt.[282] Selbst im Nehmen bleibt Gott für Luther der Geber, denn aus der Perspektive des Glaubens ist selbst aller Verlust »hundertfältiger Gewinn«[283]

Inmitten dieses Gebens Gottes und seiner bereits in Luthers Auslegung des Schöpfungsartikels[284] wie auch in Luthers Bekenntnis von 1528[285] beschriebenen Großzügigkeit gegenüber dem Menschen, den er mit seinen Gaben umsorgt,[286] bleibt der Mensch in dem mit seiner schlechthinnigen

---

[276] WA 43, 166,1.8f. (zu Gen 21,15f.), zit. bei Anm. 91f. (S. 81).

[277] WA 43, 166,1 (zu Gen 21,15f.), zit. bei 94f. (S. 81).

[278] WA 44, 423,15f. (zu Gen 41,39), zit. Anm. 253 (S. 176). Vgl. auch Luthers Freude darüber, dass Frauen und Kinder eingesetzt werden können als berufene Diener des göttlichen Wortes der Absolution (bei Anm. 173 [S. 165]).

[279] WA 42, 615,12f. (zu Gen 17,1): »Inde nascitur caput Theologiae, quod Deus sit Deus Iudaeorum et gentium, dives in omnes«. Vgl. Röm 3,29.

[280] WA 42, 616,34f. (zu Gen 17,1): »Nemo igitur glorietur in nativitate carnali, in maioribus, in sapientia sua, opibus, regno«.

[281] WA 42, 544,20–22 (zu Gen 14,20): »[...] ne efferamur donis: Sed statuamus, ea non nostra, sed Dei esse«.

[282] WA 44, 421,39 – 422,1 (zu Gen 41,39): »At vero distribuit Deus dona secundum beneplacitum suum, non propagantur natura.« Vgl. die geistlichen Gaben WA 44, 421,9–17 (zu Gen 41,39).

[283] WA 44, 604,34–36 (zu Gen 45,5): »[...] et discant credere in Deum, patrem omnipotentem, creatorem coeli et terrae. Apud Deum nihil possumus amittere, dum credimus, sed omnis amissio est lucrum centuplum.« Vgl. ebenso WA 43, 530,39 (zu Gen 27,32f.): »quia dona Dei non possunt revocari«.

[284] »Daß unter den vielen Verben«, so Oswald Bayer (Schöpfung als Anrede, 99), »die für Gottes Schöpferhandeln stehen, dem Verb ›geben‹ eine besondere Bedeutung zukommt [...] ergibt sich aus dem Großen Katechismus. [...] Im ›Geben‹ versammelt sich alles, was von Gott zu sagen ist. Er gibt, was er fordert.« Vgl. die Umkehrung bei David Löfgren, wo Gott dem Menschen als Geber zuvorkommt »und damit Forderungen stellt« (Die Theologie der Schöpfung bei Luther, 83).

[285] WA 26, 499 – 509 (Bekenntnis; 1528). Eindrücklich ist hier Luthers Verstärkung des sich *selbst* gebenden Gottes: der gebende Vater, der gebende Sohn, der gebende Geist.

[286] Vgl. WA 29, 472,34 – 473,8 (Glaubensbekenntnis [Katechismuspredigt]; 1529): »Das sol eyn kyndt lernen, das got sey [sc. sein] schopper [sc. Schöpfer] sey, das er alles, das er hat, sey yn von got bescheret, das sol er ouch myt fleyß behalten. Oculi duo, manus duae et omnia membra, consideres: dei donum est, vestes et omnem substanciam, consideracione cum graciarum accione. Deyn kue, deyn gans, schoff, vihe hat dyr got geben. Haec inspicies cum graciarum accione. Wen man das die jungen kynder von jugent het gelernet, ßo wurden Cristen draus. Ita bene fecerunt patres, qui liberos in inducione novarum vestium ad graciarum accionem dei allexerunt. Ita et vos senes facite, Ut sciatis hoc donum dei esse, non nostrorum meritum.« Auffällig ist erneut der schöpfungstheologische Gebrauch des »meritum«.

Abhängigkeit korrespondierenden umfassenden Empfangen jedoch nicht von Gott ungefragt. In Luthers Auslegung von Ps 127 ist von Gott Folgendes zu lesen: »on erbeyt will er yhm [sc. dem Menschen] nicht geben«, aber ebenso »will er yhm auch nichts durch seyne erbeyt geben«[287]. Dieses von Luther bestimmte eigentümliche Verhältnis – das Zitat wird unten in der Besprechung der cooperatio weiter ausgeführt werden[288] – schmälert nicht Gottes Souveränität: In seiner Großzügigkeit orientiert sich Gott nicht lediglich an menschlichem Bitten (»Natura enim Dei est, non dare secundum infirmas petitiones«)[289] und reagiert in seinem Geben nicht erst auf den hoffenden oder auch klagenden Menschen, sondern kommt, ohne darin bedrohlich-penetrant zu sein,[290] menschlicher Bitte zuvor.[291]

Exkurs: Das Bittgebet des Menschen und Gottes creatio ex nihilo

Es stellt sich die Frage, wie ein ex nihilo schaffender Gott sich zum Gebet, v.a. zum Bittgebet verhält.

In der Bitte der Eltern um Josephs Geburt etwa führt Luther das Verhältnis von Gebet und Geben Gottes aus. Das Eingreifen Gottes und die Geburt Josephs sieht Luther im Gebet Jakobs und Rahels begründet. Damit wird zwar dem Gebet als Bitte entsprochen, Gottes souveränes Wirken ist aber keine automatische Folge dieses Gebets. Es ist nicht deduzierbar: Gott gibt nicht als ›Echo‹, was der Beter bittet, sondern souverän ist er allmächtiger wie äußerst opulenter Geber (»Non hoc dat, quod in superficie cordis et spuma illa verborum sancti eius petunt, sed est largitor omnipotens et opulentissimus«).[292] Zwei weitere Exempel stellt Luther dem der Rahel zur Seite: Hanna, die Mutter Samuels, und deren Verzweiflung aufgrund ihrer Kinderlosigkeit (»Sicut

---

[287] WA 15, 367,15f. (Der 127. Psalm ausgelegt [...]; 1524); im Kontext zit. S. 151.
[288] Siehe S. 151.
[289] WA 44, 428,39 (zu Gen 41,40), zit. im Kontext Anm.298 (S. 131).
[290] Eben diesen Beiklang eines von der Güte Gottes ›verfolgten‹ Menschen hat Löfgrens Beschreibung durch den schiefen Gebrauch von »Freistatt«: »Er billigt es dem Menschen nie zu, in seinem Herrschaftsbereich irgendeine Freistätte zu finden, wo Gott ihm nicht mit seinen Gaben zuvorkommt« (Die Theologie der Schöpfung bei Luther, 83).
[291] WA 43, 368,8–10.13 (zu Gen 25,11): »Atqui certum est, vere et praesenter iam tum id paratum et in promptu esse, quod petitur aut promittitur, cum incipimus orare et confidere, iuxta sententiam [...] [Jes 65,24]. Id profecto certissimum est et verissimum.« WA 24, 58,8–14 (In Genesin Declamationes [zu Gen 1,29f.]; 1527): »Denn ehe Adam ein wort sagt noch gebeten hatte, ja ehe er denckt, wo er sich erneeren sol, kömpt Gott zuvor und gibt yhm alles kraut, das sich besamet, das ist allerley getreyde, korn, weitzen, rocken, gersten, habern, hirsen, reiss etc. das er sich davon neere, daher wir auch unsere speise haben [...]. Und hie sihestu abermals, wie uns kein körnlin noch bletlin wechsset denn Gott gebe es«. Siehe weiter bei Anm. 306 (S. 132).
[292] WA 43, 676,32–34 (zu Gen 30,22–24). Wenn Luther fortfährt (Z. 34f.): »[...] qui reddit secundum profunditatem istius singultus«, so ist dies nicht Einschränkung der souveränen Allmacht Gottes und deren Bindung an die Gebetsbitte, sondern stattdessen eine Aufwertung des wortlosen Verzweiflungsschreis als Gebet, wie es in diesem Abschnitt mit der Hoffnungslosigkeit von Rahel, Hanna und Monica thematisiert wird. Zur weiteren Gegenüberstellung von Lea und Rahel siehe Sabine Hiebsch, Figura ecclesiae. Lea und Rachel in Martin Luthers Genesispredigten, Münster u.a. 2002.

Samuelis mater Hanna etiam de prole desperabat«)[293] und Monica und deren neunjähriges Warten auf Augustins Bekehrung.[294]

Die Spannung bei Luther bleibt: Einerseits wird die Erfahrung der umfassenden menschlichen Bedürftigkeit gegenüber dem gebenden Gott deutlich, wenn »wir [Menschen], die wir nichts sind, [im Gebet] vor den treten, der alles ist«[295].

Andererseits die Betonung der Allmächtigkeit des Gebetes (»Mirabilis enim virtus et omnipotentia est orationis«),[296] wobei man sogar auf sein Gebet »hoffen« und an dieses »glauben« soll (»Haec saepe dicenda et repetenda sunt, ne omnem spem et fiduciam abiiciamus de invocatione nostra«),[297] weil dieses von Gott geboten ist und seine Verheißung hat. Betont Luther die Souveränität Gottes, die nicht kausal auf ein Gebet antwortet und reagiert, sondern in einer creatio ex nihilo schafft und wirkt – also agiert,[298] so ist für Luther menschliches Gebet nicht nur der Grund für Gottes conservatio der Welt,[299] sondern vermag selbst Gott zu überwinden.[300]

Das damit thematisierte Verhältnis von Gottes unbedingter Souveränität und der gleichzeitigen Würde der Kreatur als von Gott ernstgenommenes und geliebtes Geschöpf ähnelt der Frage, wie menschliche cooperatio und göttliche creatio ex nihilo zueinander stehen.[301]

So souverän Gottes Geben geschieht, so wenig wird der Erhaltende entmündigt; Gott ist in seinen Entscheidungen frei, aber seine Liebe zur Kreatur verbietet ihm, diese zu missachten.

---

[293] WA 43, 676,18 (zu Gen 30,22–24).

[294] WA 43, 676,21–23 (zu Gen 30,22–24): »Sic Augustinus de Monica, matre sua, narrat, quae novem annis eiulabat deplorabat filii sui exitium, propterea quod in Manichaeorum sectam prolapsus fuerat.« Vgl. Augustinus, Confess. III, 11 (CChr. SL 27, 37f.).

[295] WA 42, 662,5–9 (zu Gen 17,19–22): »Haec utiliter docentur. Quis corda nostra, etsi incipimus credere et orare, tamen magnitudine rerum, quae petuntur, deinde etiam persona auditoris deterrentur. Excitent igitur historiae hae animos nostros, ut aperiamus os nostrum ad Deum, et confidenter oremus, non deterriti, quod nos, qui nihil sumus, ad eum accedimus, qui est omnia.« Vgl. WA 42, 663,20f. (zu Gen 17,19–22): »Dicuntur autem haec a me ad excitandos nos, ne desperemus, vel ob indignitatem nostram, vel ob maiestatem Dei, quem orantes appellamus«.

[296] WA 43, 678,7 (zu Gen 30,22–24). Vgl. WA 43, 328,8f. (zu Gen 24,15): »Hoc quicunque fecerit, re ipsa sentiet, quam miranda vis et efficatia sit orationis.«

[297] WA 43, 678,4f. (zu Gen 30,22–24).

[298] WA 44, 428,39.429,7–12 (zu Gen 41,40): »Natura enim Dei est, non dare secundum infirmas petitiones. [...] Bonitas est gewißlich da. Sapientia est gewißlich da, potentia etc. sed Deus non agit secundum nostram voluntatem, Quando gubernat iuxta suam bonitatem, sapientiam etc. tum nos non intelligimus. Quia putamus Deum nos nec nosse, nec velle curare, aut cogitare de exitu tentationis. Sic iudicat ratio.«

[299] WA 43, 399,42f. (zu Gen 25,23): »Certe enim oratione servatur imperium mundi, servatur vita et omnia bona, quibus fruimur in hoc mundo.«

[300] WA 44, 192,30–34 (zu Gen 35,9f.): »[...] perseverandum est et instandum in fide, in oratione et pacientia. Ad hunc modum vincimus Deum, non deserentes promissiones seu Deum promissorem. Et in ista perseverantia orationis et fidei fit Deus nobis ex abscondito apparens, consolans et faciens, quae volumus«.

[301] Siehe weiter S. 148.

6. »›Vocat ea, quae non sunt, ut sint.‹ Instrumentum autem [...]
est eius omnipotens Verbum« (WA 42, 15,12f.) –
Creatio ex nihilo und Gottes allmächtiges Schöpferwort
als bedingungslos ins Sein rufende Kraft

Gottes wirkmächtiges Schöpferwort schafft und macht alle Dinge.[302] Er
spricht in derart umfassender, kraftvoller und prinzipieller Weise, dass
damit aus nichts ins Sein gerufen wird;[303] »nihil« heißt in diesem Fall,
dass Gott noch nicht gesprochen hat.

Indem Gott initiativ in das Nichts der Kreatur[304] sein existenzschaf-
fendes Wort spricht,[305] ist dieses Schöpferwort Gottes keine Antwort,
sondern »Anrede«[306]: »Ergo in principio et ante omnem creaturam est
verbum, et est tam potens verbum, quod ex nihilo facit omnia.«[307] Dieses Wort macht, was es sagt[308] und ist darin nicht nur omnipotent[309] und
»medium et instrumentum« des göttlichen Schaffens,[310] sondern gänzlich

---

[302] WA 42, 15,4f. (zu Gen 1,3): »Deus dixit, id est, per Verbum condidit et fecit res omnes«.

[303] Etwa WA 42, 13,16 (zu Gen 1,3): »[...], quod Deus dicendo id, quod non erat, facit,
ut esset aliquid.« »Der christliche Schöpfungsglaube steht und fällt mit der Überzeugung, daß das All durch Gottes Sprechen und darum ›aus nichts‹ erschaffen ist.« Peter Brunner, Pro ecclesia, Bd. 2, 38.

[304] WA 42, 13,35–38 (zu Gen 1,3): »Dicit: ante mundum conditum nihil erat creaturarum, Deus tamen habebat verbum. Hoc verbum quid est, aut quid facit? Audi
Mosen. Lux, inquit, nondum erat, Sed tenebrae ex suo nihili esse vertuntur in illam
praestantissimam creaturam, quae est lux. Per quid? per verbum.«

[305] Allein dass Gott sein Geschöpf anredet, zeugt von dessen Würde und ist Grund für
dessen Unsterblichkeit; siehe den hierfür wichtigen Abschnitt WA 43, 481,32–38
(zu Gen 26,24): »Cum solo homine loquitur. Ubi igitur et cum quocunque loquitur
Deus, sive in ira, sive in gratia loquitur, is certo est immortalis. Persona Dei loquen-
tis et verbum significant nos tales creaturas esse, cum quibus velit loqui Deus usque
in aeternum et immortaliter. Talem Deum aut deos, ut hic dicitur, habet Abraham:
et qui promissioni Abrahae adhaeret, habet eundem Deum, et servus Dei est. Tandem etiam mortuus dormiendo vivet.« Ebenso WA 42, 518,20–21 (zu Gen 13,14f.):
»Notabis igitur initio vocabula haec: ›Dixit Dominus‹. Summa enim gloria, summum
beneficium est hunc audire.«

[306] WA 24, 32,26f. (Vorrede zu den Genesispredigten; 1527): »[...] das man das wort
nicht nach, sondern ymmer vor den Creaturen stellet«. Vgl. Oswald Bayer, Schöpfung als Anrede, 15–19. Auch wenn Bayer mit Hamann Schöpfung als »erhörte Klage« versteht (Leibliches Wort, 334–348, bes. 340, Anm. 13), d.h. als bereits gegebene
Antwort Gottes auf die erst noch zu erfolgende Klage des noch nicht geschaffenen
Menschen, um Gemeinschaft und Lebenswelt bittend, so steht dennoch nicht die kreatürliche Klage an erster Stelle, sondern Gottes Initiative. Bayer spricht daher zu recht
von »Schöpfung als Anrede« und nicht von »Schöpfung als Antwort«. Siehe bei Anm.
291 (S. 130).

[307] WA 42, 14,6f. (zu Gen 1,3).

[308] Etwa WA 42, 560,35 (zu Gen 15,5): »Non enim Deus est vaniloquus.« Siehe auch
Hes 12,15.28; Ps 33,9.

[309] WA 42, 15,13.19 (zu Gen 1,3): »omnipotens Verbum«.

[310] WA 42, 13,17f. (zu Gen 1,3): »Atque hic primum ponit Moses medium et instrumentum, quo Deus Pater in operando est usus, nempe Verbum.« Vgl. WA 42, 15,12f. (zu

von allen anderen Sprachen unterschieden.[311] Gott hat für Luther eine *eigene* Sprache und eine eigene, göttliche Grammatik (»Grammatica divina«),[312] die Unmögliches leicht bewerkstelligen kann, Gegensätzliches und Inkompatibles zu verbinden vermag[313] und alle Welt und jede Kreatur ins Sein ruft.[314]

Ruft Gott das Nichtseiende, dass es sei (Röm 4,17),[315] so verwendet er beim Sprechen nicht gewöhnliche Vokabeln (»non grammatica vocabula«);[316] im Unterschied zur menschlichen Sprache sind seine Worte vielmehr wirkliche Dinge, »veras et subsistentes res«[317]. Besteht nämlich menschliches Sprechen lediglich in der Benennung der Dinge, die schon geschaffen sind,[318] so sind bei Gott Worte nicht bloße Worte, sondern wesentliche Dinge[319]: »Sic verba Dei res sunt, non nuda vocabula.«[320]. In dieser ›Handlungs-‹ bzw. ›Seinssprache‹, welche benennt und durch diese Benennung ins Sein ruft, besteht alles Existierende aus Worten Gottes, genauer, aus Tatworten, entstanden aus Sprachhandlungen[321]: Für Luther sind daher »Sonne, Mond, Himmel und Erde, Petrus, Paulus, ich

---

Gen 1,3): »›Vocat ea, quae non sunt, ut sint.‹ Instrumentum autem seu medium, quo Deus usus est, est eius omnipotens Verbum«. Dieses »instrumentum« ist kein Widerspruch zur Schöpfung ex nihilo, da dies ihm nicht äußerlich ist, sondern er ist es selbst.

[311] WA 42, 13,14–16 (zu Gen 1,3): »›Deus dixit: Fiat lux‹ etc. Mira autem profecto phrasis, et incognita omnium aliarum linguarum scriptoribus, [...].« Luther macht diesen Unterschied u.a. an dem Gebrauch von »amar« und »dabar« fest, WA 42, 13,19–23 (zu Gen 1,3).

[312] WA 42, 17,21–23 (zu Gen 1,5): »Sed Grammatica divina est alia, nempe ut, cum dicit: Sol splende, statim adsit et splendeat. Sic verba Dei res sunt, non nuda vocabula.« Ebenso WA 42, 37,7 (zu Gen 1,20): »[...] divinae Grammaticae«. »Luther sieht die Schöpfung erfüllt von Gottes ›Wort‹, von ›Heiliger Schrift‹, von Gottes ›lebendiger Sprache‹, so daß Blumen und Tiere in Gottes Grammatik ›Worte‹ sind«. David Löfgren, Die Theologie der Schöpfung bei Luther, 34.

[313] WA 42, 37,7–9 (zu Gen 1,20): »[...] per quam grammaticam, quae sunt impossibilia, fiunt facillima, et quae plane sunt pugnantia, fiunt simillima, et econtra.« Vgl. WA 42, 37,5 (zu Gen 1,20): »Verbum igitur si sonet, omnia possibilia sunt«.

[314] Siehe weiter: Oswald Bayer, Schöpfung als Anrede, 44f. (Ohne Wort keine Welt).

[315] Röm 4,17: [...] καὶ καλοῦντος τὰ μὴ ὄντα ὡς ὄντα. Siehe etwa WA 42, 15,11f. (zu Gen 1,3): »[...] ex nihilo factum coelum et terram. Sicut Paulus dicit: ›Vocat ea, quae non sunt, ut sint.‹«

[316] WA 42, 17,15–17 (zu Gen 1,3): »Illa verba ›Fiat lux‹ Dei, non Mosi verba esse, hoc est, esse res. Deus enim vocat ea, quae non sunt, ut sint, et loquitur non grammatica vocabula«. Siehe Anm. 829.

[317] WA 42, 17,17f. (zu Gen 1,3): »[...], sed veras et subsistentes res, Ut quod aput nos vox sonat, id apud Deum res est.«

[318] WA 42, 17,20f. (zu Gen 1,3): »Nos etiam loquimur, sed tantum grammatice, hoc est, iam creatis rebus tribuimus appellationes.«

[319] WA 42, 17,21–23 (zu Gen 1,3): »Sed Grammatica divina est alia, nempe ut, cum dicit: Sol splende, statim adsit sol et splendeat.«

[320] WA 42, 17,23 (zu Gen 1,3).

[321] Zum performativen Wort Gottes siehe Oswald Bayer, Theologie, HST, Bd. 1, 440–448. Zu dessen Bedeutung für das Rechtfertigungsgeschehen, siehe ders., Promissio, 164–202.

und du Vokabeln Gottes« (»Sic Sol, Luna, Coelum, terra, Petrus, Paulus, Ego, tu, etc. sumus vocabula Dei«),[322] eine einzelne Silbe oder ein Buchstabe im Vergleich zu der ganzen Kreatur (»Imo una syllaba vel litera comparatione totius creaturae«).[323] Diese Auswahl und Aufzählung der ins Sein gesprochenen »vocabula Dei« ist dementsprechend umfassend: Zunächst nennt Luther »Sonne und Mond«, die als Chronometer ebenso Symbole der Zeit sind; es schließt sich die Dualität »Himmel und Erde« an, die Immanenz wie Transzendenz benennt, gefolgt von den beiden Säulen der Kirche »Petrus und Paulus« wobei in einem letzten existentialisierenden Schritt Luther sich selbst und den Leser in dieses Wortgeschehen einschließt. Damit sind, so später im Text, jeder Vogel und jeder Fisch nichts anderes als »nomina divinae Grammaticae«[324]; Vögel und Fische repräsentieren hier nicht nur sich selbst als Gattungen, sondern durch die Gegenüberstellung der beiden Lebensbereiche Luft und Wasser stehen sie ebenso für alle übrigen Lebewesen. Die Kreatur ist damit für Luther von Gott ausgesprochenes Wort.[325]

Sind alle Kreaturen Worte Gottes, so ist Gott für Luther »Autor«[326] der Welt, der schöpferisch dieser zuspricht, da die Natur selbstschöpferisch nichts zuwege bringt.[327] Gott ist »Dictor« – aber kein Diktator! –,

---

[322] WA 42, 17,18f. (zu Gen 1,3). Ebenso WA 43, 606,34f. (zu Gen 28,20–22): »ipsa creatura est verbum vocale«. Poetischer formuliert Erasmus: »Conditor, ignifluo cuius procedis ab ore« (Carmina selecta, 11,57 [Bd. 2, 286]). Vgl. Jes 40,26.

[323] WA 42, 17,19f. (zu Gen 1,3).

[324] WA 42, 37,6f. (zu Gen 1,20): »Quaelibet igitur avis, piscis quilibet sunt nihil nisi nomina divinae Grammaticae«. Diese These Luthers, dass »die Schöpfung und ihre Geschöpfe als Namen der göttlichen Grammatik zu begreifen sind, [wird man] nicht als bloße Metaphorik abtun können. Vielmehr überschneiden sich in Luthers Sprachauffassung theologische mit sprachphilosophischen Problemkreisen.« Wolfgang Maaser, Die schöpferische Kraft des Wortes, 113; siehe Maasers Entfaltung dazu (113–237), in der er Luthers Verständnis des Schöpferwortes Gottes herausarbeitet (vgl. Anm. 236 [S. 223]).

[325] WA 42, 17,25f. (zu Gen 1,5): »Nam quid est aliud tota creatura quam verbum Dei a Deo prolatum«.

[326] WA 42, 20,21 (zu Gen 1,6): »[...] quis Autor addit?« Der Titelcharakter wird durch die Großschreibung deutlich. Vgl. die »Autorschaft« des Teufels in WA 43, 451,28 (zu Gen 26,8): »[...] Diaboli, qui est omnium dissensionum author«, wobei Luther das Geld als das Schöpfungswort des Teufels sieht (WATR 1, 170,32f. [Nr. 391]): »Gellt [sc. Geld] est verbum Diaboli, per quod omnia in mundo creat, sicut Deus per verum verbum creat.« Aus dem ›Wortwechsel‹ wird damit ein ›Geldwechsel‹. Satan vermag ebenso mit einem Wort Gottes Wort anzufechten (WA 42, 110,16f. [zu Gen 3,1]; WA 42, 110,22 [zu Gen 3,1]: »sed addit aliud et novum verbum«), wobei dies die höchste Anfechtung ist (WA 42, 111,8–10 [zu Gen 3,1]: »Nam tentatio summa fuit audire aliud verbum ac discedere ab eo, quod Deus prolocutus erat«), da Gott selbst nachgeäfft wird (WA 42, 111,12 [zu Gen 3,1]: »Primo Satan imitatur Deum.«; WA 42, 112,3 [zu Gen 3,1]: »Ita ne advertentibus quidem hominibus novus fingitur a Satana Deus«). Aus diesem Grund schließt Luther WA 42, 111,23f. (zu Gen 3,1): »In summa, omnia mala sequuntur incredulitatem seu dubitationem de verbo et Deo.«

[327] WA 42, 20,20–28 (zu Gen 1,6).

der mit dem Werk des Sprechens Welt und alles schafft (»per quod mundum et omnia creavit facilimo opere, dicendo scilicet«) und der allein mit dem Wort aus nichts Himmel und Erde macht (»solo verbo, quod profert, ex nihilo facit coelum et terram«).[328] Gott ist »Poet«, da wir Kreaturen von ihm verfasste Verse und Gedichte sind (»Ipse poeta est, nos versus sumus et carmina quae condit«).[329] Ist dieses Schöpferwort derart entscheidend, kann gesagt werden: »[...] nihil sine voce est« (1Kor 14,10).

6.1 »er sagt nur ein wort, Hat ein grossen pflug, der heist DIXIT.
So gehts und wechst alles« (WA 42, 27,23f.) –
Die berührende und bleibende Nähe des Schöpferwortes

Entstünde mit dem Wortcharakter der Schöpfungshandlung Gottes das Bild eines Schaffens, das sich durch Distanz, Punktualität und Leichtigkeit[330] auszeichnet, so bricht Luther dieses Bild und korrigiert es von Gen 2 her. »[W]irfft« Gott »auch mit einem wort eine ganze welt heraus, sicut est Genesis 1.: Principio«[331], so ist diese Handlung weder distanziert noch momenthaft. In einem der längsten deutschen Textabschnitte innerhalb der lateinischen Genesisvorlesung heißt es: »Merck hie, wie unser herr got pflugt, Nempe er sagt nur ein wort, Hat ein grossen pflug, der heist DIXIT. So gehts und wechst alles.«[332] Zwei Momente sind mit dem Bild angesprochen, die eine mögliche Fehlinterpretation des DIXIT

---

[328] WA 42, 17,28–31 (zu Gen 1,5): »Sic Deus se nobis revelat, quod sit Dictor, habens apud se Verbum increatum, per quod mundum et omnia creavit facilimo opere, dicendo scilicet, ut non plus negocii Deo sit in creatione quam nobis in appellatione.« Ebenso WA 42, 13,31f. (zu Gen 1,3): »Dicit enim Deum esse, ut sic loquar, Dictorem«.

[329] WA 44, 572,25–27 (zu Gen 44,17): »[...] talia enim sunt divina poëmata. Ut Paulus eleganter dicit Ephesorum 2 [Eph 2,10]: ›Nos sumus ποίημα poëma Dei‹. Ipse poëta est, nos versus sumus et carmina quae condit.« Zu Gott als dem »Poeten« siehe Friedrich Geißer, Poet der Welt und Schöpfung aus dem Nichts, 166–180. Zur Erschließung dieses Titels, vom nicäno-constantinopolitanischen Glaubensbekenntnis ausgehend, und zu einer »Poietologischen Theologie« siehe Oswald Bayer, Gott als Autor, V (weiter: 2, 30, 144, 267); vertiefend aaO., 1–18 und 21–40. Vgl. Joachim Ringleben, Gott als Schriftsteller, 215–275.

[330] WA 42, 17,29–31 (zu Gen 1,3–5). »[...] habens apud se Verbum increatum, per quod mundum et omnia creavit facilimo opere, dicendo scilicet, ut non plus negocii Deo sit in creatione quam nobis in appellatione.«

[331] WATR 1, 69,29f. (Nr. 148).

[332] WA 42, 27,2–4 (zu Gen 1,11). Vgl. WA 42, 25,9f. (zu Gen 1,8): »[...], qui Deum immediate constituimus Creatorem omnium per verbum ›Dixit‹.« Obiger Abschnitt aus Veit Dietrichs Mitschrieb gehört mit zu den längsten deutschen Abschnitten in der lateinischen Vorlesung (»Luther trug [...] frei vor und bediente sich zeitweise der Muttersprache. Manch wuchtiges deutsche Wort ist dann selbst im Drucke beibehalten worden«, WA 42, IX). »Man wird«, so Peter Meinhold (Die Genesisvorlesung Luthers, 21), »eben an solchen Stellen echte Lutherworte vor sich haben, wo die deutsche und lateinische Sprechweise ungeglättet nebeneinander stehen.«

korrigieren: erstens das Moment der Dauer und zweitens das Moment der Nähe.

Erstens: In dem kurzen Abschnitt werden von Luther zwei Zeitbestimmungen verwendet, die einander gegenüberstehen. Könnte mit Luthers »nur ein Wort«[333] der Eindruck aufkommen, als betone Luther den punktuellen Charakter der creatio und scheine somit die creatio ex nihilo der durativen creatio continua zu widersprechen, so wird dieser punktuelle, blitzartige Aspekt des Schaffens Gottes durch das Bild des Pflügens, einer langsamen und langwierigen Arbeit, die das Durative der Schöpfung bekundet, gebrochen.

Luther hält fest, dass Gottes Wort nicht verklingt und dieses seinschaffende Schöpferwort noch immer läuft; ja er ist der Meinung, dass die Urschöpfung selbst in einer Art und Weise stattfand, die der creatio continua sehr ähnlich ist. Wie sehr für Luther creatio prima bzw. creatio originans tatsächlich creatio continua ist und umgekehrt, zeigt sich in einer eigentümlichen Verknüpfung beider in seiner Predigtreihe zur Genesisvorlesung im Jahre 1523, in der Luther eine punktuelle Schöpfung ablehnt: »Und seynd vil gros leut als Augustinus, Hilarius etc. auff der meynung, das es yn einem augenblick gar gestanden sey, wie wirs yetz sehen, der hymel mit Sun, Mon und stern, die erdt voll lebendiger thier. Aber also wollen wirs nit verstehen [...].«[334] In Abgrenzung zur Position der Väter, dass Gott in einem Augenblick die Welt erschaffen hat,[335] meint Luther nun, dass »der almechtig Got nit hat dy welt auff ein haw[-ruck] geschaffen, sonder die zeyt darzu genomen und ist damit umbgangen, eben wie er yetzund ein kind macht«[336]. Luther explizient dies, indem er auf die gegenwärtige Entstehung eines Kindes verweist: Wir sehen »doch wol, das wir auch nicht bald gemacht werden und das kind neun monatt lang yn mutter leyb ligt und darzu nit ehe volkomen wird dann biß es gros unnd manbar wird. Also gehet er auch mit andern dingen umb, so mussen wir auch hie sagen, Unser herr macht nicht volkomne werck«[337], d.h. Werke, die im Augenblick abgeschlossen sind. Daher führt Gott seine Schöpfung fort, und es ist »also vor unsern augen, das er ymer dar macht und schafft. [...] [D]ann also ist es yn der gantzen welt, das Gott teglich ymmer dar schafft, wiewol er alle menschen auf ein mal koendt machen.«[338] Obwohl Luther Aristoteles' Sicht der Ewigkeit der Welt strikt ablehnt,[339] sieht Luther hier den Weltbeginn nicht als einen Anfangspunkt, sondern bereits als duratives Geschehen.

---

[333] Vgl. Mt 8,8.
[334] WA 12, 440,3–7 (Predigt über das 1. Buch Mose; 15. März 1523).
[335] Zu Augustin und Hilarius siehe Anm. 128 (S. 106) und bei Anm. 139 (S. 107).
[336] WA 12, 445,10–12 (Predigt über das 1. Buch Mose; 15. März 1523).
[337] AaO., 440,24–28.
[338] AaO., 441,2–3.5–7.
[339] Siehe bei Anm. 94ff. (S. 103).

Zweitens: Die Wortschöpfung steht nicht nur in der Gefahr, mit Punktualität assoziiert zu werden, sondern ebenso mit einer Distanz Gottes zu
seinem Werk, das er beim Schöpfungsvorgang nicht berührt, sondern lediglich aus der Ferne scheinbar mühelos anspricht. Auch dies korrigiert das
Bild des pflügenden Gottes, der sich seinem Werk naht, es in die Hände
nimmt und sich auf dem Acker bei der Arbeit dreckig macht: Gott ist pflü-
gender und säender Landmann,[340] Bauer[341] und – wie Adam – Gärtner.[342]
Gottes Schöpfungswort steht nämlich für Luther gerade nicht für die
Leichtigkeit und Unbeschwertheit des Dahingesagten. Gott steht der Welt
nicht in stoischem Gleichmut und kritischer Distanz gegenüber, sondern
er kommt zur Welt, macht sich bei der Erschaffung Adams gleichsam die
Finger dreckig in einer Art und Weise, worüber Aristoteles – so Luther –
in Lachen ausbrechen (»Haec si Aristoteles audiret, solveretur in cachin-
num«) und dies für die absurdeste Fabel (»absurdissimam fabulam«) halten würde.[343] Indem Gott sich im Schöpfungsgeschehen seiner Kreatur
nähert, ja, einbringt, bleibt er nicht in Distanz zu seinem Werk, sondern
heiligt – indem er die Differenz von heilig und profan auflöst – das tri-
vialste Alltagsgeschehen seiner Kreatur. Luther lehnt also eine creatio ex
nihilo ab, in der Gott dem nihil nicht fürsorglich nahe ist.

In eben der Weise, wie Gott in seiner Kondeszendenz leiblich-konkret
und anschaulich-wahrnehmbar schafft, so ist auch das, was er geschaffen

---

340 Das Bild wird von Luther häufiger – auch in anderen Zusammenhängen und Schriften – verwendet. Z.B. in Anlehnung an Joh 12,24 und 1Kor 15,36–44 WA 49, 426,
39ff. (Predigt ›Von der Toten Auferstehung‹; 1544), WA 49, 422 – 441 (Predigt über
1Kor 15; 25. Mai 1544) und WA 34/II, 124,29–32 (Predigt über Tit 2; 1531), zit.
Anm. 436 (S. 251).

341 Gerade den Bauernstand und die damit verknüpfte Thematik des Pflanzenwachstums
erwähnt Luther im Zusammenhang der Schöpfungslehre recht häufig; etwa WA 42,
158,18.20–22 (zu Gen 3,17–19): »Inter hos ordines optima conditio est agricolarum,
[...]. Etsi enim duro labore exercentur, tamen singulari voluptate labor iste conditus
est, dum quotidie illa nova et mirabilis creaturarum facies se oculis ingerit«.

342 WA 42, 70, 12f. (zu Gen 2,9): »Describit Moses Paradisum ita, ut ex Deo hortulanum
faciat, qui cum hortum pro arbitrio cum magna diligentia plantavit, [...].« Auch Adams
Formung aus Lehm und Evas Bildung aus Adams Rippe sind für Luther »Pflanzungen«;
WATR 6, 42,4–6 (Nr. 6562): »Zwo große wunderliche Pflanzung hat Gott gepflanzet;
erstlich hat Gott Adam aus einem Erdenklos gemacht, darnach das Weib aus einer
Ribbe des Mannes. Ist das nicht ein wünderlich Pflanzen?« Weiter: Robert Bach, Bauen
und Pflanzen, 7–32.

Das Bild Gottes als Gärtner ist ebenso ein Element der Verbindung von Schöpfung und Rechtfertigung: Wird Gott zu Beginn der Genesis als Gärtner des Paradieses
geschildert (Gen 2,8), so fällt auf, dass Christus am Auferstehungsmorgen im Garten
des Grabes von Maria Magdalena für den Gärtner gehalten wird (Joh 20,15).

343 WA 42, 63,34f. (zu Gen 2,7). Luther wendet sich scharf gegen den ›apathischen‹,
in sich selbst versunkenen Gott der Metaphysik, bes. den des Aristoteles (vgl. 39/II,
179,29–34, bes. 33f. [Disputatio de homine; 1536]). Nicht nur die Betonung des
Leiblich-Konkreten, sondern auch die Rede von einem ›ersten Menschen‹ würde
Aristoteles verneinen (WA 42, 408,21–23 [zu Gen 10,26–32]). Zur Erschaffung
Adams siehe bei Anm. 11 (S. 191).

hat, leiblich konkret und anschaulich-wahrnehmbar zu genießen. Luthers Heiligung des Alltagsgeschehens durch Gottes Präsenz und die aus dieser leiblichen Zuwendung Gottes resultierende Lebens- und Schöpfungsfreude Luthers führt letztlich – in reformatorischer Abgrenzung zur mönchischen Weltflucht – zu einer Wiederbeheimatung des Christen in der Welt, zu einer »Einkehr in die Schöpfung«[344].

Wie sich diese bleibende Nähe des göttlichen Schöpferwortes konkret gestaltet und wie diese in Gottes Schöpferwort begründete kreatürliche Gestaltung der zugesprochenen Welt aussieht, ist Thema des folgenden Abschnitts »Conservatio als creatio ex nihilo«.

---

[344] Gerhard Ebeling, Dogmatik, Bd. III, 164.

III. Conservatio als creatio ex nihilo

§ 1 Einführung

Auf den ersten Blick scheinen »conservatio« und »creatio ex nihilo« zwei unvereinbare Sachverhalte anzusprechen. Geht man nämlich von einer anfänglichen ›Urschöpfung‹ ex nihilo aus, die ohne vorhandene kreatürliche Mittel stattfand, so deutet eine fortlaufende Schöpfung mit Menschen, Tieren sowie kreatürlichen Fortpflanzungs- wie Reproduktionsvorgängen weniger auf eine Schöpfung aus dem Nichts hin als vielmehr auf eine *Umwandlung* vorgegebener Umstände und Materialien bzw. auf eine scheinbar eigenmächtige Fortführung des anvertrauten und geschenkten Seins. In unglücklicher Weise hat daher etwa die Altprotestantische Orthodoxie durch ihre folgenschwere Unterscheidung von creatio immediata und creatio mediata[1] an dem entscheidenden Merkmal der creatio ex nihilo vorbeigedacht, da die Formel weniger etwas über den Gebrauch von Materie bei dem Schöpfungsvorgang aussagen möchte als vielmehr die umfassende Abhängigkeit dieser Schöpfung von Gott anspricht. Mit solcher Unterscheidung wird das Bild der conservatio defizitär.

Unabhängig davon hat es zudem etwas Deistisches zu meinen, dass die Gegenwart nicht mehr durch den ex nihilo schaffenden Gott geprägt ist, und es ist Hybris davon auszugehen, der Kreatur *selbst* obliege nun eine Bewahrung und Erhaltung dieser ins Leben gerufenen Schöpfung. Wenn die Kreatur also – einmal ins Leben gerufen – scheinbar selbstständig existiert, wächst und sich selbstständig fortpflanzt, so sieht Luther auch hier eine unbedingte Abhängigkeit vom Schöpfer: Das Geschöpf könnte keinen Augenblick ohne dessen Schöpferwirken existieren. Konsequenz des wirkmächtigen Schöpferwortes ist in einem zweiten Schritt, dass nur durch dieses Wort bewahrt wird. Damit wird sowohl die Nichteigenständigkeit der Kreatur wie auch deren Gefährdung angesprochen. Aber so wenig die Kreatur den Sprung vom Nichtsein ins Sein eigenständig bewerkstelligen konnte und dieser ihr entzogen war, ebenso geht der Rückschritt vom Sein zum Nichtsein über ihre eigene Kraft.[2] Schafft Gott durch seine Kreatur neue Kreaturen, so ist dieses kooperative Schaffen nicht lediglich eine Bewahrung der in der Kreatur liegenden Kraft der

---

[1] Nachweise bei Heinrich Schmid, Die Dogmatik der evangelisch-lutherischen Kirche, § 20f., bes. 119f.

[2] Auch der Versuch wie bereits die Versuchung des Menschen, sich selbst im Suizid zu nichten (vgl. Jer 20,9.14–18 u. Hiob 3,3–19), entlässt ihn nicht aus Gottes Machtsphäre wie Fürsorge.

Fortpflanzung, sondern auch hier bleibt Gott alleiniger Urheber, der ohne Ansehen der Person und deren Würdigkeit ex nihilo conservatio schenkt.

Ein Zweites irritiert an der Überschrift: Mit dem Gebrauch des Wortes »conservatio« stellt sich nämlich die prinzipielle Frage, warum und inwiefern Gottes Schöpfung überhaupt der Bewahrung und Erhaltung bedarf. – Mit der Notwendigkeit der conservatio wird die Sünde angesprochen.[3] Würde diese ausgeklammert, so wäre man zu Recht verdächtig, die creatio ex nihilo lediglich praelapsarisch zu verstehen. Dementsprechend erscheinen neben der creatio ex nihilo die conservatio der Schöpfung – und die recreatio der verkehrten Schöpfung – »nicht als selbständige Themen, sondern so, daß in ihnen die Schöpfung in verschiedener Hinsicht neu zum Thema wird. Erhaltung meint Erhaltung der Schöpfung trotz der Sünde. Erlösung meint Erlösung der Schöpfung von der Sünde.«[4] Gott bleibt auch durch die Sünde hindurch der Schöpfer des Menschen.[5] Aber auch dieser Blick ist verdächtig: Der umfassenden Abhängigkeit des Menschen von seinem Schöpfer wegen könnte man nämlich vermuten, dass Gott tatsächlich die Sünde schaffe. Trotz dieser Denkmöglichkeit beschränkt Luther Gottes Schöpfertätigkeit nicht auf den Urstand. Gott hat nicht den sündigenden Menschen erschaffen,[6] aber der Mensch ist in und trotz der

---

3   Es sei jedoch daran erinnert, dass der Aufbau dieser Arbeit in creatio, conservatio und recreatio gerade *nicht* das Schema Vergangenheit, Gegenwart und Zukunft darstellt (s. bei Anm. 9 [S. 6]), wir also jetzt *nicht* ›beim Sündenfall‹ stehen.

4   Gerhard Ebeling, Dogmatik, Bd. 1, 316.

5   Edmund Schlink (Die Verborgenheit Gottes des Schöpfers nach lutherischer Lehre, 2f.): »Weil Gott einst Schöpfer war und täglich Schöpfer ist, aber nicht nur ›ist‹, sondern einst schuf und täglich als Schöpfer handelt, sind im Wort ›Schöpfer‹ die creatio ex nihilo seu immediata zu Anfang der Wert [sic! lies: Welt] und die creatio continuata Tag für Tag zusammengefaßt und geeint. [...] Denn indem die Erklärung des Wortes ›Schepfer‹ sogleich davon spricht, daß ›ich Gottes Geschepfe bin‹, wird der gefallene Mensch als Geschöpf und Gott als Schöpfer des gefallenen Menschen bezeichnet. Es ist ebenfalls unmöglich, diesen Satz allein auf meine Entstehung und Geburt zu deuten. [...] [D]er *Sünder* [ist] Gottes Geschöpf. Er wurde nicht nur Gottes Geschöpf, sondern er ist es immer neu. Gott ist unser Schöpfer über Sünde und Fall hinweg. So findet sich in den Katechismen auch keine Scheidung von Schöpfung und Erhaltung, und eine klare Scheidung fehlt auch in den Bekenntnisschriften sonst.« Dies gilt ebenfalls für die Große Genesisvorlesung.

6   Ist für Luther eine ledigliche »Zulassung« des Bösen durch Gott ein zu schwacher Ausdruck, so weigert er sich, bei aller Abhängigkeit der Kreatur, auf das Böse und die Sünde den Begriff der göttlichen »Schöpfung« zu verwenden: WA 42, 134,8–10 (zu Gen 3,13): »Hic ultimus gradus peccati est Deum afficere contumelia et tribuere ei, quod sit autor peccati. Altius non potest accendi haec natura, si progressus peccati sunt, [...].« Vgl. WATR 2, 289,21 (Nr. 2026): »Nos autem negamus Deum esse autorem malorum«. Auch die Konkordienformel (SD I und XI) hält fest, dass Gott »nicht ein Schöpfer oder Stifter der Sünde [ist]. Es ist auch die Erbsünde nicht ein Kreatur oder Werk Gottes« / »neque Deus est creator vel auctor peccati. Nec originale peccatum est opus aut creatura Dei« (BSLK 856,46–51); vgl. aaO., 1066,6–15; 1086,31–36 und CA 19. Vgl. Thomas (STh I, qu. 63, a. 5: »scilicet Deus, non potest esse causa peccati«) und Gabriel Biel (Gott ist nicht »auctor, sed solum praecognitor«

Sünde ganz und gar Gottes Geschöpf: »Die Eigenart des göttlichen Schaffens und Erhaltens *in* Sünde und Tod ist allein begründet im Hinblick auf den Sohn und seine Kirche.«[7]

Die besondere Eigenart der lutherischen Füllung der creatio ex nihilo wird erst durch die Darlegung der conservatio Gottes besonders sichtbar. Zentrale Stellen der Genesisvorlesung zu diesem Thema sind die Erhaltung Josephs im Brunnen und Gefängnis und Isaaks Erhaltung Gen 22.

§ 2 »Nos Christiani scimus, quod apud Deum idem est creare et conservare« (WA 43, 233,24f.) – Die Identität von Schöpfung und Erhaltung

Ex nihilo hat Gott die Welt erschaffen, ex nihilo erhält er sie. Gottes Erhaltung der Welt[8] ist, so Luther, in keiner Weise von seinem schöpferischen Handeln unterschieden[9]: Aus diesem Blickwinkel, geprägt von Ockham und Biel,[10] identifiziert Luther Gottes creatio mit dessen con-

---

der menschlichen Schuld; Coll. I, dist. 40, qu. 1 [Bd. 1, 724]. Biel bestimmt unter Bezugnahme auf Petrus Lombardus [Nachweise aaO.] die »reprobatio« als »praescientia culpae et praeparatio poenae«). Vgl. bei Anm. 254 (S. 126).

7 Edmund Schlink, Die Verborgenheit Gottes des Schöpfers nach lutherischer Lehre, 15. (aaO., 16): »Daß Gott unser Schöpfer ist trotz Sünde und Schuld, dies zu fassen, übersteigt das Glück und die Dankbarkeit, deren wir fähig sind. Darum kann es auch nicht als Mangel bezeichnet werden, wenn in den Katechismen, wo ja allein die Lehre von der Schöpfung in einem besonderen Artikel dargelegt wird, dies *nach* der Lehre von der Sünde geschieht. An dieser Stelle wird die Güte des Schöpfers gerade am lautesten gepriesen, und gerade an dieser Stelle ist die Erlaubnis, daß wir uns Geschöpfe nennen dürfen, ein ganz unfaßbar reiches Geschenk.«

8 WA 43, 564,21–26 (zu Gen 28,3–5): »Ab alendo et fovendo vult celebrari, quia fovet universas creaturas. Non solum est creator, sed etiam nutritor et altor. Supra eadem appellatione ad Abraham usus est: ›Ego sum Deus omnipotens, qui facio omnia crescere, augeri, vivere et ali‹. Invocat igitur Iacob illum Deum, qui non est creator tantum, sed etiam altor et nutritor«.

9 Diese Einheit von creatio und conservatio muss noch schärfer gesehen werden als etwa Althaus sie beschreibt (Der Schöpfungsgedanke bei Luther, 3f.).

10 Bereits bei Ockham ist die Abhängigkeit der Kreatur von ihrem Schöpfer derart umfassend, dass jeglicher Augenblick der conservatio eigentlich Schöpfung ist; Gott erschafft die Welt jeden Augenblick neu. Creatio und conservatio sind damit auch für Ockham dasselbe. Ockham erweitert den Begriff der Schöpfung auf Bereiche, die gemeinhin etwa der conservatio bzw. generatio zugeschrieben werden, und sagt: Ein Ding wird, solange es existiert, stets geschaffen – ein Ding wird geschaffen, solange es erhalten wird (Sent II, qu. 3f. [OT 5, 65]: »[...] quia creatio et conservatio per nihil positivum differunt, quia creatio significat rem connotando negationem immediate praecedentem rem; conservatio significat eandem rem connotando continuationem«). Gabriel Biel, der einen nachhaltigen Einfluss auf Luther ausgeübt hat, nimmt diesen Gedanken fast wörtlich auf; er zitiert Ockham und sagt (Coll. II, dist. 1, qu. 2 [Bd. 2, 25]): »Conservatio autem ›per nihil positivum‹ differt a creatione.« Bei jeder Entstehung eines neuen Dinges in der Welt geschieht sowohl eine creatio ex nihilo als auch eine generatio: Wird etwas von Gott geschaffen, so wirkt Gott bei der Entste-

servatio: »Nos Christiani scimus, quod apud Deum idem est creare et con-servare«[11]. Diese Identifikation von Schöpfer und Erhalter ist ein Gedanke, der sich bei Luther durchhält, denn bereits 1510/11, in seinen Randbemer-kungen zu Petrus Lombardus, lesen wir: »Est autem conservare idem quod continue creare«[12]. »Wir [kennen]«, so Schleiermacher zutreffend, »keine andere göttliche Tätigkeit als die schöpferische, in welcher [...] die erhal-tende, oder umgekehrt die erhaltende, in welcher die schöpferische mit eingeschlossen ist [...].«[13]

Dieses Ineinander von Gott als Schöpfer und Gott als Erhalter[14] liegt in dem Charakter der creatio ex nihilo begründet: Jeder Augenblick ist unverdientes Geschenk Gottes, freie Gabe, Leben und Sein *sola gratia*. Diese grundlose Setzung, die weder anknüpft noch reagiert, sondern im-merzu nur schenkt, ist endloser Anfang: »darumb ist eytel new ding da unnd gehet dieser anfang noch ymerdar.«[15]

---

hung als *agens*, der dieses Etwas in einer creatio ex nihilo ohne jede mitwirkende *materia* hervorzubringen vermag. Ebenso geschieht gleichzeitig eine *generatio*, weil Gott faktisch seine *potentia absoluta* begrenzt und die schon existierenden Kreatu-ren bei der Entstehung dieses Etwas als *causae secundae* kooperieren lässt.

[11] WA 43, 233,24f. (zu Gen 22,13). Der Zusammenhang dieses Zentralsatzes ist unge-wöhnlich: Luther spricht ihn in Bezug auf den im Gestrüpp hängenden Widder; d.h. in dieser von der Gotteslehre her problematischen Perikope ist für Luther die bewah-rende Seite Gottes letztlich bestimmend. Weiter Ulrich Asendorf, Lectura in Biblia, 431. Vgl. EG 326,3.
   Die Bewahrung der Schöpfung ist für Luther selbstverständliche Folge der creatio und etwas, auf das der Mensch vertrauend hoffen darf. Luther argumentiert folgen-dermaßen: Wenn wir an die creatio ex nihilo glauben, wievielmehr an die Schöpfung aus schon Vorhandenem heraus (»Si credimus potentia divina omnia ex nihilo esse condita, cur non et illud credamus, eum hoc, quod iam existit, posse multiplicare et augere«; WA 43, 233,36f. [zu Gen 22,13]): Erstaunlicherweise ist für Luther der Re-genbogen in der Großen Genesisvorlesung ein Zeichen des künftigen Gerichts, statt ein Zeichen der Zusage der göttlichen conservatio zu sein. In einer allegorischen Deu-tung glaubt Luther, die verschiedenen Welten und deren Sünden in den Farben des Bogens wiederzufinden (WA 42, 263,34–39 [zu Gen 5,32]).
[12] WA 9, 66,31f. (Luthers Randbemerkungen zu den Sentenzen des Petrus Lombardus; 1510/11). Vgl. die Resolutiones (1518) WA 1, 563,6–13 und Luthers Auslegung von Ps 51,12 (WA 40/II, 421,16 – 422,2 [Enarratio Psalmi LI; 1532/1538]): »Deus non abit donatis suis donis et relinquit nos solos. Non fecit et abiit. Dixit ille philosophus: Non vadit dormitum, Sed creare est continuo conservare, fortificare. Sic spiritus sanc-tus adest praesens et operatur in nobis suum donum.« Hierzu: Albrecht Beutel, In dem Anfang war das Wort, 107–110; ebenso Paul Althaus, Die Theologie Martin Luthers, 99f. und David Löfgren, Die Theologie der Schöpfung bei Martin Luther, 37–45.
[13] Friedrich Schleiermacher (Der christliche Glaube § 100 [Bd. 2, 91]), der in derselben Tiefe wie Luther creatio und conservatio identifiziert.
[14] »Die Schöpfung als Erhaltung bildet«, so Wilfried Härle (Dogmatik, 288), »die Klam-mer, die das daseinskonstituierende und das geschichtliche Wirken Gottes miteinander verbindet und zusammenhält.«
[15] WA 12, 444,19–22 (Predigt über das 1. Buch Mose; 15. März 1523): »Auffs erst sol sich eyn yeglicher gewenen, das er diese wort [sc. Gen 1,1] nit anders acht, denn als we-

Hat Gott einst die Welt aus nichts geschaffen (»ex nihilo condidit omnia«), so bleibt dieser Handlungsmodus unverändert: »eodem modo adhuc sustentat et gubernat omnia.«[16] Ist »Schöpfung« etwa allein Gott vorbehalten, so steht in demselben Maße auch die conservatio allein in Gottes Hand[17]: Das Sein vermag sich nicht selbst zu erhalten. Grund von Gottes erhaltendem Handeln ist nicht ein Verdienst des Menschen; keiner eigenen Leistung verdankt die Kreatur ihr Fortbestehen. Ist Gottes Grund für die Schöpfung seine Liebe zur Kreatur, so ist dies ebenso der Grund für ihre Erhaltung. Da Gott im Schöpfungsgeschehen allmächtig ist und dieses *bleibt*, bleibt die Kreatur auch im Erhaltungsgeschehen von diesem abhängig und empfangend und vermag sich auch nicht die Erhaltung zu verdienen. Sie empfängt diese Erhaltung, d.h. die Bewahrung des empfangenen Seins und die Ermöglichung der kontinuierlichen Gestaltung dieses Seins sola gratia, ex nihilo.

Wie sehr Luther Schöpfung und Erhaltung zusammensieht, ist an der häufig gemeinsamen Nennung ablesbar: »Deus est creator et gubernator omnium«[18], »[n]on solum est creator, sed etiam nutritor et altor«[19], »conditor et Servator omnium«[20], Urheber und Bewahrer aller Dinge (»authoris et conservatoris omnium rerum«).[21]

In dieser Doppelrolle, die im Grunde *strikt eine* ist, ist Gott die treibende Kraft der Welt (»virtus mundi«), die nicht nur der Welt Existenz, sondern auch das zum Fortbestehen notwendige Vermögen gibt. Alles, was sie ist und kann, ist und kann sie nur durch ihn: »Deus enim condidit mundum, et conservat mundum, ita [...] Deus est virtus mundi, per quem mundus est, et potest, quicquid potest.«[22] Gott ist Macht und Kraft der Welt (»potentiam et virtutem mundi«),[23] die nicht allein alles ins Dasein ruft, sondern ebenso die alles durchdringende Kraft (»implentem omnia in mundo«),[24] welche die Welt antreibt, instand hält. Er pflegt,

---

ren sie gestern geschrieben. Es ist vor Gott eyn kurtze zeyt, eben als weren sie itzunnd geschehen, darumb ist eytel new ding da unnd gehet dieser anfang noch ymerdar.«
[16] WA 44, 75,28–31 (zu Gen 32,6–8), im Kontext zit. in Anm. 192 (S. 116). Conservatio und gubernatio sind mit der creatio identisch; daher kann Luther präsentisch sagen: »Supremus articulus est, quem credimus, quod deus omnia creat, ut est in symbolo«, WA 17/I, 151,25f. (Predigt Verkündigung Mariae; 1525).
[17] Unter den Dingen, die selbst Gott unmöglich sind zu tun, führt Thomas auf: Gott kann nicht bewirken, dass etwas ohne ihn sich im Sein erhält (»Similiter etiam Deus facere non potest quod aliquid conservetur in esse sine ipso«; ScG II, 25).
[18] WA 44, 65,18 (zu Gen 31,1f.).
[19] WA 43, 564,22–23 (zu Gen 28,3–5).
[20] WA 42, 443,31 (zu Gen 12,2).
[21] WA 43, 335,40 (zu Gen 24,26–28).
[22] WA 43, 200,15–17 (zu Gen 21,33f.).
[23] WA 43, 200,12 (zu Gen 21,33f.).
[24] AaO.

schmückt und erhält seine Kreatur[25] in der jeweils für diese notwendigen Weise[26] jeden Augenblick.[27]

Gottes umfassendes Erhalten sieht Luther besonders mit dem Gottesnamen El Schaddai bzw. mit dem griechischen πολύμαστος beschrieben.[28] Dieser Titel bezeichnet die von der Mutter herkommende Existenz des Kindes durch die Geburt sowie die folgende umfassende Versorgung des Säuglings (»qui habet multas mammas«)[29] und damit dessen reines Empfangen.[30] Gott zeigt sich in mütterlicher Gestalt,[31] versorgt die Menschen wie ein mütterlicher Uterus (»quasi uterus maternus«)[32] und trägt sie schützend und nährend wie einen Fötus (»sicut mulier foetum solet«)[33] in sich (»portamini a meo utero, qui gestamini a mea vulva«),[34] wobei es Luther entscheidend darauf ankommt, dass der

---

25 WA 43, 656,6–9 (zu Gen 30,2): »[...] et descendit ad suas creaturas, eas curat et ornat. [...] et adhuc sustentat omnia«.

26 Gottes Erhaltung etwa im Mutterleib, in der Wiege, im Schlaf und in Krankheit ist gleich wunderbar und kann nicht mit dem Verstand begriffen werden, gestaltet sich aber jeweils unterschiedlich. WA 44, 812,42 – 813,4 (zu Gen 49,33): »Demus ergo gloriam Deo, et hoc honore eum afficiamus, ut statuamus sapientiam eius immensam esse, eumque plures et mirabiliores modos habere conservandi nos, quam nostris sensibus comprehendere queamus. Aliter servat in utero materno, aliter in cunis, aliter in somno, aliter in morbo.«

27 WA 42, 328,27f. (zu Gen 7,11f.): »Itaque singulis momentis custoditur vita nostra et servatur miraculose per Verbum.«

28 WA 43, 564,19–21 (zu Gen 28,3–5): »Notanda est et appellatio Dei singularis hoc loco. SCHADAI. A Schad, hoc est uberibus, mammis. Hoc nomine dignatur appellari Deus, et convenit cum appellatione graeca πολύμαστος, mammosus.« Ebenso WA 44, 801,4–8 (zu Gen 49,25): »Sadai, et ut Graeci loquuntur, πολύμας θεòς est Deus almus, qui omnes alit, et universalis nutritor et conservator est, qui habet multas mammas. Schad enim mammam significat, sicut appellat benedictiones uberum et mammarum.« Vgl. WA 44, 540,40 – 541,1 (zu Gen 43,11–14). In WA 42, (605,21 – 606,4) 605,28.39 (zu Gen 17,1) ist El Schaddai weniger Fürsorge- als vielmehr Machttitel.

29 WA 44, 801,6 (zu Gen 49,25).

30 WA 43, 564,19–26 (zu Gen 28,3–5): »Schadai [...] convenient cum appellatione [...] πολύμαστος, [...]. Non solum est creator, sed etiam nutritor et altor. Supra eadem appellatione ad Abraham usus est: ›Ego sum Deus omnipotens, qui facio omnia crescere, augeri, vivere et ali‹ [wohl Paraphrase von Gen 17,1–8]. Invocat igitur Iacob illum Deum, qui non est creator tantum, sed etiam altor et nutritor«.

31 WA 44, 541,12f. (zu Gen 43,11–14): »Ita quasi forma foeminea et materna sese nobis depingit Deus, et testantur idem beneficia ipsius, quae confert in homines«.

32 WA 44, 541,6f. (zu Gen 43,11–14): »Et Iacob hic praedicat Deum, quod sit gubernator, conservator, curator, quasi uterus maternus.«

33 WA 44, 541,10 (zu Gen 43,11–14): »Dicit se nos in utero suo, sicut mulier foetum solet, gestare, [...].«

34 WA 44, 541,7f. (zu Gen 43,11–14): »Sicut inquit Isaiae 46 [Jes 46,3]. Qui portamini a meo utero, qui gestamini a mea vulva«. Hans-Jürgen Hermisson (Deuterojesaja [zu Jes 46,3], 113) kritisch zu Luthers Aufnahme: »Mütterliche Züge mögen im Blick auf die Ursprungsmetaphern assoziativ mitschwingen [...], doch meint das Bild in V. 3b nicht »uterus Dei«, wie M[artin] Luther deutet [...] und die Vulgata irrtümlich übersetzt [...]. Dagegen wird der Zusammenklang von רֶחֶם ›Mutterschoß‹ und רחם pi. ›sich erbarmen‹ (vgl. 49,15) mit der Wahl der Vokabel beabsichtigt sein.« Sind auch

Fötus »nichts sieht, nichts wahrnimmt, sich um nichts kümmert«, sondern dass stattdessen alle Sorge der Mutter zufällt (»[...] nempe foetus
conclusus in uterum, qui nihil videt, nihil sentit, nihil curat, sed omnis
cura est in matre«).[35]

Dies geschieht nicht nur während des irdischen Lebens bis ins Alter,[36]
sondern unentwegt (»perpetuo«).[37] »Nun ist es also vor unsern augen«,
so Luther 1523 in einer Predigt über die Genesis, »das er ymer dar macht
und schafft. [...] [D]ann also ist es yn der gantzen welt, das Gott teglich
ymmer dar schafft, wiewol er alle menschen auf ein mal koendt machen.«[38]
Spricht Gen 2,2 von einem Ruhen Gottes, so ist Gott für Luther doch
stets schaffend, deus actuosissimus,[39] kein müßiger deus otiosus;[40] der
siebente Ruhetag bedeutet für ihn dementsprechend keine Untätigkeit
Gottes.[41] Indem sich Gott derart schützend um sein Geschöpf kümmert,

---

Bedenken zu äußern an Luthers Vulgataorientierung, so sind die Motive einer Schwangerschaft Gottes mit seinem Volk (vgl. Num 11,12) bzw. seines bewahrenden »Tra-
gens« (Dtn 1,31; 32,11) durchaus vorhandene Elemente (vgl. Klaus Baltzer, Deutero-Jesaja, 331–333). Luthes Sympathie für das Bild eines Im-Uterus-Gottes-Sein
(»Suavissima figura est«; WA 25, 295,17 [Vorlesung über Jesaja (1527–30; Scholia
1532/34]; zu Jes 46,3]) gründet in der Passivität und Angewiesenheit des Fötus wie
auch in der ihm zugedachten umfassenden Pflege und Fürsorge.

35 WA 25, 295,22–24 (Vorlesung über Jesaja [1527–30; Scholia 1532/34]; zu Jes 46,3).
    Luther hebt zudem an dieser göttlichen, mütterlichen Pflege und Sorge ihren umfas-
    senden (»Tota cura est in matre«; WA 31/II, 370,18 [Vorlesung über Jesaja (1527–
    30); zu Jes 46,3]) wie auch ihren durativen Charakter hervor (»Considerate hic dei
    studium et curam pro nobis. Nonne maternus adfectus perpetuo studet infanti? ita
    deus curat pro nobis sempiterno materno corde et adfectu«; WA 31/II, 370,15–17
    [Vorlesung über Jesaja (1527–30); zu Jes 46,3]).
36 WA 44, 541,8f. (zu Gen 43,11–14 [Jes 46,4]): »[...] usque ad senectam, ego ipse et
    usque ad canos ego portabo. Ego feci et ego feram, ego portabo et salvabo.«
37 WA 44, 541,10f. (zu Gen 43,11–14): »Dicit se nos in utero suo, sicut mulier foetum
    solet, gestare, neque usque ad canos tantum, sed perpetuo.«
38 WA 12, 441,2–3.5–7 (Predigt über das 1. Buch Mose; 15. März 1523).
39 Vgl. WA 18, 747,25 (De servo arbitrio; 1525), vgl. aaO., 711,1. »Welches auch im-
    mer der Sinn des ›Ruhens‹ Gottes am siebten Tage war – Tatsache ist, daß
    das AT von einer fortwährenden schaffenden Tätigkeit Gottes redet«. Werner Foer-
    ster, Art. »κτίζω«, ThWNT, Bd. III, 1010,33–35. Vgl. Augustin (De civitate Dei,
    XI, 8 [CChr. SL 48,327f.]), für den die Ruhe Gottes die Ruhe derer bedeutet, die in
    Gott ruhen.
40 WA 14, 109, 21f. (Predigt über das erste Buch Mose; 1523/24): »non otiosum deum
    [esse], postquam creavit, sed opus esse verbi dei quod creaturae multiplicantur«. Vgl.
    WA 43, 117,30 (zu Gen 20,6f.): »Non enim Deus est otiosus orator« und WA 47,
    795,2f. (Predigt zu 1Joh 3,14; 1539).
41 WA 42, 58,25–27 (zu Gen 2,2): »Ergo Deus septimo die non cessavit, sed operatur
    non tantum conservando creaturam, sed etiam mutando et novando creaturam.« Die
    Ruhe Gottes am siebten Tage (Gen 2,2) ist – so Luther – leicht aufzulösen (»Facilis
    itaque est solutio«, aaO., 57,15): Sie bedeutet, dass Gott sich mit Himmel und Erde
    begnügt (»[...] hoc est, contentus fuit illo coelo et terra tum condita per verbum«,
    aaO., 57,15f.) und aus diesem Grund nicht einen neuen Himmel, eine neue Erde und
    neue Sterne und Bäume schafft (aaO., 57,16f.). Dennoch wirkt Gott immerzu, bleibt
    bei seiner Kreatur und verlässt diese nicht (»Et tamen operatur Deus adhuc, si quidem

es versorgt und ihm permanent Leben gibt, ist Gott der, »qui est omnipotens qui dat et facit omnia, qui pascit, gubernat, satiat, curat et conservat cuncta in suo esse.«[42] Nicht zuletzt – um beim Bild des Kindes zu bleiben –: So wenig man ein Kind abstrakt pflegen kann, so wenig ist Gottes Erhaltung unpersönlich. Luthers Glaube an Gottes conservatio ist konkreter Glaube: Gott erhält *mich*.[43]

Diese aus dem Nichts geschaffene Erhaltung und Versorgung seiner Kreatur sieht Luther in verschiedensten Lebensvorgängen, die scheinbar natürlich und automatisch ablaufen, die jedoch ex nihilo geschehen: Es müssen nur die Augen hierfür geöffnet werden. Das Bild des Regens als gänzlich unverdiente Gabe und als unbestimmbare Kraft, die trockene Felder bewässert, Früchte wachsen lässt und damit den Menschen großzügig beschenkt, wird für Luther zum trostreichen Beispiel für Gottes Versorgung ex nihilo. Als am 26. Mai 1538, etwa zur Zeit der Auslegung von Gen 17, ein kräftiger Regen über Wittenberg zieht, freut sich Luther: »Lasst uns unserem lieben Herrn Gott danken, denn jetzt gibt er uns viele hunderttausend Gulden wert. Jetzt regnet es Korn, Weizen, Hafer, Gerste, Wein, Kohl, Zwiebeln, Gras und Milch. Dies alles erhalten wir um nichts!«[44] Aber auch Schafherden sind für ihn wie Wolken, die Milch regnen (»Greges ovium veluti nubes sunt pluentes lac«).[45] Wenn Luther

---

semel conditam naturam non deseruit«, aaO., 57,17f.), sondern regiert und erhält diese kraft seines Wortes (»sed gubernat et conservat virtute verbi sui«, aaO., 57,18f.). Gleichwohl ist Luthers Ringen mit Gen 2,2 spürbar (etwa »Cessavit igitur a conditione, sed non cessavit a gubernatione«; aaO., 57,19f.). Vgl. WA 42, 28,1f. (zu Gen 1,11): »qui Deus conservat: es heist vidit, quod essent bona, ist nit ein schelm wie wir, der eins dings bald sat wurdt«, sowie WA 30/I, 191, 17–20 (Der Große Katechismus; 1529).

42   WA 44, 540,36–38 (zu Gen 43,11–14).

43   WA 42, 38,32–34 (zu Gen 1,20f.): »Huiusmodi descriptiones aperiunt nostros oculos et fidem erigunt, ut facilius Deo credamus, quod nos quoque servare possit, quanquam longe simus minores.« Vgl. Anm. 19 (S. 90).

44   WATR 5, 554, 17–20 (Nr. 6238), modernisiert; im Kontext (Z. 16–27), wobei Luther in dieser Tischrede nicht nur rechtfertigungstheologische Sprache verwendet (»sine nostris meritis«), sondern ebenso explizit Christi Heilstat und die Gabe des Heiligen Geistes in Gottes Gaben einschließt und mit der Gabe des Regens vergleicht (vgl. bei Anm. 222 [S. 221]); leibliche und geistliche Gaben stehen damit unter demselben Zeichen, nämlich des ex nihilo bzw. des sola gratia: »Anno 38. 26. Maii cum pulvia per dimidium diem descendisset, Doctor Martinus summo gaudio dicebat: Ach, last vns vnserm lieben Herrn Gott dancken, dan itzundt giebt er vns viel hundert tausent gulden werdt. Jtzundt regnets eitel korn, weitzen, haber, gerste, wein, kraut, zwiebeln, graß, milch. Haec omnia pro nihilo ducimus. Schenckt vns daruber seinen lieben Sohn vnd Heiligen Geist, den sollen wir creutzigen, schmehen. Et haec omnia Deus gratis dat. Si Deus singula sua dona regibus et divitibus distribuisset, dedisset potestatem super morbos, huic contra pestem, alii contra morbum Gallicum, alii supra febres, calculum, lepram, ach, wie ein gelt solt er losen! Sed haec omnia dat Deus sine nostris meritis. Papa haec bene consideravit, qui Deos tutelares finxit et nihil dedit gratis.«

45   WA 44, 801,32f. (zu Gen 49,25), im Kontext (Z. 26–35): »[...] id universum dicit fore fructiferum. Matres non tantum foecundae sint, sed abundent etiam lacte, ut

daher das Wachsen der Früchte auf den Feldern beobachtet und ihre Erhaltung wahrnimmt, so ist ihm dies ein ebenso großes Wunder wie die Brotvermehrung in der Wüste.[46] Gott speist »totum mundum quotidie«[47]. Derartige Sätze fordern freilich ebenso heraus: Mag Gottes Erhaltung nicht sichtbar sein und mag man sich stattdessen unter zerstörerischen Kräften wähnen – wie auch Regen bisweilen ausbleiben kann –, so ermuntert Luther, dennoch am Glauben an Gottes conservatio festzuhalten;[48] dann werde man sehen, dass Gott auf wunderbare Weise (»mirabiliter«) die Welt regiert und tatsächlich die Seinen inmitten der Gefahr erhalte.[49] Und richtig: Wenn Gott auch nur einen Tag (»uno die«) lang die Welt nicht regierte, so würde alles mit Inflation, Pest, Krieg und Feuer verderbt werden.[50] Nicht eine Stunde (»unam horam«) länger würde man am Leben bleiben, sondern in Sünde und Schande fallen, wobei kein Stück Vieh, keine Saat auf dem Felde, kein Getreide in der Scheune, kurz, nichts Lebensnotwendiges unversehrt bliebe.[51] Wäre nicht jeder einzelne Augenblick unseres Lebens von Gott bewahrte und erhaltene Lebenszeit, würde,

---

alere infantes queant. Vaccae praebeant vitulos, lac, butyrum, caseos, item oves et boves carnes suppeditent. Magna equidem haec beneficia corporis sunt, sed vilescunt assiduitate. Ego saepe subducta ratione inveni incomparabiliter plus lactis consumere genus humanum, quam vini. Greges ovium veluti nubes sunt pluentes lac, sed negligimus et contemnimus haec dona, qui vetustate et usu quotidiano viluerunt, et tamen mera sunt miracula et immensa beneficia Dei.« Weil dieses Geschehen des Milchgebens alltäglich ist, bleibt es als Wunder unbeachtet. Zu »vilescunt assiduitate« vgl. Augustin, Tract. in Ioh. 24, 1; zu Joh 6,1–14 (CChr. SL 36, 244).

46 WA 43, 139,8–10 (Gen 21,1–3): »Quod enim fruges crescunt, et conservantur species, hoc tam magnum [sc. Wunder] est, quam illud, quod panes in deserto multiplicati sunt«. Vgl. WA 44, 352,24–30 (zu Gen 39,5f.): »Magnum illud et mirabile opus fuit, quod pavit septem panibus quatuor millia hominum. At vero quotidie pascit totum orbem terrarum, quod multo magis miraremur, nisi assiduitate viluisset. Proinde ocularia miracula longe minora sunt quam auricularia.« Siehe auch Anm. 61 (S. 76).

47 WA 46, 494,30 (Predigt zu Mk 7,31ff.; 1538).

48 WA 44, 70,2–5 (zu Gen 32,1f.): »Atqui non video, inquies, me esse circundatum ministerio angelorum: imo contrarium sentio, et videor mihi traditus in potestatem Sathanae et ad infernum deductus. Nequaquam sic statuas.«

49 WA 42, 514,3–5 (zu Gen 13,14f.): »Audimus enim Deum loquentem familiariter cum hominibus: videmus Deum mirabiliter gubernantem humana, et servantem suos in mediis periculis.« Vgl. WA 42, 531,16–18 (zu Gen 14,15).

50 WA 44, 68,3–6 (zu Gen 32,1f.): »Si enim vel uno die non gubernaret Deus orbem terrarum per angelos, subito universum genus humanum occidione occideret, raperet, ageret, perderet fame, peste, bellis, incendiis.« Bereits Luthers Lehrer Johannes von Staupitz (Libellus, 1, 1 [Bd. 2, 77]) sieht die Kreatur ohne Gottes Erhaltungshandeln auf das Nichts zulaufen: Die Kreatur, »die in dem, das sie ein creatur ist, zu nichte lauffet und eilet, es sei dann, das sie der enthalt [sc. erhält], der sie erschaffen hat.«

51 WA 44, 67,2–6 (zu Gen 32,1f.): »Neque enim tanta potentia est Diaboli, quantam in speciem apparet. Nam si esset ei plena potestas pro libitu saeviendi, non viveres unam horam, non unam pecudem, non segetem in campo, non frumentum in horreo, nihil denique eorum, quae ad hanc vitam pertinent, salvum aut integrum retineres.« Ähnlich WA 44, 70,5–8 (zu Gen 32,1f.).

so Luther, der Diabolos alles verwirren und auf den Kopf stellen[52]: »Itaque singulis momentis custoditur vita nostra et servatur miraculose per Verbum.«[53] Mit dem Stichwort »per Verbum« kommen wir zum Modus dieser conservatio.

§ 3 »Verbum, per quod condita sunt omnia, et adhuc hodie conservantur« (WA 42, 17,12f.) – Die erhaltende Gegenwart des göttlichen Schöpferwortes

1. »Solus quidem operatur ipse, sed per nos« (WA 44, 648,30f.) – Creatio ex nihilo und geschöpfliche cooperatio

Gottes Schöpferwort, mit dem er die Welt aus dem Nichts gerufen hat, ist erhaltend gegenwärtig: »Verbum, per quod condita sunt omnia, et adhuc hodie conservantur«[54]. Seine »göttliche Grammatik«[55] behält Gott nicht für sich, sondern gibt dem Menschen an ihr teil. Durch die vorlaufende Anrede Gottes geschieht menschliche Sprachbefähigung.[56] Gottes Einsetzungswort spricht den Menschen schöpferisch an und stiftet wiederum eine schöpferische Anrede des Menschen an die Kreatur. Menschliche Taten werden durch Gottes Anrede geheiligt und mit seinem eigenen, göttlichen Handeln verknüpft. Gott spricht – und schafft damit – durch Menschen: »›DIXIT DOMINUS‹, scilicet: per Sem«[57].

---

[52]   WA 44, 67,14–17 (zu Gen 32,1f.): »Turbat sane, tamen hoc, quod maxime cupit, non potest efficere, ut evertat omnia, et coelum terrae misceat, tam firma sunt valla, munitiones et saepes angelorum in circuitu nostro et omnium rerum.« Vgl. WA 44, 67,2 (zu Gen 32,1f.). Vgl. WA 18, 662,12 (De servo arbitrio; 1525): Die Menschen bringen unter der Macht Gottes ihr Leben so zu, »ut ne momento consistere suis viribus possint«; vgl. WA 18, 625,21f. (De servo arbitrio; 1525): »[...] vitam corporis, quae nullo momento mihi certa esse potest, [...].«

[53]   WA 42, 328,27f. (zu Gen 7,11f.).

[54]   WA 42, 17,12f. (zu Gen 1,5). Vgl. WA 43, 138,38.139,3f. (zu Gen 21,1–3), zit. Anm. 272 (S. 179).

[55]   Nachweise Anm. 312 (S. 133).

[56]   Siehe Anm. 184 (S. 114).

[57]   WA 43, 396,36f. (zu Gen 25,23); WA 42, 518,5f. (zu Gen 13,14f.): »Mea haec sententia est: Factum hoc per patriarcham Sem, et per humanum ministerium« und ebenso WA 42, 518,20–22 (zu Gen 13,14f.). Vgl. Gottes mittelbares Sprechen mit Noah in WA 42, 325,4f. (zu Gen 7,2f.): »Dixi autem supra, quomodo Deus cum Noah sit collocutus: non de coelo, sed per hominem« und Luthers Betonung, dass dies als menschliches Wort gleichwohl göttliches ist, WA 42, 320,(3–11)10f. (zu Gen 7,1): »Nam verbum Dei etiam cum ab homine pronunciatur, vere est verbum Dei.« Vgl. ebenso Hagars unspektakuläre Errettung durch »menschliche« Engel und menschliches Wort und durch das Wirken des Geistes in WA 43, 177,8–12 (zu Gen 21,17): »Haud dubie autem Angelus in humana specie apparuit. Quia autem verbum Dei nunquam frustra praedicatur, primum ipsa quoque Hagar quasi ex morte voce An-

Damit hat für Luther Gottes schöpferische conservatio und gubernatio –
wie überhaupt Gottes Wirken – in all ihrem Wunderbaren jedoch keinen
mirakulösen Charakter,[58] sondern ist stattdessen bestimmt vom Profanen,
Alltäglichen und Kreatürlichen.[59] Wie trivial sich diese auch äußerlich
gestaltet, Gott erhält doch eben derart kondeszendent seine Welt, steigt
darin zu ihr herab und »ziert sie«, seine Schöpfung in ihrer Profanität
nicht verachtend.[60] In seiner Freude über Gottes souveränes Schöpferwort
wird Luther nicht schwärmerisch oder enthusiastisch; er kommt darin
nicht in Gefahr, die weltlich-kreatürliche Mitarbeit des Menschen abzu-
werten oder als negativ, als etwa schlicht mechanisch notwendig abzu-
qualifizieren. Luther begreift und erkennt die irdisch-weltliche Vermittlung
göttlichen Schaffens: Gott will und möchte nicht ohne den Menschen, ohne
die Kreatur, schaffen. Gottes Reden ist, wie sein Schaffen, vermittelt.[61]
Das verdankte Leben gründet für Luther in einer lebenschaffenden und
lebenerhaltenden Anrede, wobei diese in kreatürlicher Weise gehört wird;
sie ist, so Oswald Bayer, eine Wendung Hamanns aufnehmend, eine »Rede

---

geli excitatur. Deinde illuminatur novo lumine spiritus sancti«. Vgl. das Reden des
Geistes durch die Eltern WA 42, 209,20–22 (zu Gen 4,9). Neben seiner Kritik der
Schwärmer in WA 43, 225, 25–28 (zu Gen 22,11) siehe dagegen zum verbum inter-
num auch Anm. 155 (S. 162).

[58] WA 43, 71,7–9 (zu Gen 19,14): »Manet igitur regula, de qua supra etiam dixi, quod
Deus non amplius vult agere secundum extraordinariam, seu, ut Sophistae loquuntur,
absolutam potestatem: sed per creaturas suas, quas non vult esse otiosas.«

[59] WA 42, 316,23–25 (zu Gen 6,21): »Deus utitur mediis certis, et sua miracula sic tem-
perat, ut tamen ministerio naturae et mediis naturalibus utatur.«

[60] WA 43, 656,6–10 (zu Gen 30,2): »[...] et descendit ad suas creaturas, eas curat et ornat. Ipse enim creavit orbem terrarum, creavit masculum et foeminam, et benedixit eis,
ut essent foecundi. Subiecit eis mundum, et adhuc sustentat omnia, alit et praebet lac
matri ad fovendum et nutriendum foetum. Has creaturas non contemnit, non despicit
suum opus.«

[61] WA 43, 183,2f. (zu Gen 21,18): »[...] siquidem per tuum os loquitur [sc. Gott] mecum, et per meum os loquitur tecum«. Ebenso WA 43, 233,29–32 (zu Gen 22,13):
»Sed ut aliquid dicamus de proposita quaestione, illud meminerimus, quod scriptura
sancta usitatum Deo esse ostendit, ut per Angeli aut ministri alicuius vocem producat
ea, quae non erant, aut ea, quae existunt, multiplicet.«
Um zu betonen, dass zwischen Schöpfer und Geschöpf keine Zwischeninstanz
steht, die beide Seiten voneinander trennt, distanziert, ja isoliert, sondern dass Gott
ein *präsenter* Gott ist, der alles durchdringt, kann Luther – unbeschadet des Gedankens der cooperatio – auch schreiben: Gott »schickt keine amptleut odder Engel aus,
wenn er etwas schaffet odder erhellt, sondern solchs alles ist seiner Göttlichen gewalt
selbs eigen werck« (WA 23, 133,32f. [Daß diese Worte Christi ›Dies ist mein Leib‹ ...;
1527]; siehe aaO., 133,33ff. in Anm. 228 [S. 121]), »er machts alles alleine« (aaO.,
137,17f.), da Gott »alles, was er allein geschaffen hat, auch allein bewegt, treibt und
mitreißt durch die Bewegung seiner Allmacht« (»Dum omnia, quae condidit solus,
solus quoque movet, agit et rapit omnipotentiae suae motu«; WA 18, 753,29–31 [De
servo arbitrio; 1525]). Vgl. Luthers Magnificatauslegung in Anm. 155 (S. 162). Vgl.
Luthers Ständelehre (S. 154) und Michael Plathow, Das Cooperatio-Verständnis M.
Luthers, 28–46; bes. 31–33.

an die Kreatur durch die Kreatur«[62]. Diese Rede unterliege nach Luther
der »unfehlbaren und gewissen Regel«, dass Gott sich dem Menschen in
der Weise offenbart, dass dieser ihn »mit Augen sehen, mit Händen greifen, und in Summa, mit allen fünf Sinnen fassen kann; derart nahe zeigt
sich uns Menschen die göttliche Majestät«[63].

Ist »bara« (Gen 1,1) jedoch, wie oben bereits festgestellt, allein auf Gott
bezogenes Reservatwort,[64] so ist das »Schaffen« des Menschen von diesem damit strikt zu unterscheiden: Der Mensch schafft nicht aus eigener
Kraft, sondern wird dazu ermächtigt; Gott und Mensch wirken *gemeinsam*.
Doch: Lässt sich dies noch eine *creatio ex nihilo* nennen? Oder anders
gefragt: Wie gehen cooperatio und creatio ex nihilo zusammen?[65]

Kern von Luthers Argumentation ist folgende begriffliche Unterscheidung: Der Mensch ist Mitarbeiter, cooperator Gottes, aber nicht concrea-
tor.[66] 1Kor 3,9 und dessen Bestimmung der Menschen als »cooperatores
Dei«[67] wird von Luther dahingehend präzisiert, dass Gott zwar alleine
arbeitet, dies jedoch durch uns Menschen, seine Kreatur, tut (»Solus quidem operatur ipse, sed per nos«).[68] Die Kreatur erhält damit die Würde,
Neues schaffen zu können,[69] wobei dieses Geschehen an die Schöpfermacht Gottes gebunden ist.[70] Dabei bleibt die Unterscheidung und damit
Grenze zwischen göttlichem und menschlichem Schaffen gewahrt.

---

[62] Oswald Bayer, Schöpfung als Anrede, 9–32. Johann Georg Hamann liest dieses Dictum aus Ps 19,3: »Ein Tag sagt's dem andern, und eine Nacht tut's kund der andern«
(aaO., 16, Anm. 27).

[63] WA 42, 626,15–19 (zu Gen 17,3–6): »Sed tu regulam hanc certam et infallibilem reti-
neas et sequaris, quod dispositio divinae sapientiae haec est, manifestare se hominibus
aliqua certa et visibili forma, quae cerni oculis, et manibus palpari potest: in summa,
quae quinque sensibus eposita sit. Adeo se propinquum nobis divinum numen sistit.«

[64] Siehe bei Anm. 181 (S. 46).

[65] Hierzu einführend Gerhard Ebeling, Dogmatik, Bd. 1, 322–325.

[66] WA 47, 857,35 (Predigt am Michaelistag; 1539): »Sic will uns haben zu miterbeitern,
non concreatores.« Weiter David Löfgren, Die Theologie der Schöpfung bei Luther, 25.

[67] WA 43, 81,22 (zu Gen 19,18–20; 2Kor 6,1), im Kontext zit. Anm. 79 (S. 152).

[68] WA 44, 648,30f. (zu Gen 46,28).

[69] »Zur ontologischen Würde der Kreatur«, so Peter Brunner (Pro ecclesia, Bd. 2, 43),
»gehört auch ihre dignitas causalitatis. Sie umschließt in dem allgemeinen Verhältnis
zwischen Gott und Kreatur wohl das tiefste Geheimnis. [...] Der Kreatur kommt tatsächlich die Würde zu, Wirkungen hervorzubringen, die nicht Schein sind, sondern
Neues setzen. Die hervorbringende Macht der Kreatur ist aber keine Eigenmächtigkeit, sondern Ermächtigung, aus Gottes Schöpferwort empfangen. [...] *Gott* wirkt,
indem die Kreatur wirkt. [...] Diese geheimnisvolle Verschränkung von kreatürlicher
Hervorbringung tatsächlicher Wirkungen mit der Allwirksamkeit Gottes ist nur deswegen möglich, weil wir es hier mit der Allwirksamkeit des Gottes zu tun haben, der
die Kreatur gerade dazu aus dem Nichtsein ins Sein gerufen hat, daß sie *Kreatur mit
ihm* und er *Gott bei und mit der Kreatur* sei.«

[70] Friedrich Lohmann (Die Bedeutung der dogmatischen Rede von der ›creatio ex nihilo‹, 221): »Auch in Gen 1 und 2 ist zu beobachten, daß das Mitwirken des schon
Geschaffenen an der Schöpfung immer der vorausgehenden Anweisung [besser: Be-
auftragung] Gottes untergeordnet bleibt.«

Von außen betrachtet ist jedoch dieses von Luther sachlich strikt unterschiedene Handeln Gottes und des Menschen ununterscheidbar ineinander verwoben: Gott gibt Nahrung und Kleidung; und doch pflügt der Mensch, sät, erntet und kocht. Gott gibt Kinder, die durch Gottes Segen geboren werden und aufwachsen, und doch ernähren die Eltern diese, versorgen sie, ziehen sie auf und unterrichten sie.[71] Wahrnehmbar an diesem Geschehen ist tragischerweise lediglich das menschliche Handeln, wodurch es auch, äußerlich betrachtet, als ein rein solches erscheint; gleichwohl sind *beide* am Werk.[72] Der Anfang menschlichen Lebens etwa wird gleichermaßen bestimmt vom souveränen göttlichen Schöpfungshandeln, in dem auf wunderbare Weise ein Mensch ins Leben gesetzt wird, und von äußerst menschlichem und geschlechtlichem Handeln: Göttlicher Schöpfungs- und menschlicher Liebesakt bilden eine Einheit. Und diese Einheit ist letztlich nicht »nur« äußerlich, denn in diesem Verwobensein ist damit die Entstehung eines neuen Lebens kein rein göttliches, aber ebenso auch kein rein menschliches Geschehen.

Das Verhältnis dieses Ineinanders von Gabe Gottes und Tätigkeit des Menschen wird im Folgenden deutlich: »Das dis die meynung sey: Gott hat Adam gepotten, seyn brod zu essen ym schweys seynes angesicht, und will, er sol erbeytten, Und ohn erbeyt will er yhm nicht geben. Widderumb will er yhm auch nichts durch seyne erbeyt geben, sondern blos alleyne durch seyne güte und segen«[73]. Die Arbeit des Menschen ist also nicht der Grund des zustande kommenden Ergebnisses. Zwischen menschlicher Arbeit und ihrem Gelingen besteht keine wechselseitige Notwendigkeit, sondern in seiner Arbeit zeigt der Mensch, dass er das Geschenk Gottes annimmt; es ist ein Werk der Dankbarkeit – »[d]arumb danck unserm Herrgott, er meinets gut mit dir.«[74]

Zwei Einschränkungen werden damit deutlich: Wenn Gott und Mensch auch zusammenarbeiten, so ist dies nicht die Kooperation zweier gleichwertiger Partner; ist Gottes Schöpfung auch mittelbar, so ruht dennoch alles letztlich allein in Gottes Hand: »quia non sunt opera nostra, sed Dei per

---

71 WA 44, 648,21–26 (zu Gen 46,28): »Deus enim ita regit nos, ut non velit esse ociosos, praebet nobis victum et amictum, sed ita, ut aremus, seramus, metamus, coquamus. Dat praeterea sobolem, quae nascitur et crescit Dei benedictione, et tamen a parentibus fovenda, curanda, educanda et instituenda est. Ubi autem fecerimus ea, quae in nobis sunt, tum reliqua Deo permittamus, et iactemus curam nostram super Dominum, quoniam ipse faciet [Ps 55,23].«

72 WA 43, 236,14–20 (zu Gen 22,15f.): »[...] et praepostera haec ratio est omnium hominum, ut magis admirentur opera, quam sermonem Dei, qui est author et effector omnium mirabilium et difficillimorum operum. Et tamen oculos tantum in opera deflectimns, vocem autem Dei cogitamus esse vocem hominum. Neque enim aliqua differentia apparet inter verbum hominis et verbum Dei prolatum per hominem, eadem vox, idem sonus et pronunciatio est, sive divina, sive humana proferas.«

73 WA 15, 367,13–17 (Der 127. Psalm ausgelegt [...]; 1524).

74 WA 44, 412,24 (zu Gen 41,26–31).

ministerium nostrum«[75]. Die Abhängigkeit menschlichen Schaffens und seine Bindung an das göttliche gestaltet sich derart, dass Luther etwa die Geburt durch die Mutter, obwohl diese an Schwangerschaft und Geburt wahrlich nicht unbeteiligt ist, auch als *alleiniges* Werk Gottes bezeichnen kann.[76] Auch das scheinbar selbstständige Hervorbringen der Erde (Gen 1,24) macht die Erde längst nicht zur selbstmächtigen Schöpferin; »Terra enim non est factrix nostra«[77]. Gott braucht und benötigt die cooperatio des Menschen nicht,[78] aber er wünscht sie. Gott »könnte«, so Luther, »eine Kirche sammeln ohne das Wort bzw. Predigtamt, könnte das politische oder weltliche Regiment verwalten ohne Obrigkeit, könnte Kinder zeugen ohne Eltern – aber er beauftragt uns und will haben, dass wir predigen, dass wir beten und dass jeder an seinem Ort und in seinem Beruf tun soll, was ihm gebührt.«[79] Luther streicht immer wieder heraus, dass Gott nur durch des Menschen Mitwirkung[80] – auch unter der Gefahr, dass dieser die Mitarbeit verweigern sollte[81] – handeln möchte.[82] Gott räumt

---

[75] WA 43, 525,15f. (zu Gen 27,28f.).

[76] WA 43, 391,32–36 (zu Gen 25,22): »[...] primum quod ista generatio carnalis, [...] tamen non est naturae propria, sed donum Dei. Hoc in patribus discendum est. Dispergit quidem id donum Deus in multitudinem pessimorum hominum. Sed pii intelligunt vere donum Dei esse.« WA 43, 391,38–40. 392,4f. (zu Gen 25,22): »Discat igitur pius, quod sit maximum donum et creatio divina gignere et parere filios aut filias. Inde enim vocamus Deum ceatorem nostrum et patrem nostrum. [...] Sicut sancti patres id didicerunt ex hisce tentationibus, esse generationem opus divinum et solius Dei.«

[77] WA 42, 43,29 (zu Gen 1,26).

[78] »Nicht Gott« so Wilfried Härle zutreffend (Dogmatik, 291), »braucht die menschliche cooperatio, sondern der Mensch die göttliche.«

[79] WA 43, 391,3–6 (zu Gen 25,22): »Posset Ecclesiam congregare sine Verbo, gubernare politiam sine Magistratu, generare liberos sine parentibus [...], sed mandat nobis, et vult, ut praedicemus, ut oremus, et quilibet suo loco officium faciat«. Ausführlicher WA 43, 81,21–28 (zu Gen 19,18–20): »Ideo positi sumus ad varia offitia administranda, ut simus quasi adiutores, seu ›cooperatores Dei‹. Sicut Paulus appellat, 2. Corinthiorum 6 [2Kor 6,1]. Et supra dixi, posse Deum facere hominem ex luto, sed placet ei alia via, ut scilicet maritus fias, et ducas legitimam uxorem: sic posset docere et illuminare corda sine ministerio verbi, sed non vult. Ideo ordinavit ministerium externum, et instituit Sacramenta, sine Baptismo potest remittere peccata, sed non facit, vult nos homines participes esse suarum operationum«. Vgl. Max Weber (Die protestantische Ethik, 68), der insbesondere die »sittliche Qualifizierung des weltlichen Berufslebens eine der folgenschwersten Leistungen der Reformation und also speziell *Luthers*« herausstellt und würdigt.

[80] Nach wie vor grundlegend zu Luthers Lehre von der göttlichen Erhaltung ist Martin Seils, Der Gedanke vom Zusammenwirken Gottes und des Menschen in Luthers Theologie, 1962.

[81] Der Mensch kann aus Undankbarkeit über Gottes Gaben und aus Überdruss an den Mühen der Mitarbeit diese, freilich nur in bestimmtem Rahmen, verweigern. Dies geschieht, indem er sich menschlichem Miteinander so weit wie möglich verschließt oder die Aufgaben in den Ständen für eigene Zwecke missbraucht, WA 42, 346, 15–18.32–35 (zu Gen 8,21).

seiner Kreatur die Möglichkeit ein, ebenfalls in Freiheit[83] schöpferisch zu gestalten, wobei es der in seiner Liebe begründete Wille zur Selbstmitteilung ist, der seiner Kreatur eine derartige Würde zuspricht.

Wo die cooperatio des Menschen dagegen nicht nur nicht gewünscht, sondern ganz und gar ausgeschlossen ist, zeigt sich die zweite Einschränkung Luthers: Menschliche cooperatio findet ihre Grenze bei der *eigenen* Person; hinsichtlich seines eigenen Seins vermag der Mensch nicht zu kooperieren. Dies hat entscheidendes Gewicht im Rechtfertigungsgeschehen.[84] Die cooperatio ist nämlich »*begrenzt* auf das Wirken des Menschen in Beziehung zu den anderen Kreaturen. Im Blick auf die [eigene] Beziehung zu *Gott*, und damit im Blick auf das [eigene] *Heil* ist der Mensch *rein passiv, nur Empfangender.* Hier ist jede cooperatio des Menschen ausgeschlossen.«[85]

Kehren wir nach diesen Beobachtungen zu unserer Ausgangsfrage zurück, wie cooperatio und creatio ex nihilo zusammengehen, so wurde Folgendes deutlich: »ex nihilo« heißt, dass auch das geschöpfliche kooperative Schaffen und dessen Bewahrungshandeln in der Souveränität Gottes seinen Ursprung hat und von diesem her seine Kraft wie Autorität erhält. Nicht in der Kreatur und ihrem Wirken liegt Gottes conservatio begründet, auch nicht in einem kreatürlichen Verdienst oder einem kreatürlichen Streben nach Dauer; die Kontinuität der Schöpfung und ihre Bewahrung liegt vielmehr allein in Gottes Handeln. Damit geschieht, wie bereits die creatio, die conservatio der Schöpfung »ex nihilo«, und in diesem Sinne ist auch der Mensch cooperator »ex nihilo«.

So unspektakulär Gott sein Schaffen gestaltet und dementsprechend auch die cooperatio des Menschen ist, so unspektakulär sind ebenso die Orte, in denen diese cooperatio stattfindet: die Stände. Diese sind die Orte der Mitarbeit und der menschlichen Verantwortung.

---

[82] WA 44, 648,32–39 (zu Gen 46,28). Ebenso WA 43, 71,11–13 (zu Gen 19,14), zit. Anm. 266 (S. 178). Vgl. WA 43, 68,20–24 (zu Gen 19,14). Zur cooperatio in den Ständen siehe S. 162 (ecclesia), S. 177 (oeconomia) und S. 184 (politia).

[83] WA 42, 107,29ff. (zu Gen 3,1). Auch: WA 18, 638,5f. (De servo arbitrio; 1525): »doceamus, ut homini arbitrium liberum non respectu superioris [sc. Heil], sed tantum inferioris [sc. Wohl] se rei concedatur«. Luthers Bestimmung des Irdischen als »inferior« darf nicht verwechselt werden mit einer Disqualifizierung des Weltlichen. Weiter Gustaf Wingren, Luthers Lehre vom Beruf, 23–25.

[84] Siehe die Verweise in Anm. 165 (S. 164).

[85] Wilfried Härle, Dogmatik, 291. Vgl. die Verhältnisbestimmung von Gottes Souveränität und menschlicher Personalität bei der Heilsaneignung bei Anm. 205ff. (S. 219).

§ 4 Die drei Stände als Ort der creatio ex nihilo, conservatio ex nihilo und recreatio ex nihilo

1. Einführung

Luthers Schöpfungslehre und damit Gottes Schöpfung aus dem Nichts hängt auf das Engste mit seiner – insbesondere in der Großen Genesisvorlesung entfalteten[86] und zu dem Kern seiner Ethik gehörenden – Ständelehre zusammen,[87] da in ihren Feldern Schöpfung, Erhaltung und Neuschöpfung sich vollziehen. Verliert man das evangelische Verständnis der Stände, so entgleitet damit zwangsläufig ebenso das Wissen um Schöpfer und Kreatur.[88] Grund dieser Verknüpfung ist vor allem, dass die Altgläubigen das Einsetzungswort Gottes in den Ständen und damit sein Schöpfungswort nicht wahrnehmen; Gottes Schöpfungswort ex nihilo ist in Luthers Ständelehre nämlich das Einsetzungswort.

Schafft und erhält Gott ex nihilo, so finden diese Vorgänge nicht isoliert statt; Gottes Weltwirken ex nihilo geschieht in den Ständen, wobei diese keine Nische kennzeichnen, sondern alle Wirk- und Handlungsmöglichkeiten umfassen. Mit Luthers Ständelehre wird »die Begrenzung Gottes auf den sakralen Raum durchbrochen und auf Gottes Gegenwart in der reichen Wirklichkeit der *ganzen* Schöpfung hingewiesen«[89].

Gewährte und dem Menschen durch das Einsetzungs- und damit Schöpfungswort Gottes unverdient zugesprochene Lebens- und Wirkräume sind die drei Stände – Luther spricht von Orden[90] bzw. Hierarchien[91] und Mi-

---

[86] Die Große Genesisvorlesung ist Luthers Haupttext, in dem er seine Dreiständelehre am ex- wie intensivsten darlegt; vgl. die früheren Ausführungen in seinem »Bekenntnis« von 1528 (WA 26, 499 – 509).

[87] Zur Ständelehre Luthers siehe bes. Oswald Bayer, Freiheit als Antwort, 116–146 und ders., Schöpfung als Anrede, 46–61.

[88] WA 44, 261,7f. (zu Gen 37,12–14): »Haec lux [sc. der Ständelehre] sublata fuit ex Ecclesia Dei per Pontifices, ita ut nulla amplius cognitio nec creatoris, nec creaturarum manserit apud homines«.

[89] David Löfgren, Die Theologie der Schöpfung bei Luther, 84.

[90] WA 43, 30,13f. (zu Gen 18,15): »Utiliter dividitur haec vita in tres ordines: Est enim alia vita Oeconomica, alia politica, alia ecclesiastica.« Ebenso WA 44, 530,33 (zu Gen 43,1–5): »Scimus esse tres ordines vitae huius, Oeconomiam, Politiam et Ecclesiam«. Vgl. WA 43, 314,19f. (zu Gen 24,1–4); WA 43, 111,24f. (zu Gen 20,3): »Magna igitur res est esse vel oeconomicum, vel politicum, vel Ecclesiasticum magistratum, sunt enim hi ordines divinitus instituti«.

[91] WA 43, 524,22f. (zu Gen 27,28f.): »Hae igitur sunt tres hierarchiae, quas saepe inculcamus, videlicet oeconomia, Politia et Sacerdotium, sive Domus, Civitas et Ecclesia.« Vgl. WATR 5, 218,14–18 (Nr. 5533; Winter 1542/1543): »Erstlich, die bibel redt vnd leret de operibus Dei, da ist kein zweiffel an; diese aber sein geteilet in drei hierarchias: Oeconomiam, politiam vnd ecclesiam. Wenn sich nun ein spruch nicht reumet mitt der ecclesia, so liesen wir in bleiben in der politia, oeconomia, warzu er sich am besten schickt.«

nisterien[92] – Kirche, Ökonomie und Politie, wobei Luther in der Großen Genesisvorlesung unter Hinzunahme des Lehrstandes auch das Nebeneinander von vier Ständen andeuten kann.[93] In der Gesamtheit ihres Wirkfeldes findet die cooperatio von göttlicher und menschlicher Handlung statt.

Jeder Stand hat unterschiedliche Aufgaben: »In Ecclesia quaeritur gloria Dei, in politia pax, in oeconomia educatio prolis.«[94] Ebenso füllt auch jeder Stand eine eigene Zeit aus: Die Ökonomie ist ein »tägliches Reich«, die Politie ein »zeitliches« und die Kirche ein »ewiges«[95]. Wie es auch – in recht subjektiver Einschätzung Luthers – drei unterschiedliche Mühen der Stände gebe: Am leichtesten sei die Arbeit in der Ökonomie, dann komme die Politie, und die schwerste Arbeit sei schließlich die in der Kirche.[96] Zugespitzt benennen diese drei Stände in der Reihenfolge ihrer Einsetzung das Gottes-, Selbst- und Weltverhältnis des Menschen.

Sind die Stände durch das Einsetzungswort aus dem nihil gerufen, so sind sie selbst ihrerseits Hilfe und Schutz gegen die Bedrohung des Nichts: Ohne Kirche, Ökonomie und Politie und Gottes Erhaltung durch sie würde alles ins nihil zurückfallen. Dabei stehen die Stände selbst in Gefahr, als »nichts« angesehen zu werden. Denn wer etwa einer kehrenden Magd zuschaut, wird kaum glauben, dass diese durch Gottes Einsetzungswort in ihr unscheinbares Amt eingesetzt wurde;[97] geschweige denn wird dem Betrachter bewusst sein, dass durch diese gewöhnliche Tätigkeit die Schöpfung erhalten wird. In dieser cooperatio erhalten die in den Ständen lebenden Menschen jedoch Anteil an Gottes Macht und Kraft.[98]

---

[92] WA 42, 320,41 – 321,1 (zu Gen 7,1): »In Ecclesia doceat minister, Rempublicam gubernet magistratus, Domum suam oeconomiam regant Parentes. Hominum enim haec sunt ministeria, instituta a Deo, itaque iis utendum, [...].«

[93] WA 42, 516,33–35 (zu Gen 13,14f.): »Aetas, sexus, vocationes in hac vita varie differunt: Alius docet ecclesiam, alius servit Reipublicae, alius instituit iuventutem, mater studio suo fovet et excolit liberos, maritus de victu honeste parando sollicitus est«. In etwas anderer Verteilung spricht Luther ebenso von vier Ständen in WA 23, 511,33 – 515,11 (Sacharja-Auslegung; 1527). Vgl. die »Aufgabe der Gestaltung des Zusammenlebens als ursprüngliche Einheit von vier Grundaufgaben« (aaO., 237) in Eilert Herms' Aufsatz ›Kirche für die Welt‹ (Kirche für die Welt, 231–317; bes. 235–261).

[94] WA 43, 314,19f. (zu Gen 24,1–4).

[95] WA 43, 524,23–27 (zu Gen 27,28f.): »Domus habet panem quotidianum, et est quasi diurnum regnum. Politia habet temporalia, et est plus, quam diurnum: quia durat toto tempore exclusa aeternitate. Sed sacerdotium supra domum et civitatem Ecclesiasticum, coeleste et aeternum est.« Vgl. WA 42, 386,33f. (zu Gen 9,26): »Verbum autem Domini et Ecclesia manet in aeternum.«

[96] WA 42, 159,13–18 (zu Gen 3,19): »Summa igitur stultitia est, quod Fanatici manuum labores sic urgent, qui corpori confirmando utiles sunt, Cum e contra hi politici et ecclesiastici labores maximi atterant corpora et tanquam ex imis medullis omnem succum exhauriant. Distinguemus igitur sudorem secundum iustam proportionem. Oeconomicus sudor magnus, maior politicus, ecclesiasticus maximus.«

[97] Siehe weiter bei Anm. 178 (S. 113) und bei Anm. 211 (S. 171).

[98] Siehe etwa WA 42, 360,23 (zu Gen 9,6): »Hic autem communicat suam potestatem Deus cum homine« (im Kontext zit. Anm. 309 [S. 184]).

Wie sich Gottes Werke unspektakulär unter unscheinbarer Gestalt ver-
bergen,[99] so verbirgt sich Gott auch unter der geringen Gestalt der Stände
und zieht bisweilen – so Luther – einen schäbigen »Bettlersmantel« an.[100]
Dies hat seinen Grund darin, dass Gott dem Menschen damit das Gewicht
seines Wortes einprägen möchte: Gottes Werke sind von ihrem Einset-
zungs- und Schöpfungswort her zu deuten und nicht von ihrer äußerlichen
Gestalt.[101]
Eine derart schematische Aufteilung, wie die unten durchgeführte, soll
nicht zuletzt durch ihre Struktur das Schöpfungshandeln der Stände verdeutlichen, hat aber eben gerade darin auch ihre Schwächen: Durch die
inneren Verbindungen der Stände untereinander ist nämlich eine strikte
Trennung ihrer Aufgaben in creatio, conservatio und recreatio ex nihilo
nicht möglich. Dient beispielsweise der geistliche Stand der recreatio ex
nihilo, so findet diese gleichzeitig im Hausstand statt, in dem die Eltern
als »Hausbischöfe« ihrer Familie amtieren. Und auch die Obrigkeit, die
Sünde bestraft, der Predigt Raum gibt und Orte des kirchlichen Wirkens
schafft und zur Verfügung stellt, kann man ebenso schwerlich als ungeistlich bezeichnen, ist es doch Aufgabe aller drei Stände, ›der Sünde zu
wehren‹.[102]
In seiner Auslegung der Genesis sind kirchliches Amt, Hausstand und
politische Herrschaft der Patriarchen für Luther die Ausgangspunkte,
anhand derer er die conservatio der Schöpfung darlegt und um die er in
seiner Bestimmung des Weltwirkens des Christen immer wieder kreist.
Folgende Stellen sind ebenso hervorzuheben: die Gründung des Standes
der Kirche durch die Anrede des Menschen, die Eröffnung des Paradieses durch die ›Einsetzungsworte‹ Gottes, mit einer Ausnahme von ›allen

---

99 WA 43, 103,25f. (zu Gen 20,1): »[...] ac sunt opera Dei semper abscondita sub vili
aliqua forma, non splendent in mundo, sed in oculis patris coelestis.«

100 WA 43, 140,27 (zu Gen 21,1–3), zit. im Kontext (Z. 23–27): »Ita tum in oeconomia,
tum politia, tum Ecclesia quoque accidit: omnia sunt plenissima molestiarum, et tamen
qui in verbum respiciunt, retinent aequabilitatem animi, et sentiunt salutem. Deus
enim, sicut in scaena solet, cum sit rex regum, et Dominus Dominantium, saepe induit pallium mendici.«

101 WA 43, 138,30f. (zu Gen 21,1–3): »Quod meminit temporis definiti et certi, fit, ut
inculcet promissionem. Utque magis consideremus verbum creationis, quam ipsum
opus.«

102 WA 43, 74,37 – 75,4 (zu Gen 19,15): »Instituit enim Deus tres ordines, quibus mandatum dedit, ne peccata sinant impune abire. Primus est parentum, qui domi suae
disciplinam servere custodire debent in regenda familia et liberis. Secundus ordo est
Politicus, Magistratus enim gladium gerit, ut contumaces et negligentes disciplinae
vi cogant. Tertius est Ecclesiasticus, qui verbo gubernat. Sic adversus Diabolum,
carnem et mundum munivit Deus genus humanum hac triplici authoritate: in eum
finem, ne scandala crescerent, sed praeciderentur. Parentes sunt ceu Paedagogi, hos
qui adulti sunt, et negligunt, cohercet Magistratus per Carnificem. In Ecclesia qui
contumaces sunt, excommunicantur.«

Bäumen des Gartens essen zu dürfen‹ (Gen 2,16f.),[103] die Ermöglichung
der Gemeinschaft und Nachkommenschaft durch das Einsetzungswort
›Seid fruchtbar und mehret euch‹ (Gen 1,28f.),[104] das Mandat der Herrschaft über die Erde (Gen 1,28f.) und die Zuordnung der Welt außerhalb
des Paradieses (3,16–24).[105]

2. Kirche

2.1 Nihil der Kirche
und deren creatio durch Gottes Einsetzungswort

Die Kirche als Grundstand[106] ist für Luther aus nichts geschaffen, weil
sie gänzlich von Gottes Handeln abhängig ist: Sie hat keine eigene Qualität und keine eigene Kraft.[107] Luther kann ihre Nichtigkeit nicht drastisch genug herausstellen: Nichts ist elender als die Kirche – »Nihil est
miserius Ecclesia in mundo«[108]. Verachtet vor aller Welt, hat sie keinerlei
eigene Kompetenz und keinen eigenen Glanz. Was die Kirche hat und ist,
hat sie gänzlich und schlechthin von Gott. An und für sich ist die wahre
Kirche »unfruchtbar, wüst, Leiden und Kreuz unterworfen« (»sterilis, desolata, passionibus et cruci obnoxia est«), sie ist »eitel Nichtigkeit« (»hoc
est, vanitas et nihil«).[109]

Klein und verborgen,[110] als Bodensatz der Gesellschaft[111] wird sie für
ihr Gegenteil gehalten – nämlich für eine Ketzerkirche – und daher getö-

---

103 Siehe bei Anm. 106 (S. 157).
104 Siehe bei Anm. 192 (S. 168).
105 Siehe bei Anm. 291 (S. 182).
106 Die Kirche, nach Luther eingesetzt in Gen 2,16f., ist für ihn der Grundstand, begrün-
    det in der Anrede des Menschen durch Gott; WA 42, 79,3–5 (zu Gen 2,16f.): »Haec
    est institutio Ecclesiae, antequam esset Oeconomia et Politia; nam Heua nondum est
    condita. Instituitur autem Ecclesia sine muris et sine pompa aliqua, in loco spaciosis-
    simo et amoenissimo.« »Der Grund-Stand«, so Oswald Bayer (Theologie, 395), »ist
    der des von Gott angeredeten Menschen, der zu dankbarer und freier Antwort be-
    stimmt ist. Das Menschsein des Menschen besteht darin, daß er von Gott ins Leben
    gerufen, mithin angeredet ist und deshalb hören und antwortend selbst reden kann,
    sich aber auch verantworten muß. [...] Jeder Mensch gehört als Mensch, das definiert
    ihn als Menschen, zur Schöpfungsordnung der Kirche, die freilich durch des Men-
    schen Undankbarkeit, durch seine Sünde korrumpiert und daher faktisch nicht mehr
    Kirche ist.« Daher rechnet Luther mit einem von »jedem Menschen gelebten«, gleich-
    wohl »immer verfehlt[en]« Gottesverhältnis (aaO., 396; vgl. Röm 1,18–3,20).
107 WA 43, 664,16f. (zu Gen 30,7f.): »Ecclesia subiecta est servituti in mundo, imo morti
    tradita, ut Paulus ait.«
108 WA 43, 664,37 (zu Gen 30,7f.).
109 WA 42, 187,15f. (zu Gen 4,4), im Kontext zit. in Anm. 248 (S. 175).
110 WA 43, 123,2f. (zu Gen 20,8): »[...] etsi semper maior pars in mundo mala sit, tamen
    Deus habeat suam Ecclesiolam, licet exiguam et absconditam.«
111 1Kor 1,28; zit. in Anm. 194.

tet;[112] als Ketzer werden ihre Glieder ebenso geschändet, verlästert, verspottet, angespuckt, für die allergeringsten Menschen gehalten und mit Schwert und Feuer verfolgt.[113] Das arme Häuflein der Gläubigen[114] ist in ständiger Verzweiflung (»perpetua desperatione«)[115] und nirgendwo erkennbar[116]. Im Gegensatz zur römischen Kirche wird die wahre für nichts geachtet (»[...], quae pro nihilo habetur«),[117] muss leiden, hungern, dürsten, ist unterdrückt[118] und hat keinerlei Ansehen.[119] Als sei der Gottlosen Fluch allein auf sie gefallen,[120] sieht man in ihr nicht nur mehr Fluch als Segen;[121] sie ist vielmehr allezeit leidend,[122] ständig arm und angefochten.[123] Mit »Kreuz, Niedergeschlagenheit, Schimpf und Verachtung« so

---

[112] WA 42, 187,24–26.28.31–33.37 (zu Gen 4,4): »[...] et tamen semper ita, ut hypocritica et sanguinaria Ecclesia habuerit gloriam coram mundo et veram ac Deo dilectam Ecclesiam crucifixerit. [...] Non igitur terreri nos ista fortuna decet. [...] Non enim nunc primum accidit, ut nobis Ecclesiae nomen eripiatur, ut vocemur haeretici, ut, qui occidunt nos, se veram et solum Ecclesiam esse glorientur, [...]. Itaque vera Ecclesia latet, excommunicatur, pro haereticis habetur, occiditur«.

[113] WA 44, 109,38 – 110,1 (zu Gen 32,31f.): »Non enim glorificamur, non honoramur, non laetamur in carne, sed mortificamur, morimur, patimur, confundimur, contumeliis adficimur, conspuimur, et pessimi omnium hominum aestimamur, quos, si possunt, tanquam haereticos et sceleratos ferro et igni e medio tollunt. An non sunt haec opercula vitae gravissima?«

[114] WA 42, 657,28f. (zu Gen 17,15f.): »[...] manet Ecclesia apud pauperem, contemptam et miseram turbulam credentium«.

[115] WATR 3, 438,12f. (Nr. 3592; 1537): »[...] videmus ecclesiam in perpetua desperatione agere«; WATR 2, 361,25f. (Nr. 2201; 1531): »Nos ex scriptura pariter et experientia nunc videmus ecclesiam in perpetua desperatione agere.«

[116] WA 44, 111,25 (zu Gen 32,31f.): »Si igitur quaeris ubi sit Ecclesia? nusquam ea apparet«.

[117] WA 42, 189,6 (zu Gen 4,4).

[118] WA 42, 189,6 (zu Gen 4,4): »[...], quae patitur, esurit, sitit, oppressa iacet«.

[119] WA 43, 496,12–16 (zu Gen 26,34f.): »Quid pater Isaac? est rudis vir, manet in simplicitate, tantum nos docet orare. Illa simplicia sunt sine aliqua specie et pompa, non movent, nec excitant animos hominum. Invehenda sunt in Ecclesiam, quae splendent et fulgent in oculis hominum.«

[120] WA 42, 389,2–4 (zu Gen 9,27): »Ita enim Deus Ecclesiam vult in hoc mundo esse, ut videatur translata in eam maledictio impiorum; Contra ut impii videantur esse benedicti.«

[121] WA 43, 528,17 (zu Gen 27,28f.): »Ad eundem modum in Ecclesia plus maledictionis, quam benedictionis conspicitur.«

[122] WA 42, 188,25–28 (zu Gen 4,4): »Hoc enim omnes omnium temporum Historiae testantur veram Ecclesiam semper fuisse patientem, falsam autem fuisse agentem, veram semper damnatam ab illa altera hypocritica.«

[123] WA 44, 14,34 (zu Gen 31,14–16): »[...] ad alendam pauperculam et adflictam Ecclesiam.« Vgl. WA 44, 14,16–18 (zu Gen 31,14–16): »Quicquid habet Ecclesia, habet invito et repugnante per vim perque insidias et fraudem impediente Sathana et mundo.« Dieses Motiv der »›armen‹ Kirche, die leiden muß in der Welt, aber gerade darin den Willen Gottes erfüllt, gehört zu dem Urgut Lutherscher Ideen« (Peter Meinhold, Die Genesisvorlesung Luthers, 156). Vgl. bereits WA 6, 535,20–22 (De captivitate Babylonica; 1520): »[...] ideoque Ecclesiam tunc fuisse foelicissimam, quando martyres mortificabantur omni die et aestimabantur sicut oves occisionis; tum enim regnabat in Ecclesia virtus baptismi«.

sehr verdunkelt und verdeckt, scheint es, dass es »auf Erden nichts Scheuß-
licheres und Schädlicheres als die Kirche gibt«[124]. Als die »allerelendesten
Menschen und jedermann unterworfen«[125], mit Füßen getreten,[126] aus-
gehungert und verängstigt,[127] werden ihre Mitglieder für Esel und Kinder
gehalten sowie für betrunkene Narren, die »ihre Kleidung mit Wein be-
sabbert haben und noch vom gestrigen Rausch nach Alkohol stinken«,
wobei deren »Augen noch rot sind«[128]. Im Vergleich zu den ›Kindern der
Welt‹, die derart redegewandt sind, dass sie »aus einem Zweiglein einen
ganzen Wald, aus einem Blümlein eine ganze Wiese und aus einem Wort
eine ganze Bibel machen können«[129], werden die Heiligen der Kirche
Christi für naive Narren gehalten.[130] Niemals ohne Feinde,[131] bedroht
wie belächelt vom Teufel,[132] von Papst, Kardinälen, Bischöfen, Äbten,

---

[124] WA 43, 139,39–41 (zu Gen 21,1–3): »[...] et tamen sic obruta est cruce, afflictionibus, ignominia, contemptu, ut mundus nihil foedius nec perniciosius esse iudicet.«
[125] WA 44, 120,42 – 121,2 (zu Gen 33,1–3): »Perinde ut nos Christiani sumus omnium
miserrimi, et omnibus subiecti. Verum non abiectio: sed tantum lucta. Revera enim
sumus et manemus domini coeli et terrae.«
[126] WA 43, 287,15–17 (zu Gen 23,5f.): »Hodie ministerium ab omni errore et idolatria
repurgatum est foeliciter: sed quomodo accipitur et tractatur in mundo? blasphema-
tur, eiicitur, conculcatur, et ministri interficiuntur.«
[127] WA 43, 53,5–7 (zu Gen 19,2f.): »Sicut hodie in Germania multi Ecclesiarum pasto-
res fame pene pereunt, et esurit miser Christus, ac tantum non perit afflictionibus
ubique.«
[128] WA 44, 770,19–23 (zu Gen 49,11f.): »Ita sumus trunci et stipites in oculis Roma-
nensium Cardinalium, sind tolle, volle leut, sehet, wie rot sehen sie, qui nihil aliud
norunt, quam de suo Christo concionari, videmur illis temulenti, foedi, turpes, stolidi,
narren, esel, kinder, qui perfuderunt vestimenta vino, et olent hesternam crapulam,
qua rubent oculi nostri.« Ironisch setzt Luther die vermeintlich vom Alkohol geröte-
ten Augen der Evangelischen dem Kardinalsrot der Altgläubigen entgegen. Vgl. Luthers Selbstironie über den geistlichen Stand in WA 44, 777,5–9 (zu Gen 49,11f.):
»[...] ministri verbi, qui sunt oculi in Ecclesia, per quorum ministerium Deus operatur
ligationem ad vitem, et purgationem vestimentorum, non sunt formosi, sed contempti
et turpes, nulla ulla specie, et videntur loqui ut stulti et ebrii, als haben sie gestern zu
vil gesoffen, haben augen, als weren sie im saltz gelegen, wie ein pikel fleisch [sc. Pö-
kelfleisch].« Dazu WA 44, 765,12 (zu Gen 49,11f.): »Die ymmer toll und vol sind,
die kriegen rote augen.« Vgl. WATR 3, 356,12–19 (Nr. 3492).
[129] WA 44, 122,39 – 123,2 (zu Gen 33,4): »Quia filii huius seculi prudentiores sunt filiis
lucis, ac possunt mirabiliter torquere sententias, si quae pro ipsis facere videntur, quin
ex uno ramusculo totam silvam, ex flosculo uno totum pratum, et ex verbo uno tota
Biblia possunt facere.«
[130] WA 43, 66,18f. (zu Gen 19,12f.): »Hoc enim regulare est, quod sancti iudicentur a
mundo stulti esse, et multa stulte agere.«
[131] WA 42, 446,29 (zu Gen 12,3): »Ecclesia nunquam caret hostibus et adversariis.«
Ebenso WA 42, 451,23 (zu Gen 12,3): »Non enim Ecclesia caret hostibus, affligitur
et gemit«.
[132] WA 44, 27,39–41 (zu Gen 31,22–24): »Sic Diabolus insurgit adversus Ecclesiam, et
dira minitatur, ac molitur vim et exitium piis. Sed qui posuit terminum mari, hos quoque fluctus componit, ne possit grassari pro libitu Sathan.« Ebenso WA 42, 237,29
(zu Gen 4,24): »Ecclesia vera enim semper habet hostem Satanam.«

Mönchen und Doktoren,[133] von Ketzern und Rottengeistern[134] sowie von
für die Politie verantwortlichen Fürsten,[135] ist die Kirche ein derartiges
Elend und derart bestürmt, dass sich Luther bisweilen zweifelnd fragt,
warum er überhaupt weiterhin in der Kirche wirkt.[136]

Ist die Kirche derart mit Finsternis bedeckt, sodass es unglaublich ist,
dass diese tatsächlich die wahre Kirche Christi ist,[137] so scheint in eben
diese dunkle Kirche das Licht des Wortes Gottes hinein, welches die Herzen erleuchtet.[138]

Konstitutiv für das Sein der Kirche ist Gottes Einsetzungs- und damit
Schöpfungswort,[139] das sie aus Finsternis und Nichts herausruft. Sind auch
ihre Worte einfache Worte, so sind deren Sprecher durch Gottes Einsetzungswort dennoch Diener des göttlichen Wortes, minister verbi divini,
welche nun alles vermögen;[140] es verbindet sich somit die Allmacht Gottes mit Nichtigkeit und äußerster Schwachheit: »omnipotentia coniungitur
cum nihilitudine et extrema imbecillitate«[141].

Nicht die äußere Gestalt der Kirche ist maßgebend, sondern auf das
Wort Gottes und das seiner Diener soll man achten;[142] gleichsam unter
einer Decke ist die wahre Kirche verborgen.[143] Man soll nicht darauf ach-

---

133 WA 42, 657,27f. (zu Gen 17,15f.): »Ita abiectis Papa, Cardinalibus, Episcopis, Abba-
tibus, Monachis, Doctoribus [...].«
134 WA 43, 496,4f.8f. (zu Gen 26,34f.): »Vera autem Ecclesia conculcatur ab eiusmodi
ambitiosis spiritibus. [...] Tales enim voces spargebat nostro tempore Monetarius [sc.
Müntzer]: Lutherus et alii incaeperunt quidem Euangelium: sed non promoverunt.«
135 WA 44, 347,5–13 (zu Gen 39,5f.). Vgl. WA 42, 236,29–31 (zu Gen 4,23).
136 WA 44, 110,18–22 (zu Gen 32,31f.): »Nihil enim minus convenit Ecclesiae, quam
facies ista. Ego ipse saepe cogitavi, cum viderem tantum contemptum, fastidium, et
odium verbi existere in hominibus post renatam lucem Euangelii: Cur coepi docere?
aut cur pergo? Cum homines magis magisque insaniant adversus nos, et in dies peio-
res fiant.«
137 WA 44, 110,39–41 (zu Gen 32,31f.): »[...] mergimur in calamitates et aerumnas, et
operimur tenebris, propter quas non possumus statuere nos esse Ecclesiam, aut placere Deo«.
138 WA 44, 110,41 – 111,4 (zu Gen 32,31f.): »[...], ut verbum appraehendamus, unnd
lassen sincken und fallen, was da felt, nec moveamur aliorum ruina et defectione.
Sed cogitemus nos esse in loco caliginoso, praelucente verbi lichno. ›Qui crediderit
et baptisatus fuerit, salvus erit.‹ [Mk 16,16] Illa est lux unica, quam non videt sol,
non ratio humana: Sed in corde lucet. Praeter hoc verbum nihil sciamus, nihil videa-
mus.«
139 Siehe Anm. 106 (S. 157).
140 WA 43, 519,32–34 (zu Gen 27,21f.), zit. Anm. 177 (S. 166).
141 WA 43, 519,29f. (zu Gen 27,21f.).
142 WA 44, 111,25–28 (zu Gen 32,31f.): »At vero non ad externam formam respiciendum est, sed ad verbum, ad baptismum, et ibi quaerenda est Ecclesia, ubi Sacramenta
integre administrantur, ubi sunt auditores, doctores, confessores verbi.«
143 WA 44, 109,25f. (zu Gen 32,31f.). »Quia Deus abscondit Ecclesiam et nostram etiam
salutem sub obscuro et horribili tegumento, [...].« Vgl. die ähnliche Stelle in De servo
arbitrio (WA 18, 652,23), wo Luther hervorhebt, daß die wahren Heiligen und die
wahre Kirche verborgen sind (»abscondita est Ecclesia, latent sancti«).

ten, wer da redet, sondern was da geredet werde,[144] d.h. sich nicht von
dem unscheinbaren Äußeren des Redners ablenken oder gar abschrecken
lassen. Die Kirche ist nämlich gerade nicht erkennbar an Größe, Weisheit,
Macht, Reichtum, Ehre, Sukzession, Amt oder dergleichen (»Ecclesia enim
non est populus aestimandus ex multitudine, magnitudine, sapientia, potentia, opulentia, dignitate, successione, offitio etc. [...]«), sondern ist ein
»Volk der Verheißung«, d.h. ein Volk, welches der göttlichen Verheißung
glaubt (»[...] sed est populus promissionis, id est, promissioni credens«).[145]
Damit hat Gott, der das Gepränge der Welt nicht achtet,[146] die Kirche
»aus Staub und Kot« aufgerichtet;[147] dienend herrscht sie und trägt den
ganzen Erdkreis.[148] Ihr Gottesdienst in einfacher Gestalt ist gleichermaßen
in dieses Wort Gottes wie »in ein Tuch gewickelt«[149]; seinetwegen hat
die ganze Welt »nichts Besseres, nichts Kostbareres, nichts Würdigeres
als die Kirche«, in der man die Stimme Gottes hört.[150] In ihrer gesamten
Existenz von Gottes Wort abhängig,[151] ist die Kirche folglich allein dort,
wo dieses Wort ist, und bei denen, die diesem glauben.[152]

---

[144] WA 43, 32,19–25 (zu Gen 18,17f.): »Sequitur enim communem regulam, non viden-
dum, quis loquatur, Sed quid: Si enim Dei verbum est, quo modo non praesens esset
ipse Deus? Sicut in Baptismo, in coena, in usu clavium praesens est, est ibi verbum
ipsius, etsi igitur eum non videmus nec audimus, sed ministrum, tamen ipse Deus
revera adest, baptisat et absolvit. Ac in coena singulariter sic adest, ut ipse filius Dei
nobis cum pane corpus suum, et cum vino sanguinem suum exhibeat.«
[145] WA 43, 173,15–18 (zu Gen 21,15f.). Luther kann diesen Gedanken mit Blick auf
den Schächer am Kreuz bis zum Äußersten treiben: Ist die Kirche auch dezimiert, ver-
unstaltet und nichtig, so gilt dennoch, dass »unser Herr Got [...] Christum nit one
leut lassen [will], solt es gleich nur ein dieb am galgen oder ein Mörder auff dem rade
sein«, WA 52, 243,26–28 (Hauspostille 1544; Karfreitag). Über die Kontinuität der
Kirche Wolfgang Höhne (Luthers Anschauung über die Kontinuität der Kirche, 26):
»›Kontinuitätsanschauung‹ bei Luther ist kein Denkvorgang, der sich aus historischen
oder empirischen Erkenntnissen ableitet. [...] So ist Luthers Kontinuitätsanschauung
in ihrem innersten Wesen ›Kontinuitätsglaube‹, genauer: *Glaube an die göttlichen
Kontinuitätsverheißungen.*«
[146] WA 42, 657,22f. (zu Gen 17,15f.): »Deus enim pompam et schema mundi non curat.«
[147] WA 42, 657,18–22 (zu Gen 17,15f.): »Idem accidit nostro tempore Papistis. Repule-
runt scientiam, noluerunt docere, noluerunt Episcopi esse: voluerunt autem dominari,
et esse principes mundi. Igitur his reiectis, erexit nos Deus de stercore et luto, et col-
locavit cum principibus populi sui, ut per nostrum ministerium Germania assotiaretur
regno Dei, et perveniret ad veram Dei notitiam.«
[148] WA 43, 664,18f. (zu Gen 30,7f.): »Ipsa enim subiectissima imperat et portat orbem
terrarum.«
[149] WA 43, 141,39f. (zu Gen 21,4–7): »Sed cultum nemo iactare potest, nisi habeat verbum, et verbo tanquam pannulis involutus et quasi circumclusus sit«.
[150] WA 43, 139,37–39 (zu Gen 21,1–3): »Totus mundus nihil melius, preciosius, dignius
habet, quam Ecclesiam, in qua vox Dei sonat, et Deus veris cultibus, hoc est, fide,
invocatione, pacientia, obedientia etc. colitur«.
[151] Vgl. WA 40/III, 507,8f. (Enarratio Psalmi XC; zu Ps 90,1; 1534/35): »Ecclesia semper
manet, non humana conservatione, sed divina.« »So ist die Kontinuität der Kirche«,
resümiert Wolfgang Höhne (Luthers Anschauung über die Kontinuität der Kirche, 24),

Nur der, der nicht auf Äußeres, sondern auf das autorisierende Einsetzungswort Gottes achtet, welches das menschliche Wort der Predigt zum
göttlichen Wort macht und die menschliche Tat der Taufe zur göttlichen
Tat, nimmt die Kirche in ihrem Glanz wahr; wer dagegen der Kraft dieses Wortes nicht glaubt, nimmt nichts wahr und hat dementsprechend
auch nichts: »si non vis credere, nihil habebis«[153].

2.2 Cooperatio der Kirche bei der recreatio ex nihilo

Durch das Wort aus dem Nichts gerufen, ruft die Kirche ihrerseits in einer
cooperatio von Gottes- und Menschenwerk aus dem Nichts; sie ist der
Ort der Neuschöpfung.[154] In ihrem Bemühen um das Heil des Sünders
ist sie der Ort, wo Gott den Menschen aus nichts neu schafft und alles
neu werden lässt (2Kor 5,17): Der Sünder wird aus dem Nichts der Sünde
herausgerufen und ist »neue Kreatur«.

Gottes Allmacht hat diese menschliche Hilfestellung freilich nicht nötig. Gott könnte nämlich sehr wohl das menschliche Geschlecht selig machen ohne Christus, ohne Taufe, ohne das Wort des Evangeliums, wie er
auch die Herzen der Menschen durch den Heiligen Geist erleuchten und
deren Sünden vergeben könnte ohne das Predigtamt und ohne Kirchen-
diener. Nur: Gott möchte dies nicht.[155] Der Mensch ist als Mitarbeiter

---

»wahrhaftig ein Werk der göttlichen Erhaltung, genau gesagt: eine *kontinuierliche
Bewahrung vor dem Untergang.*«

[152] WA 43, 158,1f. (zu Gen 21,12f.): »Ecclesia enim non est, nisi ubi verbum est, et qui
credunt verbo [...].« Vgl. WA 43, 158,21f. (zu Gen 21,12f.): »In summa populus
Dei non est, nisi qui habet promissiones, et eis credit« und WA 43, 160,16f. (zu Gen
21,12f.): »Ideo in symbolo dicimus, credo Ecclesiam sanctam, hoc est, quae habet
verbum, quo omnia sanctificantur.«

[153] WA 44, 713,27 (zu Gen 48,20), im Kontext zit. in Anm. 184 (S. 167).

[154] Sie ist, wie deutlich wurde, nicht nur der *Ort* der Neuschöpfung, sondern auch *selbst*
Gottes neue Schöpfung. Dies bestimmt auch ihr Verhältnis zu ihrer Einsetzung (Gen
2,16), vgl. Anm. 106 (S. 157).

[155] WA 44, 95,21–24 (zu Gen 32,24): »Posset Deus omni potentia sua salvare genus humanum sine Christo, sine baptismo, sine verbo Euangelii, potuisset per spiritum sanctum intus illuminare corda, et remittere peccata sine ministerio verbi et ministrorum.
Sed non voluit.« Vgl. vereinzelt Stellen in der Vorlesung, in der Gott *ohne* Äußerliches
wirkt; hier steht die innere Erfahrung im Mittelpunkt, die des Äußeren nicht bedarf.
Beispielsweise erscheint Gott, so Luther, bei der Bundesschließung dem Abraham
ohne einen Mittler, also unmittelbar; WA 42, 666,6–8 (zu Gen 17,22): »Hic autem
apparuit in aliqua spetie visibili, et in propria persona est locutus cum Abraha, non
per hominem aut Angelum.« Vgl. die Prominenz des Inneren in WA 43, 521,29–37
(zu Gen 27,23–27). Auch in den ersten Worten von Luthers Magnificatauslegung,
die überhaupt für die Lehre von der creatio ex nihilo eine besondere Rolle spielt, finden wir diesen Gedanken wieder; WA 7, 546,21–29 (Magnificatauslegung, 1521).
»Dieszen heiligen lobesang ordenlich zuvorstehen ist zu merckenn, das die hochgelo-
lobte junckfraw Maria ausz eygner erfarung redet, darynnen sie durch den heyligen
geist ist erleucht unnd geleret worden. Denn es mag niemant got noch gottes wort

Gottes in Sakramentsverwaltung und Predigtamt eingesetzt, um an Gottes Handlungen teilzunehmen, diese selbst durchzuführen.[156] Ist auch die Sündenvergebung allein Gott vorbehalten, so »kommuniziert« Gott doch dem Menschen sein Amt und seine Kraft, ja sogar, wie Luther im Anschluss an Ps 82,6 sagt, sogar seinen ›Namen‹ (»Quidni etiam nomen suum [sc. Elohim] nobis communicaret Deus, cum potestatem et officium communicat?«).[157]

Das Amt der Kirche gehört »zum künftigen Leben«[158], da sie Totes wieder zum Leben erweckt. Die Sakramente haben solche »Hoheit«, solchen »Nachdruck« und eine solche »Kraft«, dass sie bei der Auferstehung der Toten das Leben geben.[159] Eine derartige Kraft, erstorbene Herzen wiederum lebendig zu machen, hat kein menschliches, sondern allein Gottes Wort.[160] So sehr dies Schöpfungshandeln in der Souveränität Gottes liegt, so wenig möchte Gott dieses Werk ohne äußerliches Amt und ohne

---

recht vorstehen, er habs denn on mittel von dem heyligen geyst. Niemant kansz aber von dem heiligenn geist habenn, er erfaresz, vorsuchs und empfinds denn, unnd yn der selben erfarung leret der heylig geyst alsz ynn seiner eygenen schule, auszer wilcher wirt nichts geleret, denn nur schein wort unnd geschwetz.« Vgl. Anm. 61 (S. 149).

[156] WA 43, 81,25–28 (zu Gen 19,18–20; 2Kor 6,1), zit. Anm. 79 (S. 152). WA 54, 62, 22–27 (Von den letzten Worten Davids; 1543): »Wenn der Priester teuffet, oder Absolvirt, und spricht, Im namen des Vaters, und des Sons, und Heiligen geists. Diese wort allesampt sind Gottes geschepff und werck in unserm munde (so wol als wir selbs und was wir haben), Und ist keines unterschiedlich, des Vaters allein, oder des Sons allein, oder des Heiligen geists allein, Sondern aller dreyer Person, des Einigen Gottes einerley geschepff«.

[157] WA 42, 10,37f. (zu Gen 1,2), im Kontext (10,36–40.42 – 11,2): »Nec nos offendere debet, quod idem vocabulum postea creaturis tribuitur. Quidni etiam nomen suum [sc. Elohim; siehe aaO., 10,12; vgl. Ps 82,6] nobis communicaret Deus, cum potestatem et officium communicat? Nam remittere peccata, retinere peccata, vivificare etc. sunt opera solius Maiestatis divinae, et tamen eadem tribuuntur hominibus et fiunt per verbum, quod homines docent. [...] Sicut igitur haec opera vere sunt opera Dei, licet hominibus quoque tribuantur et per homines fiant, Ita Dei nomen vere significat Deum, licet hominibus etiam tribuatur.«

[158] WA 44, 406,21f. (zu Gen 41,16): »[...] quanquam ipsa aliam administrationem habet [sc. die Kirche], quae pertinet ad futuram vitam.«

[159] WA 43, 273,38–40 (zu Gen 23,1f.): »Haec autem maiestas et pondus est Sacramenti, quod habet vim vivificativam, quae mihi reddítura est vitam in resurrectione mortuorum.« Vgl. WA 23, 181,11–15 (Daß diese Worte Christi ›Dies ist mein Leib‹ ...; 1527): »Weil aber der mund des hertzens gliedmas ist, mus er endlich auch ynn ewigkeit leben, umb des hertzen willen, welchs durchs wort ewiglich lebt, weil er hie auch leiblich isset die selbe ewige speyse, die sein hertz mit yhm geistlich isset.« Diese »leibliche Konsequenz des Abendmahlsgenusses« (Bernhard Lohse, Dogma und Bekenntnis in der Reformation, 57) in Aufnahme der Vorstellung des Ignatius, das Abendmahl sei ›Heilmittel zur Unsterblichkeit‹, darf gleichwohl nicht überbetont werden, ist das Herrenmahl doch für Luther keine höhere Gnadengabe als die Wortverkündigung. Nur der Modus ist ein anderer, nicht aber die Qualität der Präsenz Christi (aaO., 56–60).

[160] WA 43, 184,6f. (zu Gen 21,19): »Haec autem vis est verbi Dei, ut animos sic mortuos restituat vitae: verbum hominum hoc non potest.«

Sakramentsgebrauch durchführen.[161] Das die Herzen erleuchtende Wort und in die toten Herzen hineinsprechende Wort ist vermittelt und damit verwoben mit menschlicher Rede; der Heilige Geist will »durch die Harfe« kommen (»Spiritus sanctus enim non venit sine verbo, sed per cytharam [...]«),[162] d.h. durch die Meditation des Wortes oder durch die mündliche Stimme von Pastoren und Mitmenschen. Unvermittelt, so Luther, kommt nur der Teufel.[163] Das Besondere dieses Mandats der Kirche zeigt sich auch quantitativ: Luther kann sich sogar – unter Berufung auf Joh 14,12 – zu dem Satz hinreißen lassen, dass die Kirche durch ihr Predigtamt »mehr lebendig gemacht hat als Christus selbst in seinem Amt«[164], womit er wohl eher meint, dass sie im Laufe der Zeit schlicht mehr Zuhörer der Evangeliumsbotschaft hatte als der irdische Jesus.

Schafft der Heilige Geist den Menschen auch selbst und ohne dessen *eigene* Hilfe und eigenes Zutun neu und erhält ihn im Glauben,[165] so findet die Neuschöpfung nicht in einem luftleeren Raum statt: Ohne menschliches Predigen, ohne Seelsorge und Sakramentsverwaltung will Gott nicht wirken.[166] In Gestalt der Kirche handelt Gott selbst und bindet sich an deren Handlungen; der Mund und die Hand des Kirchendieners sind Mund und Hand Gottes (»os et manus ministri est os et manus Dei«),[167] Gott

---

[161] WA 43, 187,7–9 (zu Gen 21,20f.): »Verum quidem est, quod solus spiritus sanctus illuminat corda, et fidem accendit, sed hoc non facit sine ministerio externo, et sine externo sacramentorum usu.«

[162] WA 43, 505,12f. (zu Gen 27,5–10).

[163] WA 43, 505,13f. (zu Gen 27,5–10): »[...] hoc est, per meditationem verbi, vel vocalem vocem patris, matris aut aliorum vult venire, alioqui venit Diabolus«.

[164] WA 44, 546,25–29 (zu Gen 43,18–22): »Itaque Ecclesia plures vivificat per verbum vocale, quod habet, quam Christus ipse suo ministerio. Sicut inquit Ioannis 14: ›Qui credit in me, opera quae ego facio faciet, et maiora horum faciet‹. Quotidie igitur fiunt multa et magna miracula, quae nos non videmus neque mundus ea attendit.«

[165] Zur Frage der cooperatio im Heilsgeschehen siehe bei Anm. 84f. (S. 153) u. 224ff. (S. 222). An seinem eigenen Heil nicht kooperierend, ist der Mensch gleichwohl keine Marionette (siehe bei Anm. 205ff. [S. 219]). Zum Glauben als Tat und Werk des Menschen siehe Anm. 344 (S. 237).

[166] So sehr Luther eine auf sich selbst bezogene cooperatio im Rechtfertigungsgeschehen ablehnt, so sehr kennt er eine Mitwirkung im Bezug auf andere Menschen, etwa durch Predigt bzw. durch ein tröstendes Wort. Siehe WA 18, 754,14–16 (De servo arbitrio; 1525), zit. Anm. 33 (S. 93). Vgl. WA 18, 753,25f.: »Scimus et nos, quod Paulus cooperatur Deo in docendis Corinthiis, dum foris praedicat ipse et intus docet Deus, etiam in diverso opere.«

[167] WA 43, 600,25–31 (zu Gen 28,17): »Sic impositio manuum non est traditio humana: sed Deus facit et ordinat ministros. Nec pastor est, qui te absolvit: sed os et manus ministri est os et manus Dei. Agnoscamus igitur et magnifaciamus Dei immensam gloriam, qua se nobis patefacit in sua Ecclesia. Non enim talis domus est, in qua creat, sicut initio ex nihilo condidit omnia: sed in qua nobiscum loquitur, nobiscum agit, pascit, curat dormientes et vigilantes.« Gerade dieser kooperative Aspekt unterscheidet Gottes Schaffen in der Kirche von der Schöpfung der Welt »am Anfang« (Z. 29–31).

spricht und handelt hier »per nos«[168]. Meint der Zuschauer auch, dass
etwa bei der Taufe »Wasser lediglich Wasser sei« und »Worte lediglich
Worte«, so wird deren wahrer Ursprung nicht erkannt: Tatsächlich sind
es Worte des Schöpfers Himmels und der Erde,[169] von deren Kraft jedoch
äußerlich nichts wahrnehmbar ist.[170] Als Wort dieses Schöpfers vermag
das menschliche Wort seiner Diener aus nichts etwas zu schaffen, nämlich aus Steinen dem Abraham Kinder.[171]

Diese cooperatio ist nicht an irgendwelche äußeren Gegebenheiten der
Ausführenden gebunden. Wird ex nihilo in die Kirche gerufen, so wird
auch das Privileg dieser cooperatio vergeben ohne Ansehen der Person.
Dass durch schlichtes menschliches Wirken innerhalb des Priestertums
aller Gläubigen das Reich Gottes und ewiges Leben gegeben sowie Teufel,
Sünde und Tod überwunden und besiegt werden, ist für Luther bleibendes
Wunder.[172] Luther belässt es nicht bei einer Einbeziehung von männlichen
Laien; vielmehr sind ebenso Frauen und sogar Kinder berufen, beschenkt
mit der Gabe, die Absolution zuzusprechen.[173] Gerade indem ein gesellschaftliches nihil – ein Kind – befähigt wird, in dieser cooperatio einen
anderen Menschen aus der Hölle in den Himmel zu versetzen und damit
aus dessen Nichts heraus Existenz zu gewähren, wird erneut deutlich, dass
hier nichts aus eigener Kraft des Menschen geschieht, sondern in Abhängigkeit von Gott, der einsetzt und gibt.

---

[168] WA 44, 778,7f. (zu Gen 49,11f.): »Est ergo aliud verbum et gubernatio longe alia,
quam hominis, nempe Dei, quod per nos loquitur, et per quod efficax est in Ecclesia.«
[169] WA 43, 600,21–25 (zu Gen 28,17): »Caro tam acute videt, ut iudicet aquam esse
aquam, et excludat Deum, sicut Sacramentarii et Anabaptistae faciunt. Discendum
igitur est contra prospectum carnis non esse verbum simplex et inanem tantum sonum:
sed esse verbum creatoris coeli et terrae.«
[170] WA 44, 777,38f. (zu Gen 49,11f.): »[...]. Hoc mundus ignorat, qui non intelligit, nec
credit verbum tanta posse efficere«. WA 44, 778,11 (zu Gen 49,11f.): »De hac effica-
cia verbi nihil novit mundus.«
[171] WA 43, 155,11–15 (zu Gen 21,12f.): »Promissio enim, quae est verbum Dei, tam valida
et potens est, ut ea, quae non sunt, vocet, ut sint: Sicut Christus dicit: ›Ex lapidibus
generari Abrahae filios.‹ Hoc caro seu carnalis nativitas non potest, solum verbum
potest, quod est omnipotens.« Vgl. WA 43, 154,31f. (zu Gen 21,12f.): »[...] sicut
Christus dicit: ›Potest Deus ex lapidibus excitare Abrahae filios.‹«
[172] WA 43, 587,14–17 (zu Gen 28,14f.): »Cogita enim, quanta res sit, verbo hominis,
impositione manuum annunciari et conferri regnum Dei et victoriam adversus Diabolum, peccatum, mortem, constitui in caetum Angelorum et in possessionem coelestium
atque aeternorum bonorum.«
[173] WA 44, 807,31–36 (zu Gen 49,28): »Saepe autem haec repetenda et agitanda sunt, ut
glorificemus ministerium verbi et agamus gratias Deo, quod Prophetae excellentiores
sumus, quam patres et Prophetae in veteri Testamento. Hodie enim etiam puer aut
muliercula potest mihi dicere: Confide fili, annuncio tibi remissionem peccatorum, ab-
solvo te, etc. An non ista audiens et credens habet remissionem peccatorum et vitam
aeternam?« Ebenso WA 44, 806,30–32 (zu Gen 49,28): »[...] sed nostrorum bonorum
tanta opulentia est, ut etiam puer possit absolvere, et transferre de regno Diaboli in
regnum Dei per nihil aliud, quam per verbum«.

Diese äußere Unscheinbarkeit der Kirche verdeckt ihre große Aufgabe: Luther beklagt, dass die Altgläubigen sich beispielsweise von der äußerlich geringen und schlichten Handlung der Taufe täuschen lassen.[174] Auch in der Nottaufe darf der Taufende sprechen: »Ich erlöse dich von Tod, Teufel, Sünde und allem Unglück und gebe dir das ewige Leben; ich mache aus einem Kind des Teufels ein Kind Gottes«[175]. Tut dies zwar der Mensch, so ist es doch in dieser cooperatio von menschlichem und göttlichem Handeln gleichzeitig Gottes Tat.[176] Wiewohl die Kirche also selbst schwach ist, vermag sie doch alles: Sie verschlingt alle Gewalt des Teufels und nimmt Schwäche, Sünde und Tod hinweg;[177] mit dem ihr anvertrauten Wort vermag sie alles zu heiligen.[178] Dieses »Reich des Wortes« (»regnum verbi«)[179] bzw. »Reich der promissio« (»regnum promissionis«)[180] wird regiert ohne äußere Gewalt und hat seine Kraft vom Heiligen Geist, der die Herzen führt, dass sie glauben. Und mittels dieses Wortes vermag die Kirche aus dem Reich des Teufels in das Reich Gottes zu versetzen;[181] damit ist der, der predigt und tauft, »ein größerer Prophet als Jakob oder Mose«[182].

---

[174] WA 43, 30,26–34 (zu Gen 18,15f.): »Sic parum est Papistis, baptisatum esse in nomine patris et filii et spiritus sancti, perfectius, et coelo, ut sic dicam, propius aliquid tentandum existimant, ideo abdunt se in monasteria, legunt missas etc. Sed quomodo conveniunt haec cum scriptura? An non Antonius heremita revocabatur Alexandriam ad coriarium, ut disceret, quem locum esset habiturus in coelo? [...] Sed utcunque sit, res certa est, coriarium hunc baptisatum tam fuisse Deo gratum facientem suum opus in fide, quam Antonium affligentem se et orantem.«

[175] WA 44, 806,23–27 (zu Gen 49,28): »An non enim ingens hoc donum et gloria est, quod etiam mulier in necessitate potest baptizare et dicere: Libero te a morte, Diabolo, peccato et omnibus malis, et dono tibi vitam aeternam, facio ex filio Diaboli filium Dei. Sed usu quotidiano viluit ista abundantia spiritus, et tamen res vera est«.

[176] WA 44, 808,11f. (zu Gen 49,28): »In Baptismo dicit Christus: Ego libero te, et eripio ex potestate Diaboli, et trado te patri meo coelesti.«

[177] WA 43, 519,32–34 (zu Gen 27,21f.): »Sic enim Ecclesia licet infirma omnia facit, orat, portat et absorbet omnem vim et furorem Diaboli et hominum, haurit etiam et tollit infirmitatem, peccata, mortem etc«.

[178] WA 43, 160,16f. (zu Gen 21,12f.): »Ideo in symbolo dicimus, credo Ecclesiam sanctam, hoc est, quae habet verbum, quo omnia sanctificantur. 1. Timothei 4 [1Tim 4,5].«

[179] WA 44, 759,4 (zu Gen 49,10), zit. im Kontext (Z. 4–6.9–11): »Ita regnum *Schilo* est regnum verbi, quia sola voce vocat et regit populos sine armis et vi. Qui autem nolunt audire verbum, hi non pertinent ad regnum Christi. [...] Ecclesiae regnum non gessit gladium, sed tantum verbo valuit, et quidem verbo potenti Spiritus sancti, quo traxit Deus corda, ut cederent.« Vgl. Luthers weiter gefasste Bestimmung in WA 44, 773, 14–16 (zu Gen 49,11f.), zit. in Anm. 241 (S. 223).

[180] WA 44, 773,9f. (zu Gen 49,11f.), im Kontext (Z. 7–10): »Ad hunc modum pingit Iacob mirabile regnum, et dissimile mundanis imperiis, quae per leges et arma administrantur, ac propterea sunt regna mandatorum, praeceptorum, armorum. Hoc vero regnum promissionis est, ubi adest praesens solus Deus, et operatur omnia per verbum.«

[181] WA 44, 758,10–12 (zu Gen 49,10): »Id enim verbum potentissimum est, quod potest salvare de manibus mortis et Diaboli, ac potentia inferorum, et transferre in regnum

Dass ein gewöhnlicher Mensch es vermag, ewiges Leben zu geben sowie Tod, Sünde, Verdammnis, Tyrannei des Todes und Gift der Sünde wegzunehmen, bringt Luther zum Staunen.[183] Grund dieser Autorität ist Gottes Einsetzungswort, das ihm nicht nur aufträgt, dies zu tun, sondern ihn gleichzeitig auch dazu bevollmächtigt.[184] Damit vermag der Mund eines einfachen Menschen heilig und selig zu machen bzw. das Reich des Teufels, den Tod und die Sünde zu zerstören;[185] werden wohl in der Predigt die Worte des Kirchendieners von der Gemeinde vernommen und ist dieser der einzige, der wahrgenommen wird, so ist dennoch Gott selbst derjenige, der tauft und absolviert.[186]

Ist die Kirche auch noch so gering und nichtig, so wird Gott doch seine Kirche erhalten,[187] denn an der Existenz der Kirche hängt die Existenz der Welt; die Kirche ist Grund für deren conservatio.[188] In dieser Kirche, die nicht von Lokalitäten bestimmt wird, sondern von Geschehnissen, wird Gott recht angetroffen: in der Taufe, in der Predigt des Evangeliums, im Gebrauch der Schlüssel und in der Begegnung mit jedem Bruder, jeder Schwester, jedem Kinde, die an Christus glauben und ihn bekennen.[189]

Dei.« Ebenso WA 44, 806,30–32; 807,31–36 (zu Gen 49,28), zit. in Anm. 173 (S. 165).

[182] WA 44, 806,27f. (zu Gen 49,28): »Minister Euangelii, qui docet et baptizat, maior Propheta est, quam Iacob aut Moses.«

[183] WA 44, 713,21–24 (zu Gen 48,20): »An non enim mirum est, quod homo mihi per omnia similis dat mihi vitam aeternam, aufert mortem, peccatum, damnationem, tyrannidem Diaboli, venenum peccati reliqui in carne?«

[184] WA 44, 713,24–27 (zu Gen 48,20): »Per quid? Mandato Dei: Ite, baptizate, etc. et promissione divina. Sed non video, inquies, rem ipsam. Respondeo. Si credis, habes, si non vis credere, nihil habebis.«

[185] WA 44, 712,33–39.713,3f. (zu Gen 48,20): »Res vera et certa est: qui baptizatur et absolvitur per manum pastoris, et in necessitate cuiuslibet fratris, is sine ulla dubitatione sanctus et salvus est, regnum Diaboli, mors et peccatum destructum est. Per quid? Per os miseri hominis, sacerdotis vel fratris. Certe haec sunt miracula grandia et inaestimabilia, estque nobis a Deo potestas data incomparabiliter maior, quam patrum fuit, quae tamen erat excellentissima. [...] Quando igitur nos baptizamus, Christus ipse baptizat per os et manus ministri.«

[186] WA 43, 32,19–25 (zu Gen 18,17f.), zit. Anm. 144 (S. 161).

[187] WA 42, 484,8 (zu Gen 12,17): »Ecclesiam autem suam servabit. Haec enim eius natura est«.

[188] WA 42, 533,19f. (zu Gen 14,16): »Atqui si haec ecclesia sanctorum non esset, non solum Turcam, sed totum terrarum orbem funditus everteret Deus.« Ebenso: WA 42, 533,25–27 (zu Gen 14,16): »Recte igitur feceris, cum benedictionem Dei vides, si te confirmes, et cogites esse adhuc ecclesiam in terra, non periise [sic! lies: periisse] sanctum semen in totum: etsi exiguum sit, propter quod Deus toti reliquo mundo benefaciat.« Vgl. WA 42, 424,9–11 (zu Gen 11,10): »Porro sunt similia exempla etiam posteriorum temporum, quae testantur Deum singulari consilio, et pro ineffabili sua misericordia, non sic abiicere genus humanum tempore furoris et irae suae, quin conservet«.

[189] WA 42, 668,32–36 (zu Gen 17,22): »Magnum autem donum est, quod divina misericordia hanc lucem verbi nobis iterum accendit, ut sciamus, ubi quaerendus et vere inveniendus Deus, non Romae, non in Hispaniis ultimis, sed in baptismo, in Euangelii voce, in usu clavium, imo quoque apud quemlibet fratrem, qui mecum

3. Ökonomie

3.1 Nihil der Ökonomie
und deren creatio durch Gottes Einsetzungswort

Die Verachtung der oeconomia, der Ökonomie, des »Hausstandes«[190], durch die Altgläubigen als vulgäres und nichtiges Werk (»vulgaria et nihil«) ist bekannt.[191] In einer fatalen Scheidung von weltlich und geistlich wurde der gesamte Stand der oeconomia, der zweite Stand nach der Kirche,[192] als ungeistlich disqualifiziert, da er scheinbar nichts zum Heil beiträgt. Keine besondere Heiligkeit wird in ihm wahrgenommen, sondern lediglich Schwachheit und Dummheit (»infirma, stulta«) und letztlich die Nullität Gottes (»nullitatem Dei«).[193]

Schaut man auf das, was die oeconomia umfasst, nämlich das Leben in Familie, Beruf und Gesellschaft, so ist äußerlich »nichts Herrliches oder Köstliches« darin erkennbar – nur Dinge, die »kaum von Gewicht und zeitlich« sind (»leviculae et temporales«);[194] es sind leibliche und dumme (»corporalia et stulta«),[195] scheinbar wertlose, fleischliche und einfältige

---

confitetur et credit in filium Dei.« Weiterführend der perspektivenreiche Aufsatz von Paul Tillich ›Der Widerstreit von Zeit und Raum‹ (Auf der Grenze, 187–197).

[190] Otto Hermann Pesch schlägt vor, den Begriff ›oeconomia‹ mit »Hausstand« zu übersetzen (Kirche als Schöpfungsordnung?, 299), »keinesfalls mit ›Wirtschaft‹«. Dass Luther mit ›oeconomia‹ nicht nur Kommerzielles meint, ist richtig, die Verwendung des Begriffs »Hausstand« steht jedoch ebenso in Gefahr, Luthers Füllung einzugrenzen.

[191] WA 43, 19,32–34 (zu Gen 18,9): »Statuamus igitur, praestantissima et quoque Deo gratissima opera esse illa oeconomica et politica, quae Papistae ceu vulgaria et nihili contemnunt«.

[192] Die Ökonomie als zweiter Stand wurde durch Gottes Einsetzungswort Gen 2,18 ›Es ist nicht gut, dass der Mensch alleine sei, [...]‹ begründet; WA 42, 87,11–13 (zu Gen 2,18): »Ecclesiam habemus constitutam verbo et cultu certo. Politia nulla opus fuit, cum natura esset integra et sine peccato. Nunc etiam oeconomia instituitur.« Vgl. WA 42, 79,5f. (zu Gen 2,16f.): »Post institutam Ecclesiam etiam Oeconomia constituitur, cum Adae additur socia Heua.« Geht dieser Stand zwar zunächst von der Erschaffung Evas aus, so ist er für Luther beileibe nicht auf die Ehe oder das ›Haus‹ beschränkt. Luther spricht damit ebenso »das Verhältnis von Eltern und Kindern an, [...], von Mensch und Acker, also die Arbeit: die Auseinandersetzung des Menschen mit der Natur, die Beschaffung seiner Lebensmittel, des täglichen Brotes«, Oswald Bayer, Schöpfung als Anrede, 55.

[193] WA 43, 376,16 (zu Gen 25,19f.), im Kontext (Z. 2–4.15–18): »Nam quod maxime mirabile est, in oeconomico vitae genere prorsus nullam inusitatam aut praecipuam speciem sanctitatis habent, [...]. Quia gloriam Dei non debet videre impius: sed tantum infirma, stulta (et ut sic dicam) nullitatem Dei: gloriam vero et maiestatem, potentiam et sapientiam Dei, non item, etiamsi ob oculos proponantur.« Vgl. bei Anm. 261f. (S. 60) und bei Anm. 129ff. (S. 210).

[194] WA 43, 466,2 (zu Gen 26,12–14), im Kontext (Z. 1–4): »Qui non est in re praesenti, et legit aut iudicat haec secundum carnem, illi videntur res leviculae et temporales, de victu, de uxore, de familia, pascuis, pecudibus. Quid hoc? nihil est ibi eximium aut splendidum.«

[195] WA 44, 261,30f. (zu Gen 37,12–14): »[Diese Werke], quae in oculis Papistarum corporalia et stulta sunt, quasi in ipsorum vita nihil infirmi sit aut humani«.

Dinge (»vili, carnali et stulto, ut apparet«),[196] welche – so könnte man meinen – Gott nicht beachte, sondern verworfen habe.[197] Mit derart unbedeutender Gestalt[198] wurde die Ökonomie in ihrer Weltlichkeit nicht als geistlicher Raum wahrgenommen; demzufolge wurden der Stand und die in ihm beheimateten Dinge bagatellisiert[199] und von den Römern wegen dieser Inkompatibilität mit Heilsdingen geradezu verachtet. Nicht nur Kleriker waren sich in diesem Urteil einig, sondern überhaupt sah die »bittere Schwermut«[200] des ausgehenden Mittelalters in seiner Weltangst das tägliche Leben als trivial und ungeistlich an,[201] da man sich in ihm nicht in der Lage sah, Gott zu dienen.

Exkurs: Die Verachtung des Ehestandes als nihil

Innerhalb der oeconomia streicht Luther besonders den Ehestand und das Problem seiner Verachtung heraus: Vom Äußeren her betrachtet mit all seinen alltäglichen Pflichten ist dieser Stand in keiner Weise ein heiliger Stand.[202] Seine Aufgaben scheinen unbedeutend und gewöhnlich (»levia et vulgaria«)[203] zu sein, wobei die Altgläubigen zudem »aus allen Worten und Werken der Eheleute Todsünden gemacht« haben (»[...] qui fecerunt peccata mortalia ex omnibus dictis et factis coniugum«).[204] Für Luther waren negative Urteile über die Ehe nachvollziehbar: Wer sich mit seiner Vernunft an den Äußerlichkeiten von Ehe und Elternschaft orientiert, der kann zu keinen

---

[196] WA 43, 316,38 (zu Gen 24,5–7), zit. im Kontext Anm. 213 (S. 171).

[197] WA 44, 259,22–25 (zu Gen 37,12–14): »Papa distinxit secularia sive carnalia et spiritualia, et docuit oeconomiam esse fugiendam, tanquam a Deo neglectam et reprobatam. voluitque omnem curam eius a suis amotam esse.«

[198] WA 43, 437,9 (zu Gen 26,1): »Vide nunc et considera vilissimam illam speciem oeconomiae, [...].«

[199] WA 43, 316,12f. (zu Gen 24,5–7): »Sic totus vivit in fide, etiam in istis minutissimis rebus, quae Papa carnalia, saecularia et mundana vocat.«

[200] Johan Huizinga, Herbst des Mittelalters, 36. Vgl. aaO., 42 und Albrecht Dürers Meisterstich »Melancolia« von 1514.

[201] Gleichwohl finden wir im mittelalterlichen Volksglauben eine eigentümliche geistliche Aufwertung der alltäglichen Hausarbeit, die Johan Huizinga in seinem Klassiker »Herbst des Mittelalters« (268f.) folgendermaßen schildert: »Der Geist jener Zeit war so erfüllt von Christus, dass schon bei der geringsten äußerlichen Ähnlichkeit irgendeiner Handlung oder eines Gedankens mit des Herrn Leben oder Leiden der Christuston unmittelbar zu erklingen begann. Eine arme Nonne, die Brennholz für die Küche herbeiträgt, meint, dass sie damit das Kreuz trägt: die bloße Vorstellung des Holztragens genügt, um die Handlung in den Lichtglanz der höchsten Liebestat zu tauchen. Das blinde Weiblein, das wäscht, hält Zuber und Waschküche für Krippe und Stall.« Gerade die strikte Trennung beider Bereiche mag als Gegenbewegung beim Volk diese Identifikation ausgelöst haben.

[202] WA 43, 128,3–6 (zu Gen 20,11–13): »Quia autem certam promissionem posteritatis habet: ideo fert crucem, quam Dominus imponit. Nihil de eo solicitus, quod hoc vitae genus adeo est sine omni specie sanctitatis.«

[203] WA 43, 20,38–40 (zu Gen 18,9): »Econtra offitia, quae illa divina coniunctio requirit, [...] utcunque in speciem levia et vulgaria esse iudicentur.«

[204] WA 43, 453,30f. (zu Gen 26,8). Vgl. auch die Beispiele für mittelalterliche Ehescheu und Lebensangst in Johan Huizinga, Herbst des Mittelalters, 42f.

anderen Ergebnissen kommen.[205] Nüchtern konstatiert er: »Erfahrung hat
mich gelehrt, daß unter vielen Ehen kaum eine zu loben ist« (»experientia
me docuit, ex multis vix unum coniugium laudabile esse«).[206] Häufig gibt
es Auseinandersetzungen in der Ehe (»Oeconomicus paroxysmus«), wenn
der eine Teil der Eheleute seinen Kopf durchsetzen will oder dem Argwohn
nachgibt;[207] kommt auch noch Eifersucht hinzu, so ist es »die Hölle
selbst«[208]. Auch ein Streit unter den Kindern vermag das nihil in einer
Verkehrung der oeconomia zum Ausdruck zu bringen: im Bruderneid
(Isaak und Ismael), im Bruderbetrug (Jakob und Esau) und im Brudermord
(Kain und Abel).

Derartige Anfechtungen haben jedoch nichts mit der Qualität und dem
Charakter der Person zu tun: Auch Heilige, so Luther, müssen »Zwietracht
und Spaltungen unter ihrem eigenen Hausgesinde leiden« (»[...] patiuntur
seditiones et sectas etiam inter domesticos«).[209]

Sieht Luther auch ohne Beschönigung das offensichtliche Elend und das
von den Altgläubigen propagierte nihil der oeconomia,[210] welche von dem
Kühemelken einer Magd und dem Mistschaufeln eines Knechtes über die
Plagen von Ehe und Elternschaft bis hin zum kommerziellen Handel um
wirtschaftliches Durchkommen reicht, so kämpft Luther gleichwohl gegen
»Rechtsverdreher und Papisten, [...] welche nicht aufhören können, die
Orden und Regeln der Mönche und Nonnen den Werken vorzuziehen,

---

[205] WA 43, 140,3–6 (zu Gen 21,1–3), im Kontext zit. Anm. 221 (S. 172). WA 44, 326,
13–15 (zu Gen 38,16–18): »Homines dedit voluptatibus, abhorrent a laboribus et mo-
lestiis coniugii, aut si id vitae genus ingrediuntur, potius remedium contra libidinem
quam prolem spectant.«

[206] WA 43, 313,11f. (zu Gen 24,1–4). Vgl. etwa WA 43, 318,15–17 (zu Gen 24,5–7):
»[...] non enim ferre potuissemus ministerium tam abiectum, [...]. An non enim abiecta
et sordida res est, adducere mulierem sponsam Isaac?« Gleichwohl betont Luther,
dass der Ehestand nicht an und für sich beklagenswert ist, sondern unter dem Segen
Gottes steht, WA 43, 658,3–10 (zu Gen 30,2). Daher wehrt er sich gegen den möglichen Rückschluss, aufgrund der Mühen in der Ehe überhaupt gar nicht erst die Ehe
einzugehen, WA 42, 150,4–6.8–13 (zu Gen 3,16). Vgl. Luthers lebendige wie humor-
volle Beschreibung des zögernden Mannes in WA 10/II, 295,16–26 (Vom ehelichen
Leben; 1522). Vgl. den »Sermon vom ehelichen Stand«, 1519 (WA 2, 166–171).

[207] WA 42, 589,25f. (zu Gen 16,6): »Est igitur Oeconomicus paroxysmus hic, quales
inter coniuges saepe incidunt, cum altera pars nimis indulget affectibus aut superstiti-
onibus«. Luther nennt etwa häufiges Aneinandergeraten von Abraham und Sarah
(WA 43, 150,5–7 [zu Gen 21,10f.]) und mehrjährigen Streit (WA 43, 148,5–7 [zu
Gen 21,9]).

[208] WA 43, 451,5–7 (zu Gen 26,8): »Quia exempla dissidiorum et offensarum valde in-
currunt in oculos, et vehementer offendunt. Praesertim si accedat Zelotypia, tum est
infernus ipse.«

[209] WA 42, 560,17 (zu Gen 15,4). Vgl. WA 42, 588,3f. (zu Gen 16,6): »Impossibile est,
si es maritus, ut non habeas domi tuae vel Hagar, vel Eliezer molestum.«

[210] Luther weist auf Augustinus, der sich als Manichäer ebenfalls von der äußeren Gestalt
des Hausstandes täuschen ließ, WA 43, 376,6–9 (zu Gen 15,19f.). »Sicut Augustinus
de se fatetur, quod adhuc Manicheus riserit Isaac et aliorum Patrum historias. Quia
nihil aliud spectavit praeter communissimum illud genus vitae: habere uxorem, generare filios, habere pauculas oves et boves, versari cum civibus et vicinis.«

die zur oeconomia [...] gehören«, obwohl diese von Gott gelobt und geziert sind.[211] Diese »Zierde« der oeconomia ist Gottes Einsetzungswort,[212] mit dem Gott seinen Willen zu diesem Stand ausdrücklich kundtut und das aus dem nihil dieses Standes ein Gott wohlgefälliges Werk macht. Die strikte Trennung von Geistlichem und Weltlichem lehnt Luther ab: Gott möchte sich gerade um diese äußerlich geringen, fleischlichen und närrischen Werke der oeconomia kümmern,[213] denn diese seien, durch ihn eingesetzt, in seinen Augen die köstlichsten und besten (»coram Deo praeciosissima sunt et optima«).[214] Ist daher die Ehe – wie die gesamte oeconomia – für sich selbst betrachtet nihil, sich scheinbar um Ungeistliches und Trivialitäten kümmernd, so wird dieser Stand doch durch Gottes Einsetzungswort geschaffen. Dieses Einsetzungswort Gottes, das sich auch in seiner Wirkung äußerlich nicht festmachen lässt, ist für Luther entscheidend. Denn allein dieses ist es, welches die Werke der oeconomia einsetzt, lobt, belohnt und ziert (»quod Deus opera oeconomica instituit, laudat, remunerat, ornat«).[215] Nicht aufgrund irgendeiner eigenen Würde ist die oeconomia, was sie ist, sondern allein aufgrund dieses Gabewortes, welches dem Menschen die Welt eröffnet. Die Welt steht gerade nicht im Gegensatz zur geistlichen Sphäre, sondern ist selbst geistlich. Nicht zuletzt wird gerade damit auch die Abhängigkeit der oeconomia von Gottes Schöpfungshandeln deutlich.[216]

Schaut man auf dieses Einsetzungswort Gottes, so wird beispielsweise der oben genannte Ehestand eine »göttliche Kreatur« (»creatura divina«),[217] von Gott selbst geordnet,[218] auch wenn äußerlich sich nichts

---

[211] WA 44, 260,24–27 (zu Gen 37,12–14): »[...] quam iuris perditi et Papistae solent, qui non desinunt Monachorum et Nonnarum ordines et regulas praeponere oeconomicis [...], quantumcunque ea a Deo commendentur et ornentur.«

[212] Siehe Anm. 192 (S. 168).

[213] WA 43, 316,37–42 (zu Gen 24,5–7): »Sic plena et perfecta fide committit causam Deo et Angelis: illo vili, carnali et stulto, ut apparet, opere sentit occupatos coelestes illos spiritus et Principes. Et tam certus est de eorum ministerio, ut non solum sciat et credat se domi Angelos habere, sed etiam praesto adesse, quocunque miserit servum. Quia habemus Deum coeli et terrae, ergo Angeli sunt defensores, curatores, imo ministri, ubicunque fuerimus.«

[214] WA 44, 261,31f. (zu Gen 37,12–14).

[215] WA 44, 260,9f. (zu Gen 37,12–14), im Kontext: »Ac diligenter ad autorem respiciendum est, quod Deus opera oeconomica instituit, laudat, remunerat, ornat.«

[216] Siehe Anm. 289 (S. 181).

[217] WA 43, 302,23 (zu Gen 24,1–4), im Kontext (Z. 21–24): »Nihil novum aut inusitatum est coniugium, et ab ethnicis quoque iuditio rationis approbatum et laudatum. Sed quis unquam ita aspexit aut consideravit, quod sit creatura divina, benedictio in maledictione et castitas in libidine?«

[218] WA 42, 100,42 – 101,2 (zu Gen 2,22): »[...], quod scilicet coniugium est vitae genus divinum, hoc est, ab ipso Deo ordinatum.« Ebenso: »Deus autem respicit humilia in terris et sic dicit: Ego creavi hanc mulierculam et iunxi eam marito, coniuncti generant prolem et tolerant miserias coniugales: mihi igitur in hoc placent, quod serviunt coniugio et meae ordinationi«, WA 43, 673,14–17 (zu Gen 30,14–16).

verändert.[219] Der Glaube aber öffnet die Augen und sieht nun, wie die Werke »mit Gold und Edelsteinen geziert sind«[220]. Man sieht zwar weiterhin die Mühen wie Trivialitäten des Hausstandes, aber durch das Einsetzungswort kommt man nun zu einem gänzlich anderen Urteil (»Quod si in verbum respiceremus, aliter iudicaremus«).[221] Man begreift, dass Gott die oeconomia mit all ihren alltäglichen Trivialitäten (»sed etiam testatur Deum servilium et oeconomicarum rerum cura adfici«) in sein Einsetzungswort mit einschließt[222]: Alle Taten, die in diesem Bewusstsein innerhalb der oeconomia verrichtet werden, gefallen Gott,[223] wobei auch und gerade

---

[219] WA 43, 302,24–27 (zu Gen 24,1–4): »Si secundum rationem et speciem externam iudices, nihil differt concubitus maritalis a meretricio, et tamen ille pudicus et honestus est sub remissione peccatorum, sub benedictione, et Deo placens«. Dasselbe Prinzip gilt auch für die anderen Stände. Eine Hochzeitspredigt Luthers zeigt eindrücklich die Bedeutung des Einsetzungswortes nicht nur für die Ehe (aaO., 57,10–14), sondern auch für die Politie (WA 34/I, 55,20–22.57,1–3.10–14 [Predigt zu Hebr 13,4; 1531]): »Wenn ich sehe, wie ein Reuber oder Mörder einem den kopff abhawet, so ist das werck [äußerlich betrachtet] eben dem gleich anzusehen, so der Fürst oder Richter einem den hals abhawen lest [...] Des gleichen wenn ein dieb jnn gleich eines andern haus bricht und stilet jm sein kleid oder anders, das ist diesem werck seer gleich, so der Richter oder Stadtknecht umbgehet und einen Bürger büsset [sc. büßen lässt, z.B. ihm Strafgelder abnimmt] oder pfendet«. Was Dieb und Richter dagegen unterscheide, sei Gottes Einsetzungswort, welches die Politie zum betreffenden Handeln berechtige (aaO., 57,3–9).

[220] WA 43, 618,37f. (zu Gen 29,1–3), zit. im Kontext Anm. 227 (S. 173). Vgl. WA 10/II, 295,27 – 296,2.14f.27 – 297,3 (Vom ehelichen Leben; 1522): »Was sagt aber der Christlich glawbe hietzu? Er thutt seyn augen auff und sihet alle diße geringe, unlustige, verachte werck ym geyst an und wirtt gewar, das sie alle mit gottlichem wolgefallen als mit dem kostlichsten gollt und edell steyne getzirt sind [...]. Es sind alles eyttell guldene, edele werck. [...] Nu sage myr: Wenn eyn man hynginge und wussche die windel odder thet sonst am kinde eyn verachtlich [sc. geringes] werck, unnd yderman spottet seyn und hielt yhn fur eyn maulaffe und frawen man, ßo ers doch thett ynn solcher obgesagter meynung unnd Christlichen glawben, Lieber sage, wer spottet hie des andern am feynsten? Gott lacht mit allen engeln und creaturn, nicht das er die windel wesscht, ßondern das erß ym glawben thut. Jhener spötter aber, die nur das werck sehen und den glauben nicht sehen, spottet gott mit aller creatur als der grosten narrn auff erden«.

[221] WA 43, 140,6 (zu Gen 21,1–3), zit. im Kontext (Z. 3–10): »Quid igitur mirum, si dignitatem coniugii et miraculum generationis pauci videant. Inde enim nata sunt dicta illa: Uxorem esse necessarium malum, item esse molestum bonum. Quod si in verbum respiceremus, aliter iudicaremus. Nunc peccato originis excaecati, verbi nullam curam habemus, et tantum aestimamus illa, quibus offendimur. Discamus igitur in verbum intueri et in voluntatem Dei, tunc aequo animo perferemus omnia, quantumvis acerba.«

[222] WA 44, 5,27f. (zu Gen 31,3), zit. im Kontext (Z. 26–29): »Proinde hic locus diligenter notandus est. Non enim de summis tantum miraculis concionatur scriptura sancta, sed etiam testatur Deum servilium et oeconomicarum rerum cura adfici, id quod summorum miraculorum instar est, et signum singularis gratiae et favoris Dei.«

[223] WA 44, 259,29 (zu Gen 37,12–14): »Sciant igitur pii oeconomi, omnes actiones ipsorum Deu placere, [...]«. Vgl. WA 43,19,13f. (zu Gen 18,9): »[...] tamen nobis prodest haec civilia et oeconomica opera recte intelligere et aestimare«.

die einfachsten Arbeiten wie das Viehhüten und Bebauen des Ackers, das Arbeiten im Kot und in der Mistgrube, das Melken der Ziegen und Kühe nun geistliche Arbeiten sind, wenn sie in dem Licht eben dieses Einsetzungswortes ausgeführt werden.[224] Die Aufgaben, die eine Ehe erfordert, sind dann »heilige und wahrhaft gute Werke« (»sancta et vere bona opera sunt«)[225] und »sehr gute und äußerst kostbare pietätvolle Übungen« (»optima et gratissima exercitia pietatis«).[226] Sind menschliche Mühen derart von Gott gewürdigt,[227] so kann nun keine Handlung des Alltags mehr derart gering oder klein sein, dass sie nicht »ein Gottesdienst« werden könnte.[228]

Sich derart im Alltag in Gottes Schöpferhand wissend, wird auch der, der in diesem Stand »nichts hat oder auch nichts sieht, wovon er leben könnte« (»Si hodie nihil habeo, nec video, unde vivam«), doch erhalten; im Vertrauen auf Gott den Schöpfer lebt er von der Hand Gottes und damit gleichsam aus dem Nichts, aus dem Gott schafft (»Itaque tota eorum vita plena est miraculis: vivunt enim simpliciter de manu Dei, ac propemodum ex nihilo«).[229]

---

[224] WA 44, 259,29–32 (zu Gen 37,12–14): »[...] sive curent greges, sive agros, seu denique fimeta et stercoraria. Uxor vero mulgeat capras, vaccas etc. Ea omnia non sunt habenda pro profanis et illicitis, si fiant a sanctis hominibus.«

[225] WA 43, 20,38f. (zu Gen 18,9): »Econtra offitia, quae illa divina coniunctio requirit, sancta et vere bona opera sunt«.

[226] WA 44, 259,37 (zu Gen 37,12–14), im Kontext (Z. 34–37): »Nisi matres parerent, lactarent, mundarent, foverent infantes, totum genus humanum interire necesse esset. Cum autem Deus ipse autor sit horum officiorum, nequaquam cogitandum est, impedire iis cultum Dei, sed esse optima et gratissima exercitia pietatis erga Deum et homines.«

[227] Diese Identifikation Gottes mit menschlich trivialen Taten hat für Luther auch hermeneutische Konsequenzen: Berichtet die Genesis von Alltäglichkeiten der Patriarchen, so zeige auch dies Gottes Würdigung des Alltags; WA 43, 618,31–33.35–38 (zu Gen 29,1–3): »Si firmiter crederemus, sicut ego, licet infirmiter credo, spiritum sanctum ipsum et Deum, conditorem omnium rerum, esse authorem huius libri et rerum tam vilium, ut videntur carni: tunc haberemus maximam consolationem. [...] quod Deus dignatur recordari et meminisse horum Patriarcharum, quod noluit eorum oblivisci. Et non solum heroicas virtutes, sed etiam ipsas sordes operum voluit celebrari, et tanquam gemmis et auro his descriptionibus ornari, ac proponi toti orbi terrarum vulgandas, legendas, cognoscendas.«

[228] WA 43, 335,32f. (zu Gen 24,26–28): »Adeo nihil tam vile et parvum est, quin possit verti in sacrificium et cultum Dei«. Vgl. WA 43, 466,4f. (zu Gen 26,12–14): »Sed recte metienti magnitudinem harum rerum, revera videbuntur gravissimae et maximae.«

[229] WA 43, 434,17f. (zu Gen 26,1), im Kontext zit. Anm. 61 (S. 76). Für Luther soll der Familienvater bei der Versorgung seiner Familie auf Gott den Schöpfer vertrauen, WA 43, 433,37 – 434,1 (zu Gen 26,1): »Peregrinatur [sc. Isaak] cum tota familia, nec habet hospitium certum, non pascua, non guttulam aquae. Ubi accipiam? diceret alius. Respondeo: Credo in Deum patrem [d.h. den Schöpfer, der aus nichts schafft und somit auf diese Weise auch den ihm vertrauenden Menschen versorgen kann; siehe Kontext]. Sic enim Isaac cogitavit. Deus providebit mihi hospitium peregrinanti, dabit pascua pecoribus, curabit familiae cibum et potum«.

Exkurs: Die grundlose Erhebung des Zweitgeborenen
über den Erstgeborenen als creatio ex nihilo – Kain und Abel

Eine Facette der göttlichen Schöpfung ex nihilo ist für Luther das Motiv,
dass der Erstgeborene verworfen und der Zweitgeborene dessen erste und
prominente Stelle einnimmt. Ausgereift und besonders detailliert kommt
dieser Gedanke bei der Auslegung der Geschichte von Kain und Abel zum
Zuge, wobei auch Luthers Ausführungen zu Isaak und Ismael, Jakob und
Esau sowie Manasse und Ephraim heranzuziehen sind.

Luthers Äußerungen zu Kain und Abel beginnen mit einem Versuch, in der
Verwerfung Kains und der Wahl Abels einen Begründungszusammenhang
zu suchen. Gibt Luther in seiner Exegese auch scheinbar eine Erklärung für
die Verwerfung Kains und die Erwählung Abels, so besteht diese aber letztlich nur darin zu sagen, dass Kain das Unerklärliche seiner Erstgeburt nicht
anerkannte. Die fehlende Begründung des Bibeltextes für Gottes Erwählung
bzw. Verwerfung ist also ganz im Sinne Luthers.[230] In den folgenden Ausführungen Luthers zur creatio ex nihilo wird erneut deutlich, welch wichtige
Bedeutung diese Formel für Luther hat und wie erstaunlich umfassend er sie
anwendet.

Ist Kain zwar der Ältere und damit in Adams Augen hervorgehoben,[231] so
geht es Gott darum zu zeigen, dass er die Erstgeburt in keiner Weise berücksichtigt und achtet.[232] Luther macht dies an den durch die Eltern verliehenen Namen der beiden Brüder fest: Abel, der jüngere, heißt ›verworfen‹ bzw.
›Nichts‹ (»Habel significat vanitatem, et quod nihili seu abiectum est«)[233]
oder auch ›der, von dem nichts zu hoffen ist‹ (»Habel vocatur, de quo nulla
aut vana spes sit«).[234] Der Name Kain aber bedeutet ›der, von dem man alles hofft‹ (»Cain autem, de quo sperantur omnia«).[235] Diese Namengebung,
so Luther, sei erfolgt, um anzuzeigen, dass die künftige Erlösung allein von
Kain herkommen werde, Abel dagegen würde daran »nichts tun« (»nihil fac-

---

[230] Vgl. Claus Westermann (Genesis, 405 [zu Gen 4,4b–5a]): Der eigentliche Sinn der
Geschichte »ist verkannt, wenn man nach einem Grund für das ungleiche Ansehen
Gottes sucht. [...] Es liegt nicht am Fleiß, nicht an der Gesinnung und nicht an irgend-
welchen menschlich verfügbaren Bedingungen, [...] es liegt an einem Entscheid, der
menschlicher Einwirkung entzogen ist. Es soll also gerade unerklärbar bleiben, warum
Gott das Opfer des Abel ansieht und nicht das des Kain.« Westermann entschärft dies
leider durch den Hinweis, dass durch die Verwerfung »Ungleichheit zwischen Gleich-
gestellten« (405) entstehe; davon kann keine Rede sein: Die Geschichte erhält ihre
Zuspitzung damit, dass es der *Erstgeborene* ist, der grundlos verworfen wird.

[231] WA 44, 706,20–22 (zu Gen 48,17f.): »Adam dilexit filium primogenitum Cain, et
in ea omnes spes, opesque eius sitae erant. Sed divina benedictio praefert alterum, et
eligit Habel, et amittit Adam primogenitum.«

[232] WA 42, 195,27f. (zu Gen 4,7): »Hoc enim ipsum hoc in loco agit Deus, ut ostendat
se Primogeniturae nullam velle habere rationem.«

[233] WA 42, 180,41 – 181,1 (zu Gen 4,2). Vgl. Gesenius, 173. Zum Namen siehe Claus
Westermann, Genesis, 397f.

[234] WA 42, 181,6 (zu Gen 4,2).

[235] WA 42, 181,6f. (zu Gen 4,2). Vgl. קַיִן (Gesenius, 712) mit קנה (aaO., 717). In Gen
4,1 wird Kains Name mit letzterem in Verbindung gebracht. Zum Namen siehe Claus
Westermann, Genesis, 394–397.

turum«).[236] Aufgrund dieser hohen Erwartungen der Eltern an ihren Erstgeborenen Kain erlernt dieser auch das Handwerk des Vaters, den Ackerbau, Abel dagegen muss das Vieh hüten;[237] Kain »schmücken sie wie einen König«, Abel jedoch halten die Eltern für den, der »nichts ist und nichts vermag« (»nihil esse et nihil posse«) und vernachlässigen ihn wie einen nichtigen Menschen (»tanquam nihili hominem negligunt«)[238]: Abel ist in jeglicher Hinsicht nichts (»Hebel, hoc est, vanitas et nihil«).[239]

Gleichwohl: Kain, »den man für einen Heiligen und einen Herrn hält« (»qui videtur Sanctus esse, qui creditur Dominus esse«)[240] und der als »König« alles tut und alles kann,[241] ist gottlos und glaubt der Zusage Gottes nicht (»impius est promissioni divinae non credit«).[242] Statt sich wie Abel auf Gottes Güte und Gnade zu verlassen, verlässt er sich auf seine Ehre als Erstgeborener und verachtet seinen Bruder.[243] Abel dagegen, »von dem man nichts hält« (»cuius nulla est autoritas«), ist gottesfürchtig (»pius est«).[244] Will Kain durch den Mord sein Erstgeburtsrecht absichern,[245] so »kehrt Gott alles um« (»Sed Deus invertit omnia«)[246]: Aus dem Erstgeborenen macht er einen Zweitgeborenen und aus dem Zweitgeborenen einen Erstgeborenen.[247] Kain wird verworfen, Abel aber macht Gott zum Ersten unter allen Heiligen (»primum inter omnes Sanctos«) und zum Ersten, der »von der Sünde und dem Verderben dieser Welt erlöst wird«; dabei leuchte er wie ein heller Stern (»lucet tanquam insignis stella«) der ihm folgenden Kirche.[248] Abel, bislang als »nich-

---

[236] WA 42, 181,10 (zu Gen 4,2), im Kontext (Z. 7–10): »Ita ipsae appellationes satis ostendunt cogitationes et affectus Parentum, quod, cum promissio esset de Semine, Adam et Heua cogitarunt eam implendam per Cain, Habelem autem re omni per fratrem foeliciter confecta nihil facturum, ideo vocant eum Hebel.« Überhaupt meint Luther, daß Abel schon von Geburt an von Eva verachtet wurde: »Habel cum natus esset, contempserat, Cain tanquam possessorem promissionis magni fecerat«, WA 42, 239,33–35 (zu Gen 4,25). In ähnlicher Weise zeigt die Namensnennung Noahs die Hoffnung seiner Eltern auf Erlösung an, WA 42, 260,14–17 (zu Gen 5,28f.) und WA 42, 259,5–7 (zu Gen 5,28f.).

[237] WA 42, 181,12f. (zu Gen 4,2): »Habeli cura pecoris commissa est, Cain ad paternas operas et terrae cultum tanquam ad meliores artes est adhibitus.«

[238] WA 42, 182,27 (zu Gen 4,2), im Kontext (Z. 24–27): »Habel autem sentiunt nihil esse et nihil posse. Cain tanquam Regem ornant, habent enim eum pro benedicto Semine. Itaque et de eo magnifica sibi pollicentur, et ipse etiam superbit. Habel tanquam nihili hominem negligunt.«

[239] WA 42, 187,16 (zu Gen 4,4), im Kontext zit. in Anm. 248 (S. 175).

[240] WA 42, 184,2f. (zu Gen 4,3).

[241] WA 42, 188,13 (zu Gen 4,4): »Cain enim est dominus et Rex faciens et potens omnia.«

[242] WA 42, 184,3f. (zu Gen 4,3).

[243] WA 42, 186,24–27 (zu Gen 4,4): »Habel credit Deum bonum et misericordem esse, ideo sacrificium eius Deo gratum est. Cain contra fidit dignitate primogeniturae, fratrem autem tanquam hominem vanum et nihili prae se contemnit.«

[244] WA 42, 184,4f. (zu Gen 4,3).

[245] WA 42, 207,31f. (zu Gen 4,9): »Nam de Cain non dubium est, quin sperarit Habel extincto gloriam Primogeniturae se retenturum esse.«

[246] WA 42, 182,28 (zu Gen 4,2).

[247] WA 42, 186,27f. (zu Gen 4,4): »Quod igitur Dei iudicium est? Primogenitum facit, ut sit postgenitus et ex postgenito facit primogenitum«.

[248] WA 42, 182,28–32 (zu Gen 4,2), im Kontext: »Cain abiicit, et Habel facit Angelum et primum inter omnes Sanctos. Hic enim cum a Fratre occiditur, primus est, qui li-

tiger Mensch« verachtet (»tanquam nihili hominem contemnunt«), wird vor
Gott zum Herrn des Himmels und der Erden (»hic coram Deo constituitur
tanquam Dominus coeli et terrae«).[249]

Luther erkennt hier ein Handlungsprinzip Gottes, denn »was Kain wider-
fahren ist, das widerfährt allen« (»Quod enim Cain accidit, idem omnibus
accidit«)[250]: Im Vertrauen auf seine eigenen Qualitäten vergisst dieser prah-
lerisch, dass die Gabe der Erstgeburt ihm unverdient gegeben wurde,[251] dass
Gott »ein Gott der Demütigen ist«[252], also dass Gott seine Gaben austeilt
»ohne alles Ansehen der Person«[253]; Luther bemerkt, dass meist gerade nicht
der Erstgeborene die Privilegien und die Ehre der Erstgeburt von Gott erhält:
nicht Haran, sondern Abraham; nicht Esau, sondern Jakob; nicht Eliab, sondern David.[254] Kains Sünde liegt für Luther letztlich darin, die göttliche Unberechenbarkeit der Verleihung der Erstgeburt wie des damit verbundenen
Segens nicht anzuerkennen. Damit besteht Luthers ›Erklärung‹ des Geschehens letztlich darin festzustellen, dass es unerklärlich ist; es bleibt letztlich
undurchschaubares Widerspiel (»Unde ista extitit perversitas?«).[255]

Ein weiteres Beispiel ist für Luther die Segnung von Manasse und Ephraim
durch Jakob unmittelbar vor seinem Tode: Auch hier wird der Zweitgeborene

---

beratur a peccato et huius mundi calamitatibus, et per omnem Ecclesiam sequentem
lucet tanquam insignis stella per illud illustre testimonium iusticiae, quod ei Deus et
tota scriptura tribuit.« Vgl. WA 42, 187,13–16 (zu Gen 4,4): »Atque hic incipit Ecclesia dividi: in Ecclesiam, quae nomine Ecclesia est, re nihil est nisi hypocritica et
sanguinaria Ecclesia, Et alteram, quae sterilis, desolata, passionibus et cruci obnoxia
est, et vere coram mundo et respectu illius hypocriticae Ecclesiae est Hebel, hoc est,
vanitas et nihil.«

[249] WA 42, 182,33f. (zu Gen 4,2), im Kontext (Z. 32–35): »Ad hunc modum Habel,
quem Adam, Heua et Cain tanquam nihili hominem contemnunt, hic coram Deo constituitur tanquam Dominus coeli et terrae. Nam post mortem in meliore conditione
est, quam si mille mundos cum omnibus bonis possideret.«

[250] WA 42, 197,21f. (zu Gen 4,7), im Kontext (Z. 20–22): »Loquitur itaque Adam hoc
in loco non solum de peccato Cain, Sed in genere peccatum describit, quale sit. Quod
enim Cain accidit, idem omnibus accidit.« Ebenso: WA 42, 209,11 (zu Gen 4,9):
»Idem necesse est accidere omnibus.«

[251] WA 42, 197,22f. (zu Gen 4,7): »Cain priusquam sacrificaret, erat vane gloriosus de
Primogeniturae praerogativa, contemnebat Fratrem, sibi vendicabat primas«.

[252] WA 42, 181,31f. (zu Gen 4,2): »Deus autem est Deus humilium, qui ›humilibus dat
gratiam et resistit superbis‹ [Jak 4,6; 1Petr 5,5; vgl. Spr 3,34].« Vgl. bei Anm. 235
(S. 58).

[253] WA 44, 423,15f. (zu Gen 41,39): »qui distribuit sua dona sine respectu personarum«.

[254] WA 42, 181,16–21 (zu Gen 4,2): »Sed hic considera mirabile Dei consilium. A principio mundi fuit primogenitura maxima res, [...]. Et tamen, praesertim in populo
sancto, ostendit res et experientia primogenitos fefellisse spem parentum, et postgeni-
tos in eorum locum, conditiones et dignitatem successisse.« WA 42, 181,23–28 (zu
Gen 4,2): »Abraham quoque non fuit primogenitus, sed Haran; Esau est primogenitus,
sed cedit benedictio fratri eius Iacob. David erat minimus natu inter fratres, et tamen
ungitur in Regem. Sic de reliquis: Etsi enim divino iure primogeniti habuerunt prae-
rogativam regni et sacerdocii, tamen eam amiserunt et praepositi eis sunt postgeniti.
Unde ista extitit perversitas?« Beispiel ist ebenso Ruben, dessen Erstgeburtsrecht aberkannt wurde; WA 44, 729,26f. (zu Gen 49,3): »Haec admodum dura maledictio
est. Maximus inter fratres fit minimus.«

[255] WA 42, 181,28 (zu Gen 4,2), im Kontext zit. in Anm. 254 (S. 176).

dem Erstgeborenen vorgezogen. Ganz gegen das das Erstgeburtsrecht schützende Gesetz gilt hier allein der souveräne göttliche Segen, welcher keinem Gesetz, keinem Recht, keiner menschlichen Weisheit[256] und keiner Naturordnung[257] unterworfen ist. Gott schafft hier ex nihilo, d.h. ohne menschlich nachvollziehbare Gründe: Ephraim empfängt die Erstgeburt ohne jedes Verdienst; Manasse wird seines Rechtes beraubt ohne alle Schuld (»Ephraim enim accipit primogenituram sine ullo merito: Manasse vero illa privatur citra ullam culpam«)[258] und damit grundlos ins Nichts gestoßen (»redigi in nihilum«);[259] dieses Geschehen ist seiner Unberechenbarkeit wegen eine Ungeheuerlichkeit und unerhörte Tat (»prodigium et monstri simile«).[260] Allein aus seiner Souveränität heraus handelt Gott und gibt und nimmt die Erstgeburt ex nihilo.

3.2 Cooperatio der Ökonomie bei der creatio ex nihilo

Alles Zeitliche ist im Stand der oeconomia beheimatet und hat aus ihm seine Herkunft; dies ist der Ort der creatio. Indem in diesem »täglichen«[261] Reich etwa Geburt, Aufzucht und Pflege des Nachwuchses geschehen, kommen neue Lebewesen ex nihilo in diese Welt – zu einem gemeinschaftlichen Leben in ihr. Wäre die oeconomia nicht, gäbe es auch die anderen Stände nicht; mit dem Familienwesen samt Geburt und Erziehung der Kinder, mit der landwirtschaftlichen Arbeit und der Bereitung der Nahrung, mit dem gesellschaftlichen Miteinander im Rahmen der Sicherheit ökonomischer Stabilität schafft dieser Stand ex nihilo – d.h. nicht aus sich

---

256 WA 44, 706,37f. (zu Gen 48,17f.), im Kontext (Z. 22f.34–38): »Patriarchae Ioseph Manasse erat primogenitus. Ideo inquit: Ah, mi pater, quid agis? [...] respondet Iacob: Intelligo, mi fili te primogeniturae ius defendere secundum legem, quam vis servari et ornari, et ego quoque eam firmam et immotam esse cupio. Verum iam non est tempus, neque locus legi, sed benedictioni divinae, quae non subdita est legibus, aut iuri nostro, aut sapientiae nostrae.«

257 WA 44, 709,30f. (zu Gen 48,20): »Ex fide igitur et promissione causa facti petenda est, non ex lege, nec iure, nec natura.«

258 WA 44, 709,23f. (zu Gen 48,20).

259 WA 44, 456,6f. (zu Gen 41,52), im Kontext (Z. 5–7): »Discamus autem hoc ex loco exaltationem praecedere solere mortificationem. Oportet enim nos prius fieri Manasses, hoc est, redigi in nihilum«. Vgl. Anm. 75 (S. 202).

260 WA 44, 709,5 (zu Gen 48,20), im Kontext (Z. 2–9): »Hanc particulam addit Moses ad celebrandum ingens illud et admirandum opus, quo ablata est primogenitura a Manasse, cui communi iure debebatur, et translata est in Ephraim, fratrem minorem, cui nullo iure competebat. Id enim veluti prodigium et monstri simile fuit, secundum omnia iura et leges. Siquidem iure naturae et gentium, ac lege divina primogenitura tribuebatur maximo natu filio, ac praesertim in isto populo aegre admissa est mutatio, cum et regia, et sacerdotalis dignitas primogenito tribueretur.« Siehe jedoch die hinter der Macht Gottes stehende Liebe, die eine Willkürlichkeit seines Handelns verbietet (S. 124).

261 WA 43, 524,23f. (zu Gen 27,28f.), zit. im Kontext Anm. 95 (S. 155).

selbst heraus, da seine Werke in Wahrheit Gottes Werke sind (»quae revera sunt Dei opera«).[262]

Wie schon bei der ecclesia geschieht das Werk der oeconomia in einer
cooperatio. Gottes Gabe von »Leib und Seele, Augen, Ohren und allen
Gliedern, Vernunft und allen Sinnen«, dazu »Kleider und Schuh, Essen
und Trinken, Haus und Hof, Weib und Kind, Äcker, Vieh«, »alles was
notwendig ist für Leib und Leben« in einer »reichlichen und täglichen«
Versorgung[263] geschieht nicht unmittelbar. Weder die Existenz selbst noch
die diese Existenz erhaltenden Gegebenheiten werden unvermittelt gegeben
bzw. bereitgestellt: Gott gibt uns Menschen zwar Nahrung und Kleidung,
aber doch so, dass wir pflügen, säen, ernten und kochen sollen.[264] Kann
Luther wohl davon sprechen, dass Gottes Gaben, etwa Getreide und Milch,
vom Himmel »regnen«[265], so bedarf es doch menschlichen Säens, Erntens
und Melkens. Wenngleich Gott auch Menschen ohne Eltern und Schwangerschaft schaffen könnte, so will er es nicht; stattdessen will er, dass wir
Menschen an seinen Handlungen teilnehmen (»vult nos homines participes esse suarum operationum«).[266] Das Weltwirken des Menschen ist von
Gott gewünscht und gewollt, und diese Partizipation gehört zur Würde
des Menschen.[267]

Gerade die dieses Leben schaffende zusprechende Anrede Gottes, die
Gabe der eigenen Existenz durch mein Geborenwerden – eine creatio ex
nihilo – kennt der Mensch nicht anders als durch die Taten seiner eigenen
Eltern: Würden die Mütter nicht gebären, säugen, wischen und ernähren,
so würde das ganze menschliche Geschlecht vergehen.[268] Luthers Hoch-

---

[262] WA 44, 260,41 – 261,3 (zu Gen 37,12–14): »Nec dum cessant perditissum hominum
genus, Iuristae et Monachi, omnem lapidem movere, [...], ad obscuranda opera divinitus praecepta, domestica, muliebria, politica etc. quae revera sunt Dei opera«. Vgl.
WATR 4, 482,6–8 (Nr. 4773): »Mein vater vnd muter haben nit gedacht, das sie einen
Doctor Martin Luther [zur Welt] bringen wollten. Est solius Dei creatio, quam non
possumus perspicere.« Vgl. Anm. 54 (S. 96).

[263] BSLK 510f. (Kleiner Katechismus; modernisiert und angepasst).

[264] WA 44, 648,21f. (zu Gen 46,28): »praebet nobis victum et amictum, sed ita, ut aremus, seramus, metamus, coquamus« (im Kontext zit. in Anm. 71 [S. 151]).

[265] WATR 5, 554, 16–26 (Nr. 6238), zit. Anm. 44 (S. 146).

[266] WA 43, 81,(21–25.27–29)27f. (zu Gen 19,18–20), im Kontext zit. Anm. 79 (S. 152).
Ähnlich WA 43, 71,11–13 (zu Gen 19,14): »[...] nec vult amplius homines ex gleba
fingere, sicut Adamum, sed coniunctione maris et foemine utitur, quibus benedicit.«
Oder weiter gefasst: »Vult enim Deus gubernare mundum per Angelos et homines,
creaturas suas«, WA 43, 71,2f. (zu Gen 19,14). Vgl. WA 43, 71,7–9 (zu Gen 19,14),
zit. Anm. 58 (S. 149). Zur Überdrüssigkeit des Menschen an dieser cooperatio und
einer Verweigerung der Mitarbeit siehe bei Anm. 81 (S. 152).

[267] Siehe die Beheimatung des Christen im unverdient empfangenen Raum der Welt
(S. 108).

[268] WA 44, 259,34f. (zu Gen 37,12–14), zit. im Kontext Anm. 226 (S. 173).

schätzung der Ehe als Pflanz- und Baumschule[269] sowie »Brunnen«[270] aller übrigen Stände bis an das Ende der Welt liegt gerade in diesem Leben schenkenden und Leben erhaltenden Miteinander begründet: einem kommunikativen Miteinander von Mann und Frau, Eltern und Kind, Gott und Mensch.[271]

Spricht Luther von der oeconomia, so ist das Zentrum dieses Bereichs die Familie, die Geburt und Erziehung der Kinder. Eben die Geburt der Kinder ist für Luther einer der Kerne des kooperativen Miteinanders, in dem der Mensch als Gottes Mitarbeiter an der gemeinsamen creatio ex nihilo mitwirkt und diese besonders zutage tritt. Luther meint, dass, obwohl man die Geburt eines Kindes als gewöhnlichen Naturvorgang einstufe, jede Geburt eines Menschen ebenso wunderbar sei wie die Geburt Isaaks (»esse eam tam miraculosam adhuc hodie, quam fuit generatio Isaac«),[272] dass also die Geburt eines jeden Kindes »ex nihilo« geschehe (»[...] secundum nativitatem carnis veniunt in mundum ex nihilo«).[273] Dies wird an Luthers Ausführungen zu Isaaks Lebensbeginn deutlich: Isaaks Geburt ist aus menschlicher Perspektive und biologischen Gründen eine Unmöglichkeit[274] und geschieht daher ex nihilo (»generationem fieri ex nihilo«).[275] Er wird von einer unfruchtbaren Mutter geboren (»nasci ex sterili matre«), deren Leib »so hart ist, wie die Knochen im Schädel« (»ma-

---

[269] WA 42, 178,31–33 (zu Gen 4,1): »[...], ex quo omnes nascimur, quod seminarium est non solum politiae, sed etiam Ecclesiae et regni Christi usque ad finem mundi.«

[270] WA 42, 579,9f. (zu Gen 16,1f.): »[...] ex hoc fonte manare politias et Oeconomias, quas ruere et perire necesse esset, si nulla legitima et certa connubia essent.«

[271] Siehe das Ineinander von göttlichem Schöpfungs- und menschlichem Liebesakt bei Anm. 72 (S. 151).

[272] WA 43, 139,3f. (zu Gen 21,1–3), zit. im Kontext (138,38; 139,3f.): »Quod enim Deus semel dixit: ›Crescite‹ id verbum adhuc hodie est efficax, et miraculose conservat naturam: Sed quotusquisque est, qui credit aut videt? [...] Ita recte de generatione hominis dicere possumus, esse eam tam miraculosam adhuc hodie, quam fuit generatio Isaac.«

[273] WA 43, 278,39f. (zu Gen 23,3f.), im Kontext zit. Anm. 241 (S. 223). Vgl. Weish 2,2 (Vulgata): »quia ex nihilo nati sumus«. Wenn bei Xenophon zu lesen ist, dass Eltern ihre Kinder »aus dem Nichtseienden hervorbringen« (Memorabilia II, 2,3: »οὕς οἱ γονεῖς ἐκ μὲν οὐκ ὄντων ἐποίησαν εἶναι), so darf hieraus einerseits nicht geschlossen werden, dass er eine Weltschöpfung ex nihilo vertritt; es liegt hier »offenbar eine alltagssprachliche, unphilosophische Wendung vor, die besagen soll, daß etwas Neues, etwas, was bisher nicht war, ins Dasein tritt, wobei die Frage, ob dieses Neue durch die Veränderung eines Vorhandenen entsteht oder ob es sich um etwas absolut Neues handelt, gänzlich außer Betracht bleibt«, Gerhard May, Schöpfung aus dem Nichts, 8. Andererseits können wir sagen, dass dieser alltagssprachliche Gebrauch der Wendung etwas aufnimmt, was Luther mit seiner Deutung der Formel meint: Die Entstehung von neuem Leben hat unbegreiflichen Gabecharakter.

[274] WA 43, 26,39 (zu Gen 18,13f.): »[Saras Lachen], qui ex cogitatione de impossibili nascitur.«

[275] WA 43, 374,12 (zu Gen 25,17), im Kontext (Z. 11–13): »Ratio vero neque intelligit, neque amplectitur ista: imo, quod maius est, videt ob oculos, generationem fieri ex nihilo, et tamen non concludit esse divinum opus.«

trice emortua et tam dura, quam sunt ossa in Cranio«);[276] Luther sieht in dieser Sterilität kein lebendiges »Haar, keinen Leib, keine Seele« (»Non video pilos, non corpus, non animam«).[277] Beider Same wie Leib sind tot, toter als das in die Erde gefallene Korn;[278] beide sind »wie zwei Leichen« (»quasi duo cadavera«).[279] Wenn nun Isaak *tatsächlich* der Sohn Abrahams und Saras ist, so geschah dessen Zeugung nicht aufgrund natürlicher Vorgänge, sondern als Schöpfung Gottes »ex nihilo« (»an non ex nihilo haec oriuntur?«).[280] Der göttlichen Zusage vertrauend vergisst Abraham seinen eigenen toten Leib wie auch den der Sara (»oblitus sui emortui corporis, etiam cadaverosae Sarae«) und sieht allein auf Gottes Schöpferkraft,[281] und auch Sara wird durch Gottes Stimme wieder lebendig[282]: Ihr toter Körper beginnt wieder zu leben,[283] und in ihrem Herzen wird das Licht der neuen Schöpfung angezündet.[284]

Die Geburt eines Kindes heute ist – ein weiterer Vergleich Luthers – ein ebenso großes Wunder wie die Schaffung Adams aus Erde; beide Werke haben denselben Schöpfer, der beide Male Erstaunliches vollbringt.[285]

---

[276] WA 43, 374,13f. (zu Gen 25,17).

[277] WA 43, 374,14f. (zu Gen 25,17).

[278] WA 43, 374,17f. (zu Gen 25,17): »Certe res mortua est semen et matrix, et magis mortua, quam granum in terram cadens.« Vgl. Anm. 437 (S. 251).

[279] WA 42, 657,2 (zu Gen 17,15f.), im Kontext (Z. 1–3): »Sicut autem recte eum appellamus fidei filium, non carnis (si enim carnem respicias, Abraham et Sara sunt quasi duo cadavera, et tamen generant, non virtute cadaveris, sed fidei)«. WA 42, 653,40 (zu Gen 17,15f.): »Cadaveri enim similis Sara fuit, ex quo sperari fructus non potest.« Vgl. auch Sarahs Selbsteinschätzung in WA 43, 143,34f. (zu Gen 21,6f.).

[280] WA 43,374,16 (zu Gen 25,17), im Kontext (Z. 15f.): »[...] et tamen ex lumbis Abrahae, ex matrice Sarae matris prodit filius habens ista omnia: an non ex nihilo haec oriuntur?« Vgl. WA 43, 29,11–15 (zu Gen 18,13f.): »Cogitat quidem, sum sterilis anus, ut pariam in hac extrema aetate, prorsus impossibile est, sed haec cogitatio tam firma non est, quin excutiatur in isto fulmine. Quid apud Deum mirabile aut impossibile? qui eum hominem ex limo terrae condidit, is prolem naturalem ex semine maris et foeminae facere non posset?«

[281] WA 42, 658,16f. (zu Gen 17,17): »[...] et oblitus sui emortui corporis, etiam cadaverosae Sarae, certo videt ex Sara sibi nascendum haeredem.« Ähnlich WA 43, 23,20–22 (zu Gen 18,10–12): »[...] ›erant ambo senes, et processerant in diebus suis‹, hoc est, pene absolverant dies suos, venerant (ut dicimus Germanice) ad occasum, es war mit jnen auff die neige kommen.«

[282] WA 43, 26,24–26 (zu Gen 18,13f.): »Necesse igitur est, ut audiat verbum, quo ceu in vitam resuscitata resurgat in spem foecunditatis. Vere enim verbum est vox suscitans ex morte.«

[283] WA 43, 26,26–28 (zu Gen 18,13f.): »Mors autem est, quod Sara iudicat se esse cadaver. Haec cogitatio per verbum corrigitur, et cadaver ceu revocatum ex morte iterum vivere incipit: Igitur ad exuscitandam fidem omnia haec fiunt.«

[284] WA 43, 26,33f. (zu Gen 18,13f.), zit. Anm. 298 (S. 232).

[285] WA 42, 95,28–34 (zu Gen 2,21): »Audimus Deum apprehendisse glebam et fecisse hominem, hoc admiramur, et prae admiratione ducimus esse fabulosum. Quod autem apprehendit adhuc hodie guttam de sanguine [sc. Samen] patris et creat hominem, hoc non admiramur, quia hoc quotidie fit, illud semel factum est, cum tamen utrunque

Denn wie Gott »Adam auß eim erden kloß schafft, also nimpt er noch [heute] ein wenig samens, do kein leben innen ist, vnd formiert vnd nerett vnd erhelt die frucht vbernaturlich«[286]. Die Geburt eines Menschen ist derart gewichtig und ein solches Wunder, dass, wer die künftige Auferstehung der Toten nicht glauben kann, auch nicht in der Lage ist, an das Wunderwerk der Geburt zu glauben und diese als solches wahrzunehmen.[287]

Luther ist wichtig, dass die Geburt eines Menschen – ein paradigmatisches Kerngeschehen innerhalb der Ökonomie – in keiner Weise in einem eigenen Handeln der Eltern begründet liegt. Sind auch beide Elternteile in diese creatio einbezogen und täuscht die Alltäglichkeit des Geschehens Gewöhnlichkeit vor,[288] so ist Isaaks Geburt – und damit jede Geburt – an nichts anknüpfende, unmittelbare Gabe Gottes,[289] die ex nihilo geschieht. Damit ist für Luther die scheinbare Selbstmächtigkeit der oeconomia besonders trügerisch: mit ihrem vermeintlich eigenständigen Werden von Leben, ihren biologischen Vorgängen, gesetzmäßigen Naturereignissen und ihrem wirtschaftlich-berechenbaren Handeln.[290]

---

eadem arte et eadem potentia fiat, ab eodem autore. Nam qui ex gleba formavit hominem, idem adhuc hodie creat homines ex sanguine Parentum.«

[286] WATR 5, 17,11–13 (Nr. 5227; September 1540), zit. im Kontext (Z. 10–16.19f.): »Das Gott creator heist, das ist ein vnerforschlich ding, vnd Gott schaffts doch teglich. Den wie er Adam auß eim erden kloß schafft, also nimpt er noch ein wenig samens, do kein leben innen ist, vnd formiert vnd nerett vnd erhelt die frucht vbernaturlich, wiewol die medici ire rationes haben de vena ex pectore in matricem. [...] Ich kan mich nicht genug wundern vber eim ey; ibi est materia extra matricem, [...]. [...] vnd Gott formirtt im schelein ein lebendigs hunlein. Das sindt lauter wunderwerck!« Irrt Luther auch in biologischer Hinsicht bezüglich des Samens, so ist seine Aussage gleichwohl in theologischer Hinsicht sprechend.

[287] WA 43, 374,22–24 (zu Gen 25,17): »Qui enim non credit resurrectionem mortuorum, is etiam non credit aut cernit miraculum generationis, quod homo ex homine, bos ex bove nascitur.« Vgl. die Verknüpfung von Geburt und Auferstehung bei Anm. 449 (S. 253).

[288] WA 44, 335,29–33 (zu Gen 38,27–30): »Quia autem dispergit Deus miraculum hoc in totum genus humanum, et omnium animantium, per universum orbem terrarum, ideo quotidiano usu caepit vilescere et contemni. Sed spiritus sanctus ornat creationem, et eius intuitu et celebratione delectatur.«

[289] WA 42, 354,31–33 (zu Gen 9,1): »Pertinet autem hic locus eo quoque, ut statuamus, prolem esse donum Dei et tantum provenire ex benedictione Dei, Sicut etiam Psalmus 127. ostendit.« Vgl. WA 43, 438,3f. (zu Gen 26,1): »Deus iussit me esse maritum, et dedit mihi duos filios. Hoc scio esse ipsius opus, [...].«

[290] Siehe die Auslegung von Psalm 127 durch Martin Doerne (Praktischer Schöpfungsglaube nach Luther, 24–40) als Luthers »praktische Anwendung des Schöpferglaubens auf die Bereiche der Familie [sc. der Ökonomie] und des Staates« (aaO., 28), die beide von Gott geschaffen werden, während der Mensch »nicht nur bei Nacht, sondern allezeit« (aaO., 37) schläft, d.h. beide ex nihilo empfängt. Er ist, so Doerne, »gelassenen Sinnes« (aaO., 37); vgl. die mystische »Gelassenheit« in Anm. 79 (S. 203).

4. Politie

4.1 Nihil der Politie
und deren creatio durch Gottes Einsetzungswort

Für sich genommen ist ebenso der dritte Stand,[291] der »Notstand«[292], die Politie bzw. das »Gemeinwesen«[293], »vulgär« wie »nihil«[294]: Vom Papst verachtet und von den Mönchen als »weltlich und unnütz« (»seculatores et inutiles«)[295] verschmäht, erscheint die Politie geradezu als Gegensatz zum geistlichen Leben.

Aus diesem Grund bot sich der sog. Geistliche Stand zu Luthers Zeit den Bürgern, Bauern, Fürsten und dem Adel als Vermittler in Heilsdingen an.[296] Doch nicht nur die Römer stehen in Gefahr, diesen Stand zu unterschätzen. Gerade der Aspekt der Politie als durch den Sündenfall erforderlich gewordener »Notstand« kann ebenso evangelische Christenmenschen dazu verführen, diesen Stand und damit dem Politischen eine eigene Würde abzusprechen. Ist die Politie »ein notwendiges Heilmittel für die korrumpierte Natur« (»Est enim Politia remedium necessarium naturae corruptae«), so kann Luther von ihr auch als dem »Reich der Sünde« (»regnum peccati«) sprechen; ihre Aufgabe besteht freilich gerade darin, die Sünde

---

[291] Als dritter Stand wird durch den Sündenfall die Politie notwendig, die durch eine Rechtsordnung gemeinschaftliches Leben ermöglicht. In Gen 3,16 beschreibt Luther Adam als innerhalb der Politie arbeitend, seinen Besitz verteidigend und kämpfend (WA 42, 151,26f. [zu Gen 3,16]: »Is gubernat domum, Politiam, gerit bella, defendit sua, colit terram, aedificat, plantat etc.«). Aufgrund des Einschnittes, den die Sintflut im Weltlauf für Luther darstellt, betont Luther gleichzeitig, dass erst nach dieser der Mensch die Strafgewalt über Leben und Tod erhalten habe (WA 42, 360,23–29 [zu Gen 9,6] zit. Anm. 309 (S. 184); beachte besonders WA 42, 360,30–34 [zu Gen 9,6]: »Hic igitur fons est, ex quo manat totum ius civile et ius Gentium. Nam si Deus concedit Homini potestatem super vitam et mortem, profecto etiam concedit potestatem super id, quod minus est, ut sunt fortunae, familia, uxor, liberi, servi, agri. Haec omnia vult certorum hominum potestati esse obnoxia Deus, ut reos puniant.«). Dennoch ist es m.E. wegen WA 87,11f. (zu Gen 2,18) (»Politia nulla opus fuit, cum natura esset integra et sine peccato«), wo Luther die Einsetzung der Politie mit dem Sündenfall verknüpft, nicht möglich, wie Martin Brecht (Martin Luther, Bd. 3, 141) die Einsetzung der Politie erst Gen 9,6 stattfinden zu lassen.

[292] Hierzu Oswald Bayer, Schöpfung als Anrede, 59ff.

[293] Vieles spricht für Otto Hermann Peschs Vorschlag (Kirche als Schöpfungsordnung?, 299), für »politia« den Begriff »Gemeinwesen« zu verwenden, der jedoch nicht konturlos werden darf.

[294] WA 43, 19,32–34 (zu Gen 18,9), zit. Anm. 191 (S. 168).

[295] WA 44, 260,30 (zu Gen 37,12–14).

[296] WA 44, 260,31–33 (zu Gen 37,12–14): »Nos spirituales sumus, dicebant, oramus pro aliis, vos cives, rustici, Principes, nobiles et omnes seculares non potestis servire Deo«. Luther polemisch weiter (aaO., Z. 33–35): »Date igitur aurum, argentum, arces, oppida, ditiones vestras, et nos dies noctesque pro vobis orabimus, interea dum vos aratis agrum, regitis familiam, subditos etc.«

einzudämmen.[297] Eine falsch verstandene Zwei-Reiche-Lehre könnte ebenfalls die Politie als ein dem Reich Christi Gegenüberstehendes abwerten.
Diese Einschätzung, die politischen wie gesellschaftlichen Gestaltungswil-
len lediglich als Antwort zur Sünde sieht, steht in Gefahr, deren Eigenwert
zu verkennen. Ist die Richtung derart negativ vorgezeichnet, so ist es kein
großer Schritt, etwa eine gottlose Obrigkeit als »Gottes Säue« (»porcos
Dei«) zu bezeichnen, die Gott mit Reichtum, Gewalt, Ehre und Gehorsam
der Untertanen mästet, um sie schließlich wie überfütterte Schweine zu
schlachten und als »wildbrett im Himel« zu servieren.[298]

Bricht sich in derartigen Bildern offensichtlich Untertanenneid und
ein bisweilen berechtigter Zorn Bahn, so ist dennoch die Obrigkeit durch
Gottes Wort eingesetzt und dadurch mit Würde bekleidet,[299] »gelobt und
geziert« (»a Deo commendentur et ornentur«);[300] sie ist ein »göttlicher
Stand« (»rem divinam ordinatam«), von Gott angeordnet zum Nutzen
dieses zeitlichen Lebens.[301] Und die von den Altgläubigen als »nichtig und
gering« beurteilten Werke der Obrigkeit sind in Wahrheit allerherrlichste
und Gott äußerst angenehme Werke (»praestantissima et quoque Deo
gratissima opera«),[302] aller Ehren wert (»honestissimis operibus«).[303]
Handelt es sich auch noch um eine fromme Obrigkeit, so stellt Luther de-

---

[297] WA 42, 79,8f.11 (zu Gen 2,15–17), zit. im Kontext (Z. 7–14): »Politia autem ante
peccatum nulla fuit, neque enim ea opus fuit. Est enim Politia remedium necessarium
naturae corruptae. Oportet enim cupiditatem constringi vinculis legum et poenis, ne
libere vagetur. Ideo Politiam recte dixeris regnum peccati, sicut Paulus Mosen quoque
vocat ministrum mortis et peccati [wohl Röm 8,2]. Hoc enim unum et praecipuum
agit Politia, ut peccatum arceat, Sicut Paulus dicit: ›Potestas gerit gladium in vindictam
malorum‹ [Röm 13,4]. Si igitur homines non essent per peccatum mali facti, Politia
nihil fuisset opus«.

[298] WA 42, 287,11.16f. (zu Gen 6,4), im Kontext (Z. 11–17): »Ad hunc modum dixeris
magistratus impios esse ceu porcos Dei: saginat eos, dat eis opes, potentiam, glorias,
subditorum obedientiam. Non itaque premuntur, sed ipsi potius premunt et opprimunt
alios. Non ferunt iniurias, sed aliis inferunt. Non dant, sed rapiunt ab aliis, donec hora
veniat, qua tanquam porci diu saginati mactentur [vgl. Jer 12,3]. Hinc proverbium
Germanicum: Principem raram esse avem in regno coelorum, Fursten sind wildbrett
im Himel.« Siehe auch WA 42, 182,15–17 (zu Gen 4,2) und WA 42, 513,1f. (zu Gen
13,14f.): »[...] Ad hunc finem qui respiciunt, hi scandalum hoc facile superabunt.«

[299] Vgl. Anm. 289 (S. 181).

[300] WA 44, 260,26f. (zu Gen 37,12–14).

[301] WA 44, 406,19f. (zu Gen 41,16): »Haec exempla diligenter observanda sunt, nec
dubitandum est politicam potestatem esse rem divinam ordinatam ad utilitatem huius
vitae«

[302] WA 43, 19,32 (zu Gen 18,9), Kontext v. Z. 32f. o. in Anm. 191 (S. 168).

[303] WA 42, 348,32f. (zu Gen 8,21): »[...] cum honestissimis operibus exercetur sive politicis sive oeconomicis.«

ren Taten über die der Heiligen, etwa des Einsiedlers Antonius.[304] Selbstredend ist Gehorsam ihr gegenüber ein »wahrhaft gutes Werk«[305].

4.2 Cooperatio der Politie bei der conservatio ex nihilo

Gottes Wille zur cooperatio gilt auch für die Politie, den Ort der conservatio ex nihilo. Gott könnte auch ohne sie die Welt erhalten und darin Ordnung und Frieden bewahren, um gesellschaftliches Miteinander zu ermöglichen. Doch durch das Einsetzungswort autorisiert er Menschen und macht sie zu Magistraten, Richtern und Fürsten, deren Aufgabe es ist, gemeinschaftszerstörende Kräfte der Sünde durch Strafen in Schranken zu halten und damit nicht zuletzt auch evangelische Predigt zu ermöglichen. Die Obrigkeiten sind für Luther »Heilande oder Ärzte« (»salvatores seu Medici«)[306] der Gesellschaft, die diese gesund halten bzw. heilen sollen.

Obwohl dieses weltliche Ordnungswirken von Menschen vorgenommen und gestaltet wird, ist es doch Gottes Werk.[307] Und auch der in diesem Stand Arbeitende – etwa eine Frau, ein Bürger, Fürst oder Edelmann – ist Gottes Geschöpf und zu diesem Amt geschaffen.[308]

In diesem Amt erhält die Obrigkeit im Zuge der cooperatio Gottesprädikate, d.h. Gott teilt seine Macht mit der Obrigkeit, was für Luther so weit geht, dass selbst das Recht der Tötung eines Menschen, sonst unter Strafe, auf diese übertragen wird: Exekutiert sie jemanden, so ist dieser von Gott selbst gerichtet, auch wenn dies durch Menschen geschieht.[309] Gehorsam gegenüber der Obrigkeit ist damit Gehorsam gegenüber Gott (»Reipublicae vocem existimabis Dei vocem esse, et parebis«), ein »ge-

---

[304] WA 43, 111,6–8 (zu Gen 20,3): »Sunt autem fidelis magistratus opera longe praestantiora, quam Antonii heremitae et aliorum, qui quidem etiam possunt sancti esse, sed sunt de minutulis sanctis.«

[305] WA 43, 20,7–9 (zu Gen 18,9): »Nos igitur Deo agamus gratias, quod eruditi verbo intelligimus, quae sint vere bona opera, obedire praepositis, honorare parentes, [...].«

[306] WA 42, 524,26f. (zu Gen 14,4–6), zit. im Kontext (Z. 26–28): »Eximia igitur appellatio est Magistratus, quod sint Rephaym [רְפָאִים; Gen 14,5], salvatores seu Medici, qui ulcera et pestes corporum sanent: qui fures et latrones iugulent, et defendant ab iniuriis suos.«

[307] WA 44, 260,41 – 261,3 (zu Gen 37,12–14), zit. Anm. 262 (S. 178).

[308] WA 44, 261,4f. (zu Gen 37,12–14): »Siquidem mulier, Civis, Princeps, nobilis etc. est creatura dei, et singuli ad certa officia sumus conditi«.

[309] WA 42, 360,23–29 (zu Gen 9,6): »Hic autem communicat suam potestatem Deus cum homine, et tribuit ei potestatem vitae et mortis inter homines, Sic tamen, si sit reus effusi sanguinis. Qui enim non habet ius occidendi hominis et occidit tamen hominem, hunc subiicit Deus non solum suo iudicio, sed etiam gladio hominis. Itaque si occiditur, etsi hominis gladio occiditur, tamen a Deo recte dicitur occisus esse. Si enim absque hoc Dei mandato esset, tam non liceret occidere homicidam, quam non licuit ante Diluvium.«

fährlicher Gehorsam« (»periculosa est obedientia«),[310] wie Luther zugibt. Blinden und unkritischen Gehorsam ohne maßgebende Kriterien duldet Luther nicht und verurteilt ihn scharf als »Satansgehorsam« (»Satanae obedientiam«).[311] Gleichwohl ist für Luther die prinzipielle Einsetzung der Politie und der aus ihr folgende Segen in keiner Weise davon abhängig, ob diese Obrigkeit eine christliche ist oder nicht.[312] Gott identifiziert sich derart mit dem Regierungsamt der Politie als »göttlicher Tüchtigkeit« bzw. »Tugend« (»quia gubernatio est divina quaedam virtus«), dass er nicht nur alle Obrigkeit »Götter« nennt (»ideoque vocat Deus Magistratus omnes Deos«),[313] sondern dass auch der, welcher herrscht, gleichsam ein »inkarnierter Gott« ist (»Qui igitur est in regimine, est quasi incarnatus Deus«).[314]

Während sie selbst durch Gebet erhalten und bewahrt wird,[315] sorgt die Politie für Schutz gegen Böses und Böse (»Opus est etiam politica gubernatione et defensione contra malos«).[316] Diese würden immer dreister und frecher werden, wäre »meyster Hans nicht do [...] mit dem strang und schwerdt«[317]. Wäre das Jüngste Gericht einziger Ort der Bestrafung

---

[310] WA 42, 455,39.456,4 (zu Gen 12,4), zit. im Kontext (455,36 – 456,4): »Sic cum Magistratus ex officio convocat cives in militiam ad retinendam pacem et depellendam iniuriam, Deo praestatur obedientia. Sic enim dixit nobis Dominus: ›Omnis anima sit subdita potestatibus‹ [Röm 13,1]. Sed inquies: periculosa est obedientia, potest enim fieri, ut occidar. Respondeo, sive occidas, sive occidaris, perinde est, vadis enim sicut dixit Dominus ad te. Igitur sanctum et pium opus est, etiam occidere adversarium, sic Magistratu iubente. Idem de generali vocatione sentiendum, cum vocaris ad ministerium docendi: Reipublicae vocem existimabis Dei vocem esse, et parebis«.

[311] Der Gehorsam ist nur dann berechtigt, wenn folgende zwei Elemente vorhanden sind (WA 42, 456,20–22 [zu Gen 12,4]): »Atque hae sunt verae laudes obedientiae, quae tantum est vel promissionum, vel praeceptorum divinorum. Haec enim si non adsint, non meretur dici obedientia, nisi forte velis Satanae obedientiam dici«.

[312] WA 42, 514,8–11 (zu Gen 13,14f.): »Sint igitur magni Persae, Graeci, Romani, Certe destituti hoc dono verbi non sunt beati, non enim tantum non habent hunc Deum, sed ne norunt quidem: Dominus non loquitur cum eis, etsi benedicit ipsorum imperiis ad tempus.«

[313] WA 43, 514,6f. (zu Gen 27,11–14).

[314] WA 43, 514,8f. (zu Gen 27,11–14). Diese Titelvergabe und Benennung liegt freilich nicht in der Person selbst begründet (»non propter creationem«), sondern in dem zugesprochenem Amt und gilt daher präzise dem Amtsträger (»sed propter administrationem, quae est solius Dei«), WA 43, 514,7f. (zu Gen 27,11–14). Vgl. »Elohim« bei Anm. 157 (S. 163).

[315] WA 43, 399,42f. (zu Gen 25,23), zit. Anm. 299 (S. 131).

[316] WA 43, 613,4–10 (zu Gen 29,1–3): »Sunt administrandae Respublicae et res oeconomicae, siquidem nondum sumus in paradiso, nec sumus similes Angelis, sed vivimus in carne, vita animali, cui opus est cibo, potu, vestitu, domo, prole, agricultura: Opus est etiam politica gubernatione et defensione contra malos. Itaque necesse est retinere illas ducas partes vitae huius: quae sunt nutrire et tueri. Domus nutrit et fovet prolem et familiam. Politia defendit et tuetur haec omnia.«

[317] WA 44, 361,35 (zu Gen 39,7–10). »Meister Hans« ist gängige Bezeichnung für den Henker (Grimm, DWb 4/2, 458f.); vgl. WA 44, 728,37 – 729,2 (zu Gen 49,3): »[...] da muß

von Verbrechen, so würden die Verbrechen noch mehr zunehmen; das zeitliche Urteil und Gericht ist unabdingbar, weil die Welt das künftige Gericht Gottes missachtet und dessen lacht.[318]

Als »zeitliches Reich«[319] ermöglicht und sichert die Politie die Arbeit der beiden anderen Stände; äußerer Friede ist notwendig, damit sowohl Kirchen- wie Hausstand überhaupt existieren können.[320] Insbesondere der Gottesdienst ist derart auf solchen Frieden und äußere Stabilität angewiesen,[321] dass Luther dem Kaiser für die Möglichkeit, friedlich und ungestört das Evangelium zu predigen, gerne jährlich einen gesonderten Steuerbetrag entrichten würde.[322] Gott dagegen nimmt kein Geld, sondern setzt von sich aus eine Obrigkeit ein, die Pietät und Religion (»pietatis et religionis«)[323] erhält – und dies ohne menschlichen Rat oder Vorsatz (»sine nostro consilio aut cogitatione«) und gegen alle menschliche Hoffnung und Erwartung (»contra spem et expectationem nostram«);[324] diese Gabe Gottes einer guten Regierung kommt ex nihilo, ohne Verdienst und Würdigkeit.

Fragt man, welche Gegenwartsrelevanz dieses von mittelalterlichen Gesellschaftsstrukturen geprägte feudale Obrigkeitsbild Luthers hat, in dem die Bevölkerung (wenn man einmal zynisch sein will) *freilich* ihre Regierung ex nihilo, also ungefragt und ungeschuldet, erhält (nämlich ohne Mitspracherecht!), so ist zu sagen, dass Luthers Deutung des ex nihilo auch in einer demokratischen Gesellschaftsstruktur sein Gewicht behält. Denn auch wenn der Landesvater in sein Amt nicht mehr hineingeboren,

---

meister Hans das schwert füren, galgen und rad brauchen, in terrorem et documentum caeteris, etiam cum remittitur peccatum. Sicut furi ignoscitur quidem, nihilominus tamen agitur in crucem. Peccatum a Deo condonatur his, qui capitali poena afficiendi sunt, sed lictor non remittit, quin legibus constitutam poenam exigat. Meister Hans vergibts jnen nicht, sondern thut jn jr recht.«

318 Den Grund dieses Lachens illustriert Luther mit der Anekdote eines Strauchdiebes, dem ein Überfallener nachruft, er werde von Gott für den Diebstahl am Jüngsten Gericht bestraft werden; der Räuber kehrt um und spricht: ›Wenn die Bestrafung noch so lange auf sich warten lässt, so gib mir zum Mantel auch noch dein Hemd‹; WA 44, 361,30–34 (zu Gen 39,7–10).

319 WA 43, 524,24f. (zu Gen 27,28f.), zit. im Kontext Anm. 95 (S. 155).

320 WA 43, 484,21–24 (zu Gen 26,24f.): »Ubi enim non est tranquillitas, ibi non est tempus aut locus figendi tabernacula, aut erigendi altaria: Non possunt doceri homines, non administrari politia aut oeconomia. Requiritur locus quietus et tempus tranquillum.«

321 WA 43, 484,34–36 (zu Gen 26,24f.): »Sed ad exercitia pietatis instituenda et conservanda, ut nactus ocium, sicut Isaac, utaris iis ad repurgandum et propagandum cultum Dei.«

322 WA 43, 425,32–34 (zu Gen 25,31–34).

323 WA 43, 339,21f. (zu Gen 24,33), zit. im Kontext (Z. 19–22): »Haec enim opera oeconomica, scilicet servilia et politica, scriptura sancta laudat, et amplissimis laudibus vehit, quia valent ad generationem et conservationem oeconomiae et politiae, quin etiam pietatis et religionis.«

324 WA 43, 465,12f. (zu Gen 26,10f.).

sondern hineingewählt wird, bleibt es dennoch Gabe Gottes, wenn sich dieser dann in seinem Amt auch tatsächlich als guter Regent erweist. Und so gut auch regiert wird, ist doch einsichtig, dass – blickt man über die Landesgrenzen hinaus – die innenpolitische Stabilität sich durch das internationale Staatengeflecht und dessen Unberechenbarkeiten eigenem diplomatischem Kalkül zu entziehen vermag: Friedenszeiten liegen nämlich letztlich nicht im Engagement und Handeln der Obrigkeit begründet, sondern bleiben ex nihilo gegebenes Geschenk Gottes.

IV. Recreatio als creatio ex nihilo

§ 1 Einführung

Allein schon die Überschrift »Neuschöpfung als creatio ex nihilo« mag verwundern. Spricht man nämlich von einer *Neu*schöpfung, so verbietet – wie man argumentieren könnte – allein dieser Zusatz »neu«, der ja in Beziehung zu einem »alt« steht, von einer creatio ex nihilo zu sprechen. Denn: Eine Schöpfung aus dem Nichts ist *stets Neu*schöpfung in dem Sinne, dass an nichts angeknüpft wird. Dieser Einwand geht jedoch für Luther, wie gezeigt werden wird, an der Sache vorbei. Er kann beispielsweise zur Auferstehung von den Toten sagen, dass diese eine Schöpfung aus dem Nichts ist, und ebenso sagen, dass sie lediglich ein Aufwecken einer schlafenden Person ist.[1] Ein Kalkulieren von Kontinuitäten führt daher nicht weiter, wie auch biblische Texte von dem »Sterben« des Samenkorns sprechen, welches doch am Leben bleibt;[2] sie fordern auf, den neuen Menschen »anzuziehen«, obwohl damit nicht nur die ›Kleider gewechselt‹ werden,[3] sondern der *ganze* Mensch neu wird. Eine creatio *ex nihilo* ist die Auferweckung von den Toten für Luther deshalb, weil in jedem Fall *Gott* der Handelnde ist und die Kreatur in ihrer unbedingten Abhängigkeit lediglich empfängt; auch im Rechtfertigungsgeschehen ist Gott für Luther alleiniges Subjekt, wobei jedoch ausdrücklich nicht Gott es ist, der glaubt, sondern der Mensch.[4]

Ein Zweites: Blickt man zurück auf das letzte Kapitel und betrachtet gleichzeitig die Überschrift dieses Kapitels, so stellt sich die Frage: Führt nicht allein schon das Geschehen der »recreatio« die »conservatio« Gottes ad absurdum? Ist Gottes conservatio derart mangelhaft, dass *erneut* aus nichts geschaffen werden muss?[5] Und wenn dies geschieht: In welchem Verhältnis steht das neu Geschaffene zum Alten? Dies berührt das Thema der annihilatio.

Im folgenden Kapitel wird zunächst Luthers Identifikation von Schöpfung und Neuschöpfung beleuchtet (§ 2) und gleichzeitig herausgestellt, dass Luther bei aller Identifikation beider Vorgänge doch nicht Geschaffenes und Erlöstes identifiziert; diese Spannung führt zur Frage nach der »Allversöhnung«. Die für eine Neuschöpfung unabdingbare annihilatio

---

[1] Zum Tod als Schlaf siehe bei Anm. 417ff. (S. 248).
[2] Siehe bei Anm. 437 (S. 251).
[3] Siehe Anm. 258 (S. 226).
[4] Der Mensch ist nämlich keine Marionette; siehe hierzu bei Anm. 205ff. (S. 219).
[5] Luther fragt herausfordernd in WA 44, 370,32–35 (zu Gen 39,19), zit. Anm. 121 (S. 209), nach eben Gottes versprochener conservatio.

(§ 3) und das damit verbundene Wirken Gottes sub contraria specie zeigt sich eindrücklich in Luthers Interpretation der Josephsgeschichte. Anschließend werden die folgenden beiden großen Themenbereiche entfaltet und untersucht: »Die geistliche Neuschöpfung« (§ 4) und »Die leibliche Neuschöpfung« (§ 5).

Schwerpunkte innerhalb der Vorlesung, an der Luther die annihilatio und die recreatio ex nihilo ausführt, sind die bereits erwähnte Josephsgeschichte (Gen 37–50), Abrahams Rechtfertigung (Gen 15), das sog. »Protevangelium« (Gen 3,15) und die in der Genesis beschriebenen Todesfälle (vor allem Rahel [Gen 35,16–20] und Jakob [Gen 49]).

Ergänzend herangezogen werden z.B. De captivitate (1520) sowie Luthers Auslegung der sieben Bußpsalmen (1517).

§ 2 »nihil differat creatio et recreatio, cum utraque ex nihilo operetur«
(WA 5, 544,9f.) –
Die Identität von Schöpfung und Neuschöpfung

Schöpfung und Neuschöpfung unterscheiden sich für Luther nicht;[6] was für die creatio gilt, ist für die recreatio ebenso relevant und geschieht in eben derselben Weise. Luther macht zwischen beiden keinen Unterschied, da beiden gemeinsam ist, aus dem Nichts heraus zu wirken: »nihil differat creatio et recreatio, cum utraque ex nihilo operetur«[7]. Oder mit den Worten Schleiermachers gesagt: »[K]ennen wir keine andere göttliche Tätig-

---

6   Eine sprechende und prägnante Verbindung beider ist etwa WA 39 I, 205,5 (Die Promotionsdisputation von Palladius und Tilemann; 1537): »Sine hoc articulo [iustificationis] mundus est plane mors et tenebrae.« Vgl. Albrecht Peters, Kommentar zu Luthers Katechismen, Bd. 2, 83–91. Die Verbindungslinie Schöpfung – Erlösung ist eine entscheidende: Bereits Marcion zwang die Kirche, gegen ihn die zum Kern christlichen Glaubens gehörende Identität von Schöpfergott und Erlösergott zu bekennen. Dass dem Schöpfungswerk selbst schon Heilsbedeutung zukommt, wird an der jahwistischen Schöpfungserzählung deutlich, die weniger eine Kosmogonie zeichnen als vielmehr darauf hinweisen möchte, dass Gottes Heilshandeln mit seinem auserwählten Volk bereits mit seinem Schöpfungswerk beginnt. Noch deutlicher kommt dies bei Deuterojesaja zur Sprache; dieser kann, so Werner H. Schmidt, »seine Verheißungen statt aus der – durch den tiefen Einschnitt des Exils fraglich gewordenen – Geschichte mit der Schöpfung begründen, um zu betonen: Trotz der Ohnmacht des Volkes hat Gott Macht und Fähigkeit, das angekündigte Heil auch herbeizuführen (Jes 40,12ff.; 45,7f.18 u.a.). Dabei kommt Schöpfung der Erwählung und Erlösung nahe (43,1f.; 44,2.24 u.a.), ja das künftige Heil gleicht einer Neuschöpfung: ›Siehe, ich mache Neues‹ (43,19; 48,6f.), ›einen neuen Himmel und eine neue Erde‹ (65,17; 66,22; vgl. Jer 31,22 u.a.).« (Einführung in das Alte Testament, 353). Vgl. Konrad Stock, Creatio nova – creatio ex nihilo, 208f.

7   WA 5, 544,9f. (Operationes in Psalmos; 1519–1521): »[...] revera nihil differat creatio et recreatio, cum utraque ex nihilo operetur«. Vgl. WA 36, 650,1–3: (Predigt zu 1Kor 15,36–44; 1533): »Multoplus alius, deus agricultor, qui ex nihil fecit omnia. Is, qui ex nihil fecit omnia, dicit, quod velit nos reformare, ut agricultor.« Vgl. Röm 4,5.17.24 und 2Kor 4,6.

keit als die schöpferische«,»so ist die gesamte Wirksamkeit Christi nur die Fortsetzung der schöpferischen göttlichen Tätigkeit«[8], denn Christi »aufnehmende Tätigkeit ist eine schöpferische [...].«[9] Eine Trennung von Schöpfung und Neuschöpfung, von Schöpfer und Erlöser, ist folglich ausgeschlossen.[10]

Bereits in Luthers Auslegung der Erschaffung Adams wird die Identität beider deutlich: vor seiner Schöpfung »ist Adam gelegen wie ein tod mensch.«[11] In dieser eigentümlichen Beziehung von Schöpfung und Totenauferweckung, die das Ende paradoxerweise vor den Anfang setzt, löst Luther das landläufige Zeitschema auf: Schöpfung und Neuschöpfung, Rechtfertigung und Totenauferweckung vereinen sich ganz wie in Röm 4[12] in einem einzigen Handlungsmuster: Ex nihilo schafft Gott, rechtfertigt er und erweckt er von den Toten. Dies besagt, dass Gott der allein Handelnde ist, der in Schöpfung wie Neuschöpfung an nichts anknüpft: Denn so sehr Gott die cooperatio der Menschen in Predigt und Sakramentsverwaltung bezüglich des Heilsgeschehens in Anspruch nimmt und gutheißt, so wenig ist es dem Menschen möglich, seine *eigene* Geburt und Wiedergeburt zuwege zu bringen, wie es ihm ebenso unmöglich ist, sich selbst als Wiedergeborener zu erhalten.[13]

So sehr aufgrund desselben Handlungsmusters Identität besteht, so sehr stellt sich doch hier die Frage, ob *tatsächlich* keinerlei Differenz zwischen Schöpfung und Neuschöpfung besteht. Oder anders gewendet: Wie umfassend ist die von Luther vertretene Identität von Schöpfung und Neuschöpfung? Denn hat der Mensch auch auf sich selbst bezogen keine Möglichkeit der cooperatio,[14] so bleibt die Frage, ob ihm bezüglich der recreatio, d.h. des Heilsgeschehens, zumindest die Möglichkeit bleibt, sich dem Geschehen zu verweigern.

Achten wir genauer auf Luthers Texte, so zeigt sich die behauptete Identität beider auf die *Art und Weise* ihres Vorgangs bezogen: Liegt Luthers

---

[8]   Friedrich Schleiermacher, Der christliche Glaube, § 100 (Bd. 2, 91.93).
[9]   AaO., § 100 (Bd. 2, 91).
[10]   Vgl. Peter Brunner, Pro ecclesia, Bd. 2, 36.
[11]   WA 42, 64,2 (zu Gen 2,7). Vgl. WA 42, 63,31–33 (zu Gen 2,7): »Itaque Adam, antequam a Domino formatur, est mortua et iacens gleba eam apprehendit Deus et format inde pulcherrimam creaturam participem immortalitatis.« Vgl. die Bernwardstür im Dom zu Hildesheim, die Adam bei seiner Erschaffung als Leiche zeigt, womit Schöpfung und Neuschöpfung verbunden bzw. miteinander identifiziert werden. Vgl. die Bedeutung von Joh 11 in Anm. 32 (S. 71).
[12]   Röm 4,5–8 (Rechtfertigung), Röm 4,17–19 (Schöpfung) und Röm 4,24f. (Auferstehung) verbinden sich unter Röm 4,17 (creatio ex nihilo) zu *einem* Vorgang.
[13]   Siehe bei Anm. 165ff. (S. 164).
[14]   WA 18, 766,24 (De servo arbitrio; 1525) sagt Luther über den freien Willen: »Non cooperatur ad iustitiam, [...].« Vgl. WA 6, 530,16–18 (De captivitate Babylonica; 1520) bezüglich des allein von Gott in uns und ohne uns gewirkten Glaubens: »Est enim opus dei, non hominis, sicut Paulus docet [Eph 2,8]. Caetera nobiscum et per nos operatur, hoc unicum in nobis, et sine nobis operatur.«

Identifikation in deren Herkunft aus dem nihil, so besteht für ihn gleichwohl ein Unterschied beider *insofern*, als Gott zwar seine Schöpfergüte allen Menschen gegenüber erweist, seine Neuschöpfung als Heilsgeschehen jedoch lediglich einem Teil der Menschen vorbehalten bleibt. Einer Ausweitung auf eine *umfassende* Identität, d.h. einer Identität von Geschaffenem *und* Erlöstem, würde Luther nicht zustimmen. Diese Entscheidung Luthers wirft Probleme auf, und zwar in der Frage, ob Luther an diesem Punkt seiner Positionsbestimmung der Lehre von der creatio ex nihilo treu bleibt: Konsequente Folge der lutherischen Interpretation der Lehre von der creatio ex nihilo wäre nämlich die Allversöhnung.[15] Geht Luther zwar nirgends explizit auf diese aus der Weite der Formel sich ergebende Folgerung ein, so zielen die in ihrer Deutung liegenden systematischen Prämissen der Formel doch darauf ab: Gerade Luthers Auffassung zeigt, dass unter dem Blickwinkel der creatio ex nihilo Gottes Gnade unendlich größer ist als der Zorn, und dass das Evangelium weiter reicht als das Gesetz.[16]

Dieses ›Dilemma‹ präzisiert Wilfried Härle folgendermaßen: »Nehmen wir an, der Mensch könne der Erwählung [hier: Gottes recreatio ex nihilo] widerstehen, so erscheint diese als kraftlos, also Gott nicht angemessen. Nehmen wir dagegen an, der Mensch könne ihr *nicht* widerstehen, so erscheint die Erwählung [sc. Gottes Neuschöpfung] als zwanghaft oder gewalttätig, also der menschlichen Personalität nicht angemessen.«[17] Und er spitzt, Hartmut Rosenau aufnehmend,[18] ganz im Sinne des oben Gesagten, zu: »Je stärker die Verantwortlichkeit des Menschen als Erklärungsmöglichkeit für die Lehre vom doppelten Ausgang in Anspruch genommen wird, desto eher wird die soteriologisch zentrale Einsicht des Evangeliums verdunkelt, daß das Heil dem Menschen von Gott her bedingungslos zuteil wird. Und je stärker *diese* Einsicht festgehalten wird, desto *weniger*

---

[15]   Siehe etwa den dramatischen Text WA 44, 373,26–30 (zu Gen 39,20): »Itaque nihil aliud in Ioseph cernere licet, quam mortem et perditionem vitae, famae et virtutum omnium, quas in eo paulo ante tota familia suspiciebat et mirabatur. Da kumpt nun Christus, und leucht in die hell hinein mit gnedigen augen.« Vgl. die Ausführungen bei Anm. 313 (S. 233). Und ebenso WA 44, 373,19–23 (zu Gen 39,20): »Si enim certo statueremus Christum esse Episcopum animarum nostrarum, ac singuli sic adfecti essemus: Scio Dominum mundi, creatorem omnium rerum, et victorem Diaboli esse inspectorem animae meae, et respicere in meam mortem ac totum infernum, profecto quidvis perpeti, ac victores evadere omnium adflictionum possemus.«

[16]   Stimmen wie etwa Albrecht Peters, der in Luthers Theologie die bedrückende Beobachtung machen will, dass »[d]as Gesetz [...] weiter zu greifen [scheint] als das Evangelium, der Zorn umschließt die Gnade, der ›Deus absconditus‹ hat den ›Deus revelatus‹ übermocht [sc. überwunden]« (Glaube und Werk, 238), erhalten durch Luthers Interpretation der creatio ex nihilo ein starkes Korrektiv.

[17]   Wilfried Härle, Dogmatik, 509.

[18]   Hartmut Rosenau, Allversöhnung. Die weitere maßgebende Monographie zum Thema ist Johanna Christine Janowski, Allerlösung.

kann die Lehre vom doppelten Ausgang begründet werden.«[19] Härles Hinweis auf die »Gewißheit von der *Unwiderstehlichkeit* der göttlichen Erwählung« setzt gerade keinen göttlichen »Zwang, [keine] Nötigung oder Fremdbestimmung« voraus, sondern gründet in »der göttlichen Liebe, die ihr Ziel erreicht, indem sie Menschen für die Liebe *gewinnt.*«[20] Auch bei Luther ist es der liebende Gott, der sich dem Nichts zuwendet,[21] und ebenso der liebende Gott, der das Geschöpf vor der noch ausstehenden Neuschöpfung nihiliert.[22] Bleibt auch die ernste Frage, ob damit das Jüngste Gericht nicht seine eschatologische Tiefe und sein Gewicht verliert und es dem Menschen nur noch, wie Helmut Thielicke salopp formuliert, lediglich »das happy end zuflüstert«[23], so ist, wie in der Untersuchung der recreatio unten gezeigt werden wird, die *Identität* von creatio und recreatio bei Luther gewichtiger und weiter reichend als deren Differenz.

§ 3 »Hic mos Dei est perpetuus et admirandus, ut ex nihilo faciat omnia, et rursus omnia redigat in nihilum« (WA 44, 377,15–17) – Das nihil als ›Voraussetzung‹ der recreatio ex nihilo; creatio ex nihilo sub contraria specie

Für Luther ist Gott nicht nur Schöpfer ex nihilo, sondern ebenso der, der gleichermaßen in das Nichts zu führen vermag: »Hic mos Dei est perpetuus et admirandus, ut ex nihilo faciat omnia, et rursus omnia redigat in nihilum«[24]. Luther verknüpft beide Bewegungen derart häufig, dass geradezu von einem Gleichgewicht beider gesprochen werden kann: So sehr

---

[19] Wilfried Härle, Dogmatik, 617. Vgl. Friedrich Schleiermacher (Der christliche Glaube, § 163 [Bd. 2, 438]), der nicht zuletzt in Hinblick auf die Macht göttlicher Liebe und die umfassende Abhängigkeit des Geschöpfes vom Schöpfer einem doppelten Ausgang kritisch gegenübersteht: »Betrachten wir nun die ewige Verdammnis in bezug auf die ewige Seligkeit: so ist leicht zu sehen, daß diese nicht mehr bestehen kann, wenn jene[...] besteht.« Weiter (aaO., 439): »Daher dürfen wir wohl wenigstens gleiches Recht jener milderen Ansicht einräumen, wovon sich in der Schrift doch auch Spuren finden [1Kor 15,26.55; ebenso 1Kor 15,27f.], daß nämlich durch die Kraft der Erlösung dereinst eine allgemeine Wiederherstellung aller menschlichen Seelen erfolgen werde.«

[20] Wilfried Härle, Dogmatik, 510. Siehe bei Anm. 205ff. (S. 219).

[21] Zu Gottes bedingungsloser Liebe siehe S. 124.

[22] Siehe bei Anm. 43ff. (S. 197).

[23] Helmut Thielicke, Theologische Ethik, Bd. 1, 193. Thielicke wendet sich mit dieser Formulierung scharf gegen Karl Barth, der in einem »abstrakte[n] Monismus« »[s]elbst die Hölle [...] noch in diese Weltanschauung der Gnade ein[...]zeichnet« (aaO.). Im Widerspruch (»Ich muß bekennen, daß ich mir unter einer Gnade, die die Hölle sein kann, nichts vorzustellen vermag«; aaO.) fragt Thielicke diesen auffordernd: »Wann wird das ehrlichste Bekenntnis dieses Monismus, wann wird die feierliche Proklamation der ἀποκατάστασις πάντων erfolgen?« (aaO.).

[24] WA 44, 377,15–17 (zu Gen 39,21–23).

Gott aus dem Nichts schafft, so sehr muss er vorher nihilieren, um alles aus nichts schaffen zu können. Ist Gott stets der, der aus dem Nichts schafft, so ist das Nichts damit eine ›Voraussetzung‹ seines Schaffens.[25] Luther verknüpft creatio ex nihilo und creatio sub contraria specie[26]: Geschaffen und erneuert wird der Mensch durch das Töten und Ablegen des alten Menschen.[27]

Diese Nihilierung wirft zunächst dasselbe Problem wie eine Schöpfung aus dem Nichts auf: Wie aus nichts nichts entstehen kann, so kann auch, was ist, nicht nichts werden.[28] So meint man. »Nichts« werden heißt für Luther jedoch gerade *nicht*, dass der Mensch bzw. die Kreatur aufhört zu existieren;[29] dies hieße, Gottes umfassendes wie bewahrendes Wirken gegenüber seiner Schöpfung nicht ernst zu nehmen. Zudem ist die zu annihilierende Kreatur eigentlich bereits an und für sich nichts, denn nur in Rückbindung an Gott vermag sie zu existieren.[30] »Nichts« werden heißt, dass der Mensch eben gerade diese Tatsache erfasst und sich seiner schlechthinnigen Abhängigkeit von dem Schöpfer bewusst wird, nämlich, dass er sein ganzes Sein dem göttlichen Schöpfungswort verdankt; kurz: dass er auf sein kreatürliches Maß hingewiesen wird. Das Annihilieren ist also Verdeutlichung gegenüber der Kreatur, dass sie gänzlich von Gott her existiert. Verknüpft mit dem Wissen um tiefste Angewiesenheit ist auch

---

[25] Der bewusst in einfache Anführungsstriche gesetzte und damit als uneigentliche Rede gekennzeichnete Begriff »Voraussetzung« will nicht eine »Bedingung« des göttlichen Schöpfungshandelns benennen, sondern vielmehr den Modus desselben nachzeichnen.

[26] Vgl. schon die frühen Randbemerkungen zu Taulers Predigten WA 9, 97,1 – 104,14.

[27] WA 44, 430,30–33 (zu Gen 41,40): »At quomodo renovamur? antiquatione et abolitione veteris hominis, quod carni quidem vehementer dolet, sed tamen renovatur de die in diem, sicut liberationem Ioseph praecessit durissima mortificatio in carcere et compedibus.«

[28] Vgl. Dantons drastischen Wunsch nach Annihilation bei Georg Büchner (Dantons Tod, 3. Akt, 7. Szene): »Eine erbauliche Aussicht! Von einem Misthaufen auf den andern! Nicht wahr, die göttliche Klassentheorie? Von Prima nach Sekunda, von Sekunda nach Tertia und so weiter? Ich habe die Schulbänke satt, ich habe mir die Gesäßschwielen wie ein Affe darauf gesessen.« Philippeau: »Was willst du denn?« Danton: »Ruhe.« Philippeau: »Die ist in Gott.« Danton: »Im Nichts. Versenke dich in was Ruhigers als das Nichts, und wenn die höchste Ruhe Gott ist, ist nicht das Nichts Gott? Aber ich bin ein Atheist. Der verfluchte Satz: Etwas kann nicht zu nichts werden! Und ich bin etwas, das ist der Jammer! – Die Schöpfung hat sich so breit gemacht, da ist nichts leer, alles voll Gewimmels. Das Nichts hat sich ermordet, die Schöpfung ist seine Wunde, wir sind seine Blutstropfen, die Welt ist das Grab, worin es fault. – Das lautet verrückt, es ist aber doch was Wahres daran.« Camille: »Die Welt ist der Ewige Jude, das Nichts ist der Tod, aber er ist unmöglich. Oh, nicht sterben können, nicht sterben können! wie es im Lied heißt.« Danton: »Wir sind alle lebendig begraben und wie Könige in drei- oder vierfachen Särgen beigesetzt, unter dem Himmel, in unsern Häusern, in unsern Röcken und Hemden. – Wir kratzen funfzig Jahre lang am Sargdeckel. Ja, wer an Vernichtung glauben könnte! dem wäre geholfen.«

[29] Siehe bei Anm. 232 (S. 56).

[30] Siehe S. 53.

das tröstliche Begreifen, dass Gott sich seiner Kreatur in eben derselben Totalität, gleichwohl nicht totalitär, zuwendet.

Dass Gott sich in Zuneigung allein dem Nichts zuwendet, damit er aus diesem schaffe, ist ein durchgehend bei Luther anzutreffender Topos. Luther hebt hervor, dass es die Regel ist (»Hoc enim regulare est, [...]«), dass das nihil dem göttlichen Schaffen vorläuft: »Gott tröstet niemand, außer die Traurigen, macht niemand lebendig, außer die Toten, rechtfertigt niemand, außer die Sünder – denn: aus nichts schafft er alles« (»Non enim Deus consolatur nisi tristes, sicut etiam non vivificat nisi mortuos, non iustificat nisi peccatores. Ex nihilo enim creat omnia«).[31] Wir finden diesen Gedanken bereits ausgeführt in Luthers Auslegung der sieben Bußpsalmen 1517.[32] Äußerste Schärfe jedoch erhält dieses Motiv des sich dem Nichts zuwendenden Gottes durch den Umstand, dass es für Luther keine anonyme Macht, sondern *Gott selbst* ist, der nihiliert.[33] Ist es auch Gottes Natur, als Retter zu helfen, und ist er auch ein Erlöser vom Tod,[34] so ist es *ebenso* Gott, der, ehe er rettet, verdirbt, und ehe er lebendig macht, in den Tod stößt und zwar dies eben aus dem Grunde, weil er stets alles aus nichts zu schaffen pflegt (»Est quidem servator et liberator ex morte: Sed priusquam servat, perdit, priusquam vivificat, immergit in mortem, sic enim solet, ›ut ex nihilo faciat omnia‹«).[35] Die endgültige Annihilierung sieht Luther im Zuge der Wiederkunft Christi, wenn alles zunichte gemacht wird, bevor in einer letzten Schöpfung die neue Welt entsteht.[36]

---

31   WA 42, 254,5–8 (zu Gen 5,21–24). Ähnlich WA 44, 638,24f. (zu Gen 46,2–4): »Deus enim non erigit aut confirmat, nisi tristitia absorptos, morituros aut desperabundos.« WA 44, 179,16–18 (zu Gen 35,5): »Creatoris enim opus est ditare pauperes, excitare a mortuis, erigere adflictos, et deiicere superbos.« Vgl. Mk 2,17.

32   WA 1, 183,38 – 184,10 (Die sieben Bußpsalmen [Ps 38,(23)22]; 1517): »Ich bynn eyn eynsamer, von allen vorlaßen und vorachtet. darumb nym du mich auff unnd vorlaß mich nit. Gottis natur ist, das er auß nicht etwas macht. darumb wer noch nit nichts ist, auß dem kan gott auch nichts machen. die menschen aber machen auß etwas eynn anders. das ist aber eytell unnutz werck. darumb nympt gott nit auff, dan die vorlaßenen, macht nit gesund, dann die krancken, Macht nit sehend, dan die blinden, Macht nit lebend, dann die todten, Macht nit frum, dann die sunder, Macht nit weyßen, dann die unweyßen, kurtz, Erbarmet sich nit, dan der elenden, und gibt nit gnad, dan den yn ungnaden seynd. derhalb kan keyn hoffertiger heylig, weyße ader gerecht gottis materien werden und gottis werck yn yhm erlangen, sundern bleibt ynn seynem eygen werck und macht eyn ertichten, scheynenden, falschen, geferbten heyligen auß yhm selber, das ist eyn heuchler.« Hierzu Gerhard Ebeling, Dogmatik, Bd. I, 310 und ders., Lutherstudien, Bd. II/3, 489f.

33   Vgl. die Ausführungen bei Anm. 233 (S. 57).

34   WA 42, 572,21f. (zu Gen 15,13–16): »Porro hic locus pertinet eo quoque, ut discamus, quae Dei sit natura. Est quidem servator et liberator ex morte [...].«

35   WA 42, 572,21–23 (zu Gen 15,13–16; mit Hebr 11,3). Vgl. WA 42, 573,36–38 (zu Gen 13–16): »Sicut hodie, cum iam in vicino est dies Domini et vera ecclesiae liberatio, paroxismus vehementissimus et acerrimus est. Plus enim sanguinis a Turca et Pontifice funditur, quam ullis antea temporibus.«

36   WA 44, 647,36f. (zu Gen 46,28): »[...] donec veniat Deus et redigat omnia in nihilum.«

Betrachten wir diese beunruhigenden, eigentlich einander ausschlie-
ßenden Handlungsbewegungen Gottes, die seine Allmacht und die Abhängigkeit allen Seins von seinem Willen dokumentieren und die schon
in Luthers Magnificatauslegung von 1521 eine Rolle spielen,[37] so stellt
sich die Frage, wie derart destruktives Ins-Nichts-Rufen in Einklang zu
bringen ist mit Gottes zugesagtem Erhaltungshandeln; in derartig verque-
ren Situationen zeigt sich Gott nämlich »anders als ein Schöpfer« (»aliter
quam creatorem te geras«).[38] Dieser in seinem Erscheinungsbild offen-
kundige Widerspruch ist so unverständlich, dass gefragt werden muss,
warum Gott dies tut und warum Gott gegen sich selbst kämpft (»Quare
autem hoc facit Deus, et quare secum ipse pugnat?«).[39] Da jedoch Luther
der Vernunft keine Möglichkeit einräumt, den offenkundigen Widerspruch
zu lösen, bleibt für den natürlichen Menschen nur die Möglichkeit zu rufen: »Gott ist ein Lügner!« (»Deus est mendax«).[40]

---

[37] WA 7, 547,1–9 (Das Magnificat verdeutscht und ausgelegt; 1521): »Denn zu gleich,
als ym anfang aller Creaturn er die welt ausz nichts schuff, davon er schepffer und
almechtig heysset, szo bleibt er solcher art zu wircken unvorwandelt, unnd sein noch
alle seine werck bisz ansz ende der welt alszo gethan, das er ausz dem, das nichts,
gering, voracht, elend, tod ist, etwas, kostliches, ehrlich, selig und lebendig macht,
Widderumb allesz was etwas, kostlich, ehrlich, selig, lebendig ist, zu nichte, gering,
voracht, elend und sterbend macht. Auff wilche weisze kein Creatur wirken kan,
vormag nit ausz nicht machen icht. Alszo das sein augen nur ynn die tieffe nit ynn
die hohe sehen.« Vgl. Meister Eckhart (DW, Bd. 2, 255,4 – 256,3): »Und dar umbe,
wilt dû leben und wilt, daz dîniu werk leben, sô muost dû allen dingen tôt sîn und
ze nihte worden sîn. Der crêatûre eigen ist, daz si von ihte iht [sc. aus etwas etwas]
mache; aber gotes eigen ist, daz er von nihte iht [sc. aus nichts etwas] mache; und dar
umbe, sol got iht in dir oder mit dir machen, sô muost dû vor ze nihte worden sîn.«
Siehe Grimm, DWb, 17, 718; 7, 690f. und 4/2, 2035–37. Anders als bei Luther ist
für Eckhart diese Nichtung des Menschen der Weg zu einer *unio* mit Gott: Ist Gott
für Eckhart ›nichts‹, so kann der Mensch nur dann Gott erkennen, wenn er ebenfalls
nichts wird – gemäß der platonischen Regel, dass Gleiches nur von Gleichem erkannt wird. Genichtet wird der Mensch eins mit Gott. Hierzu: Sammeli Juntunen,
Der Begriff des Nichts bei Luther in den Jahren von 1510 bis 1523, 111–114.

[38] WA 44, 472,10 (zu Gen 42,6f.), im Kontext (Z. 7–10); dort spricht Hiob zu Gott:
»Das weistu, Wie stelstu dich denn dazu? du wirst mich ja für deine creatur halten.
Non abiicies me quasi non sim ego creatura, et tu creator, utut dissimiles te haec
nosse et aliter quam creatorem te geras.« Streicht auch K.E. Løgstrup, unter Berufung
auf Luther und seine Schrift De servo arbitrio, die dunklen Seiten der Schöpfung heraus (Schöpfung und Vernichtung, 68f.; 267–275; 331–334), so ist demgegenüber auf
Oswald Bayer hinzuweisen, der Luthers Schöpfungslehre von dem für dessen Theologie entscheidenden Grundbegriff der »promissio«, der göttlichen Zusage und lebenschaffenden Anrede Gottes, ausgehend entfaltet (Schöpfung als Anrede, 5f., 30–32;
36–45; 60f.; 121–125; 129–139).

[39] WA 43, 494,11–16 (zu Gen 26,34f.): »Neque enim vult, nec potest ferre superbiam.
Quin potius eosdem deiicit et evertit, quos paulo ante in sedem collocaverat. Utrunque
enim facit, erigit humiles, et collocat in sedem: et eosdem praecipitat ex sede. Quare
autem hoc facit Deus, et quare secum ipse pugnat? Respondeo. Quos propter humilitatem exaltat, eosdem propter superbiam deponit.«

[40] WA 44, 647,3 (zu Gen 46,28), zit. im Kontext (Z. 1–3): »Hanc mirificam Dei gu-
bernationem ratio non potest comprehendere, nec intelligere modum, tempus, viam,
consilia Dei, et cogitur caro tandem in hanc vocem erumpere: Deus est mendax.«

Kann Luther auch bisweilen die annihilierende Kraft Gottes leugnen und hervorheben, dass Gott Gutes tut und eben *nicht* zugrunde richtet,[41] so hält er ebenso fest: Gott führt aktiv ins nihil.[42] Entscheidend ist, dass während dieser Annihilierung die in der Großen Genesisvorlesung auffällige Güte Gottes gleichwohl bestimmend und tragend bleibt: Es ist der letztlich *liebende* Gott, der annihiliert,[43] der auch im Nichten bewahrend Maß hält[44] – kein hassender.[45] Luther kann so weit gehen, dass er davon spricht, dass Gott während der Annihilierung seiner Kinder »lacht«[46], da er »weiß«, dass dieses nihil nicht von Dauer ist, sondern auf die Neuschöpfung zuläuft. Luthers Ausführungen zur Josephsgeschichte sprechen häufig von einem regelrechten »Spiel« Gottes (›ludus Dei‹) mit der Welt und mit den Christen,[47] in dem Gott eine andere Maske anzieht (»induit

---

41 WA 42, 607,17–20 (zu Gen 17,1): »Ineptum, imo impium quoque est, quod quidam Iudaei *Schadai* dicunt appellatum a *Schadad*, vastare, quod solus vastet coelestia et terrestria. Hoc nomen cum hac sententia daemonibus verius convenit, quam Deo vitae et lucis. Est enim Deus benefaciendi, non perdendi.«

42 Bestimmt wurde Luther von biblischen Texten; vgl. etwa folgende Vulgatazitate: Hes 26,21: »in nihilum redigam te et non eris et requisita non invenieris ultra in sempiternum dicit Dominus Deus«; Ps 73,22: »et ego ad nihilum redactus sum et nescivi«; Hes 27,36: »negotiatores populorum sibilaverunt super te ad nihilum deducta es et non eris usque in perpetuum«; Ps 59,9: »et tu Domine deridebis eos ad nihilum deduces omnes gentes«. Vgl. Ps 102,26–28; 104,29; Dtn 32,39, Hi 34,14f. (zit. Anm. 235 [S. 122]).

43 WA 44, 484,30–32 (zu Gen 42,14–17), zit. bei Anm. 250 (S. 125). Vgl. WA 44, 265,20–22 (zu Gen 37,15–17), zit. Anm. 93 (S. 205), u. WA 44, 263,28f. (zu Gen 37,15–17): »Age eripiatur vita, corpus, bona, valeant omnia, certus sum Deum facere et permittere hoc optimo consilio«.

44 Siehe Gottes conservatio (bei Anm. 11 [S. 142]) und Gottes Liebe, die seine Macht bestimmt (bei Anm. 250f. [S. 125]).

45 WA 44, 489,5–10 (zu Gen 42,18–20): »Christus est Ioseph noster dulcissimus, qui pro nobis mortuus, fudit sanguinem suum in remissionem peccatorum, non igitur potest alienus a nobis esse, nec pater nos odit, quia mittit filium, multo minus vero Spiritus sanctus, quia docet haec et consolatur et tamen dissimulat et tegit hunc amorem saepe horribilibus obiectis irae.«

46 WA 44, 488,36–40 (zu Gen 42,18–20): »Atqui non audit, aut certe ridet clamorem et lachrymas, sicut parentes Augustini ridebant plagas filii sui. Sic quando Diabolus per Diocletianum aut per Turcam grassatur in Christianos, gemunt illi et clamant: Ah Domine Deus audi clamorem meum, Vide afflictionem nostram, Cur rides afflictionem et aerumnas nostras.«

47 Etwa WA 44, 472,23–25 (zu Gen 42,6f.): »Disce ergo et assuesce ut perdures in tentationibus, et senties Deum suavissimum ac tui amantissimum esse. Sed cur tam acerbe ludit? an vero sic simulando mentitur? Nequaquam, [...].« Oder WA 44, 483,13–15 (zu Gen 42,14–17): »Ad hunc modum Deus nobiscum quoque ludit, ut agnoscamus et credamus eum esse creatorem omnipotentem et misericordem, qui potens sit exaltare oppressos et deiicere superbos, quantumvis causa bona et iusta.« Zu Gottes »Spiel« in der Genesisvorlesung siehe Winfried Krause, Das Leben – Gottes Spiel, 9–25. Was Luther als »Spiel« Gottes vornehmlich in der Josephsgeschichte herausstreicht, bringt Rudolf Bultmann ebenfalls zur Sprache (Die Krisis des Glaubens, 4f.): »*Gott ist es, der den Menschen begrenzt*, der seine Sorge zu einem komischen Spiel macht, der seine Sehnsucht scheitern läßt, der ihn in die Einsamkeit wirft, der seinem Wissen und Wirken ein Ende setzt, der ihn zur Pflicht ruft, und der den Schuldigen der

aliam larvam«) und dann als Gott des Zorns, des Todes und der Hölle erscheint.[48] Die Nihilierung ist nämlich weder Selbstzweck noch Strafe noch endgültige Vernichtung;[49] Gottes redactio ad nihilum geschieht vielmehr, *damit* eine creatio nova ex nihilo folgen kann. Zu vernichten ohne die Absicht, aus dieser Vernichtung wieder herauszuführen, ist für Luther nicht die Vorgehensweise Gottes, sondern Kennzeichen des Teufels: »Ego sum Deus mortificans et vivificans, deducens ad inferos et reducens, pauperem faciens et ditans. Non separatim aut disiunctive: Ego occido. Nein das wer der Teufel. Sed sum occisor et vivificator, deduco ad inferos, sed ita ut reducam.«[50] Diese annihilatio möchte daher nicht in ein permanentes und endgültiges Nichts schicken, sondern hat stattdessen das Ziel, *erneut* aus dem Nichts zu schaffen[51]: Gott erniedrigt, um zu erhöhen; er tötet, um lebendig zu machen; er macht zu Schanden, um zu ehren, und er wirft hinunter, um zu erheben;[52] er führt die Seinen in die Hölle *und* wieder heraus.[53] Bereits in Luthers Hebräerbriefvorlesung 1517/18 ist

---

Pein übergibt. [...] Treibt jene Macht nicht ein grausames Spiel mit uns, zerstörend und vernichtend? Ist nicht Unerfülltheit der Charakter jedes Lebens? Ist nicht der Tod, das Nichts, das Ende?« Luther kennt dieses Spiel Gottes mit dem Menschen ebenso, jedoch ist dies, bei all seinem Ernst und seiner Unverständlichkeit, für ihn nicht negativ, sondern getragen wie gesichert von Gottes Güte und väterlicher Liebe. Vgl. Anm. 499 (S. 260).

[48] WA 44, 601,37f. (zu Gen 45,5), zit. im Kontext (Z. 36–39): »Est quidem Deus vitae, gloriae, salutis, laetitiae, pacis, quae vera facies Dei est, sed tegit eam nonnunquam, et induit aliam larvam, qua offert se nobis tanquam irae, mortis et inferni Deus. Vide igitur ut sapias et intelligas, discas et audias, quid sibi inusitata et aliena specie vult.« Vgl. WA 44, 586,13f. (zu Gen 45,3): »[...] sed utcunque irascatur, tamen credamus eum esse salvatorem et patrem nostrum. Sicut inquit Hiob: ›Etiamsi me occiderit, tamen sperabo in eum‹ [Hi 13,15].«

[49] WA 44, 583,23–27 (zu Gen 45,3): »[...] sciamus nos esse baptisatos in mortem Christi [Röm 6,3], quem oportet nos sequi ducem, ut destruatur corpus peccati. Ac vita nostra in oculis Dei nihil est, nisi destructio, mortificatio et deductio ad inferos, non quidem ad perdendum, sed ad salvandum, liberandum, purgandum.« WA 44, 489,33–35. 37–39 (zu Gen 42,18–20): »Sic Ioseph verum, rectum et perfectum usum legis exercet in fratribus. Id enim est deducere ad inferos, mortificare et confundere, non in perditionem, sed vitam potius et salutem ipsorum. [...] Verum non ita occidit, ut in morte manendum et pereundum sit: sicut Iudas et Saul perierunt, sed tantum ut suum officium faciat«.

[50] WA 44, 586,26–29 (zu Gen 45,3).

[51] WA 44, 265,33f. (zu Gen 37,15–17): »Haec est perpetua doctrina totius scripturae sanctae et voluntas Dei, ut morificemur secundum carnem, et secundum spiritum vivificemur.«

[52] WA 44, 300,3f. (zu Gen 37,31–33): »Sic igitur Deus suos humiliat, ut exaltet, occidit, ut vivificet, confundit, ut glorificet, subiicit, ut extollat«. Vgl. WA 31/I, 171,15–18 (Das schöne Confitemini [Ps 118]; 1530): »Du [sc. Gott] erhöhest uns, wenn du uns niedrigest, Du machst uns gerecht, wenn Du uns zu Sündern machst [sic!], Du fürest uns gen himel, wenn du uns inn die helle stössest, Du gibst uns sieg, wenn du uns unterligen lessest, Du machst uns lebendig, wenn du uns todten lessest«.

[53] WA 44, 257,26–29 (zu Gen 37,10f.): »Iam vero ad reliqua pergamus, et primum in Iacob mirificum exemplum gubernationis divinae consideremus, quomodo deducat Deus Sanctos suos ad inferos et reducat [1Sam 2,6], consoletur et contristet, ut

dieser Gedanke des Handelns Gottes sub contraria specie zu finden: Gott tötet, um lebendig zu machen, er demütigt, um zu erhöhen.[54]

Dieses paradoxe Schaffen Gottes wird vor allem im Rechtfertigungsgeschehen deutlich[55]: Sinn dieser Wellenbewegung ist nicht nur, Gottes Allmacht in diesem In-das-Nichts-Senden und Aus-dem-Nichts-Rufen darzustellen; ebenso wird das Alte völlig weggeschafft, ehe und damit Neues an seine Stelle treten kann.[56] Dieses Vorgehen ist »Kunst über alle Künste und Weisheit über alle Weisheit« (»ars artium et scientia scientiarum«)[57] und allein dem sich zum Schöpfer bekennenden Glaubenden fassbar.[58]

Exkurs: Die Josephsgeschichte als Beispiel göttlicher annihilatio und creatio ex nihilo

Die Josephserzählung als Geschichte göttlicher annihilatio und creatio nimmt in Luthers Auslegung zentralen Raum ein. Das Auf und Ab der Biographie Josephs – wie auch das Schicksal weiterer Beteiligter in den verschiedensten Phasen dieser Providenznovelle – hebt in seinem Wechselspiel beide Gestalten des Handelns Gottes hervor: ins Nichts zu führen und aus diesem Nichts wiederum zu schaffen.

---

assuescamus confidere et haerere in solo verbo.« Siehe auch WA 43, 138,34f. (zu Gen 21,1–3): »Utrunque enim Deus facit, ducit ad inferos et reducit, affligit et laetificat.«

54 WA 57/III, 122,15f. (Hebräerbriefvorlesung, 1517/18; zu Hebr 2,9): »Ideo Deus mortificat, ut vivificet, humiliat, ut exaltet etc«. Siehe ebenfalls WA 56, 450,19–22 (Römerbriefauslegung [1515/16]; zu Röm 12,2) und WA 5, 22–27 (Operationes in Psalmos; 1519–1521). Vgl. WA 18, 633,8–15 (De servo arbitrio; 1525): »Non autem remotius absconduntur, quam sub contrario obiecto, sensu, experientia. Sic Deus dum vivificat, facit illud occidendo; dum iustificat, facit illud reos faciendo; dum in coelum vehit, facit id ad infernum ducendo, ut dicit scriptura: Dominus mortificat et vivificat, deducit ad inferos et reducit. 1.Re.2. [sic!; 1Sam 2,6], de quibus nunc non est locus prolixius dicendi. Qui nostra legerunt, habent haec sibi vulgatissima. Sic aeternam suam clementiam et misericordiam abscondit sub aeterna ira, Iustitiam sub iniquitate.«

55 Paul Althaus (Die Theologie Martin Luthers, 111): »In diesem Zusammenhang der Merkmale von Gottes Schöpfertum will Luthers Lehre von der Rechtfertigung gesehen werden. *Ex nihilo omnia* und *sub contraria specie*, beides kommt hier zur Geltung. Luther hat die Rechtfertigung ausdrücklich unter die Züge paradoxen göttlichen Schaffens eingereiht.«

56 »Der Doppelaspekt von annihilatio und creatio ex nihilo macht in äußerster Steigerung zur Signatur des Handelns Gottes, was in philosophischer Sicht den Vollzug des Formierens kennzeichnet: Eine neue Form kann nur unter Beseitigung der alten eingeführt werden.« Gerhard Ebeling, Lutherstudien Bd. II/3, 492. Zur Unterscheidung von materia und forma bei Luther sowie zur »Formierung« des neuen Menschen siehe aaO., 472–506. Vgl. Juhani Forsberg, Das Abrahambild in der Theologie Luthers, 61–63.

57 WA 44, 300,4f. (zu Gen 37,31–33), im Kontext (Z. 4–6): »Sed est ars artium et scientia scientiarum, quae non nisi magno labore et a paucis adeo disci et cognosci solet, vera tamen et certa.«

58 WA 44, 300,6–12 (zu Gen 37,31–33), zit. Anm. 376 (S. 242).

Die Anfangsphase der Geschichte sei paradigmatisch herausgegriffen: Josephs Sonderstellung als Sohn im bunten Rock mit großen Träumen erweckt den Neid seiner Brüder und führt dazu, dass er von diesen in einen leeren Brunnen geworfen und anschließend an eine nach Ägypten ziehende Karawane verkauft wird. Mit diesem Unglück finden Joseph wie auch Jakob ihr Ende, ihre annihilatio.[59] Luther schildert diesen Moment als Josephs Tod und Hölle,[60] als Endpunkt, an dem es menschlich kein Weiter gibt.

Derart seiner bisherigen Lebenswelt beraubt, seiner Sonderstellung verlustig gegangen[61] wie auch ohne Möglichkeit, etwa sein ihm als Sohn zustehendes Erbe zu erhalten,[62] hat Joseph nun nichts Kreatürliches mehr, worauf er sich stützen kann: Er muss seine Hoffnung auf Irdisches begraben, dieses »vergessen« (»Es muß dahin kommen, das einer vergesse alles, was er auff erden zu hoffen hat«),[63] und allein dem Schöpfer, der aus nichts zu schaffen vermag, vertrauen.

Die didaktische Zielsetzung der Josephsnovelle ist offensichtlich: Die darin enthaltenen Episoden sollen den Glauben festigen und stärken (»Haec vero exempla sunt pertinentia ad fidem erigendam et confirmandam«),[64] indem in ihnen Entscheidendes über die Natur Gottes erfahren wird,[65] nämlich, dass Gott langmütig ist, die Seinen in unverständlicher Weise in den Tod führt und sie in äußerster Gefahr jedoch wieder zu erretten vermag.[66] Für Joseph heißt dieses Handeln Gottes konkret: Gott ist ein Gott, der nicht allein aus nichts alles schaffen kann, sondern auch aus allem nichts (»Praeterea talis etiam est Deus, qui non solum ex nihilo facit omnia, sed et ex omnibus nihil«); hat er auch Joseph anfänglich zu nichts gemacht (»ut initio redegit Ioseph in nihilum«) und war dies sein Tod, so schafft Gott doch alles aus ihm, d.h. er macht

---

[59] WA 44, 273,2–4 (zu Gen 37,18–20), zit. bei Anm. 378 (S. 242). Ebenso WA 44, 341,7f. (zu Gen 39,2): »Deus tacet et dissimulat: Ioseph gemit, eiulat, et videtur abiectissimus, da ist nichts«.

[60] WA 44, 304,25–27 (zu Gen 37,34–36): »Wolan, er ist hin Joseph, da lassen wir jn ruhen in inferno. Iam sepultus est Ioseph, sinamus eum quiescere in (Schola) in inferno, ut ait pater, in seiner Schul.« Luther spielt hier mit dem Motiv des Lernens durch Leiden (μαθήματα παθήματα).

[61] WA 44, 455,35f. (zu Gen 41,52): »[...] eram primogenitus et haeres ex matre primaria, hoc totum periit«.

[62] WA 44, 455,36f. (zu Gen 41,52): »[...] nec spes ulla restat de haereditate aut primogenitura in domo patris adipiscenda.«

[63] WA 44, 455,34f. (zu Gen 41,52). Dies gilt es zu vergessen (WA 44, 455,17–19 [zu Gen 41,52]), und darin wird Joseph annihiliert; WA 44, 455,37–39 (zu Gen 41,52): »Ideo appellat filium in honorem Dei Manassen, eo quod redegerit Deus ipsum in nihilum, et effecerit ut oblivisceretur universae domus patris.« Vgl. Anm. 259 (S. 177).

[64] WA 44, 454,36f. (zu Gen 41,52).

[65] WA 44, 593,26–28 (zu Gen 45,3): »Deinde egregie in hac imagine depingitur Deus, qualis eius natura sit, ut agnoscere eum et confidere ipsi discamus, siquidem ea perpetuo sui similis est, neque unquam propter nos mutabitur.« Ebenso WA 44, 454,37f. (zu Gen 41,52), zit. im Kontext Anm. 466 (S. 256).

[66] WA 44, 593,28–31 (zu Gen 45,3). »Natura eius est esse langanimem [sic! lies: longanimem], tentare et mirabiliter exercere suos, et ducere paulatim usque ad mortem. Rursus vero, cum ad extremum discrimen vitae ventum est, subito adesse et subvenire tentatis.«

ihn zu dem »größten Mann« des Erdkreises (»facit ex eo omnia, hoc est, summum virum in orbe terrarum«).[67]

Hervorzuheben ist, dass Joseph nach diesem langen Erfahrungsweg in der erneuten Begegnung mit seinen Brüdern nicht mehr wie einst in Hybris seine Sonderstellung herauskehrt (die *nun* ja äußerst real ist und nicht wie einst lediglich erträumt!); jetzt macht er sich stattdessen ihnen gleich und verschweigt nicht, dass auch er der Sohn eines Hirten ist (»wirt wider eines hirten sun, spricht, ich bin ewer bruder, eines hirten sun gleich wie jr«).[68]

§ 4 Die geistliche Neuschöpfung

1. Einführung

Die geistliche Neuschöpfung ex nihilo bringt zur Sprache, dass das Heilsgeschehen in der souveränen Hand Gottes liegt und der Mensch sein Heil aus dessen gnädiger Hand erhält. Ist der Mensch damit auch Empfangender, so ist der Glaube für Luther gleichwohl nichts Passives, sondern ist auf das Engste mit dem *Handeln* des Menschen verknüpft. Dieses Verhältnis kommt in den folgenden Paragraphen zur Sprache.

Thematisiert wird zunächst in einem ersten Abschnitt (2) der geistliche Tod des Menschen, die annihilatio, als Voraussetzung der recreatio. Die Verknüpfung von Schöpfung und Neuschöpfung kommt in den Blick: zunächst die ›Finsternis‹ dieser annihilatio, die deutlich macht, dass für Luther sich hier ein Geschehen abspielt, welches sich parallel zur Weltschöpfung gestaltet. Es folgt Luthers Betonung, dass die Werkgerechtigkeit des Menschen eine Auflehnung gegen den aus nichts schaffenden Schöpfer ist, sowie die Verbindung von sola gratia und creatio ex nihilo. Dementsprechend stellt Luther die geistliche Neuschöpfung ex nihilo dar (3): Der Heilige Geist spricht analog zur Weltschöpfung in die Finsternis des menschlichen Herzens sein lichtschaffendes Wort. Wie sehr dieses neuschaffende Wort sich dem nihil zuwendet, ist für Luther insbesondere in der Säuglingstaufe dargestellt. Der Abschnitt schließt mit einem Blick auf den Glaubenden, der dem Schöpfer vertraut.

---

[67] WA 44, 593,33–36 (zu Gen 45,3), zit. im Kontext Anm. 68 (S. 201).

[68] WA 44, 593,40f. (zu Gen 45,3), im Kontext (Z. 33–41): »Praeterea talis etiam est Deus, qui non solum ex nihilo facit omnia, sed et ex omnibus nihil, ut initio redegit Ioseph in nihilum, et, cum videretur perditus et deploratus, facit ex eo omnia, hoc est, summum virum in orbe terrarum. Is vero rursus omni dignitate et gloria sese exuit, descendit e throno regio ad infimos homines, parentem et fratres suos, et inquit: EGO sum Ioseph. Hic iterum ad nihilum deducitur, et est ille ipse Ioseph, qui in foveam abiectus, venditus et in servitutem deditus est, wirt wider eines hirten sun, spricht, ich bin ewer bruder, eines hirten sun gleich wie jr.« Vgl. Abraham in WA 42, 440,29–31 (zu Gen 12,1) und WA 42, 441,17–19 (zu Gen 12,1). Siehe WA 30/II, 575,25–29.576,21–24 (Eine Predigt, daß man Kinder zur Schule halten solle; 1530), zit. Anm. 54 (S. 96).

Wir achten dabei besonders auf Luthers Auslegung folgender Perikopen: Abrahams Berufung und Rechtfertigung (Gen 12,1 und 15) sowie
Hagars und Ismaels Wüstenaufenthalt und anschließende Errettung (Gen
21,8–21).

Ergänzend herangezogen werden vor allem Luthers Römerbriefvorlesung (1515/16), seine Auslegung der sieben Bußpsalmen (1517), die zweite
Disputation gegen die Antinomer (1538), die Auslegung von Ps 68 (1521)
und die Heidelberger Disputation (1518).

2. Der geistliche Tod als nihil

2.1 »Attamen Deus destruit omnia et ex nihilo facit hominem
et deinde iustificat« (WA 39/I, 470,7–9) –
Annihilatio des Menschen und Gottes Rechtfertigung

Bevor Gott den Menschen rechtfertigt, muss er ihn zu nichts machen,
indem er ihm alles Eigene nimmt: »Gott will den Menschen durch eine
fremde Gerechtigkeit gerecht machen, die nicht seine eigene ist, sondern
von Gott stammt, und die darum ihre Heimat nicht hier auf Erden hat,
sondern vom Himmel kommt. Damit dies aber geschehen kann, muß der
selbstgerechte Adam von allem Eigenen entblößt werden.«[69] Um seine
Gerechtigkeit alleinige Quelle der Rechtfertigung des Menschen werden
zu lassen,[70] muss Gott alles Selbstvertrauen[71] und alle Berufung auf eigene Verdienste auslöschen: das Vertrauen in die eigenen Kräfte[72] und
die Zuversicht in eigene Weisheit und Gerechtigkeit,[73] ebenso das Pochen
auf hohe Geburt und freien Willen.[74] Der Mensch muss, da die Tötung
der Erhöhung vorausgeht, vorher zunichte gemacht werden.[75]

---

[69]   David Löfgren, Die Theologie der Schöpfung bei Luther, 279. Löfgren bezieht sich
       auf WA 56, 159,9–12 (Römerbriefvorlesung [1515/16]).
[70]   WA 43, 256,2–4.8 (zu Gen 22,16–18): »Non dicam igitur, ego habeo benedictionem:
       Igitur sum inutilis, sed verax, sanctus, iustus, benedictus, quia aliena iustitia talis sum,
       non mea [...]. Comprehenditur hac promissione pene universa doctrina Christiana, [...].«
[71]   WA 42, 551,23 (zu Gen 15,1): »Odit enim Deus confidentiam, quam habemus de
       nobis ipsis.« Luther wendet sich gegen ein von Gott losgelöstes Selbstvertrauen, nicht
       gegen eines, welches dankbar in der von Gott zugesprochenen menschlichen Würde
       gründet.
[72]   WA 43, 251,10–14 (zu Gen 22,16–18).
[73]   WA 44, 567,16f. (zu Gen 44,3–6): »Nam haec fiducia et gloria meritorium sapientiae
       et iustitiae mortificanda et abolenda est«. Ebenso: WA 43, 171,17f. (zu Gen 21,15f.):
       »Haec causa est, cur Ismael cum matre eiiciatur, ut scilicet horribile et indomitum
       malum praesumptionis de propria iustitia occidatur.« Vgl. WA 42, 264,27–29 (zu
       Gen 6,1): »Proprium enim hoc et perpetuum Dei opus est, ut praestantissima dam-
       net, potentissima deiiciat, fortissima convellat, cum tamen sint eius creaturae.«
[74]   WA 43, 171,9–18 (zu Gen 21,15f.): »[...] hoc est, non vult gloriari nos de carnali na-
       tivitate, de viribus nostris, de libertate arbitrii nostri, de sapientia et iustitia nostra,
       omnia haec mortificanda sunt, et de omnibus his desperandum est, sicut hoc in loco

Ist Gott der Schöpfer aus dem Nichts, so hat er »die Macht, das Geschöpf in das Nichts, aus dem es gerufen, wieder hineinzusenden«[76]. Diese
annihilatio des Menschen ist umfassend, damit Gott in einer Schöpfung
ex nihilo alleiniger Urheber und Quelle der Rechtfertigung ist (»Attamen
Deus destruit omnia et ex nihilo facit hominem et deinde iustificat«).[77]
Jegliche Selbstbejahung des Menschen soll zerstört werden, damit die Be-
jahung des Menschen durch Gott alleinigen Raum gewinnt. Derartiges
Schöpfungs- und Nichtungshandeln ist allein dem Schöpfer vorbehalten
(»Nam ipse ex omnibus facit nihil et ex nihil facit omnia. Haec opera sunt
creatoris, non nostra«),[78] der Mensch soll sich, so Luther unter Hinweis
auf Tauler, dieses Töten Gottes gefallen lassen.[79]

---

desperat Hagar. Ubi hoc factum est, et detrusi sumus ad inferos, ibi tempus est revo-
candi nos per suavem Euangelii vocem, quae non dicit, eiice, sed confide, fili, remissa
sunt tibi peccata tua, ideo scriptura dicit, hoc Dei opus esse, ›deducere ad inferos et
reducere, occidere et reddere vitam‹ [1 Sam 2,6]. Haec causa est, cur Ismael cum matre
eiiciatur, ut scilicet horribile in indomitum malum praesumptionis de propria iustitia
occidatur.« Hagar ist für Luther Zeichen des durch Hybris sündigenden Menschen,
der gedemütigt werden muss.

[75] WA 44, 456,5–7 (zu Gen 41,52), zit. Anm. 259 (S. 177).

[76] Werner Foerster, Art. »κτίζω« (ThWNT, Bd. III, 1010,30–31); z.B. Dtn 32,39; Ps
102,26–28; 104,29. Vgl. jedoch die Ausführungen bei Anm. 232f. (S. 56) und Anm.
44 (S. 197).

[77] WA 39 I, 470,7–9 (Die zweite Disputation gegen die Antinomer; 1538). Ebenso bereits in der Römerbriefvorlesung 1515/16 (WA 56, 375,18f.: »Natura Dei est, prius
destruere et annihilare, quicquid in nobis est, antequam sua donet«; vgl. aaO., 376,
31 – 377,1). Vgl. Luthers ausführliche Darlegung in WA 8, 22,14–28 (Auslegung
von Ps 67[68]; zu Ps 68,21; 1521): »Aber hie felet es unß am glawben, das wir seyn
regiment nit vorstehen, den es scheynet, alß todte und vordamne er alle, die yn ihn
glawben, lessit sie grewlich martern und zu schanden werden, das er antzusehen ist
alß eyn herr des vorterbens und eyngang des tods. Das geschicht, auff das solch seligung und tods außgang geschehe im glawben, das ym tod das leben, ym vorterben
die seligung vollnbracht werde, darumb hat er nit eyn schlefferig worthlin hie gesetzt
und spricht, Er sey uns worden tzu eynem herrn got, der außgenge des tods, oder
auß zu gehen vom tod. Spricht nit, das wir nit sterben sollen, ßondern auß dem todt
gehen sollen. Sollen wir aber auß dem tod gehen, mussen wir zuvor hynneyn kummen, das wir erauß gehen mugen, also stosset er die seynen alle yn den todt auffs
aller schmechlichst, und alda wirt er yhn zu eynem gott und herrn auß dem tod zu
gehen, das heist eyn gott der seligung und ein herr der auß genge vom todt, das wollen die unglewbigen nit, drumb mussen sie in den todt gehen und drinnen bleyben,
den sie haben nit den got der seligung noch den herren der außgenge des tods.«

[78] WA 39 I, 470,2–4 (Die zweite Disputation gegen die Antinomer; 1538). Sich selbst
zu schaffen, wie auch sich selbst zu nihilieren, gleichgültig in welcher Gestalt dies
auch versucht wird, ist daher nicht Aufgabe des Menschen.

[79] WA 44, 397,13–20 (zu Gen 41,1–7): »Extat vox Tauleri, quanquam non loquitur in
terminis scripturae sanctae, sed alieno et peregrino sermone utitur: Magnum damnum
sciat homo se fecisse, qui non expectat opus Domini, videlicet, quando vult eum cru-
cifigere, mortificare et redigere veterem hominem in nihilum, quod non fit nisi pas-
sione et cruce, ibi enim sustines opus Domini, qui format te, hobelt dich, und haut
die groben eßt ab, et quidquid est impedimenti ad aedificationem aeternam, praeci-
dit securi, serra, dolabra. Sicut inquit David Psalmo 37 [Ps 37,7].: ›Subditus esto

Der alte Mensch Adam, das »Fleisch«, muss also erst getötet werden,[80] bevor der neue Mensch wieder erfüllt und mit Gottes Güte und unzähligen Wohltaten »trunken« gemacht wird;[81] diesen äußerst schmerzhaften[82] Tod durchmengt Gott mit dem »Zucker« des Lebens.[83] Luther lässt dieses Töten, seelsorgerlich geschickt, von Gott selbst erläutern, der den Angefochtenen anspricht (»Respondet Deus [...]«).[84] Gott tötet, um zu läutern und damit selig zu machen;[85] er muss töten und begraben, der Mensch verfaulen und verwesen, sonst kann Gott den Menschen nicht rechtfertigen (»Ich kan dich sunst nit selig machen. Oportet me te occidere et sepelire, ut putrefias et corrumparis«),[86] denn das Gift der Sünde ist über den Leib des Menschen ausgegossen.[87] Der Tod ist ein »heylsams ding«, denn er

---

Deo, et formare ei‹.« Johannes Tauler, für den Luther schon früh starkes Interesse zeigte (zum Verhältnis beider s. Martin Brecht, Martin Luther, Bd. 1, 138–141), ist für ihn Zeuge »der höllischen Anfechtungserfahrung« und wird von Luther »in der Ausrichtung seiner eigenen Demutstheologie verwendet« (aaO., 139). Tauler kennt zwei Arten des nihil: »Das natúrlich *nicht* das ist das wir von naturen nicht ensint, und das gebrestlich nicht das ist das uns ze nichte gemacht hat. Mit disen beiden nichten súllen wir uns legen fúr die füsse Gotz« (Die Predigten Taulers, Vetter-Ausgabe, 365,21–23). Dieses schmerzhafte Nichts-Werden ist für Tauler wahre Demut: »Dise búgunge wiset uns uf einen rechten underwurf und rechte gelossenheit und uf lidikeit und uf unannemlichkeit. Dise drú die sint recht als dri geswesteren und sint gekleit mit eime kleide, das ist wore demütkeit« (aaO., 365,21ff.). Die Aufforderung, sich in Demut selbst zu erkennen, ist die »Zusammenfassung der [...] Lehre Taulers« und ist »gleichzusetzen [...] mit dem Worte ›Erkenne deine Nichtigkeit‹« (Minoru Nambara, Die Idee des absoluten Nichts in der deutschen Mystik, [209–218] 209f.). Zur Nichtigkeit des Menschen bei Tauler siehe die Studie von Alois Haas, Nim din selbes war, 121–131. Vgl. Meister Eckharts Predigt zu Mt 5,3 (Deutsche Predigten und Traktate [Predigt Nr. 32]), 303–309.

80   WA 44, 175,17f. (zu Gen 35,3): »Atqui opus est carni mortificatione, [...].«
81   WA 44, 264,27–29 (zu Gen 37,15–17): »Sed [Gott] tegit et abscondit, ut mortificet veterem hominem, et repleat ac inebriet novum hominem novis et infinitis beneficiis.«
82   WA 43, 224,11f. (zu Gen 22,11): »Nihil enim asperius est mortificatione carnis et peccati.« WA 44, 430,31 (zu Gen 41,40): »[...], quod carni quidem vehementer dolet«, im Kontext zit. Anm. 27 (S. 194).
83   WA 44, 264,32–35 (zu Gen 37,15–17): »Deus novit finem et exitum tentationis, quem tu non cernis, Halt fest, ich wils so mit Zucker durch mengen, ut, tametsi moriaris, tamen in resurrectione mortuorum perpetuo gaudio cumuleris.« Vgl. Luthers Verwendung dieses Bildes in seinem Trostbrief an Ambrosius Berndt, dessen Frau und Kinder innerhalb einer Woche gestorben waren; WATR 2, 70,23 – 71,18 (Nr. 1361; 1532). Eben dieser »Zucker« hilft auch der Kirche entscheidend in ihrer Bedrängnis; WA 42, 189,7–12 (zu Gen 4,4): »Sequetur autem iudicium [...] inter Habel et Cain, in quo declarabit Deus se approbare istam Ecclesiam patientem et esurientem, ac damnare hypocriticam et sanguinariam. Hae sunt nostrae consolationes, et quasi saccarum illud, quo praesentes calamitates condiendae sunt et vincendae. Haec Theologica sunt.« Vgl. WA 42, 192,19 (zu Gen 4,5): »Sed Dei aliud quam hominum iudicium est«.
84   WA 44, 488,41 (zu Gen 42,18–20).
85   WA 44, 488,41f. (zu Gen 42,18–20): »[...] propterea hoc facio, ut purgeris, purgo autem ut salveris et pervenias ad haereditatem promissam.«
86   WA 44, 488,42 – 489,1 (zu Gen 42,18–20).
87   WA 44, 489,2f. (zu Gen 42,18–20): »Venenum enim diffusum est per totum corpus, quod non possum tollere«.

verwest und zerpulvert, was aus Adam geboren ist, damit Christus allein in dem Menschen sei;[88] die Heilweisen der »Arzenei« (»remedia«) bleiben jedoch der Vernunft verborgen und werden nur durch den Heiligen Geist erkannt.[89] Dies ist Luthers theologia crucis, nach der »sich der Mensch durch das ihn kreuzigende Wort [...] aus seiner selbstbezogenen Seinsweise herausreißen, d.h. als ›Fleisch‹ töten läßt und nunmehr im Glauben, als ›Geist‹, die Dinge in unverkrümmter Weise betrachtet.«[90] Wer nicht mehr getötet und zur Zerknirschung und Reue gebracht wird, bei dem ist keine Möglichkeit der Seligkeit.[91]

In dieser geistlichen Annihilierung soll der Mensch an Gott hängen. Verzweifelt dieser betrübte, angefochtene und umgetriebene Mensch dabei auch ganz an sich selbst,[92] so hofft er doch auf den Schöpfer, der alles aus nichts macht (»tamen in eum sperabo, qui ex nihilo fecit omnia [...]«); ist er auch völlig zunichte geworden, so kann Gott ihn doch wieder erneuern und alles gut machen (»[...] meque in nihilum redactum potest restituere in integrum, maximo meo et aliorum bono«).[93] Das Vertrauen, dass diese Annihilierung nicht Ende, sondern lediglich Durchgang ist, lässt

---

88 WA 1, 188, 14–22 (Auslegung der sieben Bußpsalmen, 1517; zu Ps 51,6): »Eyn boßer baum byn ich, und von natur ein kind des tzorns und der sunde. und darumb alßo lange als die selb natur und weßen yn und an uns bleybt, alßo lang seynn wyr sunder unnd mussen sagen, vorlaß uns unser schuld etc. byß das der leichnam sterbe und undergehe. dan Adam der muß sterben und vorweßen, ee dan Christus gantz erstee, und das hebet an das bußfertige leben, und volbrenget wirt durch das sterben. Darumb ist der todt ein heylsams ding allen den, die yn Christum glauben. dan er thut nit anders, dan vorweßet und zupulvert al[le]s, was auß Adam geborn ist, auff das Christus allein yn unß sey.«

89 WA 44, 586,20–26 (zu Gen 45,3): »Haec vitia et morbi gravissimi haerent in sanctis. Ad eorum igitur curationem utitur Deus vexatione, mortificatione, deductione ad inferos. Quae remedia et opera Dei passim in scriptura sancta et exemplis piorum adumbrata sunt, a mundo et ratione nunquam intellecta, quia non habent librum hunc, ex quo hanc artem discant. Neque ullus alius liber est qui haec doceat, quam is, in quo loquitur nobiscum spiritus sanctus ad hunc modum«.

90 Hubertus Blaumeiser, Martin Luthers Kreuzestheologie, 178f. Vgl. AWA 2, 317,7 – 318,19.

91 WA 44, 583,19f. (zu Gen 45,3): »Cessante autem mortificatione et contritione nulla salus reliqua est.«

92 WA 44, 265,20 (zu Gen 37,15–17), zit. im Kontext (Z. 18–20): »Quando igitur affligimur et exercemur, excitandus est animus adversus sensum mali et dicendum: ›Non moriar, sed vivam‹ [Ps 118,17], utcunque diversum appareat, etsi de me ipso quidem desperare cogar, [...]«. Dieser ganze Abschnitt erhält durch die persönliche Redeweise Luthers zusätzliche Dynamik.

93 WA 44, 265,20–22 (zu Gen 37,15–17). Vgl. WA 44, 428,19–24 (zu Gen 41,40): »Vides autem in hac praesenti historia, quam magnifice ornet atque evehat Deus illos, qui expectant Dominum, et possunt sustinere manum et flagellum paternum: Propterea hoc exemplum diligenter inculcandum, ac omnibus hominibus in politia et Ecclesia proponendum est, ut discant expectare, ei perdurare in tentatione, Halt fest, halt fest.«

nicht verzweifeln.[94] Diese Tötung ist eine äußerst heilsame (»mortificationem maxime salutarem«), denn gezüchtigt wird zum Leben und zur
Seligkeit und nicht zum Verderben.[95] Bestimmend ist Gottes »Hebraische
sprache«, d.h. »das hinderst zu forderst«[96]; dem Leben muss also Leiden
und Kreuz vorausgehen.

Für Luther schließt sich damit ein Kreis: Der Mensch kehrt zu dem
zurück, aus dem er kommt; er muss zu seinem Anfang[97]: Ist der Mensch
und alles aus nichts geschaffen, so muss er also zu diesem Nichts zurückkehren; sein Fleisch, Verstand und menschliche Weisheit müssen zunichte
gemacht werden (»Necesse igitur est mortificari carnem et sensum carnis
et rationis, ac universam sapientiam humanam redigi in nihilum«).[98] Und
da einst alles »durch das Wort« gemacht wurde, ist bei der Neuschöpfung
dieses Wort ebenso seinschaffend (»Es muß doch dahin kummen. Omnia
per verbum facta sunt et reficiuntur. Ex verbo conditi sumus, in verbum
oportet nos reverti«).[99] Luther sieht bei der Neuschöpfung dieselbe Aus-
gangssituation, unter der bereits die Urschöpfung stattfand. Dieses Töten
und Annihilieren ist zwar leicht gesagt, ist jedoch, wenn es an einem selbst
geschieht, handfeste »Mühe und Arbeit«[100]. Allein die Zuversicht, dass
das Wort, das einst die Welt ins Sein gerufen hat, auch mich selbst rechtfertigt – durch das Wort der Taufe und der Absolution sowie des Herrenmahls –, gibt Halt und Trost in diesem Sterben.[101]

94　WA 44, 265,8f. (zu Gen 37,15–17): »Itaque moriens vivam, periens servabor.« WA
　　44, 265,1f. (zu Gen 37,15–17): »Dicendum igitur est cum Hiob: ›Etiam, si me occidat,
　　sperabo in eum.[‹]«
95　WA 44, 113,30f. (zu Gen 32,31f.): »Sed sciendum est esse mortificationem maxime
　　salutarem, qua erudimur ad vitam et salutem, non ad interitum.« Vgl. WA 44, 569,
　　7–9 (zu Gen 44,10–12): »Deus enim non cogitat malum adversus eos, neque id agit
　　ut perdat, sed ut humiliet et mortificet, ut sequens gloria, liberatio, laetitia maior sit
　　et dulcior.«
96　WA 44, 199,16 (zu Gen 35,16f.), im Kontext (Z. 15–18): »Estne hoc crescere et be-
　　nedici a Deo? Imo maledictio pessima est, aber unser Herrgott hat ein Hebraische
　　sprache, das hinderst zu forderst, priores passiones, posteriores glorias. Oportet cru-
　　cem et passionem praecedere [...].« Vgl. WA 44, 113,34–37 (zu Gen 32,31f.): »Haec
　　enim est voluntas Dei, mortificatio et sanctificatio nostra. Sanctificari autem non pos-
　　sumus, nisi caro mortificetur et corpus peccati, quod in hac vita toto impetu fertur ad
　　omnis generis peccata, adulteria, libidines, furta, etc.«
97　WA 44, 270,15 (zu Gen 37,18–20): »Ad principium, a quo processimus est redeun-
　　dum«. Dem von Luther angesprochenen ›exitus-reditus-Schema‹ liegen die Sentenzen
　　des Lombardus zugrunde, welches von Biel (Coll. II, dist 1 [Bd. 2, 4–84]) aufgenom-
　　men wird. Zum ›exitus-reditus-Schema‹ siehe: Marie-Dominique Chenu, Das Werk
　　des Hl. Thomas von Aquin (Deutsche Thomasausgabe), 2. Ergänzungsbd., 351–358.
98　WA 44, 270,10–12 (zu Gen 37,18–20).
99　WA 44, 270,12–14 (zu Gen 37,18–20).
100　WA 44, 270,15–18 (zu Gen 37,18–20): »Id speculative facile dicitur. Sed practice sic
　　extenuari, mori, abire in nihilum, ut nihil videatur reliquum, neque vitae neque sensus
　　in carne, praeter verbum, hoc opus, hic labor est«.
101　WA 44, 270,18–24 (zu Gen 37,18–20): »Quando ego morior, descendo in infernum,
　　pereo, Quid faciam? Nullum auxilium restat praeter verbum: Credo in Deum etc. id

Bereits in frühen Texten, etwa der Heidelberger Disputation, führt Luther aus: Ist jemand noch nicht zerstört und noch nicht zu einem Nichts gemacht, so schreibt dieser sich, nicht aber Gott, eigene Werke und Weisheit zu (»qui nondum est destructus, ad nihilum redactus per crucem et passionem, sibi tribuit opera et sapientiam, non autem Deo«).[102] Ist dagegen jemand durch Leiden seiner selbst entäußert worden, so schafft dieser Mensch nicht mehr selbst, sondern weiß, dass Gott in ihm wirkt und alles schafft (»Qui vero est per passiones exinanitus, iam non operatur, sed Deum in se operari et omnia agere novit«);[103] denn was von neuem geboren werden will, muss zuvor sterben (»Si renasci, ergo prius mori«).[104] Diese Nichtung geschieht durch Kreuz, Leiden, Tod und Schmähung (»Talis autem destruccio fit per cruces, passiones, mortes et ignominias«).[105]

Gott ist das bestimmende Subjekt im Leben des Christen,[106] da mit der annihilatio aller eigenen Kräfte des Menschen für Luther die notwendige Souveränität Gottes festgehalten wird. Dies heißt nicht, dass dem Christen jeglicher Selbstbesitz, ja, eine eigene, ihm selbst zugehörige Subjektivität fehlt, sondern es heißt, dass diese ihm gegeben ist; seine Subjektivität ist gegründet in etwas Externem.[107] Das Annihilieren des Menschen bedeutet,

firmiter retineo, utcunque irascatur, deserat, occidat, deducat ad inferos. Quare? Quia ego sum baptisatus, absolutus, usus sum sacra communione, huic verbo credo. Gott geb, es brech Himel und erden etc. tamen verbum, promissio et Sacramenta non sunt propterea abiicienda aut abneganda, si vel ad inferos deiiciar.«

102 WA 1, 363, 28–30 (Heidelberger Disputation; 1518). Vgl. die Annihilierung des Menschen und das Wirken des Heiligen Geistes bei Luthers Lehrer Johannes von Staupitz, zit. Anm. 322 (S. 234).

103 WA 1, 363, 28–36 (Heidelberger Disputation; 1518).

104 WA 1, 363, 35f. (Heidelberger Disputation; 1518). Vgl. WA 56, 218,20 – 219,2 (Römerbriefvorlesung [1515/16]; zu Röm 3,7): »[...] non exaltatur nisi humilitatus, non impletur nisi quod vacuum est, non construitur nisi quod inconstructum est. Et ut philosophi dicunt [vgl. Aristoteles, Physik 186a – 192b]: Non inducitur forma, nisi ubi est privatio forme precedentisque expulsio, Et: intellectus possibilis non recipit formam, nisi in principio nisi esse sit nudatus ab omni forma et sicut tabula rasa.« Siehe hierzu David Löfgren, Die Theologie der Schöpfung bei Luther, 281 und Oswald Bayer, Promissio, 120f. u. 144–158. Zur »Formierung« des Menschen siehe bei Anm. 56 (S. 199).

105 WA 57/III, 122,14f. (Hebräerbriefvorlesung, 1517/18; zu Hebr 2,9).

106 Dabei ist festzuhalten, dass Gott nicht das Subjekt des Glaubens ist, weil nicht Gott glaubt, sondern der Mensch; siehe Anm. 4 (S. 189), bei Anm. 205ff. (S. 219) und Anm. 344 (S. 237).

107 »Nach wie vor geht es hier nicht«, so Joest, »um die Inseität eines – und sei es geistlichen – Wesensbestandes im Menschen in sich selbst, sondern um das Hängen an der ›Substanz‹ ab extra. Gottes Verheißung in der ihr eigenen Festigkeit und Bestandhaftigkeit in sich selbst ist der Grund, der das Sein des Menschen als Glaubenden trägt. Der Glaube ist nicht Bestand in sich, sondern Sich-lassen auf den, der beständig ist und Stand gewährt. Luthers Verständnis des Menschen als Person vor Gott ist nach wie vor nicht konzentrisch, sondern ausgesprochen enklitisch.« Wilfried Joest, Ontologie der Person bei Luther, 247.

»daß der Mensch eine zuverlässige Erkenntnis von sich selbst bekommt«[108]. Mit dem Ende des Vertrauens auf eigene Werke[109] werden noch so hervorragende eigene Taten des Menschen zunichte gemacht.[110] Er findet wieder zurück zum Geber seines Seins und wird sich seiner Abhängigkeit erneut bewusst. Daher sollte es seine Bitte sein, geplagt von der Schwachheit des Glaubens und der Bosheit des Fleisches: »O schlag todt lieber Herr Gott«[111]. Diese Tötung ist kein einmaliger Vorgang; das ganze Leben des Christen ist in Gottes Augen stete Zerstörung, Tötung und Höllenfahrt (»Ac vita nostra in oculis Dei nihil est, nisi destructio, mortificatio et deductio ad inferos«) mit dem Ziel, letztlich zu erretten (»ad salvandum, liberandum, purgandum«).[112]

2.2 »Credo in Deum omnipotentem qui [...] potest redigere in nihilum [...]. Coram eo omnia sunt nihil et nihil est omnia«[113] (WA 44, 482,36f.; 484,3) – Die Finsternis der annihilatio

Die Tötung und Nihilierung des Menschen spielt sich für Luther in verschiedenen Bereichen ab und zeigt sich auf unterschiedliche Weise. Die tiefe Ursache für Anfechtung, Leiden und Sterben bei Luther liegt darin, dass der Christ in allem seinem Führer (»ducem«)[114] Christus nachzufolgen hat.[115]

---

[108] Simo Peura, Mehr als ein Mensch?, 193.

[109] WA 43, 173,29f. (zu Gen 21,15f.), zit. im Kontext Anm. 162 (S. 214).

[110] WA 43, 173,37–39 (zu Gen 21,15f.): »nisi igitur vana fidutia, quam conceperunt, mortificetur, et redigatur in nihilum, cum omnibus excellentibus donis ex carne nunquam salvabuntur«.

[111] WA 44, 401,11f. (zu Gen 41,1–7), im Kontext (Z. 10–12): »Cuius igitur culpa fit, ut tam misere excruciemur et angamur? nimirum imbecillitatis fidei, spei ac maliciae carnis. O schlag todt lieber Herr Gott«.

[112] WA 44, 583,25–27 (zu Gen 45,3), zit. im Kontext Anm. 49 (S. 198). Vgl. WA 43, 455,34f. (zu Gen 26,9): »Quotidie enim nascimur et morimur«, bzw. WA 44, 348, 29–31 (zu Gen 39,5f.): »Non enim dat Deus benedictionem suam stertentibus secundum carnem, vult eam exerceri et mortificari, ut ait Paulus Galatarum 5 [Gal 5,24]. ›Qui sunt Christi, crucifixerunt carnem cum concupiscentiis.‹« Vgl. ebenso WA 44, 430,31f. (zu Gen 41,40): »[...], sed tamen renovatur de die in diem«, im Kontext zit. Anm. 27 (S. 194).

[113] Hervorhebung aufgehoben.

[114] WA 44, 583,24 (zu Gen 45,3), zit. im Kontext Anm. 49 (S. 198).

[115] Luther geht in der Josephsgeschichte so weit, von Josephs Sterben mit Worten des Glaubensbekenntnisses zu sprechen; damit parallelisiert er Josephs Nihilierung und Christi Sterben: WA 44, 394,12–16 (zu Gen 40,21–23): »Atque ita sanctissimus et optimus Ioseph crucifixus, mortuus, sepultus est, et descendit ad inferos hoc biennio. Nunc veniet Dominus et liberabit, glorificabit et magnificabit eum, sicut ipsum vocavit, iustificavit et dedit spiritum sanctum et filium, qui descendit cum eo in carcerem. Nun ist die marter wochen auß. Mox enim vivificabitur et resurget.« Vgl. WA 44, 303,25f. (zu Gen 37,34–36): »Ideo prius oportet eum crucifigi et mortificari, antequam dies resurrectionis et glorificationis veniat«. Siehe Ulrich Asendorf, Lectura in Biblia, 430.

Will sich jemand nicht vor Gott beugen und sich nicht demütigen,[116] so wird er nach Luther »mit Blitz und Donner vom Himmel bis in die unterste Hölle gestoßen«[117].

Geschieht dies, so versinkt das menschliche Herz in Verzweiflung, ins Nichts[118] und erlebt damit seinen »Karfreitag«[119]. Dieser Mensch sieht sich dem gewissen Tode ausgeliefert, ihm erscheint alles schwarz, finster, traurig, unheilvoll, kläglich (»atra, nubila, tristia, infausta, lugubria«) und ihm leuchten weder Sonne noch Mond (»nec sol, nec luna lucet«).[120] Er fragt: »Wo ist aber nun Gott?« (»At ubi nunc Deus«), der Hilfe verheißen hat?[121] Diese Traurigkeit des Herzens übertrifft alles andere an Schmerz. Sie ist »Tod und Hölle selbst« (»est enim mors et infernus ipse«).[122] Ein bekümmertes und quälendes Gewissen ist »wie ständige Hölle«[123]. Der damit geplagte Mensch erschrickt selbst vor einem raschelnden Blatt;[124] ihm wird die ganze Welt zu eng.[125]

---

[116] Vgl. Phil 2,5–11; Hebr 5,8 und 1Petr 5,6.

[117] WA 44, 568,12 (zu Gen 44,7–9): »Itaque fulmine divino ad ima tartara deiiciuntur«. Vgl. Luthers Verwendung von 1Sam 2,6 in WA 43, 171,9–12 (zu Gen 21,15f.), zit. Anm. 74 (S. 202).

[118] WA 42, 254,6–8 (zu Gen 5,21–24): »Non enim Deus consolatur nisi tristes [...]. Ex nihilo enim creat omnia«, im Kontext zit. Anm. 31 (S. 195).

[119] WA 44, 484,32–35 (zu Gen 42,14–17): »Verum is lusus ipsis mors et infernus fuit, ac haud dubie toto illo triduo in maximo luctu et angustiis fuerunt, soliciti de liberis, uxoribus et patre. Ist jr rechte Marterwochen und Karfreytag gewest in summo moerore et desperatione.«

[120] WA 44, 106,27f. (zu Gen 32,29–31), im Kontext (Z. 24–29): »[...] tum [Jakob] apparet ei facies Dei tristissima, luctans et volens occidere. Idem accidit omnibus tentatis, quando non laetantur in bonitate Dei perspecta, sed horrent et formidant iratum Deum. Ibi omnia praesentem mortem intentare videntur, omnia sunt atra, nubila, tristia, infausta, lugubria in coelo et in terra. Nec sol, nec luna lucet. Quia animus in carne oppressus moritur, quo mortuo omnia intercidunt.«

[121] WA 44, 370,32 (zu Gen 39,19), zit. im Kontext (Z. 32–35): »At ubi nunc Deus, ubi promissiones illae amplissimae, quod diligat, conservet, custodiat sanctos tanquam pupillam oculi sui, quod faciat misericordiam in millia his, qui diligunt eum?«

[122] WA 44, 597,34–37 (zu Gen 45,5): »Nec gravior dolor est, quam tristitia animi, est enim mors et infernus ipse, ideo occurrendum ei est, sive teipsum, sive alium exagitat. Da schließ die hell zu, und himel auff wer da kan. Ibi aperiendum est coelum, et claudendus infernus, ne conficiatur animus aeger sensu et dolore peccati.« Vgl. den »aufgesperrten Rachen« der Hölle in WA 44, 610,33f. (zu Gen 45,7): »Sicut videre est in Iuda et Saule, quia peccatum agnitum est os patens inferni.«

[123] WA 44, 617,28–30 (zu Gen 45,14f.), im Kontext (Z. 27–34): »Ut enim secura mens quasi iuge convivium est, iuxta Salomonem, ita animus aeger ac sibi male conscius semper est iugis infernus, qui nihil aliud erit, quam ipsa conscientia mala. Si Diabolus non haberet ream conscientiam, esset in coelo. Ea vero accendit flammas inferni et exuscitat horribiles cruciatus et erynnias in corde. Ab extra Diabolus non metueret saxa, incendium, aut quaevis alia tormenta. Sed intus excruciatur et torquetur in corde. Ira Dei est infernus Diaboli et omnium damnatorum.« Von diesem durch das böse Gewissen angezündeten Höllenfeuer und dessen Gewissensqualen (Z. 31) spricht Luther bereits 1517 in den Thesen 14–16 der 95 Ablassthesen (WA 1, 234,3–8).

[124] Die Furcht des Menschen vor einem raschelndem Blatt (Lev 26,36) ist für Luther ein wichtiges Merkmal des schlechten Gewissens und wird von ihm in der Vorlesung häu-

In dieser »vollsten Finsternis«[126] und »Gewalt der Dunkelheit«[127], in der insbesondere die »Papisten« »ertrunken« sind,[128] versinkt nicht nur der Glaube ins Nichts: In größter Anfechtung wird Gott selbst zum nihil.[129] Wenn Gott mit Nichthandeln, Schweigen und Verzögerung seines Handelns den Eindruck erweckt, als sei er nicht mehr da;[130] wenn Gott zu menschlichem Jammer schweigt und diesen übersieht (»Deus tacet et dissimulat [...], da ist nichts«)[131] oder wenn er Sünde nicht bestraft und Unrecht nicht sühnt: das ist so als schliefe Gott oder wäre ganz und gar nichts (»Perinde ac si Deus dormiat, aut prorsus nihil sit«).[132] Kein Gott lässt sich sehen (»nec Deus apparebat«),[133] seine Werke und Wunder sind nichts (»nullus est in omnibus suis operibus et miraculis«),[134] ja,

---

fig verwendet; allein fünf Mal in der Auslegung von Gen 3,8 (WA 42, 127,15f.31f.39 und 128,2f.13). Vgl. WA 42, 130,17 (zu Gen 3,10).

[125] WA 42, 129,10–12 (zu Gen 3,9): »Haec est descriptio iudicii. Postquam enim Adam territus est conscientia sui peccati, fugit conspectum Dei et sentit non solum Paradisum, sed totum mundum angustiorem esse [sc. »die Welt wird ihm zu eng«; siehe aaO., Anm. 1], quam in quo possit tuto latere.«

[126] WA 44, 280,21 (zu Gen 37,18–20), zit. im Kontext Anm. 281 (S. 230).

[127] WA 44, 398,28 (zu Gen 41,1–7), im Kontext (Z. 25–28): »Tantam vero lucem et gloriam non audebamus sperare, quantam hodie cernimus, quod Euangelium humiliat Papae potestatem, et frangit tyrannidem Diaboli, tot hominibus ereptis ex potestate tenebrarum.«

[128] WA 43, 576,30f. (zu Gen 28,12–14): »Sed Papistae ita tenebris suis submersi sunt et obruti, [...].«

[129] Siehe bei Anm. 261f. (S. 60) und bei Anm. 193 (S. 168).

[130] WA 44, 588,1–6 (zu Gen 45,3): »Atque ea est consolatio piorum in hac vita. Quantum vero gaudium erit in illa die, quando apparebit filius Dei et dicet: En ego sum salvator ac liberator tuus, quem tu accusasti, quod negligerem Ecclesiam, quasi non essem Deus nec curam vestri gererem. En adsum. Propterea autem te castigavi, ut purgaretur peccatum tuum, ut agnosceres me Deum salvatorem tuum.«

[131] WA 44, 341,7f. (zu Gen 39,2), im Kontext (Z. 5–8): »Magna miseria est, quod tam procul e conspectu patris abripitur: nec relinquit domum sine maximo dolore, luctu et lachrimis suis et parentis, Deus tacet et dissimulat: Ioseph gemit, eiulat, et videtur abiectissimus, da ist nichts.«

[132] WA 42, 418,40f. (zu Gen 11,5), im Kontext (Z. 37–41): »Haec enim peccati natura est, ut cubet ad tempus et quiescat, sicut supra in tertio capite diximus, dum fervet dies, hoc est, dum concupiscentia et peccatum regnat, et homo a Satana oppressus et absorptus est, verbum Dei non curat, sed negligit, Perinde ac si Deus dormiat, aut prorsus nihil sit.« Regt sich Gott schließlich, so ist er, der zuvor nirgendwo war, nun überall, und der vorher vermeintlich Schlafende sieht und hört nun alles, WA 42, 419,5–8 (zu Gen 11,5): »Sed verus terror nascitur, cum Dei irati vox auditur, hoc est, cum sentitur conscientia. Tum enim Deus, qui antea nusquam erat, est ubique, et qui prius dormire videbatur, omnia audit et videt, et ira eius sicut ignis ardet, furit et occidit.« Vgl. WA 42, 419,36f. (zu Gen 11,5): »Sed cum Deus dissimulat peccatum, et quasi connivet, tum sequitur intolerabilis ira, quae fine caret.«

[133] WA 43, 392,40 (zu Gen 25,22).

[134] WA 43, 395,18f. (zu Gen 25,22), im Kontext (Z. 18–22): »Quia Deus simpliciter incompraehensibilis, et nullus est in omnibus suis operibus et miraculis, propterea quod deserit in passionibus et afflictionibus, secundum nostrum sensum, et tantum

es ist, als wäre ganz und gar kein Gott (»imo ac si prorsus non esset«).[135] In großer Anfechtung mit Blick auf die ständig siegenden Türken und die sichtbare Macht ihres helfenden Gottes scheint für Luther der christliche Gott tatsächlich ein Nichts zu sein;[136] der »Fürst und Gott der Welt« dagegen, der ist dann Gott (»Et Deus, in quem credimus, est plane nihil, princeps mundi et Deus saeculi est Deus«).[137] Angesichts seiner promissio ist Gott in diesen Situationen unbegreiflich, der Mensch hält ihn dann gar in völliger Umkehrung nicht mehr für Gott, sondern für den Teufel.[138] Nicht nur das: Manchmal sind Gottes Ratschläge, da er zuweilen auch »gemeine, geringe, lächerliche und zu Zeiten auch ärgerliche Dinge« gebietet, schlichtweg so dumm,[139] dass man meint, dies habe nicht Gott, sondern ein Narr (»fatuus«) geraten.[140]

Baut der derart zutiefst bedrängte Mensch, »wenns alles verderbt ist, das man schreiet wir müssen verderben und zu grund gehen«[141], auf seinen Verstand und versucht er mit dessen Hilfe Rettung herbeizuführen,

---

dat verbum, quo nos, sicut piscis hamo trahitur, ita per mare illud periculorum et tentationum ad portum deducit.«

[135] WA 43, 39,7 (zu Gen 18,20f.). Vgl. WA 43, 39,14f. (zu Gen 18,20f.): »ac per omnia sic vivunt, ac si vita nulla post hanc restaret, et Deus nullus esset.«

[136] WA 43, 392,17f. (zu Gen 25,22): »Denique nihil magis nihil esse videtur, quam Deus ipse«. Siehe den gesamten Abschnitt WA 43, 392,12 – 393,18 (zu Gen 25,22).

[137] WA 43, 392,42 – 393,1 (zu Gen 25,22), im Kontext (392,38 – 393,1): »Non aliter tempore Assyriorum et Babiloniorum agebat cum Israelitis: nullus successus, nec victoria, nec Deus apparebat, ›ibi vero erat absconditus Deus, Deus Israel, salvator‹, ut in Isaia dicitur 45 [Jes 45,15]. Sicut hodie coelum et terra, Papa et Turca, et omnia nobis adversantur. Et Deus, in quem credimus, est plane nihil, princeps mundi et Deus saeculi est Deus.«

[138] WA 44, 200,39f. (zu Gen 35,16f.): »Num id est benedicere? Imo non Deus, sed Diabolus mecum locutus est, potuit cogitare Iacob«; durch die Nachstellung des cogitare gewinnt der erste Teil des Satzes zudem an Dramatik. Vgl. WA 44, 429,24–26 (zu Gen 41,40): »Sciamus igitur Deum abscondere se sub specie pessimi Diaboli ideo ut discamus bonitatem, misericordiam, potentiam Dei non posse comprehendi speculando, sed experiendo.«

[139] WA 42, 317,35f. (zu Gen 6,22), im Kontext (Z. 35–37): »Atque hic lapsus vulgatissimus est. Nam Deus solet communia, vilia, ridicula, scandalosa quoque nonnunquam praecipere. Ratio autem delectatur splendidis, et communia illa aut fastidit, aut cum indignatione suscipit.« Siehe auch WA 42, 318,18–20 (zu Gen 6,22): »Igitur si respiciamus ad praecipientem, facile apparebit, etsi quae Deus praecipit, videntur communia et vilia, tamen summa esse«.

[140] WA 44, 376,14 (zu Gen 39,21–23), im Kontext (Z. 12–20): »Du wilt mir in faciem sehen, vis me facere quod tibi commodum et bonum videtur. Verum sic agam, ut videatur tibi fatuus aliquis haec fecisse, non Deus. Du solt mir in rucken sehen, nicht in das angesicht. Non debes videre opera et consilia mea quibus te fingo et refingo in beneplacitum meum. Es soll dich nerrisch duncken. Non aliter ea accipies et intelliges, ac si essent mors et Diabolus ipse.« Vgl. zu diesem Sehen des Rückens Gottes WATR 3,159,22–24 (Nr. 3056): »Posteriora mea videbis, faciem non videbis; quae sunt lex et euangelium. Lex dorsum, ira, peccatum, infirmitas, euangelium facies, gratia, donum, perfectio.«

[141] WA 44, 482,24f. (zu Gen 42,14–17).

so weist Gott darauf hin, dass er die allerschönsten Ratschläge zunichte machen und dagegen mit allergewöhnlichsten zu helfen vermag.[142] Als allmächtiger Schöpfer ist er imstande, höchste menschliche Weisheit ins Nichts und in die Hölle zu führen, und umgekehrt vermag er aus einfachstem Rat den Himmel zu schaffen.[143] Menschliche Weisheit ist, so Luther, wahrlich närrisch, und Menschen sind nicht allein Narren, sondern auch die Narrheit selbst (»Itaque sapientia nostra vere stulta est, et nos non solum stulti, sed ipsa etiam stulticia sumus«).[144] Dennoch gibt gerade ein »närrisches« Glauben an Gottes promissio Halt inmitten eines diese infrage stellenden Gegenteils.[145]

2.3 Die Werkgerechtigkeit des Menschen als Auflehnung gegen Gottes creatio ex nihilo

Die Schöpfung des Menschen aus nichts betrifft nicht nur die geschöpfliche Abhängigkeit der eigenen Existenz und des eigenen Seins von Gott, sondern ebenso die Bewertung eigener Taten[146]: Menschliche Werkgerechtigkeit steht diametral gegen die creatio ex nihilo Gottes.

Luther kann nicht häufig genug betonen, dass Gott der Geber,[147] insbesondere beim Rechtfertigungsgeschehen *alleiniger* Geber sein möchte. In umfassender Weise beschenkt,[148] ist die Position des Menschen damit

---

[142] WA 44, 482,25–27 (zu Gen 42,14–17): »[...] ibi adest Deus, et dicit: Nolo te consiliis tuis quantumvis splendidis iuvari, aut perire. Possum enim destruere pulcherrima consilia et abiectissima excitare et adiuvare«.

[143] WA 44, 482,33–38 (zu Gen 42,14–17): »Confitendum itaque est Deo, etiam cum sumus instructi consiliis prosperrimis et prudentissimis, neque desperandum est, quando sapientia et ope humana destituimur. Sed sic statuamus: CREDO IN DEUM OMNIPOTENTEM qui pulcherima consilia potest redigere in nihilum, et commutare in infernum, et vicissim ex abiectissimis coelum facere, quia est creator omnipotens«. Die in der Vorlesung seltene Hervorhebung durch Versalien verleiht diesem Bekenntnis besonderes Gewicht (vgl. Anm. 376 [S. 242]).

[144] WA 44, 377,31f. (zu Gen 39,21–23). Die Dummheit und Unzulänglichkeit des Menschen gerade in der Beurteilung seiner selbst in Anfechtung und damit sein sich selbst Entnommensein streicht Luther trostreich besonders heraus WA 44, 600,35 – 601,2 (zu Gen 45,5): »Ergo in omni opere et cogitatione, praesertim in passionibus, quando affliguntur Christiani, si credis, noli iudicare de vita et actionibus tuis, alioqui errabis. Tu es mutus, stultus, tentatus, captus, nec recte loqui, nec iudicare potes de rebus tuis. Es heist: ›Expecta Dominum‹, et noli scandalisari, murmurare, desperare. Non enim verum nomen tuis operibus aut afflictionibus imponis, tuum iudicium est falsum, sermo tuus est erroneus, sapientia tua est stultitia. Voluntas autem Dei est, ut vetus homo corrumpatur et caro mortificetur, sed dum corrumpitur et mortificatur, falsa loquitur et stulta iudicat.«

[145] WA 43, 369,31–33.37f. (zu Gen 25,11), zit. bei Anm. 383 (S. 243).

[146] Vgl. S. 98.

[147] Siehe Gott als den bedingungslos Gebenden S. 127.

[148] WA 44, 348,6–10 (zu Gen 39,5f.), zit. Anm. 35 (S. 94).

die eines grundsätzlich Empfangenden.[149] Dies bedeutet, dass es auch keine menschlichen Taten außerhalb der Einflusssphäre Gottes gibt.[150]

Die von den Altgläubigen aufgenommene lukanische Forderung »Gebt, so wird euch gegeben« (Lk 6,38) lässt Luther daher so nicht gelten und fragt scharf zurück: »Was geht dich das an?« (»Quid hoc ad te?«).[151] Wer diese Schriftstelle als Leistungsforderung versteht, verleugnet seine Kreatürlichkeit (»num ideo negabis te creaturam esse«), denn die in der Kreatürlichkeit begründete Nichtigkeit des Menschen (»Si autem es creatura, erga creatorem nihil es [...]«) hat zur Folge, dass es als Kreatur vergeblich ist, Gott eigene Verdienste und Werke vorzuhalten (»[...] et frustra opponis ei tua merita et opera«).[152] Misst die Kreatur ihren eigenen Werken derartiges Gewicht zu, so verleugnet sie nicht nur die eigene Geschöpflichkeit, sie verleugnet letztlich Gottes Schöpfertum.[153]

Diese prinzipielle Verhältnisbestimmung von Gott und Mensch hat schwerwiegende Folgen. Für Luther liegt exakt an diesem Punkt das Unverständnis der Altgläubigen wie der »Juden« gegenüber der Rechtfertigungslehre begründet,[154] die von beiden entweder verfälscht oder ganz eliminiert wird;[155] beide sind für Luther letztlich bar des grundsätzlichsten Bekenntnisses, nämlich dass Gott Schöpfer Himmels und der Erden ist (»non credunt Deum esse creatorem coeli et terrae«).[156] Würden sie an den Schöpfer und somit an die Schöpfung aus dem Nichts glauben, würde sich der Wert kreatürlicher Taten im Rechtfertigungsgeschehen von vornherein relativieren und deren Gebrauch verbieten.[157] Stattdessen leugnen

---

[149] Siehe S. 93.

[150] Vgl. S. 98, bei Anm. 205ff. (S. 219) und Anm. 344 (S. 237).

[151] WA 43, 179,34f. (zu Gen 21,17). Lk 6,38 meint gerade kein kleinliches, proportionales Abrechnen, sondern möchte ermuntern, sich der Großzügigkeit Gottes bewusst zu werden und diese dankend nachzuahmen (vgl. V. 36). Das beigefügte Bild vom überfließenden Getreidemaß zeigt Gott als überreich Schenkenden. Heinz Schürmann, Das Lukasevangelium, 362f. Vgl. Strack-Billerbeck, Bd. 2, 160.

[152] WA 43, 179,34–36 (zu Gen 21,17).

[153] WA 43, 183,11–13 (zu Gen 21,18): »Pertinent autem omnia haec contra naturae vitium insanabile, quod omnes respicimus ad opera et merita, et sic obliviscimur nos creaturas, Deum autem creatorem esse«.

[154] Siehe bes. den ganzen Abschnitt WA 43, 178,22 – 179,10 (zu Gen 21,17) unter der Leitfrage (WA 43, 178,31–33 [zu Gen 21,17]): »Quae autem potest esse ratio dubitandi, ut illam propositionem tantopere impugnent adversarii. Cum dicimus, Gratia et non meritis nos salvari? Quid eos movet?«

[155] WA 43, 178,22–24 (zu Gen 21,17): »Hic summus fidei articulus est, quem si vel tollas, sicut Iudaei, vel depraves, sicut Papistae, neque Ecclesia consistere potest, neque Deus retinere potest suam gloriam«.

[156] WA 43, 178,39f. (zu Gen 21,17), zit. im Kontext (Z. 36–40): »Quid igitur movet Papistas, quod malunt operibus et meritis niti, quam promissione et gratia? Prima ratio haec est, quod non credunt Deum esse creatorem coeli et terrae.«

[157] WA 43, 178,40–42 (zu Gen 21,17): »Si enim crederent, se esse Dei creaturam, et Deum esse creatorem, nunquam opponerent ei merita, seu opera, neque de ulla re praesumerent, quae est enim collatio creatoris ad creaturam?«

sie durch deren Gebrauch die Herkunft der Kreatur aus dem Nichts, ebenso die daraus folgende Nichtigkeit kreatürlicher Werke[158] und lehnen sich gegen den Schöpfer auf, von welchem sie ihr Sein erhalten haben (»si scilicet creatori opponantur, qui dedit ei esse«).[159] Indem beide sich auf ihre Werke verlassen und diese im Rechtfertigungsgeschehen vorzuzeigen gedenken, übersehen sie nicht nur Gottes Schöpfersein, sondern offenbaren damit ebenso, dass sie sich selbst auch nicht als Kreatur begreifen[160]: Letztlich verwischen sie damit die Grenze zwischen Schöpfer und Geschöpf. In größter Hybris streitet hier das Nichts mit seinem Schöpfer: »sed quid est, nihilum velle pugnare cum Deo creatore?«[161]

Einen weiteren Gegner hat Luther im Auge: Auch wenn sich der »Türke« rühmt, Gottes Kreatur zu sein und ebenso »bei Gott, dem Schöpfer des Himmels und der Erde« schwört, so muss auch er falschem Vertrauen auf eigene Taten den Abschied geben – denn es sind »Werke eigener Schöpfung«[162].

Obwohl auch Luther sehr wohl die Versuchung kennt, eigene Werke vorzuzeigen,[163] muss er dennoch mit Ps 32,5 sein eigenes Nichts eingestehen.[164] Der Mensch soll lernen, nicht auf sich selbst, sondern auf Gott den Schöpfer zu vertrauen (»discamus non in nobis, sed in Deo confidere [...]«), da dieser das Nichtseiende ruft.[165] Luther fordert daher nicht ir-

---

[158] Siehe das bereits bei Anm. 65 (S. 98) zitierte: »creatura ex nihilo est: ergo nihil sunt omnia, quae creatura potest«, WA 43, 178,42 – 179,1 (zu Gen 21,17).

[159] WA 43, 179,1f. (zu Gen 21,17). Luther kritisiert die Altgläubigen auch in ihrer Hamartiologie, die einen Zugang zur Rechtfertigung des Sünders ex nihilo verbaut, WA 44, 506,10–13 (zu Gen 42,29–34): »Papistae docent in Baptismo sublatum esse peccatum originis et manere tantum fomitem et infirmitatem carnis, sive pronitatem quandam ad peccandum. Proinde neque quid gratia sive remissio peccati, neque quid Spiritus sanctus et Deus sit intelligunt.« Vgl. WA 44, 473,15–17 (zu Gen 42,6f.).

[160] WA 43, 179,7–9 (zu Gen 21,17): »Relinquitur igitur Papistas non credere, quod vel Deus creator, vel ipsi creatura sint, siquidem merita et opera sua Deo opponunt, et malunt operibus suis, quam gratiae confidere«.

[161] WA 43, 179,9f. (zu Gen 21,17).

[162] WA 43, 173,26–30 (zu Gen 21,15f.): »Turcae etiam gloriantur se esse creaturas Dei, et iurant per Deum, creatorem coeli et terrae. Papa gloriatur se credere in Christum, quod sit filius DEI et redemptor mundi, interim instituit monasteria, missas, ieiunia, cultus sanctorum et similia, sed frustra. Sunt enim opera creationis tuae, qui ex carne es conditus, sunt fructus arboris malae«.

[163] WA 43, 174,11–13 (zu Gen 21,15f.): »Ego quoque saepissime hac tentatione divexor, quod circumspicio de operibus, quibus possim niti, quod multa docui, multis benefeci, multa indigna praeter meritum passus sum«. Zu Luthers Schwierigkeit, selbst im Alter römische Lehren abzulegen, sowie zu seiner bleibenden Scheu, Christus anzuschauen siehe WA 44, 767,18–20 (zu Gen 49,11f.): »Et mihi etiamnum difficile est exuere et abiicere doctrinam Papae, non solum secundum veterem hominem, sed etiam propter fidei imbecillitatem, qua adhuc formido aspicere Christum«.

[164] WA 43, 174,13–15 (zu Gen 21,15f.): »[...] sed sentio in veris certaminibus haec omnia nihil esse, et redigor ad illam confessionem Davidis: ›Domine, nihil sum nisi peccator‹.«

[165] WA 44, 76,39f. (zu Gen 32,6–8), zit. im Kontext (Z. 76,39 – 77,2): »[...] ut erudiamur et discamus non in nobis, sed in Deo confidere. Haec enim est scientia piorum,

gendwelche Taten wie Wallfahrten, Fasten, Gottesdienste u.ä., sondern die Einhaltung des ersten Gebotes, in welchem die übrigen Gebote eingeschlossen sind, in dem Bekenntnis, dass Gott aus nichts alles schafft.[166] Ein weiterer von Luther genannter Grund für die Gefahr der Werkgerechtigkeit liege darin, Gottes Kondeszendenz misszuverstehen: Erniedrigt sich Gott und handelt er mit uns Menschen nicht nach seiner Majestät, sondern in menschlicher Gestalt, so ist Gott dennoch beileibe »kein Schneider oder einfacher Handwerker«, der alles nur nach Verdienst erledigt.[167] Die Gaben des Heiligen Geistes gibt es nämlich gerade nicht für Geld und die Vergebung der Sünden weder für Gold noch Silber.[168] Auch liegt der Sinn menschlicher Werke gerade nicht in deren Gebrauch zur Selbstrechtfertigung; menschliche Werke sind vielmehr Taten der Dankbarkeit für bereits Erhaltenes,[169] mit denen die Kreatur ihren Schöpfer lobt.[170] In »Religionssachen« nämlich sind, wie Luther an Abraham herausstellt, alle Werke strikt verboten,[171] denn »dieser Satz ist allgemein und unzweifelhaft wahr,

---

sibi ipsi diffidere, et Deo confidere: et tali Deo, qui vivificat mortuos, et vocat ea, quae non sunt, ut sint [Röm 4,17; von der WA nicht ausgewiesen].«

[166] WA 40/III, 154,25–33 (In XV Psalmos graduum; zu Ps 125,1; 1532/33 [1540]): »Hunc Doctorem diligenter considera, non praecipientem opus aliquod, sicut in Papatu Monachatus, peregrinationes, ieiunia et alii stulti cultus in periculis hominibus proposti sunt, Sed simplicissima via ducentem ad Deum et primum praeceptum ac pronunciantem, hanc esse summam salutem, confidere ac sperare, Hoc cultu Deum unice delectari. Haec enim est natura Dei, ut iam ante dixi, ex nihilo creare omnia. Itaque in morte vitam, in tenebris lucem creat et ostendit. Idem fides sua natura et propriissima proprietate credit.«

[167] WA 43, 179,31 (zu Gen 21,17), im Kontext (Z. 11–13.16–18.30–33): »Secunda ratio dubitandi est, quod DEUS non agit nobiscum secundum maiestatem, sed induit formam humanam, et loquitur nobiscum per totam scripturam, sicut homo cum homine. [...] instituens quasi nobiscum commertium, adeo omnia sine maiestate, et, ut sic dicam, ex inanita forma Dei loquitur nobiscum. [...] hac eius familiaritate et humilitate abutimur, et iudicamus eum aliquem sartorem aut cerdonem esse, qui nihil donet ex gratia, sed omnia faciat ex merito: Haec non tolerabilis praesumptio est, et digna aeterna morte.«

[168] WA 43, 421,35–38 (zu Gen 25,31–34), zit. im Kontext Anm. 53f. (S. 75).

[169] Siehe bei Anm. 74 (S. 151). Vgl. die eindrückliche Begebenheit, deren WA-Nachweis leider nicht auffindbar ist: »Als Luther einmal mit Dr. Jonas, Veit Dietrich und anderen Tischgenossen zu seiner Erholung nach Jessen fuhr, gab er daselbst, obgleich seine Verhältnisse keine glänzenden waren, den Armen Almosen. Dr. Jonas folgte seinem Beispiel mit der Erklärung: Wer weiß, wo mirs Gott wieder bescheret! Darauf erwiderte Luther lachend: Gleich als hätte es Euch Gott nicht zuvor gegeben; frei einfältig soll man geben, aus lauter Liebe willig.« Udo Rößling und Paul Ambros, Reisen zu Luther, 190.

[170] WA 43, 421,40–42 (zu Gen 25,31–34): »Ut tribuatur ei divinitas, hoc est, ut agnoscamus eum Deum, quem confiteamur toto corde, ore et opere, quod sit creator. Neque enim aliud precium pro tantis donis potest persolvi«; zit. im Kontext Anm. 55 (S. 75).

[171] WA 43, 265,30 (zu Gen 22,19), zit. im Kontext (Z. 23–28.30): »Moses hoc singulariter descripsit nobis in exemplum et doctrinam, ut nihil tentemus, aut audeamus in rebus divinis. In aliis rebus sive politicis, sive oeconomicis abunde est, ubi te exerceas, et facias offitium audenter secundum verbum Dei. Sic contra Turcas iuberis esse audax, fortis et confidens. Sed in religione prohibita est prorsus omnis audacia et temeritas,

nämlich, dass wir aus Gnaden und nicht aus Verdienst oder durch Werke
selig werden.«[172]

2.4 »nos nihil esse, quicquid autem sumus,
esse ex gratuita Dei gratia«[173] (WA 43, 174,41f.) –
creatio ex nihilo als sola gratia

Die Gleichsetzung von creatio ex nihilo und sola gratia »entspricht reformatorischer Tradition«, ist jedoch keineswegs selbstverständlich: »Nur
wenn das Verhältnis von sola gratia und creatio ex nihilo durch das Kreuz
Jesu Christi vermittelt ist, kommen sie miteinander zur Deckung.«[174]

In sich selbst besitzt der Mensch nichts, dessen er sich rühmen könnte
(»non habebunt quidem in se, in quo glorientur«);[175] auf sich selbst gestellt, ist, vermag und hat er nichts.[176] Als »Verfluchter und Elender«[177]
und sich selbst zu Recht Misstrauender[178] liegt sein Grund nicht in sich
selbst, sondern in Christus (»non in se, sed in illo semine«).[179] Der Mensch
vermag für seine Rechtfertigung Gott nichts zu geben und diese nicht zu
verdienen;[180] Gott ist der, der in der Rechtfertigung unbedingt anfängt
und von dem das Geschöpf die gänzlich unverdiente Rechtfertigung empfängt.

---

omnia studia et electiones propriae [...]. Abraham nihil addit ad religionem ultra vocationem«.

[172] WA 43, 178,8–10 (zu Gen 21,17): »Per spiritum sanctum autem in literas haec relata
sunt, ut universus orbis et tota posteritas discat, hanc propositionem universalem et
indubitatam esse, quod gratia, non meritis aut operibus salvamur.« Vgl. WA 43, 135,
28–31 (zu Gen 20,17f.).

[173] Hervorhebung aufgehoben.

[174] Gerhard Ebeling, Dogmatik, Bd. III, 167. Ebeling weiter (aaO.): »Es ist alles andere
als selbstverständlich, daß die extreme Formel der Schöpfermacht zum entscheidenden Interpretament der Gnade wird. Was dies besagt, kommt erst dann voll zur Geltung, wenn auch umgekehrt die creatio ex nihilo als solche den Charakter von Gnade
annimmt, wenn ihr also aller Anschein von Willkür und Beliebigkeit genommen wird
und die Macht der Liebe Gottes das Verständnis seiner Allmacht bestimmt.« Siehe
Anm. 250 (S. 125).

[175] WA 43, 440,36 (zu Gen 26,2–5), zit. im Kontext (Z. 35–39): »Quando autem semen
Abrahae venturum est, tunc omnes gentes fient alii homines: non habebunt quidem
in se, in quo glorientur, de se praedicabunt maledictionem et miseriam. Sed tamen
debent regnare, laeti et salvi triumphare, non in se, sed in illo semine. Atque ita fit
hodie ab omnibus, qui credunt in Christum.«

[176] WA 42, 437,33f. (zu Gen 12,1), zit. bei Anm. 226f. (S. 222).

[177] WA 43, 440,36f. (zu Gen 26,2–5), im Kontext zit. Anm. 175 (S. 216).

[178] WA 44, 76,39 – 77,2 (zu Gen 32,6–8), zit. in Anm. 165 (S. 214).

[179] WA 43, 440,38 (zu Gen 26,2–5), im Kontext zit. Anm. 175 (S. 216).

[180] WA 43, 607,5f. (zu Gen 28,20–22): »Quia Deo nihil possumus dare, nihil mereri aut
efficere, ut personae nostrae iustificentur.«

In einer Absage an eigene Kräfte[181] spricht Luther dem Menschen jeden von Gott unabhängigen Eigenwert und jede selbstmächtige Errettungskraft ab. Der Mensch soll sich stattdessen demütigen und bekennen, dass er nichts sei; was er aber sei, das sei er aus Gottes Gnade und Barmherzigkeit. (»Humiliemur omnes, et fateamur nos nihil esse, quicquid autem sumus, esse ex gratuita DEI gratia«).[182] Da alles an dem Menschen schwach und nichts ist (»Quidquid enim in nobis est, infirmum est et nihili«)[183] und da der in seiner annihilatio derart zu Ende und damit an den Anfang gebrachte Mensch nichts mehr hat außer einem verzagten Herzen (»Nihil igitur reliquum fuit, quam gemitus inenarrabilis desperantis animi«),[184] geschieht das Heil nicht durch menschliche, sondern durch göttliche Kraft. Denn um aus dieser annihilatio heraus zu retten, bedarf es größerer Kraft und Stärke als Menschen haben[185] – allein göttliche Tat vermag zu helfen.[186] Der sich in derartiger Situation wiederfindende Mensch muss, wie Ismael, feststellen: »Ich bin nichts« (»ego nihil sum«).[187]

In dieser »höchsten Unruhe des Herzens« (»summa animi perturbatione«)[188] und in solcher Nullität und Nichtigkeit (»nullitate et nihilitudine«) beweist Gott – in Anlehnung an 2Kor 12,9[189] – seine Kraft.[190] Gottes Allmacht verbindet sich mit der Schwachheit bzw. »Unallmächtigkeit«

---

[181] Allein Gott wirkt »per se«. Vgl. etwa Thomas (»Alia vero agentia reducuntur in Deum sicut in primum agens. Est igitur agens per se«; ScG II, 8) und Spinoza (»Deum causam esse per se«; Eth. I, prop 16, cor 2).

[182] WA 43, 174,41f. (zu Gen 21,15f.). Damit verliert der Mensch zudem jegliche Möglichkeit des Selbstruhms, WA 43, 248,25 (zu Gen 22,16–18): »Sed quomodo? Num in semetipsis? Non«, zit. im Kontext Anm. 314 (S. 233).

[183] WA 43, 585,9f. (zu Gen 28,14f.), zit. im Kontext Anm. 62 (S. 77).

[184] WA 43, 175,19f. (zu Gen 21,17).

[185] WA 43, 585,8f. (zu Gen 28,14f.): »Idque sua virtute efficit Deus, nulla nostra sapientia, nulla potentia«, im Kontext zit. Anm. 62 (S. 77). Ebenso WA 42, 147,2–5 (zu Gen 3,15): »Maiorem enim vim et robur maius, quam hominum est, requirunt ista. Itaque Filium Dei oportuit victimam fieri, ut haec nobis conficeret, ut tolleret Peccatum, devoraret Mortem et amissam obedientiam restitueret.«

[186] WA 43, 251,32f. (zu Gen 22,16–18): »Quia liberare omnes gentes a maledictione est opus divinum, non humanum, nec Angelicum.«

[187] WA 43, 176,9–15 (zu Gen 21,17): »Non vilis vestitus, non asper victus, non ieiunia, non longae orationes, non vigiliae, non ulla opera nobis prodesse possunt ad vitam aeternam, sola fiducia misericordiae, seu sola promissio est, quae salvat. Absque hac si sit, libere confitere, et dic, ›ego nihil sum. Ego ad haereditatem non pertineo, ego ex patris domo eiectus sum‹. Haec est pueri Ismaelis vox, quam audit Dominus, et sic clamantibus mittit suos Angelos ex ipso coelo.«

[188] WA 42, 563,15f. (zu Gen 15,6): »[...] in mediis peccatis, dubitationibus et pavoribus, in summa animi perturbatione.«

[189] WA 44, 79,37–41 (zu Gen 32,6f.): »Quia virtus mea, inquit vox divina [2Kor 12,9], in infirmitate tua perficitur. Caro quidem reclamat se hoc non intelligere, imo contrarium sentire et experiri. Tamen certum hoc est. Virtus infirma est perfecta, et econtra perfectio est infirmitas. Quis unquam sic est locutus? Ja hüt dich für kan nicht«.

[190] WA 43, 585,10f. (zu Gen 28,14f.), im Kontext zit. Anm. 62 (S. 77).

(»inomnipotentia«) des menschlichen Herzens[191] und ist dann »vollkommenste Kraft in allerschwächster Schwachheit« (»tunc est perfectissima virtus in infirmissima infirmitate«).[192] Gott spricht dem Menschen, der »nichts getan« und »nichts verdient« hat, sein eigenes Handeln zu, indem er sagt: »Dies mache *ich* dir«[193] und erwählt damit das, was nichts ist, damit er zunichte mache, was etwas ist.[194]

Erfolgt die Vergebung der Sünden umsonst (»Remissio est gratuita«), so erübrigen – ja verbieten – sich menschliche Qualifikationsleistungen; gerechtfertigt wird »sine ulla dignitate, merito et contritione nostra«[195], wobei gerade die Irrelevanz der Reue von Luther hervorgehoben wird.[196] Einen eigenen freien Willen des Menschen beim Heilsgeschehen schließt Luther aus;[197] ebenso wird dem Menschen keine noch so geartete Vorbereitung zur Gnade zugestanden[198]: weder Gesetz, noch Beschneidung noch Opfer,[199] selbst die allerhöchsten und schönsten Tugenden bewirken nichts zur Gerechtigkeit.[200] Der Mensch ist beim Erhalt des Glaubens nicht aktiv, sondern passiv, empfangend. Denn der Glaube ist – unter strikter Beachtung von Luthers Bestimmung des Glaubens als Tat und Werk des *Menschen*[201] – von Gottes Offenbarungshandeln aus gesehen zunächst nicht menschliches Werk, als ob wir Gott etwas tun oder geben (»non est nostrum aliquod opus, cum nos Deo facimus aut damus aliquid«), sondern er wird empfangen allein aus seiner Gnade und Barmherzigkeit,[202] ist

---

[191] WA 43, 590, 13f. (zu Gen 28,14f.): »Coniunguntur igitur haec duo, omnipotentia verbi et infirmitas, sive, ut ita dicam, inomnipotentia cordis humani«.

[192] WA 44, 80,3f. (zu Gen 32,6–8).

[193] WA 44, 72,5–7 (zu Gen 32,3–5), zit. bei Anm. 232 (S. 222). Vgl. WA 18, 754,8–12 (De servo arbitrio; 1525), zit. Anm. 33 (S. 93), wo Luther hervorhebt, dass der Mensch, da er aus nichts geschaffen ist, zu seiner Neuschöpfung – wie auch zu seiner Erhaltung als Wiedergeborener – nichts zu tun vermag. Vgl. die cooperatio der Kirche S. 162.

[194] 1Kor 1,28: καὶ τὰ ἀγενῆ τοῦ κόσμου καὶ τὰ ἐξουθενημένα ἐξελέξατο ὁ θεός, τὰ μὴ ὄντα, ἵνα τὰ ὄντα καταργήσῃ.

[195] WA 44, 473,37f. (zu Gen 42,6f.), im Kontext zit. Anm. 280 (S. 230).

[196] WA 43, 176,38f. (zu Gen 21,17): »Hoc tamen monendum est, ne quis putet contritionem, de qua iam multa diximus esse meritoriam gratiae«.

[197] WA 18, 754,16f. (De servo arbitrio; 1525): »Verum quid hinc libero arbitrio tribuitur? imo quid ei relinquitur, nisi nihil? et vere nihil.« Beachte den Kontext in Anm. 33 (S. 93).

[198] WA 42, 563,13–15 (zu Gen 15,6), zit. Anm. 229 (S. 222).

[199] WA 42, 564,13f. (zu Gen 15,6), zit. bei Anm. 230 (S. 222).

[200] WA 42, 564,23–26 (zu Gen 15,6): »At notum est, quae sint opera legis: Summae scilicet et pulcherrimae virtutes. Hae igitur ad iusticiam nihilne faciunt. Nihil, inquit Paulus, sed sola misericordia, repudiatis omnibus virtutibus nostris, valet.«

[201] Siehe die wichtige Unterscheidung von Offenbarung und Glaube in Anm. 344 (S. 237).

[202] WA 42, 565,16f. (zu Gen 15,6), im Kontext (Z. 12–18): »Promissio caput est doctrinae et principale, huic adiungitur fides, seu, ut clarius dicam, hanc apprehendit fides. Apprehensio autem promissionis certa vocatur fides, et iustificat, non, tanquam opus nostrum, sed tanquam Dei opus. Promissio enim est donatio, est cogitatio divina, qua

Gottes Geschenk und Gabe (»donum Dei est, non ex nobis« [Eph 2,8]).[203] An seinem eigenen Heil ist der Mensch unbeteiligt,[204] wobei sich die Frage stellt, wie der derart passive und empfangende Mensch noch *Person* bleibt und nicht eine zum Glück gezwungene Marionette wird. Ist für Luther nicht »Gott das *Subjekt* des Glaubens«, »sondern der Mensch«[205] – denn es ist der Mensch, der glaubt –, so stellt sich gleichwohl die Frage nach dem Geschehen der Offenbarung und dessen Subjekt. Die Abhängigkeit des Menschen vom sich offenbarenden Gott jedoch als »Determinismus« zu bezeichnen, geht eben aus dem Grund »fehl«, so Thomas Reinhuber, »weil Luther [...] das notwendige Geschehen und Werden der Kreatur [...] abhängig macht von der Freiheit Gottes«[206], die zudem in seiner Liebe gegründet ist.

Eingedenk der Personalität und Verantwortung des Menschen, der als Gegenüber Gottes ernst genommen wird, weist Luther darauf hin, dass Gott dem Menschen alles umsonst und aus Barmherzigkeit gibt (»Dat quidem Deus omnia ex gratuita misericordia«);[207] alles eigene »Rühmen« ist

---

Deus nobis aliquid offert: non est nostrum aliquod opus, cum nos Deo facimus aut damus aliquid, sed accipimus aliquid a Deo, idque tantum per ipsius misericordiam.«

[203] WA 44, 824,24f. (zu Gen 50,19–23), im Kontext (Z. 22–25): »Sed senties simul horribilem luctam legis, naturae, consuetudinis, totius denique mundi repugnantis huic fiduciae salutis. Ideo non paratur ea nostris viribus, non est acquisita fides, sed ut Paulus ait [Eph 2,8], ›donum Dei est, non ex nobis.‹«

[204] Stimmt Luther auch hinsichtlich der empfangenen Existenz wie Essenz des Menschen dem Satz Augustins »Qui creavit te sine te [...]« (s. Anm. 33 [S. 93]) zu, so lehnt er Augustins Fortführung des Satzes (»[...] non iustificabit te sine te«) in der Frage der Rechtfertigung bezüglich der *eigenen* Person ab (WA 42, 45,32f. [zu Gen 1,26]). Thomas, der ebenso die augustinische Sentenz aufgreift, schreibt hingegen (STh I/II, qu. 111, a. 2): »*Ad Secundum* dicendum quod Deus non sine nobis nos iustificat, quia per motum liberi arbitrii, dum iustificamur, Dei iustitiae consentimus. Ille tamen motus non est causa gratiae, sed effectus. Unde tota operatio pertinet ad gratiam.« Vgl. STh I/II, qu. 113, a. 5.

[205] Wilfried Härle, Dogmatik, 516. Diese Prämisse ist der Ausgangspunkt für Härles Versuch einer Verhältnisbestimmung. So schwierig eine begriffliche Festlegung auch sein mag, wagt Härle doch – eine cooperatio des Menschen bezüglich seines *eigenen* Heils ausdrücklich *ausschließend* (»[...] *rein passiv, nur Empfangender*«; aaO., 291) – die Rede von einer »aktive[n] Passivität« (aaO., 516) des Menschen beim Zustandekommen seines Glaubens, die dergestalt ist, dass in einem »Sich-bestimmen-Lassen (im Unterschied zu der reinen Passivität des Getrieben-Werdens und der reinen Aktivität des Sich-selbst-Bestimmens) [...] ein Mensch am Entstehen, Bestehen, Wachsen des [eigenen] Glaubens beteiligt ist« (aaO., 516). Unbeschadet der göttlichen Souveränität wie auch der menschlichen Personalität und Verantwortung »tut [der Mensch] dabei – genaugenommen – *nichts*, sondern läßt etwas an sich und mit sich geschehen. Aber *daß* er nichts tut, sondern dies geschehen *läßt*, ist seine persönliche, verantwortliche Beteiligung an dem Geschehen des Glaubens« (aaO., 516).

[206] Thomas Reinhuber, Kämpfender Glaube, 122. Zu einem sog. »Determinismus« bei Luther siehe aaO., 118–124, bes. Anm. 358.

[207] WA 43, 81,13 (zu Gen 19,18–20). Ebenso WATR 5, 132,18 (Nr. 5422): »[Gott] giebt alles vmbsonst.«

daher nichts (»inanis et nihili fuerit«).[208] Gottes alleiniges Zurechnen[209] verbietet menschliche Mithilfe am eigenen Heil, sondern es gilt nur die Barmherzigkeit Gottes,[210] auf die man sich allein verlassen soll.[211] Ganz in diesem Sinne geschieht die Rechtfertigung allein aus Glauben und nicht aus Werken;[212] der Gerechtfertigte ist daher, was er ist, aus Gnaden und nicht aus Verdienst.[213] Dass gerade die Heiden, »Mist und Bodensatz der Welt« (»stercora et fecem Mundi«), ein närrisches Volk (»gentem stultam«) ohne Pietät, ohne Religion, ohne Gottesdienst, ohne göttliche Weisheit und Wort (»sine pietate, sine religione, sine cultu, sine sapientia illa divina, seu verbo«) als ›Nichtvolk‹ (»quae non erat gens«) erwählt werden[214] ist menschlich gesprochen ein »Skandal« (»hoc scandalum«).[215] Diese Erwählung macht deutlich, dass ihr Grund offensichtlich nicht in Qualifikationen liegt, sondern in Gottes Barmherzigkeit.[216] Die lebenschaffende Zuwendung zum Menschen ist allein Gottes Werk, das nach Gottes Willen und durch seine Gnade geschieht.[217]

---

[208] WA 43, 385,35 (zu Gen 25,21), zit. im Kontext (Z. 33–35): »[...] ut nemo glorietur in carne et sanguine, sed attingat renovationem, quae fit vocante Deo, alioqui omnis gloria cum de causa, tum de effectu inanis et nihili fuerit«.

[209] WA 42, 564,14f. (zu Gen 15,6), zit. Anm. 231 (S. 222).

[210] WA 42, 564,23–26 (zu Gen 15,6), zit. Anm. 200 (S. 218).

[211] WA 43, 173,30–32 (zu Gen 21,15f.): »quod si arbor debet bona fieri, oportet ut fias persona promissionis, hoc est, ut gratiam amplectaris: et sola nitaris misericordia«.

[212] WA 43, 259,17f. (zu Gen 22,16–18): »[...]. Haec sunt capita nostrae doctrinae adfirmare iustitiam per solam fidem«. Ebenso WA 43, 256,12–14 (zu Gen 22,16–18): »Et manet immota et firma haec sententia, quod sola fides iustificet. Quia simpliciter damnatur universa fidutia omnium hominum, et ponitur sola fidutia in semen.« WA 43, 259,3f. (zu Gen 22,16–18): »Primum, quod suppeditat hic locus plenissimam confirmationem doctrinae de iustitia fidei: quod sola fide iustificemur.« Zum Verhältnis von Glaube und Werk vgl. WA 43, 255,38–41 (zu Gen 22,16–18): »Bene quidem conveniunt, et sunt connexa inseparabiliter fides et opera. Sed sola fides est, quae apprehendit benedictionem. Ideo solam fidem iustificantem praedicamus, quia sola benedicitur, opera non habent gloriam, quod benedicant, sed sunt fructus benedictae personae.«

[213] WA 43, 180,9f. (zu Gen 21,17; Eph 2,8f.): »ex fide, et non ex operibus, ex gratia, et non ex meritis‹ sumus, quicquid sumus«. Ebenso WA 43, 178,8–10 (zu Gen 21,17), zit. Anm. 172 (S. 216) und WA 44, 275,19–22 (zu Gen 37,18–20).

[214] WA 42, 381,26–28 (zu Gen 9,20–22); vgl. 1Kor 1,28.

[215] WA 42, 381,29 (zu Gen 9,20–22): »Hoc scandalum ad insaniam Iudaeos redegit.«

[216] WA 42, 392,26–28 (zu Gen 9,27): »Gentes igitur non acceperunt, sicut Iudaei, regnum et sacerdotium a Deo, non legem, non promissionem: tantum acceperunt ex Dei misericordia illam blandam Euangelii vocem«.

[217] WA 44, 699,31 (zu Gen 48,15f.), im Kontext zit. Anm. 220 (S. 221).

3. Die geistliche Neuschöpfung als creatio ex nihilo

3.1 »novum creationis opus« (WA 42, 14,21) – Das neue Werk der Schöpfung

Wie Luther Schöpfung mit rechtfertigungstheologischen Termini beschreibt, so verwendet er bei der Beschreibung der Rechtfertigung des Sünders schöpfungstheologische Begriffe. Die Rechtfertigung des Gottlosen ist für Luther damit ein »Schöpfungsakt, in dem der Mensch ein neues reales Sein bekommt, so wie auch die Welt aus dem Nichts geschaffen ist«[218]; die Rechtfertigung des Sünders ist creatio ex nihilo,[219] Totenauferweckung.[220] Damit erweist sich die Formel »auch in der Weise, wie Gott des Menschen Heil wirkt; er schafft auch hier aus dem Nichts alles, setzt den, der nichts vor ihm ist, in die Würde des Gerechten ein.«[221] Dieses neue Sein des Christen gründet im gänzlich unverdienten Rechtfertigungsgeschehen, allein in Gottes Handeln ex nihilo.[222]

Deutlich wird die Neuschöpfung als creatio ex nihilo in Luthers Auslegung der Abrahamsgeschichte,[223] insbesondere in seinen Ausführungen zu Gen 12,1. Abraham ist als Hörer des rufenden Gottes »persona mere

---

[218] Juhani Forsberg, Das Abrahambild in der Theologie Luthers, 68 (vgl. 61,69,83,179). Vgl. David Löfgren, Die Theologie der Schöpfung bei Luther, 261.

[219] Siehe etwa WA 44, 607,38 (zu Gen 45,7), zit. im Kontext Anm. 9 (S. 67). Etwa Hubertus Blaumeiser (Martin Luthers Kreuzestheologie, 489 [Hervorhebung aufgehoben]): »In radikaler Frontstellung zur Scholastik, wie Luther sie verstand, schließt die theologia crucis – so scheint es zumindest – jedes Zusammenwirken von Gott und Mensch im Geschehen der Rechtfertigung aus. An die Stelle der Synergie bzw. einer wie auch immer gearteten cooperatio tritt Gottes Alleinwirksamkeit. Die Rechtfertigung ist ›Schöpfung aus dem Nichts‹. Alles, was der Mensch einbringen könnte – seine natürlichen Kräfte und insbesondere sein freier Wille –, ist als nichtig anzusehen.« Vgl. Röm 5,10.

[220] WA 44, 699,29–31 (zu Gen 48,15f.): »Item sicut pater suscitat mortuos et vivificat: sic et filius, quos vult, vivificat. Id cum praesenti loco pulcherrime congruit. Vivificatio est opus solius Dei, quod fit volente et miserente Deo.« WA 44, 166,15 (zu Gen 35,1): »Quia verbum Dei vivificat et consolatur.«. Vgl. Karl Barths Verknüpfung (KD I/1, 434): »[W]ie die Schöpfung creatio ex nihilo ist, so die Versöhnung Totenerweckung. Wie wir Gott dem Schöpfer das Leben verdanken, so Gott dem Versöhner das ewige Leben.«

[221] Paul Althaus, Die Theologie Martin Luthers, 110.

[222] Vgl. WATR 5, 554, 16–26 (Nr. 6238), zit. Anm. 44 (S. 146), wo Luther Christi Heilstat und die Gabe des Heiligen Geistes mit einem über das Land ziehenden Regen vergleicht, der Felder und Menschen völlig unverdient beschenkt.

[223] Martin Brecht sieht die »eigentliche Mitte der Genesisvorlesung« »sichtlich« in der »in paulinischen Kategorien gedeutete[n] Abrahamsgeschichte« (Martin Luther, Bd. 3, 142). Dieses Urteil lässt sich m.E. jedoch nicht bestätigen; die quantitative Verteilung der Abschnitte (s. Anm. 22 [S. 21]) wie auch ein Vergleich der systematischen Erträge von Luthers Ausführungen zeigen, dass etwa die Isaaks- oder Josephsgeschichte erheblich stärkeres Gewicht erhalten.

passiva«[224], die nicht selbst handelt, sondern an der etwas geschieht: Sie wird mit Gottes Schöpferwort angesprochen und zu einem neuen Menschen (»novum hominem«).[225] Dieses an Abraham dargelegte Geschehen hat für Luther exemplarischen wie prinzipiellen Charakter (»[...] ut stet universalis haec regula«);[226] sämtliche Initiative geht im Rechtfertigungsgeschehen von Gott aus, denn von sich aus (»homo ex se«) ist der Mensch nichts, vermag auch nichts und hat an sich selbst nichts außer Sünde, Tod und ewige Verdammnis (»nihil est, nihil potest, nihil habet nisi peccatum, mortem et damnationem«).[227] Vor seiner Rechtfertigung ist Abraham in Sünden, Zweifel, Furcht und in höchster Betrübnis und Unruhe seines Herzens.[228] Da ist keine Rede von einer »Vorbereitung zur Gnade«, keine Spur von einem »Glauben, der durch Werke erst Wesen und Wert erhält«, kein Wort von einer »vorlaufenden Fertigkeit«[229]. Auch wird weder des Gesetzes noch der Beschneidung noch der Opfer gedacht, als rechne Gott diese zur Gerechtigkeit an (»Neque hic vel Legis, vel circumcisionis, vel sacrificiorum fit mentio, quod ea Deus dignari velit iustitia«).[230] Wendepunkt ist allein Gottes Handeln und das Vertrauen des Menschen in dieses.[231] Denn hat der Mensch auch nichts vorzuweisen (»Tu nihil fecisti, nihil es meritus«), so handelt Gott ihm zugute (»hoc tibi faciam«) und gibt ihm – schöpferisch sprechend – allein aus Barmherzigkeit (»donabo ex sola misericordia«).[232] Auf diese Weise gründet Abrahams Sein in der Barmherzigkeit des allmächtigen Gottes.[233]

Luther beschreibt den Vorgang der Rechtfertigung, indem er mit Gottes sprechendem Handeln einsetzt: Das Allererste ist das Wort Gottes

---

[224] WA 42, 437,7–9 (zu Gen 12,1): »Quid enim aliud est Abraham, nisi auditor vocantis Dei, hoc est, persona mere passiva«. Vgl. WA 43, 606,39–41 (zu Gen 28,20–22), zit. bei Anm. 238 (S. 223) und WA 42, 563,17f. (zu Gen 15,6), zit. Anm. 343 (S. 237).

[225] WA 42, 437,32f. (zu Gen 12,1).

[226] WA 42, 437,33 (zu Gen 12,1).

[227] WA 42, 437,33f. (zu Gen 12,1). Vgl. in Meister Eckharts Predigt zu 1Joh 4,9 (DW 1, 80).

[228] WA 42, 563,14–16 (zu Gen 15,6): »Hoc autem commemoratur, fuisse Abrahamum tum in mediis peccatis, dubitationibus et pavoribus, in summa animi perturbatione«.

[229] WA 42, 563,13f. (zu Gen 15,6) »Hic nulla ad gratiam praeparatio, nulla fides formata operibus, nullus habitus praecedens commemoratur«. Vgl. WA 42, 566,31–34 (zu Gen 15,6): »Contra, illa sophistica doctrina de fide informi et formata est ex diabolo, et extinguit fidei doctrinam, nosque involuit in Turcicos et Iudaicos errores. Abiiciamus igitur eam tanquam pestem infernalem.«

[230] WA 42, 564,13f. (zu Gen 15,6).

[231] WA 42, 564,14f. (zu Gen 15,6): »Sola sua reputatio, sola illa gratiae de nobis cogitatio haec facit«.

[232] WA 44, 72,5f. (zu Gen 32,3–5); WA 44, 72,5.7 (zu Gen 32,3–5): »Promissio autem gratiae haec est, quando dicit Deus: [...]. Tales promissiones sunt gratuitae«. Vgl. WA 42, 564,23–26 (zu Gen 15,6), zit. Anm. 200 (S. 218).

[233] WA 42, 437,35f. (zu Gen 12,1): »Sed omnipotens Deus per suam misericordiam facit, ut aliquid sit, et a peccato, morte ac damnatione liberetur per Christum benedictum semen.«

(»Primum omnium est ipsum verbum Dei«).[234] Diese erste Bewegung (»primum motum«) – entweder das Wort oder sonst irgendeine Tat –, die uns als Kreatur bewegt, muss von Gott kommen.[235] Gleichwohl ist Gott nicht ›unbewegter Beweger‹[236]: Dieser Anstoß von außen ist für die Kreatur unabdingbar; die Kreatur ist bei diesem Vorgang passiv.[237] In dieser »ersten Gnade« (»Haec est vere prima gratia«), in der der Mensch nicht aktiv handelt, sondern passiv empfängt, hört der Mensch Gott sein Wort sprechen und spürt dessen Wirkung (»ubi nos nihil facimus, sed tantum patimur: audimus Deum loquentem verbum, et sentimus operantem«);[238] er hört das Neuschöpfungswort Gottes,[239] welches allmächtig »ruft, was nicht ist, dass es sei« und welches »aus Steinen dem Abraham Kinder erweckt«[240]. Wie die Menschen bei ihrer leiblichen Geburt »aus nichts« geboren werden, werden sie ebenso »aus nichts« durch Taufe und Absolutionswort aus dem Heiligen Geist von neuem geboren.[241]

---

[234] WA 43, 606,34 (zu Gen 28,20–22). Handelt Gott allein durch sein Wort (WA 44, 778,8–10 [zu Gen 49,11f.]: »Solo verbo gerit omnia, illuminat, erigit, salvat, propterea est verbum promissionis gratiae, vitae aeternae, salutis«; WA 44, 777,37f. [zu Gen 49,11f.]: »Christus solo verbo facit omnia, non vult uti gladio«), so kann Luther vom »Reich des Wortes« (WA 44, 759,4 (zu Gen 49,10), zit. Anm. 179 [S. 166]) bzw. vom »Reich der promissio« (WA 44, 773,9f. (zu Gen 49,11f.), zit. Anm. 179 [S. 166]) sprechen. Vgl. ebenso WA 44, 758,10–12 (zu Gen 49,10), zit. Anm. 181 (S. 166).

[235] WA 43, 606, 35–37 (zu Gen 28,20–22): »Necesse est aliquid esse sive verbum, sive factum, praecedens, quod nos movet, hunc primum motum oportet esse a Deo.«

[236] Es muss strikt vermieden werden, dass Gottes »daseinskonstituierende[s] Wirken als *kausales* Wirken verstanden wird [...] und Gott damit als ein (erstes) Element in den Weltprozeß *eingeordnet* wird« (Wilfried Härle, Dogmatik, 286; siehe den ganzen Abschnitt 285–287). Da Gott ›freier Schöpfer der Welt‹ ist und zwischen Schöpfer und Geschöpf kein »wechselseitiges Zwangsverhältnis« besteht, ist Gott »*Urheber* der Welt [...], nicht ihre *Ursache*«, Werner Elert, Der christliche Glaube, § 44, 253. Spricht auch Schleiermacher von Gott als der »schlechthinnige[n] Ursächlichkeit« (Glaubenslehre § 51 [Bd. 1, 263]), so meint dieser Begriff gerade keine starre Kausalität im Sinne des Aristoteles, sondern eine Ursächlichkeit, die von Freiheit geprägt ist (siehe aaO., 263–267). Luthers Gegenentwurf zur aristotelischen Ursachenlehre, in dem er »Gottes Überlegenheit und seine Freiheit gegenüber der Schöpfung« betont, ohne der Schöpfung einen »Notwendigkeitsstatus« zuzuweisen, und in dem er »Gottes Immanenz in der naturalen Wirklichkeit fest[hält]«, ohne Gott als »prima causa« zu verstehen (Maaser, aaO., 113), wird von Wolfgang Maaser (Die schöpferische Kraft des Wortes, 113–237) dargelegt.

[237] WA 43, 606,37–39 (zu Gen 28,20–22): »Hoc certum est: Persona primum fit accepta [passiv!], accepta, inquam, gratia iustificante et dono spiritus sancti, quo agnoscit homo Deum talem salvatorem.«

[238] WA 43, 606,39–41 (zu Gen 28,20–22).

[239] Vgl. Augustins Bitte (Confess. XII, 10 (CChr. SL 27, 221), Gott möge sein Neuschöpfungswort sprechen: »Non ego uita mea sim: male uixi ex me, mors mihi fui: in te reuiuesco. Tu me alloquere, tu mihi sermocinare.«

[240] WA 43, 155,11–15 (zu Gen 21,12f.), zit. Anm. 171 (S. 165).

[241] WA 43, 278,39 – 279,2 (zu Gen 23,3f.): »Quia secundum nativitatem carnis veniunt in mundum ex nihilo. Igitur sunt advenae, nec manent in mundo, sed relinquunt mundum. Ita etiam *Gerim* sumus, renati ex spiritu sancto per baptismum et verbum, et versamur in terra, tanquam peregrini et advenae.« Auch WA 44, 773,14–16 (zu Gen

Exkurs: Die Säuglingstaufe als Darstellung der recreatio ex nihilo
und der Tauftag als achter Schöpfungstag

Deutlich wird die Neugeburt ex nihilo für Luther in der Säuglingstaufe. Gerade der Säugling in seiner offensichtlichen Passivität vermag nichts von sich aus aktiv zum Taufgeschehen beizutragen: Er kann weder bekennen noch bereuen.[242] Dieses Charakteristikum des reinen Empfangens haben Taufe wie Beschneidung gemeinsam: Beides sind für Luther »Zeremonien«, die sich von anderen eben darin unterscheiden, dass man sie nicht selbst aktiv gestaltet, sondern dass sie als gleichsam passive Zeremonien an einem geschehen (»quod sit passiva ceremonia: sicut baptismus«).[243] Diese Passivität des Taufgeschehens war Luther Trost, da das Geschehen damit einem eigenen von Wankelmütigkeit bestimmten Einfluss entzogen ist.[244]

Ein Zweites: In der Auslegung von Gen 17 geht Luther auf die am achten[245] Lebenstag stattfindende Beschneidung ein, wobei er, nach anfänglicher Weigerung,[246] doch Überlegungen zur Bedeutung der Zahl Acht anstellt: Luther schließt sich Lombardus an[247] und meint, der achte Tag bedeute »das

---

49,11f.): »Sed per leges non debet administrari illud, non enim faciunt Christianos, sed verbum et sacramenta, Eucharistia, Baptismus, etc. constituunt et aedificant regnum Christi.« Luther vergleicht die Rechtfertigung auch mit dem Handeln einer Mutter an ihrem Kind, die beim Putzen des dreckigen Kindes dessen Heulen nicht beachtet, sondern mit ihrem Säubern unbeirrt fortfährt, WA 44, 473,1–5 (zu Gen 42,6f.).

[242] »Die Säuglingstaufe«, so Wilfried Härle (Dogmatik, 555), »bringt auf eine unüberbietbare Weise die *Bedingungslosigkeit* der göttlichen Heilszusage zum Ausdruck«, welcher ihr »einen Vorrang vor der Erwachsenentaufe einräumt« (aaO.).

[243] WA 42, 620,25 (zu Gen 17,3–6), zit. im Kontext (Z. 24f.): »Quod si ceremoniam quis appellabit, tamen hoc permittet in eo a reliquis ceremoniis differe, quod sit passiva ceremonia: sicut baptismus.« Vgl. WA 42, 620,17f. (zu Gen 17,3–6): »Secundo, circumcisio potius est passio et crux, quam opus. Qui enim circumciditur, non facit hoc, sed patitur ab aliis, et quidem cum dolore.«

[244] Gerade in Anfechtung konnte Luther selbstbewusst wie sich vergewissernd die an ihm vollzogene Taufe herausstellen; etwa WA 44, 720,30–36 (zu Gen 48,21): »[...], ut in hunc modum gloriari possimus: Ego sum baptizatus, sum absolutus, da sterb ich auff. Quicquid obiicietur porro tentationum, aut curarum, non movebor prorsus, quia is, qui dixit: ›Qui crediderit et baptizatus fuerit, salvus erit‹ [Mk 16,16]. Item: ›Quodcunque solveris super terram erit solutum in coelis‹ [Mt 16,19]: Item: Hoc est corpus meum, hic est sanguis meus, qui pro vobis effunditur in remissionem peccatorum [Mt 26,26.28], ille nec fallere nec mentiri potest, das ist gewyßlich war.« Siehe auch deren Trostkraft in Anfechtung bei Anm. 380 (S. 243). Vgl. Luthers Ausweitung gegen Türken und Papst WA 43, 369,29–31 (zu Gen 25,11): »Ac habemus quidem contra haec omnia firmissimas consolationes, promissionem verbi, Baptismum, Eucharistiam, quae firma fide apprehendenda et retinenda sunt.«

[245] WA 42, 638,13 (zu Gen 17,9): »Mandantur enim masculi circumcidendi octavo die«; ebenso WA 42, 642,14 (zu Gen 17,10f.): »[...] destinatur circumcisioni octava dies a nativitate.«

[246] WA 42, 645,24f.27f. (zu Gen 17,10f.).

[247] WA 42, 648,19–22 (zu Gen 17,10f.): »Mystica ratio, quam Magister sententiarum [Lombardus, Sent. IV, dist. 1, cap. 6–11 (Bd. 2, 235–240)] et alii Doctores afferunt, tolerabilis est. Ideo enim circumcisionem dicunt in octavum diem reiectam, quia in resurrectione (quae octavo die significatur) perfecte circumcidemur, ut simus ab omni peccato mundi.« Vgl. Augustin, Tract. in Ioh. 30, 4f. (CChr. SL 36, 290–292). Siehe

künftige Leben« (»vitam futuram«),[248] ist doch der »erste Tag« der neuen
Woche – der achte Tag – der Auferstehungstag Christi. Mit dem achten Tag
beginne ein ewiger Tag ohne Nacht (»octavo die ingressus est aliud genus
vitae, [...] una et aeterna dies sine vicibus noctis«), ein neues, ewiges und endlo-
ses Leben (»in nova et aeterna vita, cuius initium cernitur et numeratur, finis
autem nullus est«),[249] in dem nicht allein das Herz, sondern das ganze Fleisch
und Wesen beschnitten ist.[250] Schließt die Zahl Sieben
einen Abschnitt ab, so beginnt mit der Zahl Acht eine neue Folge, gleichsam
eine neue Schöpfungswoche;[251] der achte Tag ist der Tag der Wiedergeburt
in der Taufe. Schon früh wurde in christlichen Kirchen die Acht zum Zeichen
der Rettung,[252] des Neuanfangs, der Neuschöpfung.[253] Erfolgte die Beschneidung des Säuglings am achten Tag, so ist die Bedeutung der Zahl Acht ebenso
für die Taufe sprechend: In der oktogonalen Form christlicher Baptisterien
(etwa San Giovanni, Florenz) wie auch in der achteckigen Form des Taufbe-
ckens wird an den achten Schöpfungstag erinnert, nämlich an die Auferstehung Christi als des zweiten Adam sowie an die Neuschöpfung des Menschen
und die Wiederherstellung der Schöpfung im Taufgeschehen – und zwar in
einer erneuten creatio ex nihilo.

WA 9, 545,3f. (Predigt Luthers über die Beschneidung Christi; 1. Jan. 1521): »Die
beschneidung soll gescheen am achten tage. Das bedewt, das wir nicht eer reyn werden dan zcu der aufferstehung am jungsten tag.«

[248] WA 42, 648,24 (zu Gen 17,10f.), zit. im Kontext (Z. 23f.): »Hanc cogitationem non
solum non reprobamus, sed confirmamus, ut piam et eruditam. Octavus enim dies
significat Allegorice vitam futuram.«

[249] WA 42, 648,28–30.33f. (zu Gen 17,10f.), zit. im Kontext (Z. 25–34): »Christus enim
in sabbato, hoc est, septimo die integro quievit in sepulchro, resurrexit autem die se-
quente sabbatum, quae octava est et initium novae hebdomadae, nec numeratur ultra
eam alia dies. Christus enim conclusit hebdomadas temporum sua morte, et octavo
die ingressus est aliud genus vitae, in quo non numerantur amplius dies, sed est una
et aeterna dies sine vicibus noctis. Haec sapienter, erudite et pie cogitata sunt, quod
octava dies sit aeterna dies. Christus enim resurgens non est amplius sub diebus, men-
sibus, hebdomadis, aut ullo dierum numero, sed in nova et aeterna vita, cuius initium
cernitur et numeratur, finis autem nullus est«.

[250] WA 42, 648,34–38 (zu Gen 17,10f.): »In illa vita implebitur circumcisio vera. Non
enim tum praeputium cordis tantum, quod hic per fidem fit, circumcidetur, sed universa caro, et omnis eius substantia ab omni corruptione, ignorantia, cupiditate, peccato, foetore purgabitur, ut posthac sit immortalis caro.«

[251] Wie etwa mit dem achten Ton eine neue Oktave beginnt, so beginnt die Zahl Acht,
der achte Tag, ein Neues (WA 42, 648,39–42 [zu Gen 17,10f.]): »Haec allegoria est
prophetia, quod resurgente Christo futura sit circumcisio spiritualis et vera, ac perfecta
extra tempus in aeterna vita: septenarius enim numerus in scriptura sancta significat
temporis revelationem: Nam cum ad septimum diem ventum est, denuo repetitur
numerus.« Diesen Gedanken in größerem Maßstab weiterführend, geht Luther von
sieben Weltwochen aus, wobei die achte Weltwoche als das ewige Leben den irdischen Zyklus ablöst und auf höherer Ebene weiterführt; WA 42, 649,1–8 (zu Gen
17,10f.).

[252] Gen 6,18 nennt acht Personen, die in der Arche gerettet werden; 1Petr 3,20 greift die
Zahl Acht als die Anzahl der »durch das Wasser hindurch Geretteten« auf.

[253] Otto Betz, Die geheimnisvolle Welt der Zahlen, 127–133. Vgl. im Buddhismus das
achtspeichige Rad der Erlösung, welches für den achtfältigen Weg der Erlösung vom
Leiden steht.

Dieser gerechtfertigte Mensch ist eine neue Kreatur,[254] »nova creatura«[255], denn der Glaube macht einen völlig neuen Menschen, schafft ein anderes Gemüt[256] und andere Sinne (»Ita fides, spiritus sancti opus, aliam mentem et sensus alios fingit, ac prorsus novum facit hominem«).[257] Der Glaube »schwimmt nicht auf dem Herzen wie eine Gans auf dem Wasser«[258], sondern verändert und erneuert die gesamte Natur des Menschen (»fidem esse mutationem et renovationem totius naturae, [...]«).[259] Auch die Sinneswahrnehmungen verändern sich: Ohren, Augen und das Herz hören, sehen und meinen nun auf neue und andere Weise (»[...] ut aures, oculi, cor ipsum prorsus diversum audiant, videant, sentiant ab omnibus aliis hominibus«);[260] Luther versteht darunter, dass die Gottes-, Selbst-, und Weltwahrnehmung des Christen gänzlich anders geworden ist.[261] Sind den Menschen durch Gottes Neuschöpfung die Augen geöffnet, so sind

---

[254] Vgl. WA 37, 36,3–7.10–18 (Predigt ›Der Heubt Artikel des Glaubens ...‹ zu Torgau; 1533): »IM ersten Artikel von der Schepffung haben wir gelernet, wie uns Gott erstlich geschaffen und alle creaturn gegeben hat etc. Aber dieser Artikel [sc. der 2. Artikel] leret uns nu, wie wir widderumb eine newe Creatur sind worden, nach dem wir gar verdorben und umbbracht sind nach der ersten schepffung durch den leidigen Teuffel, [...]. Darumb gleuben und bekennen wir jnn diesem Artikel, das wir aus dem verderben und sterben widderbracht und widder geschaffen sind ynn ein new ewig leben, da zu wir zuvor auch geschaffen waren, aber durch Adams fall verloren haben«. Vgl. WA 30/I, 186,22–28 (Der Große Katechismus 1529).

[255] 2Kor 5,17 (Vulgata).

[256] Vgl. Grimm (DWb 5, 3295): Das Gemüt »wird lange dem lat. *mens* gleichgesetzt, aber auch *animus*«; es »ist ursprünglich [...] unser inneres überhaupt im unterschied vom körper oder leib, daher *leib* und *gemüt* u.ä., wie *leib* und *seele*.« (aaO., 3294).

[257] WA 42, 452,19–21 (zu Gen 12,4). Die Erneuerung der Sinne kann Luther als Antwort auf die Veränderung der Sinne durch die Sünde sehen, WA 42, 76,14–16 (zu Gen 2,11f.): »sicut homo habet quidem pedes, oculos, aures, sicut in Paradiso hac forma est conditus, sed haec ipsa membra miserrime corrupta et deformata sunt post peccatum.«

[258] WA 42, 452,17f. (zu Gen 12,4): »[...] nec innatat cordi, sicut anser aquae«. Stattdessen – um bei Luthers Bild zu bleiben – erhitzt der Glaube das Wasser wie durch Feuer, sodass dieses in einer Synthese mit der Wärme »ganz anderes« Wasser wird (aaO., 18f.: »[...] sed sicut aqua igni calefacta, etsi aqua manet, tamen non amplius frigida, sed calida et prorsus alia aqua est«). Fordert Paulus zwar auf, Christus bzw. den neuen Menschen »anzuziehen« (Röm 13,14; Gal 3,27; vgl. Eph 4,24; Kol 3,10), so ist dies nicht lediglich ein äußerlicher ›Kleiderwechsel‹, bei dem das Übrige unverändert bleibt, sondern u.a. Bild dafür, dass die Neuschöpfung des Menschen äußerliche Konsequenzen hat.

[259] WA 42, 452,14f. (zu Gen 12,4).

[260] WA 42, 452,15f. (zu Gen 12,4).

[261] »Erst in der Begegnung mit Christus lernt also der Mensch des Falles sich selbst [...], die Welt [...] und Gott [...] recht kennen. Er lernt, zwischen Schöpfer und Schöpfung, Liebe und Zorn, Innerem und Äußerem, Form und Inhalt, Geistigem [sic!] und Weltlichem, Buchstaben und Geist, Gesetz und Evangelium, Erde und Himmel recht zu unterscheiden«; David Löfgren, Die Theologie der Schöpfung bei Luther, 167. Vertiefend hierzu Eilert Herms, Offenbarung und Glaube, 457–483.

sie nicht mehr »surdi, caeci et stupidi«[262] gegenüber diesen Gaben, denn nun verbaut ihnen nicht mehr ein falscher mirakulöser Wunderbegriff den Blick darauf, dass das Wunder der Schöpfung aus dem Nichts *im Alltag* greifbar ist.[263] Mit neuem Blick nimmt der Mensch nun die Welt als Gabe wahr: Schafe, Kühe, Bäume, wenn sie blühen, sprechen »Hephethah« und ermuntern ihn damit: »thut dich ein mal auff« (Mk 7,34)[264]. Für Luther spricht die ganze Welt – das Korn, die Hühner, Vögel und Schweine – von der gebenden Güte Gottes, die den Menschen umsonst versorgt;[265] nun ist »alles vol Bibel«[266]. Dies besagt jedoch – so Eilert Herms – gerade »*nicht*, daß der Christ über die Kenntnis Gottes als Schöpfer hinaus dann noch *anderes* und *mehr* von Gott weiß, sondern: daß er – indem er Gott als den dreieinigen und *dessen* Werk kennt – auch schon Gott als Schöpfer *anders und tiefer* kennt als alle, die ihn *nur* als Schöpfer kennen.«[267]

In derselben Weise, wie wir in der ›ersten‹ Schöpfung geschaffen wurden, werden wir in der ›zweiten‹ Schöpfung geschaffen. In geistlichen Gaben, »in spiritualibus donis«, gelten dieselben Prinzipien wie in der Erschaffung der Welt: Christus, »redemptor noster«, bereitet uns die zukünftige Welt vor; dabei ist die jetzige Welt ein »Vorbild und Figur der zukünftigen Welt« (»typum et figuram futuri mundi«).[268] Diese Parallelität von

---

[262] WA 43, 139,11f. (zu Gen 21,1–3), zit. im Kontext Anm. 61 (S. 76). Vgl. Luthers prägnante Zusammenfassung WA 43, 525,40 – 526,2 (zu Gen 27,28f.): »Nos opulentius donum aut certe non minore mensura et copia habemus, sed eandem fidem non habemus, sumus stertentes, semimortui, oculi caligant, aures graviter audiunt, corda nutant et vacillant, habent, et non curant, quod habent.«

[263] Siehe Anm. 44 (S. 146) und Anm. 61 (S. 76). Mit »Übung« hat Luther gelernt, diese Stimmen wahrzunehmen und die Welt damit als Gabe des Schöpfers zu erkennen; WA 50, 42,10f. (Vorrede zu Ambrosius Moibanus; zu Ps 29; 1536): »Denn ich bin durch viel ubung (Got lob) dahin komen, das ich schier anhebe zu gleuben, Gott sey schepfer himels und der erden«.

[264] WA 46, 494,15 (Predigt zu Mk 7,31ff.; 1538). Vgl. das Gegenbild bei Augustin, der außer Gott und der Seele nichts zu wissen verlangt (»Deum et animam scire cupio. Nihilne plus? Nihil omnino«; Soliloquiorum, II, 7 [CSEL, Bd. 89, 11]) und für den die Mitkreatur statt auf Gott zu weisen, von diesem wegführt (Confess. X, 6,8f.).

[265] WA 46, 494,15–21 (Predigt zu Mk 7,31ff.; 1538): »Si oculos et aures, so wurde uns das korn anreden: Sis letus in deo, es, trinck et utere me et servi proximo. Ich will die boden [sc. Speicher] fullen. Sic vaccae egrediuntur, ingrediuntur, si non mutes, audirem: Letamini, wir bringen buter, kes, esset, trinken, date aliis. Sic Gallinae: wollen eier legen. Item aves: leti sitis, wollen vogel hecken. Sic libenter audio grunnire porcos, quia afferunt braten, wurst. Omnes creaturae nobiscum loquuntur.« Zur Frage der natürlichen Theologie bei Luther sei verwiesen auf Oswald Bayer, Schöpfung als Anrede, 62–79.

[266] WA 49, 434,16 (Predigt zu 1Kor 15,39ff; 1544), zit. im Kontext (Z. 16–18): »Also ist unser Haus, Hoff, Acker, Garten und alles vol Bibel, Da Gott durch seine Wunderwerck nicht allein predigt, Sondern auch an unsere Augen klopffet, unsere Sinne rüret und uns gleich ins Hertz leuchtet«.

[267] Eilert Herms, Luthers Auslegung des Dritten Artikels, 11.

[268] WA 42, 29,39f.;30,5 (zu Gen 1,11), im Kontext (29,39–30,2.4–13): »Similis beneficentia Dei erga nos est in spiritualibus donis. Antequam enim nos convertimur ad

erster und zweiter Schöpfung, von creatio und recreatio, bespricht Luther, u.a. in Abwehr einer marcionitischen Trennung von Schöpfer- und Erlösergott, bereits in der Auslegung von Gen 1,3 in einem summarischen, als Grundwissen gekennzeichneten Abschnitt.[269] Nach einem einleitenden »Haec sunt ardua«, das die Schwierigkeit des Gegenstandes feststellt, wird als das Entscheidende, bei dem man stehen bleiben soll (»Quare hic restamus«), die Tatsache genannt, dass Gott die Welt »ex nihilo« geschaffen hat. Besonderes Gewicht erhält das Wort durch eine dreifache, dicht aufeinander folgende Nennung: zweimal »ex nihilo« und dann abschließend und erklärend (»hoc est«) »ex ipsis tenebris«. Diese Schöpfung der Welt ist für Luther das erste Werk der Schöpfung Gottes (»Hoc primum opus Creatoris«).[270] Nach einem Aufgreifen altkirchlicher Formeln (»Christus sit verus Deus, qui est sapientia et verbum Patris, Pater fecit omnia«), geht Luther einen Schritt weiter: Er verweist auf die neue Schöpfung: »quod novum creationis opus facit conversionem impiorum, quae etiam fit per verbum«. In paralleler Konstruktion wird das erste Werk der Weltschöpfung »ex nihilo« (nämlich »coelum et [...] terra«) mit dem zweiten Werk der Schöpfung (»conversionem impiorum«) – das mit der ersten Schöpfung verknüpfte »ex nihilo« muss auch hier mitgelesen werden – verbunden (siehe u.a. »etiam«). Beide Schöpfungen, die miteinander korrespondieren, sind durch das Wort geschaffen (»per verbum«). Ein derartiges Wissen um die Einheit von Schöpfer und Erlöser ist glaubensstärkend (»pro confirmatione fidei nostrae satis est«), aber gleichwohl schwer zu verstehen;

---

fidem, sursum est Christus redemptor noster in domo Patris, et parat mansiones [Joh 14,2], ut cum venerimus, inveniamus coelum omni genere gaudii instructum. [...] Quare intueamur conditionem huius mundi primam, tanquam typum et figuram futuri mundi, atque ita Dei benignitatem discamus prius ditantis et locupletantis nos, quam nos cogitare de nobis possumus.« Zum mittelalterlichen Figuraldenken bei Luther siehe Ulrich Asendorf, Lectura in Biblia, 304.

[269] WA 42, 14,12–22 (zu Gen 1,3). Luther bezeichnet diese Stelle, die hier als Ganzes zitiert wird, als Basiswissen ([Z. 12f.]: »Haec [sc. das vorher Genannte] sunt ardua neque tutum est ultra progredi, quam Spiritus sanctus nos ducit. Quare hic resistamus, quod, [...]«). Dieses besteht darin, zu glauben (Z. 13–22), »[...], quod, cum ex nihilo rude coelum et rudis terra, utrumque caligine et tenebris deformatum, per verbum extitisset, Lux per verbum etiam ex nihilo, hoc est, ex ipsis tenebris extitit. Hoc primum opus Creatoris Paulus tanquam singulare opus allegat: ›Qui iussit e tenebris lucem illucescere‹ [2Kor 4,6] etc. Iussio, inquit, fecit lucem istam. Hoc igitur nobis pro confirmatione fidei nostrae satis est, quod Christus sit verus Deus, qui est cum Patre ab aeterno, antequam mundus fieret, et quod per eum, qui est sapientia et verbum Patris, Pater fecerit omnia. Notandum tamen est in isto loco Pauli hoc quoque, quod novum creationis opus facit conversionem impiorum, quae etiam fit per verbum.« Siehe Anm. 28 (S. 70).

[270] Vgl. WA 42, 26,11f. (zu Gen 1,6–8): »Hic enim locus primae creationis circumscribit terram«.

der folgende Absatz beginnt daher mit einer vernunftkritischen Spitze (»Sed hic ratio stultis questionibus impie ineptit«).[271]

Standen für Luther bei der Schöpfung personale und präsentische Aspekte im Vordergrund, so begegnet uns dieselbe Gewichtung bei der Neuschöpfung. Analog zum »Ich glaube, daß mich Gott geschaffen hat, samt allen Kreaturen« des Kleinen Katechismus[272] formuliert Luther in der Genesisvorlesung hinsichtlich des Rechtfertigungsgeschehens: »Gott ist mir ein Gott, denn er redet mit mir, vergibt mir die Sünde und zürnt mir nicht«[273]. Und wie auch die creatio nichts Vergangenes ist, das an Bedeutung verloren hat und lediglich historische Relevanz behält,[274] so ist auch die recreatio etwas zutiefst Gegenwärtiges.

In der Weise, in der Luther das Ereignis der Weltschöpfung zeitlich ausdehnt bis zu seiner Person und sich damit selbst in dieses Ereignis einschließt,[275] so ist für Luther auch der Tod Jesu kein isoliert-punktuelles Ereignis: Nicht vor fünfzehnhundert Jahren sei Christus gestorben, sondern Christi Tod währe, wie die Schöpfung, vom Anfang der Welt bis an ihr Ende,[276] sodass er durch die Zeiten hindurch allen Heiligen zu Hilfe komme (»et succurrere omnibus sanctis per totum tempus mundi«).[277] Ein »historischer Glaube« (»Historica fides«), der allein das isolierte geschichtliche Ereignis wahrnehme, sei unzureichend; entscheidend sei die Relevanz seines Leidens und Sterbens für mich (»pro me passum, mortuum«).[278] Christus ist »mir jetzt so neu, als ob er diese Stunde sein Blut vergossen hätte« (»Tam recens mihi nunc Christus est, ac si hac hora fudisset sanguinem«).[279] Wie Schöpfung stets stattfindet, so auch die Neu-

---

[271] WA 42, 14,23 (zu Gen 1,3).

[272] Siehe bei Anm. 7f. (S. 89).

[273] WA 43, 243,33–37 (zu Gen 22,16): »Vera autem fides sic statuit: Deus est mihi Deus, quia mihi loquitur, mihi remittit peccata, non irascitur mihi: Sicut promittit ego sum DOMINUS DEUS tuus. Ibi explora animum tuum, an credas Deum esse tuum Deum, patrem, salvatorem et liberatorem, qui velit te ex peccatis et morte eripere«.

[274] Siehe Anm. 58 (S. 75).

[275] Siehe bei Anm. 14 (S. 90).

[276] WA 44, 819,17f. (zu Gen 50,15): »Scio eum non tantum historice mortuum esse ante 1500. annos, sed mortem eius durare ab initio usque ad finem mundi«.

[277] WA 44, 819,18f. (zu Gen 50,15).

[278] WA 44, 720,10–13.20–23 (zu Gen 48,21): »Historica fides non nititur nec confidit verbo, sed dicit: Ego audio Christum passum et mortuum esse, etc. Vera autem fides sic sentit: Ego credo Christum pro me passum, mortuum, etc. de eo non dubito, et ea fide acquiesco, et confido illi verbo contra mortem et peccatum. [...] quae fides absorbet mortem. Non enim est Historica illa notitia factorum, quae tantum habet res gestas, nec pugnat, nec stat immota in tentatione contra mortem et infernum, cuiusmodi fidem sive scientiam etiam Diabolus habet.«

[279] WA 44, 819,19f. (zu Gen 50,15). Auch die eigene Existenz ist nicht zeitgebunden, WA 42, 575,41 – 576,3 (zu Gen 15,13–16): »Tam enim apud Deum futura, quam praeterita sunt praesentia: Posteritas Abrahae Deo tum videbat: Ideo ad eam loquitur, et eam docet. Ad hunc modum etiam mortui coram Deo sunt et vivunt. Sicut enim ego Deo vixi, antequam essem et antequam nascerer: ita etiam mortuus ei vivam, et ero.«

schöpfung: Der Gerechtfertigte wird stets neu geschaffen, und zwar durch tägliche Buße und damit tägliche Rückkehr zur Taufe, da sie der Ort der Gnade ist;[280] in ihr wird nicht zuletzt die Irrelevanz eigener Leistungen durch ihr »sola gratia« deutlich – wie auch im Herrenmahl und seinem Zuspruch der Vergebung.

3.2 »illuminatur novo lumine spiritus sancti« (WA 43, 177,11f.) – Der Heilige Geist spricht ins menschliche Herz: »Es werde Licht!«

Spricht Gott bei der Schöpfung in die Finsternis hinein »Es werde Licht!« und findet sein Schöpferwort keinerlei Anknüpfungspunkt, an dem sich ein Licht entfachen könnte, so wiederholt sich diese Anrede in der Neuschöpfung, bei der der Heilige Geist mit seinem Schöpferwort das Herz des Menschen anspricht.[281] Indem die illuminierende Kraft des Heiligen Geistes unter eben denselben Umständen – nämlich aus Finsternis, dem Nichts – im Herzen des Menschen Licht schafft, wie dies schon am Anfang der Welt durch Gottes Anrede geschah,[282] werden Schöpfung und Neuschöpfung parallelisiert, ja identifiziert.

2Kor 4,6 ist für Luther diesbezüglich entscheidend. Die Korintherstelle[283] hat eine Doppelfunktion, weil mit ihr die Erschaffung des Lichts ex nihilo in dem »ersten Werk des Schöpfers« beschrieben wird[284] – wie auch in der »neuen Schöpfung« die Bekehrung des Gottlosen durch das erneut lichtschaffende Schöpferwort.[285] Dieses schöpferische und gnädige – da lebenspendende und aus dem Nichts herausrufende –, lichtschaffende Sprechen Gottes in das Dunkel hinein ist Schöpfung durch das Wort, creatio ex nihilo, gewiss machendes Sprechen des Heiligen Geistes im Zuspruch der promissio.[286] Der sündigende Mensch wird von Gottes neu-

---

[280] Die Taufe ist für Luther der Ort, wohin der Christ stets zurückzukehren hat: WA 44, 473,35–38 (zu Gen 42,6f.): »Sumus enim recepti in gratiam per Baptismum non solum ad remissionem peccatorum, sed etiam ad expurgationem. Remissio est gratuita, quae contingit propter solum filium Dei, sine ulla dignitate, merito et contritione nostra.« Die Dauer dieser Rückkehr zur Taufe ist weder punktuell noch einmalig, sondern zieht sich durch das ganze Leben (»[...] repurgatione fermenti, per totam vitam«, WA 44, 473,26f. [zu Gen 42,6f.]).

[281] Etwa WA 44, 280,18–21 (zu Gen 37,18–20): »Si enim irascitur Deus, ut apparet, non ex animo irascitur, sed servat misericordiam et veritatem super nos, ut de eo testatur scriptura sancta. Tales promissiones lucent in his tenebris, et loco admodum caliginoso.«

[282] Siehe 2Kor 4,6 (vgl. bei Anm. 9 [S. 67]). Siehe bei Anm. 11f. (S. 142).

[283] Siehe bei Anm. 269 (S. 228).

[284] WA 42, 14,13–17 (zu Gen 1,3), zit. im Kontext Anm. 269 (S. 228).

[285] WA 42, 14,20–22 (zu Gen 1,3), zit. im Kontext Anm. 269 (S. 228).

[286] WA 42, 349,29–31 (zu Gen 8,21), zit. bei Anm. 306 (S. 232). In einer, beachtet man den Kontext (aaO., 136,38 – 137,13), schiefen Metaphorik kann Luther auch von Gottes promissio als einem »heilsamen Pflaster« sprechen, welches die Sünde wie eine Wunde heilt, WA 42, 136, 36–38 (zu Gen 3,14): »Non igitur naturam peccato op-

schaffendem, rechtfertigendem, gnädigem Wort gesucht und angesprochen. Die Gnade Gottes bleibt dem Menschen trotz des Falls erhalten: Er zieht sich nicht schweigend zurück und überlässt den Menschen nicht seinem eigenen Chaos, welches parallel zum ›Tohu-wa-bohu‹ steht, sondern spricht ihn an, wie er die dunkle, gestirnlose, wüste und leere Welt einst ansprach. Diese Gnade trotz Fall steht unter dem Zeichen des sprechenden Gottes, der nicht schweigen kann.[287] Die Kraft seines Wortes besteht darin, dass es tote Herzen wieder lebendig macht.[288] Die Erleuchtung des Herzens ist dessen Neuschöpfung, oder anders gesagt: »Gnadengeschehen [geschieht] als Offenbarungsgeschehen«[289].

Dieses neue Licht (»nova lux«)[290] – Luther vergleicht es mit einem Blitz (»sicut fulmen«)[291] – ist die Sonne des Heiligen Geistes (»solem Spiritus sancti«),[292] welche im Herzen des Menschen Vergebung der Sünden und Versöhnung mit Gott gebiert (»[...] nascitur de remissione peccatorum, et reconciliatione cum Deo«).[293] Wie bei der Schöpfung gründet diese Neuschöpfung und Erleuchtung in Gottes Liebe und ist ein Zeichen dieser gegenüber den Menschen: das Licht ist äußerst angenehm und liebenswürdig (»gratissima et iucundissima«),[294] die Kreatur sieht in »das freundliche

---

pressam lege magis opprimit. Sed peccato tanquam vulneri medetur salubri emplastro, hoc est, promissione de Christo«. Vgl. WA 42, 510,41f. (zu Gen 13,13).

[287] WA 42, 135, 19f.24f.27–31 (zu Gen 3,13): »Summa enim gratia est, quod post peccatum Adae Deus non tacet, sed quod loquitur et quidem multis verbis, ut signa paterni animi ostendat. [...] ubi vocatos ad tribunal suum interrogat et audit. Ac miseri cupiunt quidem iudicium hoc effugere, sed non possunt, [...]. Nam gratia non accedente impossibile est hominem aliter facere, quam ut peccatum excuset, et velit haberi pro iusticia. Deus igitur perpetuo super hoc nobiscum litigare cogitur, ut extorqueat a nobis confessionem peccati«.

[288] WA 43, 184,6f. (zu Gen 21,19), zit. Anm. 160 (S. 163). Luther definiert den alten Menschen und sein Herz folgendermaßen (WA 42, 348,37–41 [zu Gen 8,21]): »Si igitur Hominem voles vere definire, ex hoc loco definitionem sume, quod sit animal rationale, habens cor fingens. Quid autem fingit? Respondet Moses: ›malum‹, contra Deum scilicet seu legem Dei et homines. Tribuit igitur Scriptura sancta homini rationem non ociosam, sed semper aliquid fingentem. Figmentum autem hoc vocat malum, impium, sacrilegum.« Ebenso Luthers Auslegung von Ps 51,12 (WA 40/II, 423,4 [Enarratio Psalmi LI; 1532/1538]): »Cor est plenum idolatria«. Vgl. Calvins Bestimmung des menschlichen Herzens als ständig produzierende »Götzenfabrik« (Institutio religionis christianae [1559], I, 11,8: »hominis ingenium perpetuam [...] esse idolorum fabricam«).

[289] Eilert Herms, Luthers Auslegung des Dritten Artikels, XI (VIII–XI). Siehe ders., Offenbarung und Glaube, 168–220 sowie ders., Art. »Offenbarung V. Theologiegeschichte und Dogmatik«, TRE, Bd. 25,162,50 – 164,47.

[290] WA 42, 556,34 (zu Gen 15,1), im Kontext zit. Anm. 293 (S. 231). Ebenso WA 43, 26,33 (zu Gen 18,13f.), zit. im Kontext bei Anm. 298 (S. 232).

[291] WA 43, 125,24 (zu Gen 20,9).

[292] WA 42, 570,16f. (zu Gen 15,8).

[293] WA 42, 556,34f. (zu Gen 15,1): »sed in animo nova lux nascitur de remissione peccatorum, et reconciliatione cum Deo.«

[294] WA 44, 114,8–10 (zu Gen 32,31f.): »Sic autem intelligimus et sentimus, quam suavis et dulcis sit Dominus, cum redimus ex tenebris et umbra mortis, tunc enim lux est gratissima et iucundissima.«

und liebliche Angesicht Gottes«[295]. Diese unglaubliche Stimme (»vocem incredibilem«)[296] berührt die Seele,[297] zündet in den Herzen ein neues Licht an (»qua cor novo lumine ceu illustratur et accenditur«)[298] und erleuchtet diese; »illuminatur novo lumine spiritus sancti«[299].

Das noch tote und dunkle Herz hat keinerlei Möglichkeiten, dieses Geschehen zu initiieren: Der Mensch wird mit einer schrecklichen Dunkelheit (»horribilis caligo«), Unwissenheit und Abwendung von Gott geboren.[300] Dem gegenüber ist das Wort eine Stimme, die aus dem Tode erweckt (»Vere enim verbum est vox suscitans ex morte«)[301]: Hölle, Tod und Verdammung liegen offen vor Gott da; vor ihm ist nichts dunkel oder tot.[302] Ein derartiges Schöpferwort ist kein Scherz,[303] kein Traumbild oder Gesicht,[304] sondern ruft untrüglich wie kraftvoll den Hörenden und dem Machtwort Gehorchenden ins Sein; damit beginnt dieser Leichnam – Luther spricht von »Kadaver« – als vom Tode erweckt wiederum zu leben.[305] Die menschliche Natur ist derart korrumpiert (»Natura enim sic corrupta est, [...]«), dass eine Erkenntnis Gottes, geschweige denn ein Heilsgeschehen nur möglich ist, wenn Wort und Heiliger Geist den Menschen erleuchten (»[...] ut Deum non agnoscat amplius, nisi verbo et Spiritu Dei illuminetur«).[306] Dieses Licht des Herzens schafft Unsterblichkeit und ewiges

---

[295] WA 44, 130,7–11 (zu Gen 33,10f.): »Video [sc. Jakob] inquit Deum et fratrem mirabili bonitate placatum. [...] Vere mihi nunc reviviscere ex morte et inferis videor, quia vidi blandam Dei et amicam faciem.«

[296] WA 43, 26,33 (zu Gen 18,13f.).

[297] WA 43, 125,23 (zu Gen 20,9): »Cum enim tangit animum, [...]«.

[298] WA 43, 26,33f. (zu Gen 18,13f.). Vgl. Luthers Bezugnahme auf den Sonnenaufgang, den Jakob erlebte (Gen 32,29–31), etwa WA 44, 106,39f. (zu Gen 32,29–31): »Sed nondum intelligit Iacob, et est adhuc submersus in tenebris, Sole nondum sibi exorto.« Ähnlich Luthers Beschreibung des neuen Lichtes im Herzen Abrahams in WA 42, 556,34f. (zu Gen 15,1), zit. Anm. 293 (S. 231).

[299] WA 43, 177,11f. (zu Gen 21,17). Vgl. WA 42, 556,36f. (zu Gen 15,1): »Hoc igitur revelationis genus, cum de ore ad os Deus loquitur, et spiritus sui radiis animos illuminat, longe certius est somniis et visionibus.«

[300] WA 44, 472,38 (zu Gen 42,6f.): »Quia nascitur nobiscum horribilis caligo, ignorantia et aversio a Deo«.

[301] WA 43, 26,25f. (zu Gen 18,13f.), zit. im Kontext Anm. 282 (S. 180).

[302] WA 44, 373,13–16 (zu Gen 39,20): »[...] et sequitur pulcherrimus textus, qui testatur Deum etiam in carcerem et vincula, ac mortem foedissimam defixos oculos habere, tanquam in solem clarissimum. Infernus, mors, et perditio patent coram Domino, et nihil est obscurum aut mortuum in conspectu ipsius.«

[303] WA 43, 125,23 (zu Gen 20,9): »[...] non enim ludus aut iocus est audire verbum Dei«.

[304] WA 42, 556,37 (zu Gen 15,1), zit. im Kontext Anm. 299 (S. 232).

[305] WA 43, 26,27f. (zu Gen 13f.): »[...] et cadaver ceu revocatum ex morte iterum vivere incipit«, zit. im Kontext Anm. 182 (S. 217). Auf die Bitte des Menschen (Ps 51,12) antwortet Gott mit der Erleuchtung des Herzens, wobei bereits die durch den Menschen formulierte Bitte zu seinem Schöpfungshandeln gehört; vgl. S. 130.

[306] WA 42, 349,29–31 (zu Gen 8,21). Hätte der Mensch auch nur einen Funken an Gotteserkenntnis, so wäre er völlig verändert: »Sed si scintilla cognitionis Dei in homine mansisset integra, longe essemus alii, quam nunc sumus«, WA 42, 348,4f. (zu Gen 8,21).

Leben;[307] Himmel und Paradies sind damit geöffnet, die Hölle jedoch verloschen.[308]

Spricht Luther vom Heiligen Geist als Neuschöpfer, so kann er ebenso Christus einsetzen: Christus, alleiniger Urheber von Licht, Leben, Heil (»nusquam est lux, vita, salus, nisi in hoc semine«),[309] erleuchtet das Finstere »wie die Sonne am Mittag«[310]; er macht mit dem Licht, welches sein Wort ist, die Herzen fröhlich[311] und schafft, dass der Mensch mit dem göttlichen Licht »geschmückt, umringt, gekrönt und gekleidet« ist.[312] Christus leuchtet als »Schöpfer aller Dinge« mit gnädigen Augen in Tod und Hölle hinein (»Da kumpt nun Christus, und leucht in die hell hinein mit gnedigen augen«)[313] und versetzt allein aus dem »Reich der Finsternis« in das »Reich des Lichts«[314]. Dies geschieht an dem gänzlich unbeteiligten Menschen: Das wirksame Schöpfungswort »Es werde Licht!« reißt den Menschen von sich selbst weg (»Nos ergo per fidem rapimur«),[315]

---

307 WA 43, 479,36f. (zu Gen 26,24f.): »Sed si accedit spiritus sanctus illuminator, ibi effulget lux ista de immortalitate et vita aeterna«.

308 WA 44, 392,41 – 393,4 (zu Gen 40,20–23): »Quandiu sonant voces illae laudum et gratiarum actionis: ›[...]. Exultabo in Deo salutari meo etc.‹ tantisper evanescunt omnes tentationes maestitiae et diffidentiae, ac late panditur coelum et paradisus, die helle ist verloschen.«

309 WA 43, 264,5f. (zu Gen 22,16–19).

310 WA 42, 196,7f. (zu Gen 4,7): »Nam haec cognitio tantum venit ex spiritu Christi, qui ceu Sol meridianus illuminat tenebras.«

311 WA 42, 513,37f. (zu Gen 13,14f.): »[...] verbo Dei, quod solum lux vera est, exhilarans et docens animos, [...].« Weiter: WA 44, 374,22–29 (zu Gen 39,21–23): »[...] ubi et in suis et aliorum oculis ac sensu mortuus est, atque omnium bonorum iudicia et opinionem de se honestam amisit. Nunc rursus conscientia dilatatur et exhilaratur, loquitur enim ei Deus ad cor, hoc est, blande et suaviter: ›Sufficit tibi gratia mea‹, do tibi spiritum meum ne pereas, will dir ein frölich hertz geben, das du könnest bestehen. Atque haec prima consolatio fuit, cum intus exhilarata est conscientia, et reddita tranquilla et sanata, ac vita et salus ipsa restituta est.« Ebenso WA 43, 146,19 (zu Gen 21,8): »Deus enim odit tristitiam«. Weiter WA 43, 77,29f. (zu Gen 19,16): »Ergo cui libet ludere, ludat cum hominibus, cum hominibus, cum uxore, liberis, pecunia, non enim Deus invidet nobis, ut vivamus hilares«.

312 WA 42, 513,33f. (zu Gen 13,14f.): »[...] sed ornatus, circumseptus, coronatus, vestitus divina luce, verbo Dei.«

313 WA 44, 373,29f. (zu Gen 39,20), im Kontext zit. in Anm. 15 (S. 192). Ebenso WA 44, 373,19–23 (zu Gen 39,20), zit. in Anm. 15 (S. 192).

314 WA 43, 248,25–31 (zu Gen 22,16–18): »Sed quomodo? Num in semetipsis? Non. Sed gloriabuntur de victoria mortis, de abolito peccato, de donatione vitae aeternae, non propter sua merita et iustitias, sed in semine tuo. Omnis gloria et confidentia miserrimorum peccatorum non in hoc consistet, quod per se sint laudabiles et iusti: sed praedicabunt se esse sanctos, redemptos, ablutos sanguine Christi, et translatos de regno tenebrarum in regnum lucis.«

315 WA 43, 582,24f. (zu Gen 28,12–14): »Ita in ipsum ascendimus, et rapimur per verbum et spiritum sanctum«. Die Hinwendung zu Gott findet nicht selbstmächtig, sondern »in ipsum« (Z. 24), d.h. in Christus, statt.
Das verwendete »rapere« bedeutet ein Wegreißen, das sich der Macht des Menschen entzieht; dieser vermag sich weder zu wehren, noch kann er dessen Kraft lenken. Luther führt diese Passivität des Menschen besonders in De servo arbitrio aus, wo

damit er durch den Glauben mit Gott lebe.[316] Dieses Wort entscheidet
damit über Licht und Finsternis, über Sein und Nichtsein, über Heil und
Unheil (»Ubi enim est verbum, ibi et lux est, ubi non est verbum, ibi sunt
tenebrae«).[317]

Diese Neuschöpfung kommt überraschend: Erscheint auch alles ins Gegenteil verkehrt und tot (»Cum enim nihil appareat eorum, quae sunt spiritus sancti, omnia videntur contraria et mortua«)[318] und führen menschliche Gedanken und Spekulationen auch ins Nichts (»ad cogitationes sive
speculationes carnis nihil sequitur«),[319] so folgt gleichwohl die Erleuchtung des Geistes (»[...] ibi sequitur illuminatio spiritus«)[320] – wie auch
Kraft verliehen wird, besondere Dinge auszurichten.[321] Wird ein Herz
durch Gott mit dem Heiligen Geist neu geschaffen, so wird dessen ganzes
Sein von ihm bestimmt; nun wohnt Gott in diesem Herzen durch das Wort
und durch den Heiligen Geist,[322] der eifrig und wirksam (»officiosus et

---

»rapere« häufig verwandt wird, etwa WA 18, 636,16–22 (De servo arbitrio; 1525):
Der Mensch in seiner passiven Fähigkeit (»passivam aptitudinem«; aaO., 636,19f.)
wird vom Heiligen Geist ergriffen und mit Gnade erfüllt (»qua homo aptus est rapi spiritu et imbui gratia Dei«; 636,17), bzw. in der Sünde zum Bösen hingerissen (»raptum
et impetum voluntatis ad malum«; 736,19f.). Vgl. die Rede von der potentia passiva
in WA 42, 64,28–35 (zu Gen 2,7): »Habemus quidem liberum quodam modo arbitrium in iis, quae infra nos sunt. Sumus enim constituti mandato divino domini piscium maris, volatilium coeli et bestiarum agri. [...] Sed in iis, quae ad Deum attinent,
et sunt supra nos, homo nullum habet liberum arbitrium, Sed vere est sicut lutum in
manu figuli, positus in mera potentia passiva, et non activa. Ibi enim non eligimus,
non facimus aliquid, sed eligimur, paramur, regeneramur, accipimus«. Vgl. Härles
Oxymoron einer »aktive[n] Passivität« in Anm. 205 (S. 219). Vgl. ebenso den für
Luthers Theologieverständnis entscheidenden Text in WA 40/I, 589, 25–28 (Große
Galaterbriefvorlesung ([1531] 1535): »nostra Theologia [...] rapit nos a nobis et
ponit nos extra nos, ut non nitamur viribus, conscientia, sensu, persona, operibus
nostris, sed eo nitamur, quod est extra nos, Hoc est, promissione et veritate Dei,
quae fallere non potest.«
316 WA 43, 582,22.25f. (zu Gen 28,12–14): »[...] et efficimur una caro cum ipso [...], et
ipsi adhaeremus per fidem unum existens corpus cum eo, et ipse nobiscum.«
317 WA 44, 678,9–11 (zu Gen 47,26): »At quae haec Theologia est, non discernere inter
verbum, et non verbum, inter lucem et tenebras? Ubi enim est verbum, ibi et lux est,
ubi non est verbum, ibi sunt tenebrae.« Vgl. WA 44, 679,31 (zu Gen 47,26): »[...]
minatur Deus gravissimas poenas et tenebras contemptoribus [sc. des Wortes].«
318 WA 43, 520,6–8 (zu Gen 27,21f.).
319 WA 43, 520,6 (zu Gen 27,21f.).
320 WA 43, 520,8f. (zu Gen 27,21f.).
321 WA 43, 520,9 (zu Gen 27,21f.): »virtus et potentia rerum admirabilium.«
322 WA 42, 352,32–34 (zu Gen 8,21): »Ubi enim Deus est cum suo Spiritu, ibi non amplius est figmentum cordis humani, sed figmentum Dei. Habitat enim ibi Deus per
verbum et Spiritum Dei.« Ähnlich Luthers Lehrer Staupitz (Libellus, 1, 2 [Bd. 2, 81]):
»[...] indem das wir loben, machen wir got groß in uns, der in im selbst unmessig ist;
und so wir die ganzen creatur gegen im vernichtigen, bereiten wir got ein wirdige
wonung und werden ein herbrig [sc. Herberge] des heiligen geists, die gots vol und
aller creatur leer ist. Alsdann enteusern wir uns unser, hören auf zu sein, das wir
waren, fahen an zu sein, das wir nit waren«. Für Luther ist dieses ›Einwohnen‹ des
Heiligen Geistes jedoch ausdrücklich mit einer Hinwendung des Menschen zur Krea-

efficax«)[323] schafft. Dieses Wirken des Heiligen Geistes geschieht nicht –
wie man vom Schöpfungswort her meinen könnte – in isolierbarer Ein-
maligkeit, sondern Gott unterrichtet, erleuchtet und stärkt die schwachen
Herzen mit seinem Geist ununterbrochen;[324] »Morgensterne« dieser neuge-
schaffenen Welt sind als »Zeichen der Sonne der Gnaden« das Wort Gottes,
die Taufe und das Herrenmahl.[325] In diesem neuen Sein wird der Kreatur,
die verzagt ist und nichts hat, Himmel und Erde von neuem gefüllt mit
allen Gütern der ganzen Welt;[326] die Welt wird ihr neu geschenkt.[327]

Insbesondere die Tröstung eines verzagten Gewissens ist für Luther
eine ex nihilo erfolgende Totenauferweckung und Neuschöpfung. Dem
verzagten Gewissen, welches sich vor dem zornigen Gott fürchtet, ist alles
ins lichtlose Dunkel getaucht. Stirbt das Herz bzw. die Lebenskraft, so
vergeht auch alles übrige (»Quia animus in carne oppressus moritur, quo
mortuo omnia intercidunt«).[328] Wenn in Zeiten der Anfechtung das Gewissen des Menschen sich selbst anklagt und sogar Gutes und Fröhliches
sich in »Angst, Qual und Schrecken« (»pavorem, poenam et terrorem«)
verwandeln, sodass das Gewissen ganz darniederliegt und verzagt, dann
vermag selbst die ganze Welt diesen Menschen nicht mehr aufzurichten:
Dies ist der Seele Tod,[329] dies ist wie Hölle.[330] Einem mit »geistlicher Traurigkeit und Betrübnis« Darniederliegenden aufzuhelfen, indem man ihn
auf die Gnade Gottes besinnt, ist »Arbeit«[331], da er eine Wunde hat, die

tur und zur Welt verbunden, die der Heilige Geist dem Christen als gute Gabe Gottes
erst recht eröffnet.
[323] WA 44, 380,36 (zu Gen 40,8).
[324] WA 43, 18,9–11 (zu Gen 18,9): »Hoc enim perpetuum Dei opus est, ut spiritu suo
erudiat, illuminet et confirmet infirmos animos, non ut vel damnet, vel abiiciat propter infirmitatem.«
[325] WA 42, 185,4f. (zu Gen 4,3): »Sic hodie ipsum verbum, Baptismus, Eucharistia sunt
Luciferi [sc. Morgensterne] nostri, ad quos respicimus, tanquam ad certos indices solis
gratiae.«
[326] WA 44, 130,27–32 (zu Gen 33,10f.): »Ostendunt autem haec omnia, quomodo fides
in Iacob revixerit et excitata sit, iamque iterum regnet et triumphet. Iam enim statuit
Iacob suam benedictionem aequare omnes opes totius mundi. Prius nihil habebat, cum
diceret: ›Veniet frater, et percutiet me et coniuges et universam familiam‹. Ibi prorsus
nihil habet: Quia erant omnia desperata. Rursum vero repletur ei coelum et terra omnibus bonis et opibus totius mundi.«
[327] Vgl. Anm. 260f. (S. 226).
[328] WA 44, 106,29 (zu Gen 32,29–31), im Kontext zit. Anm. 120 (S. 209).
[329] WA 44, 546,23f. (zu Gen 43,18–22), zit. im Kontext (Z. 20–24): »Neque quicquam
tam salutare, tam bonum et iucundum in hora tentationis offertur malae conscientiae,
quin vertat in pavorem, poenam et terrorem, ac nihil aliud potest, quam testificari et
pugnare adversus nos. Ipsa denique iacente totus mundus non sufficit ad eam erigendam. Quia est mors animae«.
[330] WA 44, 597,34–37 (zu Gen 45,5), zit. Anm. 122 (S. 209). Vgl. die »Hölle« der Gewissensqualen in Anm. 123 (S. 209).
[331] WA 44, 598,15 (zu Gen 45,5), im Kontext (Z. 14–17): »Qui extra tentationem sunt
facile exhilarantur, sed hoc opus, hic labor est, eum, qui moerore et tristitia spirituali
oppressus iacet, reducere ad agnitionem et fidem bonitatis et clementiae divinae.«

beinahe unheilbar ist (»propemodum vulnus immedicabile«).[332] Gewissen aufzurichten ist – Luther spitzt zu – nichts anderes als Tote aufzuerwecken (»erigere et excitare conscientias, nihil aliud est, quam suscitare
mortuos«);[333] ja, die Tröstung eines betrübten Gewissens übersteigt sogar
eine Totenauferweckung (»Multo enim difficilius est consolari conscientiam afflictam, quam excitare mortuos«).[334] Es ist der Heilige Geist selbst,
der das Herz des Menschen gewiss macht[335] und den Verzweifelnden und
ins Nichts Geführten auf Gott und seine aus diesem Nichts herausführende
Schöpferallmacht hoffen lässt.[336]

So sehr der Heilige Geist das Herz innerlich schöpferisch anspricht und
das persönliche Gewissen tröstet, so sehr zieht dieses Licht und Schöpferwort eine Veränderung des Außen- und Welthandelns des Christen nach
sich; wo die Gabe des Heiligen Geistes den Menschen innerlich erleuchtet,
leuchtet sie damit auch äußerlich (»etiam foris lucet«).[337] Ist das Herz
des neu geschaffenen Menschen durch den Heiligen Geist nämlich derart
getröstet und gestärkt (»Etsi enim animi Spiritu sancto recte sunt confir-
mati, [...]«),[338] so ist er nicht mehr sich selbst genug; es ist ihm ebenso
wichtig, in gemeinsamem Gespräch und Miteinander einen Bruder bzw.
eine Schwester zu haben, mit denen er sich über die »Religion« aus-
tauschen und deren Trost hören kann (»[...], tamen magnum ex eo est
commodum, si habeas fratrem, cum quo de religione colloqui possis, et
consolationem ex eo audire«).[339]

3.3 »Fides enim facit ex eo, quod nihil est, ut sit« (WA 43, 516,20) – Die Praxissituation des Glaubens an den aus dem Nichts schaffenden Schöpfer

In dem ex nihilo geschaffenen neuen Sein des Christen ist der geschenkte
Glaube bestimmende Kraft,[340] ist aktives Leben in Gott.[341] Dieser erhal-

---

[332] WA 44, 817,10f. (zu Gen 50,15): »Primum vides hic quam horribile malum, ac propemodum vulnus immedicabile sit peccatum et conscientia mala.«

[333] WA 44, 546,24f. (zu Gen 43,18–22).

[334] WA 44, 598,29f. (zu Gen 45,5). Allgemeiner in WA 44, 599,9f. (zu Gen 45,5): »Difficilius enim est suscitare, quam occidere, sicut quotidiana experientia testatur.«

[335] WA 42, 556,30f. (zu Gen 15,1): »[...] et addit spiritum sanctum, qui verbum infigat
cordi, et confirmet animum.« Siehe Anm. 155 (S. 162).

[336] WA 44, 265,18–22 (zu Gen 37,15–17), zit. bei Anm. 92f. (S. 205).

[337] WA 44, 374,33 (zu Gen 39,21–23), im Kontext (Z. 32–34): »Quia donum Spiritus
sancti quando datur hominibus etiam foris lucet, ut conspiciatur gratia illa in vultu,
verbis, ore, gestibus.«

[338] WA 42, 501,25 (zu Gen 13,5–7).

[339] WA 42, 501,25.27 (zu Gen 13,5–7). Vgl. das wechselseitige Gespräch in BSLK 449,
12f. (Schmalkald. Artikel): »per mutuum colloquium et consolationem fratrum«.

[340] WADB 7, 9,30f.10,6–10 (Vorrede auf die Epistel S. Pauli an die Römer; [1522] 1546):
»Glaube ist nicht der menschliche wahn vnd trawm, den etliche fur glauben halten.

tene[342] Glaube[343] vertraut als »*Tat und gutes Werk* des Menschen«[344] allein auf den »blossen unsichtlichen [sc. unsichtbaren] unbegreifflichen eynigen gott, der hymell und erden erschaffen hatt und alleyn ubir alle creature ist«[345]. Er kann Dinge, die einander ausschließen, vereinigen, denn er ist eine Kraft, die »den Tod erwürgt, die Hölle verdammt, der Sünde eine Sünde und dem Teufel ein Teufel ist«[346]. Dieser Glaube hängt sich, so Luther, an das, was nichts, unmöglich und absurd ist (»fides [...] fertur in id, quod nihil, quod impossibile et absurdum est«),[347] er »schwebt« über dem Nichts,[348] macht aus dem, das Nichts ist, dass es sei, und damit

---

[...] Aber glawb ist eyn gotlich werck ynn uns, das vns wandelt vnd new gepirt aus Gott, Johan. 1 [1Joh] vnd todtet den allten Adam, macht vns gantz ander menschen von hertz, mut synn, vnd allen krefften, vnd bringet den heyligen geyst mit sich. O es ist eyn lebendig, schefftig, thettig, mechtig ding vmb den glawben«.

341 WA 44, 717,34–38.718,1.5–7 (zu Gen 48,21) Der Glaubende weiß, dass er hierin lebendig, gerecht, selig und gesegnet ist, WA 43, 249,31–34 (zu Gen 22,16–18).

342 Vgl. bei Anm. 201ff. (S. 218).

343 WA 42, 563,17f. (zu Gen 15,6): »Quomodo igitur acquisivit iusticiam? Hoc solo modo, quod Deus loquitur, et Abraham loquenti Deo credit.«

344 Eilert Herms (Theorie für die Praxis, 26f.) tritt hier zu Recht einer falschen Verhältnisbestimmung von Offenbarung und Glaube entgegen: Der Behauptung, »[d]er Glaube sei Geschenk Gottes und nicht Tat des Menschen [...,] ist nachdrücklich zu widersprechen. Sie ergibt sich aus einer mangelhaften Unterscheidung zwischen Offenbarung, die in Wahrheit allein Gottes Tat ist, und dem Glauben, der *Tat und gutes Werk* des Menschen ist; und zwar unbeschadet der Tatsache, daß er durch Gottes Offenbarungstat notwendig bedingt ist. Hier genügt, sich an Luthers Auslegung der Katechismusstücke zu erinnern: Der durch das geistliche, erleuchtende Geschehen des Wortes Gottes ermöglichte Christusglaube ist – als vertrauensvolle Anerkennung des in Christus offenbaren Schöpfers – tathafte, eigenverantwortliche Erfüllung des ersten Gebots durch den Menschen und insofern dasjenige gute Werk, *in welchem* alle anderen – einschließlich des öffentlichen Bekenntnisses der fides quae, das ebenfalls Tat und Werk des Menschen ist (drittes Gebot) – ›gehen‹.« Für Luther ist »der Glaube selber Grundtat, Grundwerk des Menschen und insofern Inbegriff all seines Wirkens.« Vgl. Anm. 205 (S. 219).

345 WA 7, 216,1–3 (Eine kurze Form der zehn Gebote, [...]; 1520), zit. im Kontext Anm. 2 (S. 65).

346 WA 43, 219,28–30 (zu Gen 22,11): »Fides igitur conciliat contraria, nec est ociosa qualitas, ut Sophistae dicunt. Sed virtus eius est mortem occidere, infernum damnare, esse peccato peccatum, diabolo diabolum, adeo ut mors non sit mors«.

347 WA 43, 517,20f. (zu Gen 27,21f.), im Kontext zit. Anm. 375 (S. 242). Vgl. WA 43, 216,32–38.40f. (zu Gen 22,9): »Fuit igitur oratio patris ad filium, quae conciliavit hasce duas contradictorias propositiones: Isaac erit semen et pater regum et populorum: Isaac morietur, non erit pater populorum. Illae contradictoriae non possunt conciliari per ullam rationem humanam aut philosophiam. Sed verbum conciliat haec duo: Quod mortuus vivit, et vivens moritur. Sic nos vivimus, et tamen morimur. Quia iam viventes reputamur pro mortuis propter peccatum: ei mortui reputamur viventes. [...] Ergo Isaac moritur et vivit, fit cinis et pater populorum.«

348 WA 7, 216,10–13 (Eine kurze Form der zehn Gebote, [...]; 1520): »Dan dyßer meyn glaub soll und muß schweben uber alles was do ist und nit ist, uber sund und tugent und uber alles, auff das er ynn gott lauterlich und reyn sich halte, wie mich das erste

das Unmögliche möglich (»Fides enim facit ex eo, quod nihil est, ut sit, et ex impossibilibus facit omnia possibilia«).[349] Er soll »auff dem nichts stehen, und das gleuben, das nicht ist«[350]. Er bindet sich nicht an logische Schlüsse, sondern hängt sich an das »pure Nichts« und an das Ungereimte und erwartet, dass aus diesem alles wird (»Fides fertur in rem, quae adhuc purum nihil est, et expectat, donec fiant omnia«)[351]: Der Glaube ist damit selbst gleichsam creator ex nihilo.[352] Er schafft aus nihil-Situationen,[353] in denen alles der promissio entgegensteht, und vertraut auf den Schöpfer, der aus nichts alles zu schaffen vermag. Damit ist der Glaube für Luther allmächtig (»Tanta virtus est fidei et orationis. Imo fides revera est omni-

---

gepott dringt«, zit. im Kontext Anm. 2 (S. 65). Beachtenswert ist die Andeutung von Gen 1,2 bei gleichzeitiger Betonung der Differenz von Schöpfer und Geschöpf.

349 WA 43, 516,20f. (zu Gen 27,21f.).

350 WA 32, 124,38f. (Predigt über Lk 7,11–17; 1530), im Kontext (Z. 36–40): »Das ist das stucke, das uns darumb furgelegt wird, das wir lernen sollen unser Christliches wesen, welches sol nicht anders sein denn das es sol auff dem nichts stehen, und das gleuben, das nicht ist, und schlecht [sc. schlicht] auff dem Gott stehen, der es wil thun, und thuts auch gerne.« Dieser Abschnitt gehört zu Luthers Abschiedspredigt auf der Coburg (1530), die die Verhältnisbestimmung von menschlichem Glauben und göttlicher Schöpferkraft ex nihilo zum Thema hat und in der Luther, ähnlich der Josephsgeschichte (s. den Exkurs S. 199), sein eigenes Ringen und das der evangelischen Stände deutet. Luther etwa (aaO., 123,22–29.124,13–16): »Der Adam hengt uns noch ymer an und will nur den Gott haben, der auff das jhene branget das vorhanden ist, Zu dem Gott aber, der mit dem nichts umbgehet, hat er keinen lust. Darumb ist unser leben schlechts [sc. schlicht] ynn das blosse wort gefast, Denn wir haben ya Christum, wir haben das ewige leben, ewige gerechtigkeit, hülff und trost, Aber wo ists? wir sehen nicht, wir habens nicht ynn dem kasten noch henden, sondern allein ynn dem blossen wort. Also gar hat Gott sein ding ynn das nichts gefast [...], Ein Christ aber, will er anders ein rechter Christ sein, der mus warlich sagen, das er einen Gott habe und yhnn yhn gleube, der aus einem ledigen [sc. leeren] beutel kunne gelt zelen und aus einer leeren kandl jederman gnug zu trincken geben«.

351 WA 43, 516,36f. (zu Gen 27,21f.), im Kontext (516,36 – 517,4): »Fides fertur in rem, quae adhuc purum nihil est, et expectat, donec fiant omnia. Est scientia et sapientia tenebrarum et nihilitudinis, hoc est, rerum, quas habet incompertas et non apparentes ac fere impossibiles. Qui volet Christianus esse, eum oportet hoc animo bene meditatum ac infixum habere. Aliae enim scientiae omnes docentur ex syllogismis, inductionibus et experimentis, non habent fundamenta aut principia sua in eo, quod nihil est, ac praesertim non apparens, impossibile, absurdum, stultum, sed fides apprae-hendens promissionem figit cor in id, quod omnino est absurdum, impossibile, contentum verbo et promissione divina.«

352 WA 43, 570,7–10 (zu Gen 28,10): »Sed fides luctata est adversus carnem. Tu caro et Sathan mentiris, quia Deus dixit et promisit, is non mentietur, sive fiat contrarium, sive ego interim moriar. Sic fides dixit, et ex tenebris iussit splendescere lumen.« Wichtig für Luther ist die Souveränität des Glaubens gegenüber Anfechtungen WA 43, 517,27–30 (zu Gen 27,21f.): »quando habemus verbum, tunc omnes disputationes contra verbum abiiciamus: neque quicquam moremur, sive stulta, sive impossi-bilia, sive denique contraria legi naturae et Mosi obiiciantur, sed recta sequendum est hoc, quod dixit Deus.«

353 WA 43, 510,26–30 (zu Gen 27,11–14).

potens«).[354] Wer glaubt, hat alles, ist ein Herr aller Dinge und vermag alles zu gebrauchen.[355]

Glaube und Verheißung gehören für Luther zusammen und bedingen einander (»Promissio et fides naturaliter et inseparabiliter cohaerent«);[356] sie sind korrelativ (»fides et promissio sunt correlativae, et, ut ita dicam, commemorativae«)[357]: Ohne Verheißung können wir nicht glauben, und ohne Glauben ist die Verheißung nichts und außer Kraft gesetzt;[358] wo das Wort ist, ist notwendigerweise auch der Glaube (»Ubi enim verbum est, ibi necessario etiam est fides«).[359] Der Glaube schafft aus dem »Nichts« der Verheißung etwas, indem er sich nach ihr ausstreckt[360] und er selbst bedarf seinerseits des Wortes der Zusage, da Luther den Glauben an die promissio Gottes knüpft: Beide sind damit für Luther untrennbar.[361]

---

[354] WA 43, 510,30 (zu Gen 27,11–14). WA 42, 452,17 (zu Gen 12,4): »Est enim fides res vivax et potens«.

[355] WA 42, 511,2f. (zu Gen 13,13): »Qui enim credit, habet omnia, omnium est Dominus, omnibus sancte uti potest«.

[356] WA 42, 451,36 (zu Gen 12,4), im Kontext (Z. 36–38): »Promissio et fides naturaliter et inseparabiliter cohaerent. Quorsum enim attinet promittere aliquid, si non adsit, qui credat? Contra quid profuerit fides, si desit promissio? Relativa igitur sunt Promissio et Fides«.

[357] WA 44, 660,3f (zu Gen 47,7). Vgl. WA 42, 564,8f. (zu Gen 15,6): »Relativa enim haec sunt, cogitatio Dei, seu promissio et fides, qua promissionem Dei apprehendo.«

[358] WA 44, 751,17f. (zu Gen 49,8f.), im Kontext (Z. 16–19): »Initio igitur huius Capitis dixi promissiones divinas requirere fidem et haec duo Correlativa esse. Sine promissione enim non possumus credere, et sine fide nulla et abolita est promissio, quando re et opere eam metiri volumus.«

[359] WA 42, 115,42 (zu Gen 3,1).

[360] WA 42, 565,38–40 (zu Gen 15,6): »Sola autem fides apprehendit promissionem, credit promittenti Deo, Deo porrigente aliquid admovet manum, et id accipit. Hoc proprium solius fidei opus est.«

[361] Der frühe Luther hat dieses Miteinander noch nicht derart gesehen. In seiner Römerbriefvorlesung beispielsweise spricht Luther von Abraham, der Gott nicht etwas Bestimmtes glaubt, sondern der absolut glaubt: »sequitur sine coniunctione: ›Credidit Abraham Deo.‹ Item, Quod non dicit: Credidit hec Abraham Deo, Sed absolute«; WA 56, 267,(18–24)20–22 (Römerbriefvorlesung [1515/16]; zu Röm 4,3) (vgl. den – freilich unter anderen Prämissen stehenden – ›absoluten Glauben‹ bei Tillich [GW XI, 131f.]). Es fehlt in diesem frühen Text bei Luther der Hinweis auf eine »fides specialis«, die in Beziehung zu einem »verbum speciale« steht und sich aus diesem speist (vgl. Gerhard Hennig, Cajetan und Luther, 56). Vgl. dagegen die einander bedingende Verbindung von Glaube und Verheißung in WA 6, 533,30–33 (De captivitate Babylonica; 1520) und in der Großen Genesisvorlesung: »Atqui nos ne quidem Abrahamum dicimus iustificatum, quod ex Ur Chaldaeorum egressus reliquit omnia: iam antea iustificatus erat, cum crederet promissioni Dei, per sanctos Patriarchas ostensae. [...] Audivit igitur verbum, et verbo credidit, ac per hoc iustificatus, iustus etiam operator postea extitit, ambulando et sequendo Christum vocantem«, WA 42, 454,13–19 (zu Gen 12,4). Vgl. zudem WA 43, 173,13f. (zu Gen 21,15f.): »sine fide in promissionem de Christo nemo possit salvari«; WA 43, 172,40f. (zu Gen 21,15f.): »coram Deo enim nihil valet, nisi promissio et gratia in Christo proposita«; WA 43, 505,10f. (zu Gen 27,5–10): »Quia fides non est sine verbo«; WA 43, 505,15f. (zu

Gleichwohl kann es – Luther zeigt es etwa anhand der Abrahamsgeschichte auf – zeitliche Verschiebungen geben: Die Verheißung mag zwar da sein, ist aber gleichwohl noch nicht erfüllt. Abraham bleibt im Glauben fest und unverrückt, obwohl noch nichts mit der ihm gegebenen Verheißung übereinstimmt.[362] Er hängt sich an das Unsichtbare[363] und verhält sich so, als hätte er das Versprochene bereits fest in der Hand und könnte es schon fühlen.[364]

So sehr promissio und fides auch eine Einheit bilden und so sehr Luther herausstellt, dass die »Furcht Christi« ein Ende aller Ängste mit sich bringt,[365] so ist doch hinzuzufügen, dass dieses Paar eigentlich aus einer Trias besteht. Zu dem bekannten ›Wo das Wort ist, da ist auch der Glaube‹ finden wir bei Luther nämlich ebenso die Fortführung: »wo aber der Glaube ist, da ist auch das Schreien um der Anfechtung willen« (»ubi est fides, ibi est et clamor propter tentationem«).[366] Weil der Glaube nämlich das glauben muss, was unsichtbar und unmöglich ist (»invisibilia et impossibilia«),[367] führt dieser »Glaubenskampf« (»certamen fidei«) in die Hölle (»Deducitur enim ad infernum«)[368] und ist gerade deshalb so

---

Gen 27,5–10): »Spiritus sanctus cum verbo et per verbum venit«; WA 43, 505,12f. (zu Gen 27,5–10): »Spiritus sanctus enim non venit sine verbo«, zit. im Kontext bei Anm. 162 (S. 164). Zur reformatorischen Wende und Luthers Entdeckung der promissio siehe Oswald Bayer, Promissio, 339–351.

362 WA 42, 444,40 – 445,2 (zu Gen 12,2): »Hic nihil adhuc simile est, quod cum promissione consentiat, et tamen fides stat certa et inconcussa, numerosissimam posteritatem se habiturum.«

363 WA 43, 147,2–5 (zu Gen 21,8): »[Deus] promiserat ei filium, sed differt promissionem. Interim Abraham solo verbo contentus credit promissioni, et haeret simpliciter in invisibilibus. Fit autem suo tempore, ut invisibilia fiant visibilia. Haec nos quoque imitemur, et nobis proponamus.«

364 WA 42, 444,33f. (zu Gen 12,2): »[...] neque ullo modo cum sancto Abraha possumus conferri, qui invisibilia ista amplectitur certa fide, ac si iam teneret manibus ac palparet.«

365 WA 44, 63,20–23 (zu Gen 31,54f.): »Si igitur Christus debet esse timor noster, hoc est, quando debet a nobis coli, tum necesse est, ut habeamus verbum et promissionem Dei. Talis timor aut pavor est verus cultus, qui efficit in nobis, ut contemnamus alios pavores et terrores omnes.«

366 WA 44, 29,19 (zu Gen 31,22–24). WA 43, 438,10f. (zu Gen 26,1): »Sed hic insigne exemplum fidei est luctantis et clamantis ad Deum: Quia, ubi verbum est, ibi sequitur invocatio.« Vgl. WA 44, 192,27–29 (zu Gen 35,9f.): »Data enim promissione simulat se esse a nobis alienissimum, sinit nos tentari, et simpliciter abscondit faciem suam, tanquam oblitus sit omnium promissionum.«

367 WA 43, 138,26f. (zu Gen 21,1–3), zit. im Kontext (Z. 26–28): »[...] hactenus enim invisibilia et impossibilia fuerant, quae Abraham crediderat, nunc visibilia sunt et maxime possibilia«.

368 WA 44, 28,31f. (zu Gen 31,22–24), zit. im Kontext (Z. 31–35): »Sic luctatus est Iacob, et vicit fide tentationem. Id enim est certamen fidei. Tempore pacis et extra tentationem operatur bona opera. In hora tentationis clamat, imo rugit clamore valido, ut omnes angeli exaudiant. Deducitur enim ad infernum, et pericula mortis experitur. Ibi incipit luctari et clamare, quo clamore expugnatur et coelum et terra.« Vgl. WA

herausfordernd: Der Glaube kämpft gegen die Befürchtung des Versagens der promissio. In diesem Kampf steht der Glaube an das promissionale Schöpfungswort gegen das offensichtliche nihil. Da in dieser Auseinandersetzung das Wort der Schöpfung im Zentrum der Aufmerksamkeit des Versuchten stehen soll und nicht das vor Augen liegende Werk und Geschehen,[369] ist Luthers Rat, die Augen zu schließen und sich an das Wort zu halten (»Thu die augen zu. Claude oculos et sustenta te verbo«).[370]

Luther thematisiert damit, wie der Glaube an den Schöpfer, der aus dem Nichts zu schaffen vermag, sich im Alltag des Christen bewährt, wenn die Erfüllung des göttlichen Schöpfungswortes noch aussteht. Konkret wird dies in der Frage: »thut wer das ›facta sunt‹ nicht sehen et sich tamen an ›Dixit‹ halten?«[371] Luther führt Beispiele an, wie dieser Glaube an die promissio gegen das nihil Gestalt gewinnen kann[372]:

Jakob glaubt gegen sein eigenes »nihil«, denn der Segen Esaus ist nicht sein Segen; diesen zu erhalten ist ein unmögliches Ding (»obstabat rerum impossibilitas«) und ihm steht das »pure Nichts« im Wege (»obstat pura nihilitudo«).[373] Rebekka dagegen, die die Situation beobachtet, glaubt, was Jakob »nach Recht und Gesetz« nicht zusteht; sie »glaubt, was unmöglich, ungereimt, närrisch und gefährlich« ist (»Credit simpliciter impossi-

---

43, 518,27 (zu Gen 27,21f.): »Ideo Fides est pugna omnipotens«, Kontext zit. Anm. 470 (S. 257) mit 479 (S. 258).

[369] WA 43, 138,30f. (zu Gen 21,1–3), zit. Anm. 101 (S. 156).

[370] WA 44, 378,1–6 (zu Gen 39,21–23): »Hoc nimirum exemplum est operum Dei, quod ostendit quomodo Deus mirificat sanctos suos [Ps 4,4; von der WA nicht ausgewiesen], ut discant in tentationibus pacientiam in fide et spe, quanquam spes revera est ipsa pacientia. Quia vita nostra debet esse abscondita. Es sol heissen, Thu die augen zu. Claude oculos et sustenta te verbo, non tantum in periculis et certaminibus, sed etiam in summis articulis doctrinae Christianae.« Dass Luther in Krisen empfiehlt, die Augen von äußeren Anfechtungen abzuwenden, ist nachvollziehbar; dass er das Rezept des ›Augen-Schließens‹ jedoch ebenso auf die »Artikel der christlichen Lehre« anwenden möchte, ist fahrlässig: Gerade diese sollten mit einem wachen Auge geglaubt werden.

[371] WA 40/III, 153,2f. (In XV Psalmos graduum; zu Ps 125,1; 1532/33 [1540]); im Kontext (152,13 – 153,3): »Sed Christianum nihil oportet ullum habere phantasma, et tamen mus klug sein, tamen audit et speculatur impossibilia, et sub agone mortis, penuriae speculor ista. Non Video, hereo autem puro verbo et speculor in tenebris, ubi nihil est. Ex tenebris iubet speculationem, Ex invisibilibus visibilia, ex nihilo omnia, ex morte vitam. Divino adhereo verbo promittentis. Dum fit, ut in Mose: ›Dixit, et facta sunt‹ [Ps 33,9]. Aber thut wer das ›facta sunt‹ nicht sehen et sich tamen an ›Dixit‹ halten?«

[372] Vgl. bei Anm. 208 (S. 49) und 213 (S. 51).

[373] WA 43, 517,6f. (zu Gen 27,21f.), zit. im Kontext (Z. 5–10): »Sic enim Iacob facit: Mater iubet eum benedictionem a patre accipere. Ibi obstat pura nihilitudo, quia benedictio pertinebat ad Esau, non ad Iacob, obstabat rerum impossibilitas. Quomodo enim possim benedici? cogitavit: fratri debetur benedictio, praeterea est hirsutus, ego glaber sum, periculum est, ne a patre maledictionem auferam. Ideo impossibile est, quod ad rem attinet: quia benedictio non est mea.«

bilia, absurda, stulta, periculosa«).[374] Auch wenn alle Umstände dagegen
sprechen, so zweifelt sie nicht daran, dass Jakob gesegnet werden wird.[375]
Luthers Hervorhebung von Jakobs wie auch Rebekkas Glauben als vor-
bildlich unter ausdrücklicher Billigung ihrer betrügerischen Handlungen,
um das »Unmögliche« der Erstgeburt zu erschleichen, ist jedoch äußerst
bedenklich; der Zweck heiligt die Mittel nicht. Gilt auch Luthers Augen-
merk deren Vertrauen gegen allen äußeren Anschein, so spricht doch eben
gerade ihre Ungeduld wie Initiative für mangelndes Vertrauen gegenüber
der göttlichen promissio.

Joseph wurde Fürst in Ägypten (»Regem Aegypti«), indem er »verkauft,
verworfen und getötet« wurde (»Vendendo, abiiciendo, occidendo«), wobei ein derartiges Paradoxon, insbesondere während seine dunkle und leid-
volle Seite noch Gegenwart ist, mit nichts als allein mit dem Glauben erfasst
werden kann (»dum fiunt, non possunt, nisi sola fide apprehendi«), der
sich zu dem Vater und allmächtigen Schöpfer bekennt.[376] Gottes promissio steht in diesem Fall gegen die grausame Lebenswirklichkeit von zwanzig quälenden Jahren des Wartens, während derer Jakob und Joseph im
Tode allein von der Verheißung und ihrem Wort leben;[377] beide – getötet,
betrübt, verloren – schreien: »Ah nihil sumus, periimus«[378]. Der Glaube
spricht jedoch: »Du bist nicht verloren, bedenke, dass du noch göttliche
Verheißung hast, welche über dir ausgebreitet ist, so weit der Himmel
ist«[379]. So soll, auch wenn alles zerstört ist (»Etiamsi igitur omnia turbentur«), der Christ lernen, »tapfer im Glauben zu stehen« (»discamus
fortiter stare in fide«), und sich selbst nicht zu gering achten; stattdessen

---

374 WA 43, 517,17f. (zu Gen 27,21f.), zit. im Kontext (14f.16–18): »Illa est mulier non
    mulier. [...] quia cogitat se posse perrumpere, ut benedictione ei conferatur, cui lege
    et regula non debebatur: Credit simpliciter impossibilia, absurda, stulta, periculosa.«

375 WA 43, 517,18f. (zu Gen 27,21f.), zit. im Kontext (Z. 18–21): »Non dubitat, quin
    sit benedicendus Iacob, utut repugnent ac adversentur omnia. Sic fides et eius virtus
    est cordis cogitatio, seu, ut ita dicam, opinio, quae fertur in id, quod nihil, quod im-
    possibile et absurdum est.«

376 WA 44, 300,6–12 (zu Gen 37,31–33): »Sicut hoc exemplum testatur, vere enim quod
    in Psalmo 105 [Ps 105,21]. dicitur: ›Constituit Dominus Ioseph Regem Aegypti‹‹],
    ac dominum et salvatorem multorum. Quomodo? Vendendo, abiiciendo, occidendo.
    Haec sunt opera divina, quae non intelliguntur, nisi impleta et consumata. Interea vero,
    dum fiunt, non possunt, nisi sola fide apprehendi, simpliciter enim id retinendum est,
    CREDO IN DEUM PATREM OMNIPOTENTEM, creatorem coeli et terrae etc.«
    Vgl. das ebenfalls in Versalien hervorgehobene Bekenntnis in Anm. 143 (S. 212).

377 WA 44, 271,29–31 (zu Gen 37,18–20): »Quanquam enim deseruntur pater et filius,
    tamen, ut antea dixi, retinent verbum totis viginti annis, quibus vivit uterque in morte,
    id est, in sola promissione et verbo.«

378 WA 44, 273,4 (zu Gen 37,18–20), im Kontext (Z. 2–4): »sed occiditur pater et filius,
    et tota domus induit confusionem, et Ecclesia perturbatur. Quid ibi fit? Clamor et
    eiulatus exoritur. Ah nihil sumus, periimus.« Siehe bei Anm. 59 (S. 200).

379 WA 44, 273,4–6 (zu Gen 37,18–20): »Sed fides contra: Non periisti, recordare te
    adhuc habere promissionem, quae expansa est super te, sicut amplissimum coelum«.

soll er sich vor Augen halten, dass er getauft ist und dass daher alles sein ist (»Ego sum baptisatus, so hastus gar«).[380]

Und auch David war – bereits beschenkt mit der promissio der Herrschaft – zehn Jahre lang »König ohne Krone, ohne Land, ohne Volk« (»Rex sine corona, sine terra, sine populo«).[381]

Ist in derartigen Situationen alles widersinnig und scheint in diesen Phasen alles der göttlichen Verheißung entgegenzustehen (»Quia omnia adversari, et pugnare cum promissione videntur«), so geschieht dies, damit Gott das rufe, was nicht ist, dass es sei (»ut vocet Deus ea, quae non sunt, ut sint« [Röm 4,17]).[382] Der Mensch in seiner desperatio dagegen ruft: »Ich werde lange hingehalten und die Sache wird völlig widersinnig (»[...] ego in longum differor et tandem res in contrarium ponitur«); ich sehe nicht die Vergebung der Sünden, nicht die ewige Seligkeit, nicht das Leben – aber ich glaube es und halte mich mit Hoffnung aufrecht (»Sed non video remissionem peccatorum, non salutem aeternam, non vitam: credo autem, et spe sustentor [...]«).[383] Die Wirklichkeit wird konfus, Logisches wird unlogisch, denn unverständlich bleibt der Satz: »Wenn sie leben, so sterben sie; und wenn sie sterben, so leben sie doch« (»Si vivunt, moriuntur, si moriuntur, vivunt«).[384] Verzagt der Mensch auch ganz an sich selbst, so rettet allein der Glaube an den Schöpfer, der aus eben diesem Nichts etwas zu schaffen vermag.[385] Dieser Glaube ist das Vertrauen

---

[380] WA 44, 273,9f.13.15 (zu Gen 37,18–20), im Kontext (Z. 8–15): »Haec in historiis patrum dicenda et saepe inculcanda sunt, ut discamus fortiter stare in fide, et magnificare nostras promissiones. Du solt dich nicht gering achten, quando baptisatus es, quando habes verbum Dei, absolutus es, vocatus es, cogita super te expansum esse regnum coelorum, et non solum Deum, sed omnes Angelos habere in te defixos oculos. Etiamsi igitur omnia turbentur, coelum terrae misceatur, moveanturque omnes portae inferorum, Papa, Caesar, Turca saeviant crudelissime, tu tantum dic: Ego sum baptisatus, so hastus gar«. Vgl. die empfangende Passivität des Täuflings Anm. 244 (S. 224).

[381] WA 43, 571,2f. (zu Gen 28,10), im Kontext (Z. 1–4.7–9): »Sed David manet firmus et constans toto decennio, cum esset quidem Rex sine corona, sine terra, sine populo: Imo a Saulitis esset hostis declaratus et seditiosus. [...] Haec de fide et promissionibus, quae et hoc loco et saepe alias repetenda et diligenter inculcanda sunt, quia caro semper reluctatur.«

[382] WA 43, 369,24–27 (zu Gen 25,11), zit. im Kontext (Z. 15f.24–27): »Cum enim dicit Deum benedixisse Isaac, intelligendum est, in fide et spe. Siquidem contrarium adhuc apparebat, [...], Quia omnia adversari, et pugnare cum promissione videntur, [...]. Fit autem hoc ideo, ›ut vocet Deus ea, quae non sunt, ut sint‹, Romanorum 4 [Röm 4,17].« Eine besondere Anfechtung waren für Luther die gegen alle promissio Gottes stehenden Erfolge von Türke und Papst (aaO., Z. 27–29), vgl. Anm. 136 (S. 211).

[383] WA 43, 369,31–33.37f. (zu Gen 25,11). Vgl. WA 17/I, 219,33–36 (Beerdigungspredigt für Friedrich den Weisen, 1525): »Wenn du die vernunfft da zu rat nimpst, wirstus nimer mehr gleuben, Gott aber wird alda seine Göttliche gewalt und Majestet beweisen, wie er getan hat, da er Himel und Erden aus nichts geschaffen hat, Sprach nur ein wort, da stunds bald da.«

[384] WA 43, 222,18 (zu Gen 22,11), im Kontext zit. Anm. 467 (S. 256).

[385] WA 44, 265,18–22 (zu Gen 37,15–17), zit. bei Anm. 92f. (S. 205).

darin, dass das, was bei dem Menschen nichts ist, bei Gott alles ist und
dass das, was dem Menschen unmöglich ist, Gott leicht fällt (»Quod
enim nobis nihilum est, hoc Deo est omnia. Quod nobis est impossibile,
hoc ipsi est facilimum«).[386] Gottes derartiger Schöpferkraft ex nihilo zu
vertrauen und ihr vorbehaltlos zu glauben, ist letztlich die Erfüllung des
ersten Gebotes.[387]

§ 5 Die leibliche Neuschöpfung

1. Einführung

Der leibliche Tod als nihil und die Auferweckung von den Toten als Schöpfung aus dem Nichts soll als letzter Aspekt in den Blick kommen. Wie
bereits in der Kapiteleinführung angedeutet, liegt Luthers Interesse nicht
in der Frage nach Kontinuitäten oder Brüchen, auch wenn der Tod als
Konsequenz der Sünde und als Ende des irdischen Lebens eigenes Gewicht
hat: Luther kann einerseits das Schreckliche des Todes und sein Vernichten hervorheben, andererseits aber auch vom Tod als Schlaf sprechen, ja,
den Tod in seelsorgerlicher Rede derart herunterspielen, dass er geradezu
bedeutungslos wird. Im Zusammenhang der Schöpfung aus dem Nichts
ist für Luther weniger die Frage ›Ganztod‹ oder ›Todesschlaf‹ relevant,
sondern das sich selbst Entnommensein des Menschen, welches im Tode
seine offensichtlichste Gestalt findet.

Dementsprechend kommt zunächst der Charakter zur Sprache, den
der Tod für Luther hat: als nihil (2.1) wie auch als Schlaf (2.2). Die Auferweckung von den Toten als creatio ex nihilo bildet den Abschluss (3).

Von Luther in diesem Zusammenhang verwendete Perikopen sind seine
Auslegung von Adams Schlaf (Gen 2,21), des »Protevangeliums« (Gen
3,15), Abels Tod und die Konsequenzen (Gen 4,15), Saras Tod (Gen 23,1f.),
Abrahams Tod (Gen 25,7–10) und Jakobs Tod (Gen 49).

Weitere verwendete Luthertexte sind seine Auslegung der sieben Bußpsalmen (1517), die Predigt über Tit 2 (August 1531) und Predigten über
1Kor 15,39–44 (1532 und 1544).

---

[386] WA 44, 75,29–31 (zu Gen 32,6–8), im Kontext zit. in Anm. 192 (S. 116).
[387] WA 43, 369,36 (zu Gen 25,11): »Hoc est colere Deum et implere primum praeceptum«. Vgl. WA 43, 241,15–18 (zu Gen 22,16): »Si firmiter possemus credere, Deum
servaturum promissa, et ratum fore iusiurandum, quo suam deitatem oppignoravit:
et in signum filium suum dedit, tum mortem, inopiam, ignominiam, infernum, iuxta
ac vitam, divitias, gloriam et coelum haberemus: sicut coram Deo nihil differunt«
und WA 43, 570,29–33 (zu Gen 28,10), zit. Anm. 414 (S. 247). Vgl. Wilfried Härle,
Dogmatik, 162.

2. Der leibliche Tod als nihil

2.1 Tod als nihil

Der Tod ist gefürchtet,[388] da der Todesmoment der »Eintritt des Menschen in sein Nicht-mehr-Sein«[389] ist. Damit ist der Tod für Luther der »böse Feind«[390], ein »schrecklicher und unüberwindlicher Tyrann«, dem allein Gottes Kraft und Gewalt gegenüberzutreten vermag, weil diese »aus dem, das alles ist, nichts macht und wiederum aus dem, das Nichts ist, alles« (»Est quidem mors horribilis et invictus Tyrannus, Sed divina potentia ex eo, quod est omnia, facit nihil, Sicut etiam ex eo, quod est nihil, facit omnia.«).[391] Damit erweist sich Gott »gerade im Tode« gegenüber dem Glaubenden als »der Schöpfer aus dem Nichts«[392].

Sein ganzes Leben verbringt der Mensch angesichts des Todes. Für Luther ist schon das zeitliche Dasein ein steter Gang zum Tode (»perpetuus cursus ad mortem«), da der Mensch schon von Mutterleib (»ab utero«) an zu sterben beginnt.[393] Ist also bereits das Leben ein Leben mitten im Tode (»vita nostra est vita in media morte«),[394] so vermag erst recht niemand dem Tode zu entgehen.[395] Luther meint in der Auslegung von Gen 3,21, dass Adam und Eva die Felle geschlachteter Tiere umgelegt wurden, damit ihnen angezeigt werde, dass sie – und mit ihnen das Menschenge-

---

[388] Vgl. etwa bereits die Furcht vor dem Tode des Nächsten WA 44, 202,14–15 (zu Gen 35,18): »Ut maxime enim et nostra et coniunctorum mors tristis sit«. Rudolf Bultmann (Krisis des Glaubens. In: Glauben und Verstehen, Bd. 2, 3.5f.): »Der Mensch weiß nicht, ob der Tod und das Nichts ihm nicht das Ende bringen, und er sieht sein Dasein in Frage gestellt und wird von der Sorge um die Zukunft umgetrieben.« Vgl. die drei Typen der Angst bei Paul Tillich (GW, Bd. XI, 33–54).

[389] Otto Weber, Grundlagen der Dogmatik, Bd. I, 689. Vgl. Eberhard Jüngel, Tod, 99–101, 138–144, 171. Vgl. Paul Tillich (GW, Bd. XI, 40): »Der Mensch als Mensch ist sich in jeder Kultur der Drohung des Nichtseins voller Angst bewusst [...]. Die Angst vor dem Tode ist der dauernde Horizont, innerhalb dessen die Angst vor dem Schicksal am Werk ist.« Auch im Nichtsein des Todes steht der Mensch noch in der Machtsphäre Gottes, von dem er in allem, was er auch als Toter ›ist‹, noch schlechthin abhängt.

[390] BSLK 522,18f.

[391] WA 42, 147,8f. (zu Gen 3,15).

[392] David Löfgren, Die Theologie der Schöpfung bei Luther, 281.

[393] WA 42, 146,21–26 (zu Gen 3,15): »Nam etsi vitam, quam hic vivimus, non volumus appellare mortem, tamen profecto aliud nihil est quam perpetuus cursus ad mortem. Sicut enim qui peste infectus, iam tum, cum cepit infici, etiam mori coepit, Ita postquam vita haec per peccatum infecta est, non amplius potest proprie dici vita propter peccatum et peccati poenam: mortem. Statim enim ab utero matris mori incipimus.«

[394] WA 42, 147,25 (zu Gen 3,15). Vgl. demgegenüber die Umkehrung der alten Antiphon in Anm. 515 (S. 262). Vgl. WA 42, 146,29f. (zu Gen 3,15), zit. in Anm. 406 (S. 246).

[395] WA 42, 146,41 – 147,3 (zu Gen 3,15), im Kontext zit. in Anm. 185 (S. 217).

schlecht – von nun ab sterblich seien,[396] da der Tod Strafe der Sünden sei.[397]

Stirbt ein Mensch, wird er »begraben, von den Würmern verzehrt, kurz: er wird gar zunichte«[398]. Luther kann sogar sagen, dass Gott nicht einmal den Toten Verheißungen gibt, weil diese nicht glauben, ja, überhaupt gar nicht existieren (»Mortuis enim non fit promissio, quia non credunt, imo non sunt«),[399] Gott habe, so Luther in einem Spitzensatz, »mit den Toten nichts zu tun« (»siquidem Deus non agit cum mortuis«).[400]

Für Luther, der sich über die Verwesung des Körpers breit auslässt, ist »kein Aas eines Tieres schändlicher und ekelhafter als die menschliche Leiche« (»nullius bestiae cadaver putidius et foedius sit, quam corporis humani«).[401] Der Mensch »stirbt und wird begraben mit sehr großer Entehrung« (»homines et mori et sepeliri ignominiosissime«),[402] ausgelöscht und in der Erde begraben (»extingui, condi in terram«).[403] Von Würmern zerfressen und verzehrt (»corrodi etiam, et consumi a vermibus«),[404] wird er wieder zu Staub (»absumi et redigi in pulverem«)[405] als wäre nirgendwo Leben mehr.[406] Dies Geschick ist derart abscheulich

---

396 WA 42, 165,17–20 (zu Gen 3,21): »Atque huc facit, quod non frondibus, non ista lana, quae in arboribus crescit, eos vestit: Pellibus occisorum animalium eos circumdat, in signum, quod mortales sint et in certa morte versentur.«

397 WA 42, 223,4 (zu Gen 4,15): »mors est poena peccati«.

398 WA 43, 570,22–24 (zu Gen 28,10f.): »Christianus enim subit mortem, ingreditur sepulchrum, absumitur a vermibus, breviter in nihilum redigitur, quod sane contrarium est omnibus promissionibus divinis.« Vgl. WA 44, 455,10–14 (zu Gen 41,52): »Sic enim sepelimur et mandamur humo, putredini et vermibus, seminamur in infirmitate, corruptione, ignominia et foetore [vgl. 1Kor 15,42–44], adeo abiecta et turpi specie, ut fere magis optandum esset non esse natum, quam ita ignominiose corrodi et consumi a vermibus et putredine. Ita redigimur in nihilum«.

399 WA 42, 659,40 (zu i).

400 WA 43, 479,39f. (zu Gen 26,24f.); vgl. Ps 88,5–13; 115,17. Siehe dagegen Gottes Sorge um tote Menschen im Gegensatz zu toten Tieren in WA 42, 210,39f. (zu Gen 4,9): »Non requirit Deus oves et pecora mactata: Homines autem occisos requirit.« Hier stehen bei Luther verschiedene Traditionslinien der Interpretation des Lebens nach dem Tode im Alten Testament gegeneinander; vgl. Hartmut Gese, Der Tod im Alten Testament, 38–53, bes. 38–42.

401 WA 44,751,29f. (zu Gen 49,8f.). Vgl. weiter WA 43, 273,4f. (zu Gen 23,1f.), im Kontext zit. in Anm. 470 (S. 257).

402 WA 44,751,28f. (zu Gen 49,8f.).

403 WA 44,751,31 (zu Gen 49,8f.).

404 WA 44,751,29 (zu Gen 49,8f.). Ähnlich WA 43, 221,29f. (zu Gen 22,11): »Sic de nostris mortuis et corporibus cogitemus. Istud pabulum vermium [...]«, zit. im Kontext Anm. 1635 und WA 44, 644,42 (zu Gen 46,19–27): »[...] ut etiam corrosis et sepultis«, zit. im Kontext bei Anm. 415 (S. 247). Vgl. WA 36, 658,1f (Predigt zu 1Kor 15,36ff.; 1533): »Nos dicimus: Iam so schwach mortuus, si 1 maden, wurm venit, frisst mir die augen aus, alle Krafft hin weg.«

405 WA 44,751,31f. (zu Gen 49,8f.). Vgl. WA 42, 577,3f. (zu Gen 15,13–16): »Defodientur quidem corpora nostra in terram, Imo in terra putrescent et redigentur in pulverem«.

406 WA 42, 146,29f. (zu Gen 3,15): »Antequam ad eam venimus, sumus in media morte, morimur et in terra putrescimus, sicut alia cadavera, quasi nulla vita usquam sit.«

(»tanta quidem foeditate«),[407] dass – wie auf Gemälden dargestellt[408] – aus dem Gehirn des Menschen Kröten und aus den Därmen Schlangen geboren werden (»ex cerebro humano bubones, ex intestinis vero serpentes nascantur«).[409] Luther bezieht sich drastisch in dieses Geschehen mit ein und schildert seine eigene Verwesung: »Ich werde begraben, von den Würmern verzehrt werden und im Gestank verfaulen«, wobei er, Hiob 17,14 aufnehmend, fortfährt: »Die Verwesung heiße ich meinen Vater und die Würmer meine Mutter und Schwester.«[410] Dieser Tod ist umfassend und »dringt durch das Mark des Fleisches und Geistes« (»penetrat medullas carnis et spiritus«).[411]

Das nihil des Todes ist für Luther etwas Positives. Denn indem dieser den Leib tötet und damit ins Nichts führt, zerstört er den unter der Macht der Sünde stehenden »Adam«[412]. Luther verknüpft damit das rechtfertigungstheologische und leibliche Sterben des Menschen und sieht beides zusammen. Ist diese Nichtung auch allen Verheißungen Gottes zuwider (»quod sane contrarium est omnibus promissionibus divinis«),[413] soll dennoch in diesem Sterben Gott vertraut werden,[414] der zusagt, dass auch, wenn man in der Erde verscharrt und von Würmern gefressen ist, doch »kein Haar umkommen« soll (»ut etiam corrosis et sepultis ne capillus quidem periturus sit«).[415]

---

[407] WA 44, 751,32 (zu Gen 49,8f.).

[408] WA 44, 751,32 (zu Gen 49,8f.): »ut sicut vulgo pinguntur cadavera, [...]«. Luther hat hier drastische bildnerische Todesdarstellungen vor Augen. Man denke an Bilder wie etwa »Triumph des Todes« von Pieter Bruegel d.Ä. (ca. 1525–69), gemalt um 1560.

[409] Der Kontext legt nahe, statt »bubones« [sc. Uhu] »bufones« [sc. Kröten] zu lesen. Zwar gilt der Uhu im Volksmund als Toten- bzw. Unglücksvogel (Grimm, DWb 11/2, 750), die Zusammenstellung mit Schlangen macht jedoch Kröten wahrscheinlicher.

[410] WA 44, 300,13–17 (zu Gen 37,31–33), im Kontext (Z. 13–17): »Ad eundem modum ex hac vita discessurus hac consolatione me sustento, quod credo in filium Dei. Atqui sepelior, corrodor a vermibus, et putredine foedissima absumor, sicut ait Hiob capite 17 [Hi 17,14]: ›Putredini dixi, pater meus es: mater mea et soror mea vermibus‹, Ibi consilium Dei non cerno, quod morienti et putrefacto mihi sit aliquando reviviscendum.«

[411] WA 44, 823,24–29 (zu Gen 50,19–23): »Nescis horam mortis, nescis an Diabolus tibi, antequam resipiscas, manus iniiciat, aut mora te praeoccupet. Non enim talis res est peccatum aut mors, quae possit libere deponi aut abiici, sicut tunica exuitur, sed penetrat medullas carnis et spiritus [Hebr 4,12], sicut videmus in tentationibus desperabundos aegritudine animi et tabe confici«.

[412] WA 1, 188, 14–22 (Auslegung der sieben Bußpsalmen, 1517; zu Ps 51,6), zit. Anm. 88 (S. 205).

[413] WA 43, 570,24 (zu Gen 28,10f.), im Kontext zit. Anm. 398 (S. 246).

[414] WA 43, 570,29–33 (zu Gen 28,10): »Etsi effunderet infernus omnes flammas, et evomeret in me, quicquid est mali: tamen maneo in fide illa. Credo in Iesum Christum, filium eius unicum: Domine Deus, serva me per Christum, ne oriatur blasphemia illa: Tu mentiris. Contrarium quidem sentio, sed verbum tuum habeo, quod non fallit, imo est mihi omnia in omnibus.«

[415] WA 44, 644,42 – 645,1 (zu Gen 46,19–27).

Für den Sterbenden ist sein Tod das Ende der Welt. Diesem Ende kann nur durch eine Neuschöpfung begegnet werden. Wie der Mensch vor seiner Geburt »nichts« gewesen ist (»Sicut igitur ante centum annos nihil fuimus«), so kommt er bei der Auferstehung ebenfalls »aus nichts« (»caro nostra iterum ex nihilo emergit et vivet«), da für Luther das Gegenwärtige auf das Künftige weist und dieses lehrt.[416]

2.2 Tod als Schlaf

Ist der Tote »nihil«, so heißt dies freilich nicht, dass er »in der Luft verschwunden« ist (»Non enim evanescimus in auras morientes«). Luther kennt einen »Versammlungsort der Toten«, wo die Verstorbenen als »ein Volk der Toten« auf die Auferstehung warten.[417] Ist der Tod auch grausames und trennendes Ende, so hebt Luther ebenso die Bewahrung Gottes hervor: Der Tod ist nicht zu fürchten: Gottes conservatio ist dennoch gültig und trägt hindurch. Damit spricht Luther von einer conservatio im nihil; wie diese Bewahrung im Tode jedoch im Einzelnen aussieht, sagt Luther nicht, vergleicht sie jedoch mit der conservatio eines Fötus und Säuglings durch seine Mutter.[418]

Luther kann vom Tode, obwohl er ihn als Ende und Nichts ansieht, auch als Schlaf sprechen. Das von ihm verwendete Bild der Bruderschaft von Tod und Schlaf ist ein altes Motiv;[419] beide parallelisiert er: »Denn

---

[416] WA 43, 147,9f. (zu Gen 21,8), im Kontext (Z. 9–12): »Sicut igitur ante centum annos nihil fuimus, ita, cum mors aboleverit carnem nostram, caro nostra iterum ex nihilo emerget et vivet. Sic praesentia, quae iam habemus, palpabiliter nos docent de futuris, quae habituri sumus«. Zum pränatalen »nihil« des Menschen siehe ebenso Anm. 32 (S. 92), zum »Vorbild« der Gegenwart für das Zukünftige bei Anm. 268 (S. 228).

[417] WA 44, 208,35–38.209,4 (zu Gen 35,27–29): »Hic modus loquendi: ›collectus est ad patres suos‹, testatur futuram resurrectionem mortuorum, siquidem est populus aliquis, ad quem colligimur. Non enim evanescimus in auras morientes. Ideo non dicit spiritus sanctus, evanuit, postquam desiit vivere. Sed est collectus, [...]. Est populus quidam mortuorum«.

[418] WA 44, 813,16–21 (zu Gen 49,33): »Nihil vero dubium est, collectos ad populum suum quiescere. At quomodo? Dic tu quomodo dormias, aut quo pacto foetus in utero materno servetur. Mater sensit te in utero moveri et vivere, sed nescis quomodo vixeris, palpaveris, videris, etc. Suxisti et ubera matris ignarus rerum omnium, et iam scire ac intelligere vis quomodo servet te Deus in pace post mortem?« Die von allem draußen nichts wissende, passive Existenz des Fötus im Mutterleib wird von Luther geradezu als Abbild eines Fortlebens nach dem Tod gesehen. Vgl. den Abschnitt WA 43, 480, 40 – 481,26 (zu Gen 26,24f.), bes. 480,40f.: »Inspice enim tuam infantiam, et cogita, num memineris te fuisse in utero matris« sowie 481,25f.: »[...] atque hoc ipsum verbum est testimonium efficacissimum, quod non simus mortales, sed immortales etiam in morte«.

[419] WA 43, 221,25f. (zu Gen 22,11): »somnus, qui est quasi frater et consanguineus mortis.« Vgl. Mk 5,39. Zur weiteren Lektüre sei empfohlen: Gotthold Ephraim Lessing, Wie die Alten den Tod gebildet (1769), in: ders., Werke und Briefe, hg. v. Wilfried Barner, Bd. 6, 715–778. Lessing zeigt, dass in der Antike der Tod allegorisch als Zwil-

eigentlich ist unser Schlaf ein Tod und der Tod ein Schlaf« (»Nam revera somnus noster est mors, et mors est somnus«).[420] Luther kann vom Tode auch als »Ohnmacht« (»Syncopis«)[421] sprechen. Kriterium für die Unterscheidung des Todes als einerseits nihil und andererseits als Schlaf ist die Angst: Wo nämlich diese fehlt, ist der Tod kein Tod, sondern Schlaf (»Sine pavore mors non est mors, sed somnus«).[422]

Das Bild des Todes als Schlaf tut dessen nihil im eigentlichen Sinne keinen Abbruch, denn die Merkmale des schlafenden – nicht schlummernden – Menschen sind für Luther im Prinzip dieselben wie die des toten Menschen. Gemeinsam ist nämlich beiden, dass der Mensch sich selbst nicht mehr zur Verfügung steht, sondern sich selbst und seinen Werken entnommen ist; zudem kann er sich nicht selbst aufwecken. Der menschliche Todesschlaf als Ablösung vom eigenen Selbst wie von eigenen Werken, mit der ich mich der Schöpferkraft Gottes anbefehle und ausliefere, wird von Luther mit Adams Schlaf während der Erschaffung Evas verglichen: Während der schlafende Adam mere passive ist, entsteht etwas Neues, an dessen Entstehung er gänzlich unbeteiligt ist; beim Erwachen ist er überrascht von dem, was während seines Schlafes entstanden war.[423]

Welche Gestalt haben also das Sterben und der Tod des Christen für Luther? Für den Glaubenden ist der Tod kein Tod,[424] sondern lediglich ein Schlaf (»Credentibus enim mors non est mors, sed somnus quidam«).[425]

---

lingsbruder des Schlafes dargestellt wurde; erst im Mittelalter seien die bekannten Schreckbilder, wie etwa das des Sensen- oder Knochenmannes, vorherrschend geworden.

[420] WATR 4, 200,11f. (Nr. 4203).

[421] WA 42, 256,36–37 (zu Gen 5,21–24): »Sed cum conscientia pacata est, mors habet similitudinem Syncopis, per quam transimus in requiem.«

[422] Eine erstaunliche Stelle, in der Luther den Tod von der mit ihm verbundenen Angst her definiert, finden wir WA 43, 218,10 (zu Gen 22,11), im Kontext (Z. 8–15): »Mors naturalis, quae est separatio animae a corpore, simplex mors est. Sed sentire mortem, hoc est, terrorem et pavorem mortis, ea demum vera mors est. Sine pavore mors non est mors, sed somnus, ut inquit Christus: ›Qui credit in me, non videbit mortem‹, ablato pavore, ablata est animae mors. Proinde hanc descriptionem mortis constituamus. Mors habet animam et corpus. Corpus est extinctio mortis animae, Animae mors est ipse pavor et horror mortis. Quod si anima mortis est mortua: corporis mors est somnus« (vgl. Luthers Bestimmung der Hölle ausgehend von Gewissensqualen in Anm. 123 [S. 209]). Luther kann auch das Leben als Schlaf bezeichnen, aus dem wir einst geweckt werden, WA 44, 536,28–31 (zu Gen 43,8–10).

[423] WA 42, 98,3–6 (zu Gen 2,21): »Sicut autem Adam hic admirabundus dicit: ›Hoc est os ex ossibus meis‹ et tamen sic suavi somno oppressus fuit, ut non sentiret, id eximi, Ita nos in illa die dicemus: Ecce hoc corpus a vermibus corrosum in quantam subito gloriam surgit! etc.« Vgl. Ps 127 u. WA 42, 658,16f. (zu Gen 17,17), zit. Anm. 281 (S. 180).

[424] WA 43, 359,39f. (zu Gen 25,7–10): »Idque multi loci scripturae sanctae comprobant, quod post mortem non morimur, sed vivimus simpliciter«.

[425] WA 42, 256,27f. (zu Gen 5,21–24), im Kontext zit. Anm. 448 (S. 253). So WA 43, 221,26f. (22,11): »Quando enim homo sepelitur, Deo non est mortuus, sed dormit.« Vgl. WA 35, 438,14 – 439,2 (Nunc dimittis [nach Lk 2,30–32]; Text modernisiert):

Dieser Schlaf ist »allerliebst und sehr sanft«; er kommt leise und ganz ohne Gewalt über die Christen.[426] Das Sterben ist wie Einschlafen,[427] man sagt der Welt »Lebewohl« oder auch »Gute Nacht!«[428] Der Tod erscheint wie ein Nachtschlaf (»Was ist vnser tod anders denn ein nacht schlaff?«),[429] wobei das Grab nicht nur diminutiv ein »Gräblein«[430], sondern auch »Ruhebett« bzw. eine »Schlafkammer« genannt wird.[431] Diese »Kammer« muss jedoch nicht unbedingt das Grab selbst, sondern kann ein davon unabhängiger Ort der Ruhe sein.[432] Lehnt Luther altgläubige Spekulationen über verschiedene Ruheräume der Toten ab,[433] so sieht er als »Schlafkammer« der Christen »Gottes Wort«, welches in den Augen der Mitmenschen zwar gering erscheint, gleichwohl jedoch ein »unendlicher Raum« ist, in den der Tote gestellt wird.[434] Schutz gegen das nihil in diesem Schlaf ist Gottes Wort, mit dem Gott – Unsterblichkeit verleihend – den Menschen angesprochen hat.[435]

Zu Luthers Bild vom Todesschlaf bieten sich einige Seitenblicke an: In Anlehnung an Joh 12,24 und 1Kor 15,35–44 spricht Luther vom Tode

---

»Mit Fried und Freud ich fahr dahin / in Gotts Wille, / Getrost ist mir mein Herz und Sinn / sanft und stille, / Wie Gott mir verheißen hat, / Der Tod ist mein Schlaf worden.«.

[426] WA 43, 357,31–34 (zu Gen 25,7–10): »Iusti coram mundo contempti sunt, spreti et abiecti, et mors eorum tristissima videtur, sed dormiunt suavissimum somnum. Quando decumbunt in lecto, et agunt animam, moriuntur, non aliter ac si somnus paulatim membris ac sensibus illaberetur.«

[427] WA 44, 813,42 – 814,5 (zu Gen 49,33): »Saepe ego conatus sum observare momentum illud temporis quo aut obdormio, aut rursus evigilo, sed nunquam potui id deprehendere aut praevenire, quin somnus me occuparet praeter opinionem et cogitationem. Talis etiam erit mors et resurrectio nostra. Wir faren dahin, und kummen am jungsten tag herwider, und wirs gewar werden, wissen auch nicht, wie lang wir auß gewesen sind.« Vgl. WA 43, 357,23–25 (zu Gen 25,7–10).

[428] WA 43, 356,24f. (zu Gen 25,5f.): »Iam valedicit sanctus Pater [sc. Abraham] mundo, et condit Testamentum bono et tranquillo animo: quia mortem iuxta ac vitam habet.«

[429] WATR 4, 200,12 (Nr. 4203; 1538).

[430] WA 37, 151,8 (Predigt zu Lk 7,11–17; 28.09.1533), zit. im Kontext Anm. 457 (S. 254).

[431] WA 43, 205,15–17 (zu Gen 22,1f.): »[...] et cum Abraha dicamus: etsi moritur filius meus Isaac, tamen, quia in Deum credit, sepulchrum ipsum, in quo cineres eius iacebunt, non erit sepulchrum, sed cubile et dormitorium.« Vgl. WA 44, 517,16–22 (zu Gen 42,38).

[432] WA 43, 360,21–23 (zu Gen 25,7–10): »Sufficit igitur nobis haec cognitio, non egredi animas ex corporibus in periculum cruciatum et paenarum inferni, sed esse eis paratum cubiculum, in quo dormiant in pace.«

[433] WA 43, 361,24f. (zu Gen 25,7–10): »Verum hic Papistarum quoque stultitia taxanda est, qui post mortem fecerunt quinque loca, [...].«

[434] WA 43, 361,9–16 (zu Gen 25,7–10): »Sed respiciendum est ad verbum et omnipotentiam Dei. Si enim tribus digitis ponderat coelum et terram Deus, ut Esaiae 40 [Jes 40,12]. dicitur, certe verbum eius longe maius et amplius est. Verbum est spacium infinitae amplitudinis. Ideo receptacula animarum sunt verbum Dei sive promissiones, in quibus obdormimus. Leve quidem et exile apparet, quando per os hominis pronunciatur: Sed quando fide id apprehendimus, et in verbo obdormimus, venit anima in spacium infinitum.«

[435] WA 43, 481,32–34.37f. (zu Gen 26,24), im Kontext zit. in Anm. 305 (S. 132).

als dem »Sterben des Weizenkorns« und von Gott als Bauern, der die
sterbenden Menschen als Samen sät.[436] Sieht Luther auch dieses »Sterben«
als nihil, so ist – streng betrachtet – das Korn nicht eigentlich »tot«, denn
das Samenkorn stirbt nicht. Im Gegenteil: Nur indem das Samenkorn *am
Leben bleibt*, vermag es zu keimen und Frucht zu bringen. Würde es tatsächlich sterben, so wäre auch die Erwartung einer Frucht aussichtslos.[437]
Der Grundgedanke ist jedoch auch hier: Das Samenkorn ist – wie der
Schlafende – sich selbst entnommen. Damit wird wieder deutlich, dass
nicht ontologische Bestimmungen, sondern die Kategorie des Verhältnisses für Luther entscheidend ist.

Nicht eindeutig äußert sich Luther in der Großen Genesisvorlesung
zu der Frage, inwieweit im Tode der *ganze* Mensch annihiliert wird. So
sehr die körperliche Verwesung im Vordergrund steht, so sehr kann Luther die conservatio der Seele hervorheben und von einer Art »Seelenschlaf« sprechen.[438] Leib und Seele schlafen, wobei die Seele paradoxer-

---

[436] WA 44, 455,5–9 (zu Gen 41,52): »Oportet enim nos humiliari, mortificari, ac granum frumenti in terram iactum mori et resurgere cum multiplici fructu. Quia est Deus
Ephraim id est, fructificationum, sed in terra *Anii* hoc est, mortificationum. Estque
perpetua et unica regula divinorum operum: Omnia ex nihilo facere.« Vgl. WA 44,
265,28–34.42 – 266,4 (zu Gen 37,15–17).
In Anlehnung an Joh 12,24 und 1Kor 15,36–44 verwendet Luther dieses Bild häufig;
etwa WA 34/II, 124,29f. (Predigt über Tit 2; August 1531): »Gleich wie ich jtzt Korn
see, Bonen setze, Also seet und pflantzet mich Gott durch die Tauffe und durchs Wort.
Darumb bin ich seine Bone und Korn.« Weiter: WA 49, 426,36–38; 427,11f.; 428,
34–41 (Predigt über 1Kor 15,39–44; 1544): »Unser HERR Gott ist ein guter Acker-
mann, Der tregt uns alle in seinem Tuch, Das ist: in seinem Gesetz, Weil wir alle Sünder sein und ubertretter seiner Gebot, so müssen wir auch alle sterben, [...] So nimpt
uns doch der Tod alle dahin, Das es alles heist: Gott greifft in sein Tuch, strewet umb
sich wie der Seeman [sc. Sämann] und seet uns dahin in die Erde. [...] Also werden
wir auch in die Erde geseet und bescharret wie das Korn. Aber es ist umb ein Winter
zuthun, das wir in der Erden ligen und verfaulen, Wenn unser Sommer angehet am
Jüngsten tage, wird unser Korn erfür brechen, das wir sehen werden nicht allein ein
grün Greßlein und auffgerichten Halm, Sondern auch ein starcke, dicke Ehern, Und
werden reiche Bawern, Das ist: ewig selig werden, Dazu bereitet uns der Regen, die
Sonne und der Wind, Das ist: das Wort, die Sacrament und der heilige Geist.«
[437] Diese Unschärfe betrifft schon die Bildwelt bei Paulus in 1Kor 15. Luther geht von
einem »nihil« des gesäten Kornes aus, siehe hierfür WA 36, 637,8–11 (Predigt zu 1Kor
15,35ff.; 1532): »quando vero iniicis in terram, amittit formam et acquirit aliam formam, quam habuit in sacco, wird ein lauter faul ding, wird nichts, et tamen mher,
verwesen, ubi amittit substantiam, krigst unter im wurtzel.« Vgl. WA 36, 655,6–8
(Predigt zu 1Kor 15,36ff.; 1533): »Du nar, so sols sein, es mus verfaulen, begraben
werden, das die finger, oculi, schenckel, ut amittat formam, haud, har verzert, ut nihil,
so sols sein.« Gleichwohl kann er auch sagen, dass der Christ im Tode gerade nicht
nihiliert wird (WA 44, 449,31–36 [zu Gen 41,46]): »›Nisi enim granum frumenti cadens in terram mortuum fuerit, ipsum solum manet, si autem mortuum fuerit, multum
fructum adfert.‹ [Joh 12,24] Hoc diligenter et perpetuo inculcatur a spiritu sancto,
ut sciamus credentes tentari quidem, sed non consumi et in nihilum redigi, ut fidem
eorum imitari eaque nos erigere et sustentare possimus.«
[438] Etwa WA 42, 64,6–8 (zu Gen 2,7): »Queritur de anima post mortem, quo feratur. Id
ego nescio. Corpus videmus quiescere, Anima fidelium kompt in gotts hand, da schlefft

weise gleichzeitig wacht, von Gott erhalten wird und für Worte Gottes und damit für das Auferstehungswort ansprechbar bleibt.[439] Der Leib ist dabei »wie ein finsterer Kerker, in dem die Seele verschlossen ist«. Die »eine Hälfte« des Toten ist daher »wie nichts« und ein »Aas, das im Grabe stinkt« (»Media igitur pars nostri quasi nihilum et cadaver est foetens in sepulchro«).[440] Wie mehrschichtig Luther redet, zeigt sich, wenn er etwa in Aufnahme von Jesu Argument gegen die Sadduzäer von einem »Leben« der Toten spricht (»Abraham vivit«) und gleichzeitig durch eine stillschweigende Umwandlung des bekannten ›Gott ist nicht ein Gott der Toten‹ (»[n]on est Deus mortuorum [Deus]« [Mt 22,32; Vulgata]) in ›Gott ist nicht ein Gott des Nichtseienden‹ (»Non est Deus eius Deus, quod nihil est«) Tod und Nichts identifiziert.[441]

Luthers Absicht bei der Betonung des Schlafcharakters des Todes ist eine seelsorgerliche: die Überwindung der Todesfurcht. Der Christenmensch soll nicht vor dem unzweifelhaft vorherrschenden nihil des Todes erschrekken,[442] das den Durchgangscharakter des Todes verdeckt,[443] sondern wissen, dass der Tod »lediglich« eine Ruhephase bis zur Auferweckung durch Christus ist: Gottes conservatio wird durch den Tod nicht aufge-

---

sie auff das aller best.« Vgl. Anm. 454 (S. 254) u. Anm. 459 (S. 255). Zu Luthers Stellung zur Unsterblichkeit der Seele ist auf die Auseinandersetzung zwischen Carl Stange (Zur Auslegung der Aussagen Luthers über die Unsterblichkeit der Seele, 287–344) und Paul Althaus (Unsterblichkeit und ewiges Sterben bei Martin Luther. Zur Auseinandersetzung mit Carl Stange, SASW 30) zu verweisen.

[439] WA 43, 360,34–38 (zu Gen 25,7–10): »Sic anima post mortem intrat suum cubiculum et pacem, et dormiens non sentit suum somnum, et tamen servat Deus vigilantem animam. Ita potest Deus excitare Heliam, Mosen etc. et sic regere, ut vivant. Sed quomodo? Nescimus, sufficit similitudo somni corporalis, et quod Deus affirmat esse somnum, quietem et pacem.«

[440] WA 43, 284,1f. (zu Gen 23,3f.), im Kontext (283,42 – 284,2): »Corpus est quasi carcer tenebricosus, in quo anima inclusa tenetur, tanquam in carcere et inferno. Media igitur pars nostri quasi nihilum et cadaver est foetens in sepulchro.« Da Luther das Grab auch als Mutterleib und die Auferstehung als Geburt bezeichnen kann, scheint als Wortspiel in »foetens« »foetus« mitzuklingen: man meint ›cadaver est foetus in sepulchro‹ zu hören.

[441] WA 43, 479,24f. (zu Gen 26,24f.), im Kontext (Z. 23–30): »Hic est ille Syllogismus Matthei 22 [Mt 22,32].: ›Ego sum Deus Abraham, et Deus Isaac, et Deus Iacob. Non est Deus mortuorum, sed viventium.‹ Non est Deus eius Deus, quod nihil est. Nullus et nemo non adorant Deum, et Deus non regnat super eos. Abraham est mortuus, et Deus est Abrahae Deus: Ergo Abraham vivit. Est quidem mortuus et sepultus, sed mihi Deo vivit Abraham, et cognovit trinitatem personarum, et Christum, semen suum. Quia Deus non est nihili Deus.«

[442] Etwa WA 43, 443,26–30 (zu Gen 26,2–5): »Et tamen oppressa est caro dubitatione, ut ista non credat. Haec ingens miseria et ipsa morte est acerbior. Quin ideo mors acerba est, quia non credimus propter impedimenta carnis. Alioqui tribulatio esset gaudium, mors esset somnus credentibus nobis.« Von der Notwendigkeit eines Erschreckens vor dem Tod spricht dagegen Ps 90.

[443] WA 43, 302,14–17 (zu Gen 24,1–4): »In concupiscentia non vident illam sanctissimam benedictionem generationis: quia nihil nisi flammas turpissimae concupiscentiae sentiunt. Sic in morte nihil nisi mortem, in inferno nullum coelum cernunt«.

hoben; die Toten sind ein »Pfand« (»depositum«) an die Erde, welches einst ausgelöst wird.[444] Daher erschrecken die Christen nicht vor dem Tode, sondern sterben gerne (»libens moriar«).[445] Luthers »allerlieblichste Beschreibung des Todes«[446] soll das Sterben erleichtern, indem es die Todesfurcht zu nehmen versucht.[447] Je größer der Glaube, desto schwächer der Tod.[448]

In Verwendung der oben bereits erwähnten Geburtsmetapher spricht Luther von dem Tod als Eingang in den »Schoß« Christi, der ihn durch die Auferstehung wieder gebären wird[449]: Christus ist »mein Schoß, mein Paradies, mein Trost, meine Hoffnung«[450]. Luther spricht auch von einer »Wiege«, in die der Mensch wie ein Kind gelegt wird (»ponit in cunas«)

---

[444] WA 42, 577,3–6 (zu Gen 15,13–21): »Defodientur quidem corpora nostra in terram, Imo in terra putrescent et redigentur in pulverem: Sed suo tempore terra depositum hoc ei reddit, qui se promisit nostram mercedem fore. Haec spes certa et firma est.«

[445] WA 43, 357,34–37 (zu Gen 25,7–10): »Prius enim variis tentationibus humiliati ac placidi, et tranquilli facti sunt, ut dicant Domine Deus, libens moriar, si sic tibi visum fuerit: non exhorrescunt mortem, sicut impii, qui trepidant et anguntur horribiliter.«

[446] WA 42, 576,19f. (zu Gen 15,13–16): »Ac notanda in primis hoc in loco est descriptio mortis suavissima: Non appellat mortem, sed suavibus verbis eam quasi extenuat.«

[447] WA 42, 577,1–3 (zu Gen 15,13–16): »Non enim, ut diximus, Abrahamo haec scriptura sunt, nobis serviunt, ut cum Abraha credentes in semen mulieris spe hac superemus mortem, nec horreamus transitum ex hac vita.«

[448] Je nach Glaubensstärke verliere oder gewinne der Tod an Kraft und Bitterkeit, WA 42, 256,24–30 (zu Gen 5,21–24): »Idem de se et de omni credentium posteritate speraverunt, ac Mortem securissime contempserunt, tanquam quae non esset mors, sed somnus quidam, ex quo evigilaturi essent ad aeternam vitam. Credentibus enim mors non est mors, sed somnus quidam. Nam cum terror, stimulus et vis illa mortis abest, non potest dici mors. Quanto igitur maior fides est, tanto mors est imbecillior; Quanto autem fides minor est, tanto mors est acerbior.«

[449] WA 43, 361,1–3 (zu Gen 25,7–10): »[...] ita ante Christum et multo magis post Christum ingressae sunt et ingrediuntur omnes animae credentium in sinum Christi«, vgl. WATR 3, 276,26f. (Nr. 3339), zit. in Anm. 460 (S. 255). Luther kann auch bereits das Leben selbst als ein Sein im Uterus Gottes verstehen, WATR 5, 311,11–16 (Nr. 5672): »Wie ich bin meiner mutter an zutzen [sc. Zitzen] gehangen, da hab ich viel gewist, wie ich hernach essen oder trincken oder wie ich leben werde. So vorsthen wir auch viel weniger, was jenes vor [sc. für] ein leben wird werden. Qui gestamini in utero meo, qui formamini in matrice mea, sagt er im propheten [Jes 46,3]; so heists: Jr seit noch nicht, was ir werden solt; ir seit noch in utero.« Ist der Tod damit ein Geburtsvorgang, so kann Luther auch umgekehrt die Geburt eines Kindes aufgrund der damit verbundenen Gefahren für das Leben der Mutter als »Tod« bezeichnen, WA 44, 335,24–26 (zu Gen 38,27–30): »Omnes enim ex utero muliebri in hanc lucem nascimur, per partum, hoc est, per mortem, siquidem matres cum infantibus in certissimo periculo mortis constitutae sunt.«

[450] WA 43, 362,20–22 (zu Gen 25,7–10): »Nos in fide Christi morimur, qui mortuus est propter peccata nostra, et satisfecit pro nobis: is meus sinus, paradisus meus, consolatio et spes mea est.« Vgl. WA 43, 362,27–32 (zu Gen 25,7–10): »Hodie mecum eris in paradiso [Luk 23,43], id est, in meo sinu, ubi ego sum, similiter et tu eris, ibi coelum et paradisus idem sunt: nisi quod adhuc apud sanctos quies et pax est, non regnum. Christus est in coelo vel paradiso, ut gubernet, iudicet, regat Ecclesiam, mittat Angelos ad ministerium Ecclesiae, distribuat dona hominibus, exaltet humiles, etc.«

und bis zur Auferweckung schläft.[451] Der Tote ruht schlafend ohne Traurigkeit und Unglück in Frieden;[452] freilich ist der Todesschlaf im Unterschied zum normalen Schlaf tiefer.[453] Wie dieser Seelenschlaf sich genauer gestaltet, weiß Luther jedoch nicht.[454]

Ist der Tod ein Schlaf, so ist die Auferweckung ein Aufwachen. Es erscheint der Schlaf selbst einem derart kurz, dass man beim Aufwachen meint, man habe lediglich ein oder zwei Stunden geschlafen;[455] während der Aufwachende sich die Augen reibt, fallen Maden und Würmer von ihm ab.[456] Luther malt seelsorgerlich-persönlich aus, wie während seines eigenen Todesschlafes Christus einst an sein Grab treten wird und ihn – an den Sarg klopfend – aufwecken wird. (»wir sollen schlaffen, donec veniat und klopff an das greblin Et dicat: D. Martine, surge. Ibi in momento surgam und werde ewig mit jhm frolich sein«).[457]

---

[451] WA 43, 360,42 – 361,1 (zu Gen 25,7–10): Proinde sicut mater defert infantem in cubiculum, ponit in cunas, non ut moriatur, sed ut dormiat et quiescat suaviter«. Kontext zit. in Anm. 449 (S. 253).

[452] WA 43, 278,8–11 (zu Gen 23,3f.): »Causa luctus est lucis extinctio, causa solatii requies. Requiescat ergo in pace, cogitabis, scio enim, quod bene habet, non est in tristitia aut calamitate, sed in quiete: ibi dormit et expectat meliorem vitam«.

[453] WA 43, 360,24–31 (zu Gen 25,7–10): »Differunt tamen somnus sive quies huius vitae et futurae. Homo enim in hac vita defatigatus diurno labore, sub noctem intrat in cubiculum suum, tanquam in pace, ut ibi dormiat, et ea nocte fruitur quiete, neque quicquam scit de ullo malo sive incendii, sive caedis. Anima autem non sic dormit, sed vigilat, et patitur visiones, loquelas Angelorum et Dei. Ideo somnus in futura vita profundior est, quam in hac vita, et tamen anima coram Deo vivit. Hac similitudine, quam habeo a somno viventis hominis, contentus sum«. Durch die Tiefe des Todesschlafes ist der Tote sich selbst völlig entnommen. Vgl. Paul Althaus (Die Theologie Martin Luthers, 347): »Luther faßt den Zustand zwischen dem Tode und der Auferweckung im allgemeinen als tiefen traumlosen Schlaf, ohne Bewußtsein und Empfinden.«

[454] WA 43, 480,36–38 (zu Gen 26,24f.): »Recte igitur dixerimus nos, dum dormimus et morimur, vivere maxime: quia spiritus vitalis tum maxime est efficax. Ad eundem modum animae quoque dormiunt. Sed quomodo id fiat, non intelligimus.«

[455] WA 43, 360,31–33 (zu Gen 25,1759): »In illo enim pax est et quies, putat se dormivisse vix unam aut alteram horam, et tamen videt animam ita dormire, ut etiam vigilet.«

[456] WATR 4, 200,12 – 201,1 (Nr. 4203; 1538): »[...] Nam sicut per somnum omnis debilitas cedit et spiritus redeunt, also das aines sich morgen frisches muts auffstehet, ita in extremo die surgemus, quasi tantum unam noctem dormiverimus, werden frisch vnd starck sein vnd nur die awgen wischen; als denn werden die wurm, maden vnd stanck wegfallen.«

[457] WA 37, 151,8–10 (Predigt zu Lk 7,11–17; 28.09.1533). Auffällig ist die Verharmlosung des Grabes durch »Gräblein« – wie in Märchenerzählungen, wo eben solche Diminutive auch verwandt werden, um bedrohliche Elemente und Gegenstände zu entkräften. Zum Motiv des Aufweckens vgl. WABR 5, 240,68 (Nr. 1529; an den Vater): »[...] da muß es doch aufhören und uns zufrieden in der Ruge [sc. Ruhe] Christi schlafen lassen, bis er kompt und wecke uns mit Frohlichsein wieder auf«. Ebenso WA 36, 347,12–15.26–29 (Predigt über Matth 9; 1532): »Ists unmuglich todten aufferwecken, mihi [sc. Christus] non est labor, Sicut si tu dormientem excites e somno, klopfft nur ans bette, Viel leichter wirds Christo einen todten excitare, quam nobis e

3. »ex nihilo condidit omnia [...]. Eadem potentia
in extremo die excitabit mortuos« (WA 44, 75,28.31) –
Die Auferweckung der Toten als creatio ex nihilo

Die Auferweckung der Toten ist Werk des Schöpfers,[458] creatio ex nihilo;[459] dass man nach dem Tod und trotz des Todes wiederum leben darf, steht nicht in der Macht des Menschen, sondern ist allein Gottes Gabe.[460]

Gott wendet sich dem zu, was zunichte gemacht (»Ita redigimur in nihilum [...]«),[461] gedemütigt, getötet und wie das Weizenkorn in die Erde

---

somno excitare dormientem. [...] So lerne, das ich helffen kan, wo niemand helffen kan, scilicet ynn ausfuren ex Aegypto, ex peccato, morte. Ich wil klopffen an ewer greber in novissimo die, yhr solt nicht drinn bleiben, sed vitam aeternam dabo etc.«

[458] WA 44, 179,16f. (zu Gen 35,5): »Creatoris enim opus est [...] excitare a mortuis«, im Kontext zit. in Anm. 31 (S. 195). Und WA 43, 224,30-32 (zu Gen 22,11): »Atqui bonum opus esse illud nos adfirmamus, quod fit in fide et obedientia Dei ab eo, qui credit Deum creatorem, servatorem et resuscitantem a mortuis.« Vgl. Hes 37,1–14 und 1Tim 6,13.

[459] Etwa WA 44, 483,2-4 (zu Gen 42,14-17): »Quia ipse est supra et extra et infra omnia. Coram eo omnia sunt nihil et nihil est omnia. Vivificat enim mortuos et vocat ea quae non sunt, ut sint [Röm 4,17; von der WA nicht ausgewiesen]«, deutlich durch die Satzverbindung. Vgl. zudem die ähnliche Tischrede in WATR 6, 10,38 – 11,3 (Nr. 6515): »Gleich wie Gott Alles aus Nichts machet und aus Finsterniß schaffet das Licht, also machet auch sein Wort, daß im Tode nichts denn Leben sein muß. Darum, wer am Wort Gottes hanget und ihm folget, der erfähret zuletzt, was David im Psalm saget [Ps 33,9]: ›Wenn Gott spricht, so ists gemacht, und wenn ers heißet, so stehets da.‹ Aber ehe man zu dieser Erfahrung kömmet, muß man etwas leiden; denn Gottes Art und Natur ist, aus Nichts Alles schaffen und machen.«
Es stellt sich die Frage, wie angesichts des Todes und der creatio ex nihilo eine Personenkontinuität zwischen dem irdischem und dem von den Toten auferweckten Menschen besteht. Denn in irgendeiner Art und Weise muss eine Kontinuität gewahrt werden, die den Menschen durch den Tod hindurch begleitet und ihn nach der Auferstehung *dieselbe* Person sein lässt wie vor dem Tod; ohne diese hätten wir es sonst mit einer völlig anderen Person zu tun. Jedoch – wird diese Kontinuität dann etwa *geschaffen*? Mit dem von Luther verwendeten Bild des Schlafes bietet er eine Kontinuität, die gleichzeitig einen unübersehbaren Bruch darstellt, der Raum für eine creatio ex nihilo bietet: Der Mensch ist seiner selbst entnommen und ist ganz auf Gott und seine Gabe des neuen Lebens angewiesen. Indem Gott den Menschen letztlich mit seinem Schöpferwort aufweckt, gründet die Kontinuität der menschlichen Person und Individualität für Luther in dem Angesprochensein des Menschen durch Gott, der sagt: ›Du sollst leben kraft des Lebens, in dem ich auch ich lebe‹ (WA 43, 221,8-10 (zu Gen 22,11), zit. Anm. 504 [S. 261]). Helmut Thielickes Einwand (Tod und Leben, 218), durch die creatio ex nihilo geschehe ein »völliges Erlöschen des leib-seelischen Ich im Nichtsein der Todesnacht«, greift daher nicht. Vgl. Anm. 438 (S. 251).

[460] WA 43, 373,33f. (zu Gen 25,17): »[...], quia vivere post mortem non est operis humani, sed Dei opus est«. Dass die Auferweckung allein Gottes Werk ist, wird u.a. darin deutlich, dass der Mensch über das künftige Leben gänzlich unwissend ist; siehe etwa WATR 3, 276,26f. (Nr. 3339): »Als wenig die kinder wissen in mutterleib von ihrer anfart, so wenig wissen wir vom ewigen leben.« In diesem Bild wird die menschliche Passivität im Geschehen der Auferstehung mit der damit verbundenen Unwissenheit um Künftiges verknüpft. Siehe Anm. 449 (S. 253).

[461] WA 44, 455,13f. (zu Gen 41,52), zit. im Kontext Anm. 398 (S. 246).

geworfen wurde[462] und verspricht, dass er aus diesem Nichts, aus Verwesung, Würmern, Staub und Erde erneut schöpferisch herausrufen wird.[463] Dieses Schöpferwort ist für Luther keine vage Aussicht, sondern allergewissestes Versprechen (»habemus promissionem certissimam«).[464] Die Auferweckung der Toten aufgrund der creatio ex nihilo ist für Luther »Regel« (»regula«),[465] denn Gottes Art bzw. »Natur« ist, aus Zerstörtem, zu Ende Gebrachtem und Nichtigem alles zu schaffen.[466] Damit vermag Gottes Schöpfungswirklichkeit in paradoxer Weise die Gesetze der Lebenswirklichkeit umzukehren. Was inkompatibel ist – nämlich Leben und Tod –, wird in Gottes Augen identifiziert: Leben und Tod sind eines.[467]

Der Vernunft bleibt dies alles jedoch verborgen; mit ihr kann der auf dem Sterbebett Liegende lediglich seinen Tod und mit ihm sein eigenes Ende wahrnehmen (»is secundum rationem suam aliud nihil potest speculari quam phantasma mortis«).[468] Der Sterbende sieht, wie sein Leben sich dem Ende zuneigt und untergeht; wie ihm sein Leben wieder geschenkt wird, sieht er jedoch nicht.[469] Seine Vernunft fragt, ob es möglich sei, dass ein toter, begrabener, von Würmern zerfressener bzw. ein verbrannter und eingeäscherter Leib leben soll, und muss dies als weder möglich noch

---

[462] WA 44, 455,5f. (zu Gen 41,52), zit. im Kontext Anm. 436 (S. 251).

[463] WA 44, 455,14f. (zu Gen 41,52), zit. im Kontext Anm. 487 (S. 259).

[464] WA 44, 455,16f. (zu Gen 41,52): »Atque ita fiet tandem, quia habemus promissionem certissimam.«

[465] WA 44, 455,5f.8f. (zu Gen 41,52), im Kontext zit. in Anm. 436 (S. 251).

[466] WA 44, 454,37 – 455,4 (zu Gen 41,52): »Si enim possemus nos quoque perseverare in tentationibus, tum sane nomen illud et naturam Dei cognosceremus, quod non solum efficit, ut miseriarum obliviscamur, sed etiam crescant et multiplicentur hi, qui in nihilum redacti sunt. Atque haec insignis laus et glorificatio Dei fuit, qua praedicavit Ioseph opera Dei admiranda, nimirum ex nihilo facere omnia«.

[467] WA 43, 222,17f. (zu Gen 22,11): »Id ergo agitur istis exemplis, ut discamus credere vitam et mortem iuxta esse piis. Si vivunt, moriuntur, si moriuntur, vivunt«. Vgl. WA 44, 718,5–7.13f. (zu Gen 48,21): »Propius igitur sibi coniuncta sunt mors et vita, quam nos possumus perspicere. Iacob enim moritur, sed mors est proxima vitae, imo est vita praesentissima. [...], adeo prope et prorsus vicinae sibi sunt mors et vita.« Wer dies nicht glaube, sei ein »Esel« (WA 43, 220,13–15 [zu Gen 22,11]): »Sic omnes, qui non sunt eruditi in doctrina fidei, manent asini, non possunt istas cogitationes apprehendere, quod mors sit vita.« Ulrich Asendorf (Lectura in Biblia, 133) sieht in dieser Identifikation den Kern des Glaubens: »Zusammenfassend ist also Glaube seinem Wesen nach Auferstehungsglaube, weil er an den Gott glaubt, der aus dem Nichts alles schafft. [...] Auch in der härtesten Glaubensprobe, wie sie Abraham und Isaak durchleiden müssen, geht es um das göttliche Spiel, das Leben und Tod in einer für den Menschen unbegreiflichen Weise zu einer Einheit zusammenfaßt.«

[468] WA 40/III, 153, 13f. (In XV Psalmos graduum; zu Ps 125,1; 1532/33 [1540]), im Kontext (Z. 13–16): »Qui decumbit in lecto morti vicinus, is secundum rationem suam aliud nihil potest speculari quam phantasma mortis. Atqui Christianus, omisso eo phantasmate, scit ibi veram vitam esse. Atqui, inquis, mortem videt, sentit et experitur, vitam non sentit.«

[469] WA 43, 205,3–5 (zu Gen 22,1f.): »Quando ego occidor, video, quibus modis et circumstantiis pereat vita: sed circumstantias non video, quibus vita sit reditura, nec tempus, nec locum.«

wahr beurteilen (»Non est verum«).[470] Weil sich der Tod von Mensch und Tier äußerlich nicht unterscheidet,[471] wird die künftige Auferstehung des Menschen nicht einmal erahnt. Da dies vor Augen liegende Äußere derart starke Überzeugungskraft hat, darf der Sterbende, will er nicht gänzlich verzweifeln, im Tode nichts anderes fühlen, nichts anderes verstehen, nichts anderes sehen, sich auf nichts anderes stützen als allein auf Gottes Wort (»Necesse enim est eo redigi res piorum, ut nihil sentiant, nihil aliud intelligant, nihil videant, praesertim in morte, quo nitantur, quam verbo«).[472] Was man nirgends sieht, soll man in dem Verheißungswort Gottes sehen und diesem glauben.[473] Im sterbenden Auseinanderfallen der eigenen Lebenswelt[474] soll der Christ daher nicht verzweifeln,[475] sondern seinen Glauben an Gott den Schöpfer bekennen: »Credo in Deum patrem etc. Et in Iesum Christum, filium eius etc.«[476]

Sieht der Sterbende nämlich auf das Wort – auf Gottes Schöpfungswort –, und setzt er seinen Glauben gegen die Wahrnehmung seiner Augen (»ut fidem opponant sensui oculorum«),[477] indem er nicht auf Grab, Verwesung, Würmer und Fäulnis schaut,[478] so wendet sich alles. Was die

---

470 WA 43, 518,21–24 (zu Gen 27,21f.): »Ratio enim sine fide cogitat: num possibile est, ut corpus mortuum vivat, quod sepelitur, corroditur a vermibus, aut exuritur et in cineres redigitur? Id vero simpliciter negat, et dicit: Non est verum.« Vgl. WA 43, 273, 4–7 (zu Gen 23,1f.): »Infirmis enim incurrit in oculos non tam imbecillitas propria, quam horribilis illa species cadaverum. Ideo cogitant: Si haberem tale corpus, quale Christus habuit, quod mors non potuit corrumpere, nec vermes arrodere, maiore animo summum diem expectarem.«

471 WA 42, 245,7 (zu Gen 5,1): »Caro haec non intelligit. Iudicat hominem mori sicut bestiam.« Vgl. Koh 3,19.

472 WA 44, 257,29–31 (zu Gen 37,10f.).

473 WA 43, 205,5f. (zu Gen 22,1f.): »Cur igitur credo hoc, quod nusquam video? Quia habeo promissionem et verbum Dei.«

474 WA 44, 257,31f. (zu Gen 37,10f.): »Discamus itaque mori secundum carnem, et pendere ex verbo, ut, si vel fractus illabatur orbis«.

475 WA 42, 244,38 – 245,2 (zu Gen 5,1): »Non igitur desperabimus, quod videmus, mortem ab ipso Adam derivatam in totum genus humanum. Nam mortem hanc ideo patimur, quia peccatores sumus. Sed in morte non manebimus. Habemus enim spem de divina cogitatione et providentia, quod Deus cogitat mortem hanc abolere«.

476 WA 44, 257,32–34 (zu Gen 37,10f.). Dieses Vertrauen weiß um die dem Macht- und Schöpferwort Gottes unterliegende Vorläufigkeit von Hölle und Leid, siehe WA 43, 138,34f. (zu Gen 21,1–3), zit. Anm. 53 (S. 198).

477 WA 43, 304,1 (zu Gen 24,1–4), im Kontext (Z. 1–6): »Monendi igitur sunt pii, ut fidem opponant sensui oculorum, et in media corruptione et ignominia spectent claritatem supra solis et stellarum fulgorem: in corruptione foedissima, arrosione vermium et gravissimo foetore balsamum et gloriam aeternam. Ita fides cum videt hominem extinctum condi in terram, non videt cadaver aut corruptionem, sed integritatem corporis, gloriam immortalem et spiritualem vitam.« Ebenfalls prägnant in WA 40/III, 153,16f. (In XV Psalmos graduum; zu Ps 125,1; 1532/33 [1540]): »sed quia in verbo haeret et secundum verbum, non secundum suum sensum iudicat, [...]«.

478 WA 43, 518,19–21 (zu Gen 27,21f.): »neque in periculum aut mortem dirigendi sunt oculi, non in sepulcrum, corruptionem, vermes, putredinem, quae obiiciuntur mihi, respiciendum est.« Vgl. WA 43, 272,29f. (zu Gen 23,1f.): »[...] quando videmus illam horribilem figuram corporum nostrorum post mortem.«

Vernunft verneint, bejaht der Geist und versichert: »Es ist wahr« (»est verum«), der Tote – und sei er noch so zerstört – werde auferstehen.[479] Keiner Situation unterstellt, vermag Gott nämlich »aus Wasser oder Feuer, vom Galgen oder aus dem Grab« aufzuerwecken.[480] Wird dieser Zusage geglaubt, so sieht der Sterbende selbst im Tode nichts anderes als das Leben und in der Finsternis nichts anderes als das allerhellste Licht (»ideo nihil aliud in ipsa morte quam vitam videt et in ipsis tenebris nihil quam clarissimam lucem«).[481] Denn wie Gott aus nichts alles schafft und aus der Finsternis Licht hervorbringt, so macht auch sein Schöpferwort, dass im Tod nur Leben ist (»Sicut enim Deus ex nihilo facit omnia et ex tenebris lucem, sic etiam facit verbum eius, ut in ipsa morte nihil sit quam vita«);[482] so ist dann in dem Leichengestank nur Wohlgeruch.[483] Um ihrer künftigen Auferstehung willen sollen die Menschen würdevoll und mit Anstand begraben werden,[484] sodass nicht der Eindruck entsteht, sie würden wie »Pferde und Maulesel« verscharrt.[485]

Wie bereits angedeutet, beschreibt Luther – etwa in der Auslegung von Gen 23,1f. (Saras Tod) – die Auferweckung von den Toten mit ähnlichen Worten wie die Schöpfung der Welt. Ist vor der Auferweckung alles »Staub und Asche«, »Verwesung und Unehre«, »Würmer und Fäulnis« und »verdorbene Erde voller Gestank«, so wird Gott hieraus einen Leib erwecken, schöner als »alle Blumen, Balsam und als Sonne und Sterne«[486]. Indem

---

[479] WA 43, 518,24–27 (zu Gen 27,21f.): »Spiritus contra pugnans dicit: est verum? Iam morti destinatus videor mihi vivere, et resurrecturus sum ex sepulchro gloriosus et clarificatio corpore. Ideo Fides est pugna omnipotens«. Das Fragezeichen stellt nicht die Äußerung des Geistes infrage, sondern steht im Kontext einer Rückfrage.

[480] WA 42, 258,22–28 (zu Gen 5,21–24): »Sed in Habele et Henoch ostensa est resurrectio mortuorum et vita immortalis. Omnia autem eo pertinent, ne desperemus in morte, sed ut certo statuamus, quod qui credunt in Semen promissum, vivent et rapientur ad Deum, sive ex aqua sive igni sive ex patibulo sive ex sepulchro. Volumus igitur et debemus vivere, ac quidem aeternam vitam, quae post hanc vitam restat per Semen promissum [vgl. Gen 3,15].«

[481] WA 40/III, 153,18f. (In XV Psalmos graduum; zu Ps 125,1; 1532/33 [1540]).

[482] WA 40/III, 153,19–21 (In XV Psalmos graduum; zu Ps 125,1; 1532/33 [1540]).

[483] WA 43, 304,3f. (zu Gen 24,1–4), zit. im Kontext Anm. 477 (S. 257).

[484] Bereits die Patriarchen, so Luther, bestatteten ihre Toten mit Blick auf deren Auferstehung; WA 43, 283,18f. (zu Gen 23,3f.): »Docet praeterea hoc exemplum mortuos singulari honore et reverentia sepeliendos esse propter fidem et spem resurrectionis futurae.« Ebenso WA 44, 203,16–19 (zu Gen 35,19): »Patres magnifice ornarunt sepulchra. Non abiecerunt mortuos tanquam cadavera bestiarum, sed statuerunt eis monumenta in perpetuam et immortalem memoriam: Ut essent testimonia futurae resurrectionis, quam credebant et expectabant.«

[485] Luther argumentiert, dass wenn bereits Heiden Aufhebens um ihre Bestattungen machen, wieviel mehr sollten Christen in Gewissheit ihrer künftigen Auferstehung dieser Aufmerksamkeit schenken; WA 43, 283,22–25 (zu Gen 23,3f.): »Sicut apud ethnicos etiam fuerunt ceremoniae funerum honestae, multo magis ergo apud Christianos reverentia quaedam accedat propter articulum fidei de resurrectione carnis, ne videamur extingui et sepeliri, sicut equi et muli.« Vgl. das »Eselsbegräbnis« in Jer 22,18f.

[486] WA 43, 272,32–39 (zu Gen 23,1f.) »Nobis vero haec scripta sunt, ut recordemur, quomodo ab initio mundi omnes sancti extincti sint, et redacti in eosdem foetores et

Luther betont, dass der aus Verwesung, Würmern, Dreck und Erde hervorkommende Tote die Sonne übertrifft (»clarior et speciosior sole«),[487] verknüpft er nicht nur die erste Schöpfung mit der zweiten, sondern deutet damit ebenso an, dass die künftige die erste übertreffen wird.[488] Die Schöpfung der Welt aus dem Nichts und die Auferstehung von den Toten als creatio ex nihilo gehen für Luther Hand in Hand: Wer die eine glaubt, muss zwangsläufig auch der anderen zustimmen (»Qui enim hoc credit: Deus est creator, qui ex nihilo facit omnia, necessario concludit. Igitur potest Deus mortuos suscitare«),[489] denn die erste Schöpfung ist ein Hinweis auf die künftige.[490] Gottes Auferweckung der Toten, welche die Kirche lehren soll und durch die sie selbst gestärkt wird,[491] gründet

---

cineres, [...], eandem corruptionem et ignominiam passi sunt, non obstante eo, quod fuerunt sancti carne et spiritu. Sic enim visum est Deo ex vermibus, ex putredine, ex terra corruptissima et plena foetoris excitare corpus pulcherrimum supra omnem florem, balsamum, solem ipsum et stellas.« Vgl. WA 43, 221,29–31 (zu Gen 22,11): »Sic de nostris mortuis et corporibus cogitemus. Istud pabulum vermium non manebit pulvis, sed reviviscet, [...].«

[487] WA 43, 274,9f. (zu Gen 23,1f.): »Christi autem exemplum ultra hoc dicit: Surge, sis vivus in morte, putredo tua fiet clarior et speciosior sole.« Vgl. WA 44, 209,9–11 (zu Gen 35,27–29): »Et veniet hora, qua apparebunt rursus, et egredientur e monumentis pulchriores sole et stellis«. WA 44, 455,14–16 (zu Gen 41,52): »sed Deus inquit, ex hoc nihilo et *Anii*, ex hac putredine, vermibus, foetore et pulveribus suscitabo te et faciam non solum Manasse, sed etiam Ephraim clariorem quam sol est.« Vgl. ebenso WA 44, 300,17–21 (zu Gen 37,31–33): »Sed promisit Deus et dixit: Tu vives. ›Ego enim vivo et vos vivetis.‹ [Joh 14,19] Ego sum dominus Deus tuus. Quomodo? Vita aeterna et corpore pulchriore et clariore quam est corpus Solis. Haec in praesentia nec video nec sentio, sed credo«.

[488] WA 42, 76,21–23 (zu Gen 2,11f.): »Expectamus igitur iam restitutionem omnium rerum, non solum animae, sed corporis quoque, quod ipsum melius et nobilius in illa die habituri sumus, quam in Paradiso fuit.« WA 42, 76,26f. (zu Gen 2,11f.): »Ad hanc spem nos deducit Christus, [...] et facit nostram meliorem conditionem, quam Adae conditio in Paradiso fuit.« WA 42, 54,15f. (zu Gen 1,28): »Exspectemus autem in spe mortem huius carnis, ut liberemur ab his foeditatibus et restituamur etiam supra illam primam Adae creationem.« Vgl. WA 42, 637,3f. (zu Gen 17,8): »Ad hunc modum vides multo nos opulentius habere promissionem aeternae gratiae, quam ipsum Abrahamum.«

[489] WA 43, 222,13f. (zu Gen 22,11). Siehe davor WA 43, 222,8–13 (zu Gen 22,11): »Libenter enim inspiciunt Deus et Angeli illa miranda opera: victoriam mortis, destructionem peccati. Isaac redeuntem et resuscitatum ex cinere, et ex nihilo factum patrem gentium. Magna enim lux fidei fuit in illo adolescente. Credidit in Deum creatorem, qui vocat ea, quae non sunt, ut sint [Röm 4,17; von der WA nicht ausgewiesen], et iubet cinerem, qui non est Isaac, ut sit Isaac.«

[490] WA 42, 30,4f. (zu Gen 1,11–13), zitiert im Kontext in Anm. 268 (S. 228). Ebenso wie Gott Sonne und Mond aus einem Tropfen Wasser zu bauen vermag, so kann Gott am Jüngsten Tag auch *meinen* Leib zu einem neuen Leben erwecken (WA 42, 37,18.20 [zu Gen 1,20]: »An non posset etiam corpus meum [...] ad novam vitam resuscitare«); damit schließt Luther vom Größeren auf das Kleinere und verknüpft allgemein-kosmische und individuell-persönliche Geschehnisse.

[491] WA 44, 75,20–22 (zu Gen 32,6–8): »Ja das kan unser Herrgott. Et haec debent erudire et confirmare Ecclesiam in omnibus adversitatibus«, im Kontext zit. in Anm. 192 (S. 116).

in dem Prinzip, das Luther nicht oft genug wiederholen kann: Hat Gott einmal aus nichts alles geschaffen, so erhält und regiert er alle Dinge noch immer auf dieselbe Weise,[492] und mit eben derselben Kraft wird Gott am Jüngsten Tage alle Toten aller Zeiten auferwecken (»Eadem potentia in extremo die excitabit mortuos, qui a condito orbe iacuerunt in pulvere terrae«).[493]

Wie alle Menschen ex nihilo geschaffen wurden und werden, so lehrt Luther ebenso die Auferstehung aller Toten;[494] in dieser Neuschöpfung wird alle Kreatur lebendigmachend angesprochen.[495] Gottes Schöpfungswunder, dass sich die längst verfallenen Knochen des Totenfeldes wieder mit Leben überziehen,[496] schließt jeden Menschen mit ein. Gott vermag nicht nur von den Toten aufzuwecken, sondern er will und wird dies auch tun.[497] Gleichwohl ist diese göttliche Fähigkeit wie auch der dahinter stehende Antrieb menschlicher Vernunft verschlossen und unzugänglich.[498] Als abstraktes Wissen bleibt es nutzlos, wie auch Gottes Barmherzigkeit oder Güte erst durch seine Güte *mir* gegenüber Gestalt und Gewicht gewinnt. Man kann leicht glauben, dass der Tod für Gott ein »Kinderspiel«[499]

---

[492] WA 44, 75,28–31 (zu Gen 32,6–8); zitiert bei Anm. 16 (S. 143).

[493] WA 44, 75,31f. (zu Gen 32,6–8).

[494] Siehe Kleiner Katechismus (Erklärung des 3. Artikels): »[...] mich und alle Toten auferwecken wird [...]«, BSLK 512,10f. Siehe auch: WA 26, 509,13.

[495] WA 49, 353, 12ff. (Predigt über Mk 16,1; 1544): »Ideo hoc die ist ein newes angefangen, quod Christus per resurrectionem suam alles genewet, geschewred, Sonn, Mond et nos, alles, rein und glüw gemacht auffs beste«.

[496] Hes 37,1–14.

[497] WA 43, 221,23f. (zu Gen 22,11): »Quia ambo credunt, quod Deus non solum possit, sed certissime velit resuscitare mortuos«.

[498] WA 43, 218,33f. (zu Gen 22,11): »Illud igitur admirandum est, et rationi impossibile creditu. Quod Deus possit et velit mortem abolere, et mutare in vitam.« Für den Verstand unzugänglich bleibt ebenso die Art und Weise der Auferstehung: WA 42, 23,41 – 24,2 (zu Gen 1,6–8): »[...] et nos de similibus rebus omnibus nihil certi possumus praedicare, Sicut nec de coelo, in quo Angeli et Deus habitat cum Beatis, nec de aliis, quae in novissimo die, cum alia carne induti erimus, revelabuntur, nunc certi aliquid dicere possumus.« Vgl. WA 43, 481,14–16 (zu Gen 26,24f.): »Ad hunc modum hic audio, quod sit vita in morte et post mortem, et quod sit resurrectio mortuorum. Qua ratione id futurum sit, tu ne sis sol[l]icitus«.

[499] WA 43, 221,32 (zu Gen 22,11): »mors coram oculis Dei puerilis quidam lusus sit«. Vgl. WA 43, 219,11f. (zu Gen 22,11): »Id Deus ostendere voluit hoc facto, tanquam spectaculo quodam: mortem coram ipso nihil esse praeter ludum« und WA 43, 219, 21–23 (zu Gen 22,11): »[...] ut possint credere veram et immotam hanc sententiam esse. Mors est ludus, ia quod credidit et sensit Abraham, et vicit mortem hac fiducia.« Luther vergleicht dieses »Spiel« auch mit folgendem Bild: Ein Vater mag im Spiel mit seinem Kinde diesem zwar bisweilen einen Apfel wegnehmen, aber gleichzeitig ist dieses Kind einstiger Erbe des ganzen Vermögens des Vaters, und des Vaters *eigentliche* Sorge ist, dass sein Kind dieses Erbe einmal unbeschadet erhält (WA 43, 219,13–15 [zu Gen 22,11]: »veluti si pater aliquis cum filio ludat, auferat ei pomum, et interim cogitet de haereditate integra ei relinquenda. Sed difficile id creditu est«). Vgl. Luthers Ausführungen zum »Spiel Gottes« in Anm. 47 (S. 197).

bzw. ein »nichtiges« und damit harmloses »Schreckmittel« des Menschen-
geschlechts ist (»inane terriculamentum generis humani«).⁵⁰⁰ Dass aber
ich als Mensch für mich und meinen Leib glauben soll, dass der Tod
kein Tod sei, davon wird mich »kein Arzt, kein Philosoph noch Jurist
überzeugen«⁵⁰¹. Gleichwohl soll gegen die Vernunft gerade dieses geglaubt werden.⁵⁰² Von umso größerer Wichtigkeit ist es daher, dass der
einzelne Mensch diese auf ihn persönlich gerichtete Schöpfungsabsicht
Gottes erkennt.

Kern der Auferstehungshoffnung ist für Luther das Erste Gebot, denn
wer bekennt und glaubt, dass Gott Schöpfer Himmels und der Erden ist,
der zweifelt auch nicht an der Auferstehung der Toten.⁵⁰³ Dies begründet
Luther damit, dass in dem Ersten Gebot (»Manant autem haec omnia ex
primo praecepto [...]«) sich Gott dem einzelnen Menschen zusagt und
spricht: »Ich, der allmächtige Schöpfer Himmels und der Erden, bin dein
Gott. Dies bedeutet: Du sollst leben kraft des Lebens, in dem ich lebe«
(Ibi enim est doctrina fidei et resurrectionis mortuorum. Ego, creator
omnipotens coeli et terrae, sum Deus tuus, id est, tu debes vivere ea vita,
qua ego vivo«).⁵⁰⁴ In dieser Anrede Gottes liegt nicht nur das Leben, sondern ebenso die Kontinuität der Individualität des Toten begründet: »Ubi
igitur et cum quocunque loquitur Deus, sive in ira, sive in gratia loquitur, is certo est immortalis.«⁵⁰⁵ Damit achtet der Schöpfer auf alle Dinge,
»auf meine Seele bzw. mein Leben, wie auch auf meinen Tod« (»esse
inspectorem animae meae, et respicere in meam mortem«).⁵⁰⁶ Dieses
Wissen ist derart grundlegend, dass der, der dies nicht weiß und für sich

---

⁵⁰⁰ WA 43, 219,12f. (zu Gen 22,11).

⁵⁰¹ WA 43, 218,36–39 (zu Gen 22,11): »Ac Deo quidem mortem ludum esse quivis facile
    credit. Sed si idem mihi et in meo corpere statuendum sit: mortem non esse mortem.
    Hoc nec medicus, nec philosophus, nec iureconsultus unquam persuadebit.«

⁵⁰² WA 43, 221,32–39 (zu Gen 22,11): »[...] et omnibus Christianis etiam talis, qui cre-
    dunt in Deum vivificantem mortuos, et reputantem defunctos pro vivis. Haec est doc-
    trina Christiana et sapientia Dei, scientia sanctorum, sublimis cognitio supra captum
    mundi: ›Mors ubi stimulus? ubi victoria tua?‹ [1Kor 15,55] Media morte in vita sumus:
    ›Non moriar‹ [Ps 118,17] etc. Qui hanc artem novit, gratias agat Deo. Sed danda est
    opera, ut non solum speculative in ore, sed virtualiter eam et toto pectore teneamus.«
    Abraham und Isaak waren dazu imstande: »Sed hoc multo mirabilius, quod Abraham
    et Isaac persuasum habuerunt istam totam actionem esse ludum, et non mortem.«
    (WA 43, 218,34–36 [zu Gen 22,11]).

⁵⁰³ WA 43, 222,38–40 (zu Gen 22,11), im Kontext zit. Anm. 198 (S. 117).

⁵⁰⁴ WA 43, 221,8–10 (zu Gen 22,11).

⁵⁰⁵ WA 43, 481,32–34 (zu Gen 26,24), zit. im Kontext Anm. 305 (S. 132). Vgl. WA 36,
    604,6 (Predigt zu 1Kor 15,28; 1532): »Resurrectionem dis fleisches« und Luthers
    Aufnahme des Glaubensbekenntnisses von Aquileia (DH 16; Ende 4. Jhd.), welches
    die Auferstehung dieses Fleisches betont: »huius carnis«. Vgl. Hi 19,27.

⁵⁰⁶ WA 44, 373,21f. (zu Gen 39,20). Auch hier ist die Mitkreatur eingeschlossen, sieht
    doch Christus ebenso auf die ganze Hölle (»ac totum infernum«, aaO., Z. 22); im
    Kontext zit. in Anm. 15 (S. 192).

nicht in Anspruch nimmt, für Luther kein Christ ist[507] und nichts glaubt (»ille nihil prorsus credit«).[508]

Kann Luther vom Toten sprechen wie von einem Fötus im Mutterleib, so verwendet er für die Auferstehung gerne das Bild der Geburt;[509] beide, Geburt und Auferstehung, sind für ihn in ihrem gemeinsamen Charakter auf das Engste miteinander verknüpft.[510] Wir stoßen damit wieder auf den Grundgedanken Luthers, auf den sich ebenso die creatio ex nihilo der Totenauferweckung gründet: So wenig die eigene Geburt von einem selbst bestimmbar ist, so wenig liegt die Auferstehung von den Toten in eigenen Händen; sie wird unverdient gewährt. Der Glaubende vertraue nicht auf sich selbst, sondern auf Gott, der die Toten auferweckt.[511]

Wird dies geglaubt und damit Gott, dem Schöpfer vertraut, ist der Tod nicht mehr bitter, sondern lediglich ein Wechsel (»commutatio«).[512] Die Furcht vor dem Tode und dessen Zerstörungskraft verschwindet,[513] wobei dieser Vorgang aber der »Einübung« bedarf.[514] Mit dieser Wende steht das Leben nicht mehr in der Sphäre des Todes, sondern der Tod in der Sphäre des Lebens: Nun ist »Mitten im Tode sind wir im Leben« ein »evangelischer Gesang«[515], denn der Tod ist kein Tod mehr (»ut mors non sit mors«).[516] Stattdessen ist der Tod vertilgt (»profecto oportet aboleri Mor-

---

[507] WA 44, 751,40f. (zu Gen 49,8f.), im Kontext (Z. 33–36.40–42): »Ibi tamen fides certo statuere et expectare debet resurrectionem et reditum ad vitam. Adeo magna et mirabilis ars est credere et sperare. [...] Et qui hanc artem non novit, non est Christianus, nec erit haeres eorum, quae offeruntur credentibus in verbo.«

[508] WA 43, 222,40 – 223,2 (zu Gen 22,11), im Kontext zit. Anm. 198 (S. 117).

[509] Siehe bei Anm. 449ff. (S. 253).

[510] WA 43, 374,22–24 (zu Gen 25,17), zit. in Anm. 287 (S. 181).

[511] WA 44, 179,15f. (zu Gen 35,5 [2Kor 1,9]).

[512] WA 43, 358,42 – 359,4 (zu Gen 25,7–10): »In Christo enim mors non est acerba, sicut impiis est, sed est commutatio huius miserae et calamitosae vitae in quietam et beatam. Hic articulus nobis sit persuasissimus, quod non transeamus a suavi vita ad calamitosam, sed ex adflictionibus ad quietem.«

[513] WA 43, 272,28–30 (zu Gen 23,1f.): »Igitur haud dubie cum Christo resurrexerunt [sc. die Patriarchen] nobis in consolationem, ne timeamus mortem, quando videmus illam horribilem figuram corporum nostrorum post mortem.«

[514] WA 44, 455,3–5 (zu Gen 41,52): »Atque haec insignis laus et glorificatio Dei fuit, qua praedicavit Ioseph opera Dei admiranda, nimirum ex nihilo facere omnia: quae nos quoque agnoscere atque in iis exerceri debemus«.

[515] WA 43, 219,37f. (zu Gen 22,11): »[...] et canamus: media morte in vita sumus, quem laudabimus, nisi te Deum nostrum? Haec Euangelica cantio, altera legalis est.« Ebenso etwa WA 44, 374,15 (zu Gen 39,21–23): »Vivificat enim in media morte«. Vgl. die alte Antiphon »Mitten wir im Leben sind von dem Tod umfangen« (»Media vita in morte sumus«) in WA 35,126–132 (1524); siehe EG 518,1. Vgl. hierzu Gerhard Ebeling, Lutherstudien, Bd. II/3, 120–122. Für Luthers Erläuterung seiner Umkehrung des Liedes siehe WA 43, 218,41 – 219,10 (zu Gen 22,11). WA 42, 147,25–32 (zu Gen 3,15). Vgl. bei Anm. 394 (S. 245).

[516] WA 43, 219,30 (zu Gen 22,11), im Kontext zit. in Anm. 346 (S. 237).

tem«),[517] bedeutungslos.[518] Vor Gott ist er nichts: »apud Deum mortem esse nihil«[519].

---

[517] WA 42, 146,36–40 (zu Gen 3,15): »Includitur igitur in hanc sententiam redemptio a lege, peccato et morte, et ostenditur manifesta spes et certa resurrectionis et innovationis in altera vita post hanc vitam. Si enim Serpentis caput conteri debet, profecto oportet aboleri Mortem. Si mors aboletur, etiam mortis meritum aboletur, hoc est, Peccatum. Si peccatum, ergo Lex quoque aboletur.«

[518] So stellt der sich auf Christus Berufende nun triumphierend fest (WA 43, 273,11–14 [zu Gen 23,1f.]): »Sed qui sunt fortiores in fide, contemnunt simpliciter mortem, et ei superbe illudunt et insultant. Quid est mors? inquiunt, quid infernus? Christus, filius Dei, mortuus est, et sub legem factus, is moriendo mortem devicit, et vitam nobis restituit.«

[519] WA 43, 219,36f. (zu Gen 22,11): »Sed ad confirmandos nos et animandos, ut discamus apud Deum mortem esse nihil«. Ebenso WA 43, 273,17f. (zu Gen 23,1f.): »Est enim mors Christi Sacramentum quoddam certificans nos, mortem nostram nihil esse.«

Schluss

Zusammenfassung

Ein abschließender Blick auf den in der vorliegenden Arbeit zurückgelegten Weg soll dazu dienen, die erzielten Ergebnisse in einem Fazit zu bündeln.

Einzelne Hinweise, die vermuten ließen, dass Luther die klassische Formel »creatio ex nihilo« in eigener Weise füllt, wie auch, dass diese Denkbewegung besonders in der Großen Genesisvorlesung, dem zehnjährigen Alterswerk Luthers, sichtbar wird, gaben den Anstoß, zu untersuchen, wie diese Interpretation sich konkret gestaltet. Wie eine Sichtung der verfügbaren Sekundärliteratur ergab, finden sich nicht nur zum Thema creatio ex nihilo bei Luther eingeschränkt Vorarbeiten, sondern ebenso ist die Große Genesisvorlesung seit fast siebzig Jahren kaum systematisch-theologisch bearbeitet worden; erst in den letzten fünfzehn Jahren wird sie wieder zunehmend wahrgenommen. Eine Auseinandersetzung mit der durch Seeberg und Meinhold geäußerten Kritik des Textes, die in den dreißiger Jahren diese Zurückhaltung begründete, zeigte, dass zwar Anhaltspunkte für eine kritische Betrachtung bestehen, der Text als Grundlage dennoch vertrauenswürdig ist, zumal wenn zu seiner Rekonstruktion weitere Quellen, insbesondere aus der Zeit 1535 – 1545, herangezogen werden. Diese ergänzenden Blicke konnten zu zusätzlicher Tiefenschärfe beitragen, waren bei der vorgelegten Datierung des Vorlesungsverlaufes sogar unabdingbar.

Im Rahmen einer textlichen wie einer thematischen Annäherung wurde deutlich, dass eine dreifache Inblicknahme der creatio ex nihilo, nämlich als creatio, conservatio und recreatio Luthers Interpretation der Formel am besten zu erläutern vermochte. Dass diese Dreiteilung der creatio ex nihilo nicht von außen an den Text herangetragen wurde, sondern sich aus den Quellen selbst ergab, sollte beispielsweise durch die Verwendung von Zitaten in den gliedernden Überschriften deutlich werden, die somit nicht nur der Einführung in einzelne Abschnitte dienen.

Um einführend die Orientierungsleistung der Formel herauszustellen, wurde als Ausgangspunkt der lutherischen Interpretation der creatio ex nihilo ein Abschnitt aus Luthers Auslegung der Josephserzählung Gen 45,7 gewählt. Dieser sich an Röm 4,17 und 2Kor 4,6 orientierende repräsentative Text führte in die Weite der creatio ex nihilo ein, verdeutlichte deren Grundaspekte und bildete damit den Keim der folgenden Entfaltung. Beispielhaft wurde das unbedingte Schöpfertum Gottes sichtbar, das in der creatio ex nihilo in all seinen ›Varianten‹ auftritt und an keinerlei Vorgaben oder Beschränkungen geknüpft ist: Es vermag aus Bösem Gutes, aus Hoffnungslosem und Verlorenem Heil und Seligkeit, aus Finsternis Licht, aus Tod Leben, aus Sünde Gerechtigkeit, aus der Hölle das Him-

melreich und aus der Sklaverei des Teufels die Freiheit der Kinder Gottes
zu schaffen.

Die Formel »creatio ex nihilo« erwies sich damit als Band, welches die
drei Glaubensartikel verbindet; sie beschreibt nicht nur lediglich das Geschehen im Schöpfungsartikel, sondern trifft ebenso den Kern des zweiten
und dritten Artikels: Auch die Rechtfertigung des Gottlosen ist für Luther
eine creatio ex nihilo, da das Wirken des Heiligen Geistes in eben derselben Weise erfolgt wie die Geschehnisse der ersten beiden Artikel, nämlich
»ohn all mein Verdienst und Würdigkeit«, »sola gratia«, »ubi et quando
visum est« – ex nihilo. In ihrer prinzipiellen Aussagekraft ist die Formel
präsentisch und hat als solche ihr Gewicht; weil sie sich kausalen Denk-
kategorien verweigert, ist sie letztlich auch unbegreiflich.

Die gewählte Dreiteilung der creatio ex nihilo in creatio, conservatio
und recreatio fächert sich folgendermaßen auf:

Erstens: *die creatio als creatio ex nihilo.* Der für die griechisch-philosophische Tradition unüberwindliche Unterschied zwischen Sein und Nichts
wird durch Gottes Schaffen »ex nihilo« aufgehoben. Das griechisch-philosophische »ex nihilo nihil fit« besitzt, wie in einem philosophiegeschichtlichen
Exkurs deutlich wurde, durch seine Logik derartige Überzeugungskraft,
dass es dazu verführt, die creatio ex nihilo aus *seiner* Perspektive zu betrachten. *Luthers* Verständnis der creatio ex nihilo dagegen ist – wie gezeigt
wurde – gerade *nicht* in diesem Kontext zu suchen und kann auch nicht
als bloße Antithese zu einer derartigen Auffassung verstanden werden.
Luthers Deutung schlägt eine gänzlich andere Denkrichtung ein: Nicht
der Gegensatz zu »ex nihilo nihil fit« ist bestimmend – denn auch eine
›aus nichts‹ geschaffene Welt wird nicht aus nichts, sondern aus dem
liebenden Willen Gottes heraus geschaffen. Für Luther besagt die Formel
vielmehr die *unbedingte und schlechthinnige Abhängigkeit der Kreatur von
Gott*, der, wie gesagt, »ohn all mein Verdienst und Würdigkeit«, »sola
gratia« und »ubi et quando visum est« schafft und eben hierdurch *nicht*
nach dem kausalen Schema handelt, das der griechischen Sicht zugrunde
liegt.

Dies konnte eine Betrachtung des lutherischen Verständnisses des »nihil« belegen: Luthers Deutung des »nihil« ist nicht bestimmt durch ontologische Fragestellungen, sondern zielt auf das Verhältnis von Schöpfer
und Geschöpf. Wird der Mensch in diesem Zusammenhang als »nichts«
bezeichnet, so keineswegs, um auszudrücken, er sei eine Art ›Unexistenz‹,
sondern vielmehr, um darzulegen, dass der Mensch als ex nihilo geschaffenes Geschöpf »*ex se*« nichts ist, weil er alles, was er ist, hat und tut, einzig von Gott erhalten hat und erhält. Der Mensch wird somit gerade *nicht*
entwürdigt, wie es die griechisch-philosophische Logik gebäte, sondern
ihm wird *erst recht* Würde zugesprochen, da in dem Geschehen der creatio ex nihilo Schöpfer und Geschöpf auf das Allerengste miteinander ver-

bunden sind, das Geschöpf alles von diesem erhält und der derart von
Gott abhängige Mensch sich selbst als Empfangender auf heilsame Weise
entnommen wird.

Dem natürlichen Menschen jedoch ist sein Nichtsein »ex se« verborgen; er glaubt, sich und seine ihm überlassene Lebenswelt autopoietisch
»ex se« gestalten zu können, unterliegt damit aber auch dem selbst aufer-
legten Zwang, dieses tun zu müssen, und verzweifelt letztlich an der tragi-
schen Illusion, auch in seinem Scheitern allein für dieses verantwortlich
zu sein. Zerbricht dieses autokratische Weltbild und wird dem Menschen
seine unbedingte Abhängigkeit von Gott bewusst – Luther nennt dieses
Geschehen »ins nichts führen« –, so wird im selben Moment der befrei-
ende Verheißungscharakter der versprochenen göttlichen creatio ex nihilo deutlich.

Eine Wahrnehmung der creatio ex nihilo setzt also immer bei der eigenen Kreatürlichkeit und der Einsicht in ihre Geschaffenheit durch Gott
ein, beschränkt sich jedoch keineswegs auf diese: Einerseits sind es die
Mitgeschöpfe, die mit der eigenen Existenz unverbrüchlich verknüpft
sind, andererseits auch die Lebensräume, die dem Menschen zur Gestaltung zugesprochen sind. Die in der so charakterisierten creatio ex nihilo
offenbar werdende Allmacht des Schöpfers ist nicht willkürlich, sondern
getragen von der bedingungslosen Liebe Gottes zu seinen Kreaturen und
seinem bedingungslosen Geben.

Zweitens: die conservatio als creatio ex nihilo. Bei allem zuvor Genannten stellt die creatio ex nihilo doch keinen bloß initialen Schöpfungsmo-
dus dar oder bleibt gar auf ein einmaliges, in der Vergangenheit liegendes
Ereignis beschränkt; sie ist prinzipieller und damit auch *gegenwärtiger*
Natur: Gott schafft seine Kreaturen nicht nur durch das Schöpferwort
»ex nihilo« und ›begleitet‹ diese anschließend bewahrend; vielmehr geschieht für Luther auch die Bewahrung »ex nihilo« und entbehrt jeder
Eigenmächtigkeit der Kreatur, die »ex se« keinen Augenblick bestehen
könnte. Selbst in der Sünde bewahrt der Schöpfer den Menschen, der sein
Geschöpf ist und bleibt.

Dieses in einer cooperatio mit dem Menschen geschehende gegenwärtige und bewahrende Wirken Gottes, hat seinen Ort in den drei Ständen:
Das von Gott geschenkte Handeln ist damit nicht etwa nur auf den sakralen Bereich beschränkt, sondern betrifft außer der ecclesia auch die
oeconomia sowie die politia und schenkt dem in ihnen tätigen Menschen
Anteil an Gottes Macht und Kraft; Gott jedoch bleibt alleiniger Urheber,
der ohne Ansehen der Person und ihrer Würdigkeit »ex nihilo« conservatio schenkt. Durch Gottes Schöpfungs- bzw. Einsetzungswort werden
die drei Stände eingesetzt, die nun ihrerseits die Felder sind, in denen
jeweils das Geschehen der creatio, conservatio und recreatio geschieht.
Damit bestimmt Luther als wahren Ort christlichen Daseins die kreatür-

lichen Alltäglichkeiten, die nicht den Nimbus und das Renommee spiritu-
eller Exklusivität haben, die nicht trotz, sondern paradoxerweise gerade
in ihrer Profanität heilig sind – weil in ihnen die Kreatur ihre Geschöpflichkeit wahrnimmt und in ihnen begreift, dass diese durch das Einsetzungswort des Schöpfers ausdrücklich gewährte Lebensräume sind.

Drittens: *die recreatio als creatio ex nihilo.* Die Neuschöpfung ist ebenso
wie die creatio und die conservatio ein in das Gefüge der creatio ex nihilo
sich eingliedernder Bestandteil, der nicht etwa – wie zu vermuten stünde –
›nachgestellt‹ wäre in dem Sinne, erst dann seine Wirkung zu entfalten,
wenn Schöpfung oder Bewahrung ›gescheitert‹ seien.

Der Schöpfung und Neuschöpfung ist ihre ›Herkunft‹ aus dem Nichts
gemeinsam, jedoch unterscheiden sie sich in einem wichtigen Punkt: Das
Nichts, aus dem die recreatio erwächst, ist ein anderes als das, aus dem
Gott die Welt einst erschuf: Die Neuschöpfung setzt nicht etwa ein, wenn
der Mensch oder die Kreatur aufhört zu existieren – wie auch immer dies
aussehen würde –, sondern vielmehr in dem Augenblick, da der Mensch
seine tiefe Angewiesenheit und Abhängigkeit von Gott erkennt, selbst also
»nichts« wird. Dieses Heilsgeschehen – und auch die ihm notwendigerweise vorangehende, aber nur als Durchgang zu verstehende annihilatio –
liegt allein in der souveränen Hand Gottes. Auch in der recreatio ist der
Mensch wie bei creatio und conservatio rein empfangend, wie Luther
am Beispiel der Säuglingstaufe darstellt. Analog zu dem aus der Finsternis
Licht schaffenden Schöpferwort Gottes spricht der Heilige Geist schöpferisch in das finstere Herz des Menschen und schafft aus diesem ex nihilo
eine neue Kreatur. Dieser neugeschaffene Mensch ist nicht zuletzt insofern
neu, als er nun eine neue Gottes-, Selbst- und Weltwahrnehmung erhält.

Ebenso ist die leibliche Neuschöpfung für Luther von Bedeutung. Der
Unterschied zwischen Leben und Tod ist nur ein relativer, da der Mensch
in beidem von Gott schlechthin abhängig ist, allein im irdischen Dasein sich
aber die Illusion aufrecht zu erhalten vermag, selbstständig zu existieren.
Der Tod führt auf diese Weise in jenes Nichts, das für die Neuschöpfung
und die Auferstehung Voraussetzung ist: Gott wendet sich dem zunichte
Gemachten zu.

Gottes creatio ex nihilo ist – fassen wir abschließend alle drei Aspekte
zusammen – steter Unruhepunkt und Zuspruch der Gnade.

Sie entwindet als *steter Unruhepunkt* dem Menschen seine lieb gewonne-
nen wie illusorischen Kausalitätsschemata innerhalb menschlicher Bezüge,
die dem Leben scheinbare Stabilität verleihen und mit denen der Mensch
nicht nur Selbst und Welt zu erklären vermeintlich fähig ist und sich dazu
imstande wähnt, sondern die ihn derart faszinieren wie bestimmen, dass
er sie ebenso auf geistliche Dinge zu übertragen in Gefahr ist. Damit ist
sie nachhaltige Verunsicherung jeglichen Leistungsdenkens, welches sich
an der Richtlinie des »do ut des« orientiert. Weiter ist die Schöpfung aus

dem Nichts in ihrer Evidenz einer schlechthinnigen Abhängigkeit alles Kreatürlichen von Gottes Handeln äußerste Infragestellung eines Strebens, das Unabhängigkeit zur höchsten Tugend erklärt, sich die eigene Selbstverwirklichung auf die Fahnen geschrieben hat und die jedes Bewusstsein einer kreatürlichen Abhängigkeit lediglich psychoanalytisch auf Kindheitserlebnisse oder auf neurologische Phänomene reduzieren möchte. Während der Mensch sich in diesem Streben nach Freiheit Größe zu geben trachtet, versperrt er sich jedoch gerade hierdurch tragischerweise dem Gesuchten. Denn letztlich geschieht das Gegenteil: Durch die Verweigerung bzw. Nichtbeachtung der göttlichen Gabe wird in einer ›Selbstgabe‹ Gottes Gabe auf eigenes, kreatürliches Maß reduziert. Dagegen ist mit der göttlichen Zuwendung gegenüber dem Geschöpf, mit dem unverdienten Erhalt sämtlicher Gaben, die creatio ex nihilo die Eröffnung eines völlig neuen menschlichen Gestaltungscharakters der Welt. Der Mensch ist nicht mehr *selbst* Schöpfer, sondern die Schöpfung eröffnet sich ihm als vom Schöpfer ex nihilo gegebene *Gabe*, die er *als solche* zu gestalten hat.

So wird der zweite, *heilvolle Charakterzug* der Formel deutlich: Die creatio ex nihilo will nicht einfach nur bei der Destruktion der illusorischen menschlichen Selbstkonstitution stehen bleiben, sondern zeigt eine Schöpfung auf, die bestimmt wird durch Gottes zwar unvorhersagbare, aber keineswegs willkürliche Liebe. Luthers Sicht der creatio ex nihilo eröffnet also den Blick auf eine Schöpfung, die auch gerade deshalb so tröstlich ist, weil sie unendlich weit über das hinausgeht, was der Mensch in seiner Selbstkonstitution hätte leisten und sich je selbst geben, ja überhaupt nur vorstellen können. Indem Gott »über Bitten und Verstehen« gibt, wird durch die Schöpfung aus dem Nichts der Mensch nicht auf ein kreatürliches Maß reduziert; vielmehr wird durch sie erst wirklich klar, welche hohe Bedeutung es hat, Gottes *Geschöpf* zu sein: Wird dem Menschen in Erkenntnis der göttlichen Schöpfung aus dem Nichts bewusst und offenbar, dass er von sich selbst aus nichts ist, nichts hat und nichts vermag, so wird er gleichzeitig umso reicher. Er sieht als geliebtes Geschöpf seine Hände großzügig gefüllt: mit Selbst und Mitkreatur, mit Welt und Gestaltungsräumen, mit deren Erhaltung und dem Privileg der cooperatio, mit dem Licht der Neuschöpfung und der Auferweckung von den Toten, mit unbedingter Würde und der in der Abhängigkeit vom Schöpfer aus dem Nichts allein möglichen Freiheit.

Literaturverzeichnis

I. Hinweise

Die Literatur wird in den Anmerkungen durch Angabe von Verfasser und Verfasserin, Titel bzw. Kurztitel und Seiten- bzw. Spaltenzahl nachgewiesen.

Luther wird nach der Weimarer Ausgabe angeführt. Zitate aus der Großen Genesisvorlesung werden stets mit Hinweis auf den biblischen Bezugstext versehen, um den exegetischen Zusammenhang der Ausführung Luthers zu kennzeichnen.

Lateinische Zitate (Ausnahme: Fachtermini) werden mit, hebräische und griechische ohne Anführungsstriche wiedergegeben. Übersetzungen werden nicht eigens gekennzeichnet; sie sind u.U. modernisiert. Umlaute in frühneuhochdeutschen Quellentexten mit kleinem hochgestellten »e« werden im Zitat mit »ä«, »ö« und »ü« wiedergegeben.

Auslassungen, Textergänzungen, Abkürzungsauflösungen u.ä. innerhalb der Zitate werden mit eckigen Klammern notiert, am Anfang und am Ende der Zitate dann, wenn es der Satz- oder Sinnzusammenhang nahe legt. Hinzufügungen in Zitaten werden in eckige Klammern gesetzt.

Abkürzungen werden nach Schwertner (Theologische Realenzyklopädie [TRE]), Abkürzungsverzeichnis, 2., überarbeitete und erweiterte Auflage, zusammengestellt von Siegfried M. Schwertner, Berlin/New York ²1994) verwendet. Sonstige Abkürzungen werden vor Ort im Literaturnachweis angegeben.

II. Quellen und Nachschlagewerke

Luther, Martin, Werke. Kritische Gesamtausgabe (Weimarer Ausgabe; zit. WA; WABR [Briefe]; WADB [Deutsche Bibel]; WATR [Tischreden]), Weimar 1883ff. (zit. nach Band, Seite, Zeile).

Aland, Kurt, Hilfsbuch zum Lutherstudium. Bearbeitet in Verbindung mit Ernst Otto Reichert und Gerhard Jordan, 3., neubearbeitete und erweiterte Auflage, Witten 1970.

Bauer, Walter, Griechisch-deutsches Wörterbuch zu den Schriften des Neuen Testaments und der frühchristlichen Literatur, 6., völlig neu bearbeitete Auflage, im Institut für neutestamentliche Textforschung/ Münster unter besonderer Mitwirkung von Victor Reichmann herausgegeben von Kurt Aland und Barbara Aland, Berlin/New York ⁶1988.

Die Bekenntnisschriften der evangelisch-lutherischen Kirche, hg. im Gedenkjahr der Augsburgischen Konfession 1930, Göttingen [11]1992 (zit. BSLK).

Biblia Hebraica Stuttgartensia, Editio funditus renovata, ed. K. Elliger et W. Rudolph, Editio secunda emendata opera W. Rudolph et H.P. Rüger, Stuttgart [3]1987.

Biblia Sacra iuxta Vulgatam Versionem, adiuvantibus B. Fischer, I. Gribomont, H.F.D. Sparks, W. Thiele recensuit et brevi apparatu critico instruxit R. Weber, editionem quartam emendatam cum sociis B. Fischer, H.I. Frede, H.F.D. Sparks, W. Thiele praeparavit R. Gryson, Stuttgart [4]1994.

Denzinger, Heinrich, Enchiridion symbolorum, definitionum et declarationum de rebus fidei et morum. Kompendium der Glaubensbekenntnisse und kirchlichen Lehrentscheidungen, verbessert, erweitert, ins Deutsche übertragen und unter Mitarbeit von H. Hoping herausgeben von P. Hünermann, Freiburg/Br. u.a. [37]1991 (zit. DH mit Nr.).

Evangelisches Gesangbuch. Ausgabe für die Evangelische Landeskirche in Württemberg, hg. von ders., Stuttgart 1996 (zit. EG mit Nr.).

Georges, Karl Ernst, Ausführliches Lateinisch-Deutsches Handwörterbuch, aus den Quellen zusammengetragen und mit besonderer Bezugnahme auf Synonymik und Antiquitäten unter Berücksichtigung der besten Hilfsmittel, ausgearbeitet, unveränderter Nachdruck der 8. verbesserten und vermehrten Auflage von Heinrich Georges, 2 Bände, Darmstadt 1995.

Gesenius, Wilhelm, Hebräisches und aramäisches Handwörterbuch über das Alte Testament in Verbindung mit H. Zimmern u.a., bearb. v. Frantz Buhl, unveränderter Neudruck der 1915 erschienenen 17. Auflage, Berlin/Göttingen/Heidelberg 1962 (zit. Gesenius).

Grimm, Jacob und Wilhelm, Deutsches Wörterbuch, 16 Bände in 32 Teilbänden und 1 Registerband, Leipzig 1854–1971 (zit. DWb).

Kirchner, Friedrich und Michaelis, Carl, Wörterbuch der philosophischen Grundbegriffe (PhB 67), Leipzig [4]1903.

Kirchner, Friedrich und Michaelis, Carl (Begr.), Wörterbuch der philosophischen Begriffe, fortgesetzt von Johannes Hoffmeister, vollständig neu herausgegeben von A. Regenbogen und U. Meyer (PhB 500; Lizenzausgabe), Darmstadt 1998.

Menge, Hermann, Langenscheidts Großwörterbuch Latein (Menge-Güthling). Teil I Lateinisch-Deutsch, unter Berücksichtigung der Etymologie, Berlin/München u.a. [25]1996 (zit. Menge Güthling).

Nestle-Aland, Novum Testamentum Graece, Stuttgart [27]1993.

Schilling, Johannes, Latinistische Hilfsmittel zum Lutherstudium, LuJ 55 (1988), 83–101.

Septuaginta, id est Vetus Testamentum Graece iuxta LXX Interpretes, ed. Alfred Rahlfs, 2 Bände, Stuttgart [6]o.J.

Sleumer, Albert, Kirchenlateinisches Wörterbuch. Unter umfassendster Mitarbeit von Joseph Schmid, Hildesheim 1990.

III. Sekundärliteratur

Althaus, Paul, Die christliche Wahrheit, Gütersloh [7]1966.

– Der Schöpfungsgedanke bei Luther (Bayerische Akademie der Wissenschaften, Phil.-hist. Klasse. Sitzungsberichte Jg. 1959, H. 7), München-Nördlingen 1959, 3–18.

– Die Theologie Martin Luthers, Gütersloh [6]1983.

– Unsterblichkeit und ewiges Sterben bei Martin Luther. Zur Auseinandersetzung mit Carl Stange, SASW 30, Gütersloh 1930.

S. Anselmi Cantuariensis archiepiscopi opera omnia, tomus primus, ad fidem codicum recensuit Franciscus Salesius Schmitt, Stuttgart/Bad Cannstatt 1968.

Aristotelis, Physica, recognovit brevique adnotatione critica instruxit W.D. Ross, Oxford 1982.

– Metaphysica, recognovit brevique adnotatione critica instruxit W. Jaeger, Oxford 1978.

Asendorf, Ulrich, Lectura in Biblia. Luthers Genesisvorlesung (1535–1545) (Forschungen zur systematischen und ökumenischen Theologie, hg. v. W. Pannenberg, R. Slenczka u. G. Wenz, Bd. 87), Göttingen 1998.

– Die ökumenische Bedeutung von Luthers Genesis-Vorlesung (1535–1545). In: Caritas Dei, Beiträge zum Verständnis Luthers und der gegenwärtigen Ökumene, FS für Tuomo Mannermaa (Schriften der Luther-Agricola-Gesellschaft 39), hg. v. Oswald Bayer u.a., Helsinki 1997, 18–40 (zit. Die ökumenische Bedeutung von Luthers Genesis-Vorlesung).

Augustinus, Confessionum Libri XIII (CChr. SL 27), Turnhout 1981.

– Contra adversarium legis et prophetarum (CChr. SL 49, 35–131), Turnhout 1985.

– Contra epistulam fundamenti (CSEL 25/1 u. 2, 191–248), Wien 1892.

– De Civitate Dei Libri I–X (CChr. SL 47), Turnhout 1955.

– De Civitate Dei Libri XI–XXII (CChr. SL 48), Turnhout 1955.

– De Genesi ad litteram libri XIII (MPL 34, 245–484), Turnhout o.J.
– De Genesi Contra Manichaeos (MPL 34, 173–218), Turnhout o.J.
– De diversis qvaestionibvs (CChr. SL 44 A), Turnhout o.J.
– Ennarrationes in Psalmos I – L (CChr. SL 38), Turnhout 1956.
– Enarrationes in Psalmos LI – C (CChr. SL 39), Turnhout 1956.
– De libero arbitrio libri tres (CChr. SL 29, 205–321), Turnhout 1970.
– De natura boni contra Manichaeos (MPL 42, 551–576) Turnhout o.J.
– In Iohannis Evangelivm Tractatvs CXXIV (CChr. SL 36), Turnhout 1954.
– Sermo CLXIX (MPL 38, 915–926), Turnhout o.J.
– Soliloquiorum libri duo (CSEL, Bd. 89, 1–98), Wien 1986.

Der Babylonische Talmud, neu übertragen durch Lazarus Goldschmidt nach der ersten zensurfreien Ausgabe unter Berücksichtigung der neueren Ausgaben und handschriftlichen Materials, Bd. 10, Berlin 1935.

Bach, Robert, Bauen und Pflanzen; in: R. Rendtorff u. K. Koch (Hgg.), Studien zur Theologie der alttestamentlichen Überlieferungen (G. von Rad zum 60. Geburtstag), Neukirchen 1961, 7–32.

Baltzer, Klaus, Deutero-Jesaja. Kommentar zum Alten Testament, Bd. X,2, begr. von E. Sellin, fortgeführt von J. Herrmann unter Mitarb. von H. Bardtke u.a., hg. v. O. Kaiser u.a., Gütersloh 1999.

Bamberger, Rabbi S. (Übers.), Siddur (Victor Goldschmidt Verlag), Basel 1987.

Bandt, Hellmut, Luthers Lehre vom verborgenen Gott. Eine Untersuchung zu dem offenbarungsgeschichtlichen Ansatz seiner Theologie (ThA VIII), Berlin 1958.

Bannach, Gott und das Mögliche. In: ZThK 95, 1998, 197–216.
– Relationen. Ihre Theorie in der spätmittelalterlichen Theologie und bei Luther, in: Separatum. Freiburger Zeitschrift für Philosophie und Theologie (Heft 1/2, 47. Band, 2000), 101–125.

Barth, Karl, Dogmatik im Grundriß, Zürich 71987.
– Die Kirchliche Dogmatik, Bd. I/1, Zollikon-Zürich, 81964 (zit. KD).

Bayer, Oswald, Gott als Autor. Zu einer poetologischen Theologie, Tübingen 1999.
– Freiheit als Antwort. Zur theologischen Ethik, Tübingen 1995.
– Promissio. Geschichte der reformatorischen Wende in Luthers Theologie, Darmstadt 21989.
– Rechtfertigungslehre und Ontologie, in: Glaubenswissenschaft? Theologie im Spannungsfeld von Glaube, Rationalität und Öffentlichkeit, hg. P. Neuner, Freiburg/Br., 149–159.

– Schöpfung als Anrede. Zu einer Hermeneutik der Schöpfung, Tübingen ²1990.

– Art. »Schöpfer/Schöpfung VIII. Systematisch-theologisch«, TRE, Bd. 30, Berlin/New York 1999, 326–348.

Betz, Otto, Die geheimnisvolle Welt der Zahlen. Mythologie und Symbolik, München 1999.

Beutel, Albrecht, In dem Anfang war das Wort. Studien zu Luthers Sprachverständnis (Hermeneutische Untersuchungen zur Theologie, Bd. 27), Tübingen 1991.

Gabrielis Biel Collectorium circa quattuor libros Sententiarum, hg. v. W. Werbeck und U. Hofmann, Bde. I–IV/2, Tübingen 1973–1984 (zit. Coll.).

Blaumeiser, Hubertus, Martin Luthers Kreuzestheologie. Schlüssel zu seiner Deutung von Mensch und Wirklichkeit. Eine Untersuchung anhand der Operationes in Psalmos (1519–1521), in: Johann-Adam-Möhler-Institut (Hg.), Konfessionskundliche und kontroverstheologische Studien (KKTS), Bd. 60, Paderborn 1995.

Böhme, Jakob, Sämtliche Schriften. Faksimile-Neudruck der Ausgabe von 1730 in 11 Bänden, begonnen v. A. Faust, neu hg. v. W.-E. Peuckert, Bd. 1, Aurora, oder Morgenröthe im Aufgang, Stuttgart 1955 (zit. Aurora).

Doctoris Seraphici S. Bonaventurae, S.R.E. Episcopi Cardinalis opera omnia. Iussu et auctoritate R. P. Aloysii A Parma, Totius ordinis minorum s.p. Francisci Ministri Generalis edita, Studio et cura PP. Collegii A. S. Bonaventura, ad plurimos codices mss. emendata anecdotis aucta prolegomenis scholiis notisque illustrata, tomus 5, ad Claras Aquas (Quaracchi) 1891.

Bornkamm, Heinrich, Luther und das Alte Testament, Tübingen 1948.

Brecht, Martin, Martin Luther, Bd. 1 (Sein Weg zur Reformation; 1483–1521); Bd. 2 (Ordnung und Abgrenzung der Reformation; 1521–1532); Bd. 3 (Die Erhaltung der Kirche; 1532–1546), Stuttgart ³1990, 1986 und 1987.

Brennecke, Hanns Christof, Art. »Hilarius von Poitiers«, TRE, Bd. 15, Berlin/New York 1986, 315–322.

Brunner, Emil, Die christliche Lehre von der Schöpfung und Erlösung, Dogmatik, Bd. 2, Zürich/Stuttgart ²1960.

Brunner, Peter, Pro ecclesia, Gesammelte Aufsätze zur dogmatischen Theologie, Bd. 2, Fürth ²1990.

Buber, Martin, Werke, Bd. III, Schriften zum Chassidismus, München/Heidelberg 1963.

Büchner, Georg, Werke und Briefe. Nach der hist.-krit. Ausgabe v. W.R. Lehmann. Kommentiert v. K. Pörnbacher, G. Schaub, H.-J. Stimm u. E. Ziegler (dtv weltliteratur 2065), München 1980.

Bultmann, Rudolf, Die Krisis des Glaubens. In: Glauben und Verstehen. Gesammelte Aufsätze, Bd. 2, Tübingen [6]1993 (unveränd. Nachdr. d. 5. Aufl.), 1–19.

– Das Urchristentum im Rahmen der antiken Religionen (rowohlts deutsche enzyklopädie), hg. v. E. Grassi, Reinbeck bei Hamburg 1962.

Bunte, Wolfgang, Rabbinische Traditionen bei Nicolaus von Lyra. Ein Beitrag zur Schriftauslegung des Spätmittelalters (Judentum und Umwelt 58), Frankfurt/M./Berlin 1994.

Joannis Calvini Opera Selecta, hg. v. P. Barth u. W. Niesel, Vol. III. Institutionis Christianae religionis 1559 librum I et II continens, München [2]1957.

Chenu, Marie-Dominique, Das Werk des Hl. Thomas von Aquin; Deutsche Thomasausgabe, 2. Ergänzungsbd., Heidelberg u.a. 1960.

Colditz, Jens Dietmar, Kosmos als Schöpfung. Die Bedeutung der creatio ex nihilo vor dem Anspruch moderner Kosmologie (Theorie und Forschung, Bd. 307; Theologie und Philosophie, Bd. 22), Regensburg 1994.

Dante, Die göttliche Komödie. Vollständige Ausgabe, deutsch von F. Freiherrn von Falkenhausen, mit fünfzig Zeichnungen von Botticelli (it 94), Frankfurt/M. [14]1996.

Davies, Paul, GOTT und die moderne Physik; Vorwort v. H. v. Ditfurth, München [5]1986.

Delius, Hans-Ulrich, Die Quellen von Martin Luthers Genesisvorlesung (Beiträge zur evangelischen Theologie. Theologische Abhandlungen, Bd. 111), München 1992.

– Der Briefwechsel des Friedrich Mykonius (1524–1546). Ein Beitrag zur allgemeinen Reformationsgeschichte und zur Biographie eines mitteldeutschen Reformators, bearb. v. H.-U. Delius (Schriften zur Kirchen- und Rechtsgeschichte, hg. v. E. Fabian, 18./19. Heft), Tübingen 1960.

Dibelius, Otto, Das Vaterunser. Umrisse zu einer Geschichte des Gebets in der Alten und Mittleren Kirche, Gießen 1903.

Diels, Hermann und Kranz, Walther (Hgg.), Die Fragmente der Vorsokratiker; griechisch und deutsch, Bd. 1, Berlin [6]1951; Bd. 2, Berlin [6]1952 (zit. Diels-Kranz).

Doerne, Martin, Praktischer Schöpfungsglaube nach Luther. Luthers Auslegungen des 127. Psalms. In: Luther. Mitteilungen der Luthergesellschaft, 24. Jhg., 1953, 24–40.

Duns Scotus, Johannes, Doctoris subtilis et mariani Ioannis Duns Scoti, opera omnia, studio et cura commissionis Scotisticae ad fidem codicum edita, hg. P. Carolo Baliæ, Bd. VII (Ordinatio liber secundus), Bd. XVIII (Lectura), Civitas Vaticana 1973ff.

Ebeling, Gerhard, Die Anfänge von Luthers Hermeneutik. In: ZThK 48, 1951, 172–230.

– Dogmatik des christlichen Glaubens, Bd. 1 (Prolegomena/Erster Teil: Der Glaube an Gott den Schöpfer der Welt, Tübingen [3., durchgesehene Aufl.] 1987); Bd. 2 (Zweiter Teil: Der Glaube an Gott den Versöhner der Welt, Tübingen [3., durchgesehene Aufl.] 1989); Bd. 3 (Dritter Teil: Der Glaube an Gott den Vollender der Welt, Tübingen [3., durchgesehene Aufl.] 1993) (zit. Dogmatik).

– Evangelische Evangelienauslegung. Eine Untersuchung zu Luthers Hermeneutik, Darmstadt ²1962.

– Lutherstudien, Bd. 2: Disputatio de homine; 3. Teil (Die theologische Definition des Menschen. Kommentar zu These 20–40), Tübingen 1989.

– Wort und Glaube, Bd. 2, Beiträge zur Fundamentaltheologie und zur Lehre von Gott, Tübingen 1969.

Meister Eckhart, Die deutschen und lateinischen Werke, hg. im Auftrage der deutschen Forschungsgemeinschaft. Die deutschen Werke, hg. u. übers. v. J. Quint, Stuttgart 1958ff. (zit. DW). Die lateinischen Werke, hg. u. übers. v. K. Weiss, Stuttgart 1964ff. (zit. LW).

– Deutsche Predigten und Traktate, hg. u. übers. v. J. Quint (detebe 202), München 1979.

Elert, Werner, Der christliche Glaube. Grundlinien der lutherischen Dogmatik, Hamburg ⁵1956.

Erasmus von Rotterdam, Ausgewählte Schriften. Ausgabe in acht Bänden, lateinisch und deutsch, hg. v. W. Welzig, Darmstadt 1968–1980 (Sonderausgabe 1995).

Fausel, Heinrich, D. Martin Luther. Sein Leben und Werk 1522–1546, Bd. 2, Stuttgart ²1996.

Fichte, Johann Gottlieb, Die Bestimmung des Menschen. Auf der Grundlage der Ausgabe von F. Medicus, revidiert v. E. Fuchs, mit einer Einl. v. R. Lauth (PhB 226), Hamburg 1962.

– Darstellung der Wissenschaftslehre. Aus dem Jahre 1801 (PhB 130a), hg. v. F. Medicus, Leipzig ²1922.

– Darstellung der Wissenschaftslehre. Aus den Jahren 1801/02 (PhB 302), hg. sowie mit Einl. und Anm. versehen v. R. Lauth unter Mitarb. v. P.K. Schneider, Hamburg 1977.

Foerster, Werner, Art. »κτίζω«, in: ThWNT, Bd. III, Stuttgart/Berlin/Köln 1990 (unveränd. Nachdr. d. Ausg. 1933–1979), 999–1032.

Forsberg, Juhani, Das Abrahambild in der Theologie Luthers. Pater fidei sanctissimus (Veröffentlichungen des Instituts für Europäische Geschichte Mainz, Abteilung für Abendländische Religionsgeschichte. Bd. 117. Hg. Peter Mans), Stuttgart 1984.

Ganoczy, Alexandre, Schöpfungslehre; in: Glaubenszugänge. Lehrbuch der katholischen Dogmatik in drei Bänden, hg. v. W. Beinert, Band 1, Paderborn/München/Wien/Zürich 1995.

Geißer, Friedrich, Poet der Welt und Schöpfung aus dem Nichts, in: NZSTh 32 (1990), 166–180.

Gese, Hartmut, Der Tod im Alten Testament; in: ders., Zur biblischen Theologie. Alttestamentliche Vorträge, Tübingen ²1983, 31–54.

Gibson, Margaret T., The Place of the Glossa Ordinaria in Medieval Exegesis, in: Ad Litteram. Authoritative Texts and their medieval Readers, hg. v. M.D. Jordan und K. Emery Jr. (Notre Dame Conferences in Medieval Studies, Nr. 3), Notre Dame 1992, 5–27.

Gloege, Gerhard, Art. »Schöpfung/IV B. Dogmatisch«, ³RGG, Bd. 5, Tübingen 1961, Sp. 1484–1490.

Grözinger, Karl Erich, Art. »Chassidismus, osteuropäischer«; in: TRE, Bd. 17, Berlin/New York 1988, 337–386.

Haas, Alois, Nim din selbes war. Studien zur Lehre von der Selbsterkenntnis bei Meister Eckhart, Johannes Tauler und Heinrich Seuse; in: Neue Schriftenreihe zur Freiburger Zeitschrift für Philosophie und Theologie, Bd. 3, Freiburg/Schweiz 1971.

Hailperin, Herman, Rashi and the Christian Scholars, Pittsburgh 1963.

Härle, Wilfried, Dogmatik, Berlin/New York (2., überarbeitete Aufl.) 2000.

– und Wagner, Harald (Hgg.), Theologenlexikon. Von den Kirchenvätern bis zur Gegenwart, München 1987.

Hegel, Georg Wilhelm Friedrich, Werke in 20 Bänden (stw 601–621). Auf der Grundlage der Werke von 1832–1845 neu edierte Ausgabe. Redaktion E. Moldenhauer u. K.M. Michel, Frankfurt/M. 1986.

Hennig, Gerhard, Cajetan und Luther. Ein historischer Beitrag zur Begegnung von Thomismus und Reformation (Arbeiten zur Theologie, hg. v. Th. Schlatter u.a., II. Reihe, Bd. 7), Stuttgart 1966.

Herder, Johann Gottfried, Werke in zehn Bänden, Bd. 5, Schriften zum Alten Testament (Bibliothek deutscher Klassiker 93), hg. v. R. Smend, Frankfurt/M. 1993.

Hermisson, Hans-Jürgen, Deuterojesaja; Biblischer Kommentar. Altes Testament, begr. v. M. Noth, hg. v. S. Herrmann, W.H. Schmidt u. H.W. Wolff, Bd. XI/8, Neukirchen-Vluyn 1991.

Herms, Eilert, Kirche für die Welt. Lage und Aufgabe der evangelischen Kirchen im vereinigten Deutschland, Tübingen 1995.

– Luthers Auslegung des Dritten Artikels, Tübingen 1987.

– Theorie für die Praxis – Beiträge zur Theologie, München 1982 (zit. Theorie für die Praxis).

– Art. »Offenbarung V. Theologiegeschichte und Dogmatik«, TRE, Bd. 25, Berlin/New York 1995, 146–210.

– Offenbarung und Glaube. Zur Bildung des christlichen Lebens, Tübingen 1992.

Hiebsch, Sabine, Figura ecclesiae. Lea und Rachel in Martin Luthers Genesispredigten (Arbeiten zur Historischen und Systematischen Theologie 5), Münster/Hamburg/London 2002.

Hof, Hans, Scintilla animae. Eine Studie zu einem Grundbegriff in Meister Eckharts Philosophie mit besonderer Berücksichtigung des Verhältnisses der Eckhartschen Philosophie zur neuplatonischen und thomistischen Anschauung, Bonn 1952.

Hofius, Otfried, Das Wunder der Wiedergeburt. Jesu Gespräch mit Nikodemus Joh 3,1–21; in: ders. und Hans-Christian Kammler, Johannesstudien. Untersuchungen zur Theologie des vierten Evangeliums (Wissenschaftliche Untersuchungen zum Neuen Testament 88), Tübingen 1996, 33–80.

Höhne, Wolfgang, Luthers Anschauung über die Kontinuität der Kirche (Arbeiten zur Geschichte und Theologie des Luthertums Bd. XII; hg. v. Wilhelm Maurer, Karl Heinrich Rengstorf, u.a.), Berlin/Hamburg 1963.

Hoping, Helmut, Creatio ex nihilo. Von der Bedeutung einer schwierigen Unterscheidung für den Begriff des Monotheismus, JBTh 12 (1997), 291–307.

Huizinga, Johan, Herbst des Mittelalters, Studien über Lebens- und Geistesformen des 14. und 15. Jahrhunderts in Frankreich und in den Niederlanden (Kröners Taschenausgabe Bd. 204), hg. v. Kurt Köster, Stuttgart [11]1975.

Irenäus von Lyon, Adversus Haereses (Fontes Christiani, 8, Bde. 1–5), griech., dt., lat., übers. u. eingel. v. Norbert Brox, Freiburg/Br. 1993–2001.

Jacobi, Friedrich Heinrich, Über die Lehre des Spinoza in Briefen an den Herrn Moses Mendelssohn (PhB 517). Auf der Grundlage der Ausgabe von K. Hammacher und I.-M. Piske, bearb. v. M. Lauschke, Hamburg 2001.

Jamme, Christoph (Hg.), Mythologie der Vernunft. Hegels ›Aeltestes Systemprogramm des deutschen Idealismus‹ (stw 413), Frankfurt/M. 1984.

Janowski, Bernd, Art. »Königtum II«; in: Neues Bibel-Lexikon (NBLZ), hg. v. M. Görg u. B. Lang, Bd. II, Zürich/Düsseldorf 1995, Sp. 516–520.

– Art. »Schöpfung: II. Altes Testament«, 4RGG, Bd. 7, Tübingen 2004 (im Druck).

Janowski, Johanna Christine, Allerlösung. Annäherungen an eine entdualisierte Eschatologie (Neukirchener Beiträge zur Systematischen Theologie 23), 2 Bde., Neukirchen-Vluyn 2000.

Joest, Wilfried, Ontologie der Person bei Luther, Göttingen 1967.

Jonas, Hans, Der Gottesbegriff nach Auschwitz. Eine jüdische Stimme (st 1516), Frankfurt/M. 51993.

Jüngel, Eberhard, Entsprechungen: Gott – Wahrheit – Mensch. Theologische Erörterungen (BEvTh 88), München 1980.

– Wertlose Wahrheit. Zur Identität und Relevanz des christlichen Glaubens. Theologische Erörterungen III (BEvTh 107), München 1990.

– Tod (GTB-Siebenstern 1295), Gütersloh 51993.

Junghans, Helmar, Luther in Wittenberg; in: ders. (Hg.), Leben und Werk Martin Luthers von 1526 bis 1546. Festgabe zu seinem 500. Geburtstag, Bd. I, Göttingen 1983, 11–37.

Juntunen, Sammeli, Der Begriff des Nichts bei Luther in den Jahren von 1510 bis 1523, Schriften der Luther-Agricola Gesellschaft 36, Helsinki 1996.

Kalita, Thomas M., The influence of Nicholas of Lyra on Martin Luther's Commentary of Genesis, Washington 1985.

Kant, Immanuel, Kritik der reinen Vernunft (PhB 37a); nach der ersten u. zweiten Original-Ausgabe hg. von R. Schmidt, mit einer Bibliographie von H. Klemme, Hamburg 31990.

Käsemann, Ernst, Jesu letzter Wille nach Johannes 17, Tübingen 41980.

Kern, Udo, Art. »Meister Eckhart«, TRE, Bd. 9, Berlin/New York 1982, 258–264.

Kessler, Hans, Art. »Schöpfung IV. Theologie- und dogmengeschichtlich, in: LThK, Bd. 9, Freiburg/Br. u.a. 2000, Sp. 226–230.

– Art. »Schöpfung, V. Systematisch-theologisch; in: LThK, Bd. 9, Freiburg/Br. u.a. 2000, Sp. 230–236.

Kirchner, Timotheus, Deudscher Thesavrvs. Des hochgelerten weitberumbten und theuren Mans D. Mart. Luthers/ Darinnen alle Heubtartickel/

Christlicher/ Catholischer und Apostolischer Lere und Glaubens erklert vnd ausgelegt/ [...], Frankfurt/M. 1570.

Kohnle, Armin und Wolgast, Eike, Art. »Reichstage der Reformationszeit«; in: TRE, Bd. 28, Berlin/New York 1997, 457–470.

Kolde, Theodor von (Hg.), Analecta Lutherana. Briefe und Actenstücke zur Geschichte Luthers, Zugleich ein Supplement zu den bisherigen Sammlungen seines Briefwechsels, Gotha 1883.

– (Hg.), Beiträge zur bayerischen Kirchengeschichte, Bd. 18, Erlangen 1912.

Köpf, Ulrich, Bemerkungen zum franziskanischen Schöpfungsverständnis. In: Unsere Welt – Gottes Schöpfung, FS Eberhard Wölfel (MThSt 32), hg. v. Wilfried Härle u.a., 1992, 65–76.

Köstlin, Julius, Martin Luther. Sein Leben und seine Schriften; nach des Verfassers Tode fortgesetzt von Gustav Kawerau, Bd. 2, Berlin ⁵1903.

Kraus, Hans-Joachim, Psalmen. Biblischer Kommentar, Altes Testament, begr. v. M. Noth, hg. v. S. Herrmann, W.H. Schmidt u. H.W. Wolff, Bd. XV/2, Neukirchen-Vluyn ⁶1989.

Krause, Winfried, Das Leben – Gottes Spiel. Ein vergessenes Lehrstück des alten Luther; in: Lutherische Nachrichten, 16. Jhg. Nr. 3, 1996, 9–25.

– Hermeneutische Beobachtungen in Luthers Genesisvorlesung; in: Lutherische Nachrichten, 14. Jhg. Nr. 4, 1994, 3–7.

Laertius, Diogenes, Leben und Meinungen berühmter Philosophen (PhB 53/54); in der Übersetzung v. O. Apelt, unter Mitarb. v. H.G. Zekl neu hrsg. sowie mit Vorw., Einl. und neuen Anm. vers. von K. Reich, Hamburg 1998.

Lessing, Gotthold Ephraim, Wie die Alten den Tod gebildet (1769), in: ders., Werke und Briefe, hg. v. Wilfried Barner, Bd. 6 (hg. v. Klaus Bohnen), Frankfurt/M. 1985, 715–778.

Link, Christian, Schöpfung. Schöpfungstheologie in reformatorischer Tradition, HST, Bd. 7/1, Gütersloh 1991.

– Art. »Creatio ex nihilo«; in: ⁴RGG, Bd. 2, Tübingen 1999, Sp. 485–489.

Löfgren, David, Die Theologie der Schöpfung bei Luther (Forschungen zur Kirchen- und Dogmengeschichte 10), Göttingen 1960.

Løgstrup, Knud E., Schöpfung und Vernichtung. Religionsphilosophische Betrachtungen, Metaphysik IV, übers. v. R. Løgstrup, Tübingen 1990.

Lohse, Bernhard, Martin Luther. Eine Einführung in sein Leben und sein Werk, München 1981.

– Dogma und Bekenntnis in der Reformation: Von Luther bis zum Konkordienbuch. In: Carl Andresen (Hg.), Handbuch der Dogmen- und Theologiegeschichte, Bd. 2 (Die Lehrentwicklung im Rahmen der Konfessionalität), Göttingen 1989, 1–164.

Lohmann, Friedrich, Die Bedeutung der dogmatischen Rede von der ›creatio ex nihilo‹; in: ZThK 99, 2002, 196–225.

Magistri Petri Lombardi, Sententiae in IV libris distinctae. Ad fidem Codicum Antiquiorum Restituta (Spicilegium Bonaventurianum), Tomus I u. II, Coll S. Bonaventurae Ad Claras Aquas, Rom ³1971 und ³1981.

Lütkehaus, Ludger, NICHTS – Abschied vom Sein. Ende der Angst, Zürich 1999.

Lukrez, Über die Natur der Dinge, lateinisch und deutsch v. J. Martin. In: Schriften und Quellen der Alten Welt, Bd. 32, Berlin 1972.

Lüpke, Johannes von, Art. »Schöpfer/Schöpfung VII. Reformation bis Neuzeit«, TRE, Bd. 30, Berlin/New York 1999, 305–326.

Maaser, Wolfgang, Die schöpferische Kraft des Wortes. Die Bedeutung der Rhetorik für Luthers Schöpfungs- und Ethikverständnis (Neukirchener Theologische Dissertationen u. Habilitationen 22), Neukirchen-Vluyn 1998.

Mannermaa, Tuomo, Der im Glauben gegenwärtige Christus. Rechtfertigung und Vergottung. Zum ökumenischen Dialog. Arbeiten zur Geschichte und Theologie des Luthertums. Neue Folge, 8, Hannover 1989.

Marc Aurel, Selbstbetrachtungen, übertragen u. mit Einleitung v. Wilhelm Capelle (Kröners Taschenausgabe 4), Stuttgart ¹²1973 (unveränd. Nachdr. d. 8. Aufl.).

Marquard, Odo, Abschied vom Prinzipiellen. Philosophische Studien, Stuttgart 1981.

May, Gerhard, Schöpfung aus dem Nichts. Die Entstehung der Lehre von der creatio ex nihilo. Arbeiten zur Kirchengeschichte, Bd. 48, Berlin/New York 1978.

Mayer, Cornelius, ›Caelum caeli‹: Ziel und Bestimmung des Menschen nach der Auslegung von Genesis I,1f. In: ders. u. N. Fischer (Hgg.), Die Confessiones des Augustinus von Hippo. Einführung und Interpretation zu den dreizehn Büchern, Forschungen zur europäischen Geistesgeschichte, Bd. 1, Freiburg/Br., 1998, 553–601 (zit. Die Confessiones).

Meinhold, Peter, Die Genesisvorlesung Luthers und ihre Herausgeber. Forschungen zur Kirchen- und Geistesgeschichte, Bd. 8, Stuttgart 1936 (zit. Die Genesisvorlesung Luthers).

Melanchthon, Philipp, Loci Communes 1521. Lateinisch-Deutsch, übers. u. mit kommentierenden Anm. versehen v. H.G. Pöhlmann, hg. v. Lutherischen Kirchenamt der VELKD, Gütersloh 1993 (zit. Loci Communes).

Moltmann, Jürgen, Gott in der Schöpfung, Ökologische Schöpfungslehre, München 1985.

Nambara, Minoru, Die Idee des absoluten Nichts in der deutschen Mystik und seine Entsprechungen im Buddhismus, in: Archiv für Begriffsgeschichte 6, Bausteine zu einem historischen Wörterbuch der Philosophie, hg. v. E. Rothacker, Bonn 1960, 143–277 (zit. Die Idee des absoluten Nichts in der deutschen Mystik).

Nikolaus von Kues, De docta ignorantia II / Die belehrte Unwissenheit II, lat.-dt., übers. von Paul Wilpert, hg. von H.G. Senger (PhB 264b), Hamburg ³1999.

Nikolaus von Lyra, Biblia Sacra cum Glossis, Interlineari et Ordinaria, Nicolai Lyrani Postilla, ac Moralitatibus, Burgensis Additionibus, et Thoringi Replicis, Tomus Primus, Venetiis 1506.

Guillelmi de Ockham, Opera philosophica et theologica ad fidem codicum manuscriptorum ed. cura Instuti Franciscani, Opera Theologica, Universitatis S. Bonaventurae, New York 1967ff. (zit. OT).

Origenes, Vier Bücher von den Prinzipien / Origenis De Principiis Libri IV, hg., übers., mit kritischen u. erläuternden Anm. versehen v. H. Görgemanns u. H. Karpp (Texte zur Forschung 24), Darmstadt 1976.

Paul von Burgos, Additiones, in: Biblia Sacra cum Glossis, Interlineari et Ordinaria, Nicolai Lyrani Postilla, ac Moralitatibus, Burgensis Additionibus, et Thoringi Replicis, Tomus Primus, Venetiis 1506.

Pelikan, Jaroslav (Hg.), Luther's works, Vol. 1–8, Lectures on Genesis, Saint Louis 1958ff.

Pesch, Otto Hermann, Kirche als Schöpfungsordnung? Eine systematisch-theologische Grübelei über Oswald Bayers Theologieverständnis. In: NZSTh 41 (1999), 297–318.

Peters, Albrecht, Glaube und Werk. Luthers Rechtfertigungslehre im Lichte der heiligen Schrift (Arbeiten zur Geschichte und Theologie des Luthertums, hg. v. Max Keller-Hüschemenger u.a., Bd. VIII), Berlin/Hamburg ²1967.

– Kommentar zu Luthers Katechismen. Der Glaube (Bd. 2), Göttingen 1991.

– Die Theologie der Katechismen Luthers anhand der Zuordnung ihrer Hauptstücke; in: Lutherjahrbuch. Organ der Lutherforschung, hg. v. H. Junghans, 43. Jhg., Göttingen 1976, 7–35.

Peura, Simo, Mehr als ein Mensch? Die Vergöttlichung als Thema der Theologie Martin Luthers von 1513 bis 1519. Veröffentlichungen des Instituts für Europäische Geschichte Mainz im Auftrag der Abteilung Religionsgeschichte, hg. v. R. Decot, Bd. 152, Mainz 1994.

Plathow, Michael, Das Cooperatio-Verständnis M. Luthers im Gnaden- und Schöpfungsbereich. Zur Frage nach dem Verhältnis von Mensch und Schöpfung, Luther 56 (1/1985), 28–46.

Platon, Werke in acht Bänden, Griechisch und Deutsch (Übers. v. F. Schlei-ermacher), hg. v. G. Eigler, Darmstadt ²1990.

Quenstedt, Johann Andreas, Theologia didactico-polemica sive systema theologicum, in duas sectiones, didacticam et polemicam, divisum etc., Wittebergae ³1696 (zit. Theologia didactico-polemica).

Rad, Gerhard von, Das erste Buch Mose. Genesis, Das Alte Testament Deutsch 2/4, Neues Göttinger Bibelwerk, Göttingen ¹⁰1976.

Raeder, Siegfried, Luther als Ausleger und Übersetzer der heiligen Schrift. In: Helmar Junghans (Hg.), Leben und Werke Martin Luthers von 1529–1546. Festgabe zu seinem 500. Geburtstag, Bd. 1, Berlin ²1985, 253–278.

Reinhuber, Thomas, Kämpfender Glaube. Studien zu Luthers Bekenntnis am Ende von De servo arbitrio (Theologische Bibliothek Töpelmann 104), Berlin/New York 2000.

Ringleben, Joachim, Gott als Schriftsteller. Zur Geschichte eines Topos; in: Johann Georg Hamann. Autor und Autorschaft, hg. v. B. Gajek, Frankfurt/M. u.a. 1996, 215–275.

Ritter, Adolf Martin, Dogma und Lehre in der Alten Kirche; in: Handbuch der Dogmen- und Theologiegeschichte, hg. v. C. Andresen, Bd. 1 (Die Lehrentwicklung im Rahmen der Katholizität), Göttingen 1988, 99–283.

Rosenau, Hartmut, Allversöhnung. Ein transzendentaltheologischer Grund-legungsversuch (Theologische Bibliothek Töpelmann 57), Berlin/New York 1993.

Rößling, Udo und Ambros, Paul, Reisen zu Luther. Erinnerungsstätten in der DDR, Leipzig ²1988.

Schäfer, Rolf, Die Bibelauslegung in der Geschichte der Kirche (Studien-bücher Theologie Kirchen- und Dogmengeschichte), Gütersloh 1980.

Scheffczyk, Leo, Einführung in die Schöpfungslehre (Die Theologie. Ein-führungen in Gegenstand, Methoden und Ergebnisse ihrer Disziplinen und Nachbarwissenschaften), Darmstadt ³1987 (verb. u. erw. Aufl.).

Schelling, Friedrich Wilhelm Joseph, Philosophische Untersuchungen über das Wesen der menschlichen Freiheit und die damit zusammenhängen-den Gegenstände; in: Schellings Werke, nach der Originalausgabe in neuer Anordnung, hg. v. M. Schröter, 4. Hauptband. Schriften zur Philosophie der Freiheit 1804–1815, München 1965, 223–308 (zit. nach der Originalausgabe, Sämtliche Werke, Bd. VII, 333–416).

Schleiermacher, Friedrich Daniel Ernst, Der christliche Glaube nach den Grundsätzen der evangelischen Kirche im Zusammenhange dargestellt, aufgrund der 2. Aufl. und kritischer Prüfung des Textes neu hg. u. mit Einl., Erläut. u. Register versehen v. M. Redeker, Bd. I u. II, Berlin [7]1960 (zit. Glaubenslehre).

– Über die Religion. Reden an die Gebildeten unter ihren Verächtern (PhB 255), hg. von H.-J. Rothert, Hamburg 1958.

Schlink, Edmund, Die Verborgenheit Gottes des Schöpfers nach lutherischer Lehre. Ein Beitrag zum Lutherischen Verständnis der ersten Barmer These, München 1936.

Schmid, Heinrich, Die Dogmatik der evangelisch-lutherischen Kirche. Dargestellt und aus den Quellen belegt, neu hg. u. durchges. v. Horst Georg Pöhlmann, Gütersloh [12]1998.

Schmidt, Werner H., Einführung in das Alte Testament, Berlin/New York [4]1989.

Schmuttermayr, Georg, ›Schöpfung aus dem Nichts‹ in 2Makk. 7,28? Zum Verhältnis von Position und Bedeutung, in: Biblische Zeitschrift. Neue Folge 17 (1973), 203–228.

Schubert, Hans von, Allgemeines über Luthers Vorlesungstätigkeit, in: ders. und Karl Meissinger (Hgg.), Zu Luthers Vorlesungstätigkeit. Sitzungsberichte der Heidelberger Akademie der Wissenschaften (Stiftung Heinrich Lanz), Philosophisch-historische Klasse, 9. Abhandlung, Heidelberg 1920.

Schürmann, Heinz, Das Lukasevangelium, Bd. 1; in: Herders theologischer Kommentar zum Neuen Testament, Bd. 3, Freiburg/Br. 1969.

Seeberg, Erich, Studien zu Luthers Genesisvorlesung. Zugleich ein Beitrag zur Frage nach dem alten Luther (BFChrTh 36, 1. Heft), Gütersloh 1932.

Seils, Martin, Der Gedanke vom Zusammenwirken Gottes und des Menschen in Luthers Theologie (BFChTh 50), Gütersloh 1962.

Spinoza, Benedictus de, Die Ethik, lateinisch und deutsch, revidierte Übersetzung von J. Stern, Nachwort v. B. Lakebrink (der lat. Text folgt der Edition v. C. Gebhardt [Hg.], Spinoza Opera; hg. im Auftrag der Heidelberger Akademie der Wissenschaften, Bd. 2, Tractatus de Intellectus Emendatione / Ethica, Heidelberg 1925), Stuttgart 1977.

Stange, Carl, Zur Auslegung der Aussagen Luthers über die Unsterblichkeit der Seele. In: ders., Studien zur Theologie Luthers, Bd. 1, Gütersloh 1928, 287–344.

Staupitz, Johannes von, Libellus de exsecutione aeternae praedestinationis. – Sämtliche Schriften. Abhandlungen, Predigten, Zeugnisse. Hrsg. von L. Graf zu Dohna und R. Wetzel. 2. Lateinische Schriften II. Libellus de exsecutione aeternae praedestinationis. Bearb. von L. Graf zu Dohna und R. Wetzel. Spätmittelalter und Reformation, Bd. 14, Berlin/New York 1979 (zit. Libellus).

Stock, Konrad, Creatio nova – creatio ex nihilo. Bemerkungen zum Problem einer eschatologischen Schöpfungslehre, in: EVTh 36, 1976, 202–216.

Strack, Hermann und Billerbeck, Paul, Kommentar zum Neuen Testament aus Talmud und Midrasch, Bd. 2, Das Evangelium nach Markus, Lukas und Johannes und die Apostelgeschichte, erläutert aus Talmud und Midrasch, München ⁹1989 (zit. Strack-Billerbeck).

Tauler, Johannes, Die Predigten Taulers aus der Engelberger und der Freiburger Handschrift sowie aus Schmidts Abschriften der ehemaligen Straßburger Handschriften (DTMA XI), hg. v. F. Vetter, Berlin 1910.

Thielicke, Helmut, Theologische Ethik, Bd. I, Dogmatische, philosophische und kontroverstheologische Grundlegung, Tübingen 1951.

– Tod und Leben. Studien zur christlichen Anthropologie, Tübingen ²1946.

Thomas von Aquin, Summa Theologica (Die Deutsche Thomas-Ausgabe); vollständige, ungekürzte deutsch-lateinische Ausgabe, übersetzt von Dominikanern und Benediktinern Deutschlands und Österreichs, Graz/Wien/Köln 1933ff. (zit. STh).

– Summa contra gentiles / Summe gegen die Heiden. Herausgegeben, übersetzt und mit Anmerkungen versehen von K. Albert und P. Engelhardt unter Mitarb. v. L. Dümpelmann, deutsch-lateinische Ausgabe, Darmstadt 2001 (zit. ScG).

Tillich, Paul, Gesammelte Werke, hg. v. Renate Albrecht, Bde. I–XIV, Stuttgart 1959–1990 (zit. GW).

– Systematische Theologie, Bde. I–III, Stuttgart 1955–1966.

– Auf der Grenze. Aus dem Lebenswerk Paul Tillichs, Stuttgart ⁴1962.

Vogt, Markus, Art. »Schöpfung, VIII. Schöpfung und Evolution«, LThK, Bd. 9, Freiburg/Br. u.a. 2000, Sp. 236–239.

Weber, Max, Die protestantische Ethik. Hg. v. Johannes Winckelmann (Siebenstern 53/54; Lizenzausgabe), München/Hamburg 1965.

Weber, Otto, Grundlagen der Dogmatik, Bd. I, Neukirchen-Vluyn ³1964.

Werbeck, Wilfrid, Artikel »Genesis«, ³RGG, Bd. 2, Tübingen 1958, Sp. 1377–1379.

– Artikel »Pentateuch. Zur Auslegungsgeschichte«, ³RGG, Bd. 5, Tübingen 1961, Sp. 217.

– Artikel »Schriftauslegung. Zur Auslegungsgeschichte«, ³RGG, Bd. 5, Tübingen 1961, Sp. 1534

Weippert, Helga, Schöpfer des Himmels und der Erde. Ein Beitrag zur Theologie des Jeremiabuches (SBS 102), Stuttgart 1981.

Westermann, Claus, Genesis; Biblischer Kommentar Altes Testament, begr. v. M. Noth, hg. v. S. Herrmann u. H.W. Wolff, Bd. I/1, Neukirchen-Vluyn 1974.

Wingren, Gustaf, Luthers Lehre vom Beruf (FGLP, 10 Reihe, Bd. 3), München 1952.

Wölfel, Eberhard, Welt als Schöpfung. Zu den Fundamentalsätzen der christlichen Schöpfungslehre heute (Theologiesche Existenz heute, Nr. 212), München 1981.

Xenophon, Memorabilia (Loeb Classical Library), transl. by E.C. Marchant, Cambridge/Mass. u. London ⁸1992.

Zahlten, Johannes, Creatio mundi. Darstellungen der sechs Schöpfungstage und naturwissenschaftliches Weltbild im Mittelalter (Stuttgarter Beiträge zur Geschichte und Politik, hg. v. M. Greiffenhagen, E. Jäckel u.a., Bd. 13), Stuttgart 1979.

Zenger, Erich, Artikel »Schöpfung, II. Biblisch-theologisch: 1. Altes Testament«; in: LThK, Bd. 9, Freiburg/Br. u.a. 2000, Sp. 217–220.

Register

Bibelstellen

Rabbinisches Schrifttum

Namen

(einschließlich biblischer Namen)

Sachen